知的財産権訴訟Ⅰ

最新 裁判実務大系 10

髙部眞規子［編著］

青林書院

はしがき

　テクノロジーの急速な発展は，知的財産権訴訟を専門化・複雑化させ，また，企業活動の国際化は，知的財産権訴訟を国境を越えたものとさせている。特許権・実用新案権・意匠権・商標権・著作権・育成者権その他の知的財産権をとりまく社会情勢は，大きく変化し，たびたび重要な法改正が行われている。また，重要な判例が法改正に結びつくことも少なくない。
　「知的財産権」が広く知られるようになり，社会の知的財産権に対する考え方の変化が，法改正をもたらし，また裁判実務にも影響を与えている。「知的財産権訴訟」が注目されるようになって，久しい。
　特許権・実用新案権・プログラム著作物に係る著作権等をめぐる，技術的な要素を含む専門的な訴訟については，東京地裁及び大阪地裁の専属管轄となり，その控訴審は知財高裁に専属する。また，それ以外の知的財産権訴訟についても，東京地裁及び大阪地裁が競合管轄を有している。このような専門訴訟の処理に当たっては，豊富な経験を有する裁判官が担当し，専門的な知見を取り入れて事件の処理に当たっている。
　知的財産権に係る事件の判決は，全件，ウェブサイトで公開し，企業活動の指針となっている。これらの裁判例の英訳は，ウェブサイトを通じて，世界各国にも発信されているところである。また，近時，世界各国の裁判官の参加する国際シンポジウムも開催され，世界的な調和の潮流がある。

　本書は，知的財産権訴訟において，しばしば問題となる論点のうち，特に重要な事項を精選して，実務的な解決策を模索することを目的とするものである。
　本書が，他の類書と違う特徴は，4つある。
　まず，第1に，様々な種類の知的財産権訴訟全般において，問題となる50の重要論点を精選し，それぞれ「裁判実務」を念頭においた記述をしたこと

である。

　第2に，上記50の項目を俯瞰する序章を設けて，それぞれの論点・項目の位置付けを明確にし，「大系」化したことである。

　第3に，最新の裁判例を豊富に取り入れ，平成30年改正を含む法改正にも言及して，「最新」の裁判実務を念頭に置いたことである。

　第4に，執筆者は，知的財産権訴訟の専門部である，知財高裁，東京地裁及び大阪地裁の知財部に現に所属し，又は所属していた知的財産権訴訟の経験が豊かな裁判官であることである。

　本書が，「最新裁判実務大系」の名前にふさわしく，知的財産権訴訟に携わる方々に有用な書籍であることを確信して，ここに出版する次第である。出版にあたっては，青林書院の長島晴美さんにお世話になったことを記して，お礼に代えたい。

　平成30年8月

髙部　眞規子

編著者・執筆者紹介

編 著 者

髙部　眞規子　知財高裁所長

執 筆 者

髙部　眞規子	上掲		髙松　宏之	大阪地裁判事
古河　謙一	知財高裁判事		廣瀬　　孝	東京地裁判事
中武　由紀	大阪地裁判事		片瀬　　亮	知財高裁判事
鈴木　わかな	山形地・家裁鶴岡支部長判事		柴田　義明	東京地裁判事
知野　　明	東京地裁判事		矢口　俊哉	仙台地・家裁石巻支部長判事
田中　孝一	東京高裁判事		笹本　哲朗	最高裁調査官
萩原　孝基	札幌地・家裁判事		杉浦　正樹	知財高裁判事
関根　澄子	知財高裁判事		永田　早苗	福岡地・家裁判事
島田　美喜子	東京地裁判事補		清水　知恵子	東京地裁判事
林　　雅子	最高裁事務総局民事局付		森岡　礼子	知財高裁判事
天野　研司	青森地・家裁八戸支部判事		大寄　麻代	最高裁調査官
嶋末　和秀	東京高裁判事			

（執筆順・肩書は平成30年11月1日現在）

凡　例

1．用字・用語等
　本書の用字・用語は，原則として常用漢字，現代仮名づかいによったが，法令に用いられているもの及び判例，文献等の引用文は原文どおりとした。

2．関係法令
　関係法令は，原則として平成30年9月末日現在のものによった。

3．本文の注記
　判例，文献の引用や補足，関連説明は，脚注を用いた。法令の引用，例示などは，本文中にカッコ書きで表した。

4．法令の引用表示
　本文解説中における法令の引用表示は，原則として正式名称とした。
　カッコ内における法令の引用表示は，主要な法令名は後掲の〔主要法令略語表〕によった。
　また，同一法令の条項番号は「・」で，異なる法令の条項番号は「，」で併記した。

5．判例の引用表示
　判例の引用表示は，通例に従い，次の略記法を用いた。その際に用いた略語は，後掲の〔判例集等略語表〕によった。
　〔例〕昭和51年3月10日最高裁判所大法廷判決，最高裁判所民事判例集30巻2号79頁
　　　→　最大判昭51・3・10民集30巻2号79頁
　　　平成25年2月1日知的財産高等裁判所判決，判例タイムズ1388号77頁
　　　→　知財高判平25・2・1判タ1388号77頁

6．文献の引用表示
　主要な文献の引用表示は，後掲の〔主要文献略語表〕によった。
　それ以外の文献の引用表示は，初出の際，単行本等については著者（執筆者）及び編者・監修者の姓名，『書名』（「論文名」）及びその巻数又は号数，発行所，刊行年，引用（参照）頁を掲記し，雑誌論文等については著者（執筆者）の姓名，

凡　例

「論文名」，掲載誌及びその巻数又は号数，刊行年，引用・参照頁を掲記した。
　注釈書その他の編集物については，編者名のほか引用（参照）箇所の執筆者名を〔　〕内に示した。
　主要な雑誌等の引用の際に用いた略語は，後掲の〔主要雑誌等略語表〕によった。

〔主要法令略語表〕

意匠	意匠法	知財基	知的財産基本法
会社	会社法	知財高裁設置法	知的財産高等裁判所設置法
行訴	行政事件訴訟法		
憲	憲法	著作	著作権法
裁	裁判所法	特許	特許法
種苗	種苗法	独禁	私的独占の禁止及び公正取引の確保に関する法律（独禁法）
商	商法		
商標	商標法		
新案	実用新案法	不正競争	不正競争防止法（不競法）
戦時加算特例法	連合国及び連合国民の著作権の特例に関する法律		
		民	民法

〔判例集等略語表〕

大	大審院	下民	下級裁判所民事裁判例集
最	最高裁判所	行集	行政事件裁判例集
最大	最高裁判所大法廷	刑月	刑事裁判月報
高	高等裁判所	最判解民	最高裁判所判例解説民事篇
知財高	知的財産高等裁判所		
地	地方裁判所	最判解刑	最高裁判所判例解説刑事篇
家	家庭裁判所		
支	支部	裁判集民	最高裁判所裁判集民事
判	判決	知財集	知的財産権関係民事・行政裁判例集（知的裁集）
決	決定		
審	審判	無体集	無体財産関係民事・行政裁判例集（無体例集）
民録	大審院民事判決録		
刑録	大審院刑事判決録	取消集	審決取消訴訟判決集
民集	大審院民事判例集・最高裁判所民事判例集	訟月	訟務月報
		判時	判例時報
刑集	最高裁判所刑事判例集	判タ	判例タイムズ
高民	高等裁判所民事判例集	裁判所ＨＰ	裁判所ホームページ

凡　　例　　vii

| D 1 -Law | 第一法規　法総合情報データベース | | （TKC法律情報データベース） |
| LEX/DB | LEX/DBインターネット | LLI/DB | 判例秘書INTERNET |

〔主要文献略語表〕

『秋吉喜寿』　→秋吉稔弘先生喜寿記念『知的財産権―その形成と保護』（新日本法規出版，2002）
網野誠『商標〔第 6 版〕』　→網野誠『商標〔第 6 版〕』（有斐閣，2002）
『飯村退官』　→飯村敏明先生退官記念『現代知的財産法―実務と課題』（発明推進協会，2015）
飯村敏明＝設樂隆一編『ＬＰ知財訴訟』　→飯村敏明＝設樂隆一編著『リーガル・プログレッシブ・シリーズ(3)〈知的財産関係訴訟〉』（青林書院，2008）
『意匠審査基準』　→特許庁編『意匠審査基準』（特許庁ホームページで公開中）
伊藤眞『民訴法〔第 5 版〕』　→伊藤眞『民事訴訟法〔第 5 版〕』（有斐閣，2016）
『牛木古稀』　→牛木理一先生古稀記念『意匠法及び周辺法の現代的課題』（発明協会，2005）
牛木理一『意匠〔4訂版〕』　→牛木理一『意匠法の研究―その本質から実際まで―〔4訂版〕』（発明協会，1994）
大渕哲也ほか『特許訴訟上・下』　→大渕哲也＝塚原朋一＝熊倉禎男＝三村量一＝富岡英二編『専門訴訟講座 6〈特許訴訟〉上巻・下巻』（民事法研究会，2012）
小倉秀夫＝金井重彦編『著作権法コンメ』　→小倉秀夫＝金井重彦編著『著作権法コンメンタール』（レクシスネクシス・ジャパン，2013）
小野昌延＝松村信夫『新不競法概説〔第 2 版〕』　→小野昌延＝松村信夫『新・不正競争防止法概説〔第 2 版〕』（青林書院，2015）
小野昌延＝三山峻司『新商標法概説〔第 2 版〕』　→小野昌延＝三山峻司『新・商標法概説〔第 2 版〕』（青林書院，2013）
『片山還暦』　→片山英二先生還暦記念『知的財産法の新しい流れ』（青林書院，2010）
加戸守行『著作権法逐条講義〔6 訂新版〕』　→加戸守行『著作権法逐条講義〔6 訂新版〕』（著作権情報センター，2013）
金井重彦ほか編『不競争法コンメ〔改訂版〕』　→金井重彦＝山口三惠子＝小倉秀夫編著『不正競争防止法コンメンタール〔改訂版〕』（レクシスネクシス・ジャパン，2013）
経産省編『逐条解説不競法〔平成13年改正版〕』　→経済産業省知的財産政策室編著『逐条解説不正競争防止法〔平成13年改正版〕』（有斐閣，2002）
経産省『逐条解説不競法〔平成16・17年改正版〕』　→経済産業省知的財産政策室編著『逐条解説不正競争防止法〔平成16・17年改正版〕』（有斐閣，2005）
経産省『逐条解説不競法〔平成27年改正版〕』　→経済産業省知的財産政策室編『逐条解説不正競争防止法〔平成27年改正版〕』http://www.meti.go.jp/policy/economy/chizai/chiteki/unfair-competition.html（平成28年 5 月13日公表）
経産省編『一問一答不競法〔平成17年改正版〕』　→経済産業省経済産業政策局知的財産政策室編著『一問一答不正競争防止法〔平成17年改正版〕』（商事法務，2005）
『現代裁判法大系26』　→清永利亮＝設樂隆一編『現代裁判法大系26〈知的財産権〉』（新日本法規出版，1999）
『現代知的財産法講座 1 ～ 4 』　→高林龍＝三村量一＝竹中俊子編集代表『現代知的財産法講座 1 〈知的財産法の理論的探究〉，2 〈知的財産法の実務的展開〉，3 〈知的財産法の国際的交錯〉，

4 〈知的財産法学の歴史的鳥瞰〉』(日本評論社, 2012)

『工業所有権法逐条解説〔第20版〕』 →特許庁編『工業所有権法〈産業財産権法〉逐条解説〔第20版〕』(発明推進協会, 2017)

『国際私法判例百選〈新法対応補正版〉』 →櫻田嘉彰 = 道垣内正人編『国際私法判例百選〈新法対応補正版〉〔別冊ジュリスト185号〕』(有斐閣, 2007)

小松一雄編『不競実務』 →小松一雄編『不正競業訴訟の実務』(新日本法規出版, 2005)

『小松還暦』 →小松陽一郎先生還暦記念論文集『最新判例知財法』(青林書院, 2008)

近藤昌昭 = 齊藤友嘉『知的財産関係二法』 →近藤昌昭 = 齊藤友嘉『知的財産関係二法/労働審判法』(商事法務, 2004)

『コンメ民訴法Ⅰ〔第2版追補版〕』 →秋山幹男 = 伊藤眞 = 加藤新太郎 = 髙田裕成 = 福田剛久 = 山本和彦/菊井維大 = 村松俊夫原著『コンメンタール民事訴訟法Ⅰ〔第2版追補版〕〈第1編（総則）第1－3章〉』(日本評論社, 2014)

『コンメ民訴法Ⅱ〔第2版〕』 →秋山幹男 = 伊藤眞 = 加藤新太郎 = 髙田裕成 = 福田剛久 = 山本和彦/菊井維大 = 村松俊夫原著『コンメンタール民事訴訟法Ⅱ〔第2版〕〈第1編（総則）第4－7章〉』(日本評論社, 2006)

『斉藤退職』 →斉藤博先生御退職記念論集『現代社会と著作権法』(弘文堂, 2008)

斉藤博『著作権法概論』 →斉藤博『著作権法概論』(勁草書房, 2014)

斉藤博『著作権法〔第3版〕』 →斉藤博『著作権法〔第3版〕』(有斐閣, 2007)

『裁判実務大系9』 →牧野利秋編『裁判実務大系9〈工業所有権訴訟法〉』(青林書院, 1985)

『裁判実務大系27』 →斉藤博 = 牧野利秋編『裁判実務大系27〈知的財産関係訴訟法〉』(青林書院, 1997)

作花文雄『詳解〔第5版〕』 →作花文雄『詳解著作権法〔第5版〕』(ぎょうせい, 2018)

佐藤達文 = 小林康彦編『一問一答平成23年民訴法等改正』 →佐藤達文 = 小林康彦編著『一問一答平成23年民事訴訟法等改正―国際裁判管轄法制の整備』(商事法務, 2012)

実務研究会編『知的財産訴訟の実務〔改訂版〕』 →知的財産裁判実務研究会編『知的財産訴訟の実務〔改訂版〕』(法曹会, 2014)

渋谷達紀『講義Ⅰ〔第2版〕』 →渋谷達紀『知的財産法講義Ⅰ特許法・実用新案法・種苗法〔第2版〕』(有斐閣, 2006)

渋谷達紀『講義Ⅱ〔第2版〕』 →渋谷達紀『知的財産法講義Ⅱ 著作権法・意匠法〔第2版〕』(有斐閣, 2007)

渋谷達紀『講義Ⅲ〔第2版〕』 →渋谷達紀『知的財産法講義Ⅲ〔第2版〕〈不正競争防止法・独占禁止法上の私人による差止請求制度・商標法・半導体集積回路配置法〉』(有斐閣, 2008)

渋谷達紀『著作権法』 →渋谷達紀『著作権法』(中央経済社, 2013)

渋谷達紀『特許法』 →渋谷達紀『特許法』(発明推進協会, 2013)

『渋谷追悼』 →渋谷達紀教授追悼『知的財産法研究の輪』(発明推進協会, 2016)

島並良ほか『著作権法入門〔第2版〕』 →島並良 = 上野達弘 = 横山久芳『著作権法入門〔第2版〕』(有斐閣, 2016)

清水節ほか編『Q&A著作権』 →清水節 = 岡本岳編著『Q&A著作権の知識100問』(日本加除出版, 2013)

『商標・意匠・不正競争判例百選』 →中山信弘 = 大渕哲也 = 茶園成樹 = 田村善之編『商標・意匠・不正競争判例百選〔別冊ジュリスト188号〕』(有斐閣, 2007)

凡　例

『商標・商号・不正競争判例百選』　→我妻榮＝矢沢惇＝網野誠編『商標・商号・不正競争判例百選〔別冊ジュリスト14号〕』(有斐閣，1967)
『商標審査基準〔改訂第13版〕』　→特許庁編『商標審査基準』〔改訂12版〕(発明協会，2017)（特許庁ホームページで公開中）
『商標審査便覧』　→特許庁編『商標審査便覧』(特許庁ホームページで公開中)
『新裁判実務大系４』　→牧野利秋＝飯村敏明編『新・裁判実務大系４〈知的財産関係訴訟法〉』(青林書院，2001)
『新裁判実務大系22』　→牧野利秋＝飯村敏明編『新・裁判実務大系22〈著作権関係訴訟法〉』(青林書院，2004)
『新注解商標法上・下』　→小野昌延＝三山峻司編『新・注解商標法上巻・下巻』(青林書院，2016)
『新注解特許法上・中・下〔第２版〕』　→中山信弘＝小泉直樹編『新・注解特許法〔第２版〕上巻・中巻・下巻』(青林書院，2017)
『新注解不競法上・下〔第３版〕』　→小野昌延編著『新・注解不正競争防止法上巻・下巻〔第３版〕』(青林書院，2012)
『新堂古稀上・下』　→新堂幸司先生古稀祝賀『民事訴訟理論の新たな構築上巻・下巻』(有斐閣，2001)
高林龍『標準著作権法〔第３版〕』　→高林龍『標準著作権法〔第３版〕』(有斐閣，2016)
高林龍『標準特許法〔第５版〕』　→高林龍『標準特許法〔第５版〕』(有斐閣，2014)
髙部眞規子『実務詳説商標関係訴訟』　→髙部眞規子『実務詳説　商標関係訴訟』(金融財政事情研究会，2015)
髙部眞規子『実務詳説著作権訴訟』　→髙部眞規子『実務詳説　著作権訴訟』(金融財政事情研究会，2012)
髙部眞規子『実務詳説特許関係訴訟〔第３版〕』　→髙部眞規子『実務詳説　特許関係訴訟〔第３版〕』(金融財政事情研究会，2016)
髙部眞規子編『著作権・商標・不競法関係訴訟の実務〔第２版〕』　→髙部眞規子編『裁判実務シリーズ８〈著作権・商標・不競法関係訴訟の実務〉〔第２版〕』(商事法務，2018)
髙部眞規子編『特許訴訟の実務〔第２版〕』　→髙部眞規子編『裁判実務シリーズ２〈特許訴訟の実務〉〔第２版〕』(商事法務，2017)
竹田和彦『特許の知識〔第８版〕』　→竹田和彦『特許の知識─理論と実際』(ダイヤモンド社，2006)
『竹田傘寿』　→竹田稔先生傘寿記念『知財立国の発展へ』(発明推進協会，2013)
竹田稔『侵害要論〔第６版〕』　→竹田稔『知的財産権訴訟要論─特許・意匠・商標編〔第６版〕』(発明推進協会，2012)
竹田稔ほか編『審決取消訴訟の実務と法理』　→竹田稔＝永井紀昭編『特許審決取消訴訟の実務と法理』(発明協会，2003)
田村善之『商標法概説〔第２版〕』　→田村善之『商標法概説〔第２版〕』(弘文堂，2000)
田村善之『損害賠償〔新版〕』　→田村善之『知的財産権と損害賠償〔新版〕』(弘文堂，2004)
田村善之『知的財産法〔第５版〕』　→田村善之『知的財産法〔第５版〕』(有斐閣，2010)
田村善之『著作権法概説〔第２版〕』　→田村善之『著作権法概説〔第２版〕』(有斐閣，2001)
田村善之『不競法概説〔第２版〕』　→田村善之『不正競争法概説』(有斐閣，2003)

凡　例

『知財訴訟実務大系1〜3』　→牧野利秋＝飯村敏明＝髙部眞規子＝小松陽一郎＝伊原友己編集委員『知的財産訴訟実務大系1〈知財高裁歴代所長座談会，特許法・実用新案法 (1)〉，2〈特許法・実用新案法(2)，意匠法，商標法，不正競争防止法〉，3〈著作権法，その他，全体問題〉』（青林書院，2014）

『知的財産法の理論と実務1〜4』　→牧野利秋＝飯村敏明＝三村量一＝末吉亙＝大野聖二編『知的財産法の理論と実務1〈特許法1〉，2〈特許法2〉，3〈商標法・不正競争防止法〉，4〈著作権法・意匠法〉』（新日本法規出版，2007）

茶園成樹編『商標法』　→茶園成樹編『商標法』（有斐閣，2014）

茶園成樹編『著作権法〔第2版〕』　→茶園成樹編『著作権法〔第2版〕』（有斐閣，2016）

『注解商標法上巻・下巻〔新版〕』　→小野昌延編『注解商標法上巻・下巻〔新版〕』（青林書院，2005）

『注解特許法上・下〔第3版〕』　→中山信弘編著『注解特許法上巻・下巻〔第3版〕』（青林書院，2000）

『著作権判例百選〈第2版〉』　→斉藤博＝半田正夫編『著作権判例百選〔第2版〕』（有斐閣，1994）

『著作権判例百選〈第3版〉』　→斉藤博＝半田正夫編『著作権判例百選〔第3版〕』（有斐閣，2001）

『著作権判例百選〈第4版〉』　→中山信弘＝大渕哲也＝小泉直樹＝田村善之編『著作権判例百選〔第4版〕』（有斐閣，2009）

『著作権判例百選〈第5版〉』　→小泉直樹＝田村善之＝駒田泰士＝上野達弘編『著作権判例百選〔第5版〕』（有斐閣，2016）

通産省『逐条解説営業秘密』　→通商産業省知的財産政策室監修『営業秘密―逐条解説改正不正競争防止法―』（有斐閣，1990）

ＴＭＩ編『著作権の法律相談Ⅰ』　→ＴＭＩ総合法律事務所編『著作権の法律相談Ⅰ』（青林書院，2016）

『土肥古稀』　→外川英明＝高松孝行＝加藤暁子＝藤田晶子編『知的財産法のモルゲンロート』（土肥一史先生古稀記念論文集）（中央経済社，2017）

『特許・実用新案ハンドブック』　→特許庁編『特許・実用新案ハンドブック』（特許庁ホームページで公開中）

『特許審査基準』　→特許庁編『特許・実用新案審査基準』（特許庁ホームページで公開中）

特許庁編『平6／8／10改正解説』　→特許庁総務部総務課工業所有権制度改正審議室編『工業所有権法の解説　平成6年改正・8年改正・10年改正』（発明協会，2002）

特許庁編『平10改正解説』　→特許庁総務部総務課工業所有権制度改正審議室編『工業所有権法の解説平成10年改正』（発明協会，1998）

特許庁編『平11改正解説』　→特許庁総務部総務課工業所有権制度改正審議室編『工業所有権法の解説　平成11年改正』（発明協会，1999）

特許庁編『平14改正解説』　→特許庁総務部総務課制度改正審議室編『平成14年改正／産業財産権法の解説』（発明協会，2002）

特許庁編『平16改正解説』　→特許庁総務部総務課制度改正審議室編『産業財産権法の解説　平成16年特許法等の一部改正』（発明協会，2004）

特許庁編『平17改正解説』　→特許庁総務部総務課制度改正審議室編『産業財産権法の解説　成

17年商標法の一部改正——地域ブランドの商標法における保護・地域団体商標の登録制度』（発明協会，2005）

特許庁編『平18改正解説』　→特許庁総務部総務課制度改正審議室編『産業財産権法の解説　平成18年意匠法等の一部改正』（発明協会，2006）

特許庁編『平23改正解説』　→特許庁工業所有権制度改正審議室編『産業財産権法の解説　平成23年』（発明協会，2011）

特許庁編『平26改正解説』　→特許庁総務部総務課制度審議室編『産業財産権法の解説　特許法等の一部改正　平成26年』（発明推進協会，2014）

特許庁編『平27改正解説』　→特許庁総務部総務課制度審議室編『平成27年特許法等の一部改正　産業財産権法の解説』（発明推進協会，2016）

『特許判例百選〔第3版〕』　→中山信弘＝相澤英孝＝大渕哲也編『特許判例百選〔第3版〕』（有斐閣，2004）

『特許判例百選〔第4版〕』　→中山信弘＝大渕哲也＝小泉直樹＝田村善之編『特許判例百選〔第4版〕』（有斐閣，2012）

『中山古稀』　→中山信弘先生古稀記念論文集『はばたき—21世紀の知的財産法』（弘文堂，2015）

中山信弘『著作権法〔第2版〕』　→中山信弘『著作権法〔第2版〕』（有斐閣，2014）

中山信弘『特許法〔第3版〕』　→中山信弘『特許法〔第3版〕』（弘文堂，2016）

『野村古稀』　→野村豊弘先生古稀記念『知的財産・コンピュータと法』（商事法務，2016）

『原退官上・下』　→原増司判事退官記念『工業所有権の基本的課題上・下』（有斐閣，上1971／下1972）

『半田古稀』　→半田正夫先生古稀記念論集『著作権法と民法の現代的課題』（法学書院，2003）

半田正夫『著作権法概説〔第16版〕』　→半田正夫『著作権法概説〔第16版〕』（法学書院，2015）

半田正夫＝松田政行編『著作権法コンメ1～3〔第2版〕』　→半田正夫＝松田政行編『著作権法コンメンタール1〈1条～25条〉〔第2版〕，2〈26条～88条〉〔第2版〕，3〈89条～124条・附則著作権等管理事業法〉〔第2版〕』（勁草書房，2015）

『判例工業所有権法』　→兼子一＝染野義信編著『判例工業所有権法』（第一法規，1954～1990）

『牧野傘寿』　→中山信弘＝斉藤博＝飯村敏明編『知的財産権　法理と提言』（牧野利秋先生傘寿記念論文集）（青林書院，2013）

『牧野退官』　→牧野利秋判事退官記念『知的財産法と現代社会』（信山社出版，1999）

牧野利秋編『実務解説特許・意匠・商標』　→牧野利秋編『実務解説　特許・意匠・商標』（青林書院，2012）

増井和夫＝田村善之『特許判例ガイド〔第4版〕』　→増井和夫＝田村善之『特許判例ガイド〔第4版〕』（有斐閣，2012）

松本重敏『特許発明の保護範囲〔新版〕』　→松本重敏『特許発明の保護範囲—その理論と実際〔新版〕』（有斐閣，2000）

『三宅喜寿』　→三宅正雄先生喜寿記念『特許争訟の諸問題』（発明協会，1986）

『村林傘寿』　→村林隆一先生傘寿記念『知的財産権侵害訴訟の今日的課題』（青林書院，2011）

『紋谷還暦』　→紋谷暢男教授還暦記念『知的財産法の現代的課題』（発明協会，1998）

山本庸幸『要説不競法〔第4版〕』　→山本庸幸『要説不正競争防止法』（発明協会，2006）

吉藤幸朔〔熊谷健一補訂〕『特許法概説〔第13版〕』　→吉藤幸朔〔熊谷健一補訂〕『特許法概説〔第13版〕』（有斐閣，1998）

〔主要雑誌等略語表〕

金判	金融・商事判例	曹時	法曹時報
金法	金融法務事情	知管	知財管理
判時	判例時報	知財政策学	知的財産法政策学研究
判タ	判例タイムズ	著研	著作権研究
AIPPI	A.I.P.P.I	特研	特許研究
L&T	Law & Technology	特許	特許管理
NBL	NBL	ニュース	特許ニュース
学会年報	日本工業所有権法学会年報	パテ	パテント
		判評	判例評論
コピ	コピライト	フォーラム	知財研フォーラム
自正	自由と正義	ぷりずむ	知財ぷりずむ
重判解	重要判例解説	法セ	法学セミナー
主判解	主要民事判例解説	民商	民商法雑誌
ジュリ	ジュリスト	論究ジュリ	論究ジュリスト

目　次

はしがき
編著者・執筆者紹介
凡例

序　章

知的財産権訴訟への招待　　3
　　　　　　　　　　　　　　　　　　　　　　　高部眞規子
〔1〕　知的財産権訴訟の種類と特色……………………………………3
〔2〕　知的財産権訴訟の手続的な特徴…………………………………9
〔3〕　知的財産権訴訟の主要な論点と本書の概要……………………22

第1章　総　論

1　知的財産権訴訟の管轄　　57
　　　　　　　　　　　　　　　　　　　　　　　古河　謙一
知的財産権訴訟の国内管轄はどのように考えるべきか。特に専属管轄とされる「特許権に関する訴え」に該当する訴訟は，どのようなものか。
〔1〕　侵害訴訟……………………………………………………………57
〔2〕　行政訴訟……………………………………………………………66
〔3〕　知的財産高等裁判所の取扱事件…………………………………66

2　立証の容易化と営業秘密　　68
　　　　　　　　　　　　　　　　　　　　　　　中武　由紀
知的財産権訴訟において侵害行為及び損害の計算のための立証を容易化する方策としてどのような手段があるか。営業秘密を含む証拠について文書提出命令・秘密保持命令はどのような要件・手続で発令されるか。
〔1〕　はじめに……………………………………………………………68
〔2〕　侵害行為及び損害の計算のための立証容易化のための方策…68
〔3〕　書類提出命令について……………………………………………73
〔4〕　秘密保持命令について……………………………………………87

〔5〕 おわりに……………………………………………………………95
3 知的財産権訴訟の国際裁判管轄　　　　　　　　　　　　　　97
　　　　　　　　　　　　　　　　　　　　　　　　　　鈴木わかな
　知的財産権訴訟の国際裁判管轄について，どのように考えるべきか。
〔1〕 問題の所在……………………………………………………97
〔2〕 知的財産権の存否又は効力に関する訴えの国際裁判管轄………97
〔3〕 知的財産権の登録に関する訴えの国際裁判管轄………………101
〔4〕 知的財産権の侵害に係る訴えの国際裁判管轄………………103
〔5〕 インターネットが絡む知的財産権侵害……………………116
4 渉外的要素を含む知的財産権訴訟の準拠法　　　　　　　　　122
　　　　　　　　　　　　　　　　　　　　　　　　　　鈴木わかな
　渉外的要素を含む知的財産権訴訟の準拠法について，どのように考えるべきか。
〔1〕 問題の所在……………………………………………………122
〔2〕 属地主義………………………………………………………123
〔3〕 知的財産権の存否及び効力についての準拠法………………124
〔4〕 知的財産権の侵害に基づく請求の準拠法……………………127
〔5〕 知的財産権の侵害に係る訴えにおける抗弁の準拠法………132
〔6〕 知的財産権の譲渡の準拠法……………………………………135
〔7〕 その他，準拠法選択が問題となる論点………………………137
〔8〕 インターネットが絡む知的財産権侵害………………………141

第2章　特許・実用新案関係

5 特許・実用新案の登録要件　　　　　　　　　　　　　　　　149
　　　　　　　　　　　　　　　　　　　　　　　　　　知野　　明
　特許・実用新案の登録要件である，発明該当性（考案該当性），新規性・進歩性，明細書及び特許請求の範囲（実用新案登録請求の範囲）の記載要件は，それぞれどのように判断すべきか。
〔1〕 はじめに………………………………………………………149
〔2〕 発明該当性……………………………………………………150
〔3〕 新規性・進歩性………………………………………………155
〔4〕 明細書及び特許請求の範囲の記載要件………………………166
6 クレーム解釈　　　　　　　　　　　　　　　　　　　　　　176
　　　　　　　　　　　　　　　　　　　　　　　　　　田中　孝一
　特許権侵害訴訟において，特許発明の技術的範囲の確定はどのような資料に基

づいて行われるか。プロダクト・バイ・プロセス・クレームや機能的クレームなど，特殊なクレームについては，どのように解釈されるか。
- 〔1〕 クレーム解釈の原則………………………………………………… 176
- 〔2〕 特許請求の範囲（クレーム）の解釈の資料…………………… 178
- 〔3〕 最近のクレーム解釈の実例……………………………………… 180
- 〔4〕 プロダクト・バイ・プロセス・クレームの解釈……………… 181
- 〔5〕 機能的クレームの解釈…………………………………………… 183

7 均 等 論　　187

萩原　孝基

均等侵害が認められるための要件及びその判断手法について，主張立証責任の所在を含めて説明せよ。
- 〔1〕 均等論及び均等侵害の意義……………………………………… 187
- 〔2〕 均等の5要件と位置付け………………………………………… 192
- 〔3〕 均等の5要件の主張立証責任…………………………………… 195
- 〔4〕 均等の5要件の解釈と判断手法………………………………… 196

8 特許権の間接侵害　　207

関根　澄子

特許法101条1号・4号の間接侵害について，「その物の生産にのみ用いる物」，「その方法の使用にのみ用いる物」とは何か，同条2号・5号の間接侵害について，「その発明による課題の解決に不可欠なもの」とは何か，説明せよ。また，特許権の間接侵害が成立する場合の救済について，判決主文の在り方を中心に説明せよ。
- 〔1〕 間接侵害の立法趣旨……………………………………………… 207
- 〔2〕 専用品型間接侵害………………………………………………… 208
- 〔3〕 非専用品型間接侵害……………………………………………… 212
- 〔4〕 間接侵害の適用範囲……………………………………………… 218
- 〔5〕 間接侵害が成立する場合の救済………………………………… 220

9 特許無効の抗弁　　224

島田美喜子

特許法104条の3の抗弁について，その要件と主張すべき時期について説明せよ。無効の抗弁に対する訂正の再抗弁についても，要件を説明せよ。
- 〔1〕 問題の所在………………………………………………………… 224
- 〔2〕 特許法104条の3の抗弁について……………………………… 224
- 〔3〕 訂正の再抗弁……………………………………………………… 235

10　冒認と共同出願違反　244

高部眞規子

　発明者はどのように認定すべきか。冒認出願及び共同出願違反は，特許権侵害訴訟・審決取消訴訟・特許権の移転登録訴訟においてどのように位置付けられるか。

〔1〕　はじめに……………………………………………………………………… 244
〔2〕　発明者の認定………………………………………………………………… 245
〔3〕　冒認・共同出願違反をめぐる法律関係…………………………………… 261

11　消　尽　268

林　雅子

　物の発明に係る特許権及び方法の発明に係る特許権の消尽について，それぞれの要件を説明せよ。また，部品が譲渡された場合の製品特許の消尽についてはどのように考えられるか。

〔1〕　特許権の消尽………………………………………………………………… 268
〔2〕　物の発明に係る特許権の消尽……………………………………………… 268
〔3〕　方法の発明に係る特許権の消尽…………………………………………… 273
〔4〕　物の発明に係る特許権の特許権者等が部品を譲渡した場合の特許権の消
　　　尽……………………………………………………………………………… 277
〔5〕　国際消尽……………………………………………………………………… 280
〔6〕　むすび………………………………………………………………………… 282

12　特許権侵害による損害　283

天野　研司

　特許権侵害による損害賠償の算定において，特許法102条1項から3項までは，どのように解釈されるか。複数の権利者・義務者の場合についても言及されたい。

〔1〕　はじめに……………………………………………………………………… 283
〔2〕　特許法102条1項…………………………………………………………… 284
〔3〕　特許法102条2項…………………………………………………………… 288
〔4〕　特許法102条3項…………………………………………………………… 292
〔5〕　結びに代えて──損害論の審理について………………………………… 294

13　延長登録をめぐる諸問題　297

嶋末　和秀

　特許権の延長登録の要件について説明せよ。また，存続期間が延長された特許権の効力はどのように解釈されるべきか。

〔1〕　はじめに……………………………………………………………………… 297
〔2〕　特許権の延長登録の要件…………………………………………………… 303

〔3〕 存続期間が延長された特許権の効力……………………… 308
〔4〕 おわりに…………………………………………………… 312

14 実用新案権に係る侵害訴訟の特色   315

髙松　宏之

特許権侵害訴訟と異なる点を中心に，実用新案権侵害訴訟について説明せよ。

〔1〕 はじめに…………………………………………………… 315
〔2〕 製造方法の記載があるクレームの解釈………………… 315
〔3〕 訂正の対抗主張の可否…………………………………… 317
〔4〕 権利行使のための要件の加重…………………………… 317
〔5〕 実用新案登録が無効となった場合等の権利者の責任… 325

15 職務発明訴訟   331

廣瀬　孝

職務発明の利益に係る訴訟において留意すべき事項は何か。特許法35条4項所定の「相当の利益」は，どのように算定されるべきか。

〔1〕 職務発明の利益に係る訴訟……………………………… 331
〔2〕 法改正の経緯……………………………………………… 332
〔3〕 訴訟において留意すべき事項…………………………… 337
〔4〕 「相当の利益」の算定…………………………………… 346

第3章　意匠関係

16 意匠の登録要件   359

片瀬　亮

意匠の登録要件は何か。意匠の新規性，創作非容易性について説明せよ。また，意匠の不登録事由には，どのようなものがあるか。

〔1〕 意匠の登録要件…………………………………………… 359
〔2〕 意匠の新規性……………………………………………… 361
〔3〕 意匠の創作非容易性……………………………………… 364
〔4〕 意匠の不登録事由………………………………………… 368

17 意匠の類否   371

片瀬　亮

意匠の登録要件及び意匠権侵害の成否で問題となる意匠の類否について，その判断基準及び判断手法について説明せよ。

〔1〕 意匠の類否………………………………………………… 371
〔2〕 意匠の類否の判断基準…………………………………… 373

〔3〕　意匠の類否の判断手法……………………………………………… 376
　18　意匠権の効力とその制限　　　　　　　　　　　　　　　　388
　　　　　　　　　　　　　　　　　　　　　　　　　　　　柴田　義明
　　意匠権は，どのような範囲においてどのような効力を有するか。その効力はどのような場合に制限されるか。
　　〔1〕　意匠権の効力……………………………………………………… 388
　　〔2〕　登録意匠の範囲…………………………………………………… 389
　　〔3〕　意匠の類似の範囲………………………………………………… 390
　　〔4〕　部分意匠の効力…………………………………………………… 397
　　〔5〕　意匠権の効力の制限……………………………………………… 400

| 第4章　商標関係 |

　19　商標の登録要件　　　　　　　　　　　　　　　　　　　407
　　　　　　　　　　　　　　　　　　　　　　　　　　　　髙部眞規子
　　商標の登録要件は何か。商標法3条，4条1項各号のうら，実務上特に問題となる，主要なものについて説明せよ。
　　〔1〕　商標登録要件の概要……………………………………………… 407
　　〔2〕　商標法3条………………………………………………………… 408
　　〔3〕　商標法4条………………………………………………………… 412
　20　商標の類否　　　　　　　　　　　　　　　　　　　　　436
　　　　　　　　　　　　　　　　　　　　　　　　　　　　矢口　俊哉
　　商標の登録要件及び商標権侵害の成否において問題となる商標の類否について，その判断基準及び判断手法について説明せよ。
　　〔1〕　はじめに…………………………………………………………… 436
　　〔2〕　一般的な商標の類否についての判断基準及び判断手法……… 437
　　〔3〕　商標の登録要件及び商標権侵害の成否の各場面における「商標の類否」
　　　　　の判断基準等の違いについて…………………………………… 442
　　〔4〕　特殊な商標の類否についての判断基準及び判断手法………… 443
　21　商品・役務の類否　　　　　　　　　　　　　　　　　　448
　　　　　　　　　　　　　　　　　　　　　　　　　　　　笹本　哲朗
　　商標の登録要件及び商標権侵害の成否において問題となる商品・役務の類否の判断基準及び判断手法について説明せよ。
　　〔1〕　問題の所在………………………………………………………… 448
　　〔2〕　商品・役務の類否の判断基準及び判断手法…………………… 449

22 商標権の効力とその制限 ... 458

杉浦　正樹

どのような行為が商標権の侵害となるか。商標権の効力とその制限について述べよ。

- 〔1〕 はじめに──商標権の発生と消滅 ... 458
- 〔2〕 商標権の効力 ... 459
- 〔3〕 商標権の効力の制限 ... 462

23 並行輸入 ... 472

永田　早苗

真正商品の並行輸入であるとして，商標権侵害の実質的違法性を欠くとされる要件をどのように考えるべきか。

- 〔1〕 問題の所在 ... 472
- 〔2〕 〔フレッドペリー事件〕最高裁判決まで ... 473
- 〔3〕 第1要件における付された商標と登録商標との異同 ... 477
- 〔4〕 第1要件における外国商標登録の有無 ... 479
- 〔5〕 広告に商標を使用する行為 ... 483
- 〔6〕 ライセンス契約違反の場合 ... 485
- 〔7〕 第3要件の管理されるべき「品質」とは何か ... 488

24 商標権の濫用 ... 494

清水知恵子

商標権の行使が濫用とされるのはどのような場合か。不正競争防止法に基づく請求に対して，商標権行使の抗弁は有効か。

- 〔1〕 商標権の濫用が比較的認められやすいこととその理由 ... 494
- 〔2〕 商標権の濫用が認められる具体的な場合 ... 495
- 〔3〕 10号周知型の権利濫用の抗弁と無効の抗弁との関係 ... 502
- 〔4〕 商標権行使の抗弁について ... 503

25 特殊な商標 ... 505

森岡　礼子

立体商標・地域団体商標・小売等役務商標・新しいタイプの商標について，登録要件とその判断手法について説明せよ。

- 〔1〕 問題の所在 ... 505
- 〔2〕 立体商標 ... 506
- 〔3〕 地域団体商標 ... 512
- 〔4〕 小売等役務商標 ... 517

〔5〕 新しいタイプの商標……………………………………………… 519
〔6〕 おわりに………………………………………………………… 523

26 商標権侵害による損害　　　　　　　　　　　　　　　　524

大寄　麻代

　商標権侵害による損害賠償請求の審理と損害の算定について説明せよ。特許権侵害による損害と対比しつつ，説明されたい。

〔1〕 はじめに………………………………………………………… 524
〔2〕 商標権侵害による損害賠償請求の審理………………………… 527
〔3〕 商標法38条1項に基づく損害の算定…………………………… 528
〔4〕 商標法38条2項に基づく損害の算定…………………………… 536
〔5〕 商標法38条3項に基づく損害の算定…………………………… 542
〔6〕 商標法38条1項ないし3項相互の関係………………………… 545

判例索引

事項索引

『最新裁判実務大系　知的財産権訴訟』目次

〔第2巻〕

第5章　審決取消訴訟

- 27　審決取消訴訟の審理範囲と判決の効力〔柵木澄子〕／549
- 28　審決取消訴訟の当事者〔佐藤達文〕／564
- 29　侵害訴訟と審決取消訴訟の関係〔森義之〕／579

第6章　著作権関係

- 30　著作物性〔大川潤子〕／595
- 31　著作者〔荒井章光〕／614
- 32　職務著作〔岡田慎吾〕／635
- 33　著作権の保護期間〔小川卓逸〕／650
- 34　著作権侵害の主体〔勝又来未子〕／665
- 35　著作権の侵害〔大須賀滋〕／686
- 36　引用の抗弁〔東海林保〕／702
- 37　著作権の制限〔天野研司〕／720
- 38　著作者人格権〔寺田利彦〕／729
- 39　著作隣接権〔鈴木わかな〕／748
- 40　著作権侵害による損害〔今井弘晃〕／782

第7章　不正競争関係

- 41　混同惹起行為〔森崎英二〕／805
- 42　著名表示冒用行為〔西田昌吾〕／820
- 43　形態模倣行為〔廣瀬達人〕／829
- 44　営業秘密侵害行為〔鈴木千帆〕／844
- 45　ドメイン名に係る不正競争行為〔田邉実〕／867
- 46　品質誤認行為〔田原美奈子〕／894
- 47　営業誹謗行為〔沖中康人〕／908

第8章　その他の知的財産権訴訟

- 48　品種登録に係る訴訟〔中嶋邦人〕／923

49 パブリシティ権〔中島基至〕／944
50 ライセンス契約をめぐる訴訟〔山門優〕／960
・判例索引
・事項索引

序　章

知的財産権訴訟への招待

序　章　知的財産権訴訟への招待

髙部　眞規子

〔1〕　知的財産権訴訟の種類と特色

(1)　知的財産権訴訟の種類

(a)　知的財産の種類

　知的財産基本法において，「知的財産」とは，発明，考案，植物の新品種，意匠，著作物その他の人間の創造的活動により生み出されるもの（発見又は解明がされた自然の法則又は現象であって，産業上の利用可能性があるものを含む。），商標，商号その他事業活動に用いられる商品又は役務を表示するもの及び営業秘密その他の事業活動に有用な技術上又は営業上の情報をいい（知財基2条1項），「知的財産権」とは，特許権，実用新案権，育成者権，意匠権，著作権，商標権その他の知的財産に関して法令により定められた権利又は法律上保護される利益に係る権利をいう（同条2項）と定義されている。

(b)　知的財産権訴訟の種類

　知的財産権訴訟は，①知的財産に関する民事事件（特許権・実用新案権・育成者権・意匠権・著作権・商標権・回路配置利用権・不正競争防止法に関する事件）及び②特許庁のした審決及び決定に対する取消請求事件（行政事件）の大きく2つに分かれる。

　前記①の知的財産に関する民事事件には，専門技術的な要素が含まれる訴訟があり（特許権・実用新案権・回路配置利用権・プログラムの著作物についての訴え等），このようないわゆる技術型の知財訴訟は，東京地方裁判所及び大阪地方裁判所の専属管轄とされ（民訴6条1項），控訴審は知的財産高等裁判所の専属管轄とされている（同条3項，知財高裁設置法2条）。また，それ以外の知的財産に関する事件は，東京地方裁判所及び大阪地方裁判所が競合管轄を有することとなった（民訴6条の2）。

前記②の審決等の取消訴訟は，知的財産高等裁判所の専属管轄である（特許178条1項，新案47条1項，意匠59条1項，商標63条1項）。

(2) 知的財産権訴訟の特色

(a) 独占的・排他的権利

民法709条に定める不法行為は，原則として，損害賠償による被害の回復を目的としており，行為の差止めが認められるのは，一定の場合に限られる。知的財産権は，独占的・排他的権利であって，当該権利を侵害された者は，損害賠償請求のみならず，行為の差止め等を請求することができる。

例えば，特許権を例にとると，特許権者は，業として特許発明の実施をする権利を専有することが規定され（特許68条本文），その結果，第三者が業として特許発明を実施すれば特許権を侵害することになるから，特許権者は，自己の特許権を侵害する者又は侵害するおそれがある者に対し，その侵害の停止又は予防を請求することができる（特許100条1項）。民法に定める物権的な権利（民197条〜200条）に類似している。

実用新案権（新案16条・27条）・意匠権（意匠23条・37条）・商標権（商標25条・36条）や，著作権（著作21条〜28条・112条）・育成者権（種苗20条・33条）においては，同様に，権利の効力として権利者に一定の権利を「専有」させるとする規定を設け，その権利を侵害する者又は侵害するおそれがある者に対し侵害の停止又は予防を請求することができるといった条文が設けられている。

なお，不正競争防止法は，一定の行為が不正競争に当たるとした上で，不正競争による営業上の利益の侵害について差止請求権を法定している（不正競争2条1項・3条）。

(b) ダブルトラック

知的財産権のうち，特許権，実用新案権，意匠権及び商標権の4つを産業財産権という。産業財産権については，例えば，特許権についていうと，特許権の付与・有効性を争う手続として，まず，特許庁の審判手続を経由しなければならず，その審決等に不服のある者は，審決取消訴訟を提起することができるという仕組みを採っている（特許178条1項・6項）。しかも，無効審決の確定は，対世的かつ遡及的効力を有する（特許125条）。

20世紀の特許権侵害訴訟では，特許の無効を主張することは許されず，被告となった者は，必ず特許無効審判を請求することにより争うべきであるとされていたし，侵害訴訟を審理する裁判所は，特許の有効性について審理判断することは許されなかった[注1]。そこで，無効審判の審決が出るまで又はその取消訴訟の判決がされるまでの間，侵害訴訟の手続を中止することが行われていた（特許168条2項）。しかし，審決又は取消訴訟の判決がされるまで，長期間を要する事件もあり，権利者の迅速な権利実現の観点から見て問題があった。

　最判平12・4・11民集54巻4号1368頁〔キルビー特許事件〕は，「特許の無効審決が確定する以前であっても，特許権侵害訴訟を審理する裁判所は，特許に無効理由が存在することが明らかであるか否かについて判断することができると解すべきであり，審理の結果，当該特許に無効理由が存在することが明らかであるときは，その特許権に基づく差止め，損害賠償等の請求は，特段の事情がない限り，権利の濫用に当たり許されない」と判示して，上記大審院判例を変更した。

　これを受けて，平成16年特許法改正により，「特許権又は専用実施権の侵害に係る訴訟において，当該特許が特許無効審判により……無効にされるべきものと認められるときは，特許権者又は専用実施権者は，相手方に対しその権利を行使することができない。」との特許権者等の権利行使の制限の規定が置かれた（特許104条の3）。

　その結果，特許権侵害訴訟は極めて迅速化したが，侵害訴訟において特許法104条の3の抗弁を提出するとともに，特許庁でも特許無効審判を請求し，審決に不服があれば知財高裁に審決取消訴訟を提起する，といういわゆる「ダブルトラック」現象が起きる場合がある。なお，ダブルトラックによる判断齟齬も問題となったが，その点は，平成23年特許法改正により新設された特許法104条の4により，解消されている。

(c)　専門性

　「特許権，実用新案権，回路配置利用権又はプログラムの著作物について

（注1）　大判明治37・9・15刑録10輯20巻1679頁〔導火線製造器械事件〕，大判大正6・4・23民録23輯654頁など。

の著作者の権利に関する訴え」は，東京・名古屋・仙台又は札幌高等裁判所の管轄区域内に所在する裁判所が管轄権を有すべき場合には，東京地方裁判所の，大阪・広島・福岡又は高松高等裁判所の管轄区域内に所在する裁判所が管轄権を有すべき場合には，大阪地方裁判所の，管轄に専属する。また，その控訴審は，東京高等裁判所（知財高裁）に専属する（民訴6条）。

このように特に特許権侵害訴訟を含む特許権等に関する訴えの管轄について特別の規定が設けられた趣旨は，これらの訴訟は専門技術的要素が強いので，専門的処理体制の整った裁判所で審理判断することが相当であるというところにある。特許権等に関する訴えは，技術的にみても専門性が高く，また，法律的にも専門性の高い弁護士・弁理士が代理人となる，という意味で，専門訴訟の代表といわれる。

知財高裁，東京地裁及び大阪地裁では，専門部を設けてこれらの訴訟を担当し，専門的知見を活用してより迅速適正な判断を行うことにより，法的安定性が高まり，企業活動の指針となっている。

(d) 国 際 化

経済活動は，国境を越え，ボーダレス化している。また，インターネットの急速な普及に伴って，知的財産権紛争は，国際化が著しい。

そのため，まず，国際裁判管轄として，日本の特許権に関するもののみならず外国特許でも日本の裁判所の管轄が認められるかが問題となり，次に準拠法は，どこの国の法律で判断するかが問題となり，さらに，外国判決の承認・執行を含め，議論がある。

各国による知的財産権制度のハーモナイゼーションは進められてきているものの，訴訟システムに違いがあり，裁判所の判断までハーモナイズできるようになるのには，まだ時間がかかりそうである。

(3) 知的財産権訴訟の守備範囲

(a) 特許関係訴訟の種類

知的財産権訴訟のうち，量的にも質的にも大きな地位を占めるのが，特許関係訴訟である。

(ｱ) 侵害訴訟

その中でも，中心となる侵害訴訟の典型は，特許権者（又は専用実施権者）が原告となって，当該特許権を侵害する者又は侵害するおそれがある者を被告として，侵害行為の差止めを請求する訴訟である（特許100条1項）。また，特許権者（又は専用実施権者）は，差止請求とともに廃棄除却その他の侵害の予防に必要な行為を請求することができるし（同条2項），業務上の信用を回復するのに必要な措置を請求することもできる（特許106条）。特許権者（又は専用実施権者）の特許権を侵害した者に対する金銭請求は，損害賠償請求権（民709条），不当利得返還請求権（民703条）又は補償金請求権（特許65条）に基づくものである。そのような訴訟を総称して「特許権侵害訴訟」と呼んでいる。

　特許権侵害訴訟には，権利者側から侵害者側に向けられた上記訴訟のほか，これとは逆向きの，差止請求権不存在確認訴訟等もある。
　(イ)　職務発明訴訟
　職務発明対価請求訴訟は，従業者が，使用者に特許を受ける権利を承継させた場合の相当の対価の支払を請求する訴訟である（平成27年改正前の特許法35条3項）。最判平15・4・22民集57巻4号477頁〔オリンパス事件〕を契機に急増したが，法改正と企業の勤務規則改正等もあって，最近は，件数の上では多くない。
　(ウ)　契約関係訴訟
　特許権の実施契約をめぐっては，ライセンス料の請求訴訟のほか，債務不履行による損害賠償請求訴訟等がある。
　(エ)　登録関係訴訟
　特許権の移転，専用実施権の設定・移転・変更・消滅，特許権又は専用実施権を目的とする質権の設定・移転・変更・消滅等は，登録が効力要件とされている（特許98条）。特許権に関するこれらの登録請求訴訟には，契約に基づくものがあるほか，冒認や共同出願違反等，帰属をめぐる訴訟も散見される。
　(オ)　審決等取消訴訟
　特許出願については，特許庁で審査され，拒絶査定がされると，その査定に対する不服審判請求をすることができ（特許121条），その審決に対して，

訴えを提起することができる（特許178条1項）。ほかに，特許異議申立て（特許113条）について特許を取り消すべき旨の決定に対する訴えや，訂正審判請求（特許126条）が成り立たないとした審決に対する訴えもある。

さらに，特許権が付与された後も，特許無効審判の請求（特許123条）についての審決に対しては，請求が成り立たないとした審決についても，特許を無効にする旨の審決についても，訴えを提起することができる（特許178条1項）。ほかに，延長登録無効審判請求（特許125条の2）の審決に対する訴えもある。

上記の審決及び取消決定のほか，審判及び再審の却下の決定に対する訴えがあり（特許178条1項），これらを総称して「審決等取消訴訟」と呼んでいる。

(b) 実用新案権，意匠権に係る訴訟

実用新案権及び意匠権に関しても，若干の違いはあるが，訴訟の種類としては，特許関係訴訟とおおむね同様である。

(c) 商標権に係る訴訟

特許権と同様の侵害訴訟，契約関係訴訟及び登録関係訴訟がある。審決取消訴訟には，登録商標の取消審判（商標50条～53条の2）の審決に対する訴えが含まれる。

(d) 著作権に係る訴訟

著作権侵害訴訟・著作者人格権侵害訴訟・著作隣接権侵害訴訟のほか，契約関係訴訟及び登録関係訴訟がある。

(e) 不正競争防止法に係る訴訟

不正競争行為は，様々な類型があり（不正競争2条1項各号），それぞれに応じた差止請求・廃棄請求・侵害の予防に必要な行為の請求・損害賠償請求・信用回復措置請求等がある。

(f) その余の知的財産権訴訟

知的財産権訴訟としては，ほかに，種苗法に基づく育成者権をめぐる訴訟及び回路配置利用権に係る訴訟があり，また，知的財産権の境界領域に係るものとして，パブリシティ権をめぐる訴訟がある。

〔2〕 知的財産権訴訟の手続的な特徴

(1) 専門性の高い審理

　特許権等に関する訴えが，東京地裁及び大阪地裁の専属管轄となり，控訴審が東京高裁（知財高裁）の専属管轄となったことから（民訴6条，知財高裁設置法2条），専門性の高い審理が行われている。非技術的な知的財産権訴訟についても，東京地裁及び大阪地裁の競合管轄となっている。

　「専門性が高い」という意味は，取り扱う訴訟の対象が技術的に見て専門的であるという意味と，対象となる法律についての解釈が極めて専門的になっているという意味の2つがある。

　前者の専門性については，専属管轄である東京地裁及び大阪地裁並びに知財高裁に，裁判所調査官が配置されることにより，担保されている。裁判所調査官は，特許庁の審査官・審判官の経験者又は弁理士から選ばれて裁判所の常勤の職員となり，知的財産に関する事件の審理及び裁判に関して，①口頭弁論期日・審尋期日，争点又は証拠の整理を行うための手続，文書の提出義務又は検証の目的の提示義務の有無を判断するための手続，争点又は証拠の整理に係る事項その他訴訟手続の進行に関し必要な事項についての協議を行うための手続において，訴訟関係を明瞭にするため，事実上及び法律上の事項に関し，当事者に対して問いを発し，又は立証を促すこと，②証拠調べの期日において，証人，当事者本人又は鑑定人に対し直接に問いを発すること，③和解を試みる期日において，専門的な知見に基づく説明をすること，④裁判官に対し，事件につき意見を述べることを行う（民訴92条の8）。

　また，他の専門訴訟と同様，期日に専門委員を関与させることがある。専門委員は，非常勤の職員であり，大学教授や研究者等から選任される。そして，専門委員は，①争点若しくは証拠の整理又は訴訟手続の進行に関し必要な事項の協議をするに当たり，訴訟関係を明瞭にし，又は訴訟手続の円滑な進行を図るため必要があると認めるとき，専門的な知見に基づく説明を行う，②証拠調べをするに当たり，訴訟関係又は証拠調べの結果の趣旨を明瞭にす

るため必要があると認めるときは，証拠調べの期日において専門的な知見に基づく説明を行う，③和解を試みるに当たり，専門的な知見に基づく説明を行う（民訴92条の２）。

さらに，当事者から技術について説明を聴く「技術説明会」を実施することも行われている。

後者の専門性については，知財訴訟を扱う裁判所に専門性のある裁判官を配置し，知財高裁は５名の裁判官で審理判断する特別部を有していて（「大合議」といわれる。），事実上の判断の統一を図っているところから，国際的にも高い評価を得ているところである。

(2) 迅速適正な訴訟手続

(a) 計画的審理

訴訟は，原告が裁判所に訴状を提出することによって開始する（民訴133条）。訴状審査の上第１回口頭弁論期日が指定され，被告に訴状，答弁書催告状及び呼出状が送達されて（民訴137条～139条），第１回口頭弁論期日が開かれる。

特許権侵害訴訟をはじめとする民事事件たる知的財産権訴訟は，第１回口頭弁論期日を終えると，争点整理のため弁論準備手続期日が指定され，裁判長と主任裁判官の２名が受命裁判官となって弁論準備手続を主宰することが多い。弁論準備手続期日では，数回にわたり，双方が主張立証を準備するが，当事者のどちらがいつまでにどのような主張立証を行うか等のスケジュールが定められ，計画的審理が行われていることが特色である。

差止請求のみの場合は，争点が整理できた段階で，弁論準備手続を終結し，第２回口頭弁論期日において弁論を終結して判決言渡しに至るか，又は和解勧告により和解期日が設けられることがある。

損害賠償請求を含む場合は，侵害の成否に関する争点が整理できた段階で，裁判所が損害論に入るか否かを含め検討し，損害論に入らない場合は，中間判決に至る可能性もあるとした上で上記と同様の手続になる。侵害論と損害論とを峻別して審理されることからも，例えば，特許権侵害に当たるといえるか否か，また，対象製品が特許発明の技術的範囲に属するか否かといった

点について，中間判決をする先例がある(注2)。

また，損害論に入る場合は，弁論準備手続期日において，裁判所の心証を一定程度開示した上，損害論の争点整理手続に入るか，又は和解勧告がされ，以後上記と同様の手続になる。侵害論と損害論を分けて審理する，いわゆる二段階審理を行っていることが特徴的である。

特許権侵害訴訟等の控訴審においては，第1審において，充実した主張立証が行われているところから，一部の例外を除いて，1，2回の口頭弁論によって審理が終結することが多い。

審決取消訴訟は，知財高裁が第1審であり，特許・実用新案に係る審決取消訴訟においては，受命裁判官による弁論準備手続が2，3回行われた後，口頭弁論期日を迎える。意匠・商標に係る審決取消訴訟は，最初から口頭弁論期日が行われ，1回又は2回の期日で終結することが多い。このように，審決取消訴訟についても，迅速な審理判断が行われている。

(b)　適時の主張立証

上記のとおり，計画的審理が迅速に行われているので，当事者としては，適時の主張立証が不可欠である。

知的財産権訴訟において特に問題となるのは，損害論に入った後の新たな無効主張が許されるか，控訴審における均等主張や訂正の対抗主張が許されるか，といった点である。これらは，主張によっては結論を左右しかねない論点である。

しかし，例えば，最判平29・7・10民集71巻6号861頁〔シートカッター事件〕は，特許権侵害訴訟においては，無効の抗弁に対して訂正の再抗弁を主張することができるものとされていることを前提として，特許権の侵害に係る紛争を一回的に解決することを図ったものであり，特許権侵害訴訟の終局判決の確定前であっても，特許権者が，事実審の口頭弁論終結時までに訂正の再抗弁を主張しなかったにもかかわらず，その後に訂正審決等の確定を理由として事実審の判断を争うことを許すことは，終局判決に対する再審の

(注2)　東京地（中間）判平14・9・19判タ1109号94頁〔青色発光ダイオード事件〕，知財高（中間）判平21・6・29判時2077号123頁〔中空ゴルフクラブヘッド事件〕，知財高（中間）判平23・9・7判タ1387号294頁〔切餅事件〕）。

訴えにおいて訂正審決等が確定したことを主張することを認める場合と同様に，事実審における審理及び判断を全てやり直すことを認めるに等しいとして，「特許権者が，事実審の口頭弁論終結時までに訂正の再抗弁を主張しなかったにもかかわらず，その後に訂正審決等が確定したことを理由に事実審の判断を争うことは，訂正の再抗弁を主張しなかったことについてやむを得ないといえるだけの特段の事情がない限り，特許権の侵害に係る紛争の解決を不当に遅延させるものとして，特許法104条の3及び104条の4の各規定の趣旨に照らして許されない」旨判示している。

(3) 営業秘密にかかわる主張立証

(a) 営業秘密保護の要請

知的財産権法においては，知的財産権の保護の観点から，侵害行為や損害の立証を容易化すべく民事訴訟法の特則が置かれ，通常の民事訴訟より証拠の提出を求められる場合が拡大されている。他方，知的財産権訴訟において提出されるべき証拠には，営業上又は技術上のノウハウなど営業秘密が含まれる場合が多々あり，営業秘密としての価値が喪失してしまうことのないような配慮が必要である。このように，知的財産権訴訟においては，通常の民事訴訟以上に，立証の容易化ないし真実発見の要請と営業秘密の保護の要請の両者をいかに調整するかが課題となる。

(b) 訴訟記録の閲覧等の制限

民事訴訟法91条は，何人も訴訟記録の閲覧を請求することができる旨を定めるが，同法92条1項2号は，その例外として，訴訟記録に営業秘密が記載されている場合には，準備書面ないし書証における秘密の記載部分について，閲覧若しくは謄写，その正本，謄本若しくは抄本の交付又はその複製ができる者を当事者に限ることができるという，訴訟記録の閲覧等の制限の規定を設けた。知的財産権訴訟においては，訴訟記録の閲覧等の制限は，しばしば利用されている。

(c) 秘密保持命令

知的財産権訴訟においては，提出を予定している準備書面や証拠の内容に営業秘密が含まれる場合には，当該営業秘密を保有する当事者が，相手方当

事者によりこれを訴訟の追行の目的以外の目的で使用され，又は第三者に開示されることによって，これに基づく事業活動に支障を生ずるおそれがあることを危惧して，当該営業秘密を訴訟に顕出することを差し控え，十分な主張立証を尽くすことができないという事態が生じ得る。知的財産権諸法が，秘密保持命令の制度（特許105条の4～6・200条の2・201条等）を設け，刑罰による制裁を伴う秘密保持命令により，当該営業秘密を当該訴訟の追行の目的以外の目的で使用すること及び同命令を受けた者以外の者に開示することを禁ずることができるとしている趣旨は，上記のような事態を回避するためである[注3]。

このように，秘密保持命令の趣旨は，営業秘密を訴訟手続に顕出することを容易にし，営業秘密の保護及び侵害行為の立証の容易化を図り，審理の充実を図るものであり，営業秘密が絡む知的財産の保護に前進を与える制度である。秘密保持命令が発令された事案自体多くはないが，このような制度に裏打ちされて，証拠が任意に提出され，場合によっては，当事者同士で秘密保持契約を締結するなどして，真実発見に寄与している。

(d) インカメラ手続

営業秘密が記載された書類について書類提出命令の申立てがされ，その書類について侵害行為の立証等のために必要な文書かどうか及び書類の保持者において提出を拒む正当な理由があるかどうかを判断するため必要があると認めるときは，民事訴訟法223条6項と同様のインカメラ手続で書類を提示させることができる（特許105条2項[注4]）。

(e) 公開停止

特許権若しくは実用新案権の侵害に係る訴訟又は不正競争による営業上の利益の侵害に係る訴訟について，憲法の認める範囲内で，公開停止の要件及び手続を法律で明確化する必要性が認識されたことから，営業秘密に関する当事者尋問等の公開停止に関する法律上の規定が設けられた（特許105条の7

(注3) 最決平21・1・27民集63巻1号271頁〔液晶テレビ事件〕。
(注4) 平成30年法律第33号による改正（以下「平成30年改正」という。）により，裁判所が書類提出命令を発令するに際して非公開（インカメラ）で書類の必要性を判断できる手段を創設するとともに，技術専門家（専門委員）がインカメラ手続に関与できるようになる（改正特許105条2項・4項）。

第1項)。

(f) 秘密保持の要請と主張立証

　秘密保持命令は，その名宛人となった当事者等に対して，当該訴訟の追行に限られない広い範囲において刑事罰の威嚇の下で行動の制約を課することになることもあってか，訴訟代理人弁護士限りの開示であっても，弁護士としては責任を負いきれないという意見もあるというし，企業においても，下手に相手方の営業秘密にアクセスすると，自己の独自の技術と相手方の営業秘密が混じり合ってコンタミネーションを生じ，その後仕事にならないという。そのためもあって，秘密保持命令制度創設後も利用件数は極めて少ない。また，知的財産権訴訟においては，当事者尋問をする機会自体がまれであるため，公開停止の利用事例もない。

　しかしながら，営業秘密を保護する前記のような制度が存在することの意義は極めて大きいものである。すなわち，最終的にはこのような手段を用いることができることを拠り所として，任意に書類を提出するなど，立証活動を促進して審理の充実を図る効果がある。営業秘密を保護しつつ，真実発見ひいては適正な裁判の実現を目指していくことが可能となった。立証の容易化及び審理の充実を図るために用意された様々な手続的メニューの中から，具体的事案において，秘密の内容や程度及び当事者双方の利益状況等を総合的に判断した上，最も適切な方法を選択して，審理を充実させることができるよう，訴訟運営が行われることが望まれる。

(4) 知的財産権の保護を目的とする制度設計

(a) 請求の内容

　通常の不法行為では，損害賠償を請求するのが原則であるところ，知的財産権訴訟においては，差止請求が法定され，さらに，廃棄請求その他侵害の予防に必要な行為の請求も法定されて，侵害行為からの救済が図られている。

　特許法100条2項は，差止請求権を行使するに際し，侵害の行為を組成した物（物を生産する方法の特許発明にあっては，侵害の行為により生じた物を含む。）の廃棄，侵害の行為に供した設備の除却その他の侵害の予防に必要な行為を請求することができる旨規定する。

民法上の物権的請求権と対比して考えると，侵害行為の停止・予防請求とともに，侵害組成物の廃棄や，侵害行為に供した設備の除却まで請求できることが法定されているというのは，差止請求の実効性を担保する上で，権利者側に極めて有利な制度であるといえよう。

　「侵害の行為に供した設備」とは，例えば，物の発明に係る構成を実現するための金型・機械等の設備，単純方法の発明にあってはその方法に供する道具，物を生産する方法の発明にあってはその製造装置等をいう。これらのものを除却させれば，対象製品を製造することも販売することもできないから，実効性をもって差し止めることができる。

　もっとも，「侵害の予防に必要な行為」は，特許発明の内容，現に行われ又は将来行われるおそれがある侵害行為の態様，特許権者が行使する差止請求権の具体的内容等に照らし，差止請求権の行使を実効あらしめるものであって，かつ，差止請求権の実現のために必要な範囲内のものであることを要する[注5]。すなわち，差止めの実効性のみならず必要性をも総合して判断すべきであるということになる。

　(b)　対象製品の特定と被告の具体的態様の明示

　特許権侵害訴訟において，原告において対象製品及び対象方法の構成を主張立証すべき責任がある。探索的な訴訟を提起してはならないことは当然であろう。しかし，被告の製造販売する製品が市場で入手できるような場合には，その立証は容易であろうが，製品が注文生産に係るもので第三者の工場内に設置されている場合や，被告の使用する方法が被告の工場内で行われている場合には，特許権者側がこれを主張立証することには困難が伴い，他方，被告側は自らの行為であって反論反証をすることは困難なことではない。このことは，営業秘密が問題になる不正競争訴訟でも同様である。

　そこで，生産方法の推定規定（特許104条）及び技術上の秘密を取得した者の使用行為の推定規定（不正競争5条の2）が置かれている。また，原告が対象製品・対象方法を具体的に主張している場合に，被告が原告の主張する物や方法の具体的態様を否認するときは，明らかにすることができない相当の

　（注5）　最判平11・7・16民集53巻6号957頁〔生理活性物質測定法事件〕。

理由がある場合を除き，自己の行為の具体的態様を明らかにしなければならないとの規定が設けられた（特許104条の2，不正競争6条）。これにより，侵害行為の立証が従前に比べ容易化され，特定論の審理の迅速化に大いに役立ったといえよう。

(c) 書類提出命令

特許法105条は，特許権侵害訴訟において，当該侵害行為の立証又は侵害行為による損害の計算のための書類の提出につき，特別の規定を置いている。同条は，民事訴訟法220条の特則として，権利者の侵害行為及び損害額立証の困難さを解消し，より実効性のあるものとするために設けられた規定である。それによれば，裁判所は，当該侵害行為の立証又は侵害行為による損害の計算のため必要な書類の提出を命じることができ，書類の所持者においてその提出を拒むことができる正当な理由があるときは，この限りでないとされている。

特許法105条1項ただし書は，「正当な理由」があれば，書類の所持者はその提出を拒むことができる旨規定しており，民事訴訟法220条4号がイないしホのいずれにも該当しないとき文書の所持者は提出を拒むことができないとしているのと，規定の仕方が異なる。民事訴訟法がいわば除外事由を限定的に列挙しているのに対し，特許法では一般条項的文言で除外できる場合をより限定している。

特許法105条にいう「正当な理由」については，従前，当該書類に記載されている情報の性質や秘密性の度合いを考慮しながら，開示することにより書類の所持人が受ける不利益と，書類が提出されないことにより申立人が受ける不利益とを比較衡量して判断するものといわれてきた。

もっとも，同条の規定を条文に即してこのことをより正確に表現すれば，①「侵害行為の立証又は侵害行為による損害の計算のための必要性」が認められれば，②「正当な理由」のない限り，書類の提出を命じることができる。すなわち，書類の提出を求める権利者側で，上記①の事情すなわち訴訟追行上の必要性を主張疎明し，書類の所持者側で，上記②の事情すなわち開示されることによる所持者の不利益を主張疎明して，裁判所がこれを判断することになる。

秘密保持命令制度が導入されたことにより，提出した書類に記載されている営業秘密について，開示した後も秘密性を維持することが可能となったため，書類提出を拒む「正当な理由」の具体的判断が変わるのではないかという点が問題となる。

秘密保持命令による保護の下で当事者に主張立証を尽くさせるのが秘密保持命令創設の趣旨であることに照らせば，制度創設前に比べると，結果として，文書提出命令を発令する場合が拡大することが予想される。

また，インカメラ審理においても，秘密保持命令の下で，文書提出命令の申立人の側でも対象書類につき開示を受けることができるようになったため（特許105条3項・105条の4第1項1号），開示後，当事者間で訴訟に提出する書類の範囲を合意するなどした上で，書類の所持人が，任意に当該部分を提出することもあり得よう。このように，提出される書類の範囲は，従前より広がるものと思われる。

平成30年特許法改正により，インカメラ審理ができる場合が侵害行為の立証等のため必要性があるか否かについても拡張され（同改正後の特許105条2項），インカメラ審理に専門委員を関与させることが可能となって（同改正後の特許105条4項），書類提出命令がより利用しやすくなった。

(d) 損害額の推定

(ア) 損害額の推定規定

侵害行為があった場合に，それによって権利者の売上げがどれだけ減少したかについては，侵害行為と売上げ減少との間に相当因果関係が認められなければならず，その立証は，例えば市場が原告と被告のみで占められているような例外的場合に限られ，難しいものといわれていた。特許権侵害を理由とする損害賠償請求は，民法709条を根拠条文とするものであり，民法709条によって請求できる損害は，積極的財産損害，消極的財産損害（逸失利益）及び無形損害（慰謝料）があるが，特に逸失利益については，相当因果関係が大きなネックとなっていた。

特許法102条は，このうち侵害による権利者の販売減少を理由とする消極的財産損害についての損害算定の特則と位置付けられる。すなわち，損害賠償の額については，特許法102条により，特許権者が侵害行為がなければ販

売することができた逸失利益を損害額とし（特許102条1項），侵害者の利益の額を損害額と推定し（同条2項），又は特許発明の実施に対し受けるべき金銭の額に相当する額を損害額として（同条3項），その賠償を請求することができると規定されている。特許権者は，①特許法102条1項に基づき，特許権者が侵害行為がなければ販売することができた逸失利益を損害額とし，②同条2項に基づき，侵害者の利益の額を損害額と推定し，③同条3項に基づき，特許発明の実施に対し受けるべき金銭の額に相当する額を損害額とし，又は④民法709条により得べかりし利益を請求することができるのである。これらの条項は，特許権侵害という不法行為に基づく損害賠償請求権を算定する方法として存在するから，各項ごとに異なる請求権があるわけではない。

なお，手続的にも，文書提出命令の拡充（特許105条）や計算鑑定（特許105条の2）等の規定が整備されたことにより，損害立証の容易化にもつながっている。

(イ) 特許法102条1項

特許法102条1項創設前は，侵害行為と権利者の販売数量の減少との間に相当強い関連性が推認される場合に限って，侵害製品の販売数量に対応した数量についての逸失利益が認められていたが，そうでない場合は，請求が認められず，オールオアナッシングとなっていた。そこで，侵害者の営業努力や代替品の存在等，権利者において侵害品の販売数量と同数の販売をすることが困難であった事情が訴訟において明らかになった場合でも，それらの事情を考慮して現実的な損害額が算定できるルールとして，現行の特許法102条1項が新設された。

同項の本文の規定は，特許権はその技術を独占的に実施する権利であり，その技術を使った製品は特許権者しか販売できないから，特許権者の実施能力の限度では侵害者の譲渡数量と権利者の喪失した販売数量が一致する。そこで，「侵害者の譲渡数量」に「権利者の製品の単位数量当たりの利益額」を乗じた額を，実施能力に応じた額の限度において，損害額とするものである。ただし書の規定は，実際の侵害事件では権利者において侵害品の販売数量と同数の販売をすることが困難であった事情により，侵害者の譲渡数量と権利者の喪失した販売数量が一致しない事情が存在する場合があるところか

ら，侵害者がその事情を立証することにより，その事情に応じた額を控除するものである。

特許法102条1項には，「その者がその侵害の行為を組成した物を譲渡したときは」と規定されているが，「譲渡」以外の実施行為（特許2条3項）についても，当該行為が特許権者の販売機会を喪失させたと評価できる場合には，特許法102条1項を適用することができる[注6]。

(ウ) 特許法102条2項

侵害訴訟の被告が侵害行為により利益を受けているときは，その利益の額は，特許権者又は専用実施権者が受けた損害の額と推定する規定である。通常，侵害により自己が受けた損害額の立証に比べて相手方の受けた利益の額の立証の方が容易であることから，立証の困難性を軽減するため，侵害者の利益額を特許権者の損害額と推定するとの規定を置いたものとされている。

特許法102条2項は，民法の原則の下では，特許権侵害によって特許権者が被った損害の賠償を求めるためには，特許権者において，損害の発生及び額，これと特許権侵害行為との間の因果関係を主張立証しなければならないところ，その立証等には困難が伴い，その結果，妥当な損害の塡補がされないという不都合が生じ得ることに照らして，侵害者が侵害行為によって利益を受けているときは，その利益額を特許権者の損害額と推定するとして，立証の困難性の軽減を図った規定である[注7]。

従前は，特許法102条2項の損害を請求するに関し，特許権者等の実施が必要か否かについて，学説は分かれており，実施必要説が従前の多数説・裁判例の立場であったが，前掲（注7）知財高判平25・2・1〔ごみ貯蔵機器事件〕は，特許権者において，当該特許発明を実施していることを要件とするものではないとの新しい判断を示し，特許権者に，「侵害者による特許権侵害行為がなかったならば利益が得られたであろうという事情が存在する場合」には，特許法102条2項の適用が認められると解すべきであり，特許権者と侵害者の業務態様等に相違が存在するなどの諸事情は，推定された損害額を覆滅する事情として考慮されると判断した。

（注6） 知財高判平27・11・19判夕1425号179頁〔オフセット輪転機版胴事件〕。
（注7） 知財高判平25・2・1判夕1388号77頁〔ごみ貯蔵機器事件〕。

(エ) 特許法102条3項

　特許法102条3項は，特許権侵害の際に特許権者が請求し得る最低限度の損害額を法定した規定である。原則として，侵害品の売上高を基準とし，そこに，当該特許発明自体の価値や当該特許発明を当該製品に用いた場合の売上げ及び利益への貢献などを考慮して相当とされる実施料率を乗じて算定される(注8)。

(5) 和解による解決

(a) 知的財産権訴訟における和解

　第1審で半数近くの事件が和解により終了していることも，知的財産権訴訟の特色であろう。

　民事訴訟は，一般に和解により解決が可能であるが，その中で，例えば，当事者間に感情的な対立が激しい場合には，和解は困難なことが多い。知的財産権訴訟の中でも，特許権侵害訴訟は，会社同士の，いわばビジネスとしての紛争であり，合理的な解決を志向する場合が多く，しかも，長期間の訴訟状態の継続よりも，迅速な解決が望まれる分野であることから，和解になじむ訴訟類型といえよう。

　他方，知的財産権訴訟の中にも，人格訴訟ともいわれ，当事者がその経済性を度外視し，裁判所によって権利や法律関係の存否を公権的に確定されることを目的とする事件類型が存在する。著作者人格権を主張する事案などにみられる。人格訴訟では，自己の著作物への愛着といった感情も入ってくることが多く，当事者が経済的合理性を追求するのではなく，いわば筋を通すところから，和解が困難な事案も多々ある。他方，全ての著作権訴訟において和解が困難というわけではなく，例えば，プログラムに関する侵害訴訟のように，会社同士の，ビジネスとしての特許紛争に近い場合には，当事者が，合理的な解決を志向して，長期間の訴訟状態の継続よりも迅速な解決を望むこともあり，一定程度和解が成立する可能性もある訴訟類型もある。

　和解は，判決になれば敗訴するリスクの高い当事者にとって，よりメリッ

　(注8)　知財高判平27・11・12判タ1424号136頁〔生海苔の共回り防止装置事件〕。

トが大きいが，勝訴見込みの当事者にとっても，判決よりメリットがある場合も多い。また，グローバル化に伴って，対応特許や関連する特許権について，外国でも紛争が生じているケースもあるが，それらの紛争を一挙に解決することも可能である。

(b) 権利者側に有利な心証が得られた場合

原告である権利者が勝訴する旨の心証が得られた場合，敗訴判決によって，差止めや損害賠償を命じられる被告側にとって，和解のメリットは大きい。現に製造販売を行っている商品の製造販売の禁止が命じられることにより，ビジネスに大きな打撃を受けるだけではなく，当該商品の取引先も知的財産権侵害を行っていることになり，迷惑をかけるほか，消費者からも，侵害者という評価を受け企業イメージにダメージが生じることになりかねない。また，判決に比べ，和解であれば，設計変更を行う時間的余裕も生まれるし，設計変更後の商品については知的財産権を侵害するものではないことの確認を受けることも不可能ではない。さらに，損害賠償の額や支払方法において相手方の譲歩を引き出すことが可能であるし，取引先へも知的財産権侵害を喧伝されないような約定を締結することも可能である。

勝訴判決を受ける側の原告権利者としても，侵害論終了後の損害論で時間を費やすことがあるから，和解により，迅速な解決にもとる事態を避けられる。また，第1審で侵害の心証が得られた場合であっても，新たな権利無効の抗弁が提出されたり，別個の無効審判を請求されたりすると，結論自体が変更される可能性も否定できないところ，原告の権利に関し有効性を争わないとの条項を入れる和解により，そのようなリスクを回避することができる。さらに，被告も納得した上で和解が成立することから，任意の履行が期待できるし，将来の設計変更等についても，きめ細かい約束を取り付けることが可能である。

(c) 権利者側に不利な心証が得られた場合

権利者側が不利な場合には，和解が成立しにくいといわれることもあるが，必ずしもそうとはいえない。

原告である権利者側に不利な心証のうち，特に，特許法104条の3等により，権利が無効にされるべきであるとの判断が予想される場合には，原告は，

判決理由中でそのような理由を記載されるデメリットを回避し，権利を有効に存続させるためにも，和解のメリットがある。なお，被告の特許無効の抗弁に対抗するため特許請求の範囲の減縮を目的とする訂正を請求している場合であっても，和解の内容次第で，減縮前のクレームのまま，特許権を維持することが可能である。また，将来の権利不行使と引換えに，被告に権利の有効性を争わないとの約束を取り付けることも可能である。

勝訴判決を受ける側の被告としても，差止めを求められている製品が自由に製造販売でき，損害賠償を支払わなくてもよいのであれば，和解するメリットはあるはずである。侵害訴訟で被告側として訴訟が係属し続けることは，ビジネス上メリットがあるとはいえないし，控訴審・上告審と訴訟が続くことによって，訴訟費用がかさむ可能性もある。また，第1審の心証が例えば特許請求の範囲に属さないというものであっても，控訴審で均等論が主張され，結論が逆転する場合や，特許無効の抗弁に対して訂正の対抗主張が容れられて結論が逆転する場合もないとはいえないから，和解により早期に紛争を解決するメリットはあると思われる。

〔3〕 知的財産権訴訟の主要な論点と本書の概要

(1) 本書の概要

本書は，知的財産権訴訟について，その主要な争点について，現在又は過去に知財高裁又は東京地裁・大阪地裁の知財部において専門的に取り扱った現職の裁判官が解説するものである。

序章のあとは，8つの章に分かれ，第1章（総論），第2章（特許・実用新案関係），第3章（意匠関係），第4章（商標関係），第5章（審決取消訴訟），第6章（著作権関係），第7章（不正競争関係），第8章（その他の知的財産権訴訟）となっている。

第2章から第5章はいわゆる産業財産権（特許権・実用新案権・意匠権・商標権）に関する訴訟を，民事事件（第2章〜第4章）と行政事件（第5章）に分けたものである。もっとも，行政事件（審決取消訴訟）において主たる争点とな

る登録要件については，侵害訴訟における無効の抗弁にも関連するため，第2章から第4章において取り上げている。第6章以下は，産業財産権訴訟以外の，著作権・不正競争防止法，その他の知的財産権訴訟について論じている。

(2) 総　論

第1章では，知的財産権訴訟全般に共通する問題を扱った。

特に，特許権に関する訴えは専属管轄と規定されているため，民事訴訟法6条所定の「特許権等に関する訴え」の意義が問題になるところ，専属管轄違背は上告理由でもあるため，これを正確に把握する必要がある（⇒〔1〕「知的財産権訴訟の管轄」）。

また，知的財産権訴訟の特色として述べたように，営業秘密に係る証拠の提出は，真実発見と営業秘密の保護の2つの要請をいかに調和させるかという難しい問題である（⇒〔2〕「立証の容易化と営業秘密」）。

さらに，このグローバル化の現代にあって，企業活動は，国際化している。国際裁判管轄については，民事訴訟法3条の2以下に規定が設けられたが，知的財産権の侵害訴訟そのものについての規定はない。現に国際的・渉外的要素を含む知的財産権訴訟も提起されているが，このような訴訟については，国際裁判管轄や準拠法をいかに考えるかが，企業の国際的な活動と相まって極めて重要である（⇒〔3〕「知的財産権訴訟の国際管轄」，〔4〕「渉外的要素を含む知的財産権訴訟の準拠法」）。

(3) 特許・実用新案関係

第2章では，特許・実用新案の民事事件について論じている。知的財産権訴訟の中でも，最も件数が多いのが，特許権に係る民事訴訟である。

(a) 特許権侵害訴訟

(ア) 特許権は，特許庁に出願し，審査を経て，登録査定を受け，設定の登録により発生する（特許66条）。そこで，まず，特許の要件について，説明する（⇒〔5〕「特許・実用新案の登録要件」）。拒絶理由を発見しないときは特許査定がされ（特許51条），特許要件は，特許の無効理由とも重なるため（特許

123条1項各号），特許権侵害訴訟における無効の抗弁（特許104条の3）にも関係する。

　(イ)　民事事件の代表となる特許権侵害訴訟においては，侵害論と損害論に分けて審理され，二段階審理が行われていることは，前述のとおりである。侵害論は，さらに，充足論と無効論に分けられる。

　特許権侵害訴訟においては，被告の行為が原告の特許権を侵害するか否か，すなわち，対象製品が特許発明の技術的範囲に属するか否かが重要な争点となる。

　特許権侵害に当たるか否かを判断するに当たっては，特許発明の技術的範囲を大前提，被告が製造販売等をする対象製品を小前提として，後者が前者に包含されるか否かという三段論法を用いる。したがって，①特許発明の特許請求の範囲を構成要件に分説し，特許発明の技術的範囲を確定した上，②対象製品（又は方法）をこれと対比し，③その構成要件を全て充足しているか否かを判断することになる。

　(ウ)　上記(イ)①の特許発明の技術的範囲は，願書に添付した特許請求の範囲の記載に基づいて定めなければならないと規定されている（特許70条1項）。発明が無体物であることからその内容は文言によって構成が説明されているところ，特許請求の範囲に記載された用語がいかなる意味を有するかの解釈が「クレーム解釈」である（⇒〔6〕「クレーム解釈」）。

　クレームの解釈に当たっては，特許請求の範囲の記載が基本となるが（特許70条1項），明細書の記載を考慮して解釈するものとされている（同条2項）(注9)。

　また，出願経過が参酌される場合がある（包袋禁反言の法理（File wrapper estoppel）ないし審査経過禁反言（Prosecution history estoppel）といわれる。）。すなわち，出願手続において，特許請求の範囲の記載について限定的な意見を述べた場合や，減縮して補正・訂正した場合に，侵害訴訟においてこれと反する主張をすることが，禁反言として許されないとされる場合がある。

　さらに，従前は，公知技術について，公知部分除外説を採用する判例も

　(注9)　最判昭50・5・27裁判集民115号1頁〔オール事件〕。

あった(注10)。しかし，出願当時の技術水準を参照するために公知技術を参酌する手法(注11)はともかく，特許無効の抗弁が認められた今日においては，公知部分の除外といった手法によるクレーム解釈は許されない。公知技術を含む特許発明については，特許無効の抗弁とこれに対する訂正の対抗主張によって解決すべきものと解される。

なお，特許発明の技術的範囲の確定の場面のクレーム解釈と，特許が無効か否か，すなわち新規性・進歩性を有するか否かの判断をする上で発明の要旨をどのように認定するかという場面のクレーム解釈は，一致させるべきであろう(注12)。

(エ) 前記(イ)②の対象製品の特定については，特許権者側は，請求原因として，対象製品の構成を特許請求の範囲の構成要件に対応する形式の文章で主張立証し，特許発明の構成要件と対比する必要がある。

特許権侵害を理由とする損害賠償請求の場合は，原告の特許権と被告の行為（対象製品）及び損害賠償の期間の関係によって，審判の対象ないし既判力が画される。請求原因においては，原告の特許発明の構成要件と対象製品の構成とを対比する作業が必要であり，その前提として，被告がした行為の態様や被告製品が特定されなければならない。

特許権侵害訴訟の対象製品は，差止請求・廃棄請求の場合は，訴訟物を明らかにして，審理の対象及び判決の効力が及ぶ範囲を確定する意義を有するものである(注13)。差止請求訴訟の判決主文ないし請求の趣旨については，差止めの対象となる製品を物件目録として判決や訴状の末尾に添付した上，これを引用して差し止めるべき行為の具体的態様を示すのが一般的である。したがって，差止請求及び廃棄請求においては，差し止められるべき行為の具体的な態様を記載する必要があり，ことに対象製品そのものが判決主文ないし請求の趣旨の内容を構成しているため，その行為態様や製品の特定が不可

(注10)　最判昭39・8・4民集18巻7号1319頁〔回転式重油燃焼装置事件〕，最判昭49・6・28裁判集民112号155頁〔一眼レフカメラ事件〕。
(注11)　最判昭37・12・7民集16巻12号2321頁〔炭トロ事件〕。
(注12)　最判平27・6・5民集69巻4号700頁〔プラバスタチンナトリウム事件〕の千葉勝美裁判官補足意見。
(注13)　東京地判平17・2・25判タ1196号193頁〔コンテンツ中継サービス装置事件〕。

欠となる。このように，特許権侵害訴訟において，相手方の侵害の行為を組成した物又は方法を特定して主張することは，差止請求の対象として，審判の対象ないし訴訟物を特定することにより判決の既判力の客観的範囲を画定し，執行の対象を特定するために必要であるとともに，当該物又は方法が特許発明の技術的範囲に属するか否かを対比することにより，特許権侵害の成否を判断するために必要である。

　(オ)　前記(イ)③のとおり，相手方が製造等をする対象製品等は，特許発明の構成要件を全て充足していることが必要であり，特許請求の範囲に記載された構成中に対象製品等と異なる部分が存する場合には，上記対象製品等は，特許発明の技術的範囲に属するということはできない（文言侵害）。

　その例外の一つが均等侵害である（⇒〔7〕「均等論」）。特許請求の範囲に記載された構成中に対象製品等と異なる部分が存する場合であっても，(i)上記部分が特許発明の本質的部分ではなく，(ii)上記部分を対象製品等におけるものと置き換えても，特許発明の目的を達することができ，同一の作用効果を奏するものであって，(iii)上記のように置き換えることに，当該発明の属する技術の分野における通常の知識を有する者（当業者）が，対象製品等の製造等の時点において容易に想到することができたものであり，(iv)対象製品等が，特許発明の特許出願時における公知技術と同一又は当業者がこれから上記出願時に容易に推考できたものではなく，かつ，(v)対象製品等が特許発明の特許出願手続において特許請求の範囲から意識的に除外されたものに当たるなどの特段の事情もないときは，上記対象製品等は，特許請求の範囲に記載された構成と均等なものとして，特許発明の技術的範囲に属する^(注14)。文言侵害が成立しない場合における均等侵害の成否については，最高裁判決の5要件の充足性を判断すべきことになる。各要件については，解釈や適用において議論も多く，近時，最判平29・3・24民集71巻3号359頁〔マキサカルシトール事件〕など，重要な判例が出されている。

　また，もう一つの例外として，間接侵害がある（⇒〔8〕「特許権の間接侵害」）。特許発明の全部ではなく，その一部を実施する行為のうち，特許権侵

　(注14)　最判平10・2・24民集52巻1号113頁〔ボールスプライン軸受事件〕。

害を惹起する蓋然性の高い行為に限って，特許権侵害と定めたのが間接侵害である。侵害品の生産に用いる物の生産等の行為は，専用品の場合（「侵害品の生産にのみ用いる物」）及び課題の解決に不可欠で主観的要件を満たす場合には，特許権侵害とみなされる（特許101条）。間接侵害は，特許権の効力の実効性を確保するための規定であり，特許権の不当な拡張とならないような注意が必要である。間接侵害に関しては，これを直接侵害規制の実効性を確保するための規定であると解釈する立場から，直接行為者に特許権侵害が成立する場合にのみ間接侵害を認める見解（従属説）と，特許権に本来の効力に追加して別の効力が認められたと解釈する立場から，直接行為者に特許権侵害が成立しない場合であっても間接侵害を肯定する見解（独立説）の対立がある。直接行為者の行為が特許権侵害に当たらない，家庭的個人的実施の場合，実施許諾を受けている場合，試験又は研究のためにする実施の場合等に間接侵害が成立するか否かが問題となる。間接侵害の要件と効果について，判決主文の在り方を含め検討する。

　(カ)　侵害訴訟における被告の抗弁として，現在最も多くの事件で主張されるのは，特許無効の抗弁である[注15]（特許104条の3）（⇒〔9〕「特許無効の抗弁」）。

　特許無効の抗弁の内容は多岐にわたる。そして，具体的な無効理由としては，例えば新規性・進歩性・サポート要件・実施可能要件等が問題になることが多い（⇒〔5〕「特許・実用新案の登録要件」）。また，無効の理由において冒認や共同出願違反等発明者が誰かが問題になることもある（⇒〔10〕「冒認と共同出願違反」）。冒認や共同出願違反を理由とする移転登録請求も可能となったが（特許74条），発明者性が争われた場合は，証拠調べを行うなどして発明の完成に至る事実経過を確定する必要があり，発明者をどのように認定すべきかが問題となる。

　特許法104条の3は，特許無効審判請求を行うことなく，裁判所の手続のみで無効にされるべき権利の行使をさせないことを可能にした条文である。しかも，平成23年特許法改正により，特許法104条の4が新設され，特許権

　（注15）　前掲最判平12・4・11〔キルビー特許事件〕。

侵害訴訟等の終局判決が確定した後に，無効審決，延長登録無効審決又は訂正審決が確定したときは，当該訴訟の当事者であった者は，当該終局判決に対する再審の訴えにおいて，審決が確定したことを主張することができないこととなった。特許権侵害訴訟における攻撃防御を尽くすことにより，その後のそれと矛盾する審決の確定があったとしても，再審等の手続においてその主張が制限されるから，従来にも増して侵害訴訟における無効主張が重要となり，主張の提出時期や内容が問題となる。

　被告が特許無効の抗弁を主張する際には，原告は，特許請求の範囲を減縮するなどの訂正をすることにより，「無効にされるべきものと認められる」という要件を回避することができる。もっとも，その対抗主張が再抗弁として意味があるのは，訂正が適法に行われて無効理由が回避され，かつ，対象製品が訂正後の特許発明の技術的範囲にも属することが必要である。訂正の対抗主張については，その要件や主張の提出時期も問題となる。

　なお，ダブルトラックになった場合には，侵害訴訟と審決取消訴訟の双方を審理する知財高裁としては，同一裁判体による審理が，判断齟齬を防ぐために大きな役割を果たしてきたのであり，今後も，同一時期に判決が言い渡されるような時期に両事件が係属すれば，統一的な審理判断を行うことが可能である。

　(キ)　特許無効以外の抗弁として議論が多いのは，「消尽」である（⇒〔11〕「消尽」）。それ以外にも，試験又は研究のためにする実施（特許69条），先使用権（特許79条）など，特許権の効力が及ばない範囲が問題になる。

　(ク)　特許権侵害訴訟は，侵害論（充足論及び無効論）と損害論の二段階審理が行われているので，侵害論についての審理が尽くされると，裁判所から，損害論に入るか否かの心証開示を受け，侵害の場合には損害論に入る（⇒〔12〕「特許権侵害による損害」）。

　損害の立証の負担を軽減するために，特許法102条1項ないし3項が制定されているが，条文の解釈や審理の在り方については，様々な問題がある。

　裁判所が当事者双方に損害論に入る旨の心証を開示した場合には，まず，原告において，特許法102条1項ないし3項のいずれによるものか，損害に関する法的構成を明らかにした上，その要件事実を主張することになる。そ

して，そこで具体的に主張された被告製品の販売数量，販売額，利益率等について，被告において具体的に認否する。被告において，被告製品の販売期間を明らかにした上，年度ごとに販売数量，販売額，利益率等についての一覧表を提出する場合に，それが原告の見込みと大きく違わない場合には，損害の基礎となる数字に争いがなくなり，以後の立証が不要となる場合もある。

他方，損害算定の基礎となる数字に争いが残る場合には，被告においてそれを裏付けるのに必要な証拠資料を提出すべきである。被告が任意にこれを開示しない場合には，特許法105条による文書提出命令等の手続を利用することになる。

損害額の算定に必要な証拠資料が提出された場合であっても，原告において会計の専門的知識が十分でないために正確な調査分析ができなかったり，これを調査分析するのに膨大な時間を要したりすることがある。このような場合に，当事者は，損害の計算をするため必要な事項についての鑑定（いわゆる計算鑑定）を申し立てることができる。

(ケ) 延長登録

また，近時，医薬品特許について，特許権の存続期間の延長登録の要件と効力について問題が生じている（⇒〔13〕「延長登録をめぐる諸問題」）。

延長登録の要件については，最判平23・4・28民集65巻3号1654頁〔パシーフカプセル事件〕，最判平27・11・17民集69巻7号1912頁〔ベバシズマブ事件〕により，従前の特許庁の審査基準が大きく変更された。また，知財高判平29・1・20（平成28年(ネ)第10046号）裁判所HP〔オキサリプラチン事件〕により，延長登録に係る特許権の効力の範囲が明らかにされた。

(b) 実用新案権侵害訴訟

実用新案権は，特許権と類似する点も多いが，審査を経て登録される特許権とは異なる面も少なくない。そこで，特許権の場合との違いを中心に論じる（⇒〔14〕「実用新案権に係る侵害訴訟の特色」）。

(c) 職務発明訴訟

最後に，最判平15・4・22民集57巻4号477頁〔オリンパス事件〕以来，従業員がした職務発明の対価が話題になり，200億円の請求全額を認容した東京地判平16・1・30判タ1150号130頁〔青色発光ダイオード事件〕には，

大きな注目が集まった。職務発明に関しては，平成16年，平成27年と，続けて2度にわたる特許法の改正がされたことは記憶に新しい。特許権侵害訴訟とは異なる審理の仕方や争点等，職務発明訴訟における留意点について説明する（⇒〔15〕「職務発明訴訟」）。

(4) 意匠関係

第3章では，意匠権に係る民事事件（意匠権侵害訴訟）を中心に論じる。

意匠権も，特許権と同様，特許庁に出願をして，審査を経て設定登録により意匠権が生じる。

意匠の登録要件は，審決取消訴訟における拒絶理由や無効理由と関連するが，意匠権侵害訴訟においても，登録意匠無効の抗弁（意匠法41条の準用する特許法104条の3）として，意匠の新規性や創作非容易性等の登録要件が問題となる（⇒〔16〕「意匠の登録要件」）。

意匠権侵害訴訟の大きな争点としては，意匠権の効力が及ぶ範囲である，登録意匠との類似の範囲が問題になる。また，意匠の新規性や創作容易性（意匠3条）を判断するに当たっても，意匠の類否が問題になる（⇒〔17〕「意匠の類否」）。

意匠権侵害訴訟で，意匠権の効力の制限は，抗弁として位置付けられる（⇒〔18〕「意匠権の効力とその制限」）。

(5) 商標関係

第4章は，商標権に関する民事事件を中心に論じる。商標権侵害訴訟が多くを占める。

(a) 商標権の成立

商標権も，特許権と同様，特許庁に出願をして，審査を経て設定登録により商標権が生じる。

商標の登録要件も，審決取消訴訟における拒絶理由や無効理由と関連するが，商標権侵害訴訟においても，登録商標無効の抗弁（商標法39条の準用する特許法104条の3）として，商標の登録要件が問題となる（⇒〔19〕「商標の登録要件」）。

(b) 商標権侵害訴訟

　(ア)　商標権者は，指定商品又は指定役務について，登録商標の使用をする権利を専有する（商標25条）。したがって，登録商標と同一の標章を，指定商品又は指定役務と同一の商品又は役務について，商標法2条3項各号及び同条4項に規定する行為を行うことは，商標権侵害行為となる。また，商標法37条各号は，商標権本来の効力を実効あらしめるため，同一の商標・同一の商品のみならず，類似の商標・類似の商品に広げるほか，一定の行為を商標権侵害行為とみなしている。

　このような商標権侵害行為についての，差止め，廃棄，損害賠償，信用回復措置等の請求権の存否を訴訟物とする訴訟が，「商標権侵害訴訟」である。

　(イ)　商標権侵害訴訟の争点整理も，大きく侵害論と損害論の2つのステージに分けて，二段階審理が行われる。

　第1ステージの侵害論は，被告が，指定商品（指定役務）について原告の登録商標又はこれに類似する商標を使用しているか否かという充足論と，当該商標登録が無効にされるべきか否かという無効論その他の抗弁の成否である。

　第2ステージは，損害賠償請求等の金銭請求が含まれている場合における損害論である。

　(ウ)　原告たる商標権者は，差止請求権等を基礎付ける事実として，①原告が商標権又は専用使用権を有すること，②被告が商標法2条3項所定の商標の使用行為をしていること，③原告の商標の指定商品と被告が使用している商品が同一又は類似であり，かつ，原告の登録商標と被告の使用する標章が同一又は類似であること，以上の事実を主張立証しなければならない。

　上記②の「使用」とは，商標法2条3項・4項に定義されたとおりであり，原告は，侵害と主張する被告の行為を明らかにしなければならない。商標法36条に基づく場合及び同法37条1号に基づく場合であれば，被告がいかなる商品に，いかなる標章を，いかなる行為によって使用（商標2条3項各号）しているか，同法37条2号ないし8号に基づく場合は，被告のいかなる行為を問題にするのかを明らかにし，またその行為において問題になる商品及び標章を特定する必要がある。商標の使用があるとするためには，当該商標が，

必ずしも指定商品そのものに付されて使用されていることは必要でないが，当該商標がその商品又は提供する役務との具体的関係において使用されていなければならない[注16]。

　商標権侵害訴訟において最も大きな争点となるのは，前記③の商標の類否である（⇒[20]「商標の類否」）。商標の類否は，同一又は類似の商品に使用された商標がその外観，観念，称呼等によって取引者に与える印象，記憶，連想等を総合して全体的に考察すべきであり，しかもその商品の取引の実情を明らかにし得る限り，その具体的な取引状況に基づいて判断すべきものである[注17]。このように，商標の外観，観念又は称呼の類似は，その商標を使用した商品につき出所を誤認混同するおそれを推測させる一応の基準に過ぎず，したがって，上記3点のうち類似する点があるとしても，他の点において著しく相違するか，又は取引の実情等によって，何ら商品の出所を誤認混同するおそれが認められないものについては，これを類似商標と解することはできない。

　また，前記③は，商標の類否のみならず，商品又は役務の類否も問題とする（⇒[21]「商品・役務の類否」）。商品又は役務の意義は，商標法施行令別表の区分に付された名称，商標法施行規則別表において当該区分に属するものとされた商品又は役務の内容や性質，国際分類を構成する類別表の注釈において示された商品又は役務についての説明，類似商品・役務審査基準における類似群の同一性などを参酌して解釈すべきである[注18]。指定商品が類似のものであるかどうかは，商品自体が取引上誤認混同のおそれがあるかどうかで判定すべきではなく，それらの商品が通常同一営業主により製造又は販売されている等の事情により，それらの商品に同一又は類似の商標を使用するときは同一営業主の製造又は販売に係る商品と誤認されるおそれがあると認められる関係にある場合には，たとえ，商品自体が互いに誤認混同を生ずるおそれがないものであっても，それらの商標は類似の商品に当たる[注19]。

　（注16）　最判昭43・2・9民集22巻2号159頁〔青星事件〕。
　（注17）　最判平4・9・22裁判集民165号407頁〔大森林事件〕，最判平9・3・11民集51巻3号1055頁〔小僧寿し事件〕。
　（注18）　最判平23・12・20民集65巻9号3568頁〔ARIKA事件〕。
　（注19）　最判昭36・6・27民集15巻6号1730頁〔橘正宗事件〕。

なお，商標権侵害の有無は，ある商標がある商品について使用されたときに商品の出所について誤認混同が生じるかどうかという観点から判断されるべきであり，商標の類否と商品・役務の類否はその両輪で密接に関連している。

(エ) 商標権侵害訴訟において，被告は，抗弁として，①使用権原（商標30条・31条2項），②法定使用権（先使用権（商標32条1項），中用権（商標33条），後用権（商標60条），附則3条），③商標権の効力の制限（商標26条），④登録商標無効の抗弁（商標法39条の準用する特許法104条の3）が法定されており，被告において主張立証すべきである（⇒ [22]「商標権の効力とその制限」）。

また，真正商品の並行輸入に関しては，商標権者以外の者が，我が国における商標権の指定商品と同一の商品につき，その登録商標と同一の商標を付したものを輸入する場合であっても，①当該商標が外国における商標権者又は当該商標権者から使用許諾を受けた者により適法に付されたものであり，②当該外国における商標権者と我が国の商標権者とが同一人であるか又は法律的若しくは経済的に同一人と同視し得るような関係があることにより，当該商標が我が国の登録商標と同一の出所を表示するものであって，③我が国の商標権者が直接的に又は間接的に当該商品の品質管理を行い得る立場にあることから，当該商品と我が国の商標権者が登録商標を付した商品とが当該登録商標の保証する品質において実質的に差異がないと評価される場合には，いわゆる真正商品の並行輸入として，商標権侵害としての実質的違法性を欠く[注20]（⇒ [23]「並行輸入」）。

さらに，商標権の行使が権利濫用に当たる場合もある[注21]（⇒ [24]「商標権の濫用」）。

(オ) 商標権侵害による損害賠償請求については，差止請求の場合の要件事実に加えて，原告の立証の負担を軽減するために設けられた商標法38条1項ないし3項に規定された事実を主張立証しなければならない（⇒ [26]「商標権侵害による損害」）。なお，被告の過失は，推定される（商標法39条の準用する

(注20) 最判平15・2・27民集57巻2号125頁〔フレッドペリー事件〕。
(注21) 最判平2・7・20民集44巻5号876頁〔ポパイ・マフラー事件〕，最判平29・2・28民集71巻2号221頁〔エマックス事件〕。

特許法103条)。

　商標法38条1項による場合，原告は，侵害者の譲渡数量及び商標権者又は専用使用権者がその侵害の行為がなければ販売することができた物の単位数量当たりの利益額を主張立証し，その額が商標権者又は専用使用権者の使用の能力に応じた額を超えないことを主張すべきである。「商標権者又は専用使用権者が販売することができないとする事情」は，損害額が推定された場合に，推定額を減ずる方向にしん酌される事情であり，被告が抗弁として主張立証すべきである。

　商標法38条2項は，商標権者等が侵害行為による損害の額を立証することが困難であるために，損害額の立証を容易にしたものであり，法律上の事実推定を定めるものである。原告は，侵害者の譲渡数量と侵害品の単位数量当たりの利益額を主張立証すれば，これらを乗じた額が損害と推定され，侵害者は推定を覆滅させる事実の立証をすることが可能である。推定を覆滅させる事実としては，例えば，被告が侵害行為により利益を受けても原告に損害が生じなかった事情や，原告に生じた損害額が被告の利益額を下回ることを示す事情があり，被告が主張立証すべき抗弁と位置付けられる。

　商標法38条3項は，不法行為に基づく損害賠償請求において損害に関する被害者の主張立証責任を軽減する趣旨の規定である。従前，同項について，損害の額とともに損害の発生をも擬制した規定であるとする説があり，同説によると，同項は，商標権の侵害があれば，常に最低限，実施料相当額の損害の発生があるものとみなした規定であるとして，現実に損害が発生しているかどうかを問わないというものであった。しかし，前掲（注17）最判平9・3・11〔小僧寿し事件〕は，同項は損害額の計算規定であると解し，損害の発生を前提として，実施料相当額を最低限度の損害額として法定したものであるとした。すなわち，同項の規定は，不法行為に基づく損害賠償請求において，被害者たる商標権者の立証の困難を救済するため損害に関する原告の主張立証責任を軽減する趣旨の規定であって，商標権者は，損害の発生について主張立証する必要はなく，権利侵害の事実と受けるべき金銭の額を主張立証すれば足りるものとしている。他方，侵害者は，損害の発生があり得ないことを抗弁として主張立証して，損害賠償の責めを免れることができ

る。このように，登録商標に類似する標章を第三者がその製造販売する商品につき商標として使用した場合であっても，当該登録商標に顧客吸引力が全く認められず，登録商標に類似する標章を使用することが第三者の商品の売上げに全く寄与していないことが明らかなときは，得べかりし利益としての実施料相当額の損害も生じていないことになる。

　損害論に入ると，まず，原告において，商標法38条1項ないし3項のいずれによるものか，損害に関する法的構成を明らかにした上，その要件事実を主張することになる。そして，そこで具体的に主張された被告製品の販売数量，販売額，利益率等について，被告において具体的に認否する。被告において，被告製品の販売期間を明らかにした上，年度ごとに販売数量，販売額，利益率等についての一覧表を提出する場合に，それが原告の見込みと大きく違わない場合には，損害の基礎となる数字に争いがなくなり，以後の立証が不要となる場合もある。他方，損害算定の基礎となる数字に争いが残る場合には，被告においてそれを裏付けるのに必要な証拠資料を提出すべきである。被告が任意にこれを開示しない場合には，商標法39条，特許法105条による文書提出命令等の手続を利用することになる。

　侵害論についての審理が極めて迅速化しているのに比して，損害論についての審理期間は，かなり長期化しているといわざるを得ない。当事者双方の信頼関係があれば，原告が被告の提出した損害の算定の要素となる事実に関する主張を援用するなどして，それ以上の額についての立証をすることなく，終局した事案もある。

　(c)　新しい商標

　なお，平成になって，新たに，立体商標，小売等役務商標，地域団体商標，色彩や音などの新しいタイプの商標が誕生したが，その登録要件と判断手法についても検討する（⇒〔25〕「特殊な商標」）。

　(6)　審決取消訴訟

　第5章では，特許・実用新案・意匠・商標に係る審決等の取消訴訟（行政事件）について論じる。

　(a)　審決取消訴訟の留意点

(ア)　特許庁に審判を請求することができる事項に関する訴えは，審決に対するものでなければ，提起することができない（特許178条6項）。そして，審決及び取消決定に対する訴えは，東京高裁（知財高裁）の専属管轄である（同条1項）。

　審決等に対する訴えとしては，①拒絶査定不服審判（特許121条）に対するもの，②特許異議申立て（特許113条）に対するもの，③特許無効審判（特許123条）に対するものがある。商標についても，①②③は同様である。実用新案は③，意匠は①③がある。ほかに，特許については，④延長登録無効審判（特許125条の2）に対するもの，⑤訂正審判（特許126条）に対するものがある。なお，商標については，⑥取消審判請求（商標50条・51条・52条の2・53条・53条の2）に対するものがある。そのほか，特許異議申立書の却下の決定，審判及び再審の請求書の却下の決定，訂正の請求書の却下の決定に対しても，訴えを提起することができる。

　上記①⑤は，いわゆる「査定系の審決取消訴訟」と呼ばれ，審判請求不成立審決のみが対象となる。上記②は取消決定のみが対象となる。また，上記③④⑥は，いわゆる「当事者系の審決取消訴訟」と呼ばれ，請求不成立審決及び無効審決・取消審決のいずれもがその対象となる。

　(イ)　審決等に対する訴えにおいては，審判で審理判断された無効理由のみが審理の対象となるとするのが判例の立場である[注22]。したがって，審判で審理判断されなかった無効理由を主張することは許されない。審決取消訴訟の審理範囲が問題になるゆえんである（⇒〔27〕「審決取消訴訟の審理範囲と判決の効力」）。

　例えば，「引用例1から容易に想到することができない」とされた審決の取消訴訟において，「引用例2から容易に想到することができる」という主張は許されない（この場合は，現行制度では，別個の無効審判請求をすることが許容されている。）。その意味で，審決取消訴訟の審理範囲は制限されているということはできるが，それ以上に，審理範囲を狭く解する必要もない。そして，このことは，審理範囲のみならず，取消事由の構成や取消判決の拘束力の及

　（注22）　最大判昭51・3・10民集30巻2号79頁〔メリヤス編機事件〕。

ぶ範囲にも影響を及ぼす。

　例えば，進歩性の欠如（特許29条2項）を理由とする特許無効審決の取消訴訟において，単に，本件発明と引用発明との一致点の認定誤りや相違点の看過のみを理由として審決を取り消す旨の判決をすることについては，再考の余地があると思われる。そのような審決の取消しは，特許庁と裁判所との無駄なキャッチボールを生む原因となるし，今や侵害訴訟においては特許法104条の3の抗弁において，特定の引用例からの容易想到性を，何ら制限なく審理判断していることとの対比からいっても，相当とはいえない。しかも，仮に審決がある相違点を看過して認定していたとしても，当該相違点に係る構成に至ることが審決で認定された周知技術等により容易であれば，審決の結論には影響を及ぼさないからである。そのような意味で，「特定の引用例に記載された発明から本件発明を容易に想到することができたか否か」という，1個の無効理由の成否についての判断の誤りこそが，独立した取消事由として構成されるべきものと考えられる。

　このことは，取消判決の拘束力の問題とも関連する。行政事件訴訟法33条1項による取消判決の拘束力は，「判決主文が導き出されるのに必要な事実認定及び法律判断」にわたり，判決の傍論や間接事実には拘束力は及ばない(注23)。前掲（注23）最判平4・4・28〔高速旋回式バレル研磨法事件〕によれば，特定の引用例に基づいて当該特許発明を容易に発明することができたとはいえないとした審決を，容易に発明することができたとして取り消す判決が確定した場合には，再度の審判手続において，当該引用例に基づいて容易に発明することができたとはいえないとする当事者の主張や審決が封じられる結果，無効審決がされることになる。他方，特定の引用例に基づいて当該特許発明を容易に発明することができたとした審決を，容易に発明することができないとして取り消す判決が確定した場合には，再度の審判手続において，当該引用例に基づいて容易に発明することができたとする審決はできないが，別の引用例に基づいて容易に発明することができたという理由や，法条の異なる無効理由により再度無効審決をすることは，拘束力に反するも

（注23）　最判平4・4・28民集46巻4号245頁〔高速旋回式バレル研磨法事件〕，最判平4・7・17裁判集民165号283頁〔ガラス板面取り加工方法事件〕。

のではない(注24)。

　「判決主文が導き出されるのに必要な事実認定及び法律判断」とは何かが問題になるところ，例えば，審決においてある引用例からの進歩性についての判断がされた場合に，①特定の引用例からの容易想到性と考えるか，②特定の引用例と対象とされる発明との一致点又は相違点の認定や個々の相違点についての判断と捉えるかも，余り明確ではない。取消判決が，特定の引用例と対象とされる発明との一致点又は相違点の認定誤りのみを理由に審決を取り消した場合には，判断された上記②の範囲でしか拘束力は生じないであろう。しかし，それでは再度の審決に対する取消訴訟において相違点の判断の誤りが争点になる可能性があり，紛争の一回的解決にはならない。単に引用例との一致点又は相違点の認定誤りといった事由ではなく，当該引用例からの容易想到性という次元で独立した取消事由として構成する運用にするのであれば，おのずから拘束力の範囲は，上記①の判断ということになるのではなかろうか。

　このような取消事由の整理によって，取消判決の拘束力が当該引用発明からの容易想到性という単位で及び，それにより，無駄なキャッチボールを防止することが可能であろう。

　(ウ)　審決取消訴訟の原告は，当事者，参加人又は参加を申請してその申請を拒否された者であり（特許178条2項），被告は，特許庁長官であるが，特許無効審判に対するものにあっては，審判の請求人又は被請求人と規定されている（特許179条）（⇒〔28〕「審決取消訴訟の当事者」）。

　したがって，査定系の場合は，原告となるのは請求人（出願人）であり，被告は特許庁長官である。無効審判請求不成立審決の場合は，原告となるのは請求人（参加人又は参加を申請してその申請を拒否された者も含む。以下同じ。）であり，被告は特許権者である。また，無効審決の場合は，原告となるのは特許権者であり，被告は請求人である。なお，無効審判請求人は，利害関係人であることが必要であるところ（特許123条2項），いかなる場合に利害関係があるといえるかも問題であろう。

　（注24）　高林龍「拘束力の範囲」金判1236号115頁。

共有に係る特許権について特許権者に対し審判を請求するときは，共有者の全員を被請求人として請求しなければならず（特許132条2項），特許を受ける権利の共有者がその共有に係る権利について審判を請求するときは，共有者の全員が共同して請求しなければならない（同条3項）。このため，特許を受ける権利が共有に係る場合，すなわち，権利の成立過程における拒絶査定不服の審判（特許121条）は，共有者の全員が請求人とならなければならないし，共有に係る特許についての無効審判（特許123条）においては，共有者の全員を被請求人としなければならない。したがって，共有者の一部が請求人又は被請求人になっていない審判請求は，不適法である。

特許を受ける権利が共有に係るときの査定系の訴えの場合については，固有必要的共同訴訟であり，単独での訴え提起は不適法である[注25]。理由としては，①特許を受ける権利の対象である発明は1個の技術的思想の創作であるから，これが2人以上の共有に属する場合でも，それが有効か無効かの審決の違法性の有無の判断は，共有者全員の有する1個の権利の成否を決めるものであり，審決を取り消すか否かは全員につき合一に確定する必要があり，共有者ごとに区々別々に確定される余地はないこと，②権利が共有に係る場合でも，その共有は民法所定の共有と異なり，権利は全部が不可分的に共有者全員に帰属するから，1人が単独で審決取消訴訟を提起することは許されないことである。

他方，当事者系の訴えについて，共有者の1人は，共有に係る権利の無効審決がされたときは，単独で無効審決の取消訴訟を提起することができる[注26]。その理由は，①一旦特許権の設定登録がされた後は，特許権の共有者は，持分の譲渡や専用実施権の設定等の処分については他の共有者の同意を必要とするものの，他の共有者の同意を得ないで特許発明を実施することができるところ，特許の無効審決がされた場合に，これに対する取消訴訟を提起することなく出訴期間を経過したときは，特許権が初めから存在しなかったこととなり，特許発明を排他的に実施する権利が遡及的に消滅するも

(注25)　最判昭36・8・31民集15巻7号2040頁，最判昭55・1・18裁判集民129号43頁，最判平7・3・7民集49巻3号944頁〔磁気治療器事件〕。

(注26)　最判平14・2・22民集56巻2号348頁〔ETNIES事件〕，最判平14・2・28裁判集民205号825頁〔水沢うどん事件〕。

のとされていることから，取消訴訟の提起は，特許権の消滅を防ぐ保存行為に当たること，②無効審判は，特許権の消滅後においても請求することができるとされており（特許123条3項），特許権の設定登録から長期間経過した後に他の共有者が所在不明等の事態に陥る場合や，また，共有に係る特許権に対する共有者それぞれの利益や関心の状況が異なることからすれば，訴訟提起について他の共有者の協力が得られない場合なども考えられるところ，このような場合に，共有者の1人が単独で提起した訴えは不適法であるとすると，出訴期間の満了と同時に無効審決が確定し，特許権が初めから存在しなかったこととなり，不当な結果となりかねないこと，③特許権の共有者の1人が単独で無効審決の取消訴訟を提起することができると解しても，その訴訟で請求認容の判決が確定した場合には，その取消しの効力は他の共有者にも及び（行訴32条1項），再度，特許庁で共有者全員との関係で審判手続が行われることになるし（特許181条2項），その訴訟で請求棄却の判決が確定した場合には，他の共有者の出訴期間の満了により，無効審決が確定し，権利は初めから存在しなかったものとみなされることになり（特許125条），いずれの場合にも，合一確定の要請に反する事態は生じないことである。

　また，特許取消決定に対する訴えについても，共有者の1人は，単独で取消決定の取消訴訟を提起することができる[注27]。このことは，共有に係る商標登録の取消審決に対する訴えについても同様である[注28]。

(b)　侵害訴訟との関係

　特許権侵害訴訟においては，被告は，特許無効の抗弁を主張することが多いが，制度上は，特許無効審判を請求することができ，現に侵害訴訟と無効審判及び審決取消訴訟が並行して審理されることも少なくない。特許無効の抗弁を主張するために，無効審判請求は要件としないのが多数説であり，実務の取扱いである。このことは，特許法104条の3が前掲〔キルビー特許事件〕最高裁判決を一歩進めたものであるとの立案担当者の解説からも明らかである。紛争の一回的解決を目指し，対世的な無効を求める意思のない当事者に無効審判を請求しなくても特許権侵害訴訟における抗弁として主張し得

　(注27)　最判平14・3・25民集56巻3号574頁〔パチンコ装置事件〕。
　(注28)　知財高判平30・1・15（平成29年（行ケ）第10107号）裁判所HP〔緑健青汁事件〕。

るとした前掲〔キルビー特許事件〕最高裁判決の趣旨からすれば当然であろう。もっとも，実務上は，被告側が抗弁のみならず無効審判請求というダブルチャンスを利用している例も見られる（⇒〔29〕「侵害訴訟と審決取消訴訟の関係」）。

　従前は，侵害訴訟における無効の抗弁についての判断と審決取消訴訟における判断の齟齬の可能性があり，①存続期間満了後もいつまでも，②特定の場合を除いて何人でも，③請求不成立審決が何度確定しても特許法167条の場合を除いては何回でも，無効審判を請求することができるという無効審判制度の下においては，特許権者は，侵害訴訟で勝訴しても，無効審判が繰り返されるために，その地位は安泰とはいえなかった。しかも，侵害訴訟が先に確定した後に無効審決や訂正審決が確定した場合の判断齟齬については，審決の遡及効のゆえに再審の問題も絡んで，議論があった。

　侵害訴訟の請求認容判決確定後の無効審決の確定という場面では，無効審決の確定により，特許権は，初めから存在しなかったものとみなされる（特許125条）。このために，特許権侵害訴訟等の認容判決確定後に無効審決が確定すると，民事訴訟法338条1項8号所定の「判決の基礎となった行政処分が後の行政処分により変更された」という再審事由に該当する可能性がある。実際に，知財高判平20・7・14判タ1307号295頁〔生海苔の異物分離除去装置事件〕では，侵害訴訟の請求認容判決確定後，無効審決の確定という事態が生じ，再審開始決定をした上，侵害訴訟の被告（再審原告）が請求したとおり，確定判決を取り消した。

　そこで，平成23年特許法改正による特許法104条の4は，侵害訴訟認容判決確定後に無効審決が確定しても，侵害訴訟の被告であった者は，無効審決が確定したこと，すなわち民事訴訟法338条1項8号所定の行政処分の変更に該当する事実を主張することができないことを規定した。これにより，侵害訴訟の当事者との関係では，主張制限の結果，侵害訴訟等の結論は影響を受けず，あたかも将来に向かってその効力を生じるものと理解されるものである。

　(7) 著作権関係

第6章では，著作権関係の民事訴訟について論じる。
(a) 著作権に係る侵害訴訟
　(ア)　著作権侵害訴訟の典型は，著作権者が原告となって，当該著作権を侵害する者又は侵害するおそれがある者を被告として，侵害行為の差止め等を請求する訴訟である（著作112条1項）。また，著作権者は，差止請求とともに廃棄その他の侵害の予防に必要な行為を請求することができるし（同条2項），名誉又は声望を回復するのに必要な措置を請求することもできる（著作115条）。著作権者の著作権を侵害した者に対する金銭請求の性質は，損害賠償請求権（民709条）又は不当利得返還請求権（民703条）である。上記のような訴訟を併せて，「著作権侵害訴訟」と呼んでいる。著作権に関する訴えには，そのほかに，侵害者側から権利者に向けられた上記と逆向きの債務不存在確認訴訟もある。

　著作権侵害訴訟は，権利者側が有する権利の種類に応じて，①著作者人格権侵害訴訟，②著作権侵害訴訟，③出版権侵害訴訟，④著作隣接権侵害訴訟がある。

　これを著作権侵害訴訟において侵害されたと主張される権利の内容と対応させると，①著作者人格権（公表権（著作18条），氏名表示権（著作19条），同一性保持権（著作20条）），②著作（財産）権（複製権（著作21条），上演権・演奏権（著作22条），上映権（著作22条の2），公衆送信権（著作23条），口述権（著作24条），展示権（著作25条），頒布権（著作26条），譲渡権（著作26条の2），貸与権（著作26条の3），翻訳権・翻案権（著作27条）），③出版権（著作79条），④著作隣接権（実演家の権利（著作90条の2〜95条の3），レコード製作者の権利（著作96条〜97条の3），放送事業者の権利（著作98条〜100条），有線放送事業者の権利（著作100条の2〜100条の5））となる。

　また，著作権等侵害訴訟には，著作物の種類として，①言語の著作物（著作10条1項1号），②音楽の著作物（同項2号），③舞踊・無言劇の著作物（同項3号），④美術の著作物（同項4号），⑤建築の著作物（同項5号），⑥図形の著作物（同項6号），⑦映画の著作物（同項7号），⑧写真の著作物（同項8号），⑨プログラムの著作物（同項9号）といった各種の訴訟がある。著作物によっては，特有の支分権が問題になる場合もある（例えば，言語の著作物の口述権（著作24条），美術の著作物の展示権（著作25条），映画の著作物の頒布権（著作26条）等）。

(イ) 知的財産権訴訟全体に対して著作権関係訴訟が占める割合は，年によって増減があるが，ここ10年は，知的財産権民事訴訟第1審事件のほぼ20％程度を占めている。書籍や写真等に係る著作権侵害訴訟で，複製権や翻案権の侵害か否かが主要な争点になる従来型の事案のほか，最近は，ソフトウェアやプログラム等多種多様な著作物が問題となる事案や，法律の改正に伴ってその解釈が問題となる事案，デジタル化時代において新しい技術がもたらした行為が著作権侵害に当たるか否かが問題になる，新しい型の事案がある。

前記のとおり，著作物の種類は様々であるが，特に，コンピュータプログラムに係る訴訟のように，専門性の高い事案もみられ，このような事案は，特許権等に関する訴えと同列に扱われ，民事訴訟法の改正により，平成16年から東京地裁及び大阪地裁の管轄に専属することとなった（民訴6条）。プログラムの著作物に係る侵害訴訟も散見されるが，そこでの専門性は，法律家である裁判官や，裁判所調査官のみでは理解することが困難な事案もある。そのような事案では，専門委員（民訴92条の2）の関与が極めて効果的な場合があり，事案の性質に鑑みて，訴訟運営の工夫が望まれる。

(b) 著作権侵害訴訟

(ア) 著作権侵害というためには，①原告が著作権等（著作権，著作者人格権，著作隣接権等）を有すること，②被告が原告の著作権等を侵害したことが必要であり，損害賠償請求の場合は，さらに，③被告の故意過失及び④原告の損害の発生が必要である。

著作権侵害（複製権・翻案権の侵害）に当たるか否かを判断する上で，最近話題になっている侵害の主体論を別にすると，古くから争点になってきたのは，著作物性の有無・複製や翻案の成否・制限規定の適用の可否等である。非侵害とされる理由付けとして，原告の作品に著作物性がないとか，被告が利用した部分が創作的表現といえないとされる場合が多くある。

著作権は，創作によって無方式に発生し，特許権・実用新案権・意匠権・商標権等の産業財産権のように，行政庁における手続があるわけではない。このため，著作物性という保護の適格性や，保護範囲が争点になる事案が多い（⇒〔30〕「著作物性」）。

著作物というためには，思想又は感情を創作的に表現したものであることが必要である。最判平13・6・28民集55巻4号837頁〔江差追分事件〕が明らかにしたように，思想，感情若しくはアイデア，事実若しくは事件など表現それ自体でない部分又は表現上の創作性がない部分において既存の著作物と同一性を有するに過ぎない著作物を創作する行為は，既存の著作物の複製にも翻案にも当たらない。

　このように，表現それ自体でないもの，すなわち，思想，感情又はアイデアや，事実又は事件は，著作権法における保護の対象とはなり得ない。もっとも，実務上は，「表現とは何か」というアプローチではなく，「表現といえないものは何か」という観点から，判断される場合が多い。〔江差追分事件〕最高裁判決によれば，表現それ自体でないものとして，大別して，「思想，感情又はアイデア」と，「事実又は事件」の2つのグループがある。もっとも，アイデアと表現の境界は，著作権法の保護を受けるものと受けないものとを画する概念であるが，規範的要素が強く，その境界は，必ずしも明確ではなく，これを区別する一般的な基準を定立することには困難な面がある。著作物の種類によっても異なることが考えられ，著作物の創作者を保護し，保護の対象を表現に限定しアイデアを自由利用の対象とすることによって，創作活動を促し文化の発展に寄与することを目的とする著作権法の趣旨（著作1条）に鑑み，事案ごとにそれを検討して，両者を画することになろう。

　次に，「創作的」に表現されたというためには，厳密な意味で独創性が発揮されたものであることは必要ではなく，作成者の何らかの個性が表現されたもので足りるといわれてきた。もっとも，それは文学や音楽，美術といった従来型の著作物については当てはまるが，機能的・事実的著作物においては，他の者に同じ機能を有するプログラムの創作の余地があるか否かといった基準で創作性を捉えるべきではないかといった指摘もあった。そして，新たな創作性の概念として，権利者へのインセンティブと他の者の情報の利用の自由との調和点を探るという観点から，「表現の選択の幅」と捉えるべきであるという見解が有力に唱えられるようになった。

　(イ)　著作権侵害訴訟の原告となるのは，著作者，著作権者，出版権者，実演家，著作隣接権者である（著作112条等）。

著作者とは，著作物を創作する者をいう（著作2条1項2号）。「著作物を創作する者」の具体的意味を確定することは，これにより，著作権の帰属が明確になり，侵害訴訟の原告が誰かを確定する意味があるとともに，著作者の死後50年という保護期間の算定（著作51条2項）にも資する（⇒〔31〕「著作者」）。

　著作物の定義規定（著作2条1項1号）から考えると，著作者というためには，自己の思想又は感情を創作的に表現したものといえる程度に，著作物の創作的表現に関与した者であることが必要である。すなわち，著作者は，表現の創作行為に実質的に関与していることが必要である。他方，そのような創作的表現とはいえない部分に関与したに過ぎない者は，著作者とはいえない。また，創作的表現行為を行う者に対してテーマやアイデアを与えたり抽象的に指示したり依頼を行ったに過ぎない者，指揮監督下にあってその手足として作業に従事したり補助的作業を行ったに過ぎない者も，著作者と評価することはできない。

　最判平5・3・30裁判集民168号599頁〔智恵子抄事件〕は，編集著作者は現実に詩の選択配列を確定した詩人であり，企画案ないし構想の域にとどまるに過ぎない者は著作者とはいえないとして，収録候補の詩等の一部を集めたり詩集の編纂を進言するなどした者は著作者といえないと判断した。

　また，著作物の原作品に，又は著作物の公衆への提供若しくは提示の際に，実名（氏名若しくは名称）又は変名（雅号，筆名，略称その他実名に代えて用いられるもの）として周知のものが著作者名として通常の方法により表示されている者は，その著作物の著作者と推定される（著作14条）。

　職務著作については著作権法15条，映画の著作物については同法16条に規定がある（⇒〔32〕「職務著作」）。

　(ウ)　著作権法51条以下に，著作権の保護期間が規定されている。その始期は，著作物の創作の時であり，無方式主義により，何らの手続を要することなく，著作物が保護される（著作51条1項）。また，その存続期間は，原則として著作者の死後50年である（同条2項）。なお，ＴＰＰ協定発効後は，原則として著作者の死後70年となる。その計算方法は，著作者が死亡した日等の属する年の翌年から起算される（著作57条）。なお，無名又は変名の著作物の保護期間及び団体名義の著作物の保護期間は，原則として公表後50年であ

る（著作52条・53条）（⇒〔33〕「著作権の保護期間」）。

映画の著作物については，旧著作権法（明治32年法律第39号）以来，数回にわたり保護期間を延長する旨の改正がされたこともあり，保護期間に疑義が生じる事案が登場した。最判平19・12・18民集61巻9号3460頁〔シェーン事件〕は，「昭和28年に団体の著作名義をもって公表された独創性を有する映画の著作物は，平成16年1月1日から施行された著作権法の一部を改正する法律（平成15年法律第85号）による保護期間の延長措置の対象となる同法附則2条所定の『この法律の施行の際現に改正前の著作権法による著作権が存する映画の著作物』に当たらず，その著作権は平成15年12月31日の終了をもって存続期間が満了した。」旨判示した。

他方，現行著作権法制定の際，旧著作権法の定める著作権の存続期間が現行法の存続期間より長い場合には，旧法が適用されると規定されたため（著作附則7条），昭和28年以前に公表された映画の著作物であっても，いまだ存続期間が満了していないものが存在することには，注意が必要である[注29]。

なお，外国人の著作物のうち，第二次世界大戦中に著作権が実質的に保護されなかったことを理由として，保護期間について戦時加算が必要な場合がある。

　(エ)　インターネットや，精密な複製機器等新たな技術の普及によって，誰でも情報の送り手となることが簡単にできるようになった。

差止請求・廃棄請求（著作112条）及び損害賠償請求（民709条）の相手方となるべき「著作権を侵害する者」がいかなる者かについても，著作権法上の規定はない（⇒〔34〕「著作権侵害の主体」）。

物理的な意味における直接侵害者ではない関与者についても，損害賠償という場面では，共同不法行為や，教唆幇助を理由とする損害賠償責任を認める余地がある（民719条）。これに対し，著作権法上特別に認められた差止請求については，侵害の主体といえるか否かによって，これを認めるべきか否か，また認めるとして差止めの対象内容をいかにすべきか，議論が分かれている。最高裁でも，最判昭63・3・15民集42巻3号199頁〔クラブキャッツ

[注29]　最判平21・10・8裁判集民232号25頁〔チャップリン映画事件〕。

アイ事件〕，最判平13・3・2民集55巻2号185頁〔パブハウスG7事件〕，最判平13・2・13民集55巻1号87頁〔ときめきメモリアル事件〕，最判平23・1・18民集65巻1号121頁〔まねきTV事件〕，最判平23・1・20民集65巻1号399頁〔ロクラクII事件〕と，重要な判断が続いている。

(オ) 著作権侵害訴訟の典型的なものは，複製権（著作21条），翻案権（著作27条），公衆送信権（著作23条）といった支分権侵害を理由とする差止請求訴訟（著作112条）及び損害賠償請求訴訟（民709条）である（⇒〔35〕「著作権の侵害」）。

複製とは，既存の著作物に依拠して，印刷，写真，複写，録音，録画その他の方法により有形的に再製することをいう（著作2条1項15号）。複製には，既存の著作物と全く同一のものを作成する場合と，既存の著作物の具体的表現に修正，増減，変更等を加えたがその部分に創作性が認められず表現上の本質的な特徴の同一性が維持されている場合とがある。

前掲〔江差追分事件〕最高裁判決によれば，翻案とは，既存の著作物に依拠し，かつ，その表現上の本質的な特徴の同一性を維持しつつ，具体的表現に修正，増減，変更等を加えて，新たに思想又は感情を創作的に表現することにより，これに接する者が既存の著作物の表現上の本質的な特徴を直接感得することのできる別の著作物を創作する行為をいう。

既存の著作物に接する機会がなかったためその存在，内容を知らないでこれと同一性のある作品を作成した者は，上記著作物の存在，内容を知らなかったことにつき過失があると否とにかかわらず，著作権侵害の責任を負わない[注30]。

前掲〔江差追分事件〕最高裁判決は，言語の著作物の翻案の意義を最高裁として初めて明らかにするとともに，アイデアと表現の二分論に基づき，著作権法が創作的な表現を保護するもので，表現それ自体ではない部分や表現上の創作性がない部分において同一性があっても，翻案とはいえないことを明確に判示したリーディングケースであり，著作権法の基本判例となるものである。もっとも，その具体的当てはめはなかなか難しく，それ以降の判決

[注30] 最判昭53・9・7民集32巻6号1145頁〔ワンレイニーナイト・イントーキョー事件〕。

においても，判断にばらつきが見られる。「表現上の本質的な特徴」がどこにあるかを捉えることの重要性を鑑みると，まず，同一性がある部分を認定し，その部分が創作性のある表現といえるか否か，さらに本質的な特徴の同一性が維持されているかを判断するという，前掲〔江差追分事件〕最高裁判決が行ったような具体的判断手法は，今後も参考になろう。

　(カ)　著作権侵害を否定する立場の当事者からは，引用の抗弁（著作32条1項）が提出されることも多い（⇒〔36〕「引用の抗弁」）。

　引用についての最高裁判決としては，最判昭55・3・28民集34巻3号244頁〔パロディー事件〕がある。同判決は，旧法下の事案についてであるが，「引用とは，紹介，参照，論評その他の目的で自己の著作物中に他人の著作物の原則として一部を採録することをいい，引用を含む著作物の表現形式上，引用して利用する側の著作物と，引用されて利用される側の著作物とを明瞭に区別して認識することができ，かつ，右両著作物間に前者が主，後者が従の関係があることを要する。」と判示し，以後，①明瞭区別性の要件と②主従関係の要件を，引用の成立要件とする裁判例もあった。他方，近時は，著作権法32条1項の文言である「公正な慣行」や「正当な範囲内」への該当性をストレートに検討する裁判例[注31]も現れている。

　新しい技術の発展に直面して，著作権法の権利制限規定は，絶えず見直す必要性に迫られている。フェアユースの規定のない現行の制限規定の中で，最も適用の可能性が高いのが引用の規定といわれており，要件も，公正な慣行や正当な範囲内など一般条項に近い柔軟な規定である。しかし，柔軟な規定であるからこそ，第三者の予測可能性が害されることのない判断が求められる。

　米国法のフェアユース，英国法のフェアディーリングに倣って，我が国でも一般的にフェアユースの規定を置くべきだとする議論もあったが，著作権の制限規定は個別的に次々拡大されていっている（著作47条の4～8等[注32]）。

　（注31）　東京地判平13・6・13判タ1077号276頁〔絶対音感事件〕，東京地判平16・5・31判タ1175号265頁〔XO醤男と杏仁女事件〕。
　（注32）　平成30年法律第30号による改正は，情報通信技術の進展等の時代の変化に柔軟に対応できるようにするため，著作物等の市場に悪影響を及ぼさない一定の著作物等の利用について，権利制限規定の見直し等を行った。これに伴い，平成30年改正前の30条の4，47条の

(⇒〔37〕「著作権の制限」)。

(c) 著作者人格権侵害訴訟

(ア) 著作者人格権としては，公表権（著作18条），氏名表示権（著作19条），同一性保持権（著作20条）が規定されている（⇒〔38〕「著作者人格権」)。

(イ) 公表権とは，公表されていない著作物（同意を得ないで公表された著作物を含む。）を公衆に提供し，又は提示する権利をいう。公表権の内容は，①未公表著作物を公表するか否かを決定する権利，②未公表著作物の公表の方法を決定する権利，③未公表著作物の公表時期を決定する権利を含む。「公表」の意義は，著作権法4条に規定されている。公表権については，著作者の公表についての推定規定（著作18条2項）が存在することから，訴訟で争われる事例は少ない。

(ウ) 他方，著作物に対する複製権侵害，翻案権侵害を主張する訴訟においては，氏名表示権や同一性保持権の侵害が併せて主張されることが多い。

氏名表示権とは，著作物の原作品に，又はその著作物の公衆への提供若しくは提示に際し，著作者の実名若しくは変名を著作者名として表示し，又は著作者名を表示しないこととする権利をいう（著作19条）。氏名表示権の内容は，①著作者名を表示するかしないかを決定する権利，②著作物に著作者名を表示する場合に，実名を付けるか変名を付けるかを決定する権利を含む。

また，同一性保持権とは，著作者がその著作物の同一性を保持する権利，すなわち著作物又はその題号に不本意な改変が加えられることのない権利をいい（著作20条），同一性保持権を侵害する行為とは，他人の著作物における表現形式上の本質的な特徴を維持しつつその外面的な表現形式に改変を加える行為をいい，他人の著作物を素材として利用しても，その表現形式上の本質的な特徴を感得させないような態様においてこれを利用する行為は，原著作物の同一性保持権を侵害しない[注33]。

   4ないし47条の9は，改正後の30条の4（著作物に表現された思想又は感情の享受を目的としない利用），47条の4（電子計算機における著作物の利用に付随する利用等）及び47条の5（電子計算機による情報処理及びその結果の提供に付随する軽微利用等）に統合されることとなった。また，35条，37条3項の改正もされている。

 (注33) 前掲最判昭55・3・28〔パロディー事件〕，最判平10・7・17裁判集民189号267頁〔雑誌諸君事件〕。

(d) 著作隣接権侵害訴訟

さらに，著作隣接権については，著作権法89条以下に，実演家の権利（氏名表示権，同一性保持権，録音権・録画権，放送権・有線放送権，送信可能化権，譲渡権，貸与権等），レコード製作者の権利（複製権，送信可能化権，譲渡権，貸与権等），放送事業者の権利（複製権，放送権・再放送権，送信可能化権，伝達権），有線放送事業者の権利（複製権，放送権・有線放送権，送信可能化権，伝達権）が規定されている（⇒〔39〕「著作隣接権」）。

(e) 著作権等侵害による損害

そして，著作権者は，故意又は過失によりその著作権を侵害した者に対し，その侵害により自己が受けた損害の賠償を請求することができる（民709条）（⇒〔40〕「著作権侵害による損害」）。

著作権等の侵害による損害賠償については，損害賠償請求の要件として，故意又は過失が必要であるが，過失の推定規定を有する特許法等とは異なり（特許103条），著作権法には，そのような規定がないから，侵害者の故意又は過失を主張立証する必要がある。

他の知的財産権訴訟と同様，侵害論と損害論に分けて争点整理が行われる。著作権侵害を理由とする損害賠償請求は，民法709条を根拠条文とするものである。同条によって請求できる損害は，積極的財産損害（弁護士費用等），消極的財産損害（逸失利益），民法710条に基づく無形損害（慰謝料）がある。著作権法114条は，このうち侵害による権利者の販売減少を理由とする消極的財産損害についての賠償を求める場合に，損害額の立証が従来困難であったことに鑑み，損害額の算定について，推定規定等が設けられたもので，損害立証を容易化した損害算定の特則と位置付けられる。著作権法114条1項ないし3項により算出される額以上の損害額を民法709条によって立証することができるのであれば，それによる請求は可能であるが，実務的には，民法709条による逸失利益の請求をするための相当因果関係の立証が容易ではないため，著作権法114条1項ないし3項によって損害を請求する事案が多い。

損害論においては，まず，原告において，損害賠償の対象行為（物件）及び対象期間を明らかにした上，著作権法114条1項ないし3項のいずれによ

るものか，損害に関する法的構成を明らかにして整理し，その要件事実を主張することになる。

(8) 不正競争関係

第7章では，不正競争防止法（以下「不競法」という。）に規定する不正競争による営業上の利益の侵害に係る訴えについて論じる。

(a) 不正競争関係訴訟

現行の不競法は，法の目的として，「事業者間の公正な競争及びこれに関する国際約束の的確な実施を確保するため，不正競争の防止及び不正競争に係る損害賠償に関する措置等を講じ，もって国民経済の健全な発展に寄与することを目的とする。」と定めている（不正競争1条）。不競法は，不正競争行為として，多数の行為類型を挙げているところ，不正競争行為は，まとめて「不正競争」といっても，保護法益も異なるし，訴訟においても，留意すべき点が異なる。そこで，訴訟において問題になることが多い以下の不正競争行為について，その類型ごとに解説することにした。

(b) 混同惹起行為・著名表示冒用行為・形態模倣行為

不競法2条1項1号の趣旨は，周知な商品等表示の有する出所表示機能を保護するため，周知な商品等表示に化体された他人の営業上の信用を自己のものと誤認混同させて顧客を獲得する行為を防止することにより，事業者間の公正な競争を確保することにある(注34)（⇒〔41〕「混同惹起行為」）。

同項2号は，平成5年の不競法全面改正の際，新設された規定である。その趣旨は，著名な商品等表示について，その顧客吸引力を利用するただ乗りを防止するとともに，その出所表示機能及び品質表示機能が希釈化により害されることを防止するところにあり，高い信用・名声・評判を有する著名商標の所有者の地位を侵害から保護するため，混同を要件とすることなく不正競争と位置付ける規定である（⇒〔42〕「著名表示冒用行為」）。

不競法2条1項1号及び2号において保護の対象となる「商品等表示」とは，「人の業務に係る氏名，商号，商標，標章，商品の容器若しくは包装そ

(注34) 知財高判平24・12・26判タ1408号235頁〔見えルーペ事件〕。

の他の商品又は営業を表示するもの」をいうが，実務では，特に機能的形態・技術的形態について，「商品等表示」に該当するか否かが争われることが多い。

　同項3号は，他人が商品化のため資金・労力を投下した成果を他に選択肢があるにもかかわらず殊更完全に模倣し（デッドコピー）自らの商品として市場に提供する行為を，公正な競業秩序を崩壊させる行為として，最初に販売された日から起算して3年を経過するまでの間禁止することとした（⇒〔43〕「形態模倣行為」）。

　(c)　営業秘密侵害行為

　不競法2条1項4号ないし10号は，営業秘密を保護する規定である。技術革新や情報化の進展により，技術情報や顧客情報等の重要性が認識され，営業秘密の侵奪が不正競争行為と規定され，国際的にみても，重要な案件が裁判所に提訴されるようになった（⇒〔44〕「営業秘密侵害行為」）。

　営業秘密保護の要件としては，①原告が保有する技術上又は営業上の情報が，不競法2条6項に規定する営業秘密であること（非公知性，有用性，秘密管理性），②被告が前記情報を営業秘密不正取得行為等により取得し，これを使用又は開示したこと，③差止請求であれば，営業上の利益の侵害又は侵害のおそれがあること，損害賠償請求であれば，故意又は過失による営業上の利益の侵害とこれによる損害の発生，信用回復措置請求であれば，故意又は過失により営業上の利益を害したこと（不正競争3条・14条）である。従前，特に，どの程度の管理があれば秘密管理性の要件を満たしているか否かが問題となった。

　(d)　その余の不正競争行為

　(ｱ)　不競法2条1項13号（平成30年改正により19号）が規定する「ドメイン名」とは，インターネットにおいて，個々の電子計算機を識別するために割り当てられる番号，記号又は文字の組合せに対応する文字，番号，記号その他の符号又はこれらの結合をいう。登録に際し，厳格な審査が行われるわけではないため，事業者が長年築き上げてきた名声や信頼にフリーライドするなどの行為がみられるようになり，国際的な調和の観点からも，平成13年不競法改正により，不正競争行為として追加されるに至った（⇒〔45〕「ドメイン

名に係る不正競争行為」）。

　(イ)　不競法2条1項14号（平成30年改正により20号）が規定するのは，商品の原産地・品質・内容・製造方法・用途・数量，役務の質・内容・用途・数量について誤認させるような表示をする等の行為である（⇒〔46〕「品質誤認行為」）。

　(ウ)　不競法2条1項15号（平成30年改正により21号）は，「競争関係にある他人の信用を害する虚偽の事実を告知し，又は流布する行為」を不正競争行為と定め，これにより営業上の利益を侵害された者等に差止請求権等を与えるものである。同号の趣旨は，他人に対する不当な攻撃により，その者の競争条件を不利にしておいて，自ら営業上の競争において有利な地位に立とうとするもので，そこに不正競争性があるとされている。知的財産権侵害である旨の告知を不正競争行為とすることが侵害訴訟の対抗手段として利用され，結果として権利非侵害の判断を受ける場合は，同項15号所定の不正競争行為に該当すると判断される場合がある（⇒〔47〕「営業誹謗行為」）。

　(エ)　平成30年改正により，相手方を限定して業として提供するデータ（ＩＤ／パスワード等の電磁的方法により管理されているものに限る。限定提供データという。）の不正な取得，使用及び開示を不正競争に位置付けることとなる（改正不正競争2条1項11号～16号）。

(9)　その他の知的財産権訴訟

　第8章は，第7章までに掲げた典型的な知的財産権訴訟以外のものについてである。

(a)　育成者権に係る訴訟

　種苗法は，産業財産権に係る法律と異なり，品種登録処分に係る無効の抗弁等の条文を置いていない。そこで，品種登録に係る侵害訴訟については，侵害の成否の判断手法が問題となるほか，品種登録処分に無効理由が存在する場合にいかなる法律構成によって判断すべきか，問題となる（⇒〔48〕「品種登録に係る訴訟」）。

(b)　パブリシティ権

　また，知的財産権法と民法の境界にある訴訟として，パブリシティに係る

訴訟がある（⇒〔49〕「パブリシティ権」）。

　氏名，肖像等は，商品等に付され，又は商品等の広告として使用されることによって，当該商品等の販売を促進する効力を有する場合がある。このような効力は，一般に顧客吸引力といわれており，「パブリシティ権」とは，氏名，肖像等が有する顧客吸引力を排他的に利用する利益又は権利をいうものとして，我が国において判例法理上形成されてきたものであり，成文法上の根拠を持たない法概念である。

　人の氏名，肖像等を無断で使用する行為は，①氏名，肖像等それ自体を独立して鑑賞の対象となる商品等として使用し，②商品等の差別化を図る目的で氏名，肖像等を商品等に付し，③氏名，肖像等を商品等の広告として使用するなど，専ら氏名，肖像等の有する顧客吸引力の利用を目的とするといえる場合に，当該顧客吸引力を排他的に利用する権利（いわゆるパブリシティ権）を侵害するものとして，不法行為法上違法となる[注34]。

(c) ライセンス訴訟

　最後に，知的財産権については，ライセンス契約をめぐる訴訟もある。その中でも，ライセンス契約の履行請求（実施料請求）及びその不履行による損害賠償請求という訴訟は，古くから見られた。また，契約が存続していれば，ライセンシーの実施行為は許諾に基づくものとして適法であるが，契約解除となれば，知的財産権の侵害となり得る（⇒〔50〕「ライセンス契約をめぐる訴訟」）。

　本書は，以上のような構成により，知的財産権に関する訴訟を俯瞰するものである。

（注34）　最判平24・2・2民集66巻2号89頁〔ピンク・レディー事件〕。

第1章

総論

1 知的財産権訴訟の管轄

古河 謙一

> 知的財産権訴訟の国内管轄はどのように考えるべきか。特に専属管轄とされる「特許権に関する訴え」に該当する訴訟は，どのようなものか。

〔1〕 侵害訴訟

(1) 技術系の知的財産権事件

(a) はじめに(注1)

　知的財産権に関する訴えのうち，特許権，実用新案権，回路配置利用権又はプログラムの著作物についての著作者の権利に関する訴え（以下「特許権等に関する訴え」という。）については，民事訴訟法4条又は5条の規定により，東日本の地方裁判所（東京高等裁判所，名古屋高等裁判所，仙台高等裁判所又は札幌高等裁判所の管轄区域内に所在する地方裁判所）が管轄権を有する場合には東京地方裁判所の，西日本の地方裁判所（大阪高等裁判所，広島高等裁判所，福岡高等裁判所又は高松高等裁判所の管轄区域内に所在する地方裁判所）が管轄権を有する場合には大阪地方裁判所の専属管轄に属する。したがって，管轄裁判所を決めるに当たっては，民事訴訟法4条及び5条によって管轄を検討し，次いで同法6条の適用によって東京地裁又は大阪地裁のいずれの専属管轄となるかを検討することとなる。

(注1) 知的財産権訴訟の管轄全般については，中島基至「知的財産権訴訟の管轄について」『知的財産法の理論と実務1』13頁，高松宏之「知的財産訴訟の種類と管轄等」実務研究会編『知的財産訴訟の実務〔改訂版〕』11頁，古河謙一「侵害訴訟の管轄（第1審，控訴審）および訴額，保全訴訟の管轄」大渕哲也ほか『特許訴訟上』529頁，古河謙一「特許訴訟に関する管轄」L&T79号20頁，森崎英二「総論」髙部眞規子編『特許訴訟の実務〔第2版〕』2頁，山田陽三「国内管轄問題(1)(2)」『知財訴訟実務大系3』397頁。

(b) 民事訴訟法の管轄の一般規定（民訴4条・5条）

　訴えは，被告の普通裁判籍の所在地を管轄する裁判所の管轄に属する（民訴4条）。また，損害賠償請求や不当利得返還請求といった金銭給付を求める訴えは，財産権上の訴えとして，その債務の義務履行地に管轄が認められる（民訴5条1号）。債務の義務履行地は，持参債務の原則により，債権者の現在の住所地とされるので（民484条），原告の住所地に管轄が認められる。

　不法行為に関する訴えは，不法行為があった地に管轄が認められる（民訴5条9号）。不法行為に関する訴えに，特許権侵害に基づく損害賠償請求が該当することは明らかである。特許権に基づく差止請求（特許100条1項）については，不正競争防止法3条1項の規定に基づく不正競争により侵害の停止等の差止めを求める訴え及び差止請求権の不存在確認を求める訴えは，いずれも民事訴訟法5条9号所定の訴えに該当するとされ[注2]，同決定が「不法行為に関する訴え」の意義について，「民法所定の不法行為に基づく訴えに限られるものではなく，違法行為により権利利益を侵害され，又は侵害されるおそれがある者が提起する侵害の停止又は予防を求める差止請求に関する訴えをも含むものと解するのが相当である。」と判示することからすると，不法行為に関する訴えに当たると解される。「不法行為があった地」（民訴5条9号）とは，実行行為の行われた土地と結果の発生した土地の双方を含むのであって，実行行為と損害発生のいずれかが生じた土地について管轄が認められる。

(c) 特許権等に関する訴えの管轄についての特則（民訴6条）

　民事訴訟法6条1項は，「特許権等に関する訴え」について東京地方裁判所又は大阪地方裁判所に専属すると規定する。「特許権等に関する訴え」については，平成8年改正によって東京地裁又は大阪地裁の競合管轄が認められ，平成15年改正によって専属管轄に改められた。

　「特許権等に関する訴え」が東京地裁又は大阪地裁の専属管轄とされている趣旨は，この種の訴えについては，専門技術的事項が審理の対象となるため，専門的処理体制を備えた東京地裁又は大阪地裁において，審理の充実及

（注2）　最決平16・4・8民集58巻4号825頁〔ミーリングチャック販売等差止事件〕。

び迅速化を図ることとしたものである(注3)。

「特許権等に関する訴え」の範囲については、民事訴訟法6条1項が特許権等に「関する」訴えと規定すること、上記立法趣旨のほか、管轄の有無は訴えの提起の時を標準として画一的に決定されるべきこと（民訴15条）からすると、特許権侵害を理由とする差止請求訴訟や損害賠償請求訴訟、職務発明の対価の支払を求める訴訟などに限られず、類型的抽象的に専門技術的事項が審理の対象となると想定される事件を広く含むと解するのが相当である。

裁判例においても、「『特許権等に関する訴え』は、特許権に関係する訴訟を広く含むものであって、特許権侵害を理由とする差止請求訴訟や損害賠償請求訴訟、職務発明の対価の支払を求める訴訟などに限られず、本件のように特許権の専用実施権や通常実施権の設定契約に関する訴訟をも含むと解するのが相当である。」(注4)、「特許権侵害を理由とする差止請求訴訟や損害賠償請求訴訟、職務発明の対価の支払を求める訴訟等に限られず、特許権の専用実施権や通常実施権の設定契約に関する訴訟、特許を受ける権利や特許権の帰属の確認訴訟、特許権の移転登録請求訴訟、特許権を侵害する旨の虚偽の事実を告知したことを理由とする不正競争による営業上の利益の侵害に係る訴訟等を含むと解するのが相当である。」(注5)と判断されている。実際のところ、特許を受ける権利の帰属が争いとなっている事件では発明者性が、実施料支払請求においては特許権を実施しているか否かが、不正競争防止法2条1項15号（平成30年法律第33号による改正により21号）に基づく請求においては特許権侵害があったか否かが、主要な争点となることが多く、東京地裁又は大阪地裁の専属管轄を認めた方が、適正かつ迅速な審理及び裁判を実現しようとする法の趣旨にも合致する。なお、平成15年改正前の競合管轄の時代には、東京地裁又は大阪地裁の競合管轄を広く認めても手続的不都合は特に生じなかったが、専属管轄の下では、管轄違反が控訴審及び上告審において原判決を取り消すべき事情に該当する（民訴299条1項ただし書・312条2項3号）ことには留意する必要がある。

(注3) 小野瀬厚＝武智克典編著『一問一答平成15年改正民事訴訟法』（商事法務、2004）65頁。
(注4) 知財高判平21・1・29判タ1291号286頁〔冷凍システム事件〕。
(注5) 知財高決平28・8・10（平成28年(ラ)第10013号）裁判所ＨＰ〔消化器販売事業勧誘事件〕。

このように「特許権等に関する訴え」であれば，東京地裁又は大阪地裁の専属管轄となるので，「特許権等に関する訴え」に該当するか否かは，訴え提起の時点で判断すべき重要な事項である。もっとも，ある事件が「特許権等に関する訴え」に該当するか否かについては，微妙な判断を伴う面があり，必ずしも一義的に明確に決せられるものとはいい難い。例えば，原告と被告が共同開発契約に基づいて共同研究をしていたところ，被告が，原告に無断で研究内容を公表したことについて，原告が研究内容である発明について，特許を受ける権利を喪失したと主張して，被告に対し，債務不履行に基づく損害賠償請求をした事案を考えてみると，訴訟物は，共同開発契約上の債務不履行に基づく損害賠償請求権であり，訴訟物だけをみれば，特許権と密接不可分に関連するとはいい難い。一方，共同開発契約自体，特許との関連性がうかがわれるし（その関連性の程度は，当事者間の契約内容によって異なるが，共同開発によって生じる知的財産権の帰属や出願についての定めがある場合，特許との関連性が強いといえるであろう。），研究内容の公表による新規性喪失の有無が審理の対象となること，原告に生じた損害は「特許を受ける権利」（特許33条）の喪失であることは，特許との関連性が強いことを示す事情といえる。したがって，微妙な点はあるものの，特許を受ける権利の喪失に係る紛争として専門技術的な事項の判断が類型的抽象的に想定されるといえ，「特許権等に関する訴え」に当たると解するのが相当と思われる。

一方，「一切の財産をＡに相続させる」旨の遺言確認訴訟において，「一切の財産」に特許権等が含まれている場合や，営業譲渡契約に関する紛争で，譲渡財産の中に特許権等が含まれると解されるが，契約書上は明記されていない場合については，たまたま契約の対象に特許権が含まれていたにすぎず，専門技術的事項が類型的抽象的に審理の対象となるとも想定し難いので，「特許権等に関する訴え」には当たらないと解するのが相当と思われる。

また，相手方が，抗告人Ａによる消火器販売事業への勧誘に際し，抗告人Ａの開発した消火剤が，同人は技術やノウハウを有していないのに，同人が特許を持っており，これまでの消火剤より性能がよいと述べたことや，他社メーカーの特許を侵害しないと述べたことが詐欺に当たるなどと主張していた基本事件について，係属裁判所が，「特許権に関する訴え」（民訴6条1項）

に当たると判断して，人証調べに差し掛かった段階で，職権で基本事件を東京地裁に移送する旨決定したのに対し，抗告審である知的財産高等裁判所が，基本事件は，抗告人らの共同不法行為（詐欺）又は会社法429条に基づく損害賠償請求訴訟であるから，抽象的な事件類型が特許権に関するものであるということはできない，事業の対象製品が第三者の特許権を侵害するというだけで，当該事業への勧誘が詐欺に当たるとか，取締役の任務を懈怠したということはできないから，欺罔行為の内容として「特許」という用語が使用されているというだけで，このことをもって，専属管轄たる「特許権に関する訴え」に当たるということはできないと判断して，移送を認める原決定を取り消した裁判例がある(注6)。

　このように，「特許権等に関する訴え」に当たるか否かについては，必ずしも一義的に明確でない面があることは否定できず，請求の法律構成，当該請求における特許権等の位置付け，審理の段階等も踏まえて，類型的抽象的に専門技術的事項が審理の対象となると想定される事件であるか否かを判断することになる。そして，以上の処理は訴え提起時点での行為規範であり，専門技術的事項を欠いた訴えが東京地裁又は大阪地裁以外の裁判所で審理判断されて1審判決に至った場合，当該手続の適法性を判断する場面の評価規範としては，1審判決を取り消すことに慎重であるべきであろう(注7)。

(d)　特許権等に関する訴えに係る訴訟の移送（民訴20条の2）

　前記(c)のとおり「特許権等に関する訴え」には，類型的抽象的に専門技術的事項が審理の対象となると想定される事件が広く含まれるので，例えば，特許実施許諾契約に基づいて特許実施料を請求する事件において，事前交渉の経緯等から特許権の実施や特許権の有効性について争いがないことがうかがわれる場合であっても，「特許権等に関する訴え」に当たると解するのが相当である。他方，上記事例のような，専門技術的事項の審理判断が問題とならない場合には，「審理すべき専門技術的事項を欠くことその他の事情により著しい損害又は遅滞を避けるため必要があると認めるとき」に当たるも

（注6）　前掲（注5）知財高決平28・8・10〔消火器販売事業勧誘事件〕。
（注7）　塚原朋一「知財高裁元年―その1年間の実績の回顧と今後の展望」金判1236号8頁。髙部眞規子『実務詳説特許関係訴訟〔第3版〕』12頁同旨。

のとして，民事訴訟法4条，5条もしくは11条の規定による管轄裁判所又は19条1項（当事者の申立て及び相手方の同意による必要的移送）によって移送を受けるべき地方裁判所に移送する（民訴20条の2第1項）ことが考えられる。なお，当該地方裁判所で審理判断することについて被告の同意が確実な事件においては，当該地方裁判所が，東京地裁又は大阪地裁に移送せずに自庁処理することも考えられる。しかし，「特許権等に関する訴え」が専属管轄事項であり，合意管轄及び応訴管轄は成立しないこと（民訴13条1項），民事訴訟法20条の2の判断主体は「6条1項各号に定める裁判所（東京地方裁判所又は大阪地方裁判所）」と明記されていること，簡裁の専属管轄事項についても地方裁判所が自庁処理できないこと（民訴16条2項ただし書）との均衡からすると，直ちに自庁処理することはできず，東京地裁又は大阪地裁に移送した上で，東京地裁又は大阪地裁が同法20条の2第1項の適用の可否を判断して再度移送するのが相当である(注8)。

(e) 東京地方裁判所と大阪地方裁判所の管轄が競合する場合の特則

民事訴訟法6条1項により東京地裁及び大阪地裁のいずれも管轄を有する場合，両者は競合的に管轄を有する。

通常の民事訴訟においては，1つの請求について管轄を有する裁判所は，同一の事実上及び法律上の原因に基づく第三者に対する訴えについても管轄を有する（民訴7条・38条前段）。また，当事者双方が合意により管轄を定めることができ（民訴11条），被告が応訴すれば当該裁判所に管轄が生じる（民訴12条）。しかし，東京地裁又は大阪地裁以外の裁判所に，特許権等に関する訴えについて管轄を認めることは，専属管轄を定めた趣旨に反するので，民事訴訟法13条1項は，これらの規定による管轄を否定する。もっとも，専属管轄が認められている東京地裁と大阪地裁との間では，専門技術的事項を含む事件の審理の充実と迅速化の要請に反するところはないので，同法7条，11条及び12条によって東京地裁又は大阪地裁が管轄を有する場合には，前記各条の適用を認めることとした（民訴13条2項）。

東京地裁又は大阪地裁に係属する訴訟について，中間確認の訴えが民事訴

(注8) 古谷健二郎「特許権等に関する訴えの管轄」L＆T55号15頁，山田・前掲（注1）411頁同旨。

訟法6条1項の規定により他の裁判所の専属管轄に属する場合であっても，当初の事件の係属する裁判所に中間確認の判決を求めることが可能である（民訴145条2項）。このことは，反訴についても同様である（民訴146条2項）。

　特許権等に関する訴訟について，民事訴訟法17条に基づく遅滞を避ける等のための移送並びに同法19条1項に基づく当事者の申立て及び相手方の同意に基づく必要的移送によって，東京地裁又は大阪地裁に移送することが認められている（民訴20条2項）。両地方裁判所の間で移送を認めても，専属管轄を定めた趣旨に反することはないからである。東京地裁又は大阪地裁が同法17条に基づいて移送する場合として，東京地裁と大阪地裁にそれぞれ関連訴訟が係属した際に，どちらかの裁判所に事件を集中して関連訴訟を統一的に審理判断することを理由にする場合が考えられる。他方，特許権侵害訴訟で人証や現場における検証が行われることは少なく，電話会議システムやテレビ会議システムを用いた弁論準備手続期日等によって審理を進めることも可能であるので，出頭の負担を理由として移送が認められることは少ないと思われる。

　(f)　簡易裁判所の事物管轄に属する場合

　簡易裁判所が管轄を有する事件（訴額が140万円を超えない事件。裁33条1項1号）については，民事訴訟法6条1項の定める東京地裁又は大阪地裁のほかに，当該簡易裁判所も競合的に管轄を有する（民訴6条2項）。訴額が小さいため当事者の地理的利便性にも配慮する必要があるからである。

　簡易裁判所の管轄は東京地裁又は大阪地裁と競合するので，民事訴訟法20条1項は適用されない。したがって，事件の係属した簡易裁判所は，同法17条ないし19条によって，東京地裁又は大阪地裁に移送することができる。

　(g)　控訴審の管轄

　東京地裁が第1審の判決をした事件の控訴審は，東京高裁が管轄を有し，その特別の支部である知財高裁が取り扱う（知財高裁2条1号）。大阪地裁が第1審の判決をした事件の控訴審についても，同様である（民訴6条3項本文）。したがって，控訴審段階では，知財高裁が全国唯一の裁判所ということになる。もっとも，民事訴訟法20条の2第1項の規定により移送された訴訟に係る訴えについての終局判決に対する控訴は，当該地方裁判所を管轄す

る各高等裁判所が管轄権を有し（民訴6条3項ただし書），簡易裁判所が終局判決をした場合には，当該簡易裁判所を管轄する地方裁判所が管轄権を有する。

　また，東京高裁（の特別の支部である知財高裁）は，大阪地裁が第1審の判決をした事件の控訴審については，専門技術的事項を欠くことその他の事情により著しい損害又は遅滞を避けるため必要があると認めるときは，大阪高裁に移送することができる（民訴20条の2第2項）。例えば，特許権と意匠権に基づく侵害訴訟において，いずれの請求も棄却された場合，原告が意匠権侵害の部分だけを控訴した場合であっても，控訴されなかった特許権に基づく侵害訴訟の部分も控訴審に移審するから，知財高裁が管轄を有することになる。しかし，特許権に基づく侵害訴訟の部分は審理判断の対象外であるから，民事訴訟法20条の2第2項によって，大阪高裁に移送する処理が考えられる(注9)。

　専属管轄違反は，控訴審において主張することができ（民訴299条1項ただし書），また，絶対的上告理由でもある（民訴312条2項3号）。しかし，第1審裁判所が東京地裁又は大阪地裁である場合，当該訴訟が民事訴訟法6条1項の規定により他の裁判所の専属管轄に属するときは，控訴審において管轄違いの主張をすることができない（民訴299条2項）。上告理由についても同様である（民訴312条2項3号括弧書）。

　(h)　保全命令事件の管轄

　一般の保全命令事件については，本案の管轄裁判所又は仮に差し押さえるべき物若しくは係争物の所在地を管轄する地方裁判所が管轄権を有するが（民保12条1項），民事訴訟法6条1項に規定する特許権等に関する訴えを本案とする保全命令事件については，本案の管轄裁判所のみが管轄権を有し（民保12条2項本文），仮に差し押さえるべき物若しくは係争物の所在地を管轄する地方裁判所が東京地裁又は大阪地裁であるときには，その裁判所も管轄権を有する（同項ただし書）。したがって，保全事件についても，東京地裁又は大阪地裁のみが管轄権を有することになる。なお，本案が控訴審に係属するときは，当該控訴裁判所が管轄権を有する（同条3項）。

　(注9)　森崎・前掲（注1）5頁同旨。

保全抗告事件の管轄については，民事保全法12条2項の規定や，控訴審係属中の保全処分の本案裁判所が東京高裁となること（同条3項）から，東京高裁が管轄を有すると解される(注10)。

(2) 非技術系の知的財産権事件

意匠権，商標権，著作者の権利（プログラムの著作権についての著作者の権利を除く。），出版権，著作隣接権若しくは育成者権に関する訴え又は不正競争(不正競争防止法2条1項に規定する不正競争をいう。)による営業上の利益の侵害に係る訴えについては，民事訴訟法4条又は5条の規定による各裁判所のほかに，東日本の地方裁判所（東京高裁，名古屋高裁，仙台高裁又は札幌高裁の管轄区域内に所在する地方裁判所）が管轄権を有する場合には東京地裁，西日本の地方裁判所（大阪高裁，広島高裁，福岡高裁又は高松高裁の管轄区域内に所在する地方裁判所）が管轄権を有する場合には大阪地裁にも，訴えを提起することができる(民訴6条の2。競合管轄。なお，簡易裁判所の事物管轄に属する場合には，この規定の適用はない。)。

民事訴訟法6条の2所定の訴え（意匠権等に関する訴え）は，同法6条の特許権等に関する訴訟ほどの高度な専門技術的事項が問題となることはないが，特許権等に関する訴訟とその審理構造が類似しているため，特許権等に関する訴訟と同様に知的財産権関係訴訟特有のノウハウが必要になることを考慮して設けられたものである(注11)。

意匠権等に関する訴えについては，民事訴訟法4条又は5条の規定による各裁判所と東京又は大阪地裁とは競合管轄を有するので，両裁判所間での遅滞を避ける等のための移送（民訴17条）の可否が問題となる。当該事案における専門技術的な要素の程度を考慮して，移送の可否を判断することとなろう。

意匠権等に関する事件の控訴審は，当該第1審の地方裁判所を管轄する各高等裁判所が管轄を有する。東京高裁においては，知財高裁が取り扱うことになっている（知財高裁2条1号）。

(注10) 知財高決平20・9・29判タ1290号296頁。
(注11) 小野瀬＝武智編著・前掲（注3）80頁。

保全事件については,「本案の管轄裁判所」として,東京地裁又は大阪地裁が民事訴訟法4条,5条によって管轄を有する地方裁判所と競合管轄を有するほか,一般の保全事件と同様である。

〔2〕 行政訴訟

(1) 審決取消訴訟

特許異議申立てに係る特許取消決定（特許114条2項）に対する取消訴訟,拒絶査定不服審判（特許121条）,特許無効審判（特許123条）,延長登録無効審判（特許125条の2）及び訂正審判（特許126条）に係る審決に対する取消訴訟,特許異議申立書,審判若しくは再審の請求書又は特許法120条の5第2項若しくは134条の2第1項の訂正請求書の却下決定に対する訴えは,東京高裁の専属管轄とされ（特許178条1項）,その特別の支部である知財高裁が取り扱う（知財高裁2条2号）。実用新案法47条1項,意匠法59条1項,商標法63条1項（同法68条5項において準用する場合を含む。）の各訴えについても,同様である（知財高裁2条2号）。

(2) 審決取消訴訟以外の取消訴訟

期間延長の不許可処分（特許4条）,特許料不納付による手続却下処分（特許18条）などの各種手続却下処分に対する取消訴訟が挙げられる。

行政訴訟の一般原則により,被告の普通裁判籍の所在地を管轄する裁判所又は処分若しくは裁決をした行政庁の所在地を管轄する裁判所が管轄を有する（行訴12条1項）ので,東京地裁が管轄を有する。また,国を被告とする取消訴訟は,原告の普通裁判籍の所在地を管轄する高等裁判所の所在地を管轄する地方裁判所にも提起することができる（同条4項）。

〔3〕 知的財産高等裁判所の取扱事件

知財高裁は,平成17年4月1日,東京高裁の特別の支部として設置された。

東京地裁又は大阪地裁が1審としてした特許権等に関する訴えについての終局判決に対する控訴（1審が東京地裁の場合は当然に，大阪地裁の場合は民事訴訟法6条3項）並びに審決取消訴訟（特許178条1項等）については，東京高裁の専属管轄と定められている。そして，東京高裁の管轄に属する事件のうち，特許権，実用新案権，意匠権，商標権，回路配置利用権，著作者の権利，出版権，著作隣接権若しくは育成者権に関する権利又は不正競争による営業上の利益の侵害に係る訴えについての控訴事件であってその審理に専門的な知見を要するもの（知財高裁2条1号），審決取消訴訟（同条2号），そのほか主要な争点の審理に知的財産に関する専門的な知見を要する事件（同条3号），1号若しくは2号に掲げる訴訟事件又は3号に掲げる事件で訴訟事件であるものと口頭弁論を併合して審理されるべき訴訟事件（同条4号）は，知財高裁が取り扱うことになっている。

このように，知的財産高等裁判所設置法は，民事訴訟法等によって定められた管轄を変更するものではなく，東京高裁とその特別な支部である知財高裁の間の事件の配分を定めたものである。したがって，仮に設置法に反する取扱いがされたとしても，管轄違反の問題が生じることはない。また，東京高裁が管轄を有する事件については，民事訴訟法6条にいう特許権等に関する訴えに該当しない事件であっても，知的財産高等裁判所設置法2条3号又は4号に基づき，知財高裁が取り扱うことが可能である。

2 立証の容易化と営業秘密

中 武 由 紀

> 知的財産権訴訟において侵害行為及び損害の計算のための立証を容易化する方策としてどのような手段があるか。営業秘密を含む証拠について文書提出命令・秘密保持命令はどのような要件・手続で発令されるか。

〔1〕 はじめに

　知的財産権訴訟において，権利者の権利保障を実現するためには，証拠収集手続が実効性を有することが極めて重要である。近時，比較法的に見た日本の証拠収集手続の不十分さや，書類提出命令に関する運用の謙抑性が指摘されるなど，書類提出命令に関する法改正の必要性や運用の在り方に対する関心が高まっている。一方，知的財産権の侵害行為及び損害の立証のいずれにおいても，相手方当事者の営業秘密が関わり，情報が外部に流出した場合の被害が甚大であるため，立証の容易化方策と合わせて，営業秘密の保護を図るための制度的担保や実務上の工夫が必要となる。本項目においては，特許権侵害訴訟を中心に，侵害行為及び損害立証の容易化方策並びに営業秘密の保護について論じる。

〔2〕 侵害行為及び損害の計算のための立証容易化のための方策

(1) 特許権侵害訴訟の審理

　特許権侵害訴訟においては，裁判所が，審理を侵害論と損害論とに二分した上，第1段階として，特許権侵害の有無（特許の無効論を含む。）に係る侵害

論の審理に集中し，その審理結果に基づき非侵害の心証を得た場合にはその旨の心証を開示して審理を終結する一方，侵害の心証を得た場合には，第2段階として，さらに損害の審理に入るという訴訟プラクティスが定着している。

このための立証については，方法特許の侵害が相手方の工場内で行われる場合や，侵害品が注文発注により製造され，市場で入手が不可能な場合など，侵害行為に関する証拠が相手方に偏在し，権利者による侵害行為の立証が困難を極めることがある。また，損害に関する証拠についても，侵害行為に係る経済活動に関わるため，同様に相手方に偏在する。さらに，これらのいずれについても相手方の営業秘密が含まれるのが通常であり，秘密保護のための方策を充実させることが立証の容易化にとって不可欠の前提となる。

(2) 侵害行為の立証のための容易化方策

(a) 相手方の具体的態様明示義務

特許法104条の2は，侵害行為の立証を容易にするため，争点整理段階において，相手方に対し，権利者が主張する物件又は具体的態様を否認する場合に，自己の行為の具体的態様を明らかにすべき義務を課している。

(b) 侵害行為立証のための書類提出命令

特許法105条1項は，「特許権又は専用実施権の侵害に係る訴訟」において，訴訟の相手方に対し，同人が所持する侵害行為を立証するため必要な書類について提出を命ずることができる旨規定する。平成11年法律第41号により，従来から認められていた「損害の計算をするため」必要な書類に加え，「侵害行為について立証するため」必要な書類にもその対象を拡大したものである。侵害行為を立証するため必要な書類は，例えば，設計図，仕様書，成分分析書，製造記録，製造指図書，ソースコード等が挙げられる。

特許法105条[注1]の規定は，実用新案法30条，意匠法41条，商標法39条において準用され，著作権法114条の2，不正競争防止法（以下「不競法」とい

(注1) 平成30年法律第33号による改正（以下「平成30年改正」という。）により，裁判所が書類提出命令を出すに際して非公開（インカメラ）で書類の必要性を判断できる手段が創設されるとともに，技術専門家（専門委員）がインカメラ手続に関与できるようになった（改正特許105条2項・4項）。詳しくは〔3〕(3)(b)(ウ)参照。

う。）7条[注2]に同旨の規定が設けられているが，以下においては特許法を中心として説明する（詳細は後記〔3〕）。

(c) 検証物提示命令

特許権侵害訴訟においては，相手方の侵害行為を立証するために，対象物を直接裁判所に持ち込んで取り調べたり，相手方の工場内において製造装置を調べたりする必要が生ずる場合がある。そこで，このような立証を容易にするため，検証物の提示についても，特許法105条4項（平成30年改正により5項）において同条1項ないし3項の書類提出命令の規定が準用されている。

〔3〕 損害立証のための容易化方策

(a) 損害立証のための書類提出命令

特許法は，損害額の推定規定（特許102条）により，損害額の算定を容易にしているところ，これに基づく算定のためには，侵害品の販売数（同条1項），侵害者が得た利益（同条2項）等を明らかにする必要がある。これら損害を立証する書証については，昭和34年の特許法制定時から，文書提出命令の特則としての書類提出命令の制度が設けられ，立証の容易化が目指されていた（特許105条1項）。

前記(1)において述べたように，第2段階の損害審理は，裁判所が侵害行為の存在について心証を得た後に行われるものである。したがって，一般に，損害の立証は，侵害行為の立証と比較して，証拠調べの必要性が肯定される場面が多い一方，提出を拒む「正当な理由」が認められることは少ないため，書類提出命令の発令要件を充足しやすい傾向にある。

(b) 計算鑑定人制度

書類提出命令により，損害の計算に係る書類が提出されるとしても，その量が膨大であることから，経理・会計の専門家でない者にとって，書類を正確かつ迅速に理解することは難しい。また，部外者が関係者による説明を受けずに提出書類の内容を把握することも困難であるが，特許法105条は書類

（注2） 平成30年改正により，（注1）と同様に，書類提出命令における書類の必要性を判断するためのインカメラ手続，専門委員のインカメラ手続への関与ができるようになった（改正不正競争7条2項・4項）。

の提出者にその内容を説明する義務までは認めておらず，当事者照会（民訴163条），鑑定人の発問（民訴規133条）等の制度の活用によるほかなく，十分なものではない(注3)。さらに，提出書類がコンピュータ管理された帳簿類の打出しデータであった場合には，その内容の信憑性の問題や，開示された資料のほかに隠されている資料があるのではないかとの疑いが生ずる場合がある。

そこで，平成11年法律第41号により，民事訴訟法の鑑定人制度の特則として特許法105条の2が新設され，経理・会計の専門家であって中立な第三者である公認会計士等の鑑定人に，会計帳簿や伝票類等の資料から販売数量や販売単価，利益率等を鑑定させる制度を設け，これにより，当事者の立証の負担の軽減を図り，損害立証の迅速化及び効率化を図ることとした。

この鑑定が命ぜられた場合，「当事者は，鑑定人に対し，当該鑑定をするため必要な事項について説明しなければならない。」（特許105条の2）とされ，当事者に鑑定人に対する協力義務，説明義務が課される。

説明義務に基づいて提出された資料は，計算鑑定人に対する信頼を基礎として，訴訟で証拠提出されていなくとも鑑定の基礎資料となり得るものと解されており，その鑑定結果の信頼性は高く評価されている(注4)。これら計算鑑定人制度への信頼を確保するため，実務においては，当事者と鑑定人との協議の機会を設ける運用がされている(注5)。

(c) 損害額の証明度軽減

特許権侵害訴訟において，損害が発生したことが認められる場合に，「損害額を立証するために必要な事実を立証することが当該事実の性質上極めて困難であるときは」，その証明度を軽減し，裁判所は，弁論の全趣旨及び証拠調べの結果に基づき，相当な損害額を認定することができる（特許105条の3）。民事訴訟法248条の規定する損害額の証明度の軽減ができる要件を緩和し，損害額の立証の困難性を救済するものである。

(4) 上記(2)，(3)の前提となる営業秘密保護方策(注6)

(注3) 特許庁編『平11改正解説』48頁。
(注4) 髙部眞規子『実務詳解特許関係訴訟〔第3版〕』277頁。
(注5) 大鷹一郎「特許権侵害の審理における計算鑑定の最近の実情」L＆T67号18頁。
(注6) 秘密保護方策としては，特許権侵害訴訟における営業秘密に関する当事者尋問等の公開

(a) 閲覧等制限決定

何人も訴訟記録の閲覧を請求することができ，当事者及び利害関係を疎明した第三者は謄写等の請求ができるところ（民訴91条1項・3項），訴訟記録中に当事者が保有する「営業秘密（不正競争防止法2条6項に規定する営業秘密）」が記載又は記録されている場合には，当事者は，その閲覧等ができる者を当事者に限る決定を求めることができる（民訴92条）。

この決定がされた場合には，閲覧謄写の請求ができる者が当事者に限られ，第三者が閲覧謄写をすることはできない。また，秘密の開示を受けた当事者は，訴訟追行のために特別に秘密を知り得たのであるから，当該知り得た秘密を保持し，訴訟追行以外の目的で使用してはならないとの私法上の義務を負う。したがって，当該当事者が閲覧等によって知り得た秘密を第三者に漏らした場合や，これを無断で使用した場合には，不法行為に基づく損害賠償の責めを負うほか，不競法3条，4条に基づく差止めや損害賠償の対象ともなる(注7)。

これにより，営業秘密の非公知性を保ちつつ，訴訟に必要な証拠を提出することができることになる(注8)。

(b) 秘密保持命令

訴訟当事者が競業者である場合，上記の閲覧等制限では，特に相手方との関係で秘密漏洩を防ぐ手段として不十分である。そこで，より確実な秘密保護方策を設けることで，営業秘密を含む証拠の訴訟手続への顕出を容易にし，営業秘密の保護及び侵害行為の立証の容易化を図るべく，秘密保持命令制度が平成16年法律第120号により新設された。

秘密保持命令は，当事者等，訴訟代理人又は補佐人に対し，当事者の保有

　　　停止（特許105条の7）も挙げられるが，特許権侵害の立証は，書証や検証によって行われることが多く，要件の厳格さからしても，この制度が立証容易化に寄与している状況にあるといい難いため，ここでは割愛した。
(注7)　法務省民事局参事官室編『一問一答新民事訴訟法』（商事法務，1996）98頁，加藤新太郎「民事訴訟における秘密保護の手続」塚原朋一ほか編『新民事訴訟法の理論と実務上』（ぎょうせい，1997）384頁，『コンメ民訴法Ⅱ〔第2版〕』236頁。
(注8)　知財高決平28・8・8（平成28年(ウ)第10038号）裁判所HP〔チャット・ログ事件〕は，文書提出義務の存否が争われた事案について，文書所持者が「営業秘密等が記載された部分の閲覧等を請求することができる者を当事者に限るとの決定（民事訴訟法92条）がなされることが通常であること」を民事訴訟法の文書提出義務の除外事由（民訴220条4号ニ）の存在を否定する理由の一つとして摘示している。

する営業秘密（不競法2条6項に規定する営業秘密をいう。）につき，当該訴訟追行以外の目的での使用及び当該営業秘密に係る秘密保持命令を受けた者以外の者への開示を禁ずる命令である。これに違反した場合には，刑事罰による制裁などの強い効力が与えられており，営業秘密保護のための実効性が強化されている（詳細は後記〔4〕）。

(c) 秘密保持契約

秘密保持契約は，秘密を第三者に口外しないことや目的外使用をしないことを約する内容の契約である。上記(b)の秘密保持命令の発令要件を満たす場合に，最終的には秘密保持命令が発令されることもあり得るとの強制力の下に，当事者間で秘密保持契約に向けて協議が行われることが多く，当事者の合意によって，証拠の提出を円滑にする実務上の工夫として利用される。

秘密保持契約においては，通常，秘密情報の特定（それが秘密であることの表示を施すことも含む。），秘密情報の開示範囲（訴訟代理人，弁理士，補助者，翻訳者，通訳人，被用者等），秘密の開示を受けた訴訟代理人等が秘密を保持するとの条項，訴訟目的外での使用禁止義務条項，実効性を担保するための損害賠償額の予定条項が定められる(注9)。

〔3〕 書類提出命令について

(1) 特許法105条の趣旨

文書提出の一般義務について定める民事訴訟法220条4号は，同号イないしホ所定の除外事由がないことを提出義務発生の前提としており，除外事由不存在の立証責任を文書提出命令申立人に課す(注10)。ところが，特許権侵害訴訟においては，前記〔2〕(1)において述べたように，必要な証拠が相手方に偏在している上，当該証拠には多かれ少なかれ営業秘密が含まれ，除外事

(注9) 秘密保持契約のひな形について，『新注解特許法中〔第2版〕』2261頁〔大野聖二＝井上義隆〕。

(注10) もっとも，民事訴訟法の文書提出命令においても，除外事由については文書所持者側の事情であり，申立人の側で主張立証することは事実上不可能であるから，文書所持者の側に資料の提出責任を認めるのが相当であり，実務においてもそのように運用されている。

由に該当する場合が多いことから，民事訴訟法の規定のみでは，実効性ある立証が困難である。

そこで，特許法105条1項は，民事訴訟法の特則として，「当該侵害行為について立証するため，又は当該侵害の行為による損害の計算をするため必要な書類の提出を命ずることができる。ただし，その書類の所持者においてその提出を拒むことについて正当な理由があるときは，この限りでない。」と規定し，相手方に侵害行為及び損害の立証のための書証の提出について一般義務を課し，提出義務を否定する「正当な理由」の立証責任を負わせることで，侵害行為や損害の立証を容易にしている。

(2) 書類提出命令の要件

書類提出命令も文書提出命令の一種であることから，特許法に規定されていない事項については，民事訴訟法の規定に従う。そこで，上記に述べた立証責任を踏まえて，申立要件を整理すると，申立人において，①訴訟当事者が当該書類を所持していること，②証拠調べの必要性があること（民訴181条1項）を疎明する必要があり（その他，記載事項については後記(3)(a)参照），提出義務を阻害する要件として，所持者（相手方）において③「正当な理由」の存在の疎明が必要である。

(a) 訴訟当事者が当該書類を所持していること

特許法105条1項は，「特許権又は専用実施権の侵害に係る訴訟において」，その「当事者に対し……命ずる」と規定し，侵害訴訟の相手方当事者が所持する証拠を対象としている。したがって，訴訟外の第三者が所持する場合には同項によることはできず，民事訴訟法上の文書提出命令によるほかない。

書類が存在し，相手方がこれを所持したことは，申立人に主張立証責任がある。もっとも，通常の企業であれば作成・保存する計算書類等の書類に関しては，むしろ相手方の側に，そのような書類を作成・保存していない合理的な事情について主張立証させるのが相当であろう[注11]。

(b) 侵害行為の立証又は侵害行為による損害の計算のための必要性

(注11) 髙松宏之「6 特許権侵害訴訟における文書提出命令について」『知的財産法の理論と実務2』69頁。

(ア) 証拠調べの必要性

裁判所は，当事者が申し出た証拠で必要でないと認めるものは，取り調べることを要しない（民訴181条1項）とされ，その採否は，受訴裁判所の専権に属する。したがって，証拠調べの必要性がないことを理由として却下決定を受けた場合に不服申立てをすることができない(注12)(注13)。

書類提出命令の必要性が否定される場合としては，代替証拠の有無や心証の内容と関わらないものとして，①申立人による本案の主張自体が失当である場合，②要証事実が立証事項（「証明すべき事実」（民訴221条1項4号））と関連しない場合，③立証事項が文書と関連しない（当該文書に当該記載はない等）場合があり，心証等の内容と関連するものとして，④立証事項について十分な心証を得ている場合，⑤申立人が主張する構成要件の1つ以上について既に非該当の心証を抱いている場合など，様々なものがあり得る。その判断に当たっては，真実発見・迅速な審理といった民事訴訟法が求める価値の実現も考慮される。

(イ) 侵害行為立証のための必要性

侵害行為の立証のための書類提出命令については，目的物が相手方の支配下にあり，これを入手する途がない場合や，方法発明の侵害が相手方工場内で行われているが，物に当該方法についての痕跡が残らない場合など，証拠調べの必要性が高い場合がある。一方，被疑侵害者にとっての特許権者は競業者であることが多く，また，多くは立証事項が営業秘密に直結するため，当該情報にアクセスすること自体を目的とする濫用的な申立てや，確たる証拠に基づかない探索的な申立てがあり得，これらを排除する必要がある。

そこで，侵害行為のための証拠調べの必要性について，通常，書類提出命令を求める権利者の側に，「侵害行為に対する合理的疑いが一応認められることの疎明」を求める(注14)，あるいは，「侵害であることを合理的に疑わし

(注12) 最決平12・3・10民集54巻3号1073頁。
(注13) 後に述べるように，除外事由該当性の判断が，証拠調べの必要性をも判断要素に入れた比較衡量で判断される場合があることから，抗告審においても，除外事由判断における比較衡量の要素という形で証拠調べの必要性が検討されることはあろう。
(注14) 東京地決平27・7・27判タ1419号367頁〔新日鉄ポスコ事件〕，知財高判平28・3・28判タ1428号53頁〔NTTドコモ債務不存在確認事件〕参照。

めるだけの手掛かりとなる疎明」を尽くす必要がある[注15][注16]とされる。

　上記「疎明」の対象や程度いかんによっては，侵害行為の立証のための書類提出命令が発令される場合が限定され，立証の容易化を通じて権利保障の実効性を確保しようとした特許法105条の趣旨が没却されることになりかねない。実務家からは，特許法105条1項の規定があるにもかかわらず，侵害行為立証が容易になっていない旨が様々指摘され[注17]，侵害行為立証段階における必要性の要件が高いハードルとなっている[注18]との批判がされてきたところである。

　しかしながら，この疎明は，当該訴訟の要証事実である侵害行為自体の疎明を求めるものではない。書類提出命令は，侵害行為について主張立証責任を負う者がその立証のために必要な証拠収集手段として用いられるものであることからすれば，書類提出命令の発令に際して，濫用的・探索的申立ての疑いが払拭される程度に，侵害行為の存在について合理的な疑いを生じたことが疎明されれば足りるものと解される。そして，その疎明の程度は，当該文書を取り調べる必要性の有無・程度，当該事項の立証の難易の程度，代替証拠の有無，他の立証の状況等の様々な事情を勘案し，当該事案ごとに判断されるべきものである[注19]。その際，提出命令を拒んだ場合の真実擬制の効果をことさらに考慮して，証拠調べの必要性に高いハードルを設けるべきものではない[注20]。

　裁判実務において，特許権侵害行為の蓋然性の疎明を求める運用がされていたとは思われない。しかし，実務家等から上記のように批判された背景と

(注15)　大阪地判昭59・4・26無体集16巻1号248頁〔合成樹脂射出成型用型事件〕参照。
(注16)　『注解特許法上〔第3版〕』1183頁〔青柳昤子〕，髙部眞規子『実務詳解特許関係訴訟〔第3版〕』84頁，同「知的財産権訴訟　今後の課題(下)」NBL860号42頁，同「知的財産権訴訟における文書の提出－民事訴訟法との交錯」渋谷達紀ほか編『知財年報2006〔別冊NBL116号〕』(2006) 292頁。
(注17)　片山英二「第Ⅱ編　Ⅱ　世界から見た日本の特許訴訟」『中山古稀』124頁，三村量一「知的財産侵害訴訟における証拠収集手続上の課題」自正67巻2号24頁，大野聖二「証拠収集手続の強化・権利の安定性（無効の抗弁）に関する立法の動向」ジュリ1485号35頁。
(注18)　「知財訴訟における諸問題に関する法制度面からの調査研究報告書」（一般財団法人知的財産研究所，2017）22頁。
(注19)　前掲（注14）知財高判平28・3・28〔NTTドコモ債務不存在確認事件〕参照。
(注20)　中島基至「書類提出命令等をめぐる実務上の諸問題－国際知財司法シンポジウム2017の模擬裁判（特許訴訟における証拠収集手続）に向けて」『知的財産紛争の最前線№3〔L&T別冊〕』(2017) 78頁。

して，証拠調べの必要性がないことを理由とする却下決定に対して即時抗告ができず，理由が明確に示されないことや，その判断が本案の心証と密接に関わり，審理の経過によっては受訴裁判所が心証開示を躊躇することがあるため，当事者や実務家に対し，運用の謙抑性を印象付けた可能性が指摘できる。このような裁判所・当事者間の認識の相違については，今後，審理手続上の工夫や相互の意思疎通によって解消するものと期待される。

　(ウ)　損害立証のための必要性

　損害立証のための書類は，侵害者の売上実績，経費内訳，その額などが記載された内部帳簿類であり，営業秘密に属するものがある。したがって，書類提出命令の必要性を肯定するためには，まず，侵害行為の存在が認められる必要がある。

　侵害行為による損害額の算定については，特許法102条の推定規定を利用することが多いが，権利者側がどの規定を請求の根拠として主張するかによって，必要となる書類の種類が異なる。売上，経費などの書類については，その数値を整理した帳簿にとどまらず，原資料である帳票類（売上伝票，注文請書，納品書，領収書等）についても必要性が認められる。また，これらの数額の真実性を確認するため，侵害品を含めた全取引を示す総勘定元帳，確定申告書及びその添付書類の控え等についても必要性が認められる[注21]。もっとも，実際の訴訟においては，これらの資料は膨大であるから，原資料の確認は訴訟代理人が相手方の会社や工場に赴いて行い，問題がない場合には，当事者間で争いがない数値として弁論に上程することにより，書証提出を不要とするなどの工夫がされることも多い。

　(C)　所持人側に拒絶の「正当な理由」があること

　特許法105条1項ただし書は，所持者に「正当な理由」がある場合に書類の提出を拒むことができると規定する。民事訴訟法220条4号が除外事由を限定列挙しているのに対して，提出義務を負わない場合を一般規定の形で設けた点が特徴的である。

（注21）　総勘定元帳，日記帳，仕訳帳及びこれらの資料とされる帳票類，勘定科目内訳明細書や法人税確定申告書などは，会社法434条・443条，民事訴訟法220条4号に基づく場合であっても，提出義務が肯定されるものであるため，営業秘密に該当することを理由とする提出拒絶事由が認められることは通常はないと思われる。

(ア) 営業秘密と「正当な理由」該当性
(ⅰ) 侵害行為又は損害立証のための書類に営業秘密が含まれている場合に，提出を拒む「正当な理由」があると認められるかが問題となる。

侵害行為又は損害を立証するための書類には少なからず営業秘密が含まれているのが通常であり，「営業秘密」が含まれていることから直ちに「正当な理由」の存在を認めるとすれば，証拠収集手続の実効性をより強化した特許法105条の実効性を欠くことになりかねない。そうすると，同条の解釈に当たっては，同条ただし書にいう「正当な理由」は，「営業秘密」が含まれているというのみで肯定されるべきでなく，その判断は，証拠の必要性等を踏まえた比較衡量により実質的に行われるべきである[注22][注23][注24]。

具体的には，「正当な理由」の有無は，①開示することにより文書の所持者が受ける不利益（秘密としての保護の程度）と，②文書が提出されないことにより書類提出命令の申立人が受ける不利益（証拠としての必要性）とを比較衡量して判断されるべきである。この比較衡量においては，当該文書によって，申立人の特許発明と異なる構成を相手方が用いていることが明らかとなる場合には，保護されるべき営業秘密の程度は相対的に高くなる一方，申立人の特許発明の技術的範囲に属する構成を相手方が用いていることが明らかになる場合には，営業秘密の保護の程度は，相対的に低くなると考えられることから，侵害行為を立証し得る証拠としての有用性の程度が考慮されるべきである。また，秘密としての保護の程度の判断には，営業秘密の内容，性質，

(注22) 髙部眞規子「7　秘密保持命令とインカメラ手続」『知的財産法の理論と実務２』83頁，同『実務詳解特許関係訴訟〔第３版〕』85頁，飯村敏明＝設樂隆一編『LP知財訴訟』46頁〔設樂隆一＝間史恵＝鈴木千帆〕。

(注23) 民事訴訟法220条が除外事由とする同条４号ハ・197条１項３号の「技術又は職業の秘密」について，最高裁は，文書提出命令の対象文書に職業の秘密に当たる情報が記載されていても，所持者が文書の提出を拒絶することができるのは，「対象文書に記載された職業の秘密が保護に値する秘密に当たる場合に限られ，当該情報が保護に値する秘密であるかどうかは，その情報の内容，性質，その情報が開示されることにより所持者に与える不利益の内容，程度等と，当該民事事件の内容，性質，当該民事事件の証拠として当該文書を必要とする程度等の諸事情を比較衡量して決すべきものである」（最決平20・11・25民集62巻10号2507頁）として，職業秘密性（不競法２条６項の営業秘密を含み，外延はこれよりもやや広いと解される。）を満たす場合であっても，要保護性が欠けるために，４号ハの除外事由に当たらない場合があるとして，比較衡量論の立場に立つことを明らかにした。

(注24) 東京高決平９・５・20判時1601号143頁は，営業秘密文書であることをもって，「正当な理由」に該当するものでないと判決した。

開示により予想される不利益の程度に加えて，秘密保持命令（特許105条の4以下）の発令の有無及び発令の対象範囲並びに秘密保持契約等の締結の有無，合意当事者の範囲，その実効性等を考慮に入れるべきである[注25]。

(ⅱ) そして，所持者の開示による不利益については，営業秘密が含まれていることを抽象的に主張するのみでは足りず，看過し難い具体的な不利益が主張立証される必要がある[注26]。特に，侵害行為の立証のための書類提出命令は，いまだ裁判官が侵害行為について確定的な心証を得ていない段階で発令されるものであり，相手方企業の存亡に関わるような秘密が対象とされることもあり得ることに照らすと，秘密の程度いかんにより，開示による所持者の側に看過し難い不利益が生ずると認められる場合が少なくない（その判断に際しては，後記(3)(b)(イ)のインカメラ手続が採用されることがある。）。他方，損害の計算のための書類提出命令の場合には，侵害行為の立証のための書類に含まれるほどに秘密性が高度な場合は少なく，既に侵害行為について裁判所が心証を得ていることから，正当な理由が認められる場合は，侵害行為のための書類提出命令に比して少ない。

(イ) 「正当な理由」の要件判断と秘密保持命令等

秘密保持命令が発令されている場合には，刑事罰の制裁の下にその秘密保持が担保されているといえるから，前記の「正当な理由」の判断において，所持者側に生じる不利益が一定程度減じられると評価され，その結果，書類提出命令が発令されやすくなる。特に，損害立証のための書類提出命令について，秘密保持命令が発令される場合には，所持人側に正当な理由が認められる場合は相当に狭まるものと考えられる。また，秘密保持命令の発令に限らず，それ以外の秘密保護の方策がとられていることも，正当な理由を否定する方向に働くといえる。前掲（注14）知財高判平28・3・28〔NTTドコモ債務不存在確認事件〕が，秘密保持命令の発令の有無等や秘密保持契約の締結の有無等を考慮に入れるべきと指摘するのもその趣旨からであろう[注27]。

(注25) 前掲（注14）知財高判平28・3・28〔NTTドコモ債務不存在確認事件〕参照。
(注26) 前掲（注14）東京地決平27・7・27〔新日鉄ポスコ事件〕参照。
(注27) 文書提出命令（民訴220条4号ニ）に関するものであるが，申立人が目的外使用をしない旨の誓約書を入れていることや閲覧等制限申立てによることができることを指摘して提出拒絶事由を否定し，文書提出命令を発令した事案として，前掲（注8）知財高決平28・

(3) 書類提出命令の手続

(a) 申立手続

　民事訴訟法221条1項所定の記載事項（①文書の表示，②文書の趣旨，③文書の所持者，④証明すべき事実，⑤文書提出義務の原因）を記載した書面により申し立てる必要がある（民訴規140条1項）。文書の表示及び趣旨（上記①②）は，ある程度概括的な記載であっても許容されることが多く，民事訴訟法の定める文書の特定のための手続（民訴222条）が採られる例はあまりない。上記③⑤については，書類提出命令の場合，文書所持者は侵害訴訟の当事者に限られることから，特許法105条1項に基づき訴訟の相手方の所持する書証を対象とする旨が記載されていれば足りる。文書提出義務に関し，前記(1)，(2)のとおり，相手方は一般的提出義務を負い，提出を拒む「正当な理由」の立証責任が課せられていることから，申立段階で拒絶事由の不存在について主張立証する必要はない。上記④の「証明すべき事実」は，証拠調べの必要性の判断に資するものであり，特に侵害行為の立証場面において重要な事実となる。

(b) 審理手続

(ア) 意見書の提出等

　相手方は，申立てについて意見があるときは，意見を記載した書面を裁判所に提出する（民訴規140条2項）。相手方からは，営業秘密を理由とする除外事由（「正当な理由」）が主張されることが多く，その整理のために，相手方に除外事由のある項目ごとに，文書内容の概要と除外事由の理由付けを一覧表にして提出させるというヴォーンインデックスが活用されることもある。書類に営業秘密が含まれる場合，秘密保持の観点から当該除外事由を具体的に説明するには限界があろうが，発令要件を判断するために必要な争点が明らかになる程度の説明は必須であろう。

(イ) インカメラ手続による「正当な理由」の審理

　(i) 概　要　「正当な理由」の有無は，①開示することにより文書の所持者が受ける不利益（秘密としての保護の程度）と，②文書が提出されない

　8・8〔チャット・ログ事件〕参照。

ことにより書類提出命令の申立人が受ける不利益（証拠としての必要性）とを比較衡量して判断される。上記①の判断要素となる営業秘密の内容・程度のみならず，上記②の判断において重要な考慮要素となる当該書類の証拠としての必要性・有用性の程度のいずれに関しても，裁判所が当該文書を直接閲読せずに判断するのは相当に困難な場合がある。

そこで，特許法105条2項(注28)は，「正当な理由」があるか否かを判断するために必要があると認めるときは，相手方（所持者）にこれを提示させ，裁判所のみが閲読することのできるインカメラ手続を定める。裁判所がインカメラ手続の必要があると判断した際には，相手方に対し，「別紙目録記載の文書を本決定の送達後〇日以内に提示せよ。」との決定をすることになる。段階的に申立てに係る文書の一部について提示を命じることもできる。裁判所が相手方から提示を受ける際には，その説明のための注釈的な文書が添えられるか，審尋期日等において，相手方から説明を受けつつ閲読するという方法がとられることがある。

民事訴訟法上，相手方から提示された書類や説明書類等は，裁判所だけが閲読することができるものであって，訴訟記録ではないから，何人もその提示された書類の開示を求めることはできない。ところが，申立人がその内容を知り得ず，これを踏まえた意見を述べることがないままに，裁判所が「正当な理由」の有無について心証をとることについては，申立人に対する手続保障に欠けると指摘される(注29)。また，当事者双方に要件該当性について主張立証を尽くさせる方がより適切な判断に資する。

そのため，特許法105条3項(注30)は，民事訴訟法によるインカメラ手続を申立人側の手続保障において前進させ，裁判所が「正当な理由」の判断をす

(注28) 平成30年改正により，書類の必要性を判断するためのインカメラ手続が創設された（後記〔3〕(3)(b)(ウ)参照。）。
(注29) 書類提出命令の申立人への開示を認めない場合であっても，申立人側の手続保障にできる限り配慮するのが望ましい。相手方から審尋期日で提示を受けた場合，審尋調書に，相手方から提示を受けた書類について，提示・閲読をした日時，提示を受けた分量，一定期間にまたがる場合にはその期間，提示された文書から申立てに係る文書であると特定した経過等について記載するなどした例がある（前掲（注14）知財高判平28・3・28〔NTTドコモ債務不存在確認事件〕）。
(注30) 平成30年改正により，（注28）と同様に書類の必要性を判断するためのインカメラ手続の創設に伴い申立人の開示制度が拡大された。

るために，当該書類を開示してその意見を聴くことが必要であると判断したときは，申立人側の一定の者（当事者等〔当事者本人，代表者，従業者など〕，訴訟代理人，補佐人）に書類の開示をさせることができる旨を定める。申立人側への開示を実施するに当たっては，前記のとおり，秘密の保護の方策を講じるべきであるから，その前提として秘密保持命令や秘密保持契約等の締結が検討されることになる。

なお，インカメラ手続における提示命令に相手方が従わない場合の効果について，条文上の規定はない。しかし，合理的理由なく提示命令に従わない場合には，一種の証明妨害として，裁判所は，書類提出命令を発することも考えられよう[注31]。

(ii) インカメラ手続による「正当な理由」の審理の実際　インカメラ手続を経た場合の「正当な理由」の有無は，裁判所が書類を所持者に提示させ，これを閲読した結果により，以下のように判断される[注32]。

① 非侵害であることが一見して明らかな場合　権利者の特許発明と明らかに異なる構造ないし方法を相手方（被疑侵害者）が用いていると認められる場合には，相手方は，権利者に当該書類を開示することにより営業秘密を開示するという不利益を被る一方，権利者は，このような書類が提出されても相手方の侵害行為を立証できないため，権利者の被る不利益は生じない。したがって，このような場合には，権利者側に当該書類を開示しないまま，書類提出命令は却下されることになる。

もっとも，実務上は，このような場合であっても，権利者側の納得の観点から，当該秘密部分をマスキングするなどした写しを作成し，これを相手方から任意提出させることによって，円滑な訴訟進行に資する場合がある。

② 侵害であることが一見して明らかな場合　この場合，権利者にとって当該書類の提出命令により得られる利益は大きい一方，相手方には，通常提出を拒む正当な理由は乏しいといえるから，「正当な理由」が否定され，書類提出命令が発令されることになる。当該書類に別の営業秘密が含ま

（注31）　福田剛久「文書提出命令及び当事者照会の制度と主張・立証責任」門口正人編集代表『民事証拠法大系第1巻 総論Ⅰ』（青林書院，2007）209頁。
（注32）　髙部眞規子『実務詳説特許関係訴訟〔第3版〕』89頁，髙部・前掲（注22）85頁。

れている場合には，別途，秘密保持命令の発令の必要性を検討すべき場合があり得よう。

③　侵害の有無について一見して明らかとはいえない場合　この場合，営業秘密の内容や程度等も考慮に入れた上で，特許法105条3項に基づいて，権利者側に提示書類を開示してその意見を述べる機会を保障して，当事者双方に十分な主張立証を尽くさせるのが望ましい。その際，秘密の開示を余儀なくされる所持者側の秘密を保護に配慮する必要があることから，裁判所の秘密保持命令（特許105条の4）等の秘密保護方策についても合わせて検討する必要がある。後記〔4〕(3)(a)(イ)(ウ)において述べるように，書類提出命令の許否決定に必要な攻撃防御を尽くすのに必要最小限の者を名宛人として秘密保持命令を発令して（あるいは，秘密保持契約の締結により），当該書類を当該名宛人に開示して主張立証を尽くした結果，「正当な理由」があると判断した場合は，書類提出命令は却下されることになる。「正当な理由」が認められるかどうかは，秘密保持命令の名宛人の範囲や秘密保持契約の内容，実効性等とも関わり，秘密保護方策の充実が書類提出命令の許否判断を左右する場合もあり得ることから，書類提出命令の申立人の側においても，秘密保護への理解，積極的な協力が求められよう。

④　証拠調べの必要性がないことが判明した場合　特許法105条2項は，「正当な理由」があるかどうか判断するために必要なときにインカメラ手続を行う旨規定しており，証拠調べの必要性を判断するためにインカメラ手続を利用することは予定していない。しかし，証拠調べの必要性は，審理の経過に伴ってその程度が変化するのが通常であり，インカメラ手続の実施を決定した時点（提示命令の時点）において証拠の必要性が認められたが，その実施の結果，当該立証事項に係る事実が当該書類に記載されていないことが判明するなど，証拠としての必要性がないことが一見して明らかとなることがある。それにもかかわらず，その提出を強制することは実際的でなく，その場合には，証拠調べの必要性を欠くものとして書類提出命令の申立てを却下するのが相当であろう。

もっとも，証拠調べの必要性は，「正当な理由」の判断における比較衡量の要素でもあることや，証拠調べの必要性を欠くことを理由とする独立の不

服申立手段がないこと(注33)を考慮すると，申立人の即時抗告権を保障する観点から，証拠調べの必要性がないことが一見して明らかとまではいえない場合が，この要件欠如を理由とする却下が相当か否かは慎重に検討されるべきであろう。

　(ウ)　必要性判断のためのインカメラ手続の利用

　近時，特許法105条2項が改正され（平成30年法律第33号），侵害行為を立証するために必要な書類に該当するかどうかの判断，すなわち，書類提出命令の必要性判断のためにインカメラ手続を利用する新たな制度が導入された。

　証拠調べの必要性には様々な種類があるところ（前記(2)(b)(ア)），濫用的・模索的申立てを排除すべきことには変わりがなく，当該要証事実と立証事項との関連性（民訴221条1項4号）については，申立人においてある程度の主張立証を要すると解される。これに対し，当該文書と立証事項の結びつき（関連性）が問題となる場合，例えば，当該文書に侵害行為に係る立証事項に関する記載が存する可能性は認められるが，疎明の心証度に至らない場合などに，必要性判断のためのインカメラ手続の実施によって，書類提出命令における証拠調べの必要性判断がより容易かつ迅速にされるものと期待される。また，当該文書の一部に立証事項が含まれているであろうが，それ以外の部分に無関係な事項が含まれており，文書を閲読することなくその識別が困難である場合などに，新制度の導入により，一部提出命令を念頭に置いた必要性判断を可能にするものとして有益であると解される。なお，前記のとおり，相手方が営業秘密を理由として提出を拒絶する場合における「正当な理由」の判断は，証拠としての価値等をふまえた比較衡量によりなされていることから，インカメラ手続を実施して証拠価値の程度を見ることは従前から可能であったが，新制度の導入により，インカメラ手続の結果，証拠価値がないと判断された場合に，証拠調べの必要性を欠くことを理由とする端的な却下が可能となる（もっとも，証拠調べの必要性を欠くことを理由とする却下決定に対する独立した不服申立手段は導入されていないことから，申立人の手続保障について配慮が必要である点は同様であると解される。）。

（注33）　前掲（注12）最決平12・3・10。

(エ) インカメラ手続への技術専門家の関与

特許権侵害訴訟におけるインカメラ手続により提示された書類を閲読して，正当な理由の有無や証拠調べの必要性を判断するには，技術的に高度な専門的知見が必要とされることが多い。この手続に裁判所調査官が関与することについて異論はなく，実務上手続への関与が認められていた。近時，さらに進んで，平成30年法律第33号により，インカメラ手続において提示書類を開示して専門的な知見に基づく説明を聴くことが必要であると認めるときは，当事者の同意を得て，専門委員に対し当該書類を開示する制度が新設された（改正特許105条4項）。この点，秘密保護に関して特別の定めはされず，専門委員は非常勤の裁判所職員として守秘義務を負う（民訴92条の5第3・4項，国家公務員法100条）ことにより秘密の保護がなされることになるところ，専門委員が予期しない秘密に触れることによるコンタミネーションの危険への配慮も必要となろう。また，インカメラ手続の中で高度な専門的知見を有する専門委員のサポートを踏まえて判断に至ることになることから，より適切な判断に資する一方で，申立人側に対する手続保障に対する配慮をすることが求められ（特に証拠調べの必要性を理由とする却下をする場合に不利益が著しい。），申立人側の関与の在り方について事前の協議が必要になるものと予測される。今後の手続運用が注目される。

(c) 決定及び決定後の手続

(ア) 決　定

上記審理の結果，裁判所が証拠調べの必要性が認められ，かつ，相手方において「正当な理由」があると認めるに足りないと判断した場合には，書類提出命令を発令することになる。また，民事訴訟法223条1項後段の定めに従って，「文書に取り調べる必要がないと認める部分」又は「提出の義務があると認めることができない部分」（特許法105条1項ただし書の「正当な理由」があると判断される部分）があるときは，その部分を除いた一部提出を命ずることもできる。

裁判所が一部提出命令の心証を抱いた場合には，その心証を開示することにより，当該秘密部分をマスキングした写しを相手方に作成させ，その任意提出を促すこともある。また，インカメラ手続に際し，秘密保持命令が発令

されている場合には，当該名宛人に非開示部分を確認させることにより，提出される書類の範囲について合意を成立させ，あるいは，一定範囲の事実について認める旨の合意を成立させることによって，書証の提出自体を不要とするなど，実務上の工夫がされている。

(イ) 決定後の手続

(i) 実際の提出手続　　書類提出命令の発令後，提出者は，命じられた書類を裁判所に事実上提出し，申立人がこれを閲覧，謄写して必要部分を選択し，申立人側の書証番号を付して書証として提出することになる。当該書類は，一般に，民事保管物として扱われ書証として提出されて初めて，民事訴訟法91条の閲覧謄写請求の対象となる「訴訟記録」を構成する(注34)。

インカメラ手続の提示命令又は書類提出命令の発令に際して，秘密保持命令が発令されている場合には，上記の経過で書証提出された書証についても，従前の秘密保持命令が及ぶことから，当該書証は名宛人のみに対し開示され，開示された名宛人は，他に名宛人とされている者以外に対する秘密の開示は許されない（もっとも，当事者本人は，名宛人とされていない場合であっても，上記民事訴訟法上の閲覧謄写請求権を有する。この場合の問題については，後記〔4〕(3)(d)）。

(ii) 提出命令に従わない場合の効果　　特許法に特別の定めはなく，民事訴訟法に従う。裁判所は，所持者が提出命令に従わない場合や，使用を妨げる目的で検証対象物を滅失させた場合には，当該文書の記載に関する文書提出命令申立人の主張を真実と認めることができる（民訴224条1項・2項）。また，①申立人が文書の記載に関して具体的な主張をすることが著しく困難であり，②申立人が当該文書により証明しようとする事実を他の証拠により証明することが著しく困難であるときは，裁判所は要証事実に関する申立人の主張を真実と認めることができる（同条3項）。この点につき，特許権侵害行為によって製造された製品の販売数に関する文書提出命令が発令されたにもかかわらず，これに被告が従わなかった事案において，民事訴訟法224条

(注34)　裁判所職員総合研修所監修『民事実務講義案Ⅰ〔5訂版〕』（司法協会，2016）163頁・165頁。なお，書類が写しで到達した場合に，事件記録等保存規程2条にいう「事件に関する書類で……記録につづり込むことを要しないもの」に該当するとしつつも，便宜訴訟記録の第3分類に編綴保管する取扱いをされることがあり，この場合の閲覧等請求の取扱いについては一様ではない。

3項を適用し，原告の主張するとおりの販売数を被告が販売したとの真実擬制を認めた例(注35)がある。

〔4〕 秘密保持命令について

(1) 秘密保持命令の概要

(a) 秘密保持命令の趣旨

　特許権侵害訴訟において，提出を予定している準備書面又は証拠に営業秘密が含まれている場合，当該営業秘密を保有する当事者が，相手方当事者によりこれを訴訟追行の目的以外の目的で使用され，又は第三者に開示されることによって，事業活動に支障を生ずるおそれがあることを危惧して，当該営業秘密を訴訟に顕出することを差し控え，十分な主張立証を尽くすことができないという事態が生じ得る。

　そこで，このような事態を回避するため，刑罰による制裁を伴う秘密保持命令の規定（特許105条の4～105条の6・200条の2・201条）を設け，当該営業秘密を当該訴訟の追行以外の目的で使用すること及び同命令を受けた者以外の者に開示することを禁ずることにより，営業秘密（不競法2条6項に規定する営業秘密をいう。）の訴訟手続への顕出を容易にし，営業秘密の保護及び侵害行為立証の容易化を図り，併せて審理の充実を図ることとしたものである。

(b) 秘密保持命令の適用場面

　秘密保持命令の適用場面は，営業秘密の保持者が相手方に対して当該秘密を開示すべき場合であり，以下のようなものがある。①被疑侵害者が，特許発明等の対比のために，具体的態様明示義務（特許104条の2）に従って，自己の製品や製法といった営業秘密を準備書面において開示する場合や，これらの営業秘密が記載された証拠を任意提出する場合(注36)，②書類提出命令の審理におけるインカメラ手続において，提示命令に従って営業秘密が記載さ

(注35)　知財高判平21・1・28判タ1300号287頁〔廃材用切断装置事件〕。
(注36)　仮処分事件において，秘密保持命令の申立てをすることも許される（最決平21・1・27民集63巻1号271頁〔液晶テレビ事件〕）。

れた書類を提示する場合（特許105条3項），③書類提出命令の発令に従って書類を提出する場合（同条1項），④当事者尋問，証人尋問を行うに際し，公開停止を検討すべき陳述要領記載文書を提出する場合（特許105条の7第4項）である。いずれにおいても，秘密保持命令の発令によって秘密保護の実効性が確保されることにより，訴訟手続において秘密を含む事実や証拠が開示されやすくなり，権利者の立証の容易化に資する。

(2) 秘密保持命令の発令要件

秘密保持命令の発令要件は，以下の(a)ないし(c)である。

(a) 準備書面の記載又は証拠の内容に当事者の保有する営業秘密が含まれること（特許105条の4第1項1号）

秘密保持命令における「営業秘密」とは，不競法2条6項所定の「営業秘密」を意味し，営業秘密の3要件（①秘密管理性，②有用性，③非公知性）を満たすことが必要である。秘密保持命令の違反の効果に刑事罰が含まれることから，要件該当性判断は厳格に行われている。

当該営業秘密は，「当事者が保有する」ものに限られ，訴訟当事者以外の第三者の秘密は含まれない。また，「営業秘密」が記載された書面は，準備書面又は証拠に限られ，訴状が含まれないことに注意を要する。

ところで，特許法105条の4第1項1号を見ると，「既に提出され」「又は既に取り調べられ」た準備書面や証拠に営業秘密が含まれている場合にも秘密保持命令が発令されるかのようにも読める。しかし，秘密保持命令の発令なしに既に情報が開示された場合には，もはや「営業秘密」としての保護要件（非公知性，秘密管理性）を欠くことになることから，これらについて新たな申立てをすることは考えられない。これは，名宛人の追加申立て（特許105条の6）がされることを想定した規定であると解される。

(b) 当該営業秘密が当該訴訟の追行の目的以外の目的で使用され，又は開示されることにより，当該営業秘密に基づく当事者の事業活動に支障を生ずるおそれがあり，これを防止するため当該営業秘密の使用又は開示を制限する必要があること（特許105条の4第1項2号）

例えば，工場内で営業秘密が使用され，不特定多数の者がその営業秘密を

知り得る状態に置くことにより，秘密管理性が失われる場合や，営業秘密を使用して製品を製造している場合に，これが開示されることによって，競争上の優位性が失われる場合などがこれに当たる[注37]。
 (c) 申立ての時までに秘密保持命令の名宛人が当該準備書面の閲読又は証拠の取調べ若しくは開示以外の方法により当該営業秘密を取得し，又は保有していたものでないこと（特許105条の4第1項柱書ただし書）

秘密保持命令は，訴訟手続において開示された営業秘密の保護を目的とするものであり，当事者が訴訟手続と関わりなく取得した営業秘密はこれと無関係である。そこで，準備書面の閲読，証拠調べ，又はインカメラ手続における開示によらずに取得した場合を発令の消極的要件として除外したものである。

これにより，相手方の不正取得を理由とする不競法に基づく損害賠償請求や差止訴訟において，相手方が取得した営業秘密について秘密保持命令を発令することはできないことになる。

(3) 秘密保持命令の手続

(a) 申立手続
　(ア) 申立人

特許法105条の4第1項柱書は，「当事者の申立てにより」と規定し，当事者に特段の限定をしていないことから，当該「当事者」に秘密を開示される側の当事者が含まれるかが問題となり得る。しかし，同条の記載は，「その当事者が保有する営業秘密」との文言を受けて規定されたものであり，上記のように解した場合には特許法105条の6の規定の意義がなくなることに鑑みれば，「当事者」とは，当該営業秘密を保有する当事者に限られると解される。したがって，秘密の開示を受ける側が自ら申し立てることはできない。
　(イ) 名宛人

名宛人（相手方）は，「当事者等，訴訟代理人又は補佐人」（特許105条の4第1項）であり，ここで，「当事者等」とは，「当事者（法人である場合は代表

(注37) 髙部眞規子「知的財産権訴訟における秘密保護手続の現状と課題」ジュリ1317号192頁，同『実務詳解特許関係訴訟〔第3版〕』71頁。

者）又は当事者の代理人（訴訟代理人・補佐人を除く。），使用人その他の従業者」である（特許105条3項）。

名宛人とされた者は，秘密保持命令が取り消されない限り，代理人を辞任し，又は当該会社を退職したとしても，秘密保持義務を負い続けることとなる。逆に，新たに当該訴訟の代理人となった者や，訴訟担当の従業員となった者は，名宛人として追加されることにより，当該秘密の開示を受けることができる。これら名宛人となった者は，営業秘密の開示を受けた後に同様の技術を開発した場合，それを流用したり開示したりしたのではないかと疑われるおそれがあるため，開発に当たる技術者が訴訟終了後においても開発に萎縮的になり，あるいは，当該技術を対象とする開発から外されるなどのおそれがある。そこで，実際の運用においては，訴訟代理人，補佐人のみを名宛人とすることが多い(注38)。

　(ウ)　事前協議

実務においては，秘密保持命令の発令をめぐる無用な紛争や訴訟手続の遅延を回避するため，進行協議期日ないしは弁論準備手続期日の場で当事者及び裁判所間で事前に協議を行った上で，実際の申立てを行うとの運用が定着している(注39)。

事前協議においては，開示すべき主張及び証拠の範囲，名宛人の範囲，名宛人となった者が異動・退職した場合の事後処理等が協議対象とされる。

特に，秘密保持命令の名宛人については，営業秘密の不必要な開示を避けるとともに，コンタミネーションなどビジネスへの影響を最小限に抑えるため，秘密保持命令の申立人（被疑侵害者）において開示を予定している製品の構造ないし方法の内容との関係で，相手方（権利者）のうち書類提出命令の許否判断のために必要な攻撃防御を尽くすのに必要最小限の者が誰かについての協議が必要である。

(注38)　小田真治「秘密保持命令の運用の実情」L＆T59号6頁。
(注39)　東海林保「12　秘密保持命令（特許法105条の4）をめぐる実務上の諸問題」飯村敏明＝設樂隆一編『LP知財訴訟』260頁，小田・前掲（注38）4頁，髙部眞規子「秘密保持命令Q＆A」ぷりずむ40号20頁，東京地方裁判所知的財産権部「秘密保持命令の申立てについて」裁判所HP（http://www.courts.go.jp/tokyo/saiban/sinri/sinri_himitsu/index.html）。

証拠収集手続との関係についていえば，次のように段階的に秘密保持命令を活用していくことになる。まず，インカメラ手続において，書類提出命令の申立人側に当該書類を開示して意見を聴取する必要がある場合（特許105条3項）に，書類提出命令の申立代理人に限って開示をした上で，専門的技術的知見を有する担当従業員等に開示しなければ有効な主張立証ができない等の合理性がある場合に，必要最小限の従業員を名宛人にすることを検討することになる。

次に，裁判所が，上記のインカメラ手続を踏まえ，秘密保持命令の発令を前提とするならば「正当な理由」は認め難く，書類提出命令の発令の可能性があるとの心証を抱いた場合，当事者本人を秘密保持命令の名宛人として加えて開示するかどうかについて，十分な協議を要する。インカメラ手続における提示と異なり，当該書類が書証として提出されると，当該書類は，民事訴訟法91条の「訴訟記録」として当事者本人の閲覧謄写請求権の対象とされるため，当事者本人をも秘密保持命令の名宛人に加えるのか，それとも，訴訟代理人のみが当該開示を受けるが，当事者本人には開示せず，当事者本人の閲覧謄写請求権を放棄させる旨の訴訟上の合意をするか否かについて，事前に取り決めておくことが肝要である（後記(d)参照）。

(b) 審理，裁判

㋐ 秘密保持命令の裁判

（ⅰ）発　　令　　上記の要件を満たすと判断された場合，決定で秘密保持命令が発令される。

決定書主文としては「相手方は，別紙営業秘密目録記載の営業秘密を，本件訴訟の追行以外の目的で使用し，又は本決定と同内容の命令を受けた者以外の者に開示してはならない。」などとされる。上記目録には，営業秘密そのものを記載するのではなく，準備書面や書証における対象個所を引用する形で特定すべきである。かつて，対象とされた秘密を決定書において記載するか否かについては積極[注40]，消極[注41]の両説があるとされたが，営業秘密

（注40）三村量一＝山田知司「詳報　知的財産訴訟における秘密保持命令の運用について」判タ1170号8頁。
（注41）髙部・前掲（注39）27頁。

の漏洩のおそれを可及的に回避するとの観点から，実務の運用は消極説によっている(注42)。

　(ii) 却下決定　　発令要件が認められないときは，申立てが却下される。申立てが却下される場合，当該申立人に対しては，秘密保持命令の発令を前提として提出予定であった準備書面や書証について撤回する余地を残すべきであろう。秘密保持命令が却下された場合にも開示を余儀なくされるとすると，情報開示に対して萎縮的効果を及ぼす場合があるからである。もっとも，営業秘密に該当しないことを理由として秘密保持命令却下決定を受けた場合には，相手方の具体的態様明示義務（特許104条の2）や書類提出命令（特許105条）を拒絶すべき正当な理由が認められない場合が多く(注43)，その場合には，これらの手続により結果的に開示に至ることになろう。

　(イ) 不服申立て

　秘密保持命令が却下された場合，申立人は即時抗告をすることができる（特許105条の4第5項）。一方，発令された場合には，同命令の名宛人とされた者は，即時抗告による方法はなく，秘密保持命令の取消しを申し立てることになる（特許105条の5第1項）(注44)。

　(c) 効　　果

　(ア) 秘密保持命令発令の効果

　秘密保持命令の名宛人となった者は，その対象となった営業秘密を，当該訴訟の追行以外の目的で使用し，又は同内容の命令を受けた者以外の者に開示することが禁じられる。この命令によって禁止されるのは，当該準備書面や書証によって記載された「情報」の開示等であり，当該準備書面や書証の記載内容そのものの開示の禁止にとどまらない。したがって，秘密保持命令が発令された後，秘密保持命令の対象とされた秘密と同様の秘密が記載された準備書面が提出された場合には，当然に当該秘密情報の開示も禁止されることになる（なお，秘密保持命令の効果は名宛人に対するものであって第三者に及ばないことから，発令後に当該秘密の記載された準備書面や書証を提出する際には，別途，閲

　(注42)　小田・前掲（注38）6頁，東京地方裁判所知的財産権部・前掲（注39）。
　(注43)　髙部・前掲（注37）194頁。
　(注44)　秘密保持命令の取消決定に対しても，却下決定に対しても，即時抗告による不服申立手段がある（特許105条の5第3項）。

覧等制限決定（民訴92条）の申立てを要すること，及び同決定は個別の訴訟記録の記載を対象とするものであり，準備書面や書証に当該情報が記載される都度，申立てを要することに留意が必要である。）。万一にも秘密が開示されることを防ぐためには，秘密保持命令発令後に提出する準備書面や書証においても，できるだけ当該営業秘密を記載することを避けるべきであり，当該情報の記載部分を引用して特定する等の間接的な表現方法をとることが望ましい[注45]。

　発令の効果は，当該訴訟の終了にかかわらず，秘密保持命令が取り消されるまで継続することになる。したがって，権利者の訴訟代理人や補佐人が辞任した場合や，従業員の人事異動ないし退職などの理由により，秘密保持命令の名宛人が途中から当該訴訟に関与しなくなった場合，これらの者は，後に被疑侵害者から開示される秘密について新たに名宛人とされることはないが，既に開示を受けた事項については，引き続いて守秘義務を負うことになる。

　(イ)　違反の効果

　秘密保持命令に違反した者は，5年以下の懲役又は500万円以下の罰金が科せられ，法人には3億円以下の罰金が科せられる（特許200条の2第1項・201条1項1号）。

　(d)　当事者本人を名宛人としない場合の問題

　当事者本人（代表者を含む。）が秘密保持命令の名宛人とされず，その訴訟代理人弁護士のみが名宛人とされた場合，当該代理人は，開示された営業秘密について，依頼者である上記当事者本人に対しても秘密を保持する義務を負うから，上記当事者は代理人からその秘密の開示を受けることができない。しかし，当事者本人は，準備書面や証拠に秘密保持命令の対象事項が記載されている場合，民事訴訟法91条に基づく訴訟記録の閲覧謄写請求権を有するため，これを行使すれば，当該秘密の開示が受けられることになる。

　そこで，特許法105条の6は，秘密保持命令の名宛人でない当事者から閲覧等の請求があった場合に，当該請求があったことを秘密保持命令申立人に通知し，当該閲覧等請求の日から2週間を経過する日までの間，裁判所書記

（注45）　東京地方裁判所知的財産権部・前掲（注39）。

官は閲覧等をさせないこととし，その間に，申立人が訴訟の相手方本人を名宛人とする追加申立てをすることを可能にしている。この意味において，秘密保持命令の制度は，本来的に，当事者本人に対する秘密漏洩の回避を目指す制度ではない。

ところが，特許権侵害訴訟においては，訴訟当事者が競業関係にあることが多く，当事者本人に対する開示に強い拒絶反応があるため，当事者間において，当該情報の開示を訴訟代理人にとどめ，当事者本人に開示せず，当事者本人もその開示を求めないことを内容とする訴訟上の合意をすることがある。秘密保持命令の実効性の問題や，命令違反の立証の困難さ等から，上記合意の存在を前提として初めて書類提出命令の「正当な理由」がかろうじて否定されるという場合も想定され，その有用性は高い。

上記訴訟上の合意について，訴訟で用いられる証拠は当事者の吟味，弾劾の機会を経たものに限られるという民事訴訟の大原則から[注46]，その効力が問題となる。とりわけ，当該営業秘密が判決書に記載された場合に，その閲覧請求権をも当事者本人が放棄することが前提となるが，この点に関し，当事者の上訴権保障の点で問題が先鋭化する[注47]。

当該秘密が記載された準備書面や証拠が，訴訟資料として事実認定の基礎とされるにもかかわらず，訴訟代理人すら当該秘密の開示を受けず，一方当事者側の誰もが訴訟資料に触れることができないというのであれば，当事者審問権保障の観点から問題があろう。しかし，事案解明のために必要な証拠が提出されることは，権利者の権利実現のために必須であり，裁判を受ける権利（憲32条）の実質的保障に資するものであることを考慮すれば，訴訟当事者本人に事案解明のために当事者審問権の放棄という選択権を与えるのが相当である[注48]。上訴権保障の問題については，訴訟代理人や，当該秘密を

(注46) 最決平21・1・15民集63巻1号46頁。
(注47) 髙部・前掲（注16）「知的財産権訴訟 今後の課題(下)」44頁，田邊誠「第6章 秘密保護審理手続」新堂幸司監『実務民事訴訟講座〔第3期〕第3巻』（日本評論社，2013）166頁，森脇純夫「第8章 企業秘密と訴訟審理」新堂幸司監『実務民事訴訟講座〔第3期〕第4巻』（日本評論社，2012）219頁。
(注48) 春日偉知郎「インカメラ手続による秘密保護の新たな展開」判タ1343号77頁には，シュテルナー教授の以下の言葉が引用されており，示唆に富む。「証明責任を負っている当事者は，法的審問請求権を保障されているはいるものの，相手方による事案解明のないままであるために，不完全な権利保護を甘受するか，それとも法的審問請求権の保障は完全で

利用して研究開発等を行うことのない経営管理者への開示を認め(注49)，上訴権行使の判断を委ねることも可能である。

　もっとも，そのような合意の効力を認めるとしても，当事者本人が訴訟上重要な権利放棄をするものであるから，その適用には慎重さが求められる。したがって，当事者本人が証拠調べの立会権及び閲覧等請求権を放棄し，当該準備書面及び証拠についての吟味や弁論を訴訟代理人に委ねる意思で，当事者本人が当該事項について開示を受けない旨の訴訟上の合意をした場合には，当該合意は有効と解してよいと考える(注50)。具体的には，秘密保持命令に関する事前協議あるいは秘密保持契約に関する交渉段階で，当事者本人から，当該秘密の開示を求めず，閲覧謄写請求権を放棄する旨の上申書を提出させ，明示的な訴訟契約を締結させる必要がある。上記訴訟合意の有効性が認められる場合に，当事者本人が民事訴訟法91条に基づく閲覧等請求をしてきた際には，裁判所は，権利濫用上記合意に反するものとして，あるいは，訴訟契約の効力を理由としてその申立てを却下することになろう(注51)(注52)。

〔5〕 おわりに

　以上述べてきたように，特許法は，侵害行為及び損害額の計算のための立証を容易にするため種種の方策を設けており，当該事案の性質，立証事項，

　　　　はないものの，相手方による事案解明があることによって実効的な権利保護を得られるか，このいずれか一方の選択を迫られる。……完全な法的審問を放棄して実効的な権利保護を得るという選択権を基本権の担い手に与えるべきである。」
(注49)　米国の保護命令（プロテクティブオーダー）に関する実務では，技術系でないマネジメント系の上級職を名宛人にして上訴権を行使するかどうかを判断させている（日本弁護士連合会知財産制度委員会「知財高裁・東京地裁知財部と日弁連知的財産制度委員会との意見交換会（平成18年度）」判タ1240号11頁〔片山英二弁護士発言〕）。
(注50)　髙部眞規子『実務詳説特許関係訴訟〔第3版〕』97頁，同・前掲（注37）194頁・196頁，中島基至「秘密保持命令をめぐる実務上の問題点」大渕哲也ほか『特許訴訟下』1229頁，小田・前掲（注38）11頁，田邊・前掲（注47）166頁・171頁以下。
(注51)　訴訟契約については，弁論主義や処分権主義の対象にとどまらず，訴訟法上合意の形成の余地の認められている事項についても及び，当該当事者間の合意について民事訴訟法の原則等に反しないものとして裁判所が認め，当事者との間で了解事項となった場合に，裁判所がこれを前提に一定の行為を行うことが期待される場合があると考える（伊藤眞「イン・カメラ手続の光と影―東京高裁平成10年7月16日決定を素材として」『新堂古稀下』207頁，山本和彦『民事訴訟審理構造論』（信山社，1995）399頁参照）。
(注52)　当事者本人の閲覧等請求権の濫用を理由とするものとして，髙部眞規子『実務詳説特許関係訴訟〔第3版〕』74頁，小田・前掲（注38）11頁。

訴訟経緯，営業秘密の内容及び程度等に応じて，当事者がこれらの手続のうち最も適したものを選択して利用することになる。もっとも，本案手続に付随する書類提出命令等の決定手続がそれぞれ終局するのを待って，本案の手続を進行させるというのでは，迅速な解決を図ることができないことから，実務上，書類提出命令申立て後，裁判所及び当事者において相手方の任意提出に向けた工夫が行われる。秘密保持命令の申立件数は低調であるものの，秘密保持命令制度の存在自体が，当事者間における円滑な秘密保持契約の締結や任意の書証提出を促進しているものと評価できる。

　このように，法制度上の方策に加え，当事者間の実務上の工夫により，秘密保持者の営業秘密の保護を図りつつ，秘密を含む書証の提出を容易にし，ひいては，真実発見，適正な裁判の実現を可能にしている。今後も実務上の工夫の積み重ねが期待される。

3 知的財産権訴訟の国際裁判管轄

鈴木　わかな

| 知的財産権訴訟の国際裁判管轄について，どのように考えるべきか。

〔1〕 問題の所在

　一般に，渉外的要素を含む訴訟については，まず，そもそも日本の裁判所において審理をすることができるか，すなわち国際裁判管轄（直接管轄）が問題となる。特に，近時の情報通信技術の急速な発展を背景としたインターネットが絡む知的財産権侵害の事例は，情報を瞬時に全世界へ向けて発信し得るインターネットの特性により，行為地や結果発生地をどのように捉えるかという難しい問題をはらむ。
　以下では，知的財産権訴訟の国際裁判管轄の問題を検討した上で，インターネットが絡む知的財産権訴訟の国際裁判管轄についても考察する。

〔2〕 知的財産権の存否又は効力に関する訴えの国際裁判管轄

(1) 設定の登録により発生する権利について

　民事訴訟法3条の5第3項は，知的財産権のうち設定の登録により発生するものの存否又は効力に関する訴えの管轄権は，その登録が日本においてされたものであるときは，日本の裁判所に専属すると規定している。

(a) 民事訴訟法3条の5第3項の趣旨

　民事訴訟法3条の5第3項の趣旨は，①設定の登録により発生する知的財産権は，各国の行政処分により付与されることが多く，その権利の存否や有

効性については，登録国の裁判所が最もよく判断することができると考えられること，②登録国以外の裁判所が権利の存否や有効性について判断したとしても，その判断が対世効を備えるためには，通常，登録国において所定の手続をとる必要があることから，設定の登録により発生する知的財産権の存否又は効力に関する訴えにつき，登録国の裁判所の専属的な管轄を認めたものである[注1]。

(b) 「設定の登録により発生するもの」の意義

日本の特許権（特許66条1項），実用新案権（新案14条1項），商標権（商標18条1項），意匠権（意匠20条1項）等が該当する。特許権の専用実施権も含まれる（特許98条1項2号）。他方，著作権は，無方式で発生するものであり（著作17条2項），設定の登録は可能であるが，その登録は対抗要件にとどまり（著作77条），登録によって権利が発生するわけではないから，「設定の登録により発生するもの」に含まれない。

(c) 「存否又は効力に関する訴え」の意義

知的財産権の存否又は効力自体を訴訟物とする訴えをいい，権利の不存在確認の訴えや無効確認の訴え等が該当する[注2]。

(d) 専属管轄の意義

民事訴訟法3条の5第3項が，日本で設定の登録がされて発生する権利の存否又は効力に関する訴えについて日本の裁判所の専属管轄権を認めていることは，その裏返しとして当然に，外国で設定の登録がされて発生する権利の存否又は効力に関する訴えについて当該外国の裁判所の専属管轄権を認めることを意味するものと解される。したがって，そのような訴えが日本の裁判所に提起された場合，却下されることになる。

他方，日本で設定の登録がされて発生する権利の存否又は効力に関する訴えが外国の裁判所に提起された場合，同裁判所が日本の民事訴訟法の規律に従って判断することは必ずしも期待できない。この場合は，間接管轄の場面において，当該外国の裁判所の判決が承認・執行されないこととなろう[注3]。

(注1) 佐藤達文＝小林康彦編『一問一答平成23年民訴法等改正』110頁。
(注2) 佐藤達文＝小林康彦編『一問一答平成23年民訴法等改正』111頁。
(注3) 『コンメ民訴法Ⅰ〔第2版追補版〕』625頁・629頁。

(e) 民事訴訟法 3 条の 5 第 3 項の適用場面

(ア) 日本の知的財産権のうち設定の登録により発生する特許権等の権利は，通常，その存否については拒絶査定不服審判及びその審決取消訴訟において争われ，効力については無効審判及びその審決取消訴訟において争われるので，民事訴訟法 3 条の 5 第 3 項が実際に問題となるのは，主に外国で設定の登録がされて発生する権利の存否又は効力に関する訴えであると考えられる[注4]。

(イ) 権利の帰属に関する訴えは，権利の存否又は効力に関する訴えではないので，民事訴訟法 3 条の 5 第 3 項は適用されない。権利の主体に関する判断に技術性，専門性が要求されることはそれほど多くなく，必ずしも登録国の裁判所が最もよく判断できるとは限らないからである[注5]。

(ウ) 侵害訴訟は，権利の存否又は効力に関する訴えではないので，民事訴訟法 3 条の 5 第 3 項は適用されない。〔4〕(1)のとおり，外国で設定の登録がされて発生した権利の侵害訴訟は，民事訴訟法 3 条の 2 以下の規定の要件を満たす限り，日本の裁判所において審理することができる[注6]。その際，被告が抗弁として権利の無効を主張することについては，管轄の問題ではないから，民事訴訟法 3 条の 5 第 3 項の適用場面ではない[注7]。上記無効主張の可否は，実体法上の問題として，準拠法となる当該登録国の法律がその侵害に係る訴えにおいて無効の抗弁を主張することを許容しているか否かにより判断すべきである[注8]。

(エ) 外国で設定の登録がされて発生した権利の侵害に係る債務の不存在確認の訴えにおいて，上記権利の無効を理由として主張することは，訴訟物ではなく，攻撃防御方法に過ぎないから，民事訴訟法 3 条の 5 第 3 項の適用場面ではない[注9]。

（注4） 佐藤達文＝小林康彦編『一問一答平成23年民訴法等改正』112頁。
（注5） 佐藤達文＝小林康彦編『一問一答平成23年民訴法等改正』111頁。
（注6） 佐藤達文＝小林康彦編『一問一答平成23年民訴法等改正』113頁。
（注7） 『コンメ民訴法Ｉ〔第2版追補版〕』629頁，佐藤達文＝小林康彦編『一問一答平成23年民訴法等改正』111頁。
（注8） 佐藤達文＝小林康彦編『一問一答平成23年民訴法等改正』115頁。大野聖二ほか「〈座談会〉知的財産実務にみる国際裁判管轄」Ｌ＆Ｔ48号7頁〔髙部眞規子発言〕〔三村量一発言〕も同旨。
（注9） 井上泰人「国際裁判管轄」『知財訴訟実務大系3』424頁。

しかし，外国で設定の登録がされて発生した権利の侵害訴訟又は同侵害に係る債務の不存在確認の訴えにおいて，当該権利の有効又は無効の確認を求める中間確認の訴えを提起することは，民事訴訟法3条の5第3項の趣旨に反することとなるから，同法145条3項により許されず，そのような中間確認の訴えは，不適法として却下される[注10]。

(2) 無方式で発生する権利について

無方式で発生する権利の代表的なものとして日本の著作権法に基づく著作権（著作17条2項）が挙げられる。著作権は，設定の登録により発生する権利と異なり，国家の行政行為によることなく発生し，国家との関わりも強くないので，権利の存否及び効力に関する訴えにつき，特定の国に専属管轄を認める根拠も必要性もない。また，著作権については，文学的及び美術的著作物の保護に関するベルヌ条約（以下「ベルヌ条約」という。）5条1項により，同盟国の国民は相互に内国民待遇を受けることとされているので，ベルヌ条約の同盟国間であれば，裁判所が外国の権利の存否や有効性について判断をしても問題は少ない。現に，日本の著作権法は，最初に国外において発行された著作物を保護の対象としており（著作6条2号括弧書参照），また，「条約によりわが国が保護の義務を負う著作物」も保護の対象としているのであるから（同条3号），外国人が創作した著作物も保護されることは明らかである。

したがって，著作権の存否及び効力に関する訴えについては，特定の国の裁判所に専属管轄権を認めるのではなく，通常の民事訴訟と同様の枠組みで考えることができる。

そして，著作権は，財産権としての性質を有するものであるところ，民事訴訟法3条の3第3号は，「財産権上の訴え」につき，「請求の目的が日本国内にあるとき」に日本の裁判所の国際裁判管轄権を肯定する。著作権は，権利としては各国で個別に成立し，存在するものであるから，「日本国内にある」ものと観念することができる。

よって，著作権の存否及び効力に関する訴えは，同号に該当するものとし

(注10) 井上・前掲（注9）425頁，佐藤達文＝小林康彦編『一問一答平成23年民訴法等改正』124頁。

て日本の裁判所の国際裁判管轄権が認められる(注11)。最判平13・6・8民集55巻4号727頁〔円谷プロダクション事件〕は，ウルトラマンシリーズの映画の著作物の日本における著作権者である日本法人による，タイ王国在住の自然人が日本において上記著作物の著作権を有しないことの確認請求につき，日本の裁判所の国際裁判管轄権を肯定した。

なお，外国の著作権法に基づく著作権（以下「外国著作権」という。）の存否及び効力に関する訴えは，民事訴訟法3条の3第3号によっては，日本の裁判所の国際裁判管轄権が認められない。また，発生に登録を要する方式主義を採用する外国著作権の存否及び効力に関する訴えについては，民事訴訟法3条の5第3項により当該外国の裁判所に専属管轄権が認められ，よって，日本の裁判所の国際裁判管轄権は認められない(注12)。

〔3〕 知的財産権の登録に関する訴えの国際裁判管轄

(1) 民事訴訟法3条の5第2項の意義及び趣旨

民事訴訟法3条の5第2項は，①登記又は登録に関する訴えは，公益性の高い公示制度と不可分の関係を有すること，②一国の登記又は登録の手続に関する訴えについては，その国の裁判所がより迅速かつ適切に審理判断することができると考えられること，③日本においてすべき登記又は登録について外国判決を得ても，別途日本の裁判所の執行判決が必要になることから，登記又は登録に関する訴えにつき，登記又は登録をすべき地が日本国内にあるときは，日本の裁判所に専属管轄権を認めたものである(注13)。専属管轄の意義は，民事訴訟法3条の5第3項と同様である(注14)。

登記又は登録に関する訴えは，登記又は登録と直接に関係する訴えに限られ，義務者に対する登記又は登録の手続をすべきことの意思表示を求める訴

(注11) 以上につき，髙部眞規子『実務詳説著作権訴訟』374頁，井上泰人「著作権をめぐる渉外的論点」髙部眞規子編『著作権・商標・不競法関係訴訟の実務〔第2版〕』166頁。
(注12) 井上・前掲（注11）166頁。
(注13) 佐藤達文＝小林康彦編『一問一答平成23年民訴法等改正』107頁。
(注14) 『コンメ民訴法Ⅰ〔第2版追補版〕』625頁・627頁。

え等は含まれるが，単に所有権等の確認を求める訴えは，登記又は登録を求めることを前提としていても，含まれない(注15)。

(2) 知的財産権の登録に関する訴え

民事訴訟法3条の5第2項所定の権利の登録に関する訴えには，知的財産権の登録に関する訴えも含まれる。この知的財産権の登録に関する訴えは，民事訴訟法3条の5第3項所定の訴えよりも広く，①設定の登録により権利が発生するものに限られず，登録を対抗要件とするものも含み(注16)，また，②権利の存否及び効力に関する訴えに限られず，特許法74条1項所定の冒認出願人に対する特許権の移転登録手続請求に係る訴えなど権利の帰属に関する訴えも含む。この点に関し，名古屋地豊橋支判平24・11・29（平成23年(ワ)第561号）裁判所HP〔韓国判決執行判決事件〕は，平成23年法律第36号による民事訴訟法改正（以下「平成23年民訴法改正」という。）前の事案であるが，前記(1)の民事訴訟法3条の5第2項の趣旨と同旨を根拠に，韓国法人である原告が日本法人である被告に対して両名間の合意に基づき被告が日本国内において登録を受けている特許権の原告への移転登録を求めた訴訟は，我が国の裁判所に専属する旨判断し，その控訴審である名古屋高判平25・5・17（平成24年(ネ)第1289号）裁判所HPも，上記判断を維持した。

特に私人間における知的財産権の移転登録手続請求に係る訴えの中には，私人間の契約に基づく請求であり，国家の関与が薄いものもある(注17)。しかし，民事訴訟法3条の5第2項において，知的財産権の登録が不動産の登記と同列に扱われている以上，上記訴えについても例外なく，登録をすべき地のある国の裁判所が専属管轄権を有するものと解される。平成23年民訴法改

(注15) 佐藤達文＝小林康彦編『一問一答平成23年民訴法等改正』107頁，『コンメ民訴法Ⅰ〔第2版追補版〕』626頁。
(注16) 佐藤達文＝小林康彦編『一問一答平成23年民訴法等改正』109頁。
(注17) 申美穂「日本の特許権の移転登録を命じる韓国判決の承認執行と専属管轄」平成27年度重判解〔ジュリ1492号〕305頁は，実務では，複数の対応特許権を包括譲渡するような契約も多いところ，登録国の専属管轄となれば，そのような譲渡契約に関し，内外の特許権の移転登録に関する紛争を1か所の法廷に集中させることは困難となるなど，特許権の移転登録の文脈においては，有効性や存否に比べ，当事者の便宜や権利活用の視点がしばしば強調されるとして，当事者の便宜よりも公益性等に重きを置いた民事訴訟法3条の5第2項の専属管轄ルールは，再検討の余地がある旨指摘する。

正前の裁判例には，登録をすべき地が外国にある知的財産権の登録に関する訴えにつき本案判決をしたものが複数存在するが[注18]，平成23年民訴法改正により新設された3条の5第2項によれば，上記いずれの裁判例の訴えも専属管轄違反として却下されることになろう[注19]。

〔4〕 知的財産権の侵害に係る訴えの国際裁判管轄

(1) 考え方の枠組み

設定の登録により発生する権利については，その侵害に係る訴えの管轄を登録国の裁判所に専属させるべきか否かにつき，国際裁判管轄に関する一般的かつ包括的な条約の作成を検討していたヘーグ国際私法会議においても各国の意見が分かれるなど，賛否両論がある[注20]。しかし，前記のとおり，侵害訴訟は，権利の存否又は効力に関する訴えではないので，民事訴訟法3条の5第3項は適用されない。

他方，無方式で発生する権利については，そもそも特定の国の裁判所に専属管轄権を認める必要性が乏しい。

そして，国際裁判管轄の規定を新設した平成23年民訴法改正においても，知的財産権の侵害に係る訴えの国際裁判管轄について特段の規定は設けられなかった。これは，①日本企業の間で外国法に基づく特許権等の侵害に係る紛争が生じた場合，当事者が日本の裁判所で裁判をすることを望むのであれば，日本の裁判所に管轄権を認めることが当事者の便宜にかなうこと，②当事者が，日本の特許権等について，外国の裁判所に侵害に係る訴えを提起する旨の合意をした場合には，その合意を無効とする必要はないと考えられることから，知的財産権の侵害に係る訴えの管轄権について登録国の裁判所に

(注18) 米国特許権の移転登録手続請求を棄却した東京高判平6・7・20知財集26巻2号717頁〔信号復調装置事件〕，ジョルダン・ハシェミット王国商標権の抹消登録手続請求を棄却した東京高判平16・8・9（平成16年(ネ)第1627号）裁判所HP〔ヨルダン商標抹消登録事件〕。
(注19) 髙部眞規子『実務詳説特許関係訴訟〔第3版〕』285頁，同『実務詳説商標関係訴訟』113頁。
(注20) 佐藤達文＝小林康彦編『一問一答平成23年民訴法等改正』114頁。

専属させる必要はないとされたものである(注21)。

以上によれば，知的財産権の侵害に係る訴えについては，当該知的財産権が設定の登録により発生する権利か無方式で発生する権利か問わず，通常の民事訴訟と同様の枠組みで国際裁判管轄の有無を決することになる(注22)。したがって，知的財産権の侵害に係る訴えについては，民事訴訟法3条の2以下が規定する管轄原因の存在が認められる限り，日本の裁判所の国際裁判管轄権が認められる。なお，上記規定は，管轄権に関する合意について定めた民事訴訟法3条の7を除き，平成23年民訴法改正後の民事訴訟法の施行日である平成24年4月1日の時点において係属している訴えには適用されないことから（平成23年法律第36号附則2条1項），同訴えの国際裁判管轄については，最判昭56・10・16民集35巻7号1224頁〔マレーシア航空事件〕，最判平8・6・24民集50巻7号1451頁，最判平9・11・11民集51巻10号4055頁に従って決することとなる(注23)。

(2) **不法行為地管轄**（民訴3条の3第8号）

知的財産権の侵害は，原則として権利侵害という不法行為を構成する。そこで，まず，不法行為地管轄が認められる要件につき，検討する。

(a) 「不法行為に関する訴え」の意義

知的財産権の侵害に係る訴えにおける主な請求は，損害賠償請求及び差止請求である。

民事訴訟法3条の3第8号所定の不法行為に関する訴えは，不法行為責任に基づく権利義務を訴訟物とする訴えを意味し，民法所定の不法行為に関するものばかりではなく，その他の法令に規定する違法行為に基づく損害賠償請求に関する訴えを含む(注24)。そして，最決平16・4・8民集58巻4号825頁〔ミーリングチャック販売等差止事件〕は，平成23年民訴法改正前の民事

(注21) 佐藤達文＝小林康彦編『一問一答平成23年民訴法等改正』113頁。
(注22) 髙部眞規子『実務詳説特許関係訴訟〔第3版〕』287頁，同『実務詳説商標関係訴訟』114頁，同『実務詳説著作権訴訟』375頁。
(注23) 前掲最判昭56・10・16〔マレーシア航空事件〕と民事訴訟法3条の2第3項との関係につき，佐藤達文＝小林康彦編『一問一答平成23年民訴法等改正』31頁。
(注24) 佐藤達文＝小林康彦編『一問一答平成23年民訴法等改正』68頁。

訴訟法の国内土地管轄に関する規定の適用から国際裁判管轄の有無を検討するに当たり，平成23年改正前の民事訴訟法5条9号所定の「不法行為に関する訴え」は，「民法所定の不法行為に基づく訴えに限られるものではなく，違法行為により権利利益を侵害され，又は侵害されるおそれがある者が提起する侵害の停止又は予防を求める差止請求に関する訴えを含むものと解する」として，不正競争防止法に基づく差止めに係る訴えが「不法行為に関する訴え」に含まれると判示した。また，最判平26・4・24民集68巻4号329頁〔眉トリートメント執行判決請求事件〕は，間接管轄についてであるが，米国判決のうちカリフォルニア州民法典に基づく営業秘密の不正な取得等の不正行為の差止めを命じた部分も，民事訴訟法3条の3第8号に準拠しつつ，条理に照らして間接管轄を認める余地もあると判示した。

以上によれば，知的財産権の侵害に基づく損害賠償請求に係る訴え及び差止請求に係る訴えのいずれも，直接の根拠条文が民法709条等の不法行為の規定でないものであっても(注25)，「不法行為に関する訴え」に当たる。

(b) 「不法行為があった地」の意義

「不法行為があった地」には，加害行為が行われた地（原因行為地）と結果が発生した地（結果発生地）の双方が含まれる(注26)。ただし，外国で行われた加害行為の結果が日本国内で発生した場合において，日本国内におけるその結果の発生が通常予見することのできないものであった場合は，除かれる（民訴3条の3第8号括弧書）。

そして，何をどの程度証明すれば「不法行為があった地」と認められるかにつき，前掲最判平13・6・8〔円谷プロダクション事件〕は，「原則として，被告が我が国においてした行為により原告の法益について損害が生じたとの客観的事実関係が証明されれば足りる」と判示した。これは，本案審理の前提となる訴訟要件である国際裁判管轄の存在を肯定するために不法行為の存在を確定しなければならないとすることは，論理矛盾といえるので，証明の対象を緩和する客観的事実証明説(注27)を採用したものである。

(注25) 例えば，日本の特許法100条や著作権法112条に基づく差止請求など。
(注26) 佐藤達文＝小林康彦編『一問一答平成23年民訴法等改正』69頁。
(注27) 髙部眞規子・最判解民平成13年度(下)493頁。

上記最高裁判決によれば，不法行為に基づく損害賠償請求については，客観的事実関係として①原告の被侵害利益の存在，②被侵害利益に対する被告の行為，③損害の発生及び④②と③との事実的因果関係が証明されれば足りる。被告の故意・過失，違法性の立証は不要であり，③の「損害の発生」は，法益侵害と評価され得る結果，すなわち損害発生の原因となり得る事実であり，具体的に特定された金銭損害の発生を意味するものではない(注28)。

　「損害」は，物理的，直接的な損害の発生地に限るべきであり，結果的に生じる二次的・派生的な経済的損害の発生地まで広げるべきではない(注29)(注30)。②と③の因果関係も，④の事実的因果関係で足り，相当因果関係の立証までは要しない(注31)。

　ただし，緩和されているのは証明の対象であり，程度ではないので，証明の程度は，本案と同様であることに留意する必要がある(注32)。

　隔地的不法行為においては，前記のとおり「不法行為があった地」に原因行為地と結果発生地の双方が含まれるから，原因行為地が日本国内の場合には，上記①から④の事実に加え，②の行為地が日本国内にあることを立証すれば足り，結果行為地すなわち損害発生地が日本国内の場合には，上記①から④の事実に加え，③の損害発生地が日本国内にあることを立証すれば足りる(注33)。

　差止請求に関し，前掲最判平26・4・24〔眉トリートメント執行判決請求事件〕は，「不法行為があった地」につき，「違法行為が行われるおそれのあ

(注28)　髙部・前掲（注27）495頁。
(注29)　東京地判昭59・2・15下民35巻1〜4号69頁，東京地判平18・10・31判タ1241号338頁。
(注30)　もっとも，『コンメ民訴法Ⅰ〔第2版追補版〕』609頁には，「経済的損害のような場合には，その結果が直接的なものか派生的なものかの判断は，困難な場合もあると考えられ，例えば，外国で行われた特許権侵害等の不法行為の結果，日本の企業の利益が減少した場合には，減少した利益の発生地等をも考慮して日本が結果発生地と考えられるかどうかを検討すべきであろう」と記載されている。また，澤木敬郎＝道垣内正人『国際私法入門〔第7版〕』（有斐閣，2012）285頁には，二次的・派生的損害発生地は含まれないとの議論は，平成23年民訴法改正前において加害者の予見可能性を担保するためのものであり，現行法においては「加害行為の結果が日本国内で発生した」といえる限り二次的・派生的な結果でもよく，予見可能性の要件の適用でコントロールすべきである旨の記載がある。
(注31)　髙部眞規子『実務詳説特許関係訴訟〔第3版〕』293頁，髙部・前掲（注27）495頁。
(注32)　髙部眞規子＝大野聖二「渉外事件のあるべき解決方法」パテ65巻3号97頁。
(注33)　髙部眞規子『実務詳説特許関係訴訟〔第3版〕』293頁，髙部・前掲（注27）495頁。

る地や，権利利益を侵害されるおそれのある地をも含むものと解するのが相当である。」と判示している。なお，「侵害されるおそれ」は，間接管轄の場合は，違法性について実質的審査を行わずに外国判決の内容から判断するという趣旨であり，直接管轄について侵害（違法性）の証明まで求める趣旨ではないと解される(注34)。したがって，上記最高裁判決によれば，不法行為に基づく差止請求については，客観的事実関係として，①原告の被侵害利益の存在及び②被侵害利益に対する被告の行為が行われるおそれが証明されれば足りる(注35)。

(c)　知的財産権の侵害に係る訴えの「不法行為があった地」
　(ア)　客観的事実関係として立証すべき事実

不法行為に基づく損害賠償請求についての客観的事実関係のうち，①原告の被侵害利益の存在及び②同被侵害利益に対する被告の行為につき，特許権侵害においては，原告の特許権の存在，被告による被告物件の販売等の実施行為及び原告の特許権と被告による実施行為との一定の客観的な関連性（被告物件と特許発明との技術分野の同一性，被告物件における特許発明の構成要件の一部該当性等）が認められれば足り，被告物件が特許発明の技術的範囲に属するか否か，すなわち，「侵害の有無」という規範的構成要件の該当性の立証は不要である(注36)。

商標権侵害については，原告の商標権の存在及び被告による被告商品の販売など商標法2条3項各号所定の行為が認められれば足り，登録商標と被告標章との類否や使用権の有無についての立証は不要である(注37)。

著作権侵害については，原告の著作権の存在及び被告の著作物利用行為が認められれば足り，複製や翻案に当たるかなど侵害の有無についての立証は不要である(注38)。

　(イ)　客観的事実関係の立証の困難性

(注34)　髙部眞規子「民訴法118条1号のいわゆる間接管轄と不法行為地の証明」金判1458号11頁，同『実務詳説特許関係訴訟〔第3版〕』294頁。
(注35)　髙部眞規子『実務詳説特許関係訴訟〔第3版〕』295頁。
(注36)　清水節「特許権侵害訴訟における国際裁判管轄」L＆T50号49頁，髙部眞規子『実務詳説特許関係訴訟〔第3版〕』295頁。
(注37)　髙部眞規子『実務詳説商標関係訴訟』120頁・122頁。
(注38)　髙部眞規子『実務詳説著作権訴訟』376頁。

最判平14・9・26民集56巻7号1551頁〔FM信号復調装置事件〕の考え方によれば、外国法に基づく知的財産権（以下「外国知的財産権」という。）の侵害が問題となる場合、被告が我が国においてした行為により原告の法益（外国で設定が登録されて発生した権利）について損害が生じたことの客観的事実関係が証明されるのは、困難であり、不法行為地管轄を根拠として我が国の裁判所の国際裁判管轄権を認めるのは難しい場合が多いといわれる(注39)。すなわち、旧法例11条1項所定の「原因タル事実ノ発生シタル地」については、従前、隔地的不法行為の場合、原因行為地及び結果発生地のいずれであるかが争われていたところ、上記最高裁判決は、「本件米国特許権の直接侵害行為が行われ、権利侵害という結果が生じたアメリカ合衆国と解すべき」とした上で、このように解しても被告の予測可能性を害することにもならないとし、原則として結果発生地説によることを示したものといえる(注40)。この最高裁判決は、米国特許権の権利侵害につき、原則として属地主義により当該米国特許権の効力が及ぶ範囲とされる登録国内、すなわち米国内において発生することを前提としたものと解される。その見解によれば、前記のとおり客観的事実関係として証明すべき「損害の発生」である「法益侵害と評価され得る結果」も、原則として登録国内である米国内において発生するものということができる。米国外の行為により、米国内において米国特許権の法益侵害と評価され得る結果を発生させるという客観的事実関係の証明は、通常、難しいといえよう(注41)。

日本の知的財産権の侵害については、通常、被告の行為が日本において行われ、日本の知的財産権が侵害されることによる損害が発生するから、日本が「不法行為があった地」と認められることが多い(注42)。ただし、行為の主体が誰であるかについては厳密な分析を要する。特に、被告が外国の住所を

(注39) 髙部眞規子『実務詳説特許関係訴訟〔第3版〕』298頁、同『実務詳説商標関係訴訟』126頁、同『実務詳説著作権訴訟』377頁。
(注40) 髙部眞規子・最判解民平成14年度(下)728頁、神前禎『解説 法の適用に関する通則法 新しい国際私法』（弘文堂、2006）116頁参照。
(注41) ただし、インターネットによる知的財産権侵害においては、外国における行為が登録国における法益侵害と評価され得る結果を発生させることは、必ずしも困難とはいえない。後記〔5〕参照。
(注42) 髙部眞規子『実務詳説特許関係訴訟〔第3版〕』298頁、同『実務詳説商標関係訴訟』126頁。

有する個人や主たる事務所又は営業所の所在地が外国にある法人など在外の者（以下「在外者」という。）である場合，在外者自らが日本国内における行為に及んだものと認められなければ，外国知的財産権の侵害と同様の理由により，日本を「不法行為があった地」と認めることはできない[注43]。

したがって，知的財産権の侵害については，その登録国ないし保護国（以下「登録国等」という。）外の行為によって当該知的財産権に係る損害が生じたことの客観的事実関係を証明するのは，通常，困難ということができる。

この点に関し，①知財高判平22・9・15判タ1340号265頁〔日本電産事件〕のように行為を規範的に解釈して特許権登録国の裁判所の国際裁判管轄権を肯定したり，また，②侵害とされる行為に登録国等外の主体のみならず登録国等内の主体が関与している場合には，いわゆる道具理論により登録国等内の主体が登録国等外の主体を道具として利用しているとして，同主体の行為を登録国等内の行為と評価する，登録国等内の主体と登録国等外の主体との間に客観的共同関係が認められれば，共同直接侵害と構成して登録国等の不法行為地管轄を認めることなども考えられる[注44]。

(d) 知的財産権侵害の教唆・幇助行為について

登録国等外における知的財産権侵害の教唆・幇助行為が，道具理論や行為の規範的な解釈等によって登録国等内で行われたものと同視することができるならば，実質上，登録国等内において知的財産権を侵害する行為を教唆・幇助した場合と変わらず，国際裁判管轄は問題とならない（登録国等の裁判所の国際裁判管轄権が認められる。）。

上記教唆・幇助行為が登録国等内において行われたものと同視することができない場合も，直接侵害行為が登録国等内において行われており，上記教唆・幇助行為により，同直接侵害行為が行われた登録国等内において損害が

(注43) 山内貴博「特許権侵害訴訟の国際裁判管轄」ジュリ1509号24頁。東京地判平14・11・18判タ1115号277頁〔鉄人28号事件〕は，日本人の著作権者が，米国法人に対し，米国において著作物を複製の漫画の発行等を許諾して発行させるなどしたとして，米国著作権法に基づき損害賠償及び差止めを求めた事案について，日本の国際裁判管轄を否定したものであり，控訴審（東京高判平16・2・25（平成15年(ネ)第1241号）裁判所HP〔鉄人28号事件〕）もこれを維持した。

(注44) 髙部眞規子『実務詳説特許関係訴訟〔第3版〕』319頁以下，同『実務詳説商標関係訴訟』135頁以下，同『実務詳説著作権訴訟』380頁，山内・前掲（注43）23頁以下，鈴木わかな「国境を越えた特許権侵害」髙部眞規子編『特許訴訟の実務〔第2版〕』259頁以下。

発生したという客観的事実関係が証明されれば，登録国等に国際裁判管轄を認めることができると考えられる(注45)(注46)。

(e) 債務不存在確認の訴え

平成23年民訴法改正に当たり，債務不存在確認の訴えの国際裁判管轄については，訴えの類型や訴えに係る債務の性質等に応じて個別に判断されるべきものとして，特段の規定は設けられなかった(注47)。

民事訴訟法3条の3第8号所定の「不法行為に関する訴え」には，債務不存在確認の訴えも含まれるものと考えられる(注48)(注49)。

管轄原因の証明に関し，前掲（注49）横浜地判平26・8・6は，前掲最判平13・6・8〔円谷プロダクション事件〕及び前掲最判平26・4・24〔眉トリートメント事件〕を引用し，①不法行為に基づく損害賠償債務不存在確認の訴えについては，原則として，原告が日本国内でした行為により被告の権利利益について損害が生じたか，原告がした行為により被告の権利利益について日本国内で損害が生じたとの客観的事実関係を，被告において主張していることが証明されれば足り，②不正競争防止法に基づく差止請求権不存在確認の訴えについては，原則として，原告が被告の権利利益を侵害する行為を日本国内で行うおそれがあるか，被告の権利利益が日本国内で侵害されるおそれがあるとの客観的事実関係を，被告において主張していることが証明されれば足りる旨判示した。

国際裁判管轄は訴訟要件であり，職権調査事項であるから，弁論主義は当てはまらない(注50)。しかし，確認の訴えは，原告の権利又は法的地位に危険又は不安が存在しなければ，即時確定の利益を欠き，よって，訴えの利益を欠いて不適法となることから，債務不存在確認の訴えにおいては，債権者である被告が争うべき客観的事実関係を主張することが，民事訴訟法3条の3

(注45) 髙部眞規子『実務詳説特許関係訴訟〔第3版〕』320頁，同『実務詳説商標関係訴訟』137頁。
(注46) 東京地判平7・11・28（平成16年(ワ)第10667号）裁判所HP〔富士通事件〕参照。
(注47) 佐藤達文＝小林康彦編『一問一答平成23年民訴法等改正』83頁。
(注48) 『コンメ民訴法Ⅰ〔第2版追補版〕』599頁。
(注49) 東京地判平10・11・27判タ1037号235頁，東京地（中間）判平19・3・20判時1974号156頁，横浜地判平26・8・6判時2264号62頁等参照。
(注50) なお，管轄原因事実は，職権探知事項であり，裁判所は，職権で証拠調べをすることができる（民訴3条の11）。

第8号所定の管轄原因の証明となるとともに、即時確定の利益の証明としての意義も有するものということができる。

したがって、例えば被告が日本の裁判所の国際裁判管轄権を認めるために必要な日本国内における原告の行為や結果の発生を除外する場合には、それらの行為や結果に係る損害賠償債務ないし差止請求権の不存在の確認の訴えは、訴訟要件である訴えの利益を欠き、本案審理の対象とされることはなくなるから、国際裁判管轄も欠くことになる。もっとも、いわゆる欠席判決の場合には、原告の主張を踏まえて被告の主張を認定するほかないであろう[注51]。

(3) 併合請求における管轄

知的財産権の侵害に係る訴えにつき、日本の裁判所の国際裁判管轄権が認められない場合であっても、同国際裁判管轄権が認められる別の訴えと併合できれば、同訴えと併せて日本の裁判所において審理することができる。以下のとおり、裁判例は、比較的緩やかに併合を認めているものと考えられる。

(a) 客観的併合（民訴3条の6本文）

民事訴訟法3条の6本文は、一の訴えで数個の請求をする場合、日本の裁判所が管轄権を有する請求と有しない請求との間に「密接な関連」があるときに限り、上記訴えを日本の裁判所に提起することができる旨規定する。

裁判実務では、請求相互の密接関連性という要件を比較的狭く解し、複数の請求が実質的に争点を同じくする場合、あるいは同一の実体法上の原因に基づく場合には、客観的併合を認めるとしており、広くこれを許容する傾向があるといわれる[注52]。

「密接な関連」につき、前掲最判平13・6・8〔円谷プロダクション事件〕は、平成23年民訴法改正前の事案であるが、上記規定と同様の内容を判示した上で、ウルトラマンシリーズの映画の著作物（以下「本件著作物」という。）の著作権者の日本法人である原告からの、タイ王国在住の自然人である被告

(注51) 竹下啓介「不法行為に基づく損害賠償債務等の不存在確認の訴えと国際裁判管轄」ジュリ1504号137頁。
(注52) 嶋拓哉「競業者による複数の不法行為を巡る国際裁判管轄と準拠法」知財政策学49号458頁。

に対する複数の請求につき，①被告に対して独占的に本件著作物についての配給権等を許諾する旨の契約書が真正に成立したものではないことの確認請求，②原告が本件著作物につきタイ王国において著作権を有することの確認請求，③被告が本件著作物の利用権を有しないことの確認請求及び④被告が，日本国内において，第三者に対し，本件著作物につき被告が日本国外における独占的利用権者であることなどを告げることの差止請求は，「いずれも本件著作物の著作権の帰属ないしその独占的利用権の有無をめぐる紛争として」，⑤被告が社長を務める会社から警告書が日本に送付されたことにより原告の業務が妨害されたことを理由とする不法行為に基づく損害賠償請求及び②被告が日本について本件著作物についての著作権を有しないことの確認請求と「実質的に争点を同じくし，密接な関係にある」として併合請求における管轄を認めた。

知財高判平27・3・25（平成25年㈡第10104号）裁判所ＨＰ〔ディアンジェリコ・ギター事件〕も，楽器の製造販売等を業とする日本法人である控訴人（1審原告）(注53)の名誉や信用を毀損するなどした被控訴人（1審被告）の不法行為として控訴人が主張する①被控訴人製品の製造・販売，②欧州共同体商標の登録出願をして登録を受けたこと，③控訴人及びその取引先に警告書を送付したこと，④控訴人の取引先に提訴を警告する内容の電子メールを送信するなどしたことにつき，上記①から③に係る損害賠償請求は，ディアンジェリコ・ギターに関する標章や意匠に係る利益の有無をめぐる一連の紛争として，上記④に係る損害賠償請求と実質的に争点が共通し，紛争の合理的な解決のために統一的な判断をする必要があり，相互に密接な関係があるということができるとして，併合請求における管轄を認めた。

(b) 主観的併合（民訴3条の6ただし書）

民事訴訟法3条の6ただし書は，数人からの又は数人に対する訴えについては，同法38条前段に定める場合すなわち「訴訟の目的である権利又は義務が数人について共通であるとき」に限り，日本の裁判所に提起することができる旨規定している。

（注53）　正確には，この日本法人は控訴後に破産しており，控訴人は，同日本法人の訴訟承継人破産管財人であるが，ここでは，同日本法人を控訴人と表現する。

間接管轄に関するものであり，また，客観的併合及び主観的併合が絡み合った事案であるが，最判平10・4・28民集52巻3号853頁〔香港訴訟費用負担命令事件〕は，①訴外銀行が被上告人らを相手方として保証債務の履行を求めた第一訴訟，②被上告人らが，第一訴訟の債務を履行することを要件として，訴外銀行，上告人及びその妻を相手方として，訴外銀行が上告人及び上告会社に対して有する根抵当権につき訴外銀行に代位する旨の確認を求めた第二訴訟，③被上告人らが，第一訴訟の請求認容を条件として，上告人及びその妻並びに上告会社に対し，求償権を有することの確認を求めた第三訴訟，④上告人及びその妻並びに上告会社が，第三訴訟に対抗して，被上告人らのうち1名のみが保証債務を負担することの確認を求めた第四訴訟のうち，第二訴訟と第三訴訟につき，同一の実体法上の原因に基づく訴訟であって相互に密接な関連を有しているから，統一的な裁判をする必要性が高いとして，民事訴訟法7条の趣旨に照らし，新たに被告とされた上告会社に対する訴えも含め，併合請求における管轄を認めた。なお，上記最高裁判決は，被控訴人らの住所地の裁判籍が香港に存在する第一訴訟と第二訴訟の併合を認めてこれらの訴訟につき香港に国際裁判管轄を認め，第四訴訟についても，第三訴訟に対する反訴の性質を有することから，第三訴訟の裁判籍が香港に存在することを前提として，香港に国際裁判管轄を認めた原審の判断を維持した。

(4) その他の管轄原因

また，以下の管轄原因は，日本国内に事業所等の拠点を有しない者に対する訴えに関し，強力な管轄原因となり得るものである。

(a) 財産所在地等（民訴3条の3第3号）

財産権上の訴えにつき，①請求の目的が日本国内にあるとき，又は②当該訴えが金銭支払請求であった場合は，差押可能な被告の財産が日本国内にあるとき（その財産の価額が著しく低いときを除く。），日本の裁判所の管轄権を認めるものである。

特に②は，被告の差押可能財産が日本国内にあれば，請求との関連性の有無にかかわらず，日本の裁判所の国際裁判管轄権を肯定するというものであ

るから，かなり強い管轄原因ということができる。例えば，被告が世界的企業であれば，日本に特許権等の知的財産権を有することが多いから，原告としては民事訴訟法3条の3第3号に基づき，上記知的財産権を差し押さえることが考えられる(注54)。

被告の差押可能財産は，訴え提起時に日本国内にあれば足り（民訴3条の12），その後に散逸した場合でもそのために日本の裁判所の管轄権が失われることはない(注55)。

(b)　事業行為地（民訴3条の3第5号）

日本において事業を行う者に対する訴えにつき，それが日本における業務に関するものであれば，日本の裁判所の管轄権を認めるものである。例えば，外国の事業者が日本からアクセス可能なインターネット上のウェブサイトを開設するなどして，日本の法人又は個人に対して製品等を販売した場合には，当該ウェブサイトが日本語で記載されているかどうか，ウェブサイトを通じて日本から申込みをすることが可能かどうか，購入した製品の日本への送付が可能かどうか，当該事業者と日本の法人又は個人の取引実績等の事情を考慮し，①当該外国の事業者が「日本において事業を行う者」に該当するかどうか，②訴えが，当該外国の事業者の「日本における業務に関するもの」といえるかどうかを判断することになる(注56)。

民事訴訟法3条の3第5号は，国内土地管轄には存在しない管轄原因に基づいて日本の裁判所の管轄権の有無を判断するものであるから，本号のみに基づいて日本の裁判所に管轄権が認められるときは，対応する土地管轄が定まらないことが多い(注57)。そのような場合は，東京地方裁判所の管轄に属する（民訴10条の2，民訴規6条の2）。

(5)　特別の事情による訴えの却下（民訴3条の9）

日本の裁判所の管轄権が認められた場合も，裁判所は，専属的合意管轄がある場合を除き，事案の性質，応訴による被告の負担の程度，証拠の所在地

(注54)　山内・前掲（注43）27頁。
(注55)　佐藤達文＝小林康彦編『一問一答平成23年民訴法等改正』49頁。
(注56)　佐藤達文＝小林康彦編『一問一答平成23年民訴法等改正』57頁。
(注57)　佐藤達文＝小林康彦編『一問一答平成23年民訴法等改正』59頁。

その他の事情を考慮して，日本の裁判所が審理及び裁判をすることが当事者間の衡平を害し，又は適正かつ迅速な審理を妨げることとなる特別の事情があると認めるときは，その訴えの全部又は一部を却下することができる。

　渉外的要素を含む紛争の場合，日本の裁判所に提起された訴えと同じ訴訟が外国裁判所に係属しており，国際訴訟競合が生じていることが多い。平成23年民訴法改正においては，国際訴訟競合に関する規定は設けられず，取扱いは，実務の運用に委ねられている(注58)。

　国際訴訟競合については，①外国判決承認・執行制度とのバランスから，先行する外国訴訟において将来下される判決が我が国で承認できると予測される場合には，それと抵触する訴えを提起することを認めるべきではないという立場（承認予測説）と②国際裁判管轄の判断における民事訴訟法3条の9の運用において特別の事情の一つとして国際訴訟競合の点を考慮するという立場（特別の事情説）がある(注59)。

　最判平28・3・10民集70巻3号846頁は，日本法人（以下「上告人会社」という。）及びその役員である上告人が，米国法人である被上告人に対し，被上告人がウェブサイトに掲載した記事による名誉等の毀損を理由として不法行為に基づく損害賠償請求をした事案において，①本件が既に米国の裁判所に提訴された訴訟に係る紛争から派生した紛争に関するものであること，②本案の審理において想定される主な争点についての証拠方法は，主に米国に所在すること，③当事者双方とも，被上告人の経営に関して生ずる紛争については米国で交渉，提訴等がされることを想定していたこと，④米国における提訴は，上告人側に過大な負担を課すことにはならず，他方，上記の証拠を日本の裁判所において取り調べることは，被上告人に過大な負担を課すことになることをもって，「特別の事情」を認め，訴えを却下した原判決を維持した。この最高裁判決の考え方によれば，国際訴訟競合を「特別の事情」の一つとして考慮すること自体は，可能であるものと解される。

　（注58）　佐藤達文＝小林康彦編『一問一答平成23年民訴法等改正』177頁。
　（注59）　澤木＝道垣内・前掲（注30）338頁。

[5] インターネットが絡む知的財産権侵害

　インターネットが絡む知的財産権侵害は，例えば，A国内の主体がパソコンを用いて，B国法に基づく特許権の侵害品の広告やC国法により保護される著作物等を，D国所在のサーバにアップロードしてこれらの国を含む世界各国に向けて配信し，各配信国内の主体によってダウンロードされるなど，侵害行為や結果が瞬時かつ容易に国境を越えるので，いずれの国の裁判所において審理し得るか，国際裁判管轄が問題となる。

　通常，インターネットが絡む知的財産権侵害においては，侵害者とみられる者が国内に拠点を有しておらず，応訴もしてこない場合が少なくないと考えられるので，ここでは，民事訴訟法3条の3第8号所定の不法行為地管轄が認められるか否かを検討する。

　前記のとおり民事訴訟法3条の3第8号所定の管轄原因は，「不法行為があった地」であり，これには，原因行為地と結果発生地の双方が含まれる。

(1) 原因行為地

　原因行為地としては，①サーバ所在地，②アップロード行為地，及び③サイトの開設やアップロード行為等の被疑侵害行為を行った者の住所地が考えられる。

　①のサーバ所在地とする見解に対しては，通常，ホスティングサービスが第三者から提供されているので，管轄原因として不十分である，サーバは容易に他国へ移動させることができるので，侵害者がサーバの移動により恣意的に国際裁判管轄を変えることが可能になり得るとの指摘があり，②のアップロード行為地とする見解に対しては，実務上，その特定が困難であるとの指摘がある。また，③の被疑侵害行為を行った者の住所地とする見解に対しては，特定が比較的容易であることから，これを支持する見解は少なくないともいわれるが，多くの場合において民事訴訟法3条の2所定の被告の普通裁判籍と同じになり得ることから，不法行為地管轄が国際裁判管轄の判断において固有の意義を失うとの指摘がある。このように，いずれの見解もそれ

それに難点がある(注60)。

(2) 結果発生地

(a) 閲覧可能性について

インターネット上の知的財産権侵害をめぐる議論において，結果発生地に関して最も問題となるのは，法廷地からの閲覧可能性のみによって法廷地が結果発生地として認められるか否かであるが，この問題については，学説上，見解が分かれている(注61)。

この点に関し，インターネット上の名誉毀損の場合の結果発生地については，①被害者の法益が所在する地であって，そのウェブサイトの閲覧可能地であれば結果発生地となるとして，直接の法益侵害地であることを根拠とする閲覧可能地説と，②言語等からメッセージの受け手が限定される場合には，偶然的な頒布地を結果発生地から除くべきであるとして，被告の予見可能性を考慮する想定対象地説等がある(注62)。前掲最判平28・3・10は，米国法人である被上告人において，日本法人である上告人会社の代表者を務める上告人が米国の海外腐敗行為防止法に違反したことなどに関する英語で作成された記事をウェブサイトに掲載することによって，上告人らの名誉及び信用毀損という結果が日本国内で発生したといえることから，民事訴訟法3条の3

(注60) 以上につき，横溝大「インターネット上の知的財産権侵害に関する国際裁判管轄」パテ69巻14号169頁，山本隆司「その2 著作権法の視点から—著作権の属地性と国際裁判管轄および準拠法の決定」道垣内正人＝山本隆司〔共同報告〕インターネットを通じた著作権侵害についての国際裁判管轄及び準拠法」著研37号138頁参照。なお，同書は，1つの不法行為地について加害行為地は複数存在し得るとして，アップロード行為地のほか，被告自らサーバを管理する場合にはサーバ所在地も加害行為地と認めることが可能である旨述べる。他方，道垣内正人＝山本隆司「その1 仮設例による論点整理」道垣内＝山本・上掲著研37号101頁において，アップロード行為地を加害行為地とし，サーバ所在地は，この種の不法行為において加害行為地管轄を認める根拠（その地との関連性）を欠き，加害行為地とは認められないとの見解が示されている（道垣内正人コメント）。

(注61) 横溝・前掲（注60）169頁。この点に関し，山本・前掲（注60）137頁は，送信者に対して不法行為地管轄を認めるには，受信地からウェブサイトにアクセスできるという理由だけでは足りず，受信の結果に対する過失を構成するだけの予見可能性・回避可能性が必要である旨述べる。

(注62) 髙杉直「インターネット上の名誉毀損の国際裁判管轄と『特別の事情』（民訴法3条の9）における外国訴訟の考慮」平成28年度重判解〔ジュリ1505号〕314頁は，平成23年民訴法改正前はこのような見解の対立があったものの，同改正により，結果発生地には通常予見可能性が要求されることになったので（民訴3条の3第8号括弧書），現行法の解釈としては閲覧可能地説が支持される旨述べる。

第8号に基づき日本の裁判所が管轄権を有すると判断した。

また，東京地判平28・6・20（平成24年(ワ)第29003号）ＬＥＸ／ＤＢは，イギリス領バージン諸島の法人である原告会社と香港在住の同社代表者である原告が，米国法人である被告に対し，被告がその提供するブログサービス上に掲載された原告会社及び原告の名誉を毀損する記事の削除義務を怠ったとして，慰謝料等を求めた事案である。判決は，上記記事が日本語で記載されており，その内容も原告が販売する商品を日本人が購入する場合の扱いや原告会社に対する金融庁からの警告に関するものであるから，同記事による原告会社及び原告の社会的評価の低下は日本国内で生じているとして，日本を結果発生地と認めた上で，被告において，日本国内における結果の発生が通常予見することのできないものとはいえず，また，日本の裁判所による審理及び裁判が当事者間の衡平を害するものともいえないとして，民事訴訟法3条の9所定の「特別の事情」の存在を否定した。

これらの裁判例は，いずれも閲覧可能地説を採用し，被害者の法益の所在地である日本を結果発生地と判断したものとみることもできよう。インターネット上の名誉毀損の場合の結果発生地についての議論は，インターネットによる知的財産権侵害にも当てはまるものと解される[注63]。

ただし，閲覧可能地説によって結果発生地が認められたとしても，被告の予見可能性など閲覧可能性以外の要素が民事訴訟法3条の9所定の「特別の事情」として考慮され，結果として日本の裁判所の国際裁判管轄権が否定されて訴えが却下されることもあり得る。閲覧可能性のみによって結果発生地の認められる範囲が広くなり過ぎるという弊害は，民事訴訟法3条の9によって一定程度防ぐことが期待できるものと考えられる[注64]。

(b) 著作権に関する法的構成について

特に著作権のインターネット配信については，日本のように公衆送信権（著作23条1項）として送信行為を保護する国と，欧米のように公衆伝達権と

(注63) 高杉・前掲（注62）314頁。
(注64) 横溝・前掲（注60）176頁は，閲覧可能性のみで我が国の国際裁判管轄を肯定するのではなく，結果発生地の認定又は民事訴訟法3条の9所定の「特別の事情」のいずれかの段階で，我が国と事案との密接関連性を肯定する別の事情の存在をも考慮して管轄を決定すべきである旨述べる。

して受信行為を保護する国がある。この相違に着目して，送信行為を保護する国については，送信行為地を結果発生地とし，受信行為を保護する国については，受信行為地を結果発生地と捉える見解がある。同見解によれば，受信行為を保護する国（例えばイギリス）から，送信行為を保護する国（例えば日本）に向けて無断で著作物をインターネット配信し，日本の公衆がこれにアクセスした場合には，日本国内に送信行為はなく，よって，日本は結果発生地には当たらなくなる[注65]。

しかし，法的構成は準拠法の内容の問題であるから，国際裁判管轄の決定において問題とすべきではないと考える[注66]。

(c) ユビキタス侵害について

インターネットによる知的財産権侵害につき，結果発生地の管轄原因が認められると，ある一国における行為によって多数の国において結果が生じ（ユビキタス侵害），全ての結果発生地で管轄を認め，訴訟提起のリスクにさらされるという問題が出てくる。この問題に関しては，例えば最も大きな結果の発生が認められなければ管轄権を否定すべきなど管轄の制限を求める提案がされたこともある[注67]。また，ユビキタス侵害においては，原因行為地での裁判においては全ての損害につき裁判管轄権が認められるのに対し，結果発生地での裁判においては当該法廷地の結果に関する損害についてしか裁判管轄権が認められないのが原則とされる。そこで，1つの結果発生地における裁判においても全ての結果に関する損害について裁判管轄権を認めるルールが提案されている[注68]。いずれにしても，立法を待つほかはないものと思われる[注69]。

(注65) 山本・前掲（注60）135頁。
(注66) 道垣内＝山本・前掲（注60）103頁の道垣内正人コメント。
(注67) 紋谷崇俊「〔講演録〕著作権の国際紛争に関する課題について」コピ660号13頁。
(注68) 山本・前掲（注60）138頁。
(注69) 田村善之『著作権法概説〔第2版〕』568頁は，衛星放送やインターネットなど同時に多数の国で受信できる送信に対して土地に着目する従来型の属地主義の発想で対処することには限界がある旨述べる。

(3) 裁 判 例

(a) 前掲知財高判平22・9・15〔日本電産事件〕

本件は，日本法人である控訴人（1審原告）が，韓国法人である被控訴人（1審被告）に対し，特許権に基づき，被告物件の譲渡の申出の差止め等を求めた事案である。

本判決は，①被控訴人が英語表記のウェブサイトを開設し，製品として被告物件（モータ）の一つを掲載するとともに，販売問合せとして日本を掲げ，販売本部として日本の拠点の連絡先を掲載していること，②被控訴人の日本語表記のウェブサイトにおいても，被告物件を含む製品の紹介ウェブページが存在し，同ウェブページから同製品の販売に係る問合せのフォームを作成し得ること，③控訴人営業部長が，被控訴人の営業担当者が日本国内において営業活動を行っていることなどを，陳述書で述べていること，④被控訴人の経営顧問は，その肩書，社名等が日本語で表記された名刺を作成使用していること，⑤被告物件の一つを搭載したＤＶＤマルチドライブが国内メーカーにより製造販売され，国内に流通している可能性が高いことなどを総合的に評価すれば，被告物件の譲渡の申出行為について，被控訴人による申出の発信行為又はその受領という結果が我が国において生じたものと認めるのが相当であるとして，日本の裁判所の国際裁判管轄権を認めた。

(b) 東京地判平26・7・16（平成25年(ワ)第23363号）裁判所ＨＰ〔韓国ＴＶ事件〕

本件は，韓国の放送事業者である原告が，韓国法人である被告に対し，被告において「韓国ＴＶ」の名称で行っていたインターネットを利用したテレビ番組配信サービス事業（以下「本件サービス」という。）につき，テレビ番組の著作権（複製権）及び放送事業者の著作隣接権（複製権，送信可能化権）を侵害したとして利用許諾料相当損害金等の支払を求めた事案である。

本件サービスは，①被告が，利用者ごとに1台ずつセットトップボックスと称する機器を提供して各利用者宅に設置し，他方で，被告において受信したテレビジョン放送をデジタルデータに変換して，そのデータファイルを被告が管理するサーバに保存する，②利用者は，各自のセットトップボックス

を操作して視聴したい番組ないしチャンネルを指定すれば，上記サーバに保存されたデータファイルがセットトップボックスに転送され，セットトップボックスと接続した利用者のテレビにおいて上記番組ないしチャンネルを視聴することができるというものである。利用者は，主として，日本に在住する韓国人が見る情報誌やホームページに掲載された広告を見て，電話やインターネットから申し込んで本件サービスに加入する。本件において，被告は，原告がＫＢＳ第１テレビジョン及びＫＢＳ第２テレビジョンにおいて放送した番組を本件サービスにより利用者に視聴させた[注70]。

本判決は，本件サービスが日本に在住する韓国人に向けられたサービスであることをもって，被告による民事訴訟法３条の３第８号所定の不法行為地の少なくとも一部が日本国内にあるとして，日本の裁判所の国際裁判管轄権を肯定した。同判断の根拠とした事実の詳細は認定されていないが，形式的な複製や送信可能化という侵害行為のみならず，市場への影響といった結果等を総合的に考慮して管轄を判断したものとみることができる[注71]。

(注70) 本件は，欠席判決であり，事実関係は原告の主張のとおり認定されている。
(注71) 紋谷・前掲（注67）63頁。

4 渉外的要素を含む知的財産権訴訟の準拠法

鈴木　わかな

渉外的要素を含む知的財産権訴訟の準拠法について，どのように考えるべきか。

〔1〕 問題の所在

　渉外的要素を含む訴訟について，日本の裁判所の国際裁判管轄権が肯定された場合，次に問題となるのは，審理に当たりいずれの国の法を選択して適用すべきか，すなわち準拠法である。特に，知的財産権の属地主義は，知的財産権の効力の及ぶ範囲を原則として国内に限るものであるから，準拠法の選択・適用に直接関わってくるものといえる。また，インターネットが絡む知的財産権侵害においては，国際裁判管轄権のみならず，準拠法についても，インターネットの特性を考慮して検討する必要がある。
　以下では，属地主義との関係を踏まえつつ，渉外的要素を含む知的財産権訴訟における準拠法の問題を考察した上で，インターネットが絡む知的財産権訴訟の準拠法についても考察する。
　なお，準拠法は職権調査事項であり，当事者の主張がなくても，裁判所が職権で調査して選択・適用すべきものである。しかし，準拠法の選択・適用に当たり具体的事実関係の把握を要する場合があり，また，外国法の調査にはかなりの困難が伴う場合もあることから，適切な準拠法が選択・適用されるためには，当事者においても裁判所の判断に必要な事実の主張立証や外国法に関する資料の提出等が求められる場面も少なからずあるといえよう。

〔2〕 属地主義

(1) 属地主義の意義

最判平9・7・1民集51巻6号2299頁〔BBS事件〕及び最判平14・9・26民集56巻7号1551頁〔FM信号復調装置事件〕の判示によれば，特許権の属地主義の原則とは，①特許権の成立した国を連結点として準拠法を決定するという抵触法上の原則，及び②特許権の効力は特許権が成立した国以外に及ばないという実質法上の原則を意味する。②の実質法とは，準拠法として選択された各国内法規であるから，②の実質法上の原則は，日本の特許法のように属地主義の原則を採用している法が準拠法として選択された場合に意味を持つ[注1]。

この属地主義の原則の意義は，特許権と同様に，国家の審査や登録という手続により各国において個別に成立する権利についても当てはまるものと考えられる[注2]。よって，日本法に基づく実用新案権，商標権，意匠権等に当てはまることは，明らかといえる。

他方，日本の著作権法に基づく著作権は，特許権等と異なり，無方式で発生するものであるが（著作17条2項），権利としては各国で個別に成立し，存在するものであるから[注3]，前記の属地主義の原則の意義が当てはまるものというべきである[注4]。

(2) 渉外的要素を含む知的財産権訴訟と属地主義

知的財産権訴訟における渉外的要素として，①対象とする権利が外国法に

(注1) 髙部眞規子『実務詳説特許関係訴訟〔第3版〕』284頁，髙部眞規子・最判解民平成14年度(下)710頁。
(注2) 商標権につき，髙部眞規子『実務詳説商標関係訴訟』112頁。
(注3) 髙部眞規子『実務詳説著作権訴訟』374頁。
(注4) 山本隆司「その2 著作権法の視点から─著作権の属地性と国際裁判管轄および準拠法の決定」道垣内正人＝山本隆司「〔共同報告〕インターネットを通じた著作権侵害についての国際裁判管轄及び準拠法」著研37号112頁も，属地主義の原則は，著作権にも当てはまる旨を述べる。

基づく知的財産権（以下「外国知的財産権」という。）であること、②対象とする権利についての侵害、譲渡等の行為が外国でなされたことが挙げられる。

　前記のとおり属地主義の原則を抵触法上の原則及び実質法上の原則と解するのであれば、①外国知的財産権に関する訴訟及び②外国における権利の侵害、譲渡等の行為に関する訴訟のいずれについても、日本の裁判所において審理すること、すなわち日本の裁判所の国際裁判管轄権を肯定すること自体が直ちに属地主義の原則に反するとはいえないであろう[注5]。前掲最判平14・9・26〔FM信号復調装置事件〕も、属地主義を根拠に特段の法律又は条約に基づく規定がない限り外国法に基づく特許権に基づいて差止め及び廃棄を内国裁判所に求めることはできないとした控訴審判決[注6]の判断を否定した。

　属地主義は、主として準拠法の選択・適用の場面において問題となるものと考えられる。

〔3〕　知的財産権の存否及び効力についての準拠法

　準拠法の選択・適用は、①単位法律関係（同じ方法により準拠法を定める法的問題のグループ）の性質決定（法性決定）、②連結点（単位法律関係ごとにそれと最も密接な関係のある地の法を選び出すための媒介としてあらかじめ定められた場所的要素）の確定、③準拠法の特定及び④準拠法の適用の4つのプロセスによって行われる[注7]。

(1)　設定の登録により発生する権利について

　前掲最判平14・9・26〔FM信号復調装置事件〕は、「特許権の効力の準拠法に関しては、法例等に直接の定めがないから、条理に基づいて、当該特許権と最も密接な関係がある国である当該特許権が登録された国の法律によ

(注5)　山本・前掲（注4）37号116頁も、属地主義は、実質規範上の原則であり、外国裁判所が他国の著作権法侵害事件を裁判することを拒否する根拠とはならない旨を述べる。
(注6)　東京高判平12・1・27判タ1027号296頁。
(注7)　用語の意義は、澤木敬郎＝道垣内正人『国際私法入門〔第7版〕』（有斐閣、2012）15頁・28頁によった。

ると解するのが相当である。」と判示し，その理由として，①特許権は，国ごとに出願及び登録を経て権利として認められるものであること，②特許権について属地主義の原則を採用する国が多く，それによれば，各国の特許権が，その成立，移転，効力等につき当該国の法律によって定められ，特許権の効力が当該国の領域内において認められるとされていること，③特許権の効力が当該国の領域内においてのみ認められる以上，当該特許権の保護が要求される国は，登録された国であることを掲げた。上記①から③の理由付けは，特許権の存否すなわち成立の要件，消滅（存続期間満了，死亡した発明者の相続人不存在等）の問題にも当てはまるものと考えられる[注8]。

法例に代わり新たに制定された法の適用に関する通則法（以下「通則法」という。）にも特許権の存否及び効力についての定めはないことから，特許権の存否及び効力についての準拠法は，登録国法と解すべきである。また，上記①から③の理由付けは，日本の特許権（特許66条1項）のほか，実用新案権（新案14条1項），商標権（商標18条1項），意匠権（意匠20条1項）等，設定の登録により発生する権利一般に当てはまるものといえる。

したがって，設定の登録により発生する権利の存否及び効力についての準拠法は，登録国法と解すべきである。

(2) 無方式で発生する権利について

無方式で発生する権利については，設定の登録に相当するものがないので，前掲最判平14・9・26〔FM信号復調装置事件〕の考え方から直接準拠法を導くのは困難である。以下では，無方式で発生する権利の代表的なものといえる日本の著作権法に基づく著作権について検討する。

(a) 効力について

通則法には著作権に関する問題の準拠法を定めている明文がないので，条約に規定があるか否かが問題となる[注9]。

この点に関し，日本も加盟している文学的及び美術的著作物の保護に関す

(注8) 櫻田嘉章＝道垣内正人編『注釈国際私法第1巻』（有斐閣，2011）644頁〔道垣内正人〕。
(注9) 櫻田＝道垣内編・前掲（注8）635頁〔道垣内正人〕。

るベルヌ条約（以下「ベルヌ条約」という。）5条2項3文は，「保護の範囲及び著作者の権利を保全するため著作者に保障される救済の方法は，この条約の規定によるほか，専ら，保護が要求される同盟国の法令の定めるところによる。」と規定しており，この解釈については諸説あるものの，著作権の保護の範囲及び救済の方法という単位法律関係について「保護が要求される同盟国」（以下「保護国」という。）法によるという準拠法決定ルールを定めたものと解され(注10)，多くの裁判例も同様に解している(注11)。なお，「保護が要求される同盟国」（保護国）の意義は，その領域について著作物の利用行為に対する保護が要求されている国すなわち著作物の利用地国を指すものと解される(注12)。

このように，ベルヌ条約は，「保護の範囲及び著作者の権利を保全するため著作者に保障される救済の方法」につき保護国法による旨を規定していることに加え，著作者人格権を保全するための救済の方法（6条の2第3項）及び「保護期間」（7条8項）についても同様の規定をしている。これらの規定に鑑みると，著作権の効力は，ベルヌ条約に基づいて保護国法が準拠法になるものと解される(注13)。

(b) 存否について

著作権の存否すなわち成立，消滅については，前記のとおりベルヌ条約7条8項により保護期間が保護国法によることになる以上，著作権の成立，消滅に関する他の問題についても条理に基づき保護国法を適用するのが自然であり，適応問題（単位法律関係ごとに指定された準拠法間に体系的ずれが生じ，不適

(注10) 髙部眞規子『実務詳説著作権訴訟』384頁，田村善之『著作権法概説〔第2版〕』562頁等。

(注11) 東京地判平16・5・31判タ1175号265頁〔XO醤男と杏仁女事件〕，東京地決平18・7・11判タ1212号93頁〔ローマの休日事件〕，知財高判平20・2・28判時2021号96頁〔チャップリン事件〕（原審である東京地判平19・8・29判時2021号108頁の判断を維持したもの），知財高判平21・10・28判タ1318号243頁〔苦菜花事件〕（原審である東京地判平21・4・30判タ1318号251頁の判断を維持したもの），知財高判平24・2・28（平成23年(ネ)第10047号）裁判所HP〔中国の世界遺産事件〕（原審である東京地判平23・7・11（平成21年(ワ)第10932号）裁判所HPの判断を維持したもの），東京地判平24・12・21判タ1408号367頁〔夕暮れのナポリ海岸事件〕，東京地判平25・5・17判タ1395号319頁〔UFCニコニコ動画事件〕等。

(注12) 田村善之『著作権法概説〔第2版〕』562頁等。

(注13) 井上泰人「著作権をめぐる渉外的論点」髙部眞規子編『著作権・商標・不競法関係訴訟の実務〔第2版〕』170頁。

当な結果が生ずる場合を指す(注14)。)を回避することができるとして，保護国法を準拠法とする見解があり，これが一般的とされる(注15)。前掲（注11）東京地判平24・12・21〔夕暮れのナパリ海岸事件〕及び前掲（注11）東京地判平25・5・17〔UFCニコニコ動画事件〕は，著作物性の有無につき，保護国法である日本法を準拠法とした。

他方，著作権の成立，消滅が保護国ごとに判断されて異なる扱いを受けるとすれば，創作に関与した者の期待に反し，取引の安全を害するとして，ベルヌ条約5条4項により定まる著作物の本国法を準拠法とする見解もある(注16)。

〔4〕 知的財産権の侵害に基づく請求の準拠法

(1) 設定の登録により発生する権利について

(a) 差止請求の準拠法

(ア) 単位法律関係の性質決定，連結点の確定，準拠法の特定

前掲最判平14・9・26〔FM信号復調装置事件〕は，米国特許権侵害に基づく差止め及び廃棄請求につき，「米国特許権の独占的排他的効力に基づくもの」として「その法律関係の性質を特許権の効力と決定すべきである。」とし，特許権の効力の準拠法は，当該特許権が登録された国の法律によるとして，米国特許法を準拠法とした。

日本の特許法100条に基づく差止め等の請求は，特許権が排他的独占権を内容とする権利であることから当然に発生するものであり(注17)，法律関係の性質は特許権の効力といえるから，その準拠法は，登録国法の日本法である。

以上の理は，設定の登録により発生する権利一般に当てはまるものといえ

(注14) 澤木＝道垣内・前掲（注7）25頁。
(注15) 櫻田＝道垣内編・前掲（注8）640頁〔道垣内正人〕，井上・前掲（注13）166頁。
(注16) 櫻田＝道垣内編・前掲（注8）640頁〔道垣内正人〕。高部眞規子『実務詳説著作権訴訟』385頁は，ベルヌ条約に規定のない著作権の成立の準拠法については，本源国法によると解釈することも可能であると述べる。
(注17) 知財高判平27・10・8（平成27年(ネ)第10097号）裁判所HP〔洗浄剤事件〕。

る。

　したがって，設定の登録により発生する権利の侵害に基づく差止請求の準拠法は，当該差止請求の法律関係の性質が当該権利の効力と決定される場合は，登録国法と解すべきである。

　　(イ)　準拠法の適用

　前掲最判平14・9・26〔FM信号復調装置事件〕は，米国特許権侵害に基づく差止め及び廃棄請求につき，米国特許法を準拠法としたが，「本件米国特許権に基づき我が国における行為の差止め等を認めることは，本件米国特許権の効力をその領域外である我が国に及ぼすのと実質的に同一の結果を生ずることになって，我が国の採る属地主義の原則に反するものであり，また，我が国とアメリカ合衆国との間で互いに相手の特許権の効力を自国においても認めるべき旨を定めた条約も存しないから，本件米国特許権侵害を積極的に誘導する行為を我が国で行ったことに米国特許法を適用した結果我が国内での行為の差止め又は我が国内にある物の廃棄を命ずることは，我が国の特許法秩序の基本理念と相いれない」として，米国特許法の規定を適用して差止め又は廃棄を命ずることは，法例33条（通則法42条に相当する。）のいう我が国の公序に反することを理由に，米国特許法を適用しないと判断した。日本の裁判所において外国法を準拠法とした場合，通則法42条により適用が否定される場合もあり得ることに留意すべきであろう。特に，知的財産権に関する訴訟の場合，上記最高裁判決のように属地主義の原則から最終的に請求が認められないこともあり得る。

　　(b)　損害賠償請求の準拠法

　　　(ア)　単位法律関係の性質決定，連結点の確定，準拠法の特定

　前掲最判平14・9・26〔FM信号復調装置事件〕は，米国特許権侵害に基づく損害賠償請求につき，「特許権特有の問題ではなく，財産権の侵害に対する民事上の救済の一環にほかならないから，法律関係の性質は不法行為であり，その準拠法については，法例11条1項〔筆者注：通則法17条に相当する。〕によるべきである。」とし，「法例11条1項にいう『原因タル事実ノ発生シタル地』は，本件米国特許権の直接侵害行為が行われ，権利侵害という結果が生じたアメリカ合衆国と解すべきであり，同国の法律を準拠法とすべきであ

る。」とした。

　上記最高裁判決によれば，特許権侵害に基づく損害賠償請求の法律関係の性質は不法行為であり，したがって，その準拠法は，不法行為によって生ずる債権の成立及び効力について定めた通則法17条によって決せられる[注18]。

　同条本文所定の「加害行為の結果が発生した地」とは，現実に財産権等の法益侵害の結果が発生し，不法行為の成立要件が充足された場所，基本的には，加害行為によって直接に侵害された権利が侵害発生時に所在した地を指す[注19]。法益侵害の結果が発生した後に，別の場所で発生した後続損害（二次的損害），特に治療費の支出や休業による給与の損失などの財産的損害は，本条の結果発生地を構成しないと解されている[注20]。

　以上の理は，設定の登録により発生する権利一般に当てはまるものといえる。よって，設定の登録により発生する権利の侵害に基づく損害賠償請求の準拠法は，通則法17条によるべきである。

　もっとも，被侵害権利が所有権等の有体物に係るものであれば，通常，有体物の所在は明らかであるから，結果発生地は比較的容易に認定し得るものの，知的財産権等の無体物に係る権利の場合は，結果発生地を画一的に明確化することは困難であり，被侵害権利の種類・性質等に照らし，解釈によって結果発生地を確定する必要がある[注21]。

　この点に関し，特許権侵害の場合，属地主義の下では，特許権の侵害という結果は，原則として特許権の効力が及ぶ登録国内において生じるものといえるから，結果発生地は原則として登録国と一致し，仮に複数の国で侵害結果が生じているのであれば，それぞれの登録国法上の不法行為がばらばらに成立しているとする見解がある[注22]。

(注18)　ただし，一定の権利の侵害につき不法行為の成否が問題となる場合であっても，当該権利の存否自体は，前提問題として，不法行為の準拠法ではなく，当該権利自体の準拠法によって判断されるべきである（東京地判平25・2・27（平成23年(ワ)第23673号）裁判所HP）。
(注19)　櫻田＝道垣内編・前掲（注8）444頁〔西谷祐子〕，小出邦夫編著『逐条解説 法の適用に関する通則法〔増補版〕』（商事法務，2015）193頁。
(注20)　櫻田＝道垣内編・前掲（注8）444頁〔西谷祐子〕。
(注21)　小出編著・前掲（注19）193頁。
(注22)　道垣内正人「特許権侵害事件の国際裁判管轄・準拠法」大淵哲也ほか『特許訴訟上』464頁。

他方，特許権の保護法益は発明技術の実施によって得られる市場機会にあると考え，原則として被疑侵害者の行為（商品の販売やサービスの提供）によって市場需要が直接に消化されたと考えられる地を結果発生地とし，いまだ市場の需要へ影響が生じない段階での発明利用（方法発明の使用や物の生産のみにとどまる場合）については，技術の利用可能性自体を法益侵害と捉え，行為者の所在地や利用行為の枢要部分が行われた地等を総合して結果発生地と判断すべきとの見解もある[注23]。

私見では，特許権の保護法益を市場機会と捉えて結果発生地を認定するという見解は，事案に応じた柔軟な判断をし得る反面，結果発生地の意義が広がりすぎることになるおそれもあるように思われる。これに対し，結果発生地を登録国とする見解は，基準として明快であり，反面，硬直的に考えると事案によっては不合理な結果を招くこともあろうが，通則法20条による修正は可能と考える。

　(イ)　準拠法の適用

前掲最判平14・9・26〔FM信号復調装置事件〕は，米国特許権侵害に基づく損害賠償請求につき，米国特許法を準拠法としたが，法例11条2項（通則法22条1項に相当する。）により日本法を累積的に適用し，特許権侵害を登録国の領域外において積極的に誘導する行為について不法行為の成否を検討すべきであるとした。そして，同行為は，日本法上の不法行為の成立要件を具備するものと解することはできないとして，米国特許法の適用を否定した。

外国法が不法行為に基づく損害賠償請求の準拠法とされた場合も，実際に損害賠償請求が認められるのは，通則法22条により日本法の枠内にとどまることに留意すべきであろう。すなわち，請求の根拠となる行為が日本法上の不法行為の成立要件を具備しなければ，同条1項により，請求は認められない[注24]。また，日本法上の不法行為の成立要件を具備したものであっても，同条2項により，日本法によって損害賠償の方法及び額が制限される[注25]。

(注23)　飯塚卓也「国境を越えた侵害関与者の責任」ジュリ1509号29頁。
(注24)　櫻田＝道垣内編・前掲（注8）536頁〔神前禎〕参照。
(注25)　櫻田＝道垣内編・前掲（注8）537頁〔神前禎〕。例えば，米国法が準拠法とされていわゆる懲罰的損害賠償が認められる事案であっても，日本法はそのような制度を採用していないので，実際に請求が認められるのは，日本法上の損害すなわち相当因果関係の範囲内

(2) 無方式で発生する権利について

　前記のとおりベルヌ条約5条2項3文を準拠法決定ルールを定めたものと解するのであれば，「著作者の権利を保全するため著作者に保障される救済の方法」は，同条約により保護国法となる。

　ここで問題となるのは，損害賠償請求と差止請求とを区別するか否かである。すなわち，「著作者の権利を保全するため著作者に保障される救済の方法」につき，①損害賠償請求及び差止請求の両者を含むものと解すれば，共に保護国法が準拠法となり，②差止請求のみであり，損害賠償請求は含まないと解すれば，差止請求については保護国法が準拠法となり，損害賠償請求については法律関係の性質を不法行為と決定し，通則法17条により準拠法を定めることとなる[注26]。前掲（注11）知財高判平20・2・28〔チャップリン事件〕，知財高判平20・12・24（平成20年㈹第10011号）裁判所HP〔北朝鮮映画テレビ放映事件〕，前掲（注11）知財高判平21・10・28〔苦菜花事件〕，東京地判平24・7・11判タ1388号334頁〔パク・サンウォンの美しいTV顔事件〕，東京地判平25・3・25（平成24年㈹第4766号）裁判所HP〔光の人事件〕も同見解に立つ。知財高判平23・11・28（平成23年㈹第10033号）裁判所HP〔USBフラッシュメモリ事件〕，前掲（注11）知財高判平24・2・28〔中国の世界遺産事件〕，前掲（注11）東京地判平24・12・21〔夕暮れのナパリ海岸事件〕，東京地判平24・5・31（平成21年㈹第28388号）裁判所HP〔KOMCA事件〕，知財高判平28・6・22判時2318号81頁〔毎日オークション事件〕も，法例11条1項ないし通則法17条により損害賠償請求の準拠法を決定している。

　日本の著作権法における差止め等の請求（著作112条）は，著作権の排他的効力に基づくものであり，前記のとおり著作権の効力の準拠法は保護国法であるから，上記差止請求の準拠法も保護国法と解すべきである[注27]。他方，損害賠償請求の法律関係の性質は，不法行為であるから，その準拠法は通則法17条によるべきである[注28]。

　　　　にある損害にとどまる。
（注26）　櫻田＝道垣内編・前掲（注8）643頁〔道垣内正人〕。
（注27）　前掲（注11）東京地決18・7・11〔ローマの休日事件〕，前掲（注11）知財高判平20・2・28〔チャップリン事件〕。

なお，東京地判平28・9・28（平成27年(ワ)第482号）裁判所HPは，イタリア，インドネシア，オランダ及び日本在住の各アーティスト並びにインターネットを利用してスマートフォン用ケースの販売等を行う株式会社である日本法人が原告らとして，日用品の販売等を行う株式会社である日本法人を被告とし，被告がウェブサイトを通じて原告らが著作権ないし著作権の独占的利用権を有する著作物を図柄として印刷したスマートフォン用ケースの販売等をする行為は，原告らの著作権ないし著作権の独占的利用権を侵害すると主張して，差止め等及び損害賠償を求めた事案である。判決は，原告らのうち日本に常居所を有してない者につき，概要「不法行為による損害賠償請求権，差止請求権及び廃棄請求権の有無の判断は，同原告らが主張するところの不法行為の主要な部分である，被告による被告各商品の製造，譲渡等が行われた我が国の法を準拠法とするのが相当である。」として，通則法17条を根拠に日本法を準拠法とした。従来の裁判例と異なり差止請求と損害賠償請求の準拠法を一体的に選択しており，注目されるとの指摘がある(注29)。

　また，著作者人格権を，その余の財産権的性質を有する著作権と区別して考え，著作者人格権の侵害については，通則法17条及び19条によるべきとの見解もある(注30)。

〔5〕　知的財産権の侵害に係る訴えにおける抗弁の準拠法

（注28）　髙部眞規子『実務詳説著作権訴訟』385頁。他方，道垣内正人「チャップリンの映画の著作権侵害についての準拠法」ジュリ1395号174頁は，権利の効力に基づく請求を不法行為の問題と性質決定した場合は，通則法20条・21条が適用され，例えば，当事者による事後的な準拠法変更が可能になるという扱いは，A国所在の不動産についてB国法上の妨害排除請求権の行使を認めることを意味し，受け容れ難く，同様のことは特許権侵害の場合においても妥当するとして，差止請求と損害賠償請求を区別した前掲最判平14・9・26〔FM信号復調装置事件〕に関し，権利の本質的な効力に関する問題については，不法行為の問題ではなく，物権自体の準拠法によるべきであるとする考え方には一般論としては賛成することができるとした。しかし，著作権については，「著作者の権利を保全するため著作者に保障される救済の方法」から損害賠償請求が外れ，それは各国の国際私法の不法行為についての準拠法決定ルールに委ねられると解することは，条約の趣旨を勘案した合理的な解釈論とはいえない旨述べている。櫻田＝道垣内編・前掲（注8）455頁〔西谷祐子〕も，差止請求と損害賠償請求を一体として保護国法によるべきとの見解に立つ。
（注29）　横溝大「国際私法判例の動き」平成28年度重判解〔ジュリ1505号〕309頁。
（注30）　羽賀由利子「著作者人格権侵害の準拠法に関する考察」国際私法年報16号（2014）48頁。

渉外的な法律関係において，ある一つの法律問題（本問題）を解決するためにまず決めなければならない不可欠の前提問題があり，その前提問題が国際私法上本問題とは別個の法律関係を構成している場合，その前提問題は，本問題の準拠法によるのでも，本問題の準拠法が所属する国の国際私法が規定する準拠法によるのでもなく，法廷地である我が国の国際私法により定まる準拠法によって解決すべきである(注31)。

この最高裁判決の考え方によれば，同一の訴えにおいて複数の異なる単位法律関係がある場合，各単位法律関係ごとに法廷地国際私法に従って準拠法を決すべきであるといえる。したがって，知的財産関係の侵害に係る訴えにおいて抗弁が主張された場合，その抗弁についての準拠法は，日本の国際私法によるべきである(注32)。

(1) 設定の登録により発生する権利について

(a) 無効の抗弁の準拠法

設定の登録により発生する権利の侵害訴訟やライセンス契約に基づく使用料請求訴訟において，当該権利の無効の抗弁が主張され（日本の特許法104条の3等），権利の有効性が問題になった場合は，前記のとおり権利の効力についての準拠法となる登録国法により判断すべきである(注33)。

この点に関し，外国で設定の登録がされて発生する権利の侵害訴訟やライセンス契約に基づく使用料請求訴訟における抗弁で当該権利の有効性が問題となった場合，日本の裁判所が判断できるかという問題がある。確かに，当該権利の有効性が訴訟物となっているわけではないので民事訴訟法3条の5第3項に直接は反しないものの，外国で設定の登録がされて発生する権利の存否又は効力に関する訴えについて当該外国の裁判所の専属管轄権を認めた同項の趣旨に抵触し得るからである(注34)。

日本の裁判所が外国で設定の登録がされて発生する権利の有効性を判断す

(注31) 最判平12・1・27民集54巻1号1頁。
(注32) 髙部眞規子『実務詳説特許関係訴訟〔第3版〕』312頁。
(注33) 髙部眞規子『実務詳説特許関係訴訟〔第3版〕』312頁，同『実務詳説商標関係訴訟』132頁。
(注34) 飯塚・前掲（注23）30頁。

ることは，理論的には可能であったとしても，実際上，登録国の行政処分を尊重すべき必要性は高い。このことから，登録国において当該権利の有効性に関する手続が行われている場合には，特許法168条2項に準じて訴訟手続を中止することが考えられる。この方法は，登録国における上記手続において早期に確定的な結果が出ることが見込まれる場合は，有用なものといえよう。

　もっとも，登録国における手続の結果がいつ出るか，同結果が出たとしても，それがいつ確定的なものになるかは不明なことが多いといえるから，登録国において当該権利の有効性に関する手続が行われている場合の全てにおいて訴訟手続を中止することは，権利者の迅速な保護に欠け，事案の早期解決の点からも相当に問題がある。他方，外国で設定の登録がされて発生する権利を常に有効なものとして扱うことは，登録国において無効理由が存在する権利に基づいて我が国では損害賠償請求等を認容する余地があることになり，その結果は，衡平の理念に反する。

　そうすると，無効理由が明らかな場合には，登録国法を準拠法として当該権利の有効性について判断することも考えられよう。同判断は，判決理由中の判断として当事者間においてその事件限りの相対的な効力を有するものにすぎず，対世的な効力を有するわけではないから，登録国の行政処分に直接影響を及ぼすものではない[注35][注36]。

(b)　契約による実施権の抗弁の準拠法

　日本の特許法上の通常実施権（特許78条）を抗弁として主張する場合，実施許諾契約締結の事実を要件事実として主張することになり[注37]，同契約の成立及び効力については，第一次的に当事者が契約締結の当時に選択した地の法により（通則法7条），選択がないときは，契約締結の当時において契約に最も密接な関係がある地の法による（通則法8条1項）。

　日本の特許法上の専用実施権（特許77条）を抗弁として主張する場合，約定による専用実施権設定の事実及び専用実施権の登録の事実を要件事実とし

(注35)　東京地判平15・10・16判タ1151号109頁〔サンゴ化石粉末事件〕参照。
(注36)　以上につき，髙部眞規子『実務詳説特許関係訴訟〔第3版〕』312頁，同『実務詳説商標関係訴訟』133頁，杉浦正樹「渉外問題」飯村敏明＝設樂隆一編『LP知財訴訟』283頁。
(注37)　髙部眞規子『実務詳説特許関係訴訟〔第3版〕』153頁。

て主張することになるが(注38)、専用実施権は登録が効力要件であるから（特許98条1項2号）、その存否及び効力については、登録国法である日本の特許法による。

日本法の実用新案権（新案18条・19条）、商標権（商標30条・31条）及び意匠権（意匠27条・28条）の権利者の許諾に基づく通常使用権、専用使用権についても同様に考えることができる(注39)。

(2) 無方式で発生する権利について

著作権者から著作物の許諾を受けて使用している旨の抗弁が主張された場合、当該許諾に係る契約の成立及び効力については、通則法7条、8条1項により準拠法を決定すべきである(注40)(注41)。

〔6〕 知的財産権の譲渡の準拠法

(1) 設定の登録により発生する権利について

債権関係と物権関係に分けて考えるべきであり、債権的契約については、通則法7条以下により準拠法を定め、対抗要件も含む物権的な関係については登録国法によることとなる(注42)。

例えば、日本の特許権に専用実施権を設定するライセンス契約につき、成立に申込みと承諾を常に要するかなどの当該契約の成立に関する問題及びライセンス料や債務不履行責任等の当該契約の効力に関する問題については、通則法7条以下により準拠法が定められる。なお、専用実施権の効力については登録国である日本の特許法が適用され、同法98条1項2号により専用実

(注38) 髙部眞規子『実務詳説特許関係訴訟〔第3版〕』152頁。
(注39) 髙部眞規子『実務詳説商標関係訴訟』133頁は、商標使用許諾契約が抗弁として主張された場合の準拠法につき、通則法7条、8条1項により決するものと述べる。
(注40) 前掲（注11）東京地判平24・12・21〔夕暮れのナパリ海岸事件〕、前掲（注11）知財高判平24・2・28〔中国の世界遺産事件〕等。
(注41) 髙部眞規子『実務詳説著作権訴訟』388頁。
(注42) 最判平18・10・17民集60巻8号2853頁〔日立製作所・光ディスク事件〕は、特許を受ける権利の譲渡についての事例であるが、特許権についてこのように考えることを前提としているものと思料される。

施権の設定が登録されなければ効力を生じない(注43)。

(2) 無方式で発生する権利について

日本の著作権など無方式で発生する権利についても債権関係と物権関係に分けて考えるべきであり，債権的契約については，通則法7条以下により準拠法を定め，対抗要件も含む物権的な関係については保護国法によると解するのが相当といえよう。

例えば，日本の著作権を譲渡する場合，譲渡に係る契約の準拠法は通則法7条以下により定められるが，物権的な関係については保護国法である日本の著作権法が適用されるので，同法61条2項により，同法27条，28条の権利は，特掲しない限り譲渡人に留保されたものと推定される(注44)。

著作権に関する裁判例も，同様の見解に立つ。すなわち，東京高判平13・5・30判タ1106号210頁〔キューピー著作権事件〕(注45)，東京高判平15・5・28判時1831号135頁〔ダリ事件〕，知財高判平20・3・27（平成19年(ネ)第10095号）裁判所HP〔Von Dutch事件〕（原審である東京地判平19・10・26（平成18年(ワ)第7424号）裁判所HPの準拠法についての判断を維持したもの），前掲（注11）知財高判平21・10・28〔苦菜花事件〕，前掲東京地判平24・5・31〔KOMCA事件〕及び前掲知財高判平28・6・22〔毎日オークション事件〕も，著作権の譲渡について適用されるべき準拠法を決定するに当たっては，①譲渡の原因関係である契約等の債権行為と，②目的である著作権の物権類似の支配関係の変動とを区別し，それぞれの法律関係について別個に準拠法を決定すべきであるとした上で，①著作権の譲渡の原因である債権行為に適用されるべき準拠法については，法例7条ないし通則法7条以下によって定めるものとした。

(注43) 櫻田＝道垣内編・前掲（注8）646頁〔道垣内正人〕。
(注44) 櫻田＝道垣内編・前掲（注8）642頁〔道垣内正人〕。
(注45) 前掲東京高判平13・5・30〔キューピー著作権事件〕においては，当時，著作権につきいわゆる方式主義を採っていた米国内において創作，発行された著作物に係る著作権が問題となった。同著作物は，米国法上著作権の保護を受けるために必要とされる著作権表示を付していなかったが，判決は，上記著作物の発行当時に日米両国が日米著作権条約により相互に内国民待遇を与えていたことを根拠として，無方式主義を採用する日本の著作権法の保護を受けるためには，何らの方式を要せず，単に著作物を創作するだけで足りるとして，上記著作物が日本の著作権法上の保護を受けるものであることを認めた。したがって，この裁判例は，無方式で発生する権利についてのものということができる。

②著作権の物権類似の支配関係の変動については，著作権の権利の内容及び効力が保護国の法令によって定められること，著作権はその利用につき第三者に対する排他的効力を有することを理由に，法例10条ないし通則法13条の趣旨を考慮して，保護国法を準拠法とした(注46)。

前記の裁判例のいずれも著作権譲渡の対抗要件につき，物権類似の支配関係の変動であるとして保護国法である日本の著作権法を準拠法とした。なお，前掲知財高判平20・3・27〔Von Dutch事件〕は，著作権が控訴人（原審原告）と被控訴人（原審被告）に二重譲渡されたことにつき，被控訴人がいわゆる背信的悪意者に該当し，対抗要件の欠缺を主張し得る法律上の利害関係を有する第三者（著作77条）に該当しないと判断した。

〔7〕 その他，準拠法選択が問題となる論点

(1) 職務発明

前掲（注42）最判平18・10・17〔日立製作所・光ディスク事件〕は，被上告人（1審原告）である日本人が，その雇用者である上告人（1審被告）の日本法人に対し，被上告人の職務発明について外国のものを含む特許を受ける権利を上告人に譲渡する契約に基づき，譲渡の対価を請求した事案において，「外国の特許を受ける権利の譲渡に伴って譲渡人が譲受人に対しその対価を請求できるかどうか，その対価の額はいくらであるかなどの特許を受ける権利の譲渡の対価に関する問題は，譲渡の当事者がどのような債権債務を有するのかという問題にほかならず，譲渡当事者間における譲渡の原因関係である契約その他の債権的法律行為の効力の問題であると解されるから，その準拠法は，法例7条1項の規定により，第1次的には当事者の意思に従って定められると解するのが相当である。」と判示した上で，上告人と被上告人との間には上記契約の成立及び効力につきその準拠法を我が国の法律とする旨

(注46) ただし，前掲東京高判平15・5・28〔ダリ事件〕及び前掲東京地判平24・5・31〔KOMCA事件〕は，いずれも著作権の信託譲渡がされた事案である。信託譲渡の準拠法につき，道垣内正人「韓国楽曲の著作権等管理事業者からの請求に係る準拠法問題」L＆T63号61頁。

の黙示の合意が存在することから，日本法が準拠法となる旨判断した。加えて，傍論としてではあるが[注47]，「譲渡の対象となる特許を受ける権利が諸外国においてどのように取り扱われ，どのような効力を有するのかという問題については，譲渡当事者間における譲渡の原因関係の問題と区別して考えるべきであり，その準拠法は，特許権についての属地主義の原則に照らし，当該特許を受ける権利に基づいて特許権が登録される国の法律であると解するのが相当である。」と判示した。知財高判平25・1・31判タ1413号199頁〔塩酸タムスロシン事件〕も，上記判示に沿って判断をしている。

この最高裁判決は，特許を受ける権利の譲渡について債権関係と物権関係に分けて考え，債権的契約については法例7条1項（通則法7条に相当する。）により準拠法を定め，物権的な関係については登録国法によることを明らかにしたものということができる。これは，同一の発明について各国の特許を受ける権利につき，法律的にそれぞれ別個のものであることを前提としたものと解される[注48]。

そして，上記最高裁判決は，上記のとおり外国の特許を受ける権利の譲渡に伴う対価請求の準拠法とした日本の平成16年改正前特許法35条につき，その1項及び2項にいう「特許を受ける権利」に外国の特許を受ける権利が含まれると解することは文理上困難であるとしながら，従業者等が同条1項所定の職務発明に係る外国の特許を受ける権利を使用者等に譲渡した場合において，当該外国の特許を受ける権利の譲渡に伴う対価請求については，同条3項及び4項の規定が類推適用されると解するのが相当である旨判断した。

上記最高裁判決は，「相当の利益」[注49]について定めた現行特許法35条4項，5項及び7項にも当てはまるものと考えられる[注50]。

(注47)　中吉徹郎・最判解民平成18年度(下)1081頁。
(注48)　中吉・前掲（注47）1077頁。
(注49)　平成27年改正により，それまでの「相当の対価」が「相当の利益」に改められた。
(注50)　谷口由記「日本企業の中国派遣社員の職務発明の利益請求と準拠法」パテ69巻16号178頁は，前掲（注42）最判平18・10・17〔日立製作所・光ディスク事件〕は，発明の対象すなわち出願する特許が国境をまたぐ場合であるが，職務発明に渉外的要素が加わる場面としては，発明者が国境をまたぐ場合があるとして，日本企業から中国現地法人に派遣された日本人従業者が完成した職務発明につき，日本企業に対して利益（対価）請求ができるか（中国現地法人に請求しない場合又は請求できる金額が日本企業での職務発明規程の定める金額より少ないことからその差額を請求する場合）という問題を検討した。そして，結論として通則法7条により準拠法を定め，準拠法選択につき日本企業と日本人従業者の

(2) 著作権の原始的帰属

著作権の原始的帰属につき，ベルヌ条約には，14条の2第2項(a)に「映画の著作物について著作権を有する者を決定することは，保護が要求される同盟国の法令の定めるところによる。」と規定されているにすぎない[注51]。

したがって，映画の著作物以外については，著作権の原始的帰属につき，条理により準拠法を定める必要があるところ，条理の内容として①保護国法によるとの見解，②著作物の本国法によるとの見解のほか，③一般論としては，著作物の創作行為に最も密接に関係する地の法によるべきであるが，職務著作については雇用契約の準拠法，共同著作について創作地法によるという見解がある。同見解は，職務著作につき，著作権の原始的帰属は，著作物を利用する第三者の問題というよりは，使用者・被用者間の法律関係に関わる要素の方が大きいことを根拠として雇用契約の準拠法によるべきであるとし，共同著作につき，関係者の間で問題となる限り，創作行為に最も密接に関連する地の法によるべきであることを根拠として創作地法を準拠法とするものである[注52]。

職務著作に関し，前掲東京高判平13・5・30〔キューピー著作権事件〕は，「職務著作に関する規律は，その性質上，法人その他使用者と被用者の雇用契約の準拠法国における著作権法の職務著作に関する規定によるのが相当」と判示した。

(3) FRAND宣言

知財高判平26・5・16判夕1402号166頁〔アップル・サムスン事件〕は，FRAND宣言（公正，合理的かつ非差別的な条件〔FRAND条件〕で取消不能なライセンスを許諾する用意がある旨の宣言）に基づく特許権のライセンス契約の成否につ

　　　　意思が明示されていればそれに従い，明示されていなければ，日本法を準拠法とする黙示の合意が認められるものと考えるのが合理的であるとした。
(注51)　同規定に基づいて映画の著作物に係る著作権の帰属を保護国法としたものとして前掲東京地判平25・3・25〔光の人事件〕，前掲（注11）知財高判平24・2・28〔中国の世界遺産事件〕等。
(注52)　以上につき，櫻田＝道垣内編・前掲（注8）640頁〔道垣内正人〕。

き，法律関係の性質が法律行為の成否及び効力に関する問題であるから，通則法7条により準拠法を決定するのが相当である旨判示した。

(4) 当事者適格

知的財産権固有の論点ではないが，前掲知財高判平28・6・22〔毎日オークション事件〕は，従前から見解が分かれていた渉外事案における当事者適格の準拠法について判断を示しているので，ここで触れておく。

当事者適格の準拠法については，①当事者適格の存否は実体法上の法律関係に依存するものであり，その法律関係の準拠法（準拠実質法）によるべきとする準拠実質法説，②当事者適格の存否は手続問題として法廷地法によるが，その判断に必要な限りで準拠実質法を参照すべきとする法廷地法説，③当事者適格の存否を一律に手続・実体のいずれかとして性格付けるのではなく，個別類型化し各類型に即して準拠法を決定すべきとする個別類型化説，④一定の要件の下で準拠実質法所属国の訴訟法を適用すべきとする準拠実質法所属国容認説等の種々の見解が分かれている。前掲知財高判平28・6・22〔毎日オークション事件〕は，個別類型化説に立脚すると評価されている[注53]。

上記裁判例においては，パリ大審裁判所の急速審理命令によりフランス民法上の不分割共同財産である著作権の管理者に指名された外国人である原告が我が国において自身の名義で訴訟提起することの可否が問題となった。判決は，まず，当事者適格につき，「当事者適格の有無は，訴訟手続において，誰に当事者としての訴訟追行権限を認め，法的紛争の解決を有効かつ適切に行わせるのが相当かという視点から判断されるべき事項であるから，手続法上の問題として，法廷地における訴訟法，すなわち，我が国の民訴法を準拠法とすべきである。」と判示した。その上で，「訴訟担当の中でも，訴訟法（民訴法に限らない。）自体が担当者の定めを規定している場合ではなく，担当者が実体法上の法律関係に基づいて，訴訟物の管理処分権等が認められる場合においては，法廷地法の視点から，当該者に管理処分権及び訴訟追行権限を認めてよいか否かという点を検討する上で，訴訟担当者と被担当者との

（注53）　以上につき，嶋拓哉「訴訟担当の当事者適格と著作権侵害・移転をめぐる準拠法」平成28年度重判解〔ジュリ1505号〕317頁。

関係を規律する当該実体法の内容を考慮すべきものであり，本件のように，訴訟担当者の訴訟追行権限が一定の実体法上の法律関係の存在を前提にしている場合には，当該法律関係の準拠実体法を参照することが求められるというべきである。」とした。そして，我が国の民訴法においては，他人による訴訟担当を認めるに足る合理的な必要性が要求されること[注54]を指摘した上で，フランス民法に基づく上記原告の不分割財産の管理者としての権限と日本法の選定当事者制度及び共有に関する不分割合意等の規定や相続財産管理人等の規定を比較対照し，「相続人間で不分割とすることを合意した財産のうち，準物権的な知的財産権について，裁判所により管理者に選任された相続人が，単独で訴訟を提起することは，我が国の法規とも合致するところであり，原告の訴訟追行権限を許容すべき合理的な必要性は，我が国における訴訟法の観点からも是認することができる。」と判断した。さらに，上記原告を管理人に選任したパリ大審裁判所の急速審理命令につき，外国裁判所の確定判決に関する効力の有無（民訴118条）という側面も有するとして，①上記急速審理命令は，争訟性のある事件に関する判決には該当せず，②仮に民事訴訟法118条所定の要件を要するとしても，いずれの要件も充足すると判断し，上記原告の当事者適格を認めた。

[8] インターネットが絡む知的財産権侵害

インターネットが絡む知的財産権侵害は，侵害行為や結果が容易に国境を越えるので，準拠法選択に当たり，特に連結点の確定が問題となる。

(1) 各見解

前記のとおり，設定の登録により発生する権利の侵害に基づく差止請求の準拠法は，登録国法であり，損害賠償請求の準拠法は，通則法17条による。日本の著作権など無方式で発生する権利の侵害に基づく差止請求の準拠法は，保護国法であり，損害賠償請求の準拠法は，通則法17条による。これらのう

(注54) 最大判昭45・11・11民集24巻12号1854頁参照。

ち，登録国法は，インターネットによる知的財産権侵害の事案においても一義的に明らかであるが，保護国法及び通則法17条の管轄原因事実である結果発生地の法については，見解が分かれる(注55)。この点についても，立法を待つしかないものと思われる。

① 発信国法とする見解がある。これによれば，発信行為をした地，例えばサーバ所在地として準拠法が一義的に明確に定まる利点はあるものの，権利保護のレベルが低い国（著作権については，copyright heaven と呼ばれる。）にサーバを設置することによって，容易に侵害を回避し得るという問題点がある。また，発信地を容易に変更できるので，その特定が必ずしも容易ではないという問題点もある(注56)。

② ①の問題点を受けて，原則は発信国法としながらも，発信国がcopyright heaven など権利保護のレベルが低い国の場合には受信国法とするという見解がある。しかし，権利保護のレベルが低い国にサーバが置かれたときのみを例外とするのは，準拠法の決定という意味で理論的に整合せず，また，権利保護のレベルの高低が不明の場合や，評価が分かれる場合もある。

③ 受信国法とする見解がある。これは，結果発生地という文言にふさわしく，市場の喪失といった結果は受信国内に生じるので合理的であるといえるが，多数の国で受信されていた場合，それらの国の法律が適用されて法律関係が錯綜するおそれが大きい。

④ 著作権に関し，被告の行為を分析して，アップロードに際してサーバに蓄積する複製行為についてはアップロードしたサーバ所在地法を保護国法とし，サーバからユーザへの送信行為については受信国法を保護国

(注55) 以下は，主に髙部眞規子『実務詳説著作権訴訟』392頁以下及び紋谷崇俊〔講演録〕著作権の国際紛争に関する課題について」コピ660号17頁以下を参照した。
(注56) 駒田泰土「1　インターネットによる著作権侵害の準拠法」木棚照一編著『国際知的財産権侵害訴訟の基礎理論』（経済産業調査会，2003）297頁は，実質法上，著作権による保護がしばしば問題となるのは，サーバへの蓄積，送信可能化，公衆送信であり，これらの行為の全部あるいは少なくともその主要な部分は，通常，サーバ所在地において行われているものと解されるから，ベルヌ条約5条2項3文所定の保護国法の意義を著作物の利用地法と解するのであれば，インターネットを介した著作権侵害の準拠法は，サーバ所在地国（発信国）法とするのが論理的な帰結となるとしながらも，インターネットによる著作物流通の影響が発信国法にとどまらないという事実を看過することはできない旨を述べる。

法とし，ダウンロードに際して受信に伴うハードディスクへの複製行為についてはダウンロードしたユーザ所在地法を保護国法とする見解がある。これは，一連の行為を細かく分解することにより，多数の国の法律を適用することになって法律関係が錯綜するおそれが大きい。

　また，著作権のインターネット配信については，日本のように公衆送信権（著作23条1項）として送信行為を保護する国と，欧米のように公衆伝達権として受信行為を保護する国があることから，送信行為を保護する国においては送信行為地法を保護国法とし，受信行為を保護する国においては受信行為地法を保護国法とする見解もあるが，前記①及び②と同様の問題点がある。

⑤　送信行為が主として念頭に置いている受信者層が特定国に集中していることが明らかな場合には，当該国の法を適用するという見解がある。例えば，日本語のようにネイティヴ・スピーカーが日本国に集中している言語で構成される情報が送信される場合には，特段の事情がない限り，送信地，受信地に限らず日本の著作権法を適用することになる。しかし，この見解は，例えば英語など世界で幅広く使用されている言語で構成される情報が送信される場合には，対応できない[注57]。

⑥　ある一国における行為によって多数の国において結果が生じるユビキタス侵害につき，密接関連地の法を準拠法とする，利用行為の結果が最大となるべき国の法を準拠法とするなど統一的な基準を設ける見解もあるが，どこが密接関連地ないし利用行為の結果が最大となるべき国であるかの判断は難しく，準拠法決定の前に事案の実質的な内容を審理せざるを得ないという問題点がある[注58]。

(2)　裁判例

(a)　東京高判平17・3・31（平成16年(ネ)第405号）裁判所HP〔ファイル

(注57)　田村善之『著作権法概説〔第2版〕』568頁。
(注58)　著作権に関し，髙部眞規子『実務詳説著作権訴訟』393頁は，インターネットの利用による世界各国へ拡散する著作権侵害行為は，従来型の著作権侵害とは質的に全く異なるものであり，早急に世界規模でのハーモナイゼーションを前提に，全面的に新しい準拠法決定ルールを定める必要があると述べる。

ローグ事件)

　本件では，控訴人（1審被告）である日本法人（以下「控訴人会社」という。）が「ファイルローグ」という名称で運営する電子ファイル交換サービス（以下「本件サービス」という。）が問題となった。本件サービスは，ユーザ同士の直接のファイルの送受信を仲介するものである。電子ファイルを送信したいユーザは，当該電子ファイルをパソコンの共有フォルダに蔵置した上，控訴人会社から提供されたソフトウェア（以下「本件クライアントソフト」という。）を起動して控訴人会社のサーバに接続する。すると，上記ユーザのパソコンは，同サーバにパソコンを接続させているユーザ（受信者）からの求めに応じ，自動的に上記電子ファイルを送信し得る状態となる。

　本件は，日本の著作権法の保護を受ける音楽著作物MP3形式の管理者である被控訴人（1審原告）が，控訴人会社に対し，本件サービスによって上記音楽著作物MP3形式に係る電子ファイルが送受信されることは，同音楽著作物に係る著作権（送信可能化権及び自動公衆送信権）を侵害するとして，上記送受信の差止めを求めるとともに，控訴人会社及びその代表者である控訴人（1審被告）に対し，上記侵害に基づく損害賠償を請求した事案である。

　本判決は，①控訴人会社が日本法人であること，本件サービスの利用方法を説明する控訴人会社のサイトが日本語で記述され，本件クライアントソフトも日本語で記述されていることから，本件サービスによるファイルの送受信のほとんどが日本国内で行われていると認められること，②控訴人会社のサーバがカナダに存在するとしても，本件サービスに関するその稼働・停止等は上記日本法人が決定できるものであることを根拠として，上記日本法人のサーバが日本国内にはないとしても，本件サービスにおける著作権侵害行為は，実質的に日本国内で行われたものということができると認定した。そして，同認定事実に加え，被侵害権利も日本の著作権法に基づくものである事実からすれば，差止請求については条理により，不法行為の関係については法例11条1項（通則法17条に相当する。）により，日本法が適用される旨判断した。

　本判決は，本件サービスにおける著作権侵害行為が実質的に日本国内で行われたことをもって，日本が法例11条1項所定の原因行為地に該当すると判

断したものと解される。

　また，差止めに係る準拠法を日本法に選択した根拠については上記のとおり「条理により」としか述べていない。この点に関し，本判決は，控訴人会社を侵害主体と認めており，上記のとおり侵害行為とされるファイルの送信・受信のほとんどが共に日本国内で行われていると認めていることから，結局，日本法人が日本国内において日本の著作権法によって保護される著作権を侵害したものということができる。そうすると，差止めに係る準拠法として日本法が選択されたのは，当然といえよう。

　(b)　知財高判平27・3・25（平成25年(ネ)第10104号事件）裁判所HP〔ディアンジェリコ・ギター事件〕

　本件において，控訴人（1審原告）である楽器の製造販売等を業とする日本法人[注59]は，平成元年頃から，ジョン・ディアンジェリコ製作ギター（以下「ディアンジェリコ・ギター」という。）のレプリカモデル（以下「控訴人商品」という。）を国内で製造・販売していた。控訴人は，被控訴人（1審被告）である米国ニュージャージー州の法人に対し，被控訴人が平成17年頃から韓国企業に発注してディアンジェリコ・ギターのレプリカモデル（以下「被控訴人商品」という。）を製造し，米国内において販売していた行為につき，韓国製の粗悪なギターである被控訴人商品と控訴人商品との誤認混同を招き，もって，全世界において，控訴人の名誉及び信用が毀損されるなどと主張した。

　本判決は，被控訴人商品の販売が主にインターネットを通じてニュージャージー州内にある被控訴人の事務所において行われ，被控訴人商品の発送も全て同事務所から機械的に行われており，同発送行為をもって米国内での名誉及び信用並びにブランドイメージの毀損の発生とほぼ同視できることから，法例11条1項の「原因タル事実ノ発生シタル地」とは，ニュージャージー州であると判断した。前記のとおり前掲最判平14・9・26〔FM信号復調装置事件〕によれば，法例11条1項は原則として結果発生地説によることを示したものといえるから，本判決は，準拠法につき，発信国法に近い考え方を採用しているのではないかとも推測される[注60]。

（注59）　正確には，この日本法人は控訴後に破産しており，控訴人は，同日本法人の訴訟承継人破産管財人であるが，ここでは，同日本法人を控訴人と表現する。

(注60) 嶋拓哉「競業者による複数の不法行為を巡る国際裁判管轄と準拠法」知財政策学49号461頁は、発送行為を結果発生と同視するのは短絡的であり、控訴人が主張する不法行為は北米各州における控訴人の営業利益を侵害する行為であり、その直接的な法益侵害は北米各州で発生しているのであるから、北米各州内における侵害結果ごとに各州法が準拠法になると考えるべきである旨を述べる。

第2章

特許・実用新案関係

5 特許・実用新案の登録要件

知野 明

　特許・実用新案の登録要件である，発明該当性（考案該当性），新規性・進歩性，明細書及び特許請求の範囲（実用新案登録請求の範囲）の記載要件は，それぞれどのように判断すべきか。

〔1〕 はじめに

　特許権は，登録により発生する（特許66条1項）。審査官は，特許出願について，拒絶の理由を発見しないときは，特許査定をしなければならず（特許51条），拒絶理由は，特許法49条各号に制限的に列挙されていることから，これらに該当しないことが特許の登録要件[注1]となる。裁判実務においては，特許の登録要件のうち，「発明」（特許2条1項）該当性，新規性・進歩性の有無（特許29条1項・2項），明細書及び特許請求の範囲の記載要件（特許36条4項1号・5項・6項），先願（特許39条）ないし拡大された範囲の先願（特許29条の2）が問題となることが多い。

　なお，実用新案における考案（実用新案法1条により物品の形状，構造又は組合せに係るものに限られる。）については，無審査主義が採られており，特許庁長官は，方式（新案2条の2第4項各号）や明細書及び実用新案登録請求の範囲の記載等の基礎的要件（新案6条の2各号）については審査を行うものの，実体的審査は行わず，出願された考案は全て登録される（新案14条2項）ところ，考案該当性（新案2条1項）や新規性・進歩性（新案3条1項・2項）は，実用新案登録無効審判（新案37条1項）や実用新案権侵害訴訟における無効の抗弁

　（注1）「特許の登録要件」と「特許要件」は，厳密にいうと意義が異なるようにも思われるが，実務上は意識的に使い分けられていないことから，本項目においても，これらの用語を特段区別せずに用いることとする。

(新案30条,特許104条の3第1項)において問題となる。

　以下では,特許について,発明該当性,新規性・進歩性,明細書及び特許請求の範囲の記載要件の意義,判断方法等を検討するが,実用新案においても,その議論が当てはまる部分が多いので適宜参照されたい。

〔2〕 発明該当性

(1) 「発明」の意義

　特許法は,「産業上利用することができる発明」を権利の客体として規定する(特許29条1項柱書)とともに,「発明」とは自然法則を利用した技術的思想の創作のうち高度のものをいうと定義しており(特許2条1項),自然法則の利用,技術的思想の創作性及びその高度性を満たす発明であることが特許要件となる。

　このうち,「自然法則」とは,一般的には「自然現象の間に成り立つ,反復可能性や確立論に基づく一般的な規則的関係」,「規範法則とは異なる存在の法則であり,因果関係を基礎とする」もの[注2]をいい,これを利用しない単なる精神活動(記憶術,芸術上の創作活動),純然たる学問上の法則,人為的な取決め(スポーツやゲームのルール)等は「発明」に該当しない[注3]。また,技術的思想の創作性における「技術」とは,一定の目的を達成するための具体的手段であり,実施可能性,反復可能性を有するものをいい,単なる技量(こつ),演奏技術,スポーツ技や情報の単なる提示等は除外される[注4]。さらに,「創作性」は,単なる発見との区別のために設けられた要件であるが,発明者が発明時に主観的に新しいと意識したという程度で足りるものと解されている[注5]。なお,「高度性」については,実用新案登録の対象である「考案」との区別のために設けられた要件であるが,その区別は相対的なものであり,発明該当性において重要な要件ではない。

(注2)　『広辞苑〔第7版〕』(岩波書店,2018)。
(注3)　中山信弘『特許法〔第3版〕』95頁,『新注解特許法上〔第2版〕』13頁〔平嶋竜太〕。
(注4)　中山信弘『特許法〔第3版〕』104頁,『新注解特許法上〔第2版〕』29頁〔平嶋竜太〕。
(注5)　『工業所有権法逐条解説〔第20版〕』14頁。

(2) 発明該当性の判断方法

　特許法は，発明の保護及び利用を図ることにより，発明を奨励し，もって産業の発達に寄与することを目的とする（特許1条）ところ，製造業を中心とした技術革新を促進させるため，特許権による保護の客体である「発明」について，自然法則を利用した技術的思想の創作であることを要件としたものと理解される。この点，特許権により保護すべき技術的思想が単純な時代においては，曖昧な表現を含む上記発明概念によっても，一定期間独占権を与えて，その内容の開示を促すべき技術的思想と，そもそも独占権を与えるべきでないものを区別することが比較的容易であったものと考えられる(注6)。

　しかし，産業構造の高度化に伴い，特許権により保護すべき技術的思想も多様化し，それぞれが複雑化している上，コンピュータ・ソフトウエア関連発明(注7)を特許として保護するという実際的必要性から，発明概念の外延も広がりつつある。この点，ソフトウエア自体は，アルゴリズムにすぎず，本来，自然法則の利用に当たらないのではないかという点が問題となり，特許法における「発明」の定義規定自体の改正についても議論がなされたが，平成14年改正（平成14年法律第24号。同年9月1日施行）においては，発明の「実施」の定義規定（特許2条3項）における「物」に「プログラム等を含む。」，「譲渡等」に「その物がプログラム等である場合には，電気通信回路を通じた提供を含む。」との規定が付加されるにとどまった。そして，特許審査実務においては，ソフトウエア関連発明について，発明を全体としてみて，ソフトウエアによる情報処理がハードウエアを用いて具体的に実現されているか否か，すなわち，ソフトウエアとハードウエアが協働することによって，使用目的に応じた特有の情報処理装置又はその動作方法が講じられているか否かという点に着目することにより，自然法則の利用性を認めることにした

　（注6）　最判昭28・4・30民集7巻4号461頁〔欧文字単一電報隠語作成方法事件（旧法事件）〕，東京高判昭31・12・25行集7巻12号3157頁〔電柱広告方法事件（旧法事件）〕，東京高判昭61・2・12（昭和60年（行ケ）第126号）『判例工業所有権法』2001の15頁〔電子鏡台事件〕等。
　（注7）　特許庁編『特許・実用新案審査ハンドブック』附属書B」第1章によれば，発明の実施にソフトウエア（コンピュータの動作に関するプログラム等）を利用する発明をいう。

ものと理解することができる(注8)。

　ところで，人間の精神活動及び判断作用が含まれる発明に関しては，全体として自然法則を利用していると判断されるか否かのメルクマールが必ずしも明らかでなく，裁判において争われることも少なくない。

　近時の裁判例をみると，知財高判平19・10・31（平成19年（行ケ）第10056号）裁判所ＨＰ〔切り取り線付き薬袋の使用方法事件〕，知財高判平20・6・24判時2026号123頁〔双方向歯科治療ネットワーク事件〕，知財高判平20・8・26判タ1296号263頁〔音素索引多要素行列構造の英語と他言語の対訳辞書事件〕は，いずれも，発明の一部に自然法則を利用した技術的創作とはいえない部分を含む場合であっても，特許請求の範囲の記載全体からみて，当該発明の本質的部分が自然法則を利用しているといえるものであるか否かによって，発明該当性の有無を判断するべきである旨判示したものと理解することができ，特許庁における審査実務も基本的な考え方は同様なものと考えられるが，いずれの事件でも発明該当性が認められないとした審決が取り消されており，発明該当性の判断の困難さがうかがえる。

(3) 裁判例

　発明該当性について，近時の裁判例や特許審査実務の標準的な考え方を示す裁判例として，知財高判平26・9・24（平成26年（行ケ）第10014号）裁判所ＨＰ〔知識ベースシステム事件〕(注9)が挙げられる。

(a) 事案の概要

　原告は，発明の名称を「知識ベースシステム，論理演算方法，プログラム，及び記録媒体」とする発明の分割出願について，拒絶査定がされたため，不服審判の請求をするとともに手続補正をしたところ，特許庁は本願補正発明及び本願発明は共に自然法則を利用した技術的思想の創作であるとは認められないとして，補正を却下し，請求不成立の審決をしたため，その取消しを求める訴えを提起した。

　（注8）　特許庁編『特許・実用新案審査ハンドブック』「附属書Ｂ」第1章2．1．1．2参照。
　（注9）　評釈として，山下英久・ぷりずむ163号79頁。

5 特許・実用新案の登録要件

(b) 主たる争点

本願補正発明及び本願発明の発明該当性。

(c) 裁判所の判断（請求棄却）

本判決は，発明該当性について，次のように判断基準を示している。すなわち，「請求項に記載された特許を受けようとする発明が，特許法2条1項に規定する『発明』といえるか否かは，前提とする技術的課題，その課題を解決するための技術的手段の構成及びその構成から導かれる効果等の技術的意義に照らし，全体として『自然法則を利用した』技術的思想の創作に該当するか否かによって判断するべきものである。そして，上記のとおり『発明』が『自然法則を利用した』技術的思想の創作であることからすれば，単なる抽象的な概念や人為的な取決めそれ自体は，自然界の現象や秩序について成立している科学的法則とはいえず，また，科学的法則を何ら利用するものではないから，『自然法則を利用した』技術的思想の創作に該当しないことは明らかである。また，現代社会においては，コンピュータやこれに関連する記録媒体等が広く普及しているが，仮に，これらの抽象的な概念や人為的な取決めについて，単に一般的なコンピュータ等の機能を利用してデータを記録し，表示するなどの内容を付加するだけにすぎない場合も，『自然法則を利用した』技術的思想の創作には該当しないというべきである。」と述べている。

その上で，本判決は，本願補正発明及び本願発明について，言語に依存しないデータベース等の技術的意義や従来技術と比較した課題の位置付けが明らかでなく，その技術的手段の構成も専ら概念の整理，データベース等の構造の定義という抽象的な概念ないしそれに基づく人為的な取決めにとどまるものであり，これにより導かれる効果も，自ら定義した構造でデータを保持するという発明の技術的手段の構成以上の意味は示されておらず，その構成のうち，コンピュータ等を利用する部分についてみても，単に一般的なコンピュータ等の機能を利用するという程度の内容にとどまっているとして，その技術的意義としては，専ら概念の整理，データベース等の構造の定義という抽象的な概念ないし人為的な取決めの域を出ず，全体としてみて，自然法則を利用した技術的思想の創作に該当しないから，審決の認定判断に誤りは

ないとした。

(4) 発明該当性に関連するその他の要件等

(a) 産業上の利用可能性

特許法29条1項柱書は，特許の対象となる発明について，「産業上利用することができる」ことを要件としている。これは，学術的，実験的にのみ利用することができるような発明などを排除する趣旨である[注10]。

産業上利用することができない発明の例としては，①医療行為（医師が人間を手術，治療又は診断する方法の発明等），②業として利用できない発明（喫煙方法等の個人的にのみ利用される発明，学術的・実験的にのみ利用される発明等），③実際上，明らかに実施できない発明（地球表面全体を紫外線吸収プラチックフィルムで覆う方法等）が挙げられる[注11]。

もっとも，医療機器の作動方法は医師が行う工程や機器による人体に対する作用工程を含むものを除き上記医療行為に当たらないと解され，また，業として利用できないか否かの判断は相対的なものであり，明らかに実施できないか否かは科学の発展や技術の進歩により変わり得るなど，産業上利用することができる発明か否かの判断が容易でない場合もある。

(b) 未完成発明

自然法則を利用した技術的思想の創作に該当するものの，技術的思想として所期の作用効果等を奏するに必要な技術的構成をいまだ十分に確立していない創作を未完成発明と呼ぶことがある[注12]。最判昭44・1・28民集23巻1号54頁〔原子力エネルギー発生装置事件〕は，「特許制度の趣旨にかんがみれば，その創作された技術内容は，その技術分野における通常の知識・経験をもつ者であれば何人でもこれを反覆実施してその目的とする技術効果をあげることができる程度にまで具体化され，客観化されたものでなければなら」ず，「その技術的内容がこの程度に構成されていないものは，発明としては未完成であり」，発明に該当しない旨判示している[注13]。発明が完成し

(注10) 『工業所有権法逐条解説〔第20版〕』84頁。
(注11) 『特許審査基準』第Ⅲ部第1章3.1。
(注12) 『新注解特許法上〔第2版〕』29頁〔平嶋竜太〕。
(注13) 同旨，最判昭52・10・13民集31巻6号805頁〔薬物製品事件〕。

ていたか否かは，出願当時において既に技術的に完成していたか否かにより判断するが，その判断に当たり，出願後に判明した技術的知識等を資料とすることは許される。

　未完成発明については，そもそも自然法則を利用した技術的思想の創作といえるか否かといった発明該当性が問題となることや，後述する実施可能要件等の明細書の記載要件が問題となることもある[注14]。

　(5)　ま と め

　特許制度をより良く機能させるためには，優れた技術を開発した特許権者側が受ける独占の利益と，第三者が自由に技術を利用する利益とのバランスを図ることが肝要であるところ，科学の発展や技術の進歩に伴う新たな発明を適切に保護するためには，特許制度により保護されるべき技術とは何かという観点から，発明該当性について，より実質的に検討することが必要になる。この際，技術分野ごとに特許により保護されるべき発明とそうでないものについての判断レベルが異なることもあるように思われるところ，産業界の実情を加味した裁判例，審査実務の積み重ねにより，実態に即した発明の保護を図ることが重要である。

〔3〕　新規性・進歩性

　(1)　意　　義

　特許法29条1項は，産業上利用できる発明であっても，特許出願前に日本国内又は外国において，①公然知られた発明（特許29条1項1号。「公知」）②公然実施をされた発明（同項2号。「公用」），③頒布された刊行物に記載された発明又は電気通信回線を通じて公衆に利用可能となった発明（同項3号。「刊行物記載」又は「文献公知」）について，特許を受けることができないと規定しており，この要件を実務上「新規性」と呼んでいる。

　[注14]　『新注解特許法上〔第2版〕』30頁〔平嶋竜太〕。

また，特許法29条2項は，特許出願前にその発明の属する技術の分野における通常の知識を有する者（当業者）が前項各号に掲げる発明（公知，公用又は刊行物記載に係る発明）に基づいて容易に発明をすることができたときは，その発明について特許を受けることができないと規定しており，この要件を実務上「進歩性」と呼んでいる(注15)。

　特許法は，発明の保護及び利用を図ることにより，発明を奨励し，もって産業の発達に寄与することを目的とし（特許1条），優れた技術を公開した者に対して，その公開の代償として，一定の期間の独占権を与える（特許68条）ことによって，発明へのインセンティブを与えるとともに，特許権者側が受ける利益と第三者が技術を利用する利益とのバランスを図っているところ，既存の発明やそれから容易に想到し得る発明に対しては，独占権を付与する必要がないばかりか，これらに独占権を付与することはかえって産業の発達を阻害することとなるから，このバランスを図るために機能させるツールとして新規性及び進歩性を要件としたものである。

　新規性及び進歩性は，一般的に，条文の文言等から特許権発生の障害要件と解し，これを否定する者，すなわち特許拒絶査定不服審判請求を不成立とした審決の取消訴訟の被告である特許庁長官，特許無効審判請求を不成立とした審決の取消訴訟の原告又は特許無効審判請求を認容した審決の取消訴訟の被告が立証責任を負うものと解されている(注16)。もっとも，進歩性については，これを規範的な要件と捉えて，動機付けを基礎付ける引用例の示唆，技術分野の関連性，課題・作用・機能の共通性等の容易想到性（進歩性の欠如）を肯定する方向の要素については，特許の成立を否定する側（特許の無効を主張する側）が主張立証することを求められ，他方，構成の組合せを阻害する要因や予測不能の顕著な効果等の容易想到性（進歩性の欠如）を否定する方向の要素については，特許の成立を主張する側（特許権者側）が主張立証することを求められるとの指摘もされている(注17)。

(注15)　なお，実用新案法3条2項は，考案の進歩性が否定される場合について，「きわめて容易に考案をすることができたとき」と規定しており，特許法よりも進歩性が否定される範囲が絞られている。
(注16)　竹田稔ほか編『審決取消訴訟の実務と法理』58頁〔永井紀昭〕。
(注17)　「進歩性に関するパネルディスカッション」ぷりずむ185号71頁〔髙部眞規子発言〕。知

(2) 新規性の喪失事由

(a) 公知,公用

公知の発明とは,不特定の者に秘密でないものとしてその内容が知られた発明をいう[注18][注19]。少数であっても秘密保持義務を負わない者が知っていれば公知となることがあり,逆に,ある程度多数の者に知られていても,これらの者が契約上又は社会通念上,秘密保持義務を負うものと認められる場合には公知とならないことがある[注20]。また,公用の発明とは,その内容が公然知られる状況又は公然知られるおそれのある状況で実施された発明をいう[注21]。実施自体は公然であっても,当業者がその内容を知り得ないような方法で実施された場合はこれに当たらない[注22]。なお,公知と公用は,実施の有無等により区別されるが,その区別が曖昧な場合が多く,裁判例や審査実務でも厳密に使い分けられていない場合がある[注23]。

(b) 刊行物記載 (文献公知)

刊行物記載にいう「刊行物」とは,公衆に対し頒布により公開することを目的として複製された文書,図面等をいい,秘密文書や私文書等は含まれない。また,「頒布」とは,刊行物が不特定多数の者が見得るような状態に置かれることをいい,現実に見られたことを要しない。さらに,「電気通信回線を通じて」とは,有線又は無線により双方向に通信可能な電気通信手段を介することを意味し,放送等の一方向からしか情報を通信できないものは除かれる。そして,「公衆に利用可能」とは,発明の開示された情報が不特定多数の者にアクセス可能な状態に置かれることをいい,現実に見られたことは要しない[注24]。

　　　　財高判平30・4・13 (平成28年 (行ケ) 第10182号ほか) 裁判所HP〔ピリミジン誘導体事件〕。
(注18)　『特許審査基準』第Ⅲ部第2章第3節3.1.3。
(注19)　公知というためには現実に知られている必要があるのか,知られ得る状態にあればよいのかについては争いがある (中山信弘『特許法〔第3版〕』122頁)。
(注20)　東京高判平12・12・25 (平成11年 (行ケ) 第368号) 裁判所HP〔6本ロールカレンダー事件〕。
(注21)　『特許審査基準』第Ⅲ部第2章第3節3.1.4。
(注22)　東京地判平17・2・10判タ1196号209頁〔医薬用顆粒製剤事件〕,中山信弘『特許法〔第3版〕』124頁。
(注23)　中山信弘『特許法〔第3版〕』124頁。

(c) 新規性喪失の時間的・場所的基準

新規性喪失の時間的基準となる「特許出願前」とは,「特許出願の日前」(特許72条)とは異なり,時間的にも前であることを要する趣旨である[注25]。また,新規性喪失の事由については,日本国内における事由のみならず,外国における事由も含まれる。

(d) 新規性喪失の例外

特許法30条1項は,特許を受ける権利を有する者の意に反して新規性を喪失した場合,同条2項は,特許を受ける権利を有する者の行為に起因して新規性を喪失した場合について,新規性喪失の例外を包括的に規定している。特許法30条2項の適用を受けようとする者は,その旨を記載した書面や新規性を喪失するに至った発明が同項の適用を受けることができる発明であることの証明書を所定の期間内に特許庁長官に提出しなければならない(特許30条3項・4項)。また,特許法30条1項又は2項の適用を受ける場合,当該発明は,当該発明に係る特許を受ける権利を有する者による出願に係る発明の新規性のみならず,進歩性の判断においても考慮されないこととなる。もっとも,特許法30条1項,2項は,新規性・進歩性についての例外規定であって,先願の例外や出願日の特例ではないから,同条項の適用を受けても,第三者が別個に発明した同一の技術内容について先行して特許出願をし,これが出願公開されたような場合には,同法29条の2により拒絶査定がされる[注26]。なお,平成30年法律第33号による改正により,発明の新規性喪失の例外を認める期間が6月から1年に延長された(改正特許30条1項・2項)。

(3) 進歩性の判断

(a) 判断方法

特許庁における審査,審判や裁判において,現在採用されている標準的な進歩性の判断方法は,次のようなものである(■図表[注27]参照)。

すなわち,まず出願に係る発明について,(b)で後述する要旨認定(発明の

(注24) 『工業所有権法逐条解説〔第20版〕』85頁。
(注25) 『工業所有権法逐条解説〔第20版〕』84頁。
(注26) 『工業所有権法逐条解説〔第20版〕』95頁。
(注27) 特許庁審判部「平成18年度進歩性検討会報告書」(平成19年3月)より抜粋。

5　特許・実用新案の登録要件

■ 図表　進歩性の判断手順例

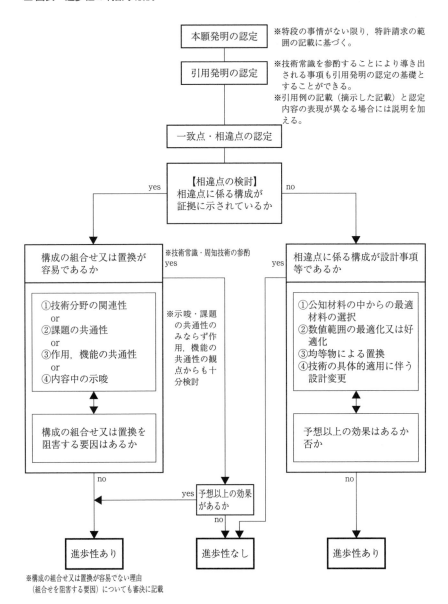

技術内容の確定）を行う。次に出願に係る発明の技術内容に一番近い従来技術（引用発明）の認定を行う。この際には，技術常識を参酌することにより導き出される事項も認定の基礎とすることができる。その上で，出願に係る発明の技術内容と引用発明の技術内容とを対比して一致点・相違点を認定するが，相違点がなければ新規性が否定されることとなる。

　出願に係る発明の技術内容と引用発明の技術内容に相違点があれば，進歩性の有無，すなわち当該相違点について容易に想到できたといえるか否かについて検討する。容易想到性の論理付けには，大きく分けると2つの方向性がある。

　1つ目の方向性としては，相違点に係る構成が設計事項等にすぎないといえるか否かを検討するものである。例えば，出願に係る発明が，引用発明の実施に際して公知材料の中から最適な材料を選んだにすぎないとか，数値範囲を好適化したにすぎないとか，均等物に置き換えたにすぎないとか，技術の具体的適用に伴う設計変更をしたにすぎないなど，引用発明との相違点がこれらの点にだけあるような場合には，それにより予想以上の効果が得られるなどほかに進歩性を推認できる根拠がない限り，当業者の通常の創作能力の発揮にすぎないものとして，進歩性が否定される。また，発明を特定するための事項のそれぞれが機能的又は作用的に関連しておらず，発明が各事項の単なる寄せ集めにすぎない場合も進歩性が否定される。

　2つ目の方向性としては，引用発明の構成に相違点に係る別の構成を組み合わせる動機付けがあるか否かを検討するものであり，それぞれの構成の組合せ又は置換が容易であるか否かについて，技術常識や周知技術も参酌して，技術分野の関連性，課題の共通性，作用・機能の共通性，内容中の示唆，阻害要因などを検討する。例えば，ある分野での技術を，それと近い他の技術分野に転用しようとすることは，通常の創作能力の発揮であるとされ，その発明が属する分野と関連する他の分野に，置換又は付加可能な技術手段がある場合は，当業者がその発明に導かれたことの有力な根拠とされて，進歩性を否定する方向に働くこととなる。また，出願に係る発明と引用発明の解決しようとする課題や作用・機能が共通している場合や，引用発明の内容に出願に係る発明に対する示唆があった場合も，進歩性を否定する方向に働くこ

ととなる。他方，構成の組合せ又は置換を阻害する要因がある場合や，出願に係る発明が引用発明と比較して有利な効果を有しており，その有利な効果が，当時の技術水準から予測される範囲を超えるものである場合は，進歩性が否定されない方向に働くことになる。

ここでいう「当業者」とは，①請求項に係る発明の属する技術分野の出願時の技術常識（周知技術，慣用技術等の一般的に知られている技術又は経験側から明らかな事項）を有すること，②研究開発（文献解析，実験，分析，製造等）のための通常の技術的手段を用いることができること，③材料の選択，設計変更等の通常の創作能力を発揮することができること，④請求項に係る発明の属する技術分野の出願時の技術水準（先行技術，技術常識その他の技術的知識等から構成されるもの）にあるもの全てを自らの知識とすることができ，発明が解決しようとする課題に関連した技術分野の技術を自らの知識とすることができることとの条件を全て備えた者として想定される者をいい，個人よりも複数の技術分野からの「専門家からなるチーム」として考えた方が適切な場合もあるとされている(注28)。

また，相違点は，課題解決の観点から，まとまりのある構成を単位として認定する必要があり，これを過度に細分化して容易想到性を判断することや，二段階に分けて容易想到性を判断すること（いわゆる「容易の容易」）がないよう留意する必要がある。さらに，一致点を上位概念化して認定する場合には，これにより相違点の把握を誤ることがないよう特に留意する必要がある(注29)。

(b)　発明の要旨認定

「発明の要旨認定」は，明文上の規定はないが新規性，進歩性の判断の前提となり，出願に係る発明の技術内容の確定を指し示す用語として実務上慣用的に使用されている。

発明の要旨認定について，最判平3・3・8民集45巻3号123頁〔リパーゼ事件〕は，「特許法29条1項及び2項所定の特許要件，すなわち，特許出願に係る発明の新規性及び進歩性について審理するに当たっては，この発明を同条1項各号所定の発明と対比する前提として，特許出願に係る発明の要

(注28)　『特許審査基準』第Ⅲ部第2章第2節2。
(注29)　前掲（注17）ぷりずむ185号70頁〔髙部眞規子発言〕。

旨が認定されなければならないところ，この要旨認定は，特段の事情のない限り，願書に添付した明細書の特許請求の範囲の記載に基づいてされるべきである。特許請求の範囲の記載の技術的意義が一義的に明確に理解することができないとか，あるいは，一見してその記載が誤記であることが明細書の発明の詳細な説明の記載に照らして明らかであるなどの特段の事情がある場合に限って，明細書の発明の詳細な説明の記載を参酌することが許されるにすぎない。」と判示する。この判決については，発明の技術を理解するに当たり，発明の詳細な説明の記載を参照できる場合を厳しく制限するものとの解釈や，原則的には発明の詳細な説明の記載の参酌が許されるものの，特許請求の範囲に記載された文言について通常の文理解釈を超えた極端な限定解釈が許されるかという場面において，その限界を示したものとの解釈などがある。この点，発明の要旨認定は，特許請求の範囲に記載された文言から離れて，他の資料に基づいて恣意的な解釈をすることが許されるものではないが，特許請求の範囲の記載の技術的意義をその文言のみで一義的に明確にできる場合は少なく，発明の詳細な説明や願書添付の図面の記載を参照することによって，はじめて技術的意義を理解できる場合の方が通常であり，発明の技術内容を理解する際，発明の詳細な説明の記載等を参照することが許されるのは，当然のことであるから(注30)，後者の解釈が妥当と思われる。

ところで，特許が物の発明についてされている場合において，特許請求の範囲にその物の製造方法の記載があるいわゆるプロダクト・バイ・プロセスクレームに係る発明の要旨認定については，原則として製法限定説の立場に立ち，当該物をその構造又は特性により直接的に特定することが出願時において不可能又は困難であるとの事情が存在するときでない限り，特許請求の範囲に記載された製造方法により製造された物に限定して認定されるべきであると考える立場もある(注31)。しかし，最判平27・6・5民集69巻4号904頁〔プラバスタチンナトリウム事件上告審〕(注32)は，いわゆる物同一説の立場から，特許は物の発明，方法の発明又は物を生産する方法の発明について

(注30) 塩月秀平・最判解民平成3年度28頁。
(注31) 知財高判平24・1・27判タ1397号199頁〔プラバスタチンナトリウム事件控訴審〕。
(注32) 評釈として，高林龍・判時2293号169頁。

されるところ，特許が物の発明についてされている場合には，その特許権の効力は，当該物と構造，特性等が同一である物であれば，その製造方法にかかわらず及ぶこととなるとして，物の発明についての特許に係る特許請求の範囲にその物の製造方法が記載されている場合であっても，その発明の要旨は，当該製造方法により製造された物と構造，特性等が同一である物として認定されるものと解されるとしている。

(c) 新規性・進歩性の判断をする際の留意点

上記のとおり，新規性及び進歩性の判断は，一定期間，第三者が当該発明に係る技術を自由利用することを制限し，当該発明について発明者に独占権を与えるにふさわしいものといえるか否かという観点からされるものであるから，当該発明の発明者が実際にどのような経緯で当該発明に至ったかとか，その際に公知，公用又は文献公知となっている発明ないし技術的思想を参考にしたか否かなどを判断するものではなく，飽くまでも当該発明が公知，公用又は文献公知となっている発明ないし技術的思想そのものといえるか，又はこれらの発明ないし技術的思想から容易に想到することができたといえるか否かを判断するものである。この点，特許審査や裁判においては，出願に係る発明を知った上で，出願に係る発明と先行技術との相違点について検討をするため，容易想到性の判断について，主観的，後知恵的な判断に陥る危険性が大きく，判断の妥当性を検証するためには，論理付けに客観性を持たせる必要がある。また，上記のような進歩性の判断方法においては，進歩性を否定する論理付けの方法が制限されておらず，任意の論理付けを選択し，進歩性を否定することができる上，審決取消訴訟において，かかる判断が取り消されたとしても，他の論理付けによる進歩性の否定まで排除されるわけではないこと，特許権を取り巻く状況についてみると，インターネット等の情報技術の飛躍的発展に伴い，公知，公用又は文献公知の技術情報が質的，量的に膨大となっており，これらを組み合わせることにより，出願に係る発明の進歩性が否定される範囲も自ずと広がっていることに留意する必要がある。

(4) 裁判例

進歩性の判断方法に関する近時の重要裁判例として，発明の課題の把握や先行技術の内容の検討方法について説示した知財高判平21・1・28判タ1299号272頁〔回路用接続部材事件〕のほか，動機付けを重視した知財高判平18・6・29判タ1229号306頁〔紙葉類識別装置の光学検出部事件〕，発明の解決課題の認定方法について説示した知財高判平23・1・31判タ1345号223頁〔換気扇フィルター事件〕，周知技術に基づく容易想到性の判断手法について説示した知財高判平23・9・28判タ1400号300頁〔廃棄物袋事件〕，引用例である刊行物に化合物が一般式の形式で記載され，当該一般式が膨大な数の選択肢を有する場合の引用発明の認定について説示した前掲（注17）知財高判平30・4・13〔ピリミジン誘導体事件〕等が挙げられる。

前掲知財高判平21・1・28〔回路用接続部材事件〕の概要は以下のとおりである。

　(a)　事案の概要

原告は，発明の名称を「回路用接続部材」とする発明の出願について，特許庁が本願補正発明及び本願発明は共に引用発明に基づいて，当業者が容易に発明をすることができたものであるから，特許法29条2項の規定により特許を受けることができないとして，補正を却下し，請求不成立の審決をしたため，その取消しを求める訴えを提起した。

　(b)　主たる争点

本願補正発明の進歩性（容易想到性）。

　(c)　裁判所の判断（請求認容）

本判決は，発明の進歩性（容易想到性）について，「特許法29条2項が定める要件の充足性，すなわち，当業者が，先行技術に基づいて出願に係る発明を容易に想到することができたか否かは，先行技術から出発して，出願に係る発明の先行技術に対する特徴点（先行技術と相違する構成）に到達することが容易であったか否かを基準として判断される。ところで，出願に係る発明の特徴点（先行技術と相違する構成）は，当該発明が目的とした課題を解決するためのものであるから，容易想到性の有無を客観的に判断するためには，当該発明の特徴点を的確に把握すること，すなわち，当該発明が目的とする課題を的確に把握することが必要不可欠である。そして，容易想到性の

判断の過程においては，事後分析的かつ非論理的思考は排除されなければならないが，そのためには，当該発明が目的とする『課題』の把握に当たって，その中に無意識的に『解決手段』ないし『解決結果』の要素が入り込むことがないよう留意することが必要となる。さらに，当該発明が容易想到であると判断するためには，先行技術の内容の検討に当たっても，当該発明の特徴点に到達できる試みをしたであろうという推測が成り立つのみでは十分ではなく，当該発明の特徴点に到達するためにしたはずであるという示唆等が存在することが必要である」と述べている。

その上で，本判決は，本願補正発明においてビスフェノールF型フェノキシ樹脂を必須成分として用いるとの構成を採用したのは，ビスフェノールA型フェノキシ樹脂を用いることに比べて，その接続信頼性及び補修性を向上させる課題を解決するためのものであるところ，引用例には，相溶性及び接着性の更なる向上のみに着目してビスフェノールF型フェノキシ樹脂を用いることの示唆等がされていると認めることはできず，ビスフェノールA型フェノキシ樹脂に代えて，耐熱性が劣るビスフェノールF型フェノキシ樹脂を用いることが，当業者に容易想到であったとはいえないとして，審決を取り消した。

(d) 検　討

本判決は，進歩性の判断において陥りやすい主観的な判断や後知恵を防止するとの観点から，発明の特徴点である課題を把握する際の留意点，先行技術の内容検討について，当該発明の特徴点に到達するためにしたはずであるという示唆等の存在の必要性について，明確な判断基準を示し，その後の特許審査実務や裁判実務に多大な影響を与えたものと評価することができる。

(5) ま　と　め

新規性・進歩性の判断は，一定期間独占権を与えるにふさわしい発明に対し，特許権を与えるという重要な機能を有するところ，これを緩く解釈し過ぎると，本来自由利用されるべき技術の利用を阻害することとなり，他方，これを厳しく解釈し過ぎると，本来独占権が与えられるべき発明に特許権が与えられず，無駄に発明を公開させることになり，特許出願に対するインセ

ンティブを阻害することになるなど，極めて重大な影響がある。また，新規性・進歩性の判断は，技術分野ごとの技術常識に左右される面があり，特にパイオニア発明については，その真価が見過ごされる危険もあり，その解釈運用の改善には絶えず気を配る必要がある。この点，特許庁審判部は，平成18年度以降，産業界実務者，弁理士，弁護士，審判官らをメンバーとし，平成28年度からは新たに知財高裁及び東京地裁知財部配属の裁判官もオブザーバーとして参加して，審決や裁判例についての研究を行う審判実務者研究会（当初の名称は「進歩性検討会」）を開催し，その研究成果を広く外部に公表する取組みを行っている[注33]。

〔4〕 明細書及び特許請求の範囲の記載要件

(1) 明細書及び特許請求の範囲の役割，規定等

特許制度は，新しい技術を開発し，それを公開した者に対し，一定期間，一定条件下に特許権という独占権を付与することにより発明の保護を図り，他方，第三者に対しては，この公開により発明の技術内容を知らせて，その発明を利用する機会を与えるものであるところ，発明のこのような保護及び利用は，発明の技術的内容を公開するための技術文献であり，かつ，特許発明の技術的範囲を明示する権利書としての使命を持つ明細書，特許請求の範囲の記載を介してなされるものである。このように特許制度において重要な役割を果たす明細書の発明の詳細な説明の記載要件については特許法36条4項1号が，特許請求の範囲の記載要件については同条5項，6項がそれぞれ規定している。明細書及び特許請求の範囲の記載要件については，度々，法改正がされてきたところ，これは，明細書及び特許請求の範囲の記載の意義を明確にしつつ，より多様な特許を認める環境を整えようとしたものと考えられる[注34]。

(注33) 特許庁ホームページ・審判実務者研究会報告書 (https://www.jpo.go.jp/shiryou/toushin/kenkyukai/sinposei_kentoukai.htm)。

(注34) 中山信弘『特許法〔第3版〕』177頁以下。

(2) 実施可能要件

(a) 意　義

特許法36条4項1号は，発明の詳細な説明の記載について，「経済産業省令で定めるところにより」，「その発明の属する技術の分野における通常の知識を有する者がその実施をすることができる程度に明確かつ十分に記載したものであること」を要件としており，実務上，後者の要件を実施可能要件と呼んでいる(注35)。

実施可能要件は，発明の詳細な説明に当業者が請求項に係る発明を実施することができる程度に明確かつ十分な記載がなければ，当業者は当該発明を実施することができず，発明公開の意義が失われることから定められた要件である。実施可能要件における「その発明の属する技術の分野における通常の知識を有する者」（当業者）とは，①研究開発（文献解析，実験，分析，製造等を含む。）のための通常の技術的手段を用いることができること，②材料の選択，設計変更等の通常の創作能力を発揮できることとの条件を備えた者として，想定された者であるとされている(注36)。

(b) 判断方法

実施可能要件は，当業者が，明細書及び図面に記載された発明の実施についての説明と出願時の技術常識（当業者に一般的に知られている周知技術や慣用技術等の技術又は経験則から明らかな事項をいい，実験，分析，製造方法，技術上の理論等を含む。）に基づき，過度の試行錯誤，複雑高度な実験等をすることなく，請求項に係る発明を実施することができる程度に発明の詳細な説明が記載されているか否かによって判断する(注37)。なお，出願人は，実施可能要件違反の拒絶理由通知に対して，意見書，実験成績証明書等を提出して，審査官が判断の際に特に考慮したものとは異なる出願時の技術常識等を示しつつ，その

(注35) 「経済産業省令で定めるところ」との要件については，特許法施行規則24条の2が，「発明が解決しようとする課題及びその解決手段その他のその発明の属する技術の分野における通常の知識を有する者が発明の技術上の意義を理解するために必要な事項を記載することによりしなければならない。」と規定している。
(注36) 『特許審査基準』第Ⅱ部第1章第1節1。
(注37) 『特許審査基準』第Ⅱ部第1章第1節2。

ような技術常識等を考慮すれば実施可能要件を充足する旨の反論や釈明等をすることができるが，発明の詳細な説明の記載が不足しているために，出願時の技術常識を考慮しても，実施可能要件を満たしていないと判断される場合には，出願後に実験成績証明書を提出して，発明の詳細な説明の記載不足を補うことにより実施可能要件充足性を主張することは許されないものと解される(注38)。

(3) サポート要件

(a) 意　義

特許法36条6項1号は，特許請求の範囲の記載について，「特許を受けようとする発明が発明の詳細な説明に記載したものであること」を要件としており，実務上，サポート要件と呼んでいる。サポート要件は，発明の詳細な説明に公開されていない発明について独占権である特許権を付与することを防止するために定められた要件である。

(b) 判断方法

サポート要件の判断方法については，特許を受けようとする発明と発明の詳細な説明に記載されたものの形式的な対応関係のみならず，実質的な対応関係まで検討するべきか否かについて考え方が分かれるものの，現在の審査実務においては，表現上の整合性のみならず，実質的な対応関係についても対比・検討することにより行うこととされている。具体的には，①請求項に記載されている事項が，発明の詳細な説明中に記載も示唆もされていない場合，②請求項及び発明の詳細な説明に記載された用語が不統一であり，その結果，両者の対応関係が不明瞭となる場合，③出願時の技術常識に照らしても，請求項に係る発明の範囲まで発明の詳細な説明に開示された内容を拡張ないし一般化できるとはいえない場合，④請求項において発明の詳細な説明に記載された発明の課題を解決するための手段が反映されていないため，発明の詳細な説明に記載した範囲を超えて特許請求することになる場合など，請求項に係る発明と発明の詳細な説明に発明として記載されたものとが実質

(注38)　山中隆幸「明細書の記載要件に関する考察―実施可能要件・サポート要件を中心として」パテ61巻7号4頁，『新注解特許法上〔第2版〕』719頁〔内藤和彦＝赤堀龍吾〕。

的に対応しているとはいえない場合には，サポート要件違反となるとされており[注39]，裁判例もかかる判断方法をおおむね是認しているものと考えられる。

(c) 裁 判 例

サポート要件について明確な判断基準を示した重要裁判例として，知財高裁大合議事件である知財高判平17・11・11判タ1192号164頁〔パラメータ特許事件〕が挙げられる。

(ア) 事案の概要

本判決は，発明の名称を「偏光フィルムの製造法」とし，特性値を表す2つの技術的な変数を用いた一定の数式により示される範囲をもって特定した物を構成要件とする，いわゆるパラメータ発明に対して，平成15年法律第47号の施行（平成16年1月1日）前にされた特許異議申立てについて，特許庁が特許出願の願書に添付した明細書の記載不備（サポート要件違反及び実施可能要件違反）を理由に特許取消決定をしたため，特許権者である原告がその取消しを求めた事案である。

(イ) 主たる争点

本件特許に係る特許請求の範囲の記載のサポート要件違反の有無。

(ウ) 裁判所の判断（請求棄却）

本判決は，「特許請求の範囲の記載が，サポート要件に適合するか否かは，特許請求の範囲の記載と発明の詳細な説明の記載とを対比し，特許請求の範囲に記載された発明が，発明の詳細な説明に記載された発明で，発明の詳細な説明の記載により当業者が当該発明の課題を解決できると認識できる範囲のものであるか否か，また，その記載や示唆がなくとも当業者が出願時の技術常識に照らし当該発明の課題を解決できると認識できる範囲のものであるか否かを検討して判断するべきもの」であるとの判断基準を示している。その上で，本判決は，いわゆるパラメータ発明において，特許請求の範囲の記載がサポート要件に適合するためには，発明の詳細な説明は，その数式が示す範囲と得られる効果（性能）との関係の技術的意味が，特許出願時におい

(注39) 『特許審査基準』第Ⅱ部第2章第2節2.2。

て，具体例の開示がなくとも当業者に理解できる程度に記載するか，又は，特許出願時の技術常識を参酌して，当該数式が示す範囲内であれば，所望の効果（性能）が得られると当業者において認識できる程度に，具体例を開示して記載することを要するところ，本件の発明の詳細な説明には，2つの実施例と2つの比較例が示されているが，このような記載だけでは，本件出願時の技術常識を参酌して，当該数式が示す範囲内であれば，所望の効果（性能）が得られると当業者において認識できる程度に，具体例を開示して記載しているとはいえず，サポート要件を満たさないと判断した。

(エ) 検　討

本判決は，平成6年改正法による特許請求の範囲の記載要件の緩和（「発明の構成に欠くことができない事項のみ」を記載するとの規定から「発明を特定するために必要と認める事項のすべて」を記載するとの規定への改正）や平成15年の特許審査基準の改訂（特許請求の範囲と発明の詳細な説明との実質的な対応関係の審査をも含めるようになったこと）などを背景事情とするものであるが，特許法においてサポート要件が規定されていることを明確にした上で，その一般的な判断基準を示したものであり，重要な意義を有する。もっとも，本判決では，特許請求の範囲が複数のパラメータで特定された発明の解釈が争点となっており，発明の詳細な説明に記載された実施例及び比較例のデータに対して，特許請求の範囲で特定された領域が極めて広範な変数で示されていることが明らかな事案であり，サポート要件を充足するような態様での発明の詳細な説明の記載を求めるという，実施可能要件の判断と実質的に重複するような判断基準が示されているものの，かかる判断基準の過度の拡張適用については慎重であるべきとの指摘もされている[注40]。

なお，本判決においては，発明の詳細な説明の記載が不足しているため，出願時の技術常識に照らしても，請求項に係る発明の範囲まで，発明の詳細な説明に開示された内容を拡張ないし一般化することができるといえない場合は，出願後に実験成績証明書を提出して，発明の詳細な説明の記載不足を補うことは許されないとの判断も示されている。

(注40)　平嶋竜太「特許出願における発明開示と実効的保護の調和―パラメータ特許事件大合議判決と今後の方向性」ジュリ1316号29頁。

(4) 明確性要件

(a) 意　義

　特許法36条6項2号は，特許請求の範囲の記載について，「特許を受けようとする発明が明確であること」を要件としており，実務上，明確性要件と呼んでいる。特許請求の範囲の記載は，これに基づいて前述した発明の要旨認定や特許発明の技術的範囲の確定（特許70条1項）が行われるという重要な役割を有することから，特許を受けようとする発明が明確であることを要求したものである。特許法36条5項は，特許請求の範囲の記載について，「各請求項ごとに特許出願人が特許を受けようとする発明を特定するために必要と認める事項のすべてを記載しなければならない」と規定し，出願人が請求項において特許を受けようとする発明についてする記載について，多様な表現形式を用いることを認めているものの，これは明確性要件を満たす範囲内において認められるものである。

(b) 判断方法

　明確性要件は，具体的な物や方法が請求項に係る発明の範囲に含まれるか否かを当業者が理解できる程度に発明特定事項の記載が明確であるか否かにより判断する[注41]。

　明確性要件違反の類型としては，①請求項の記載自体が不明確である結果，発明が不明確となる場合，②発明特定事項に技術的な不備がある結果，発明が不明確となる場合，③請求項に係る発明の属するカテゴリーが不明確であったり，いずれのカテゴリーともいえないため，発明が不明確となる場合，④発明特定事項が選択肢で表現されており，その選択肢同士が類似の性質又は機能を有しないため，発明が不明確となる場合，⑤範囲を曖昧にし得る表現がある結果，発明の範囲が不明確となる場合などがあるが，請求項の記載のみでは請求項に係る発明が明確に把握されるとまではいえない場合であっても，明細書又は図面における定義又は説明に基づき用語等を解釈することにより，請求項の記載から特許を受けようとする発明が明確に把握できると

　(注41)　『特許審査基準』第Ⅱ部第2章第3節2.1.。

いえる場合には、明確性要件を充足するものと解される。他方、請求項の記載自体は明確であるのに、明細書や図面の定義又は説明と齟齬することにより、請求項に係る発明を明確に把握することができない場合には、明確性要件充足性のみならず、実施可能要件やサポート要件充足性も問題となる。

(c) プロダクト・バイ・プロセスクレームについて

前掲最判平27・6・5〔プラバスタチンナトリウム事件上告審〕は、物の発明についての特許に係る特許請求の範囲において、その製造方法が記載されていると、一般的には、当該製造方法が当該物のどのような構造若しくは特性を表しているのか、又は物の発明であってもその発明の要旨を当該製造方法により製造された物に限定しているのかが不明であり、特許請求の範囲等の記載を読む者において、当該発明の内容を明確に理解することができず、権利者がどの範囲において独占権を有するのかについて予測可能性を奪うことになり、適当ではないとして、プロダクト・バイ・プロセスクレームが明確性要件に適合するといえるのは、出願時においてその物をその構造又は特性により直接特定することが不可能であるか、物の構造又は特性を特定する作業を行うことに著しく過大な経済的支出又は時間を要するなど、出願人にこのような特定を要求することがおよそ実際的でないという事情が存在するときに限られると判示している。

なお、上記判決には、これまでのプロダクト・バイ・プロセスクレームに係る審査実務は、余りにも価値判断的な要素が強く、内容が明確でないため範囲が広がり過ぎ、構造等でさほど困難なく特定できる場合であっても、単に発明の構成を理解しやすくするために製法を記載することまで認める余地を残すもので妥当でなく、プロダクト・バイ・プロセスクレームを認めるべき事情があるか否かは、厳格に考える必要があり、出願審査も実質的にそれに対応してされるべきものであるとの千葉勝美判事の補足意見と、他方、平成6年の特許法改正の経緯に鑑みれば、特許請求の範囲に何を記載するかは基本的に特許出願人の自由な選択に委ねられており、出願人自らがプロダクト・バイ・プロセスクレームを選んだ以上、単に形式的にそれがプロダクト・バイ・プロセスクレームであるか、又はそれがいかなる種類のプロダクト・バイ・プロセスクレームであるかなどのいわば手続的事項を根拠にこれ

を不明確として拒絶・無効理由とすることには，極めて慎重な配慮が必要であるとの山本庸幸判事の意見が付されているところ，ここにも明確性要件の位置付けの難しさが顕れている。

(5) サポート要件と実施可能要件との関係

サポート要件と実施可能要件は，いずれも明細書等に記載された事項と出願時の技術常識に基づいて判断されるという点で共通するところ，サポート要件の問題と実施可能要件の問題を表裏一体の問題と捉える裁判例もある(注42)。

確かに，前述したパラメータ発明のように，サポート要件を充足するような態様での発明の詳細な説明の記載を求めることにより，サポート要件の判断と実施可能要件の判断が実質的に重複するような場合もあるが，実施可能要件は当業者が実施することができるか否かという観点に基づく要件であり，サポート要件は当業者が発明の課題が解決できると認識できる範囲を超えるものか否かという観点に基づく要件であり，原則として，両要件は区別して検討するのが相当である(注43)。

この点，知財高判平22・1・28判タ1334号152頁〔フリバンセリン事件〕は，審決が，医薬についての用途発明においては，一般に，有効成分の物質名，化学構造だけからはその有用性を予測することは困難であるから，特許を受けようとする発明が発明の詳細な説明に記載されたものであるというためには，発明の詳細な説明において，薬理データ又はそれと同視すべき程度の記載がされることにより，その用途の有効性が裏付けられていることが必要であるとし，本願の特許請求の範囲の記載はサポート要件を満たさないと判断したのに対し，サポート要件と実施可能要件とは，別個独立の要件として，その要件適合性を判断すべきであるとして，特許法36条6項1号所定のサポート要件の判断については，特許請求の範囲の記載が，発明の詳細な説明の記載の範囲と対比して，前者の範囲が後者の範囲を超えているか否かを

(注42) 知財高判平17・10・19（平成17年（行ケ）第10013号）裁判所ＨＰ〔体重のモジュレーター事件〕。
(注43) 山中・前掲（注38）7頁。

必要かつ合目的的な解釈手法によって判断すれば足り，例えば，特許請求の範囲が極めて特異な形式で記載されているため，同条4項1号の適合性と同様の手法により解釈しない限り，特許制度の趣旨に著しく反するなど特段の事情のある場合はともかく，そのような事情がない限りは，同条4項1号の要件適合性を判断するのと全く同様の手法によって解釈，判断することは許されないとの判断をしている。

(6) 明確性要件と実施可能要件との関係

明確性要件と実施可能要件との関係についても，サポート要件と実施可能要件との関係と同様の問題があり，特許法36条6項2号は，特許請求の範囲の記載に関し，明確性を要件としているが，それ以上に，発明に係る機能，特性，解決課題又は作用効果等の記載を要件としておらず，発明の解決課題やその解決手段，その他当業者において発明の技術上の意義を理解するために必要な事項は，同条4項1号への適合性判断において考慮されるものとするのが特許法の趣旨であるとして，同条6項2号を解釈するに当たって，特許請求の範囲に，発明に係る機能，特性，解決課題ないし作用効果との関係での技術的意味が示されていることを求めることは許されず，これを求めるならば，同条4項1号への適合性の要件を，同条6項2号への適合性の要件として，重複的に要求することになり，同一の事項が複数の特許要件の不適合理由とされることになり，公平を欠いた不当な結果を招来することになるとする裁判例もある[注44]。

(7) ま と め

明細書の発明の詳細な説明における実施可能要件と，特許請求の範囲の記載におけるサポート要件及び明確性要件は，特に，パラメータ発明，数値限定発明，機能的クレームが含まれる発明，医薬を含む化学分野の発明等において問題となることが多いところ，近時，上記記載要件違反を理由に特許出願が拒絶される事例が増えているようにも思われる。もとより，上記記載要

(注44) 知財高判平22・8・31判タ1341号227頁〔伸縮性トップシートを有する吸収性物品事件〕。

件は，特許権者側と第三者との公平性の確保，パイオニア発明の保護，国際調和等にも影響を及ぼす重要な問題であることから，今後更に裁判例が積み重ねられることにより，解釈運用の改善が図られることが期待される。

6 クレーム解釈

田中 孝一

> 特許権侵害訴訟において，特許発明の技術的範囲の確定はどのような資料に基づいて行われるか。プロダクトバイプロセスクレームや機能的クレームなど，特殊なクレームについては，どのように解釈されるか。

〔1〕 クレーム解釈の原則

(1) クレーム文言が基本であること

　最判平29・3・24民集71巻3号359頁〔マキサカルシトール事件〕は，特許制度の目的について，「特許制度は，発明を公開した者に独占的な権利である特許権を付与することによって，特許権者についてはその発明を保護し，一方で第三者については特許に係る発明の内容（特許発明の技術的範囲）を把握させることにより，その発明の利用を図ることを通じて，発明を奨励し，もって産業の発達に寄与することを目的とするものである（特許法1条参照）。」と説示する。このように，特許法は，特許出願人が発明を一般に開示することの代償として，独占的実施権を付与するものであり[注1]，特許権侵害訴訟においては，この独占的実施権の範囲の確定を，いかに，特許発明の実質的保護と，第三者の信頼の確保とのバランスを図りつつ行うかが重要となる。

　この独占的実施権の範囲（特許発明の技術的範囲）を，特許法は，「特許請求の範囲」（クレーム）の記載に基づいて定めることとした（特許70条1項）。クレームに，他とは異なる特別の地位を与えたものといえる。つまり，特許法

　（注1）　髙部眞規子『実務詳説特許関係訴訟〔第3版〕』163頁。

は，クレーム解釈とは，特許請求の範囲の記載の文言について検討することであり，同記載文言こそがスタートでもありゴールであることを宣明しているといえる。

このことは，特許法が，出願人において，特許請求の範囲に，特許を受けようとする発明を特定するために必要と認める事項の全てを記載しなければならないとし（特許36条5項），このような特許請求の範囲の記載をもって，第三者に特許に係る発明の内容（特許発明の技術的範囲）を把握させようとしていることから見て取ることができる。

したがって，特許発明の技術的範囲は，クレームの記載が意味するところを解釈して確定されなければならず，クレームに記載されている構成を全て備えた物又は方法のみが，特許発明の技術的範囲に属し，それらの製造販売等が，特許権を侵害する行為とされることとなる。

(2) 文言解釈のあり方

クレーム文言の解釈に当たっては，当業者の見地に立った自然な意味付けを探求すべきである。そして，「明細書の技術用語は学術用語を用いること（特許法施行規則24条・様式第29備考7），その有する普通の意味で使用し，かつ明細書全体を通じて統一して使用すること，特定の意味で使用する場合はその意味を定義して使用すること（同様式備考8）等に照らして，特許請求の範囲に記載された用語の解釈をすべきである」[注2]ことを基本とすべきであろう。

もっとも，特許請求の範囲（クレーム）の記載は，特定のラインとして定まる土地の境界線と異なり，特定の有体物等として定まることがなく，また，その文言も，時に晦渋で国語的にも技術的にも難解なことがある。そこで，このような特許請求の範囲（クレーム）の記載の解釈について，助けとなるものが必要であり，同解釈が，どのような資料によって行われるかが次に問題となることとなる。

(注2) 髙部眞規子『実務詳説特許関係訴訟〔第3版〕』165～166頁。

〔2〕 特許請求の範囲（クレーム）の解釈の資料

(1) 明細書の記載及び図面の重要性

特許法70条2項は，同条1項を受けて，「前項の場合においては，願書に添付した明細書の記載及び図面を考慮して，特許請求の範囲に記載された用語の意義を解釈するものとする。」と規定する。

そうすると，特許請求の範囲（クレーム）の解釈の資料としては，明細書（他の請求項の記載を含む(注3)。）の記載及び図面を挙げることができる。

それでは，特許法70条1項，2項の条文の文言にはない，上記以外の出願経過，公知技術等については，どのように考えればよいか(注4)。

明細書の記載及び図面は，特許請求の範囲（クレーム）の記載とともに1つの文書として第三者に開示されるものである。包袋（出願経過）も，特許法186条により第三者が閲覧でき，公知技術や技術常識等も，「その発明の属する技術の分野における通常の知識を有する者」（特許29条2項・36条4項）において，技術水準を形成する技術情報として当然に有している情報であるが，特許請求の範囲（クレーム）の記載との関係からみたとき，第三者への開示の程度やその位置付けとしては，一定程度の違いがあるものといわざるを得ない(注5)。

（注3） 多項制の下で，特許請求の範囲は，複数の請求項により記載されている場合が多いと思われるところ，問題となる請求項の他の請求項の記載も，クレーム解釈の対象である請求項と，単一性を有し，技術的な関連性を有する関係にあるのであるから，クレーム解釈に用いる資料として，明細書の記載や図面と同じように，特許請求の範囲（クレーム）の解釈資料としての地位が与えられるとしてよいように思われる。

（注4） 岩坪哲「海外出願経過とクレーム解釈」別冊パテ16号1頁（パテ69巻14号）は，クレーム解釈が，当該特許公報において完結的であるという見解に対して否定的である。特許公報に記載されている情報とそれ以外の情報とに重大な違いを認めるか，段階的な違いとして把握するかについては，なお実務家の間でも，微妙な違いが残る問題であるように思われる。

（注5） 出願経過については，包袋（特許出願の経過の記録）に第三者がアクセス可能であるものの（特許186条），明細書の記載及び図面と同様の意味で，第三者に開示されているとはいえないから，これを考慮すべきでないとする説も考えられるが，次のとおり，禁反言（民1条2項）の法理に照らして，特許請求の範囲（クレーム）を限定する見地から，これを考慮することが相当と考える。

このような見地から，特許請求の範囲（クレーム）の記載文言の解釈資料としては，特許法70条2項に規定される明細書の記載及び図面が，出願経過，公知技術等よりも優位にあり，これらに記載がない要素を，出願経過，公知技術等から持ち込むことは許されないものと考える。

(2) 出願経過や公知技術等の位置付け

もっとも，特許請求の範囲（クレーム）の記載を解釈するに当たっては，これが単なる国語辞典，技術辞典からの字面の解釈となることを避けるためにも，明細書の発明の詳細な説明や図面の記載に出願経過や公知技術等の事情を総合して，当該発明特有の課題解決手段を基礎付ける特徴的部分が何かということについて検討することがおおもとの基礎となるべきである。「当該発明特有の課題解決手段を基礎付ける特徴的部分」とは，正に当業者が，明細書の記載及び図面等から読み取り，理解するところのものである。

この点からは，確かに，明細書の記載及び図面にない要素を，出願経過，公知技術等から持ち込むことは許されないとしても，特許権侵害訴訟において，文言解釈が厳しく争われる中で，明細書の発明の詳細な説明等の記載の「読み取り手」である当業者の念頭にあるとされるべき，出願時の技術常識や公知技術等の内容の認定がむしろ重要なものとなっている事案は，実務的

禁反言の法理とは，民法1条2項（「権利の行使……は，信義に従い誠実に行わなければならない。」）に規定される信義誠実の原則が具体的に適用される場面に現れるものといえ，権利の行使又は法的地位の主張が，先行行為と直接矛盾する故に（先行行為抵触の類型），又は先行行為により惹起させた信頼に反する故に（信頼惹起の類型），その行使を認めることが信義則に反するとされる場合であるとされる（谷口知平＝石田喜久夫編『新版注釈民法(1)〔改訂版〕』（有斐閣，2002）98頁〔安永正昭〕）。

しかるに，出願人が，特許出願の過程において，対象製品等に係る構成を特許請求の範囲から意識的に除外していた場合には（先行行為），出願人の側が，後になって，特許権侵害訴訟において，当該構成も特許請求の範囲に包含されるとの主張をすれば（後行行為），それは，先行行為と直接矛盾する行為をしたといえるものであり，「先行行為抵触の類型」に当てはまることとなる。このような「先行行為抵触」には，特許性に影響を与えた陳述でなくても当たり得るものと考えるが，「先行行為抵触」を問う以上は，出願人における除外の認識は必要であるものと解される。

なお，前記のように，出願経過が，特許請求の範囲の記載や明細書の発明の詳細な説明，図面と同様の意味で，第三者に開示されているとはいえない以上，上記のような先行行為があるときに，包袋を閲覧できる第三者が，包袋を調査した結果に基づき，出願人における除外の認識がないにもかかわらず，対象製品等が特許請求の範囲から除外されたものとして信頼するという「信頼惹起の類型」があることを認めるのは，慎重であるべきと思われる。

には少なくはないように思われる。

　そして，特許権侵害訴訟において，特許発明の技術的範囲の確定を行うのは，相手方が製造販売等をしている製品等がこれに含まれるかについて検討するためである。そうすると，特許請求の範囲（クレーム）の記載を解釈した上，相手方の製品等が特許発明の技術的範囲に属するかどうかの結論を導くための最終的な決め手となるのは，結局，当該製品等が，当該発明特有の課題解決のための特徴的部分を備えているといえるかどうかという点に帰着することとなろう。

　なお，これまで述べてきたことは，原則として，発明の要旨認定の場面(注6)にも妥当する。この点，現在，特許発明の技術的範囲の確定の場面と発明の要旨認定の場面において，基本的な枠組みが異なることは不合理であるとして，統一的に捉えるべきと考えられるに至っている(注7)。

〔3〕　最近のクレーム解釈の実例

　東京地判平28・1・28判時2315号112頁〔メニエール病治療薬事件〕は，発明の名称を「メニエール病治療薬」とする用法・用量で特定された医薬の特許発明(注8)について，Yらが製造販売するY製品につき発明の技術的範囲に属しないとされた事例であるが，この裁判例も「当該製品等が，当該発明特有の課題解決のための特徴的部分を備えているといえるかどうか。」が決め手になったものと解される。

　この事案の争点は，Y製品における，当該特許発明の範囲の次の記載文言（「成人1日あたり0.15〜0.75g/kg体重のイソソルビトールを経口投与されるように用いられる」）の充足性であった。そして，Y製品は，その添付文書，インタ

（注6）　最判平3・3・8民集45巻3号123頁〔リパーゼ事件〕参照。
（注7）　最判平27・6・5民集69巻4号700頁〔プラバスタチンナトリウム事件〕，民集69巻4号904頁〔千葉勝美裁判官の補足意見〕参照。
（注8）　用法，用量で特定された医薬発明は，従来は治療方法であるとして登録されなかったが，物の発明として登録が認められるようになり，平成17年に改訂された特許庁の審査基準では，投与間隔・投与量等の治療の態様で特定した医薬発明も産業上の利用可能性があるとされ，また，平成21年に改訂された審査基準では，特定の用法・用量で特定の疾病に適用するという医薬用途が公知の医薬と相違する場合には，新規性を認めることになった（中山信弘『特許法〔第3版〕』98頁・119頁）。

ビューフォーム、薬のしおりには、上記記載文言の範囲の用量は含まれていないが、個々の患者の特徴や病態の変化に応じて医師の判断により投与量が削減された場合には上記記載文言の量で用いられるものであった。

本判決は、特許請求の範囲(クレーム)の記載を、明細書の発明の詳細な説明、実施例、参考例の記載を踏まえて検討し、当該発明の課題解決のための特徴的部分を、「従来のイソソルビトール製剤の投与量が過大であり、そのために種々の問題が生ずるところ、その投与量を一定の範囲に限定することによって上記の問題を解消した。」というところに見出し、当該発明の治療薬につき、「特許請求の範囲の記載の範囲を超える量のイソソルビトールを投与する用法を排除し、従来よりも少ない量を投与するように用いられる治療薬に限定される。」と把握した。そして、この理解に基づいて、判決は、特許請求の範囲の記載文言について、「上記の用量を、患者の病態変化その他の個別の事情に着目した医師の判断による変動をしない段階、すなわち治療開始当初から、患者の個人差や病状の重篤度に関わりなく用いられることをいうものと解するのが相当である。」と解釈し、Y製品は、この文言を充足せず、特許発明の技術的範囲に属しないものと判断した。

〔4〕 プロダクト・バイ・プロセス・クレームの解釈

(1) プラバスタチンナトリウム事件

前掲(注7)最判平27・6・5〔プラバスタチンナトリウム事件〕(注9)は、物の発明についての特許に係る特許請求の範囲にその物の製造方法が記載されている場合(プロダクト・バイ・プロセス・クレームの場合。以下「PBPクレーム」ともいう。)であっても、その特許発明の技術的範囲は、当該製造方法により製造された物と構造又は特性等が同一である物として確定されると判示した(注10)。

(注9) L&T69号91頁に、同最判の解説が掲載されている。
(注10) 同最判は、上記の場合において、当該特許請求の範囲の記載が特許法36条6項2号にいう「発明が明確であること」という要件に適合するといえるのは、出願時において当該物をその構造又は特性により直接特定することが技術的に不可能であるか、又は特定作業を

その原審である知財高判平24・1・27判タ1397号199頁は，物の発明についての特許に係る特許請求の範囲にその物の製造方法の記載がある場合における当該発明の技術的範囲は，当該物をその構造又は特性により直接特定することが出願時において不可能又は困難であるとの事情が存在するとき（真正PBPクレーム）と，そのような事情が存在しないとき（不真正PBPクレーム）に分け，後者の技術的範囲については，特許請求の範囲に記載された製造方法により製造される物に限定して確定されるべきであるとしていた。

　両者とも，特許発明の実質的価値の保護と，特許請求の範囲や明細書の開示を受けた第三者の信頼との適切なバランスを図る見地を踏まえ，特許権者（出願人）と第三者の利害を適切に調整する規範としてどのようなものが望ましいかを検討したものである。この点，「最高裁判決は，プラバスタチン事件知財高裁大合議判決が不真正プロダクト・バイ・プロセス・クレームについて，製法限定説によって第三者の不利益と特許出願人又は特許権者の利益を調整しようとしたのに対し，不可能非実際的事情が存しない場合について，特許法36条6項2号の明確性要件への適合性の有無によって同様の利害調整を行おうとしたものといえる。」との指摘がされている[注11]。

(2) PBPクレーム該当性の見極め

　最高裁判決を踏まえ，不可能非実際的事情が存しない場合，PBPクレームは，明確性要件に違反し無効となるから，今後は，当該クレームがPBPクレームに当たるかどうかの判断が，不可能非実際的事情の有無の判断と同様に，重要なものとなることとなろう。この点に関し，「PBPクレームといっても，製造方法の記載を，その物の製造について経時的な要素の記載がある場合……を包含すると考える限り，その範囲はかなり広がるのであり，従来の裁判例に現れたような事例とは異なる事例や出願人自身がPBPクレームとは認識していないクレームや，侵害訴訟や無効審決取消訴訟等の当事者もPBPクレームとは認識していなかったものまで，PBPクレームと認定される

　　　行うことに過大な経済的支出や時間を要するなど，出願人に特定を要求することがおよそ実際的でないという事情が存するときに限られると判示している。
　(注11)　大須賀滋「第1部　第3講　充足論—文言侵害の場合」髙部眞規子編『特許訴訟の実務〔第2版〕』69頁。

おそれがあるところ，PBP最判の実質的理由に沿って，PBPクレームの定義を〔筆者注：特許庁の審査基準の〕3月30日改訂に沿って再構成し，PBP最判の適用範囲を適正な範囲に限定していくことは日本の特許実務にとって，重要な選択であると解される。」との指摘がされている[注12]。そして，PBPクレームに当たらないと認められる場合は，前掲（注7）最判平27・6・5〔プラバスタチンナトリウム事件〕の射程外にあるものであり，通常のクレーム解釈として，前掲知財高判平24・1・27の不真正プロダクト・バイ・プロセス・クレームの場合のように，特許請求の範囲に記載された製造方法により製造される物に限定して確定されることとなるように思われる。

(3) 侵害・非侵害の判断について

なお，不可能非実際的事情が存する場合は，その特許発明の技術的範囲は，当該製造方法により製造された物と構造又は特性等が同一である物として確定されることとなるが，その場合であっても，上記とは異なる製造方法により製造された具体的な物が，当該構成要件を当然に充足するといえるかという問題は残るように思われる。すなわち，個別の事案においては，特許発明の実質的価値の保護と，特許請求の範囲や明細書の開示を受けた第三者の信頼との適切なバランスを図る見地から，当然充足との立場を貫くことが妥当でない事案もあり得るように思う。結局，当業者（第三者）が，開示された特許請求の範囲（クレーム）を，明細書の記載や図面等とともに，その頭の中にある出願時の技術常識等をもって読み取り理解するところは何かという見地から，両者の製法がどの程度共通しておりどの程度異なっていれば，当該製品等が，当該発明特有の課題解決のための特徴的部分を備えているといえ，構成要件充足性が肯定されるのかを判断することとなるように思われる。

〔5〕 機能的クレームの解釈

(注12) 設樂隆一「PBP最高裁判決と実務上の諸問題」L＆T73号45頁。

(1) 機能的クレームとは

機能的クレームとは,「特許請求の範囲が具体的な構成ではなく,その構成が果たす機能として抽象的に記載されたクレームをいう」[注13]。例えば,糊の化学構造を記載せずに「接着手段」と記載する場合などである。このようなクレームは,「技術分野によっては,たとえば電子・通信・情報技術や化学薬品の場合など,装置の構造や物理的な具体化手段を記載するよりも,機能や作用・動作などを記載して発明を定義する方が妥当な場合もある」[注14]ことから,上記分野のクレームによく見られる。

機能的クレームは,平成6年改正により,特許請求の範囲には,「特許出願人が特許を受けようとする発明を特定するために必要と認める事項のすべてを記載しなければならない。」(特許36条5項)と規定されたことなどを受けて,実務に定着している。米国特許法112条6項にも,機能的クレームについての規定が置かれている。

(2) 技術的に特定されているといえるか

特許庁の審査基準（第II部第2章第3節4）には,発明特定事項として,「機能,特性等を用いて物を特定しようとする記載がある場合」が掲げられており,これが,機能的クレームに当たるものである。同審査基準は,「R受容体活性化作用を有する化合物」とのクレームにつき,新たに見いだされた受容体を活性化する作用のみで規定された化合物が具体的にどのようなものであるかを理解することは困難であることが出願時の技術常識であることを考慮すると,上記作用のみで規定された「化合物」は技術的に十分特定されていないことが明らかであるとするほか,「物の有する機能,特性等からその物の構造の予測が困難な技術分野に属する発明であっても,例えば,出願時の技術常識を考慮すれば,その機能,特性等を有するものを容易に理解できる場合には,その機能,特性等によって規定された事項は技術的に十分特定されているといえる。」と解説している。

(注13) 髙部眞規子『実務詳説特許関係訴訟〔第3版〕』192頁。
(注14) 高林龍『標準特許法〔第6版〕』149頁。

(3) 機能的クレームの解釈のあり方

　機能的クレームについては,「まず明細書の発明の詳細な説明を参酌し,それだけで不十分な場合には,技術常識,周知慣用技術等当業者にとって技術的に自明な事項を参酌してその技術的事項を確定すべきであり,特許請求の範囲が抽象的であるという理由だけで,直ちに実施例に限定して解釈すべきではない。」とされる(注15)。すなわち,明細書中の発明の詳細な説明の記載及び図面,出願経過,公知技術等を考慮して,明細書に開示された具体的な構成に示されている技術思想に基づいて,特許発明の技術的範囲を確定するものであるが,これは,実施例に限定するという意味ではなく,実施例としては記載されていなくても,Y製品が,明細書に開示された具体的な構成に示されている技術思想を有しているものであれば,その技術的範囲に含まれると考えていくことになる。

　機能的クレームの解釈については,「技術的範囲に属するか否かのクレーム解釈の場面では,まず,特許法36条6項1号,2号の趣旨に忠実に解釈されるべきであり,法的安定性確保の観点から,この要求に沿った解釈をすることになる。そして,抽象的・規範的な文言が広義に解釈されると,公知技術が含まれる可能性が高くなる。さらに,発明の本質的部分において抽象的・規範的・機能的な文言が用いられる場合は,その多義性により法的安定性を害する可能性があり,明細書の記載に具体的に開示された技術思想と対比して当業者の理解を解釈する必要がある。」(注16)と指摘されている。ここには,特許権者と第三者の利害を適切に調整する見地から,実施例の構成の抽象化がどの程度許されるかを検討するという困難な作業を行う際に,この「明細書の記載に具体的に開示された技術思想と対比した当業者の理解の解釈」を意識することが,解決のカギとなり得ることが示されていると考える。このように,機能的クレームについては,明確な,発明の詳細な説明に記載されている発明として解釈するためにも,当該クレームと明細書に接した当業者の理解を探求すること,すなわち,当業者が,当該発明特有の課題解決

(注15) 竹田稔『侵害要論〔第6版〕』110頁。
(注16) 髙部眞規子『実務詳説特許関係訴訟〔第3版〕』194頁。

手段を基礎付ける特徴的部分をどのように把握するかを検討することが肝要である。

　なお，機能的クレームの場合も，あまりに広すぎるクレームが一般化する弊害が生じ，プロダクト・バイ・プロセス・クレームのような状況となる場合には，あるいは，前掲（注7）最判平27・6・5〔プラバスタチンナトリウム事件〕のいう不可能非実際的事情のような要件が，将来的に必要とされることとなることも，机上の論として考えられなくはない。しかしながら，機能的クレームの場合は，物のクレーム中に方法の記載があるというような，いわばクレームに異質の要素が入り込むものではないため，作用や機能を具現する構成として当業者が想起できるものを探求する努力をすることによって，個々のクレームに応じた適切な外延を提示することは，可能な場合が多いものと考えられる。

7 均等論

萩原 孝基

均等侵害が認められるための要件及びその判断手法について，主張立証責任の所在を含めて説明せよ。

〔1〕 均等論及び均等侵害の意義

(1) 均等論及び均等侵害とは何か

均等論とは，特許請求の範囲に記載された構成中に対象製品等（特許発明の技術的範囲であることが疑われる特定の物又は方法）と異なる部分が存する場合であっても，対象製品等が特許請求の範囲に記載された構成と均等なものといえるときは特許発明の技術的範囲に属するとする解釈論をいう。均等侵害とは，均等論によって特許権侵害が成立することをいう。

こうした解釈論は，かつて肯定説と否定説が対立していたが，最判平10・2・24民集52巻1号113頁〔ボールスプライン軸受事件〕（以下「〔ボールスプライン軸受事件〕最高裁判決」という。）によって確立した判例法理となった。

(2) 均等論の根拠

(a) 現在の一般的な理解

特許発明の技術的範囲は当該特許の出願に係る願書（補正又は訂正した場合は，当該補正又は訂正後のもの[注1]。）に添付した特許請求の範囲の記載に基づい

(注1) 補正は，「願書に最初に添付した」ものの「記載した事項の範囲内」で（特許17条の2第3項参照），所定の時期までに誤りを正すことである（同条）。手続上，当該補正後の内容について審査することになり，この内容で拒絶理由がなければ特許査定がされるので，特許法70条1項においては補正後のものと解するのが相当である。訂正は，これが確定すれば訂正後の内容で特許権の設定登録がされたものとみなされる（特許128条）から，同

て定めなければならず（特許70条1項），特許請求の範囲に記載された用語の意義は願書に添付した明細書の記載及び図面を考慮して解釈するもの（同条2項）とされている。したがって，特許請求の範囲に記載された用語の意味するところが技術的範囲の外延であって，対象製品等にこれと異なる部分があれば当該対象製品等は技術的範囲に属しないと判断するのが原則である。

　その原則を超えて均等論が認められる根拠についてみてみる。〔ボールスプライン軸受事件〕最高裁判決には，①特許出願の際に将来のあらゆる侵害態様を予想して明細書の特許請求の範囲を記載することは極めて困難である，そうすると，特許権者による差止め等の権利行使の相手方が特許請求の範囲に記載された構成の一部を特許出願後に明らかとなった物質，技術等に置き換えることによって，こうした権利行使を容易に免れることができることになりかねないが，それでは，社会一般の発明への意欲を減殺することとなり，発明の保護，奨励を通じて産業の発達に寄与するという特許法の目的に反するばかりでなく，社会正義に反し，衡平の理念にもとる結果となる，②このような点を考慮すると，特許発明の実質的価値は第三者が特許請求の範囲に記載された構成からこれと実質的に同一なものとして容易に想到することのできる技術に及び，第三者はこれを予期すべきものと解するのが相当である，という判示がある。これが均等論を認める実質的根拠である。①は均等論を認めるべき必要性を[注2]，②のうち第三者はこれを予期すべきものとする部分はその許容性を明らかにしたものと理解することができる。

(b)　補足説明

　(ア)　特許発明の技術的範囲を定める特許法70条1項及び2項の各規定の条文をみても，その文言のみから直ちに均等論を容認する趣旨は見えてこない。均等論の根拠は，上記各項の規定の趣旨にさかのぼって初めて見いだされるように思われる。

　(イ)　特許法は，発明の保護及び利用を図ることにより，発明を奨励し，もって産業の発達に寄与することを目的とするものである（特許1条）。その趣旨は，発明を公開した者にその代償として一定期間一定の条件の下で特許

　　　　様に訂正後のものに基づいて定めるのが相当である。
　(注2)　西田美昭「侵害訴訟における均等の法理」『新裁判実務大系4』186頁。

権という独占権を付与する点にある(注3)。

　特許権が付与されるためには，発明（自然法則を利用した技術的思想の創作のうち高度のもの（特許2条1項）。）が産業上利用することができること（産業上の利用可能性。特許29条1項柱書）のほか，従来の発明にないこと（新規性。同項柱書及び1号～3号），当業者（その発明の属する技術の分野における通常の知識を有する者）が容易に思いつくものでないこと（進歩性。同条2項）が実体的要件として求められる。

　こうした発明は，物，方法及び物の生産方法の3つがある（特許2条3項参照）から，発明となる技術的思想を，物，方法又は物の生産方法を示す形にして，特許請求の範囲において明確に表現し，明細書において詳細に説明することが必要である（特許36条6項）。

　この詳細な説明は，設定された課題とその解決手段その他の当業者が発明の技術上の意義を理解するために必要な事項（特許法施行規則24条の2）を記載することによって行うことが求められており（特許36条4項1号），その内容は，一般的に，発明が解決しようとする課題及びその解決手段，発明の効果である（同条，特許法施行規則24条の4・様式第29。平成6年法律第116号による改正前の特許法36条4項参照）。

　このように整えられた記載事項は，特許登録がされると，特許公報として公開される（特許66条3項）。

　(ウ)　以上によれば，まず，特許制度の仕組みについて，次のとおりいうことができる。

　（i）　特許法は，意義のある技術上の思想について，これを公開した場合は特許権という独占権を付与することとしている。

　（ii）　特許権を付与するだけの意義について，産業上の利用可能性の要件が学術的や実験的にのみ利用することができる発明などを排除する意義を有する要件であり(注4)，容易に満たし得ると解されることからすれば，実質的に重要なのは新規性及び進歩性があることであるということができる（なお，特許を受けるためには当該発明が公序良俗又は公衆衛生を害するおそれがあるといえない

(注3)　『工業所有権法逐条解説〔第20版〕』124頁。
(注4)　『工業所有権法逐条解説〔第20版〕』84頁。

■図　特許付与のからくり

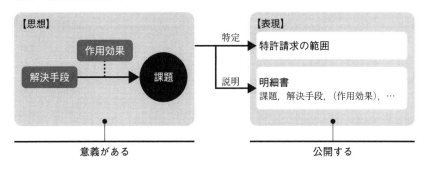

こと（特許32条）も必要であるが，公序良俗又は公衆衛生を害する場合に法律上の保護を与えないことは特許分野に限らず一般的な立法の方針であると考えられる（民90条参照）から，この要件を特許発明の価値を表すものとは解し得ない。）。

　　(iii)　新規性及び進歩性は，発明の内容自体のほか，従来の技術や発明の課題（例えば，不都合があること。）とその解決原理（例えば，物の一部を特定の形状にすること，従来の工程の一部を省くこと。），効果（例えば，不都合がある程度解消すること。）に現れる。例えば，従来の技術においては手で持っても滑り落ちやすく人間が持ち運びにくいという不都合（課題）があったが，物の一部の形状を変えること（解決原理）で，滑りにくくなり，持ち運びやすくなった（効果）発明があるとすると，進歩性は物の一部の形状を変えて滑りにくくしたことに見いだされる。

　　(エ)　これまで見てきたところによれば，①意義のある発明は，②その内容と意義が公開されると，③これに特許権を付与する，以上が特許制度の趣旨であるところ，①特許権が付与される発明の内容は特許請求の範囲の記載そのものであり，②これがその詳細な説明付きで公開される。そうすると，③上記の範囲を特許発明の技術的範囲（特許権の及ぶ範囲）とすることになる。特許法70条はこうした考えを反映する趣旨の規定であると解される。

　　もっとも，実質的には，①新規性及び進歩性という発明の意義に特許を付与しているといえるのであり，②発明の意義が読み取れる特許請求の範囲及び明細書の記載は公開されている。そうすると，特許法70条の趣旨を当てはめることができるから，③そうした意義の及ぶところが実質的に特許権の及

ぶ範囲であるとみることができ，このように法規範的に意義が同一といえる範囲に特許権が及ぶと解することができるのではないか^(注5)。そして，前記のとおり，特許出願人は意義のある技術的思想を物，方法又は物の製造方法の形にして，しかも特許権の有効期間における技術の進展を想定して書き切ることは困難で，他方で第三者がそうした困難であることから特許発明の一部の構成を変えて特許権が及ばないように容易にすることができるとすれば，意義のある技術的思想をわざわざ公開してまで特許権を取得する者はいなくなり，特許制度が無に帰すると考えられる。このことを考慮すれば，法規範的に意義が同一といえる範囲に特許権が及ぶと解する必要性がある。均等論の裏にはこうした考えがあるように思われる。

なお，歴史的には，新規事項を追加する補正を認めない旨の特許法の平成5年改正（平成5年法律第26号）により出願時に補正によって表現を適切なものとする可能性が狭まり，特許請求の範囲につき「発明の構成に欠くことができない事項のみを記載」させる方式を「発明を特定するための必要と認める事項のすべて」を記載させる方式に改める同法の平成6年改正（平成6年法律第116号）により技術的範囲の解釈が柔軟になったことが，均等論を採用しやすくする素地となったという指摘^(注6)がある。

(3) 均等論の位置付け

均等論の位置付けについては，前記(1)のとおりⒶ特許発明の技術的範囲に属するとする見解のほかに，Ⓑ特許請求の範囲の解釈論の一つであるとする見解，Ⓒ特許発明の技術的範囲には属しないがこれとは別に特許権の保護範囲に属するとする見解がある^(注7)。この見解の分かれ目は，㋐特許発明の技術的範囲の確定の根拠として特許請求の範囲の記載をどの程度重視するか，㋑特許請求の範囲の記載の解釈として認められる範囲をどの程度のものと見

(注5) 工業所有権審議会は，平成6年の特許法改正事項を審議した際，均等論の考え方を明文化することを見送る一方で，上記改正前の特許法70条は本来均等論の適用を排するものでない，その適用は事案に応じてケースバイケースで正当な考慮がなされることが必要であると結論付けている（『工業所有権法逐条解説〔第20版〕』266頁）。
(注6) 大須賀滋「充足論―均等侵害の場合」髙部眞規子編『特許訴訟の実務〔第2版〕』83頁以下。
(注7) 大橋寛明「侵害訴訟における均等論」『裁判実務大系9』171頁。

るかの 2 点である。上記㋐について特許法70条 1 項を重視すれば，特許請求の範囲の記載と技術的範囲は同一であるべきであり，当該記載と離れたところに特許権侵害を認める均等論は技術的範囲とは別の保護範囲であると解することになる（上記Ⓒの見解）し，そうでなければ技術的範囲の解釈論であると解する（上記Ⓐ又はⒷの見解）ことになる。上記㋑について文言解釈の許容範囲を広くみれば，均等論も特許請求の範囲の記載の解釈論と解することになる（上記Ⓑの見解）し，そうでなければそのようには見ないことになる（上記Ⓐの見解）。

前記(2)の均等論の根拠として考察したところからすれば，均等論は特許法70条 1 項の類推適用とみることができるから，上記Ⓐの見解が整合的と思われる。なお，〔ボールスプライン軸受事件〕最高裁判決は上記Ⓐの見解を採用しているものと理解される。

〔2〕 均等の 5 要件と位置付け

(1) 均等の 5 要件の内容

対象製品等が特許請求の範囲に記載された構成と均等なものといえるための具体的な要件として判例法理によって確立されたものは次の①ないし⑤のとおりである。

① 特許請求の範囲に記載された構成中に対象製品等と異なる部分が存する場合であってもその部分が特許発明の本質的部分ではないこと（第 1 要件）。

② 上記部分を対象製品等におけるものと置き換えても，特許発明の目的を達することができ，同一の作用効果を奏するものであること（第 2 要件）。

③ 上記のように置き換えることに，当業者（当該発明の属する技術の分野における通常の知識を有する者）が，対象製品等の製造等の時点において容易に想到することができたものであること（第 3 要件）。

④ 対象製品等が，特許発明の特許出願時における公知技術と同一又は当

業者がこれから上記出願時に容易に推考できたものではないこと（第4要件）。

⑤　対象製品等が特許発明の特許出願手続において特許請求の範囲から意識的に除外されたものに当たるなどの特段の事情もないこと（第5要件）。

(2)　均等の5要件それぞれの位置付け

(a)　第1要件から第3要件まで

(ア)　発明の意義となる新規性及び進歩性が，発明の内容自体のほか，従来の技術との関係における発明の課題とその解決原理，効果に現れるのだとすれば，まず，「特許発明の本質的部分」をいう第1要件は課題とその解決原理の点において，「同一の作用効果」をいう第2要件は課題に対する効果の点において，それぞれ特許発明と対象製品等が意義を同じくするかを確認する要件であるということができる。〔ボールスプライン軸受事件〕最高裁判決の解説においては，第1要件は対象製品等と特許発明とが共通の技術思想を有すること，言い換えれば課題の解決に当たって対象製品等が特許発明と同一の解決手段を用いるものであることを意味すると，第2要件は作用効果の同一性を意味すると説明されている(注8)。

(イ)　次に，同一の作用効果を奏するものへの置換の容易性をいう第3要件は，対象製品等の具体的構成が当該意義の及ぶ範囲であることを確認する要件であるということができる。〔ボールスプライン軸受事件〕最高裁判決の解説においては，従来の学説における通説的な見解を採用したものであると説明されている(注9)。

(b)　第4要件及び第5要件

(ア)　これに対して，公知技術と比較して対象製品等の構成が新規性及び進歩性を有しないものでないことを求める第4要件及び対象製品等の構成に関する特段の事情のないことを求める第5要件は，発明の意義が同一で，その意義が及ぶ範囲の構成であることを確認するという均等論の核とは結びつかない。

(注8)　三村量一・最判解民平成10年度140～141頁・143頁。
(注9)　三村・前掲（注8）145頁。

(イ)　第 4 要件は、〔ボールスプライン軸受事件〕最高裁判決において、特許法上、新規性及び進歩性のない発明の構成がおよそ保護されないこと（特許29条）が根拠とされている[注10]。この点については、いわゆる自由技術の抗弁（対象製品等の構成が公知技術との関係で新規性、進歩性のないものであれば、特許権の効力を否定する旨の抗弁）を採用したものであるとする見解[注11]や、出願時における公知技術との関係で新規性や進歩性のない範囲は本来特許権が成立しないはずの範囲であるから（特許権者の権利が及ばないという考え方を基礎としている点で自由技術の抗弁と共通する）、特許庁による審査を経ていない領域について特許権の効力を拡張することが公知技術との関係で許容されるかどうかを検証する要件であると解する見解[注12]がある。

　しかし、前者の見解についてみると、無効理由の抗弁（特許権に係る特許が特許無効審判により無効にされるべきものと認められるときは、特許権者又は専用実施権者は、相手方に対しその権利を行使することができないとするもの。特許104条の 3）が創設された現行法の下では公知技術を除外して特許請求の範囲を画する自由技術の抗弁はほぼ役目を終えたと解される[注13]が、そうであるにもかかわらず均等論においてのみこの抗弁の趣旨が及ぶとするのは理由がないように思われる。

　他方、対象製品等の構成が、第 1 要件ないし第 3 要件を満たすことにより、特許庁が審査した特許発明と実質的に同一なものとされるときは、実質的には上記構成が「追加的な特許請求の範囲」となる。こうした「追加的な特許請求の範囲」が新規性や進歩性を欠いているのであれば、特許法による保護を与え、特許権の行使を認める必要はなく、ここに無効理由の抗弁の趣旨が当てはまるということができる。そうすると、第 4 要件は、無効理由の抗弁の趣旨を及ぼし、対象製品等の構成については、特許発明の意義が及ぶということができても特許権の行使ができないこととする趣旨の要件であると理解するのが相当であるように思われる。この意味において、後者の見解は第

　(注10)　中山信弘『特許法〔第 3 版〕』479〜480頁は、「単に均等論の問題ではなく、広く特許法全体の問題として考えることができる」と指摘する。
　(注11)　高林龍『標準特許法〔第 6 版〕』159頁。
　(注12)　三村・前掲（注 8）151頁。
　(注13)　中山信弘『特許法〔第 3 版〕』444頁。

4要件の実質的意義に見合っているということができるのではないだろうか。

なお、第4要件は、特許法104条の3が創設されたことにより同条に完全に包含され、その役目を終えたとの指摘[注14]がある。しかし、同条は特許請求の範囲に記載された発明につき適用されるものであるところ、均等論においては対象製品等の構成に特許発明に係る特許請求の範囲の記載との相違点があることが前提となっている。そうすると、対象製品等の構成についての新規性、進歩性の有無と、特許発明の技術的範囲についてのそれとは、実際には類似ないし同一とされることもあろうが、論理的には異なり得ることとなり、対象製品等の構成に進歩性がないから特許発明の構成についても進歩性がないとは必ずしもいえず、第4要件が同条に包含されたとはいい切れないのではないか。したがって、現在においても第4要件は意義を有しているといえるだろう。

(ウ) 第5要件については、特許発明の技術的範囲の解釈論に関連して、出願人が特許出願手続中に特定の構成が特許出願中の発明の技術的範囲に含まれないとの意見を審査官に表明していたといった事情がある場合に当該構成が上記技術的範囲に含まれるとして特許権侵害を主張することは禁反言の法理に反し、信義則上許されないと解されており（包袋禁反言の法理[注15]）、この法理が均等論に及ぶことを明示するものと理解することができる。

〔3〕 均等の5要件の主張立証責任

第1要件ないし第3要件について特許権者、第5要件は被疑侵害者とする見解が多数説であり、裁判例でも一般的な理解である。これに対して、第4要件については、特許権者とする見解[注16]と被疑侵害者とする見解が対立していた。知財高裁特別部の裁判例[注17]（以下〔マキサカルシトール事件〕知財高裁判決」という。）は、第1要件ないし第3要件は特許権者、第4要件及び第

(注14) 田上洋平「均等論再考」『村林傘寿』114頁。
(注15) 中山信弘『特許法〔第3版〕』462頁、髙部眞規子『実務詳説特許関係訴訟〔第3版〕』167頁。
(注16) 三村・前掲（注8）161頁。
(注17) 知財高判平28・3・25判タ1430号152頁〔マキサカルシトール事件〕。

5要件は被疑侵害者であると明示している。

第1要件ないし第3要件は，前記のとおり，対象製品等が特許発明と実質的に同一であることを積極的に確定させるための要件であり，かつ，これらを充足する範囲のものは特許発明の技術的範囲に一応含めてよいと解される。そうすると，これらは積極的要件と位置付けられ，特許権者が主張立証責任を負うと解することになる。

第4要件は，あくまで無効理由の抗弁（特許104条の3）の趣旨を及ぼし，特許権の行使ができないこととしたものであり，第5要件は，民事法の一般法理（民1条2項）がそれぞれ当てはまることによって技術的範囲に属するとの主張又は特許権の行使が許されなくなるものであると解される。そうすると，これらはいずれも権利範囲を確定する要件でなく権利行使を阻止する要件であるから，消極的要件と位置付けられ，被疑侵害者が主張立証責任を負うと解することになる。

〔4〕 均等の5要件の解釈と判断手法

(1) 第1要件（本質的部分における相違でないこと。解決原理の同一性）

(a) 本質的部分の意義

第1要件は，特許請求の範囲に記載された構成中に対象製品等と異なる部分が存する場合であってもその部分が特許発明の本質的部分ではないことである。

「本質的部分」については，Ⓐ特許発明を基礎付ける課題の解決原理又は技術思想であるとする見解（解決原理同一説）[注18]と，Ⓑ特許発明における特許請求の範囲の記載のうち本質的部分となる記載部分であるとする見解（構成要件区分説）[注19]がある。

上記の第1要件の文言によれば，対象製品等の構成と異なる特許発明の構

(注18) 三村・前掲（注8）141頁。
(注19) 西田・前掲（注2）192頁。

成部分が本質的部分でないと読めるので，上記Ⓑの見解に親和的ではある。しかし，前記のとおり，均等論を容認する趣旨に照らせば第1要件は特許発明とその核が同一であるための要素の一つであると解することができ，ここにいう「本質的部分」とは，上記Ⓐの見解のとおり，課題の解決原理（手段）を指すことになる。この見解が，現在の学説及び裁判例の主流であると理解される(注20)。

その解決原理は，従来技術との関係で理解されることとなり，従来技術より大いに進歩したものは広く抽象的に，そうでないものは狭く具体的に把握される。本質的部分を「特許発明の特許請求の範囲の記載のうち，従来技術に見られない特有の技術的思想を構成する特徴的部分」であり，「従来技術と比較して特許発明の貢献の程度が大きいと評価される場合には，特許請求の範囲の記載の一部について，これを上位概念化したものとして認定され」「貢献の程度がそれほど大きくないと評価される場合には，特許請求の範囲の記載とほぼ同義のものとして認定される」という〔マキサカルシトール事件〕知財高裁判決の判示が参考になる。

(b) 第1要件の判断手法

(ｱ) 第1要件の意義を前提とすれば，①特許発明における課題の解決原理と②特許発明の構成と対象製品等の構成との相違点を認定し，③当該相違点が当該解決原理と抵触するか否かを判断し，抵触しなければ第1要件を充足すると，抵触すれば第1要件を充足しないと判断することになる。

上記①の認定資料（証拠資料）につき，明細書の記載内容のみとする見解(注21)と，明細書の記載内容及び出願当時の公知技術とする見解(注22)があった。

特許発明の意義を開示するという明細書の機能に照らせば，本質的部分は，明細書の記載内容から読み取ることになると考えられる。明細書に明示的記載はないが前提としているものと当業者が読み取れる公知技術が認められる場合は，これも明細書における説明に含まれていると見ることができるだろ

(注20) 東海林保「クレーム解釈⑵―均等論，機能的クレーム，プロダクト・バイ・プロセスクレーム」『現代知的財産法講座2』53頁。
(注21) 田村善之『特許法の理論』（有斐閣，2009）94頁。
(注22) 三村・前掲（注8）148頁。

う。この点につき，〔マキサカルシトール事件〕知財高裁判決は，原則として明細書の記載によるとしつつ，従来技術が解決できなかった課題として明細書に記載されているところが出願時の従来技術に照らして客観的に見て不十分な場合には明細書外の従来技術も参酌して本質的部分が認定されるべきであるとしている。

(イ) 第1要件の判断に関連して，論理的には第2要件（及び第3要件）を先行して判断し，その後に第1要件を判断すべきであるという見解[注23]がある。均等の5要件において，第1要件と第2要件とは独立した要件として定立されており，それぞれが特許発明における解決原理と作用効果と対応させられているとの理解によれば，第2要件が第1要件の論理的前提であるとは直ちに解し得ないように思われる。もっとも，第1要件については，課題のみならず効果をも把握しなければ真に意義（新規性及び進歩性）のある解決原理が何かは見いだされないと考えられるから，特許発明の効果を把握しておくという意味では，第2要件を先行して判断する方が論理的な重複が避けられるということはできるかもしれない。裁判例においては，第2要件を先行して判断しているものも見られる[注24]が，そうでないものもあり[注25]，必ずしも上記見解に沿って判断しているとは解されない。

(2) 第2要件（作用効果の同一性，置換可能性）

(a) 第2要件の意義

第2要件は，上記部分を対象製品等におけるものと置き換えても，特許発明の目的を達することができ，同一の作用効果を奏するものであることである。特許発明とその意義が同一であるか否かについて，作用効果の観点から検証する要件である。

[注23] 三村・前掲（注8）144頁，飯村敏明「均等論(1)—均等論成立の背景及び適切な活用について」『知財訴訟実務大系1』385頁，同「発明の要旨の認定と技術的範囲の解釈，さらに均等論の活用」パテ64巻14号。

[注24] 均等を認めたものの例として，知財高（中間）判平21・6・29判時2077号123頁〔中空ゴルフクラブヘッド事件〕。

[注25] 均等を認めたものの例として，知財高判平18・9・25（平成17年(ネ)第10047号）裁判所HP〔マッサージ機事件〕，知財高判平23・3・28（平成22年(ネ)第10014号）裁判所HP〔マンホール用蓋受枠事件〕，知財高判平23・6・23判タ1397号245頁〔食品の包み込み成形装置事件〕，〔マキサカルシトール事件〕知財高裁判決。

7 均等論

ここにいう「作用効果」は，特許発明の実質的意義は解決原理とそれによる作用効果にあるから，当該特許発明のあらゆる作用効果ではなく，解決原理から導かれる作用効果である。したがって，副次的な作用効果が特許発明と対象製品等とで異なっていても，「同一の作用効果」を奏しないと解すべきものでない[注26]。

(b) 第2要件の判断手法

特許発明の作用効果は特許請求の範囲及び明細書の発明の詳細な説明欄の各記載から認定される。そこで，作用効果を認定し，相違点につき対象製品等の構成に変えたとしても作用効果が変わるか否かを検討することとなる。

作用効果は，特許発明の作用効果が明細書の必要的記載事項でないこと（特許法施行規則様式第29備考14ニ参照）からすれば，明細書の全体を見て認定すべきものであり，明示的記載がないから作用効果が認定できないものでもないし，明示的記載があるから作用効果が当該記載に限られると認定すべきものでもない。この点につき，従来技術のうち一部のものとの関係で発明の効果を説明する趣旨の記載が明細書にある場合において，当該記載から特許発明の作用効果を限定して推認するのは相当でないと判断した裁判例[注27]がある。

(3) 第3要件（相違部分の置換容易性，容易想到性）

(a) 容易想到性の意義

第3要件は，特許発明と対象製品等の相違点につき対象製品の構成に置き換えることに，当業者が，対象製品等の製造等の時点において容易に想到することができたものであることである。対象製品の構成を採用しても特許発明と同一の作用効果を奏すると平均的技術者が容易に想到できることを意味すると一般的に解されている[注28]。

(b) 容易想到性の判断基準時

第3要件においては，「対象製品等の製造等の時点」とされている。

(注26) 三村・前掲（注8）143頁。
(注27) 平成28年知財高裁大合議判決。
(注28) 中山信弘『特許法〔第3版〕』476頁。

均等論が特許権の及ぶ範囲を確定させるものであり，特許権は業として特許発明の実施をする権利であること（特許68条本文）からすれば，対象製品等につき業として特許発明を実施（特許2条3項）したといえる行為をいうものと解される。例えば，物の発明については，業としてその物の生産，使用，譲渡等，輸出若しくは輸入又は譲渡等の申出をする行為（同項1号）をいうこととなり，通常は対象製品等の量産開始時と考えられるだろう。

(c)　新たな公知技術の出現や出願時同効材と容易想到性の判断

　以上の見解に立つと，時期によって容易想到性の判断が異なり得ることとなり，一般的には新たな公知技術が出現するにつれて平均的技術者が容易に想到できる技術の範囲が広がると考えられる。

　そうすると，まず，時間が経つにつれて容易想到であると判断される可能性が高まることとなる。他方，特許出願時に存在していた他の物質や技術について，仮にその当時に当該物質や技術への置換が容易想到であったのであれば，「対象製品等の製造等の時点」においても同様に容易想到であったと考えられる。

　次に，出願時同効材（特許出願時にその存在が知られていた構成であって同じ作用効果を奏するもの）は，出願時に容易想到であるか否かにかかわらず，侵害行為時に容易想到であれば第3要件を満たし得ることになる。この点については，均等論の対象とすべきでないとする見解[注29]もある。この見解は，均等論は出願時に存在せずその後に登場した構成についてのみ認めるべきで，出願時における特許発明の技術的範囲はその文言解釈（特許70条1項・2項）によるべきであるとする。その裏には，出願時同効材については出願人，特許権者においてこれを認識して特許請求の範囲に記載するか否かを判断できたはずであるという評価があるものと思われる。しかし，均等論の趣旨は，前記のとおり特許請求の範囲の記載を超えた構成についても特許発明の意義が及ぶ限りでその技術的範囲に属させようというものであり，出願時同効材についてもその意義は及び得るというほかない[注30]。上記の評価には，第5要件において対応すべきものと考えられる。

（注29）　高林龍『標準特許法〔第6版〕』161～164頁。
（注30）　三村・前掲（注8）147～148頁参照。

(d) 第3要件の判断手法

 以上を前提とすれば，第3要件は，作用効果の同一性（第2要件の充足）を前提に，対象製品等の製造等の時点において相違点に係る対象製品等の構成が当業者にどの程度知られていたか，相違点について対象製品等の構成に置き換えることについて技術的な問題がどの程度あるかといった要素を明らかにして判断することになると思われる。

(4) 第4要件（対象製品等の構成の容易想到性）

(a) 第4要件の意義

 第4要件は，対象製品等が，特許発明の特許出願時における公知技術と同一又は当業者がこれから上記出願時に容易に推考できたものではないことである。特許法上，公知技術と同一のもの（新規性がないもの）やこれから出願時に容易に想到し得るもの（進歩性がないもの）は特許を付与する実質的価値がないものであって（特許29条1項・2項），そうしたものに特許権の保護を与えるべきでないところ，この法理を均等論においても貫徹するために設けられた要件である。

 もっとも，第4要件により均等侵害が否定された例が少ないのは，対象製品等が公知技術又はこれから容易に推考されるような場合は，そもそも特許発明が公知技術と同一又はこれから容易に推考されることが多く，特許が無効とされるべきであって，均等侵害について判断するまでもないことが多いからであろうとの指摘[注31]がある。対象製品等について第1要件ないし第3要件を充足する場合は，特許発明と対象製品等の構成の思想が同一であるから，第4要件を満たす場合は，特許発明についても公知技術と同一又はこれから容易に推考されると判断される場合も多いと思われる。

(b) 第4要件の判断手法

 新規性及び進歩性の欠如の判断と同一であるから，①対象製品等の構成と②公知文献や公知技術に開示された発明等を認定し，③当該構成と当該発明等とが同一であるか否か（相違点が認定できるか否か）を判断する。その上で，

（注31） 嶋末和秀「特許発明の技術的範囲2」飯村敏明＝設楽隆一編『LP知財訴訟』96頁。

④同一であれば第4要件にいう「公知技術と同一」（新規性欠如）であり，当該構成と当該発明等との間に相違点があれば，その相違点につき，当該発明等からその課題や作用効果の同一又は類似性，動機付けの有無その他の要素を考慮すると当該構成に容易に思い至るのであれば「容易に推考できたもの」（進歩性欠如）となる。

(5) 第5要件（意識的除外等の特段の事情）

(a) 特段の事情の意義

　第5要件は，対象製品等が特許発明の特許出願手続において特許請求の範囲から意識的に除外されたものに当たるなどの特段の事情もないことである。特許出願手続において出願人が特許請求の範囲から意識的に除外したなど，特許権者の側においていったん特許発明の技術的範囲に属しないことを承認するか，又は外形的にそのように解されるような行動をとったものについて，特許権者が後にこれと反する主張をすることは，禁反言の法理に照らし許されないことを理由とする。

　禁反言の法理は，信義誠実の原則（民1条2項）の一内容であり，権利の行使又は法的地位の主張がⒶ先行行為と直接矛盾するとき又はⒷ先行行為により生じた信頼に反するときは，その行使又は主張は信義誠実の原則に反するものと解され，その判断は，先行行為の内容，その際の行為者の主観的態様，矛盾的行為により不利益を被る者の先行行為の信頼等の要素を総合してなされる[注32]。まとめると，あらゆる先行行為と矛盾する行為や信頼に反する行為を禁じるものではなく，そうした行為によって法的に保護すべき信頼が利害関係者に生じたことから，これに矛盾する又は反する行為をしない法的な義務があるといえる場合において作用する法理であるといえるだろう。したがって，自己の行為が利害のある者に何らかの法的な信頼を与えることやその後の行為と矛盾し得ることについて認識していなくても禁反言の法理が適用され得ることに留意する必要があるだろう。

(b) 特段の事情の該当例

(注32) 谷口知平＝石田喜久夫編『新版注釈民法(1)〔改訂版〕』（有斐閣，2002）98頁〔安永正昭〕。

㋐　このような禁反言の法理に抵触し得るものとして，特許請求の範囲を減縮する旨の補正や訂正（訂正も，その効果に照らせば，補正と同様に解されるだろう[注33]。）がされた場合がまず考えられる。

　この場合は，客観的には，①一度明示的に記載されていたものが除かれたこと，②ある事項が含まれているようにも見えていたものが含まれないことが明らかとなることになる。これを読んだ者は，上記①について，記載されていたものが特許請求の範囲から除かれて明確になったと，上記②について，ある事項が含まれないことが明らかになって明確になったとそれぞれ解するのが通常と思われるから，出願人，特許権者は，外形的に上記のとおり解されるような行動をとったといえる。そうしたところ，特許請求の範囲は明確に記載される必要がある（特許36条6項2号）から，読んだ者が上記のとおり明確になったと解するのは法的に当然であり，また，上記のとおり明確になったという信頼は保護すべき信頼であるといえるのであって，出願人，特許権者としては，仮に意図するところと異なるのであれば別の表現を行う義務があったのであるから，一度上記①，②のとおり記載した以上，内心の意思がいかなるものであったかにかかわらず，これと矛盾する行為をしてはならない義務を課しても差し支えないということができる。したがって，特許請求の範囲の補正や訂正による減縮によって対象製品等が含まれないことが明らかになった場合は，第5要件にいう特段の事情に含まれよう[注34]。

　㋑　次に，出願当初の特許請求の範囲の記載自体から特段の事情が認められ得るものとして，出願時同効材がある一方で当該記載には出願時同効材が含まれていると解し得ない場合がある。

　この場合において，出願時同効材が特許発明と同じ作用効果を奏すると知られており，その構成を容易に想到し得るときは，Ⓐそれのみで特段の事情に当たるとする見解（出願時容易想到説）とⒷそれのみでは特段の事情に当たらず，他の外形的事情が必要であるとする見解（客観的外形的表示説）がある。この見解の分かれ目は，出願時同効材について，容易に想到し得るのであれ

（注33）　前掲（注1）参照
（注34）　補正の内容に照らして第5要件に該当すると判断し，均等侵害を否定した最近の裁判例として，知財高判平30・6・19（平成29年(ネ)第10096号）裁判所HP〔携帯端末サービスシステム事件〕。

ば出願人はこれを特許請求の範囲に含めるのか否かを明らかにすべきであり，この義務に反した者を保護しない，以上のとおり評価するか否かにあると思われる。

　まず，特許請求の範囲の記載は明確にする必要があるので，特許出願人はこれらを注意深く（出願人の意思が正しく伝わるように）記載すべきであるが，発明の要素にあるものを全て記載し，他方で要素にないものを記載しないようにする必要まではない（前記平成6年改正参照）から，容易に想到し得る構成を意識する法的義務はないし，この構成を特許請求の範囲に含めるか否かを明らかにする法的義務もない。そうすると，記載がない事柄が当該発明の技術的範囲に属し得るか否かは，明細書を参酌して当該発明の意義等に照らして記載の文言を解釈するか，あるいは均等論の第1要件ないし第3要件を検討して初めて判断し得るものといわざるを得ない。以上を踏まえると，特許請求の範囲の記載を読む者に，記載がない事柄は当該発明の技術的範囲に属しないだろうという信頼が生じるとはいえないし，仮にそのように信頼した者がいたとしても，そうした信頼は法的に保護すべきでない。したがって，上記の事情のみで特段の事情に当たると解することは相当でなく，上記Ⓑの見解（客観的外形的表示説）によるのが相当であろう。近時の判例[注35]も，対象製品等に係る構成を容易に想到し得るがこれを特許請求の範囲に記載しなかっただけでは対象製品等がその技術的範囲から除外されたものであることの信頼を第三者に生じさせるものといえないことのほか，上記のように記載しなかっただけで均等の主張が許されなくなるとするときは出願人は先願主義下の時間的制約の中で将来予想されるあらゆる侵害態様を包含した記載をする必要がある一方で第三者はその制約を受けずに特許権者の権利行使を容易に回避し得ることが相当でないことを挙げて，同様に解している。

　この見解に立った際，いかなる場合に他の外形的事情が必要かについて，上記の近時の判例は，「客観的，外形的にみて，対象製品等に係る構成が特許請求の範囲に記載された構成を代替すると認識しながらあえて特許請求の範囲に記載しなかった旨を表示していたといえるとき」と判示している。

　（注35）　最判平29・3・24民集71巻3号359頁〔マキサカルシトール事件〕。

前記のとおり出願人は特許請求の範囲及び明細書を注意深く記載すべきであることを前提とすれば，容易に想到することができた構成につき，これを除外していると客観的，外形的に解し得る記載となっているときは，第三者もこうした記載は出願人が注意深く行ったものであると認識してそのように信頼するし，出願人にもそのように解し得るところ，その信頼は保護すべきであり，出願人はそのように解すべきである。そうすると，それが出願人の意図に沿うものでなければ，そのような記載をしないようにすべきである。したがって，そうした記載をした以上は，これと矛盾する行為をしてはならないという義務を課しても差し支えないと判断される。

(c) 特段の事情の判断手法

(ｱ) 一般的には，禁反言の法理が適用される基礎事実を認定して評価することとなる。「対象製品等の構成を認識した上でこれを記載しない意思」や「外形的にそのように解されるような行動」につき，通常は特許出願に関係する書類のうち出願人の意思や行動が反映するもの，例えば，明細書，補正書，訂正請求書，意見書その他の関係書類の記載から認定することとなる。前記の補正や訂正についても，上記の明細書等から認定することとなろう。

(ｲ) 出願時同効材については，出願時同効材があり，それが容易想到であることは特許出願時の公知技術等を認定することにより，「特許請求の範囲に記載しなかった」は当該特許請求の範囲を見ることにより明らかになる。「客観的，外形的にみて，対象製品等に係る構成が特許請求の範囲に記載された構成を代替すると認識しながらあえて特許請求の範囲に記載しなかった旨を表示していた」は，当業者の視点で見たときに，明細書その他の特許出願書類の記載に，上記のようなことが表示されていると第三者から見て評価すべき部分があるかを探ることとなろう。特許出願書類以外のもの（例えば，出願人名義の論文）は，中には上記の表示と評価すべきものがあると考えられる。もっとも，一般論としては，上記の「代替すると認識」していたとはいい得るであろうが，特許出願手続と関係しないことからすれば，「あえて特許請求の範囲に記載しなかった旨」の表示であると客観的，外形的に評価することには困難を伴うのではないか。なお，〔マキサカルシトール事件〕知財高裁判決は，特許出願書類以外のもので特段の事情に当たり得るものと

して，「出願人が出願当時に公表した論文等で特許請求の範囲外の他の構成による発明を記載しているとき」を例示しているが，「出願人が，出願時に，特許請求の範囲外の他の構成を，特許請求の範囲に記載された構成中の異なる部分に代替するものとして認識していたものと客観的，外形的にみて認められるとき」は出願人が特許請求の範囲に当該他の構成を記載しなかったことが特段の事情に当たるという法理を示した上でその例として判示したものであり，「あえて……記載し」ないに当てはまる旨を判示しているものではないと解される。

8 特許権の間接侵害

関根 澄子

特許法101条1号・4号の間接侵害について，「その物の生産にのみ用いる物」，「その方法の使用にのみ用いる物」とは何か，同条2号・5号の間接侵害について，「その発明による課題の解決に不可欠なもの」とは何か，説明せよ。また，特許権の間接侵害が成立する場合の救済について，判決主文の在り方を中心に説明せよ。

〔1〕 間接侵害の立法趣旨

　第三者が権限なく特許発明を実施することは，特許権の侵害に当たる。特許発明の技術的範囲は，特許請求の範囲の記載に基づいて定められる（特許70条）ところ，特許権の侵害は，当該特許発明の全ての構成要件を充足する場合に認められるのが原則である。しかし，直接侵害行為でなくても，侵害の蓋然性が高い予備的・幇助的な行為のうち，一定の類型のものは侵害行為とみなされており（特許101条1号～6号），講学上は，間接侵害と呼ばれている。旧法（大正10年法）においては，間接侵害の規定はなく，共同不法行為の問題として処理されてきたが，昭和34年の改正法によって，現行法の1号及び4号に該当する規定が設けられた。これらの規定は，「その物の生産にのみ用いる物」の生産等，あるいは，「その方法の使用にのみ用いる物」の生産等だけを対象とするものであった（専用品型間接侵害）ため，専用品とはいえない特許侵害品の重要部品を，侵害に用いられることを知りつつ供給する場合など，侵害につながる蓋然性の高い予備的・幇助的行為に規制が及ばなくなるとの問題点が指摘されるようになり，平成14年の改正法によって，行為者の主観を新たに要件として加え，客観的要件を緩和した間接侵害規定を追加した新たな間接侵害類型（非専用品型間接侵害）が追加された（特許101条2

号・5号)[注1]。

[2] 専用品型間接侵害

(1) 「のみ」要件

　特許法101条1号は，被告製品が「その物の生産にのみ用いる物」であることを，同条4号は，被告製品が「その方法の使用にのみ用いる物」であることを，それぞれ要件として規定している。

　「のみ」とは，ある特許発明において使用すべき物が，当該発明以外に用途を持たないことである。主観的要件の立証の困難性を排除しつつ，間接侵害規定が特許権の過度の拡張とならないよう設けられた限定要件であるが[注2]，これを厳格に解するなら間接侵害の認められる範囲が狭くなり，特許法101条1号・4号の適用事例を考えることが困難になる一方，これを広く解すると，特許権の効力を安易に拡張し過ぎるおそれがある。裁判例[注3]においては，特許発明に係る物の生産又は使用に用いる用途が，「抽象的ないしは試験的な使用の可能性では足らず，社会通念上経済的，商業的ないしは実用的であると認められる用途であることを要する」とされ，実務上，この基準がおおむね定着している[注4]。学説上は，経済的・商業的・実用的な使用の可能性がないことを意味するとの見解と，このような可能性では足らず，経済的，商業的ないしは実用的な使用の事実がなければならないとする見解とがあるが[注5]，「のみ」要件を充足しない用途があると認められるためには，「社会通念上経済的，商業的ないしは実用的な用途」が必要である

(注1)　特許庁編『平14改正解説』21頁。
(注2)　特許庁編『平14改正解説』22頁。
(注3)　東京地判昭50・11・10無体集7巻2号426頁〔オレフィン重合触媒事件〕，大阪地判昭54・2・16無体集11巻1号48頁〔装飾化粧板の壁面接着施工法事件〕，東京地判昭56・2・25無体集13巻1号139頁〔交換レンズ事件〕，大阪地判平12・10・24判タ1081号241頁〔製パン器事件〕，東京高判平16・2・27判時1870号84頁〔リガンド事件〕，知財高判平23・6・23判タ1397号245頁〔食品の包み込み成形装置事件〕，知財高判平25・4・11判時2192号105頁〔生海苔の共回り防止装置事件〕等。
(注4)　髙部眞規子『実務詳説特許関係訴訟〔第3版〕』171頁，中島基至「充足論―間接侵害の場合」髙部眞規子編『特許訴訟の実務〔第2版〕』123頁。

という点で一致しており，実用的な用途という以上，ある程度用途が現実化していることが必要と考えられるから，この点において大きな争いはないといえる(注6)。

(2) 多機能製品の場合

もっとも，被告製品が，特許発明を実施する機能と実施しない機能とを切り替えて使用することが可能な多機能製品の場合，上記の基準だけでは，この要件に関する間接侵害の外延が必ずしも明らかになるわけではなく，裁判例においても，結論が分かれている。

(a) 前掲（注3）東京地判昭56・2・25〔交換レンズ事件〕

(ア) 事実関係

原告の特許発明は，一眼レフカメラの交換レンズに関する発明であり，交換レンズを装着する際に自動プリセット絞りが可能な交換レンズであることが発明の重要な部分であった。被告が製造・販売する交換レンズ（被告製品）は，原告特許の実施品であるカメラに装着することができるが，その一方で，自動プリセット絞り等一部の機能が使用できなくなるものの，原告特許の実施品でない一眼レフカメラにも装着することができ，各種のカメラに装着できる互換性があることをセールスポイントとして販売されていた。

(イ) 争 点

被告製品は，「その発明の実施にのみ使用する物」に当たるか。

(ウ) 裁判所の判断

「特許発明に係る物の生産に使用する以外の用途」は，抽象的ないし試験的使用の可能性では足らず，社会通念上経済的，商業的ないし実用的であると認められる用途であることを要するというべきである。

（原告の実施品でない一眼レフカメラに装着した場合に）被告製品の機構の一部で

(注5) 前者の見解として，松尾和子「間接侵害(1)—間接侵害物件」『裁判実務大系9』265頁，後者の見解として，吉藤幸朔〔熊谷健一補訂〕『特許法概説〔第13版〕』458頁，田村善之『知的財産法〔第5版〕』262頁等。

(注6) 杜下弘記「間接侵害」『新裁判実務大系4』263頁，窪田英一郎「間接侵害について」『知的財産法の理論と実務1』200頁，東海林保「間接侵害」『知財訴訟実務大系1』355頁等。

あるプリセット絞レバー等が使用されることなく遊んでしまいその機能を果たさないというだけのことであって，被告製品は，交換レンズ等の役目は十分に果たし，全体として，原告の実施品でない一眼レフカメラとして使用することができる。したがって，被告製品は，本件発明に係るカメラ以外の，社会通念上経済的，商業的ないしは実用的であると認められる用途を有しないとはいえないことが明らかであるから，被告製品は特許発明に係るカメラの生産にのみ使用する物ということはできず，被告製品の製造販売については特許法101条1号の適用はない。

(b) 前掲（注3）大阪地判平12・10・24〔製パン器事件〕

(ア) 事実関係

原告の特許発明は，材料を容器内に入れて放置した後，タイマーにより製パン工程に移行する製パン方法の発明であり，被告が製造・販売するパン焼き器（被告製品）は，タイマー機能を有する製パン器であるが，被告製品で，タイマー機能を用いてパンを焼成すれば原告特許発明の実施になるものの，タイマー機能を用いないでパンを焼成したり，パンを焼成せずにパン生地作りのみを行う場合には，実施に当たらないものであった。

(イ) 争　　点

被告製品は，「その発明の実施にのみ使用する物」に当たるか。

(ウ) 裁判所の判断

発明の実施「にのみ」使用する物とは，当該物に経済的，商業的又は実用的な他の用途がないことが必要である。ある物が，当該特許発明を実施する機能と実施しない機能の複数の機能を切り替えて使用することが可能な構造になっており，当該発明を実施しない使用方法自体が存する場合であっても，当該特許発明を実施しない機能のみを使用し続けながら，当該特許発明を実施する機能は全く使用しないという使用形態が，当該物件の経済的，商業的又は実用的な使用形態として認められない限り，当該物件を製造，販売等することによって侵害行為（実施行為）が誘発される蓋然性が極めて高いことに変わりはないから，なお，「その発明の実施にのみ使用する物」に当たると解するのが相当である。

タイマー機能及び焼成機能が付加されている製パン器をわざわざ購入した

使用者が，同製品を，タイマー機能を用いない仕様や焼成機能を用いない仕様のみに用い続けることは，実用的な使用方法であるとはいえず，その使用者がタイマー機能を使用して山形パンを焼成する機能を利用することにより，本件発明を実施する高度の蓋然性が存在するものと認められる。したがって，被告製品に本件発明との関係で経済的，商業的又は実用的な他の用途はないというべきであり，被告製品は，本件発明の実施にのみ使用する物であると認められる。

(c) 前掲（注3）知財高判平23・6・23〔食品の包み込み成形装置事件〕

(ア) 事実関係

原告の特許発明は，パン生地等の外皮材によって，餡，調理した肉・野菜等の内材を確実に包み込み成形することができる食品の包み込み成形方法の発明であるが，その特徴は，押し込み部材が一定程度の深さまで下降することによって，外皮材を押し込み部材の先端形状に沿った椀状の形状に形成させるようにし，内材の配置及び封着ができるようにしたというものである。被告装置は，本件発明に係る方法を使用することが可能であるものの，納品時にはノズル部材が1mm以下に下降できないという本件発明を実施できない状態で納品されていた。

(イ) 争　点

被告装置は，「その発明の実施にのみ使用する物」に当たるか。

(ウ) 裁判所の判断

（特許法101条4号の）趣旨からすれば，特許発明に係る方法の使用に用いる物に，当該特許発明を実施しない使用方法自体が存する場合であっても，当該特許発明を実施しない機能のみを使用し続けながら，当該特許発明を実施する機能は全く使用しないという使用形態が，その物の経済的，商業的又は実用的な使用形態として認められない限り，その物を製造，販売等することによって侵害行為が誘発される蓋然性が極めて高いことに変わりはないというべきであるから，なお「その方法の使用にのみ用いる物」に当たると解するのが相当である。

被告装置においては，ストッパーの位置を変更したり，ストッパーを取り外すことやノズル部材を変更することが不可能ではなく，かつノズル部材を

より深く下降させた方が実用的であることに照らし，本件発明を実施しない機能のみを使用し続けながら，当該発明を実施する機能は全く使用しないという使用形態を，その経済的，商業的又は実用的な使用形態として認めることはできないから，被告装置は，「その方法の使用にのみ用いる物」に当たるといわざるを得ない。

(3)　「のみ」の立証責任及び判断基準時

「のみ」の立証責任については，間接侵害の適用範囲が不当に広くならないように「のみ」の限定が設けられたとの立法趣旨に照らすなら，間接侵害の規定の適用を求める特許権者において，その用途が社会通念上経済的，商業的ないしは実用的なものではないことの立証責任を負う(注7)。

「のみ」の判断基準時は，差止請求については事実審の口頭弁論終結時であり，損害賠償請求については侵害行為時である(注8)。

〔3〕　非専用品型間接侵害

(1)　不可欠要件

特許法101条2号は，客観的要件として，「その物の生産に用いる物であってその発明による課題の解決に不可欠であること」を，同条5号は「その方法の使用に用いる物であってその発明による課題の解決に不可欠であること」を，それぞれ要件としている。これは，請求項に記載された発明の構成要素とは異なる概念であり，発明の構成要素以外にも，物の生産や方法の使用に用いられる道具，原料なども含まれ得る一方，発明の構成要素であっても，その発明が解決しようとする課題とは無関係に従来から必要とされていたものは該当しない(注9)。

(注7)　前掲（注3）東京地判昭50・11・10〔オレフィン重合触媒事件〕，前掲（注3）東京地判昭56・2・25〔交換レンズ事件〕，杜下・前掲（注6）259頁，中島・前掲（注4）123頁。

(注8)　吉川泉「間接侵害」飯村敏明＝設樂隆一編『ＬＰ知財訴訟』107頁，中島・前掲（注4）123頁。

その具体的内容をどのように解すべきかが問題となり，「発明による課題の解決に不可欠であること」とは，その発明の本質的な部分であり，これを用いることにより初めて，従来技術では解決できなかった課題の解決が実現されるものであると解する立場[注10]と，それを欠くことにより特許発明の直接実施ができなくなるものと解する立場[注11]がある。

不可欠要件について判断した裁判例には，次のようなものがある[注12]。

(a) 東京地判平16・4・23判タ1196号235頁〔プリント基板用治具用クリップ事件〕

(ア) 事実関係

原告の特許発明は，プリント基板をメッキ処理するときに，プリント基板を2つの保持部材で挟んで確実に固定するプリント基板用治具に関するもので（本件発明2），プリント基板の着脱を容易にするために設けられた「保持部材」と，弾性力によりプリント基板を治具本体に固定する「クリップ」を一応必要とする。他方，被告は，クリップを製造販売している。

(イ) 争　点

被告製品は，「発明による課題の解決に不可欠なもの」に当たるか。

(ウ) 裁判所の判断

「発明による課題の解決に不可欠なもの」とは，特許請求の範囲に記載された発明の構成要素とは異なる概念であり，当該発明の構成要素以外の物であっても，物の生産や方法の使用に用いられる道具，原料なども含まれ得るが，他方，特許請求の範囲に記載された発明の構成要素であっても，その発明が解決しようとする課題とは無関係に従来から必要とされていたものは，「発明による課題の解決に不可欠なもの」には当たらない。すなわち，それを用いることにより初めて「発明の解決しようとする課題」が解決されるよ

(注9) 特許庁編『平14改正解説』27頁。
(注10) 三村量一「非専用品型間接侵害（特許法101条2号，5号）の問題点」知財政策学19号87頁，高林龍「特許権の保護すべき本質的部分」高林龍編『知的財産法制の再構築』（日本評論社，2008）53頁
(注11) 田村善之「多機能型間接侵害制度による本質的部分の保護の適否―均等論との整合性」知財政策学15号206頁。
(注12) このほか，東京地判平22・6・24（平成21年(ワ)第3529号）裁判所ＨＰ〔プリンタ用インクタンク事件〕，東京地判平25・2・28（平成23年(ワ)第19435号）裁判所ＨＰ〔ピオグリタゾン事件〕，大阪地判平25・2・21判タ1401号341頁〔粉粒体混合装置事件〕等。

うな部品,道具,原料等が「発明による課題の解決に不可能なもの」に該当するものというべきである。したがって,特許請求の範囲に記載された部材,成分等であっても,課題解決のために当該発明が新たに開示する特徴的技術手段を直接形成するものに当たらないものは,「発明による課題の解決に不可能なもの」に該当するものではない。

本件発明において,クリップ自体は,従来技術の問題点を解決するための方法として,発明が新たに開示する特徴的技術手段について,当該手段を特徴付ける特有の構成を直接もたらす部材には,該当しないから,被告製品の製造,販売は,間接侵害を構成しない。

(b) 知財高判平17・9・30判タ1188号191頁〔一太郎事件〕

(ア) 事実関係

原告の特許発明は,パソコン等において,アイコンの機能説明を表示させる機能を実行させる第1のアイコンの指定に引き続く所定の情報処理機能を実行させるための第2のアイコンの指定に応じて,表示画面上に第2のアイコンの機能説明を表示させるという手段を有する情報処理装置(本件第1,第2発明)と処理方法(本件第3発明)の発明に関するものである。被告は,同様の機能(ヘルプ機能)を多くの機能の中の一つとして有している文書作成のソフトウェア及び図形作成のソフトウェア(「一太郎」及び「花子」。被告製品)の製造・譲渡等をしているところ,被告製品を購入したユーザーはこれをパソコンにインストールして使用している。

(イ) 争　　点

被告製品は,本件第1,第2発明による「課題の解決に不可欠なもの」に当たるか。

(ウ) 裁判所の判断

「被告製品をインストールしたパソコン」は,本件第1,第2発明の構成要件を充足するものであるところ,被告製品は,前記パソコンの生産に用いるものである。すなわち,被告製品のインストールによりヘルプ機能を含めたプログラム全体がパソコンにインストールされ,本件第1,第2発明の構成要件を充足する「被告製品をインストールしたパソコン」が初めて完成するのであるから,被告製品をインストールすることは,前記パソコンの生産

に当たるものというべきである。被告製品をインストールしたパソコンにおいては，本件第1，第2発明の構成は被告製品をインストールすることによって初めて実現されるのであるから，被告製品は，本件第1，第2発明による課題の解決に不可欠なものに該当するというべきである。

(2) 再間接侵害

「生産に用いる物」，「使用に用いる物」の生産等に用いる「物」も，間接侵害を構成するか否か，いわゆる再間接侵害が認められるか否かが問題となる。

再間接侵害を認めると，再間接侵害品が「専用品」や「課題の解決に不可欠なもの」ではない場合であっても間接侵害を認めることにつながりかねず，裁判例においても，前掲知財高判平17・9・30〔一太郎事件〕は，その物自体を利用して特許発明に係る方法を実施することが可能である物についてこれを生産，譲渡等する行為を特許権侵害とみなすものであって，そのような物の生産に用いられる物を製造，譲渡等する行為を特許権侵害とみなしているものではないとして，直接侵害品となるパソコンの生産等ではなく，当該パソコンの生産に用いられる被告製品の生産等は，間接侵害を構成しないと判示した。学説上は，賛否両論がある(注13)。

(3) 主観的要件

特許法101条2号，5号においては，主観的要件として，「その発明が特許発明であること及びその物がその発明の実施に使用されることを知っていること」を要件としている。「その発明が特許発明であること及びその物がその発明の実施に用いられることを知りながら」とは，現実に知っていること

(注13) 再間接侵害を否定する見解として，中山信弘『特許法〔第3版〕』433頁，肯定する見解として，茶園成樹「ソフトウェアの製造販売と特許法101条2号・4号所定の間接侵害」ジュリ1316号21頁，愛知靖之「ソフトウェアの製造・譲渡につき間接侵害・権利行使制限の抗弁の成否等が争われた事例」L＆T31号70頁等。中島・前掲（注4）124頁は，原則として非侵害説に立ちながら，例外として，再間接侵害品であっても，間接侵害品の部品などのように，その物それ自体が物の生産又は方法の使用に用いる「物」の一部として，独立に観念でき，かつ，専用品又は課題の解決に不可欠なものに該当する場合には，間接侵害品の一部を「物」と構成して間接侵害を認めることも可能とする。

が必要であり，過失により知らなかった場合は含まれない。自らの供給する部品等が複数の用途を有する場合に，それらが供給先においてどのように使われるかについてまで注意義務を負わされることは，部品等の供給者にとって酷であり，また，取引の安全を著しく欠くおそれがあるためと説明されている(注14)。

主観的要件の主張立証責任は，特許権者側にあり，その判断基準時は，損害賠償請求であれば行為時，差止請求であれば事実審の口頭弁論終結時である(注15)。裁判例には，警告書の送付や，訴状の送達等によって主観的要件を備えたとするものが多い(注16)。差止請求の場合は，侵害時に知らなかったとしても，事実審の口頭弁論終結時に主観的要件を具備する以上，将来の差止請求は認容されてもやむを得ないとされる(注17)。

どのような場合に悪意といえるかについて，東京地判平23・6・10（平成20年(ワ)第19874号）裁判所ＨＰ〔医療器具事件〕は，一体化同時穿刺という胃壁固定術に関する特許権を有する原告が，胃壁固定具を製造・販売する被告らに対し間接侵害を主張した事案において，「被告らにおいて被告製品を製造・販売するに当たり，被告製品を入手した医師らがこれを用いて胃壁固定術を行う際に一体化同時穿刺を行うことがあり得ることを認識していたとすれば，被告らは，被告製品が本件各発明の実施に用いられることを知っていたものということができる。」と判示した。

これに対し，部品等の供給者が特定の者に対し直接販売するような場合において，警告書を送付したときにはその送達後は悪意となるといえるが，市場を通じて多数の最終消費者に販売するような場合には，部品等を違法用途で用いるか否かは最終消費者の判断によるものであるから，警告書等の活用にも限界があり，供給者の悪意を立証するのは極めて困難であるとして，販売者において例外とはいえない範囲の者が部品等を違法用途に利用する蓋然

(注14)　特許庁編『平14改正解説』29頁。
(注15)　前掲知財高判平17・9・30〔一太郎事件〕。
(注16)　東京地判平17・2・1判タ1175号120頁〔一太郎事件第1審〕，東京地判平20・11・13（平成18年(ワ)第22106号）裁判所ＨＰ〔対物レンズ事件〕，前掲（注12）大阪地判平25・2・21〔粉粒体混合装置事件〕等。
(注17)　中山信弘『特許法〔第3版〕』40頁，髙部眞規子『実務詳説特許関係訴訟〔第3版〕』173頁。

性が高いことを認識していたとしても,主観的要件を充足しないと解すべきとする見解もある(注18)。

　ファイル共有ソフトウェアの開発行為が著作権侵害幇助罪に当たるかが問われた最決平23・12・19刑集65巻9号1380頁〔Winny事件〕では,「幇助犯が成立するためには,一般的可能性を超える具体的な侵害利用状況が必要であり,また,そのことを提供者においても認識,認容していることを要する」とした上で,当該ソフトの性質,その客観的利用状況,提供方法などに照らし,同ソフトを入手する者のうち例外的とはいえない範囲の者が同ソフトを著作権侵害に利用する蓋然性が高いと認められる場合で,提供者もそのことを認識,認容しながら同ソフトの公開,提供を行い,実際にそれを用いて著作権侵害が行われたときに限り,著作権侵害の幇助行為に当たると解するのが相当であると判断しており,非専用品型間接侵害における主観的要件の具体的内容の解釈において参考になると思われる(注19)。

(4) 非汎用品要件

　特許法101条2号,5号は,いずれも,間接侵害の対象につき,「日本国内において広く一般に流通しているものは除く」と規定している。

　「日本国内において広く一般に流通しているもの」とは,例えば,ねじ,釘,電球,トランジスタ等,日本国内において広く普及している一般的な製品,すなわち,特注品ではなく,他の用途にも用いることができ,市場において一般に入手可能な状態にある規格品,普及品を意味するものと解するのが相当であるとされ(注20),前掲知財高判平17・9・30〔一太郎事件〕においても,同様の判示がされている。

　非汎用品要件については,被告が,汎用品であることを主張立証すべきである(注21)。

(注18)　中島・前掲(注4)127頁。
(注19)　中島・前掲(注4)126頁,東海林・前掲(注6)364頁,西理香「非専用品型間接侵害(特許法101条2号,5号)における差止めの範囲と主観的要件」L&T63号13頁。
(注20)　特許庁編『平14改正解説』28頁。
(注21)　髙部眞規子『実務詳説特許関係訴訟〔第3版〕』172頁。

〔4〕 間接侵害の適用範囲

　間接侵害については、特許権の直接侵害の準備的・幇助的行為であり、直接侵害を誘発する蓋然性の極めて高い行為について、特許権の実効性を確保するために侵害行為と同視する制度であり、直接侵害が成立することを要件とする見解（従属説）と、特許法101条の表題は「侵害とみなす行為」であり、条文の構造上も、それのみで独立した特許権侵害となるとする見解（独立説）との対立がある(注22)。直接行為者の行為が特許権侵害に当たらない場合に、間接侵害が成立するかについては、以下の場合について、議論されているが、いずれの見解によっても、事例に応じた修正を余儀なくされている(注23)。

(1) 直接行為者が家庭的個人的にする実施の場合

　特許法68条は、個人的、家庭的な実施にまで特許権の効力を及ぼすのは社会の実情から考えて行き過ぎであるとして、「業として」の実施以外には特許権の効力は及ばないとしている。しかし、最終消費者が私的利用者である場合に、直接侵害が成立しないことを理由として、業として私的利用者に対する部品等を譲渡等する行為が間接侵害を構成しないとするなら、特許の独占権の効力を無意味にすることになり、相当でない(注24)。

　前掲知財高判平17・9・30〔一太郎事件〕は、被告製品については、専ら個人的ないし家庭的用途に用いる利用者が少なからぬ割合を占めるとしても、それに限定されるわけではなく、法人など業としてこれをパソコンにインストールして使用する利用者がいることから、独立説の立場においても、従属説の立場においても、被告製品を製造、譲渡等する行為について間接侵害の

(注22) 従属説をとる見解として、羽柴隆「間接侵害について(1)(2)」特許26巻11号・27巻5号等、独立説をとる見解として吉藤幸朔〔熊谷健一補訂〕『特許法概説〔第13版〕』460頁等。
(注23) 松尾和子「間接侵害(2)―間接侵害行為」『裁判実務大系9』272頁、髙部眞規子『実務詳説特許関係訴訟〔第3版〕』174頁。
(注24) 私的使用の場合に間接侵害を肯定する見解として、田村善之『知的財産法〔第5版〕』204頁。高林龍『標準特許法〔第5版〕』172頁は、この場合も従属説を貫いてよいとし、窪田・前掲（注6）207頁は、物の発明については間接侵害を認めるべきだが、方法の発明に関しては従属説を貫く見解が妥当とする。

成立が否定されるものではないと判示している。

(2) 直接行為者が実施許諾を受けている場合

実施権者への供給をする者に対しては，間接侵害は成立しないとする見解が多数である(注25)。実施権者は，部品等を購入して特許発明を実施することができる地位にある者であり，特許権者は，実施権者との取決めにより特許権の実施についての対価を受ける機会を得ているから，実施権者への供給によって特許権者の独占的利益は何ら害されず，このような場合に間接侵害を認めると，実施権を不当に阻害する結果を招くことになる。

(3) 直接行為者の行為が試験的又は研究のためにする実施の場合

特許法69条1項は，特許権の効力は試験又は研究のためにする特許発明の実施には及ばないと規定している。この規定の趣旨は，試験又は研究が，技術を次の段階のために進歩させることを目的とするものであり，特許権の効力をこのような実施にまで及ぼすのは，かえって技術の進歩を阻害することになるというものである。

この規定の趣旨を推し進めて，試験又は研究のための発明の実施を阻害することのないよう，これに用いられる部品等の販売等が間接侵害を構成しないとする見解が有力である(注26)。他方，特許法69条が，直接実施の実施態様にのみ認められたものであり，特許権の効力を一般的に制限しておきながら間接実施者にのみ実施による利益収受の地位を認めるのは均衡を失するとして，間接侵害を肯定する立場もある(注27)。

(4) 直接行為が外国で行われる場合

直接侵害に該当する行為が外国で行われる場合には，属地主義の原則から我が国の特許権は外国における実施行為には及ばない。

(注25) 松尾・前掲（注23）276頁，高林龍『標準特許法〔第5版〕』172頁，窪田・前掲（注6）198頁。
(注26) 松尾・前掲（注23）274頁，高林龍『標準特許法〔第5版〕』173頁。
(注27) 松本重敏『特許発明の保護範囲〔新版〕』253頁，中島・前掲（注4）119頁。窪田・前掲（注6）208頁は，方法の発明については間接侵害規定の適用を免れるのは疑問とする。

間接侵害品が輸出される場合は，直接侵害行為は輸出先の外国で行われることになり，属地主義の原則によれば，直接侵害行為は成立しないから，間接侵害も成立しない。特許法の規定上も，平成18年特許法改正により，特許権を侵害する完成品を輸出する行為が特許権侵害行為と規定された（特許2条3項1号・3号）が，間接侵害品を輸出する行為については，間接侵害が成立する旨規定されていない。

　特許法101条1号及び2号の「生産」，4号及び5号の「使用」は，これらの行為が直接侵害を構成する場合に限定され，その意味で国内における行為に限られると解される(注28)。裁判例においても，東京地判平19・2・27判タ1253号241頁〔多関節搬送装置事件〕は，特許法101条1号の「生産」は，日本国内における生産を意味するものと解釈すべきであり，未完成品を海外に輸出して海外で組み立てる場合，未完成品は日本国内における直接侵害品の生産に使用されるものではないから，「その物の生産にのみ用いる物」に該当しないと判断している(注29)。

〔5〕　間接侵害が成立する場合の救済

　特許法101条は，「侵害とみなす行為」として規定されており，同条に該当する行為は特許権侵害行為と擬制されるのであるから，間接侵害に対しても，特許権侵害の場合の救済と同様の救済が与えられるとも考えられるが，そもそも間接侵害は，特許発明の幇助的ないし予備的行為なのであるから，特許権侵害に対する救済とは異なる側面も生ずる。

　(1)　損害賠償について

　間接侵害に関して特許法102条の損害額の推定規定が適用できるかについては，直接侵害に適用される推定規定がいずれも間接侵害にも適用されるとする立場と，間接侵害による損害は独立に成立することはないとして，適用

(注28)　中島・前掲（注4）117頁。
(注29)　前掲（注3）大阪地判平12・10・24〔製パン器事件〕，大阪地判平12・12・21判タ1104号270頁〔ポリオレフィン透明剤事件〕も，同旨の判断を示している。

を否定する立場とに分かれている(注30)。特許権の独占権に着目して規定された推定規定を間接侵害の場合にまで適用するのは相当ではないから，これを前提とする特許法102条1項及び2項については適用されないが，これを前提としない同条3項については類推適用されるとする見解もある(注31)。

裁判例においては，特許法102条2項を適用するものとして，前掲東京地判平23・6・10〔医療器具事件〕，東京地判平24・11・2判時2185号115頁及びその控訴審である前掲（注3）知財高判平25・4・11〔生海苔の共回り防止装置事件〕，特許法102条3項を適用ないし類推適用するものとして，大阪地判平元・4・24無体集21巻1号279頁〔製砂機のハンマー事件〕（旧実用新案法29条2項類推適用），東京地判平6・7・29知財集27巻2号346頁〔精米方法事件〕，東京高判平8・5・23判時1570号103頁〔位置合せ載置方法事件〕がある。また，東京地判平17・3・10判タ1207号228頁〔多機能測量計測システム事件〕は，特許発明を実施していた特許権者については，特許法102条2項を，実施していない特許権者については，3項を適用し，東京地判平10・12・18判タ1000号299頁〔ヒートシール装置事件〕も，特許法102条2項及び3項を適用している。

(2) 差止め・廃棄について

特許法101条の規定の趣旨は，間接侵害行為に対して，権利行使としての差止めを認めることを意味するから，特許法100条1項による差止めや侵害予防請求，同条2項による廃棄，除去請求等をすることができる。

専用品型間接侵害の場合は，間接侵害品は特許の侵害にのみ使用されるものであるから，その全面的な差止めや廃止を認めることに問題はない。この場合，差止めの対象は，この部品等を商品名又は型式番号等によって特定すれば足りる(注32)。

(注30) 肯定する見解として，竹田和彦『特許の知識〔第8版〕』373頁，高林龍『標準特許法〔第5版〕』177頁，『新注解特許法中〔第2版〕』1744頁〔渡辺光〕等。否定する見解として，『注解特許法上〔第3版〕』970頁〔松本重敏＝安田有三〕，三村・前掲（注10）107頁等。

(注31) 角田政芳「特許権の間接侵害に基づく損害賠償」『紋谷還暦』89頁，中島・前掲（注4）129頁。

(注32) 中島・前掲（注4）131頁。

しかし，非専用品型間接侵害の場合は，その物は，直接侵害を構成する用途のみならず，他の用途にも用いることができ，その全てが間接侵害を構成するものではないことから，その物の生産，譲渡等を全面的に差し止めてしまうと，特許権が不当に拡張された結果となってしまう一方で，用途を特定して主文を掲げるとなると，抽象的差止めの問題が生じ，また個別の納入先を特定しなければならないとすると，直接侵害者を訴える場合と変わらなくなってしまうとの問題が指摘されている(注33)。

非専用品型間接侵害を認めた裁判例では，前掲（注12）大阪地判平25・2・21〔粉粒体混合装置事件〕は，「イ号製品については，その用途にかかわらず，製造販売等の差止めの必要性があるものと認めるのが相当であり，これを認めることが被告に過剰な負担を課すものであるとは認めることはできない（販売先の利用態様に応じて限定することは現実的にも不可能であるし，その必要があるとも認めがたい）。」と判示し，限定を付すことなく被告製品の生産，譲渡等の差止め及び廃棄を命じている。このほかに，差止請求を認めた裁判例としては，前掲（注16）東京地判平17・2・1〔一太郎事件第1審〕，前掲（注16）東京地判平20・11・13〔対物レンズ事件〕，前掲（注12）東京地判平22・6・24〔プリンタ用インクタンク事件〕等があるが，いずれも差止め等の対象を限定していない。

学説には，抽象的に違法用途で利用する購入者に対する販売等の差止めを認めるべきとする見解(注34)，個別の差止め先を特定することを要するとする見解(注35)，一定の場合に特許発明に無関係な部分を含む差止判決もやむを得ないとする見解(注36)があるほか，差止対象を限定することが実務上困難で，過剰執行を防止することができない以上，販売者において例外とはいえない

（注33）　窪田・前掲（注6）210頁，西・前掲（注19）8頁。
（注34）　学説には，「被告は，侵害用途に用いるために当該部材を無権限者に供給してはならない」との差止めが認められるとする見解（潮海久雄「欧州特許法からみたわが国特許法制の現代的課題　特許法における複数主体による侵害形態の意義と機能」知財研紀要2004年98頁），「化合物Aは，それを殺虫剤（違法用途）として使用する者に販売してはならない」との主文を認めるべきであるが，廃棄までは認めるべきではないとする見解（吉田広志「多機能型間接侵害についての問題提起」知財政策学8号173頁），「消化器疾患治療薬用として化学物質Xを製造販売してはならない」と命じた上で，消化器疾患治療用薬用として表示されるなどして特化できる化合物Xに限って廃棄を命じるべきとする見解（高林龍『標準特許法〔第5版〕』176頁）等がある。

範囲の者が部品等を違法用途に利用する蓋然性が高いことを認識していたとしても，間接侵害における主観的要件を充足しないと解すべきとの見解[注37]等がある。

(注35) 三村・前掲（注10）106頁は，具体的な商品名を掲げて当該商品の製造販売の差止めを命ずる判決や，当該部品等を専ら侵害用途に使用している顧客の名称を掲げた上で当該顧客への販売の差止めを命ずる判決は許されるが，無条件に当該部材を対象に掲げただけの差止判決をすることは許されず，製造自体の差止めを命ずる判決は，部材等の製造者がもっぱら侵害用途に使用する顧客に対してのみ供給している場合に限り許されるとする。
(注36) 窪田・前掲（注6）210頁は，原則は，個別の納入先を特定した差止判決を得る方法によるべきであるが，間接侵害行為が一般消費者を相手とするような広範囲に及ぶ場合は，特許発明とは無関係な部分を含む差止判決もやむを得ないとする。
(注37) 中島・前掲（注4）127頁。非専用型間接侵害と主観的要件との関係を検討したものとして，西・前掲（注19） 8頁以下。

9 特許無効の抗弁

島田　美喜子

特許法104条の3の抗弁について，その要件と主張すべき時期について説明せよ。無効の抗弁に対する訂正の再抗弁についても，要件を説明せよ。

〔1〕 問題の所在

特許法104条の3は，平成16年法律第120号（平成17年4月1日施行）による特許法改正により新設された，特許権者等の権利行使の制限に関する規定である[注1]。同条1項において，「特許権又は専用実施権の侵害に係る訴訟において，当該特許が特許無効審判……により無効にされるべきものと認められるときは，特許権者又は専用実施権者は，相手方に対しその権利を行使することができない」と定められ，実務上，特許無効の抗弁と呼ばれている。

特許無効の抗弁に対して訂正請求等を行う旨の主張は，無効主張に対する対抗主張として，訂正の再抗弁と呼ばれている[注2]。

本項目では，特許無効の抗弁の要件及び主張すべき時期，並びに，特許無効の抗弁に対する訂正の再抗弁の要件について，立法経緯や趣旨にも触れながら検討する。

〔2〕 特許法104条の3の抗弁について

(注1)　特許法104条の3は，実用新案法，意匠法及び商標法にも準用されている（新案30条，意匠41条，商標39条）。

(注2)　訂正の対抗主張の位置付けにつき，予備的請求原因とする見解（訂正後の特許請求の範囲に基づく請求を停止条件付きの将来の請求権と構成した上で，訂正の主張は上記請求権を基礎付ける事実とする。）があるが，裁判実務上は，再抗弁として位置付けられている（最判平12・4・11民集54巻4号1368頁〔キルビー特許事件〕，最判平20・4・24民集62巻5号1262頁〔ナイフの加工装置事件〕）。

(1) 立法経緯及び趣旨

従前，特許の有効性の対世的な判断は無効審判手続の専権事項であって，特許無効審判の無効審決が確定するまでは，特許は対世的に有効として扱われ，侵害訴訟において特許の有効性を争うことはできないとされてきた[注3]。

しかし，前掲（注2）最判平12・4・11〔キルビー特許事件〕（以下「キルビー判決」という。）は，特許の無効審決確定前であっても，「特許権侵害訴訟を審理する裁判所は，特許に無効理由が存在することが明らかであるか否かについて判断することができ……特許に無効理由が存在することが明らかであるときは，その特許権に基づく差止め，損害賠償等の請求は，特段の事情がない限り，権利の濫用に当たり許されないと解するのが相当である。」と判示し，これにより，具体的に妥当な結論が得られ（衡平の理念），紛争の一回的解決を図り，訴訟経済に合致し，特許権侵害訴訟の審理の迅速化が図られることになった[注4]。

その後，司法制度改革推進本部事務局知的財産訴訟検討会の検討を経て，特許の有効性に係る対世的判断が無効審判手続の専権事項であることを前提としつつ，キルビー判決の判例法理が推し進められ，平成16年法律第120号による特許法改正により特許法104条の3が新設され，裁判所が侵害訴訟において，特許権の有効性につき，当該訴訟当事者限りの相対的判断を行うことができることとなった。また，平成23年法律第63号による特許法改正により，延長登録の有効性についても特許無効の抗弁を主張できる旨規定された。

そして，同条項の趣旨は，「特許権の侵害に係る紛争をできる限り特許権侵害訴訟の手続内で解決すること，しかも迅速に解決することを図ったものと解される。」とされている[注5]。

(2) 要件

特許法104条の3第1項は，特許無効の抗弁の要件として，「当該特許が特

(注3) 大判明37・9・15刑録10輯20巻1679頁〔導火線製造器械事件〕など。
(注4) 髙部眞規子・最判解民平成12年度(上)435頁。
(注5) 前掲（注2）最判平20・4・24〔ナイフの加工装置事件〕。

許無効審判により無効にされるべきものと認められる」ことを定めている。

(a) 無効審判請求の要否

「無効審判により無効にされるべきものと認められるとき」とは，侵害訴訟の担当裁判官が，無効審判請求に対する無効審決が確定する（請求不成立審決がされたが，審決取消訴訟において当該審決が取り消され，差し戻された特許庁において無効審決がされて確定する場合を含む。）ものと判断する場合をいう。

ここで，特許無効の抗弁を主張するために，無効審判請求が必要であるかが問題となる。しかし，上記(1)のとおり，特許法104条の3第1項は，紛争の一回的解決を趣旨とし，特許権の有効性について対世的判断を求める意思のない当事者に対し，侵害訴訟において相対的判断を求め，無効を主張し得るとした規定であるから，特許無効の抗弁の主張に当たり，無効審判請求は不要であると解するのが相当であり，現在の裁判実務においても，同様の運用が行われている。

(b) 無効理由の主張立証責任

「特許審判により無効にされるべきと認められる」か否かは規範的要件である。特許の無効原因事実は多岐にわたり，個々の無効理由を基礎付ける事実に関する主張立証責任が常に同じであるとはいえない。そこで，当該主張立証責任の所在について検討するが，審決取消訴訟における無効理由に関する主張立証責任の分配と同一に解するか否かという点も問題とされている[注6]。

この点につき，①抗弁に位置付けられている以上，無効理由を基礎付ける事実の主張立証責任は特許無効の抗弁を主張する側が負うとする見解と，②審決取消訴訟における主張立証責任の分配と同一に解する見解がある。前者の見解によれば，例えば，新規性や進歩性の無効理由のみならず，記載要件（特許36条）や冒認出願（特許123条1項6号）の無効理由についても，特許無効の抗弁を主張する側が主張立証責任を負うことになる。後者の見解によれば，審決取消訴訟における現在の裁判実務では，無効原因事実の主張立証責任の分配は法律要件分類説[注7]によって判断され，特許権の発生要件[注8]につい

（注6） 髙部眞規子「特許無効の抗弁」『知財訴訟実務大系1』422頁。

ては特許権者が，特許権の障害要件(注9)については無効を主張する請求人（被疑侵害者）が主張立証責任を負うものとされているから，例えば，新規性や進歩性の無効理由については，前者の見解と同様に，特許無効の抗弁を主張する側が主張立証責任を負うことになるが，記載要件や冒認出願の無効理由については，特許権者が主張立証責任を負うことになる。

現在の裁判実務においては，いずれの見解が多数であるとの運用はないが，「特許無効審判により無効とされるべきもの」という特許法104条の3第1項の文言や，審決取消訴訟と侵害訴訟の結論の齟齬を防ぐことが望ましいことから，後者の見解が有力に指摘されている(注10)。

(c) 特許法167条との関係

特許法167条は，特許無効審判の請求人及び参加人は，無効審判請求不成立審決確定後に，同一の事実及び同一の証拠に基づいて再度の無効審判請求をすることはできない旨（一事不再理効）を定めている(注11)。そこで，同条によって無効審判請求が手続的に制限されている場合，特許無効の抗弁を主張することができるか否かが問題とされている。

この点につき，審決取消訴訟の審理範囲につき，審判で審理され，かつ審決で判断された無効理由・拒絶理由のみが審理範囲となり，その無効理由は各法条ごと及び公知事実ごとに画されるとしているから(注12)，無効理由や証

(注7) 法律要件分類説とは，ある法律効果を主張しようとする者がその主張立証責任を負うという見解であり，権利の発生を定める規定の要件事実の主張立証責任は権利を主張する者に，権利の発生の障害や消滅の要件事実の主張立証責任はその主張をする者にあることになる。

(注8) 特許権の発生要件として，当該発明が産業上利用することができるものであること（特許29条1項柱書），記載要件を充足していること（特許36条4項～6項），冒認出願ではないこと（特許123条1項6号）等がある。関連裁判例として，記載要件について，知財高判平18・2・16（平成17年（行ケ）第10205号）裁判所ＨＰ〔結晶ラクチュロース三水和物事件〕。冒認出願について，知財高判平18・1・19（平成17年（行ケ）第10193号）裁判所ＨＰ〔緑化吹付資材事件〕，知財高判平21・6・29（平成20年（行ケ）第10428号）裁判所ＨＰ〔基盤処理装置事件〕がある。

(注9) 特許権の障害要件として，新規性（特許29条1項），進歩性（特許29条2項），先願（特許39条），拡大先願（特許29条の2），公序良俗違反等（特許32条），特許権の延長登録の拒絶事由（特許67条の3第1項各号）等がある。

(注10) 東海林保「冒認出願・共同出願違反の主張立証責任に関する実務的考察」『飯村退官』421頁，清水節「無効の抗弁と訂正の再抗弁の審理及び問題点について」パテ69巻3号80頁。

(注11) 平成23年法律第63号による改正前の特許法167条は「何人も」と規定していたが，同改正により，第三者効が削除された。

拠が異なれば，一事不再理には当たらないとする見解がある。しかし，準司法手続である審判手続において攻撃防御を尽くした当事者又は参加人が，侵害訴訟において同一の事実及び証拠に基づいて同一の無効理由を主張することは，不当な紛争の蒸し返しであるから，訴訟上の信義則により，特許無効の抗弁を主張することは許されないと解する余地がある(注13)（裁判実務上，無効審判請求が手続的に困難な場合には，特許無効の抗弁を主張することができないと解する立場が多いとの指摘もある(注14)。）。

なお，「同一の事実及び同一の証拠」の解釈につき，紛争の蒸し返し防止の観点から狭義に解することは相当ではないとする裁判例がある(注15)。

(3) 主張すべき時期

特許権侵害訴訟は，民事訴訟であるが，企業の展開する知財戦略等に直結するビジネスに関連する訴訟であり，裁判の迅速化の要請が高い訴訟類型である。また，特許無効の抗弁は，特許権侵害訴訟において，技術的範囲の属否と並んで重要な攻撃防御方法であり，一つの無効主張を基軸として，無効理由，訂正等の一連の争点が形成されるから，その審理には相応の時間を要することになる。

そこで，特許無効の抗弁については，適時に主張立証が提出されるよう適切な訴訟指揮を行うことが求められ，審理計画が立てられることが望ましい。また，平成23年法律第63号により，特許法104条の4が新設され，侵害訴訟の判決後に，無効審決又は政令で定める訂正審決等が確定しても，当該判決に対する再審の訴えにおいて，これらの審決が確定したことを主張することが許されない旨が決定された。したがって，当事者としても，侵害訴訟の判決確定後には，無効審決が確定したとしても確定判決を覆すことができないから，侵害訴訟において，特許無効の抗弁を適時に提出する必要がある。このような特許無効の抗弁の適時提出については，民事訴訟法157条及び特許

(注12) 最大判昭51・3・10民集30巻2号79頁〔メリヤス編機事件〕。
(注13) 髙部眞規子編『特許訴訟の実務〔第2版〕』130頁〔中島基至〕。
(注14) 清水・前掲（注10）80頁。
(注15) 知財高判平28・9・28（平成27年（行ケ）第10259号）裁判所ＨＰ〔ロータリーディスクタンブラー錠事件〕。

法104条の3第2項が規定するところである。

　そして，特許権侵害訴訟においては，侵害論と損害論を明確に区別する審理が行われており，民事訴訟法156条の2所定の審理計画が立てられている場合には当然のこと，これが立てられていない場合であっても，通常は，いつまでに無効主張をすべきかの訴訟指揮が行われているはずであるから，損害論に入ってからの新たな無効主張や，終結間近の新たな無効主張，まして控訴審での新たな無効主張には問題があり，民事訴訟法157条や特許法104条の3第2項による却下が検討されることになる（もっとも，現在の法制度では，いつまででも，何度でも無効審判請求が可能であり，抗弁を制限しても，仮に侵害訴訟判決の確定前に無効審決が確定すれば，判断齟齬のおそれもある。）(注16)。

(a) 民事訴訟法157条

　当事者が故意又は重大な過失により時機に後れて提出した攻撃防御方法について，訴訟の完結を遅延させることとなると認めたときは，当該攻撃防御方法を却下することができる（民訴157条）。また，審理計画が定められている場合，当事者が審理計画により定められた期間の経過後に攻撃防御方法を提出し，これにより審理の計画に従った訴訟手続の進行に著しい支障を生ずるおそれがあると認めたときは，相当の理由があることを疎明したときを除き，当該攻撃防御方法を却下することができる（民訴157条の2）。

　控訴審においても，民事訴訟法157条が準用されている（民訴297条）ところ，時機に後れたか否かの判断は，控訴審が続審であり，控訴審のみを基準とすると第1審における集中審理を害する結果になることに照らせば，単に控訴審における訴訟の経過ではなく，第1審以来の訴訟手続の経過を通観して判断すべきものとされている(注17)。

　通常民事事件では，控訴審における新たな主張が，新たな証拠調べまで必要ない場合や，従前の主張と関連し，その自然の成り行きである場合等は却下しないことが多く，本案の判断ないし実体的真実に沿った判断を優先し却下することに慎重すぎるほど慎重な姿勢がみられるとの指摘がある。この点建築瑕疵の事件において，第1審で十分な主張立証の機会を与えられながら，

　(注16)　髙部眞規子「特許無効の抗弁と訂正の対抗主張の随時提出」Ｌ＆Ｔ50号55頁。
　(注17)　最判昭30・4・5民集9巻4号439頁。

従前とタイプの異なる新たな瑕疵を控訴審で追加主張した場合や，第1審で主張しないと明示した争点を蒸し返した場合には，却下していることが参考になる。また，控訴審では攻撃防御方法の提出期限の定め（民訴301条）をすることも検討に値されよう(注18)。特許権侵害訴訟においては，裁判所において，毅然とした訴訟運営が行われている事案が多いようであり(注19)，損害論の審理や控訴審の審理において新たに提出された特許無効の抗弁については，引用文献が外国語文献である場合のように，その調査検索に相当な時間を要するものと認められる場合などの限定的な場合でない限り，時機に後れた攻撃防御方法として却下されるとの見解もある(注20)。

控訴審で新たに提出された特許無効の抗弁を許容した事例として，知財高判平17・9・30判タ1188号191頁〔一太郎事件〕がある。

(ｱ) 事実関係と経緯

X（特許権者）は，日本語ワープロソフト等（以下「Y製品」と総称する。）を製造販売等するYに対し，Yの当該行為について間接侵害が成立すると主張して，当該行為の差止め及びY製品の廃棄を求めた。

原審において，Yは，構成要件充足性及び間接侵害の成立を争うとともに，本件特許について，進歩性の欠如による無効理由が存在することが明らかであるからXの請求は権利濫用に当たると主張した。原審は，間接侵害が成立することを認め，Yの上記主張を採用できないとして，Xの請求を認容した。

Yは，これを不服として控訴し，控訴審において，新たな刊行物に基づく新規性又は進歩性の欠如による無効理由を追加した上で，原審において主張した無効理由も含めて，平成16年特許法改正により特許無効の抗弁を主張した。

これに対し，Xは，控訴審で新たに提出された特許無効の抗弁は時機に後

(注18)　髙部・前掲（注16）54頁。
(注19)　大阪地裁は，「侵害論の審理に入った後……侵害論の争点についての蒸し返しの主張や新たな主張・証拠を提出することは認めていません」との運用を記載した「侵害論の審理に関するお願い」（裁判所ＨＰ）と題する書面を作成している。
(注20)　髙部眞規子『実務詳説特許関係訴訟〔第3版〕』148頁。また，第1審の審理において，被告が審理をこえて「新たな無効の抗弁を主張しない」と述べて，それが調書上明確であれば，民事訴訟法157条違反か訴訟上の信義則違反かはともかく，控訴審での主張は許さないことになろうと思うとの見解もある（清水・前掲（注10）80頁）。

れたものとして却下されるべきである旨主張した。
　(イ)　主たる争点（特許無効の抗弁の主張時期に関するもの）
　控訴審で新たに提出された特許無効の抗弁は，時機に後れた攻撃防御方法として却下されるか否か。
　(ウ)　裁判所の判断
　「原審においては，第1回口頭弁論期日が開かれてから第3回口頭弁論期日において口頭弁論が終結されるまで2か月余り，訴えの提起から起算しても4か月足らずの期間である。このように，原審の審理は極めて短期間に迅速に行われたものであって，Yの控訴審における新たな特許の無効理由についての主張・立証は，若干の補充部分を除けば，基本的に控訴審の第1回口頭弁論期日において控訴理由書の陳述と共に行われたものであり，当審の審理の当初において提出されたものである。
　そして，前記の追加主張・立証の内容についてみると，……新たに追加された文献に基づくものではあるが，これらはいずれも外国において頒布された英語の文献であり，しかも，本件訴えの提起より15年近くも前の本件特許出願時より前に頒布されたものであるから，このような公知文献を調査検索するためにそれなりの時間を要することはやむを得ないというべきである。
　以上の事情を総合考慮すれば，Yが控訴審において新たに提出した無効理由についての追加的な主張・立証が時機に後れたものであるとまではいうことができない。」
　(エ)　検　　討
　本判決は，攻撃防御方法の提出が時機に後れたものとして民事訴訟法157条により却下すべきであるか否かは，当該訴訟の具体的な進行状況に応じて，その提出時期よりも早く提出すべきことを期待できる客観的な事情があったか否かにより判断すべきものであることを前提に，控訴審で新たに提出された特許無効の抗弁につき，原審の審理期間，新たな追加主張立証の提出時期及びその内容等の事情，すなわち，原審の審理期間が極めて短期間であったこと，追加主張立証が基本的に控訴審の第1回口頭弁論期日までに行われたこと，追加立証に係る公知文献が本件特許出願時より前に外国において頒布された英語の文献であり，その調査検索にそれなりの時間を要することはや

むを得なかったこと等を考慮し，上記主張立証が時機に後れたものであるとまではいうことができないとした。

上記のとおり，一般的に控訴審で新たに提出された特許無効の抗弁は問題があるから，これを許容した本判決は，具体的な事実関係に基づく事例判断であることに留意する必要がある。もっとも，本判決は，新主張の提出時期や当該主張をより早期に提出することが可能であったか否か等の事情を，訴訟の進行状況とともに総合的に考慮して，実体的真実の追求と訴訟の迅速審理のバランス，当事者の衡平を考慮し，時機に後れたものといえるか否かを判断しているものと推測され，このような判断手法は，同種の事案において参考となると思われる。

なお，本判決は，なお書において，控訴審において新たに提出された無効理由についての主張立証は，これが審理を不当に遅延させることを目的として提出されたものとは認め難いから，特許法104条の3第2項により職権で却下すべきものということもできないと判示している。

(b) 特許法104条の3第2項

特許法104条の3第2項は，特許無効の抗弁について，時機に後れたものではなくとも，「これが審理を不当に遅延させることを目的として提出されたものと認められるとき」に却下することができると定めており，民事訴訟法157条とは，時機後れの要件の点が緩やかであるが，目的要件が付加されている。これは，紛争の実効的解決の観点から侵害訴訟において特別に認めることとされた特許無効の抗弁について，濫用的な提出を認めると，その制度趣旨と相反することになるから，時機に後れたものではなく，不当目的の攻撃防御方法として却下することができるとしたものである[注21]。

「審理を不当に遅延させることを目的として提出されたものと認められる」か否かについて，例えば，当該特許発明の進歩性の否定のために，多数の公知例を証拠として提出しただけで，その組合せを明確に主張しない場合や組合せの主張を行ったとしても，それが相当多数となる場合などが考えられる。

特許無効の抗弁を主張する際には，同条項の趣旨に照らせば，訴訟の早期

(注21) 近藤昌昭ほか「知的財産高等裁判所の設置法および裁判所等の一部を改正する法律について」NBL788号51頁。

の段階で，通常，2，3個以内の無効理由を，順序をつけた上で主張することが望ましい。

　もっとも，特許法104条の3第2項により攻撃防御方法を却下しても，特許無効審判を請求されたら同じであり，究極的には迅速審理の目的が達せられず，かえって紛争の終局的な解決を遅延させるとして，同項の適用を慎重にすべきとの指摘もある。しかし，この点は，平成23年法律第63号による改正により一定の解決が図られ，現在は，訴訟指揮により，無効理由をある程度絞り，順序を付けること等，進行に協力する当事者がほとんどであるが，濫用的な主張や時機後れの主張を排斥することのできる同項の存在意義は大きいと解されている(注22)。

(c)　特許無効の抗弁の許否の判断

　新たな無効主張については，上述のとおり，特許権者の反論も必要となる上，訂正の対抗主張の機会を与える必要が生じ，審理遅延を招くことが明らかである。また，特許法104条の4の立法により，特許権侵害訴訟においては，当該訴訟で定められた審理計画に則り，充実した審理が行われるべきことになる（もっとも，審理計画における無効主張の提出時期については，訴訟前の交渉の有無や無効審判請求の有無等，当事者の意見も踏まえた上で個々の事案に即して柔軟に定める必要である。）。

　したがって，当該主張が許容されるか否かについては，当該主張の提出時期や当該主張をより早期に提出することの可否のほか，当該主張の内容（的確な無効理由であるか，単に引き延ばしの無効理由であるか）等の諸事情を訴訟の進行状況とともに総合的に考慮して，実体的真実の追求と訴訟の迅速審理とのバランス，当事者の衡平を勘案して判断するほかはないと解されている。

(d)　上告審における主張制限

　特許無効審判において無効審決が確定した場合や訂正審判において訂正審決が確定した場合，特許無効審判において訂正請求を認める審決が確定した場合には，その効果が遡及する（順に，特許法125条，128条，134条の2第9項）。そこで，従前より特許権侵害訴訟における判決確定，又は，事実審の口頭弁

(注22)　髙部眞規子『実務詳説特許関係訴訟〔第3版〕』211頁・212頁。

論終結後において，これらと異なる内容の審決が確定したことが，再審事由である「判決の基礎となった民事若しくは刑事の判決その他の裁判又は行政処分が後の裁判又は行政処分により変更されたこと」（民訴338条1項8号）に当たると主張することが許されるか否かが問題とされていた。

　(ｱ)　特許権侵害訴訟判決確定後の審決確定

　特許権侵害訴訟における当事者は，特許法104条の3の規定により，特許の有効性及びその範囲について互いに攻撃防御を尽くす十分な機会と権能が与えられており，行政処分である特許の効力を当該訴訟において争うことができ，公定力を有する一般の行政処分とは異なる。仮に，特許権侵害訴訟の判決確定後の審決確定によっては，再審の訴えにより確定判決の既判力が排除されることは妥当とはいえず，特許権侵害訴訟の紛争解決機能や企業経営の安定性等の観点から問題がある。そこで，平成23年法律第63号により，特許法104条の4が新設され，紛争の蒸し返しを防止するとの観点から，同条所定の特許権侵害訴訟の当事者であった者は，特許権侵害訴訟の判決確定後に，無効審決又は政令で定める訂正審決等が確定しても，当該判決に対する再審の訴えにおいて，これらの審決が確定したことを主張することは許されない旨が規定された。また，キルビー判決の趣旨に鑑み，特許権侵害訴訟において延長登録の有効性についても攻撃防御を尽くし得ることとし，併せて延長登録を無効にすべき旨の審決が確定した場合も同様とされている。

　(ｲ)　上告審係属中の審決確定

　この点，訂正審決に係る事案であるが，前掲（注2）最判平20・4・24〔ナイフの加工装置事件〕は，特許権侵害訴訟の原審が特許無効の抗弁を容れて請求棄却判決をした後，上告審係属中に特許請求の範囲の減縮を目的とする訂正審決が確定したという事案において，当該訂正審決の確定は，「民訴法338条1項8号所定の再審事由が存するものと解される余地がある。」としつつ，当該事案における具体的な事情の下では，これを理由に原審の判断を争うことは，当事者間の特許権の侵害に係る紛争の解決を不当に遅延させるものとして，特許法104条の3の規定に許されないと判示した。

　上告審において，特許権侵害訴訟の上告審係属中に無効審決又は訂正審決が確定したことを再審事由として主張することができるか否かについては，

平成23年法律第63号による改正の検討過程において議論されたが、裁判所の個別的な対応に委ねることとされ、立法的な手当がされていなかった。この点に関しては、①当該主張を一律に否定する見解、②前掲（注2）最判平20・4・24〔ナイフの加工装置事件〕や、特許をめぐる紛争をできる限り侵害訴訟というシングルトラックで迅速に解決すべきとする特許法104条の3の趣旨や104条の4の趣旨等を踏まえて、原則として当該主張を制限し、個々の事案に応じて主張制限の可否を判断すべきとする見解がある[注23]。

この点、訂正審決に係る事案であるが、最高判平29・7・10民集71巻6号861頁〔シートカッター事件〕は、上告審係属中に訂正審決が確定した事案につき、後者の見解に親和的な判示をしている（後述241頁参照）。

〔3〕 訂正の再抗弁

(1) 要　件

キルビー判決は、特許に無効理由が存在することが明らかな場合には、特段の事情のない限り、特許権の行使が権利濫用に当たるとしているところ、「特段の事情」には、クレームの一部に無効理由がある場合に、公知部分を除外するために特許請求の範囲の減縮を目的とする訂正審判請求又は訂正請求（以下、併せて「訂正請求等」と総称する。）をすることにより、訂正が認められれば無効理由が解消する場合が該当すると解されている[注24]。

そして、従来の裁判例[注25]は、訂正の再抗弁が認められる要件として、①特許庁に対して適法な訂正請求等を行っていること[注26]、②当該訂正によっ

(注23) 髙部眞規子編『特許訴訟の実務〔第2版〕』147頁〔中島基至〕。
(注24) 髙部・前掲（注4）418頁。
(注25) 東京地判平21・2・27判タ1332号245頁〔筆記具のクリップ取付装置事件〕、知財高判平21・8・25判タ1319号246頁〔切削方法事件〕。
(注26) 「特許庁に対して適法な訂正請求等を行っていること」の要件について、「訂正請求等を行っていること」と「当該訂正が特許法126条の訂正要件を充たしていること」に分けて説明する裁判例（東京地判平19・2・27判タ1253号241頁〔多関節搬送装置事件〕、東京地判平23・7・28判時2175号68頁〔プラバスタチンナトリウム事件〕等）や「適法な訂正請求等を行っていること」と「当該訂正が特許法126条の訂正要件を充たしていること」に分けて説明する裁判例（東京地判平28・8・31（平成25年(ワ)第3167号）裁判所ＨＰ〔印刷

て特許の無効理由が解消されること，③対象となる被告の製品・方法が，訂正後の特許発明の技術的範囲に属していること，を主張立証する必要があるとされていた。

そこで，以下，各要件について検討する。

(a) 要件①「特許庁に対して適法な訂正請求等を行っていること」

従前より，訂正の再抗弁の要件として，訂正請求等を行っていることが必要であるか否かが問題とされている。

この点，訴訟当事者間において相対的に権利行使の制限を認める特許無効の抗弁の要件として，特許無効審判の請求を行っていることが要求されていない（前記〔2〕(2)参照）のと同様に，訂正の再抗弁の要件として，訂正請求等を行っていることを不要とする見解がある[注27]。

しかし，訂正請求等により当該無効理由を回避できることが確実に予測される場合，「特許無効審判により無効にされるべきもの」とはいえず，特許無効の抗弁の成立が妨げられると解されている（キルビー判決参照）。もっとも，訂正には無限のバリエーションがあるから，訴訟当事者間において，訴訟上の攻撃防御の対象となる訂正の内容を確定し，訂正後の特許請求の範囲の記載内容を一義的に明確にさせることが重要であり，訂正の再抗弁を主張するに当たって訂正請求等を行っていることを要求する必要性が高い。仮に，訂正請求等を不要とすると，訂正の再抗弁において主張された訂正は，当該訴訟当事者間の相対的なものにとどまることになり，被告ごとに異なる内容の訂正の主張がされるおそれがある。また，訂正の再抗弁が侵害訴訟で認められたにもかかわらず，当該訂正が将来実現されなかった場合には，対世的には従前の訂正前の特許請求の範囲のままの特許権が存在することとなり，法的関係が複雑となる。

したがって，現在の裁判実務においては，訂正の再抗弁を主張するに当た

物事件］，東京地判平29・4・21（平成26年(ワ)第34678号）裁判所HP〔ピストン式圧縮機事件］）がある。無効審判が係属していない場合の訂正審判請求は，独立特許要件が必要とされる（特許126条5項）から，上記②の「当該訂正によって特許の無効理由が解消されること」との要件と重複するとの指摘がある（清水節「無効の抗弁（特許法104条の3等）の運用と訂正の主張について」判タ1271号32頁）。

(注27) 前掲（注2）最判平20・4・24〔ナイフの加工装置事件〕の泉徳治裁判官の補足意見。

り，原則として現実に適法な訂正請求等を行うことが求められている。

　もっとも，具体的な事実関係の下，特許権者による訂正請求等が法律上困難であり，現実に訂正請求等を行うことができない場合(注28)にまで訂正の再抗弁を主張し得ないとするのは特許権者に酷であり，このような場合には，訂正の再抗弁の要件として訂正請求等を行っていることを不要とする見解が近時有力に主張され，同見解に親和的な裁判例(注29)も見られる。なお，この見解によれば，上記の場合には，訂正請求等を行っていることに代えて，将来訂正を請求することができるときに請求する予定の訂正内容を主張立証すれば足りることとなる(注30)。

　(ア)　知財高判平26・9・17判時2247号103頁〔共焦点分光分析装置事件〕
　(i)　事実関係と経緯　　X1（特許権の譲渡人）及びX2（特許権の譲受人）は，Yの製造・販売する分光分析装置が当該特許権を侵害すると主張して，Yに対し，損害賠償金の支払等を求める訴訟を提起した。Yは，原審において，乙16発明に基づく進歩性欠如を含む無効の抗弁を主張し，Xらは反論した。その後，X2は，訂正審判請求をし，当該訂正を認める審決がされたため，Xらは，当該訂正に基づく訂正の再抗弁を主張した。これに対し，Yは，無効審判請求をしたが，審判請求不成立審決がされたため，当該審決に対する取消訴訟を提起した。

　原審は，上記無効の抗弁を認める判決をした。

　これに対し，Xらは，控訴を提起し，新たな訂正の再抗弁を主張した。なお，控訴審の係属中，上記審決取消訴訟も係属中であった。

　(ii)　主たる争点　　訂正請求等の要否。
　(iii)　裁判所の判断　　「訂正の再抗弁の主張に際しては，実際に適法な

(注28)　例えば，特許権の実施権者が訂正に同意しない場合（特許127条），共有に係る特許権者の一部の者が請求の手続に関与しない場合（特許132条3項），無効審判請求や審決取消訴訟が係属中である場合（特許126条2項。特許134条の2第1項参照）等がある。
(注29)　下記裁判例のほか，知財高判平29・3・14（平成28年(ネ)第10100号）裁判所HP〔魚釣用電動リール事件〕，前掲最判平29・7・10〔シートカッター事件〕など。
(注30)　髙部眞規子「平成23年特許法改正後の裁判実務」L＆T53号20頁（27頁），清水・前掲（注10）80頁（87～88頁），髙部眞規子『実務詳説特許関係訴訟〔第3版〕』148頁など。なお，現実に訂正審判の請求又は訂正請求を要しない場合があるとしても，特許法104条の3第2項の趣旨に照らし，訂正の再抗弁の主張は原則1回に制限されるべきとの指摘もある（髙部眞規子編『特許訴訟の実務〔第2版〕』135頁〔中島基至〕）。

訂正請求等を行っていることが訴訟上必要であり，訂正請求等が可能であるにもかかわらず，これを実施しない当事者による訂正の再抗弁の主張は，許されないものといわなければならない。」

「ただし，特許権者が訂正請求等を行おうとしても，それが法律上困難である場合には，……公平の観点から，その事情を個別に考察して，適法な訂正請求等を行っているとの要件を不要とすべき特段の事情が認められるときには，当該要件を欠く訂正の再抗弁の主張も許されるものと解すべきである。」

本件の経緯によれば，「現時点において，知的財産高等裁判所に審決取消訴訟が係属中である以上，特許権者であるX2は，訂正請求等をすることはできない……。

しかしながら，Xらが，当審において新たな訂正の再抗弁を行って無効理由を解消しようとする，乙16発明に基づく進歩性欠如を理由とする無効理由は，既に原審係属中の平成23年12月22日に行われたものであり，その後，X2は，平成24年7月3日に本件訂正審判請求を行ってその認容審決を受けている。また，Yが同年11月5日に乙16発明に基づく進歩性欠如を無効理由とする無効審判請求を行っていることから，X2は，その審判手続内で訂正請求を行うことが可能であった。さらに，新たな訂正の再抗弁の訂正内容を検討すると，……控訴審に至るまで当該訂正をすることが困難であったような事情はうかがわれない。……

そうすると，X2が現時点において訂正請求等をすることができないとしても，これは自らの責任基づくものといわざるを得ず，訂正の再抗弁を主張するに際し，適法な訂正請求等を行っているという要件を不要とすべき特段の事情は認められない。」

(iv) 検　討　本判決は，原則として，訂正の再抗弁の主張において，適法な訂正請求等を行っていることが必要であるが，法律上，訂正請求等を行うことが困難である場合，公平の観点から，その事情を個別に考察し，上記要件を不要とすべき特段の事情が認められるときには，当該要件を欠く訂正の再抗弁も許されるとの見解を示した。その理由として，法改正の経緯（具体的には，平成23年法律第63号により，審理の迅速かつ効率的な運営のため，審決取

消訴訟の係属中に訂正請求等を行うことが困難とされたこと），及び，例外的事情（例えば，侵害訴訟において，特許無効の抗弁が主張され，同内容の無効審判請求がされた後，新たな無効理由に基づく特許無効の抗弁を当該訴訟で主張することが許され，当該無効理由については無効審判請求を提起しないような場合は，既存の無効審判請求について訂正請求が許さない期間内であれば，新たな無効理由に対応した訂正請求等を行う余地がないこと）を挙げている。

そして，本判決は，特許権者であるX₂は，再抗弁を主張する時点で訂正請求等を行うことはできないが，訂正の再抗弁により解消しようとした無効理由に係る特許無効の抗弁の提出時点から無効審判請求がされるまでの期間や当該無効審判請求の手続で訂正請求が可能であったのに行わなかったこと，この間にX₂が別の内容の訂正審判請求を行っていたこと，訂正の再抗弁の内容等を考慮して，控訴審に至るまでに訂正請求等を行うことが困難であったとはいえないとし，上記特段の事情は認められないと判断した。

本判決では，訂正の再抗弁を主張する時点で訂正請求等を行うことができないとしても，当該制限を受けるまでの具体的な事情を検討し，訂正請求等を行う機会が保障されていたにもかかわらず，特許権者がその機会を利用しなかったといえる場合には，訂正請求等を不要とする特段の事情は認められないと判断していると思われる。本判決は，事例判断ではあるものの，上記の考慮要素や判断枠組みは，訂正請求等が法律上制限されている事案において参考になると思われる。

(b) 要件②「当該訂正によって特許の無効理由が解消されること」

この要件は，無効の抗弁と事実として両立し，特許の無効理由を解消して無効の抗弁から生ずる法律効果を否定するものであるから，無効の抗弁に対する再抗弁としての本質的部分である。

具体的にどのような事実を主張立証すべきかについて検討すると，例えば，新規性欠如・進歩性欠如を無効理由とする無効の抗弁に対しては，特許請求の範囲の減縮（特許126条1項1号・134条の2第1項1号）を行った結果，従来，無効の抗弁に係る公知例に対して新たな相違点が生じたことを主張立証することになる。サポート要件違反（特許36条6項1号）を無効理由とする無効の抗弁に対しては，特許請求の範囲の減縮を行った結果，特許請求の範囲の記

載が発明の詳細な説明の記載に対応することを明示することを主張立証することになる。明確性要件違反（同項2号）を無効理由とする無効の抗弁に対しては，誤記の訂正（特許126条1項2号・134条の2第1項2号）又は不明瞭な記載の釈明（特許126条1項3号，134条の2第1項3号）を行い，特許発明を明確であることを主張立証することになる[注31]。

(c) 要件③「対象となる被告の製品・方法が，訂正後の特許発明の技術的範囲に属していること」

この要件は，抗弁で争われている特許権の有効性の問題とは直接関係するものではない。しかしながら，訂正の再抗弁を主張する者は，無効の抗弁の成立を妨げて自らの請求の認容を求めるために，訴えの対象となる被告製品・方法が請求原因において主張した特許請求の範囲の記載に基づく特許発明のみならず，訂正により減縮等された後の特許請求の範囲の記載を前提とする特許発明の技術的範囲に属することを主張立証する必要がある[注32]。

(2) 主張すべき時期

なお，設問に含まれていないが，訂正の再抗弁の主張時期についても，簡単に検討する。

訂正の再抗弁は，一つの訂正主張を基軸として，訂正の成否，無効理由の解消の有無，訂正後のクレームに基づく構成要件充足性等の一連の争点が形成され，新たな訂正の再抗弁を認めると，審理に相当の時間を要することになる。

したがって，訂正の再抗弁についても，特許無効の抗弁と同様，適時に主張立証が提出されるよう適切な訴訟指揮を行うことが求められる。また，当事者としても，侵害訴訟の判決確定後には，訂正審決が確定したとしても確定判決を覆すことができないから（特許104条の4），侵害訴訟において，訂正の再抗弁を適時に提出する必要がある。

訂正の再抗弁における民事訴訟法157条の適否については，訂正の再抗弁は，特許無効の抗弁の成否に左右されるところもあるので，その主張時期を

(注31) 清水・前掲（注26）32頁を参考にした。
(注32) 前掲（注2）最判平20・4・24〔ナイフの加工装置事件〕。

特許無効の抗弁と同一に論ずることはできないことに留意する必要がある。なお，この点に関し，裁判所が無効主張についての判断又は心証を示し，特許権者が訂正の対抗主張を提出する機会を与えられたにもかかわらず，直ちに同主張を提出しなかった場合には，少なくともその後の提出を時機に後れたものと判断されてもやむを得ないとの指摘もある(注33)。

また，特許法104条の3第2項の適否については，同条項は，文言上は同条1項の特許無効の抗弁に関する規定であるが，訴訟の比較的早い段階で無効主張がされた場合を想定すると，特許権者としては特許請求の範囲の減縮を目的とする訂正に消極的な考慮が働くにしても，自己の特許発明の内容については当然分かっているはずであるから，対抗主張をすること自体は可能なはずであり，その主張の提出時期については自ずと制約があってしかるべきであり，無効主張の濫用防止という特許法104条の3第2項の規定の趣旨は，訂正の再抗弁にも同様に妥当すると解されている(注34)。

なお，上告審における主張制限については，前述〔2〕(3)(d)のとおりである。すなわち，特許権侵害訴訟判決確定後に訂正審決が確定したとしても，紛争の蒸し返し防止の観点から，当該審決の確定を再審事由(民訴338条1項8号)に該当すると主張することは許されない(特許104条の4)。特許権侵害訴訟の上告審係属中に訂正審決が確定した場合については，特許法104条の3及び104条の4の各規定の趣旨に照らし，原則として，当該審決の確定を再審事由として主張すること許されないとする見解があり，前掲最判平29・7・10〔シートカッター事件〕は，以下のようにこれに親和的な判示をしている。

　　(i)　事実関係と経緯　　X（特許権者）は，Yの販売するシート等を裁断する工具がXの有する特許権を侵害すると主張して，Yに対し，当該製品の販売の差止め及び損害賠償金の支払等を求める訴訟を提起した。

第1審は，Yの特許無効の抗弁（以下「本件無効の抗弁①」という。）を排斥し，Xの請求を一部認容した。Yは，これを不服として控訴し，新たな無効理由による特許無効の抗弁（以下「本件無効の抗弁②」という。）を主張したところ，

　　(注33)　髙部眞規子編『特許訴訟の実務〔第2版〕』138頁〔中島基至〕。
　　(注34)　和久田道雄・最判解民平成20年度(上)263頁。

原審は，これを認め，第1審判決中のY敗訴部分を取り消し，Xの請求をいずれも棄却した。

Xは，これを不服として上告及び上告受理申立てをするとともに，訂正審判を請求した。上告審係属中に訂正審決がされ，確定したので，Xは，上告審において上申書を提出し，民事訴訟法338条1項8号所定の再審事由がある旨主張した。

なお，Xは，原審の口頭弁論終結時までに，本件無効の抗弁②に係る無効理由を解消するための訂正についての訂正審判の請求又は特許無効審判における訂正の請求をすることができなかった（第1審係属中，Yは，本件無効の抗弁①に係る無効理由が存在することを理由とする無効審判請求をしたが，同請求は成り立たない旨の審決がされ，同審決の取消訴訟を提起した。本件無効の抗弁②が主張された時点では，同訴訟が係属中であり，上記訂正審判の請求時点まで，上記が確定しなかった。）。

　(ii)　主たる争点　　特許権侵害訴訟の上告審係属中に訂正審決が確定したことを上告審において主張することの許否。

　(iii)　裁判所の判断　　特許権者が，事実審の口頭弁論終結時までに訂正の再抗弁を主張しなかったにもかかわらず，その後に訂正審決等が確定したことを理由に事実審の判断を争うことは，訂正の再抗弁を主張しなかったことについてやむを得ないといえるだけの特段の事情のない限り，特許権の侵害に係る紛争の解決を不当に遅延させるものとして，同法104条の3及び104条の4の各規定の趣旨に照らして許されない。

本件において，Xは，原審の口頭弁論終結時までに本件無効の抗弁②に係る無効理由を解消するための訂正についての訂正審判の請求等をすることが法律上できなかったが，本件事情の下で，本件無効の抗弁②に対する訂正の再抗弁を主張するために現にこれらの請求をしている必要はないというべきであるから，これをもって，Xが原審において本件無効の抗弁②に対する訂正の再抗弁を主張することができなかったとはいえず，その他上記特段の事情はうかがわれない。

　(iv)　検　　討　　本判決は，前掲（注2）最判平20・4・24〔ナイフの加工装置事件〕と同様に，訂正審決の確定が再審事由に該当するか否かについては判断を示していないが，特許権者が，事実審の口頭弁論終結時までに

訂正の再抗弁を主張しなかったにもかかわらず，その後に訂正審決が確定したことを理由に事実審の判断を争うことは特段の事情がない限り許さない旨判示した。本判決は，同判決及び平成23年法律第63号による法改正の流れを踏まえ，事実審口頭弁論終結後に特許の効力と範囲について実質的に再び争うことについても，これを制限的に解することが法の趣旨に沿うものと解して，上告審において訂正審決の確定を理由に事実審の判断を争うことは原則として許さないとの立場を採用したものと考えられる。また，本判決は，上告審において訂正審決が確定したとの主張を制限しても当事者の手続的保障に欠けるとはいえないのは，特許権者には事実審の口頭弁論終結時までに訂正の再抗弁を主張する機会と権能があるのが通常であるという点にあることから，個別的な事案において，特許権者に帰責性のない何らかの事情により，その前提を欠いたと評価できるような例外的な事態が生じたために訂正の再抗弁を主張しなかったといえる場合に限っては，上記主張制限がされない旨を判示したものと考えられる。

10 冒認と共同出願違反

髙部　眞規子

発明者はどのように認定すべきか。冒認出願及び共同出願違反は，特許権侵害訴訟・審決取消訴訟・特許権の移転登録訴訟においてどのように位置付けられるか。

〔1〕　はじめに

(1)　冒認と共同出願違反の意義

　特許権を取得し得る者は，発明者及びその承継人に限定されている（特許29条1項・34条1項参照）。このような「発明者主義」を採用する特許制度の下において，その要件を欠く出願，すなわち，発明について正当な権原を有しない者（特許を受ける権利を有していない者）が特許出願人となっている出願のことを「冒認出願」という。冒認は，拒絶理由であり（特許49条7号），これに違反して特許されたときは，特許を受ける権利を有する者に限り無効審判を請求することができる（特許123条1項6号・2項）。
　また，特許を受ける権利が共有に係る場合は，全員で特許出願しなければならない（特許38条）。つまり，特許を受ける権利が共有に係るときは，各共有者は，他の共有者と共同でなければ，特許出願をすることができない。そして，特許法38条に違反する特許出願，すなわち「共同出願違反」は，拒絶理由であり（特許49条2号），これに違反して特許されたときは，利害関係人に限り無効審判を請求することができる（特許123条1項2号・2項）。
　そして，これらの事由は，特許権侵害訴訟において特許無効の抗弁（特許104条の3）として主張することができる。
　さらに，平成23年改正により，真の発明者が冒認又は共同出願違反に係る

特許権者に対し，特許権の移転登録を請求する制度が新設された（特許74条）。

(2) 問題の所在

訴訟において，真の発明者が誰か又は特許権の帰属が問題になる場面としては，上記のとおり，①拒絶査定不服審判請求及び特許無効審判請求に係る審決取消訴訟において，冒認又は共同出願違反が特許の拒絶理由又は無効理由になる場合のほか，②特許権侵害訴訟において冒認や共同出願違反が特許無効の抗弁となる場合，③冒認や共同出願違反を理由とする特許権の移転登録請求訴訟の場合が考えられる。また，発明者が誰かという問題は，このほかにも，④職務発明対価請求訴訟において発明者性が争われた場合や，⑤冒認又は共同出願違反により特許権を取得した場合に真の権利者からの損害賠償請求訴訟や発明者名誉権に基づく請求等の場面，⑥特許を受ける権利の帰属の確認訴訟においても，問題になる。

このように，冒認や共同出願違反は，様々な場面で問題となるが，本項目では，まず，発明者の認定について説明し，訴訟で問題となる場面において，当事者がいかなる主張立証をすべきかを中心に，論じることとしたい。

〔2〕 発明者の認定

(1) 発明者の意義

(a) 発明者とは

「発明」とは，「自然法則を利用した技術的思想の創作のうち高度のもの」をいうから（特許2条1項），真の「発明者」といえるためには，当該発明における技術的思想の創作行為に現実に加担したことが必要である。発明は，その技術内容が，当該技術分野における通常の知識を有する者（当業者）が反復実施して目的とする技術効果を上げることができることができる程度にまで具体的客観的なものとして構成されたときに，完成したと解すべきであるから[注1]，発明者は，当該技術的思想を当業者が実施できる程度にまで具体的客観的なものとして構成する創作活動に関与した者でなければならない。

したがって，発明者といえるためには，技術的思想の創作行為，とりわけ従前の技術的課題の解決手段に係る発明の特徴的部分の完成に現実に関与することが必要である[注2]。

これに対し，①発明者に対して一般的管理をしたに過ぎない者（単なる管理者），例えば，具体的着想を示さずに，単に通常の研究テーマを与えたり，発明の過程において単に一般的な指導を与えたり，課題の解決のための抽象的助言を与えたに過ぎない者，②発明者の指示に従い，補助したに過ぎない者（単なる補助者），例えば，単にデータをまとめたり，文書を作成したり，実験を行ったに過ぎない者，③発明者による発明の完成を援助したに過ぎない者（単なる後援者），例えば，発明者に資金を提供したり，設備利用の便宜を与えたに過ぎない者等は，技術的思想の創作行為に現実に加担したとはいえないから，発明者ということはできない[注3]。

(b)　共同発明者とは

発明者となるためには，一人の者が単独で全ての過程に関与することが必要なわけではなく，共同で関与することでも足りるし，実際には，複数の者が発明に関与する事態は少なくない。そして，複数の者が共同発明者となるためには，課題を解決するための着想及びその具体化の過程において，一体的・連続的な協力関係の下に，それぞれが重要な貢献をすることが必要である[注4]。共同発明者についても，当該技術的思想を当業者が実施できる程度にまで具体的客観的なものとして構成する創作活動に関与していることが必要であろう。

(2)　発明者の認定手法

発明者が誰かの認定判断は，しばしば困難な事実認定を伴う。近時の裁判例においても，事案に応じ，判断の手法は，必ずしも同じではない。

(a)　第1の判断手法は，間接事実の積み重ねにより発明者を認定するもの

(注1)　最判昭52・10・13民集31巻6号805頁〔薬物製品事件〕。
(注2)　知財高判平28・2・24（平成26年（行ケ）第10275号）裁判所HP〔歯列矯正ブラケット事件〕。
(注3)　東京地判平17・9・13判タ1214号283頁〔分割錠剤事件〕。
(注4)　知財高判平20・5・29判タ1317号235頁〔ガラス多孔体及びその製造方法事件〕。

である。

　すなわち，まず，①明細書の記載から発明の技術的思想や発明の特徴的部分を認定し，②発明に至る経緯，③関係者の技術的知識や経験の程度，④関係者との相互関係やそれぞれの関与の内容等を認定した上で，上記の各事実から，発明者と主張する者が当該発明における技術的思想の創作に現実に関与したといえるか，すなわち，当該技術的思想を当業者が実施できる程度にまで具体的客観的なものとして構成する創作活動に加担した者といえるかを判断することにより，発明者を認定する手法である。共同発明者の認定の場合も，同様である。

　（ア）　前掲（注2）知財高判平28・2・24〔歯列矯正ブラケット事件〕

　原告の有する特許について，無効審決がされたのに対し，原告が取消しを求めた事案である。無効審判請求人である被告は，Aも共同発明者である旨主張し，判決も，以下のとおり，Aが共同発明者であると認定したものである。

　本件発明の課題は，アーチワイヤがスロットから外れて係止溝内にはまり込むという事態の回避，アーチワイヤのより確実な係止が可能であり，かつ，操作性の良いロック部材を備えた歯列矯正ブラケットの提供であり，その課題の解決手段として，ロック部材の反ベース側部の中央に切欠き部が設けられており，ブラケット本体の係止溝の長手方向中央部分に，上記切欠き部に対応して係止溝を埋めるように突出したリブが形成されているという構成が本件発明の特徴的部分である。そして，①Aは，セルフライゲーションの歯列矯正ブラケットの構造等に関し，相当高度な技術的知見を有していたこと，②Aは，本件特許出願に向けての準備において，大きな影響力を有していたこと，③本件発明の特徴的部分を着想したのはAであったこと，④Aは，原告において作成した本件発明に係るセルフライゲーションタイプの歯列矯正ブラケットの20倍モデルにつき，実用化に向けて試験及び分析を行ったことを総合すれば，Aは，本件発明の特徴的部分の完成に現実に関与したものというべきであり，このことは，Bが本件特許出願について作成した2通の社内連絡書においてAを「発明者」又は「考案者」としており，いずれの書面とも当時の原告の代表者及び工場長を含む管理職の確認を経ていること並び

に⑤本件特許出願の願書及び本件特許の特許公報においてAが発明者として記載されていることからも，裏付けられる。

　(イ)　前掲（注4）知財高判平20・5・29〔ガラス多孔体及びその製造方法事件〕

　発明者名誉権の侵害による損害賠償請求事件である。原告において自らが発明した旨主張したが，判決は，以下のとおり，原告が発明者であるとは認められないとしたものである。

　①本願発明は，Qが，白金坩堝を使用して750℃まで加熱した際に多孔性現象を発見したことが端緒となったこと，②Qは，前記多孔性現象の効果及び有用性などを確認し，検証するために，被告の指導を受けながら，水熱ホットプレスをする条件等を変え，実験を重ねて，有用性に関する条件を見いだし，その結果に基づいて，本件修士論文を作成したこと，③本願発明とQの本件修士論文の内容とを対比すると，本件修士論文には本願発明の全ての請求項について，その技術的思想の特徴的部分が含まれているので，遅くともQが本件修士論文を作成した時点において，当業者が反復実施して技術効果を挙げることができる程度に具体的・客観的な構成を得たものということができ，本願発明が完成したものということができる。原告のQに対する指導，説明，指示等の具体的内容としては，本願発明に至るまでの過程において，Qから実験結果の報告を受けていたにとどまり，本願発明の有用性を見いだしたり，当業者が反復実施して技術効果を挙げることができる程度に具体的・客観的な構成を得ることに寄与したことはない。原告は，Qに対して，管理者として，一般的な助言・指導を与えたに過ぎないので，本願発明の発明者であると認めることはできない。

　(ウ)　東京地判平27・4・24判時2304号87頁〔横電界方式液晶表示装置事件〕

　原告が有する特許権の侵害訴訟における被告の無効の抗弁に関し，原告（特許権者）においてP（原告代表者）が発明した旨主張したのに対し，判決は，以下のとおりこれを否定したものである。

　本件発明の特徴的部分である構成要件Eの構成について，①同構成を着想するには，液晶表示装置における信号配線と駆動電極の短絡の発生確率が小

さくなって欠陥が低減することなどが可能となることを予想できるだけの技術的能力を有していることが必要であるところ，Ｐは，液晶表示装置に関する技術を専門的に研究したり，液晶表示装置に関して技術開発や部品製造等の業務に従事したりした経験はなく，また，原告には，液晶表示技術に関する実験が可能な設備や施設が備えられていなかったから，Ｐには，本件出願当時において，前記のような液晶表示装置に関する実際の製造現場における技術的知識，経験を得るべき経歴や環境が備わっていなかったこと，②Ｐが上記課題を認識してこれを解決する構成を着想したことについて，その経過を示すようなメモやノート等といったものは何ら提出されていないこと，③Ｐは，従来技術においてどの程度の割合で歩留まりが生じていて，これが本件発明によりどの程度の割合で歩留まりが高くなるのかについて，本人尋問において被告代理人や裁判所から複数回にわたって質問されても，具体的に説明することができなかったこと，④Ｐは，英文読解は得意でなく，液晶表示装置に関する技術を専門的に研究したり，技術開発や部品製造等の業務に従事したりした経験がないことに照らしても，Ｐ自身の供述内容からは，Ｐが着想に至る課題を発見し得るような知見を得ていたといえないこと，⑤以上認定したＰの液晶表示装置に関する技術的知識，経験の程度や，Ｐが従来技術と本件発明の作用効果の対比を具体的に説明できないこと，着想に至る経過を示す客観的証拠が提出されておらず，ほかに着想に至る経過を認めるに足りる証拠がないことに照らし，Ｐの前記供述は到底信用することができない。そして，本件発明の構成要件Ｅに係る構成は，Ｐが着想したとは認めるに足りず，少なくとも，被告らの主張する冒認を疑わせる具体的な事情をしのぐ立証がされたということはできないばかりか，むしろこれを着想し，具体化して発明を完成させたのは，Ｑであると認めるのが相当である。

　また，本件発明の構成要件Ｇの構成についても，Ｑが有する技術的知識及び経験や，本件出願における主導的関与等によれば，本件発明の構成要件Ｇに係る構成は，Ｐが着想したとは認めるに足りず，少なくとも，被告らの主張する冒認を疑わせる具体的な事情をしのぐ立証がされたということはできないばかりか，前記認定の諸事情に照らし，少なくともその一部をＱが着想したものと推認するのが相当である。

(b)　前記(a)の第1の判断手法を基本としつつ，当事者の主張立証活動の時期や内容等から，その信用性を問題とする手法もある。

　(ｱ)　知財高判平27・6・24判時2274号103頁〔袋入り抗菌剤事件〕

原告の有する特許についての，無効審決に対する取消訴訟である。原告において発明者はＰ（原告代表者）単独である旨主張したところ，判決は，以下のとおりこれを否定したものである。

　Ｐの陳述書は，当審第3回弁論準備手続期日において初めて提出されたものであるところ，押印のみで本人の署名もなく，当裁判所の釈明に対しても，原告は，出頭に支障がある事情を述べることもなく，原告代表者であるＰの本人尋問を申請する意思がないことを明らかにしており，上記陳述書は反対尋問を経ていないものであるから，そもそもその信用性は低いものである。

　完成したＣＬ－40の試作品の外袋と薬剤袋との間に隙間があり，その隙間に放出孔が位置するという構成（発明特定事項ｈ）となることに着目し，同構成により二酸化塩素の除放を可能とするという技術的意義自体に気が付き，本件発明を完成させたのがＰであるとしても，それはＱ（被告代表者）の創作した外袋により生じた発明特定事項ｈの構成についての技術的意義を発見したものであり，Ｐが単独で本件発明の「創作」をしたものとはいえない。そして，Ｑは，別の技術的理由に基づき，上記の外袋の構成に想到したとしても，少なくともそのような構成を具体化する上では，Ｑの着想し，具体化した放出孔の位置が貢献したことになるから，原告の上記主張は，Ｑが本件発明の共同発明者であることを否定する理由とはならないというべきである。確かに，発明特定事項ｈは，外袋と内袋との間の隙間が形成される部分に放出孔が設けられているというものであり，袋の上方に放出孔が位置すること自体が発明特定事項となるものではない。しかし，ＣＬ－30を改良した新製品の開発過程においては，外袋の中に薬剤袋を封入し，外袋の四方を密閉することが前提となって外袋の開発がされていたのであり，かつ，袋の上方に放出孔が位置する外袋に当時既に存在したＣＬ－30の内袋と同様の薬剤量の薬剤袋を封入すれば，当然に発明特定事項ｈの構成が生じることからすれば，Ｑが外袋の上方に放出孔が位置することを定めたことは，発明特定事項ｈの具体化に重要な貢献をするものであるといえ，原告の主張は，Ｑが共同発明

(イ) 東京地判平26・12・18（平成25年㈭第32721号）裁判所ＨＰ〔コンクリート製サイロビンの内壁の検査方法事件〕

特許権の移転登録手続請求（二次的に冒認を理由とする差止請求権不存在確認請求等）に関し，原告らにおいて原告Ｐが発明した旨主張したが，判決は，以下のとおりこれを否定したものである。

①Ｐは，何ら具体的な補修方法に係る着想の経緯を陳述するものではないこと，②原告らは，訴状において，平成２年ころから平成22年にかけてＰが個人的に本件発明をしたなどと主張していたにもかかわらず，被告による証拠提出を受けて，Ｐの記憶違いであったなどとして，昭和53年ころに本件発明をしたと訂正するなどと主張を変遷させているのであって，Ｐが真の発明者であれば，昭和50年に被告に入社後，昭和53年ころに本件発明に係る減圧チェックステップを着想したのか，平成２年ころに本件発明の着想を得たのかという重要な点に関して記憶違いをするはずがないから，このような記憶違いをしていたなどとするＰの陳述内容は，採用することができないこと，③Ｐが本件発明の単独発明者であるとしながら，Ｐの知らない間に，本件発明の減圧チェックステップが取引先で実施され，特許出願までされたという陳述内容は，余りにも不自然であること，④本件特許出願の願書に記載した発明者の氏名について，Ｐは，本件特許出願当時，被告のプラント部の部長であったもので，便宜的に発明者として願書に記載されたに過ぎないとの被告の主張は，約25年間の期間の経過に鑑みれば，合理的であるし，本件特許出願の願書に記載された発明者がＰと特定されていたことをもって，Ｐが発明者であると認めることはできないこと，⑤Ｐには，コンクリート製サイロビンの構造や強度について専門的知識がなかったこと等に照らし，Ｐが発明者であると認めることはできない。

(ウ) 東京地判平26・12・25（平成25年㈭第10151号）裁判所ＨＰ〔カラーアクティブマトリックス型液晶表示装置事件〕

特許権侵害訴訟の無効の抗弁に関し，原告（特許権者）においてＰ（原告代表者）が発明した旨主張したのに対し，判決は，以下のとおりこれを否定したものである。

公知の特許公報の図面の構成を組み合わせて本件発明を完成させたとの原告の主張は，本件訴訟において尋問実施後に初めてされたものであり，それまで主張されたこともなかったもので，証拠に基づかないものであって，そもそも採用し難いものである。

　本件発明における±1度〜±30度という数値限定には，液晶表示装置分野の当業者において想到するだけの技術的意義があり，当業者と同水準の知識・経験を有しない者において±1度〜±30度という屈曲角度を着想することは困難であって，当業者と同水準の知識・経験を有しない者において，本件発明の構成を着想し得たとは認め難いところ，Pは，液晶表示装置に関する技術を専門的に研究したり，技術開発や部品製造等の業務に従事したりした経験はなく，Pが本件出願日当時，液晶表示装置について当業者に匹敵するほどの技術的能力を有していたとは到底認めることができないから，Pにおいて本件発明を完成したとするのは不自然というほかはない。加えて，Pが上記特許公報を基に本件発明を着想したとする原告の主張については，その裏付けとなる客観的証拠（例えば，当時入手した特許公報等の資料，Qに説明した際に作成したとするメモ等）が全く示されていない。また，本件におけるPの本人尋問の結果及びQの証言からは，いかにすれば上記特許公報に開示された発明との差別化を図ることができるかという，当然検討されてしかるべき中心的テーマについて，Pがいかなる説明をしたのかも明らかではなく，以上のような不自然さは，本件発明がP以外の，少なくとも当業者と同水準の知識・経験を有する者によって着想されたことを推認させる事情ということができる。

　他方，Qの液晶技術に関する経歴・経験及び提出した技術報告書の記載内容等に照らせば，Qは，本件出願日当時，液晶表示装置に関する技術や製造方法等に精通し，少なくとも当業者と同水準の知識・経験を有していたものと認められ，本件明細書は，Qが，図面も含めて全てを作成したものである。そして，これらは，いずれも本件発明がQによって着想されたことを推認させる事情ということができる。

　以上の事情を総合考慮すれば，第1の構成及び第3の構成が本件発明の特徴的部分といえるかはさておき，Pが第1ないし第3の構成を着想したとは

いえず，少なくとも第2の構成及び第3の構成を着想したのはQと認めるのが相当である。

(c) さらに，もう1つの判断手法として，冒認を理由とする無効審判請求において，まずは，冒認を主張する者が，どの程度特許権者が発明者であることを疑わせる事情を具体的に主張し，かつ，これを裏付ける証拠を提出しているかを検討し，次いで，特許権者が相手方の主張立証をしのぎ，特許権者が発明者であることを認定し得るだけの主張立証をしているか否かを検討する手法もある。そこでは，特許権者において，自らが本件各発明の発明者であることの主張立証責任を負うものであることを前提としつつ，先に出願したという事実は，出願人が発明者又は発明者から特許を受ける権利を承継した者であるとの事実を推認させる上でそれなりに意味のある事実であるとして，特許権者の行うべき主張立証の内容，程度は，冒認出願を疑わせる具体的な事情の内容及び無効審判請求人の主張立証活動の内容，程度がどのようなものかによって左右されるという立場が採られている。そして，仮に無効審判請求人が冒認を疑わせる具体的な事情を何ら指摘することなく，かつ，その裏付けとなる証拠を提出していないような場合は，特許権者が行う主張立証の程度は比較的簡易なもので足りるのに対し，無効審判請求人が冒認を裏付ける事情を具体的に指摘し，その裏付けとなる証拠を提出するような場合は，特許権者において，これをしのぐ主張立証をしない限り，主張立証責任が尽くされたと判断されることはないとするものである。

(ア) 知財高判平29・1・25（平成27年（行ケ）第10230号）裁判所HP〔噴出ノズル管の製造方法事件〕

被告が有する特許についての，無効審判請求不成立審決の取消訴訟である。原告は，本件特許1ないし3は原告の発明で，発明者でない被告名義で出願したものと主張したが，判決は，以下のとおり，本件発明1及び3は原告が発明者であるが，本件発明2は被告が発明者であると判断したものである。

原告は，本件発明1については，原告がその発明者であることを示す具体的な事情（冒認を疑わせる具体的な事情）を主張し，かつ，これを裏付ける証拠を提出しているものといえる。そこで，次に，被告が原告の主張立証をしのいで被告が発明者であることを認定し得るだけの主張立証をしているか否か

について検討する。この点についての被告の主張事実及びその裏付けとなる被告の陳述書等について，客観性のある証拠といえない，供述が客観的な証拠関係と整合しないものといわざるを得ない。被告が本件発明1を完成させたものとする被告の主張にはこれを裏付けるに足りる十分な証拠がなく，被告は，本件発明1の発明者が原告ではなく，被告であることについて，原告の前記主張立証をしのぐだけの主張立証をしているものとはいえないから，原告が発明者である。

　他方，原告は，本件発明2について，原告がその発明者であることを示す具体的な事情を主張しておらず，これを認めるに足りる証拠も提出していないところ，被告は，被告が本件発明2の方法を着想しこれを具体化したことについて，その具体的な事情を主張し，これを裏付ける一応の証拠も提出しているものといえるから，被告が発明者である。

　　(ｲ)　知財高判平29・3・27（平成27年（行ケ）第10252号）裁判所ＨＰ〔浄化槽保護用コンクリート体の構築方法事件〕

　被告の有する特許についての無効審判請求不成立審決の取消訴訟である。原告は，Mが発明者であると主張したが，判決は，以下のとおり，被告が発明者であると判断したものである。

　原告は，本件出願が冒認出願であることを疑わせる具体的な事情（すなわち，被告ではなく，原告が主張するMが本件発明の発明者であることを示す事情）を的確に主張しておらず，これを裏付けるに足りる証拠を提出しているともいえない。したがって，本件において，被告が本件発明の発明者であるとの認定をする上で必要とされる主張立証の程度は比較的簡易なもので足りるところ，本件発明及び本件出願に関係する事実経過からすれば，本件発明に係る構築方法を着想，具体化した者として想定し得る関係者は，Mのほかには，被告しかいないことが明らかであるから，原告の主張を前提とする限り，被告が本件発明の発明者であると考えるほかはないし，被告が本件発明の発明者であるとする認定に沿う事情も存在することなどを総合すれば，被告が本件発明の発明者である。

　　(d)　このように，事案ごとに様々な判断手法はあるものの，真の発明者は誰かについて，より具体的にいえば，①発明の属する技術分野が先端的な技

術分野か否か，②発明が専門的な技術，知識，経験を有することを前提とするか否か，③実施例の検証等に大規模な設備や長い時間を要する性質のものであるか否か，④発明者とされている者が発明の属する技術分野についてどの程度の知見を有しているか，⑤発明者と主張する者が複数存在する場合に，その間の具体的実情や相互関係がどのようなものであったか等の事情を総合考慮して，認定すべきものと解される(注5)。

また，発明は，その技術内容が，当該技術分野における通常の知識を有する者（当業者）が反復実施して目的とする技術効果を上げることができる程度にまで具体的客観的なものとして構成されたときに，完成したと解すべきであるから(注6)，その時点までに，発明者は，当該技術的思想を当業者が実施できる程度にまで具体的客観的なものとして構成する創作活動に関与していることを認定する必要がある。

(3) 発明の属する技術分野と発明者の認定

発明者は，その技術的思想を，当該技術分野における通常の知識を有する者（当業者）が実施できる程度にまで具体的客観的なものとして構成する創作活動に関与した者である。もっとも，発明者の認定は，発明の属する技術分野によっても異なる考慮が必要なこともある。

(a) 化学分野

例えば，化学分野においては，ある特異な現象が確認されたとしても，そのことのみによって直ちに，当該技術的思想を当業者が実施できる程度に具体的客観的なものとして利用できることを意味するものではなく，その再現性，効果の確認等の解明が必要な場合が生ずる。前掲（注4）知財高判平20・5・29〔ガラス多孔体及びその製造方法事件〕は，報告書において多孔性現象が確認された段階では，いまだ，当業者が実施できる程度の具体性，客観性をもった技術的思想を確認できる程度に至ったというべきではないから，原告が，Aによる，上記報告書における本件多孔化技術の確認に対して，

(注5) 知財高判平21・6・29判タ1376号205頁〔基盤処理装置事件〕，知財高判平22・11・30判時2116号107頁〔貝係止具事件〕。
(注6) 前掲（注1）最判昭52・10・13〔薬物製品事件〕。

何らかの寄与・貢献があったからといって、そのことが、直ちに、原告が発明者であると認定する根拠となるものではないとした。

(b) 機械分野

これに対し、機械の分野では、具体的な構成が解決手段であり、着想の段階でこれを具体化した結果を予測することが可能である。知財高判平20・7・17（平成19年(ネ)第10099号）裁判所ＨＰ〔既設コンクリート杭の撤去装置事件〕は、具体的構成の決定に関与した者を共同発明者であると認定し、前掲知財高判平27・6・24〔袋入り抗菌剤事件〕は、発明の着想を提供したにとどまる者であっても共同発明者であると認定した。

(c) 電気分野

電気の分野では、ある程度抽象的な着想であっても、それ自体が課題の解決手段として発明と評価され得るケースもある。この分野では、課題の発見自体がそのまま発明になることもあり、課題の設定者と発明者を判然と区別することが難しいからである[注7]。なお、知財高判平20・2・7判時2024号115頁〔違反証拠作成システム事件〕は、電子機器の場合、一般に、公知技術を組み合わせる段階で、既に、工夫が必要となることが多く、具体化が当業者にとって自明といえる可能性はそう多くはないとしつつ、本件において機能を果たさせているのはソフトウェアであり、そのために試作、テストを積み重ねる必要があるのであって、具体化が当業者にとって自明なものとはいえないとして、試作機の製作、その改良を重ね、テストを行った者を発明者と認定した。

(4) 主張立証責任

民事訴訟においては、弁論主義が適用され、事実の主張及び証拠の収集は当事者の権能と責任に委ねられている。主張責任とは、当事者が主張しない事実を裁判所が認定することは許されないという原則であり、立証責任とは、事実の存否について真偽不明の場合に、その事実を要件とする法律効果の発生が認められなくなるという当事者の一方の不利益をいう。主張責任の分配

(注7) 三村量一「発明者の意義」『知的財産権訴訟の動向と課題－知財高裁1周年』〔金判増刊1236号〕123頁。

は立証責任の分配に従い，立証責任は，自らが主張する法律効果を定める実体法規等の法律要件について立証責任を負担する（法律要件分類説）。冒認及び共同出願違反に係る主張立証責任については，議論が多い。それは，事実の存否について真偽不明の場合（ノンリケット）があり得るからであり，前記のとおり，事実認定が困難であることに起因していると思われる。

(a) 拒絶査定不服審判不成立審決の取消訴訟

　出願過程においては，発明者主義の下では，特許出願に当たって，出願人は，発明者又はその承継人であるという要件を満たしていることを，自ら主張立証する責めを負うものである。冒認を理由とする拒絶査定に対する不服審判請求及びその不成立審決の取消訴訟を提起する場合にも，出願人の側で，自らが発明者又はその承継人であるという要件を満たしていることを主張立証すべきであろう。

(b) 無効審判の審決取消訴訟

　(ア) 特許法123条1項は，その特許がその発明について特許を受ける権利を有しない者の特許出願に対してされたとき等は，その特許を無効にすることについて特許無効審判を請求することができると規定しており，そのような文言の体裁から，無効審判請求やその審決取消訴訟においては，「その特許がその発明について特許を受ける権利を有しない者の特許出願に対してされた」ことを，無効審判請求人側において立証責任を負うように理解することができなくない。行政処分には公定力があり，適法性の推定が働くと考えれば，なおさらである。

　(イ) これに対し，同法123条の規定は，無効事由に該当する事項を列挙する趣旨で設けられた規定であるとして，上記規定ぶりから立証責任の配分を導くのは相当でなく，出願人ないしその承継者である特許権者は，特許出願が当該特許に係る発明の発明者自身又は発明者から特許を受ける権利を承継した者によりされたことについての主張立証責任を負担する旨明言する裁判例もある[注8]。もっとも，形式的には主張立証責任が特許権者の側にあると解する立場からも，「出願人が発明者であること又は発明者から特許を受ける権利を承継した者である」ことは，先に出願されたことによって，事実

　　（注8）　知財高判平18・1・19（平成17年（行ケ）第10193号）裁判所HP〔緑化吹付資材事件〕。

上の推定が働き，無効審判請求人の側が実質的な立証責任を負担するとし[注9]，そのように解したとしても，そのことは，「出願人が発明者であること又は発明者から特許を受ける権利を承継した者である」との事実を，特許権者において，全ての過程を個別具体的に主張立証しない限り立証が成功しないことを意味するものではなく，むしろ，特段の事情のない限り，上記事実は，先に出願されたことによって，事実上の推定が働くことが少なくなく，無効審判請求において，特許権者が，正当な者によって当該特許出願がされたとの事実をどの程度，具体的に主張立証すべきかは，無効審判請求人のした冒認出願を疑わせる事実に関する主張や立証の内容及び程度に左右されるという[注10]。

(ウ) 他方，冒認を理由とする無効審判請求における主張責任の所在と立証責任の所在を別異に解する学説もある。それによれば，法律効果の発生を求める者は，少なくとも要件に該当する事実を主張すべきであり，無効審判請求は，特許庁の特許付与処分を前提に，特定の無効理由を基礎に特許の遡及的消滅を求めるものであるから，無効審判請求人側が，無効理由を基礎付ける事実（その特許が発明者でない者であってその発明について特許を受ける権利を有しない者の特許出願に対してされたこと）を主張すべきであるとする。他方，上記事実の証明責任については，出願人がその発明について特許を受ける権利を有しないという消極的事実について無効審判請求人に主張立証させるのは，発明に至る経緯等の多くの証拠が出願人側にあることにも鑑みて，酷であり，無効審判請求人に無理を強いることになるから，立証の難易という実質的・訴訟法的な考慮から，特許権者が負担するという[注11]。

(エ) なお，共同出願違反については，特許無効審判を請求する場合及びその審決取消訴訟においても，無効審判請求人が「特許を受ける権利が共有に係ること」について主張立証責任を負担すると解する見解がある[注12][注13]。

(注9) 飯村敏明「審決取消訴訟及び特許権侵害訴訟における冒認出願に関する審理について」『竹田傘寿』29頁。
(注10) 前掲（注5）知財高判平22・11・30〔貝柱止具事件〕，前掲知財高判平29・1・25〔噴出ノズル管の製造方法事件〕。
(注11) 愛知靖之「冒認を理由とする無効審判と主張立証責任」L＆T52号90頁。
(注12) 武宮英子「発明者性の立証責任の分配」L＆T59号22頁。なお，冒認の場合と同様に，特許権者が立証責任を負うとする見解として，松野嘉貞「審決取消訴訟における主張立証

(c) 特許権侵害訴訟における特許無効の抗弁

　侵害訴訟における特許無効の抗弁が成り立つための要件事実についての立証責任の分配は，特許無効審判及び審決取消訴訟における立証責任の分配と同様であるとする見解(注14)と，特許法104条の3が「無効の抗弁」と称され，抗弁事実については被告側が立証責任を負うこと，審決取消訴訟と特許権侵害訴訟は，特許の有効性と特許権の行使いかんという異なる性質の法的効果を求める場であって，同一の事実の立証責任も負担する当事者が異なり得ることから，発明者性の立証責任が被告側にあるという見解(注15)がある。

(d) 移転登録請求

　特許法74条1項による移転を請求する原告は真の権利者であり，被告は登録名義人であるから，原告は，請求原因として，移転を求める特許権に係る発明をしたことを主張立証すべきである(注16)。大阪地判平29・11・9（平成28年(ワ)第8468号）裁判所ＨＰ〔臀部拭き取り装置事件〕は，相手方の特許権に係る特許発明について，自己が真の発明者又は共同発明者であることを主張立証するためには，単に自己が当該特許発明と同一内容の発明をしたことを主張立証するだけでは足りず，当該特許発明は自己が単独又は共同で発明したもので，相手方が発明したものでないことを主張立証する必要があり，これを裏返せば，相手方の当該特許発明に係る特許出願は自己のした発明に基づいてされたものであることを主張立証する必要があるとした。

(5) 主張立証上の留意点

(a) 訴訟運営上の留意点

　発明者の帰属が争点になる事案では，まず，問題となっている発明の技術的特徴を明らかにすることが必要であり，それを発明するのにどの程度の水準の知識経験を必要とするかを解明する必要がある。そして，自ら発明し，

　　　　責任」『三宅喜寿』514頁，藤川義人「冒認出願に関する主張立証責任」知管61巻7号1057頁。
(注13)　知財高判平25・3・13判タ1414号244頁〔二重瞼形成用テープ事件〕。
(注14)　飯村・前掲（注9）29頁。
(注15)　平嶋竜太「冒認出願を理由とする特許無効審判における主張立証責任」法セ増刊速報判例解説7巻235頁，小松陽一郎「冒認出願と実務上の若干の課題」『牧野傘寿』489頁。
(注16)　髙部眞規子「冒認による移転登録の実務」Ｌ＆Ｔ55号1頁。

又は発明者から特許を受ける権利の承継を受けたことを主張する当事者に対し，発明の経緯とこれを裏付ける証拠の提出を促すべきである。また，これに反する主張をする相手方当事者に対しても，これを揺るがす間接事実を裏付ける証拠の提出を促すべきである。なお，冒認は必ずしも無効審判請求人（侵害訴訟の被告）にとって消極的事実とは限らず，出願人や特許権者の反対当事者の従業員等が真の発明者であると主張する場合もあり，同人が発明したという事実について立証を促すことになる。

証拠の中でも，特に，客観的証拠は重要であり，実験ノート等についてはその体裁等原本を確認することも必要である。そして，客観的証拠を時系列に並べてみることにより，いつの時点で誰が何をしたかが明らかになり，発明の着想とそれが具体化されるまでの過程において，特許権者・出願人側が発明者と主張する者と相手方が発明者と主張する者の役割を対比することができる。また，客観的証拠を補充するものとして，発明者と主張する者についての尋問は欠かせない。

上記のように，主張立証責任の所在については諸説あるが，その一般論についていずれの見解を採用するにせよ，実際の訴訟においては，以下のとおり，当事者は，発明者が行った発明の過程について，具体的に主張し，その裏付けになる適切な証拠を準備することが重要である[注17]。

(b) 主張上の留意点

まず，発明の経緯に関する主張の変遷は，不利に働く[注18]。

(c) 立証上の留意点

立証面では，従前の技術的課題の解決手段に係る発明の特徴的部分の完成に現実に関与したことを示す客観的な証拠の提出が不可欠であり，着想に至るメモやノートといった客観的証拠が提出されたか否かは判断のポイントになる[注19]。そして，実験ノート（ラボノート）が重要な証拠となるところ，手書きの図面が加除可能なバインダーに綴られており，前後の日付も統一性がなかったために，ラボノートの信用性が否定された例もあり[注20]，ラボノー

(注17) 髙部眞規子「特許権の帰属をめぐる訴訟法上の諸問題」学会年報39号229頁。
(注18) 前掲東京地判平26・12・18〔コンクリート製サイロビンの内壁の検査方法事件〕，前掲東京地判平26・12・25〔カラーアクティブマトリックス型液晶表示装置事件〕。
(注19) 前掲東京地判平27・4・24〔横電界方式液晶表示装置事件〕。

トの日時の記載や差替えができない形式のものであることも重要である。

　外部との共同発明の場合には，連絡会議の議事録や，発明の過程における双方の連絡文書や電子メール等が重要な証拠となり得る[注21]。

　さらに，真の発明者と主張する者の陳述書の提出及び尋問等の証拠調べが行われることが少なくないが，その尋問において発明の特徴的部分の完成に至る経過が具体的に説明できず，当然検討すべきテーマについて具体的に説明できないなど，発明者であれば具体的に説明できる事項が説明できないか不自然な供述にとどまる場合も，発明者性の認定に不利な影響を与える[注22]。出頭に支障がある事情を明らかにすることなく尋問の申請意思がないという態度も判断に影響を与え，尋問を経ていない陳述書の信用性は，低いとされる場合もある[注23]。陳述書や尋問において真の発明者と主張する者の専門的知識を立証することも重要である。

　なお，特許を受ける権利の譲渡が介在する場合はさらに立証が困難な場合も想定されるところ，譲渡の際に譲渡人に真の発明者からの譲渡であることの保証義務を負わせることなどの工夫が考えられる[注24]。

〔3〕 冒認・共同出願違反をめぐる法律関係

(1) 登録前の法律関係

　真の権利者は，新規性喪失の例外により，冒認出願の公開等から6月以内に出願をすることで特許権を取得できる可能性がある（特許30条2項）。しかし，出願期間の制約があり，冒認に気付いた時点では，真の権利者が出願したとしても特許を受けることができなくなっている場合もある。

　そこで，真の発明者Aは，冒認者Bに対し，以下のような法的手段を執る

(注20)　前掲（注5）知財高判平22・11・30〔貝係止具事件〕。
(注21)　知財高判平25・3・28判タ1416号116頁〔動態管理システム事件〕。
(注22)　前掲東京地判平27・4・24〔横電界方式液晶表示装置事件〕，前掲東京地判平26・12・25〔カラーアクティブマトリックス型液晶表示装置事件〕。
(注23)　前掲知財高判平27・6・24〔袋入り抗菌剤事件〕。
(注24)　藤川・前掲（注12）1057頁。

ことができる。

(a) 出願人の名義変更

特許権設定登録前の出願人名義変更については，特許出願後における特許を受ける権利の承継は，相続等の一般承継の場合を除き，特許庁長官への届出により効力を有する（特許34条4項）。出願人名義の変更手続については，新名義人が特許庁長官に「権利の承継を証明する書面」（譲渡証書）を添付することにより届け出れば足り，旧名義人の協力を要するものではないことを理由に（特許法施行規則5条1項・12条1項，様式第18），旧名義人に対し特許を受ける権利の出願人名義変更手続を求める請求は，認められていない。

譲渡人の協力が得られない場合には，上記証明書（譲渡証書）に代わるものとして，従前から，真の権利者は，特許を受ける権利（又はその持分）を有することの確認訴訟の確定判決を得，その勝訴判決を特許庁長官に提出することにより，単独で，冒認又は共同出願違反の出願について出願人名義を変更することが認められている[注25]。上記のような措置を採ることの理論的根拠は明らかではないが，この場合において，真の権利者が自ら出願していたか否かは問われていない。

(b) 損害賠償請求

真の権利者から，冒認又は共同出願違反をした者に対し，不法行為に基づく損害賠償請求が認められる可能性がある（民709条）。もっとも，損害の算定は困難な場合が多いと思われるし，冒認者の資力が十分でない場合には，実益に乏しい。

(2) 設定登録後の冒認者と真の発明者との関係

冒認又は共同出願違反は，拒絶理由に該当するが，これを看過して特許査定された場合には，真の発明者Aは，冒認者Bに対し，以下のような法的手段を執ることができる。

(a) 無効審判請求

(注25) 東京地判昭38・6・5下民14巻6号1074頁〔自動連続給粉機事件〕。

冒認又は共同出願違反の出願に係る特許は，無効理由を有するものとされているため（特許123条1項2号・6号），真の権利者は，無効審判を請求することにより当該特許を無効にすることが可能である。特許法123条2項括弧書により，このような無効理由に基づく特許無効審判は，真の権利者のみが請求できることになった。

もっとも，当該特許を無効にしたところで真の権利者の権利が回復するわけではないし，特許が無効になると，何人も当該発明を実施できることから，冒認出願がなければ独占的実施により得られたであろう利益を享受することができない。特に共同出願違反の場合には，真の権利者であることが争いのない共有者についてまでその権利が無効にされてしまい，不合理である。

なお，無効審判請求人適格は限定されたが，特許権侵害訴訟の被告は，真の権利者でなくても，当該特許が冒認又は共同出願違反により無効にされるべきものであるとの抗弁を主張することができる（特許104条の3第3項）。

(b) 損害賠償請求

真の権利者から，冒認又は共同出願違反により権利を取得した者に対し，不法行為に基づく損害賠償請求が認められる可能性がある。

(c) 特許権の移転登録手続請求

(ア) 従前の学説

特許権の取戻しに関して，従前の学説は，冒認出願された特許権が登録された後に本来特許権を取得するべきであった者から特許権者に対する特許権移転（取戻し）登録請求を否定する見解が多数であった。その理由は，①明文の規定がないこと，②特許を受ける権利と特許権との間には決定的な差違があること，③特許法が冒認を無効としていること，④特許の同一性の判断が困難であることなどであった[注26]。

(イ) 最判平13・6・12民集55巻4号793頁〔生ゴミ処理装置事件〕

そのような中，〔生ゴミ処理装置事件〕最高裁判決は，特許出願をした特許を受ける権利の共有者の一人から同人の承継人と称して特許権の設定の登録を受けた無権利者に対する当該特許権の持分の移転登録手続請求を認容す

(注26) 『注解特許法上〔第3版〕』320頁〔中山信弘〕。

べきものと判断した。上記判例は，真の権利者が出願していた事案であった。上記判決は，そのような一定の具体的事実関係の下で移転登録手続請求を認容すべきものとしたところ，その実体法上の根拠として，不当利得返還請求権を念頭に置くものと説明され，また，その射程についても慎重な検討が必要であると解説されている(注27)。

　　(ウ)　平成23年改正

　〔生ゴミ処理装置事件〕最高裁判決後も，真の権利者が自ら出願していなかったこと等を理由に，特許権の移転登録手続請求が否定された裁判例が多いなど(注28)，救済には限界があり，平成23年改正により，真の権利者が出願していなかった場合を含めて，移転登録手続を認める制度が導入されることになった。

　特許法74条は，冒認又は共同出願違反に該当するときは，特許を受ける権利を有する者が，特許権者に対し，当該特許権の移転を請求することができ，上記移転の登録があったときは，その特許権は，初めから当該登録を受けた者に帰属していたものとみなすこと等を規定した。共同発明であるにもかかわらず，一部の発明者が単独で特許出願した場合には，特許法74条3項も特許権の持分の移転を前提とし，省令にも一部の移転が規定されたことから，権利者の共同出願違反者に対する特許権の持分移転請求権が認められたものと解される(注29)。

　　(エ)　冒認出願の場合の権利帰属と移転請求の理論構成

　特許処分と権利帰属についての効力の関係は，①特許処分は，特許権を発生させるという客観面についてのみ法効果を有し，権利帰属という主観面については特段の法効果を有せず，特許権は，実体的には，特許権が本来帰属すべき真の権利者に原始的に帰属するという考え方と，②特許処分により，権利は暫定的に出願人に帰属するが，不当利得返還請求等により，最終的には真の権利者に帰属するという考え方が可能である(注30)。

　(注27)　長谷川浩二・最判解民平成13年度521頁。
　(注28)　東京地判平14・7・17判タ1107号283頁〔ブラジャー事件〕，東京地判平19・7・26（平成19年(ワ)第1623号）裁判所HP〔粉体移送装置事件〕，大阪地判平22・11・18（平成21年(ワ)第297号）裁判所HP〔コンクリート床版端部下面の補修工法事件〕。
　(注29)　髙部・前掲（注16）1頁。

特許法74条の規定は，必ずしもその法的性質を明示することなく，いわば立法によって，真の権利者から冒認者に対する移転請求権を創設したものということができようが，冒認は，権利帰属の問題であるから[注31]，前記①②のいずれによっても，説明が可能であると思われる。

　すなわち，上記①の考え方により，当然に真の権利者に権利が原始的に帰属するとしても，登録によって初めて権利行使が認められると解することも可能であるし，上記②の考え方により，移転登録をすれば，遡及的に最初から真の権利者に権利が帰属していたと解することも可能である。

　(オ)　移転登録の効果

　冒認を理由に移転請求権が行使されて真の権利者による移転登録手続が行われた場合には，特許権は冒認者には初めから帰属していなかったものとして扱われ，遡及して初めから真の権利者に帰属していたものとして扱われることになる（特許74条2項）。

(3)　真の発明者と冒認者及び第三者との法律関係

(a)　第三者の法定通常実施権

　冒認出願に係る特許権に関して，特許権設定登録後冒認者から譲り受けた者や，実施権又は質権の登録を有する者等の第三者が存在する場合がある。

　冒認を理由に特許が無効にされた場合には，冒認出願に係る特許権は，初めから存在しなかったものとみなされ，冒認者から特許権を譲り受けた者や実施権等の設定を受けた者も，同様に権利を失うことになる。

　他方，冒認を理由に特許が無効にされる場合に第三者が発明を自由に実施することができるのとは異なり，冒認を理由に移転登録手続が行われる場合には，真の権利者が新たに独占排他性を有する特許権を取得することになるため，当該発明を実施している第三者は真の権利者から権利行使を受ける可能性があることとなる。このため，冒認者から特許権を譲り受けた者がいる場合や，専用実施権又は通常実施権が設定・許諾されている場合においては，これらの者を保護するため，通常実施権を有するものとして扱われることに

（注30）　大渕哲也「特許処分・特許権と特許無効の本質に関する基礎理論」学会年報34号63頁。
（注31）　前掲最判平13・6・12〔生ゴミ処理装置事件〕。

なった（特許79条の2第1項）。その場合，真の特許権者は，通常実施権を有する者から相当の対価を受ける権利を有する（同条2項）。

(b) 冒認者BからDに譲渡された場合

特許権が冒認者BからDに譲渡された場合に，真の権利者Aが移転登録手続請求をすべき相手方となるのは，現在の名義人であるDである。しかし，Dは真の発明者が誰なのかについて証拠を有していないことが多いと考えられ，譲渡の際には，例えば，発明者性について譲渡人が責任を持つなどの条項を入れる必要がある。また，敗訴した場合には，将来，冒認者Bに損害賠償請求をするためにも，Dは，例えばBに訴訟告知をしておくことが考えられる。移転登録請求が認容された場合，Dは，特許法79条の2の要件の下に法定通常実施権を有することになる。

(c) 冒認者BがEに専用実施権・質権を設定した場合

冒認者BがEに専用実施権・質権を設定した場合は，冒認者Bから真の権利者Aに移転登録が認められると，遡及して冒認者が権利を有していなかったことになるから，Eの専用実施権や質権は，無権利者からの設定によるもので，無効である。しかし，平成23年改正法には，移転登録が認められても，当然にはEの専用実施権・質権を抹消する制度は規定されていない。移転登録後は上記権利は無効であるから抹消しなくてもよいという考え方もあり得るかもしれないが，登録原簿上，専用実施権や質権を抹消するには，真の権利者は，Bに対する移転登録手続請求に併合して，Eに対する条件付きの抹消登録手続（移転登録がされた場合に抹消登録を命じる。）を請求することができよう。

(d) 冒認者Bが侵害訴訟を提起した場合

(ア) 真の権利者が侵害訴訟の被告とされている場合，真の権利者たる被告は，冒認を理由として，無効の抗弁や帰属の抗弁を主張することができる。特許法104条の3第3項において，上記規定は，当該特許に係る発明について特許を受ける権利を有する者以外の者が同条1項の規定による攻撃又は防御の方法を提出することを妨げないことが明文で規定されている。

このように，冒認及び共同出願違反について，無効審判請求人適格は，真の権利者に限定されたが，侵害訴訟における無効の抗弁は，被告となった者

全てが主張することができる。なお，無効の抗弁の主張は，無効審判請求とは異なり，特許権を対世的に無効にするものではないため，真の権利者による移転登録手続の機会が失われることにはならない。よって，真の権利者たる侵害訴訟の被告は，反訴として，移転登録手続を求めることも可能であると思われる。冒認であることが認められれば，侵害訴訟は請求が棄却され，移転登録請求の反訴が認容されることになる。

(イ) また，侵害訴訟の当事者ではない第三者Aが真の権利者である場合，真の権利者は，自ら侵害訴訟に参加して，冒認者である原告には特許権の移転登録手続を求め，侵害者である被告には自己に損害賠償金を支払うことを求めるなどして，三者間の法律関係を一挙に解決するという訴訟形態も考えられる。

11 消　尽

林　雅子

　物の発明に係る特許権及び方法の発明に係る特許権の消尽について，それぞれの要件を説明せよ。また，部品が譲渡された場合の製品特許の消尽についてはどのように考えられるか。

〔1〕 特許権の消尽

　特許権者が特許製品（特許発明の実施品）を譲渡した場合には，当該特許製品を取得した者による当該特許製品の使用や譲渡等について，特許権者は特許権侵害を主張することができない。このように特許権の効力を制限する法理を消尽という。消尽に関しては，特許権者が国内で特許製品を譲渡した場合の特許権の行使の可否という国内消尽の問題と，国外で特許製品を譲渡した場合の特許権の行使の可否という国際消尽の問題とがあるが，以下では主として国内消尽について検討することとし，国際消尽については，後記〔5〕で触れるにとどめる。

〔2〕 物の発明に係る特許権の消尽

(1) 消尽が認められる根拠

　特許法は消尽についての規定を設けていないが[注1]，最高裁は最判平9・7・1民集51巻6号2299頁〔BBS事件〕及び最判平19・11・8民集61巻8号2989頁〔インクカートリッジ事件〕において，消尽が認められることを明

(注1) 半導体集積回路の回路配置に関する法律12条3項，種苗法21条4項，著作権法26条の2には，消尽についての規定がある。

らかにしている(注2)。〔BBS事件〕最高裁判決及び〔インクカートリッジ事件〕最高裁判決では，消尽を認める実質的根拠として，①特許製品について譲渡を行う都度特許権者の許諾を要するとすると，市場における特許製品の円滑な流通が妨げられ，かえって特許権者自身の利益を害し，ひいては特許法1条所定の特許法の目的にも反することになること（市場における特許製品の円滑な流通の確保），②特許権者は，特許発明の公開の代償を確保する機会が既に保障されているということができ，特許権者等から譲渡された特許製品について，特許権者がその流通過程において二重に利益を得ることを認める必要性は存在しないこと（特許権者の利得確保の機会の存在）が挙げられている。

(2) 消尽の要件

(a) 特許権者等により譲渡された特許製品であること

上記(1)の消尽を認める実質的根拠は，特許権者又は特許権者から許諾を受けた実施権者（以下「特許権者等」という。）が特許製品を譲渡した場合に妥当するものである。したがって，消尽が認められるためには，権利行使の可否が問題とされている製品が特許権者等により譲渡された特許製品であることを要する。このため，特許権者等が生産した特許製品を取得した場合であっても，特許権者等により譲渡されたものでない場合には，消尽は認められない。この点は，特許製品を譲り受けた者の主観に左右されるものではなく，当該譲受人が特許権者等により生産されたものであると信じて特許製品を取得した場合であっても，消尽が認められることはないと解されている(注3)。

(b) 特許権者等により生産された特許製品そのものであること

(ア) 特許権者等から譲り受けた特許製品をそのままの状態で使用したり

(注2) 〔BBS事件〕最高裁判決は，「特許権者又は実施権者が我が国の国内において特許製品を譲渡した場合には，当該特許製品については特許権はその目的を達したものとして消尽し，もはや特許権の効力は，当該特許製品を使用し，譲渡し又は貸し渡す行為等には及ばないものというべきである。」として，国内消尽を認める旨の判示をしたが，同判決の事案は特許権の国際消尽に関するものであり，上記判示は，国際消尽を論じる前提としての傍論であった。〔インクカートリッジ事件〕最高裁判決は，特許権者が国内外で譲渡した製品に関する消尽が問題となったため，〔BBS事件〕最高裁判決が傍論として示した国内消尽についての判断を，改めて判例として示したものである。

(注3) 中山信弘『特許法〔第3版〕』413頁。

譲渡したりする場合に，これらの行為について消尽が認められることは異論がない。特許権の消尽が問題とされるケースの多くは，特許権者等から譲り受けた特許製品に加工や部材の交換等（以下「加工等」という。）が行われた場合である。

このような場合について，〔インクカートリッジ事件〕最高裁判決は，「特許権の消尽により特許権の行使が制限される対象となるのは，飽くまで特許権者等が我が国において譲渡した特許製品そのものに限られるものであるから，特許権者等が我が国において譲渡した特許製品につき加工や部材の交換がされ，それにより当該特許製品と同一性を欠く特許製品が新たに製造されたものと認められるときは，特許権者は，その特許製品について，特許権を行使することが許される」と判示した。

したがって，消尽が認められるには，権利行使の対象とされている製品が特許権者等により生産された特許製品そのものであることを要する。「特許製品そのもの」とは，特許権者等により譲渡された特許製品と同一性を有する製品であることを意味するものであり，特許権者等により譲渡された特許製品に加工等を施した場合の特許権の行使の可否は，当該加工等により当該特許製品と同一性を欠く製品が新たに製造されたと認められるか否かにより判断されることとなる(注4)。なお，同判決は，「生産」ではなく「製造」という表現を用いており，特許製品との同一性を否定して特許権の行使を肯定するに当たっては，必ずしも加工行為等が特許法上の実施の一態様である「生産」に当たることを要しない(注5)(注6)。

(注4) したがって，特許権侵害訴訟において抗弁として消尽を主張する際には，被告において自らが使用等をしている特許製品が「特許製品そのもの」であることまでの主張を要するものではなく，特許権者等の生産した特許製品に由来するものであるとか，同特許製品と社会通念上同じ物であるというような主張で足り，これに対して，原告が再抗弁として「当該特許製品に加工等が施され，同一性を欠く製品が新たに製造されたこと」を主張すべきであると考えられる（長谷川浩二「その余の抗弁―消尽」髙部眞規子『特許訴訟の実務〔第2版〕』168頁）。

(注5) 中吉徹郎・最判解民平成19年度(下)788頁。

(注6) 特許権者等が譲渡した特許製品に加工等が行われた場合の特許権の行使の可否については，従来から生産アプローチ（新たに特許発明の実施品を生産したと評価される行為があるかを判断基準とする説）と消尽アプローチ（物理的な生産行為の存在にかかわらず，消尽の許容範囲を逸脱する行為があるかを判断基準とする説）という2つの考え方が存在している。〔インクカートリッジ事件〕最高裁判決の判示内容は生産アプローチに近いよう尽の許容範囲を逸脱する行為があるかを判断基準とする説）という2つの考え方が存在し

(イ)〔インクカートリッジ事件〕最高裁判決は,加工等により特許製品と同一性を欠く製品が新たに製造されたといえるかについては,①特許製品の属性,②特許発明の内容,③加工及び部材の交換の態様のほか,④取引の実情等も総合考慮して判断するのが相当であり,①の特許製品の属性としては,製品の機能,構造及び材質,用途,耐用期間,使用態様が,③の加工及び部材の交換の態様としては,加工等がされた際の当該特許製品の状態,加工の内容及び程度,交換された部材の耐用期間,当該部材の特許製品中における技術的機能及び経済的価値が考慮の対象になると説示している。

上記①から④の各事情は,事案ごとに様々なものがあり得るが,この点に関しては〔インクカートリッジ事件〕最高裁判決の具体的判断が参考になる。

同判決の事案は,インクジェットプリンタ用インクタンクに関する特許の特許権者Xが,我が国において特許製品であるインクタンクを販売したところ,Yが使用済みのX製インクタンクの本体を洗浄し,インク補充用の穴を開けて新たなインクを注入するなどの工程を経て製品化したインクタンクを販売したことが特許権侵害に当たるかが争われたものである。X製品は,印刷品位の低下やプリンタ本体の故障等を生じさせるおそれもあることから,1回で使い切ることを予定しており,インク補充用の穴は設けられていなかった。また,X製品では,使用済み製品の内部を洗浄せずにインクを再充てんしても,X製品が有する機能は回復しないものであった。

最高裁は,Y製品の製品化の工程における加工等の態様は,単に消耗品であるインクを補充しているというにとどまらず,インクタンク本体をインクの補充が可能となるように変形させるものにほかならないこと,使用済みの本件インクタンク本体を再使用し,本件発明の本質的部分に係る構成を欠くに至った状態のものについて,これを再び充足させるものであるということができ,本件発明の実質的な価値を再び実現し,本件発明の作用効果を新たに発揮させるものと評せざるを得ず,これらのほか,インクタンクの取引の実情などの事情を総合的に考慮し,Y製品については,加工前のX製品と同

ている。〔インクカートリッジ事件〕最高裁判決の判示内容は生産アプローチに近いようにも思われるが,その理解については議論がある(田村善之『特許法の理論』(有斐閣,2009)305頁),横山久芳・判評602号〔判時2030号〕24頁等。

一性を欠く特許製品が新たに製造されたものと認めるのが相当であると判示した。

　(ウ)　上記判示を参考にすると，③の加工等の態様に関しては，加工等に係る部分が特許発明の本質的部分に当たることは，特許製品の新たな製造と判断される有力な事情となるといえる(注7)。

　また，インクの補充が予定されていない構造の特許製品を変形させてインクを補充している点を考慮していることに照らせば，構造上消耗部分の交換等が予定されていないことは，①の特許製品の属性に関する事情として，当該構造を変形させて加工等を行うことは，③の加工等の態様に関する事情として，特許製品の新たな製造と判断する方向に働く事情となる。その裏返しともいえるが，特許製品の消耗部分につき交換や補充をすることが予定されているとみられる場合には，当該部分につき交換や補充を行うことは，特許製品と同一性を欠く製品の新たな製造には当たらないという方向に考慮される事情となろう(注8)。なお，②の特許発明の内容は，上記①及び③と密接に結びつくものでもあり，特許製品の新たな製造に当たるかを判断する上で必然的に判断される事情であると思われる。

　④の取引の実情は，特許権者における対価取得が特許製品を譲渡した時点

　　(注7)　同判決の原審である知財高判平18・1・31判タ1200号90頁〔インクカートリッジ事件〕大合議判決は，特許権者等が譲渡した特許製品について，①製品としての本来の耐用期間を経過して効用を終えた後に再使用又は再生利用がされた場合（第1類型），又は，②第三者により特許製品中の特許発明の本質的部分を構成する部材の全部又は一部につき加工又は交換がされた場合（第2類型）には特許権は消尽しないと判示し，加工等の対象となった部材が特許発明の本質的部分を構成するものでありさえすれば特許権は消尽しないという判断枠組みを示していた。〔インクカートリッジ事件〕最高裁判決は，このような枠組みを採用せず，特許製品との同一性の判断は，種々の事情を総合考慮して行うものとし，加工等の対象となった部材が特許発明の本質的部分であるかは，飽くまでも一事情として考慮されるにとどまる。中吉・前掲（注5）787～789頁は，消尽論の趣旨からすれば，特許権行使の可否の前提となる特許製品との同一性の有無についても，特許権者が特許製品を譲渡した時点で特許権者において対価取得が客観的に想定され，改めて特許権者に利得させる必要がないと認められる範囲がどこまでかが問われるべきであり，〔インクカートリッジ事件〕最高裁判決が原審の枠組みを採用しなかったのは，加工又は交換の対象となる部材が特許発明の本質的部分を構成するということだけで特許権の行使の可否が決定されることになるのは相当ではないと考えたためではないかとしている。
　　(注8)　特許権者等は，譲受人等がその部分の交換等をすることを見越して特許製品の価格等を設定することが可能であり，また，消耗品の属性によってはそれのみを対象とする特許権を取得し，あるいは間接侵害の規定（特許101条）による保護を受けられるためであると説明されている（長谷川・前掲（注4）171頁）。

で客観的に想定されていたかどうかという点を判断するのに有用な情報と考えられる(注9)。取引の実情に関しては，当該特許発明の技術分野ないし特許製品が属する業界において，当業者や業界関係者，消費者等が，どの程度損耗し，どの程度の期間が経過したら廃棄して買い換えるものと認識して取引を行っているか，中古品の市場があるか，その種の製品の修理，改造や部品の販売等を業とするものがいるかといった事情が考慮の対象となる(注10)。

(3) 譲渡制限等の合意と消尽の成否

特許権者等が特許製品を譲渡する際に，当該特許製品の直接の譲受人との間で使用態様や譲渡を制限する旨の合意をしていた場合に，消尽が否定されるかという問題がある。〔BBS事件〕最高裁判決及び〔インクカートリッジ事件〕最高裁判決の判示に照らせば，消尽の成否につき特許権者の意思等を考慮する余地はないように思われる。学説においても，特許権の消尽は政策的理由から特許権の行使を画するものであるとして，その物的な効力を権利者の意思で変更することを認めるべきではないとされている(注11)。したがって，特許権者等は，譲受人による上記合意の違反について債務不履行責任を問うことができるものの，消尽を否定して特許権を行使することはできないこととなる(注12)。

〔3〕 方法の発明に係る特許権の消尽

(1) 議論の状況等

(注9) 中吉・前掲（注5）790頁。
(注10) 〔インクカートリッジ事件〕最高裁判決では，取引の実情に関し，インクタンクについては，純正品のほかに，純正品の使用済み品にインクを再充てんするなどしたリサイクル品が複数の業者により販売されていることや，インクタンクの使用者がインクを再充てんするために用いる詰め替えインクが販売されていること，X自身はリサイクル品や詰め替えインクの製造販売をしていないことといった事情が認定されている。
(注11) 中山信弘『特許法〔第3版〕』413頁。
(注12) なお，田中孝一「特許権と国内消尽」『知財訴訟実務大系1』476頁は，当該特許製品の属する分野の「取引の実情」に反しないような特段の事情がある場合を除き，譲渡契約による制限にかかわらず特許権は消尽するとの見解を示している。

方法の発明には，単純方法の発明と物を生産する方法の発明がある。このうち，単純方法の発明については，特許権者等により方法自体が流通することはあり得ないため，原則として消尽の問題が生じることはないと解されている一方，物を生産する方法の発明に関し，当該方法により生産された物が特許権者等により譲渡された場合は，物の発明に係る特許権の特許権者等から当該発明の実施品を譲り受けた場合と同様の問題状況にあると考えられるため，当該発明に係る特許権は消尽すると解されている(注13)。

もっとも，単純方法の発明についても，第三者が生産，譲渡等をすれば特許法101条4号又は5号の間接侵害となる物(以下，各号に該当する物をそれぞれ「4号製品」，「5号製品」という。)を特許権者等から譲り受けた譲受人又は転得者が，その物を用いて発明に係る方法の実施を行った場合に，当該方法の発明に係る特許権の消尽を認めるべきか否かという問題がある。この問題を含め，方法の発明に係る特許権の消尽に関して判断を示した最高裁の判例はないが，前掲（注7）〔インクカートリッジ事件〕大合議判決は，物の発明に係る特許権の消尽の成否に加えて，物を生産する方法の発明に係る特許権の消尽の成否についても判断をしている(注14)。

(2) 〔インクカートリッジ事件〕大合議判決

同判決は，物を生産する方法の発明の実施には，その方法の使用（特許2条3項2号）とその方法により生産した物（以下「成果物」という。）の使用，譲渡等（同項3号）があるため，物を生産する方法の発明に係る特許権の消尽については，実施態様ごとに分けて検討することが適切であるとした。その上で，まず，成果物の使用，譲渡等につき，①「物を生産する方法の発明に係る方法により生産された物（成果物）については，特許権者又は特許権者から許諾を受けた実施権者が我が国の国内においてこれを譲渡した場合には，

(注13) 中山信弘『特許法〔第3版〕』413頁，『新注解特許法中〔第2版〕』1156頁〔鈴木將文〕等。

(注14) 〔インクカートリッジ事件〕最高裁判決の上告受理申立て理由には，物を生産する方法の発明に係る特許権の消尽についての〔インクカートリッジ事件〕大合議判決の判断の法令違反をいう部分もあったが，当該部分は上告受理の際に排除されたため，最高裁の判断は示されなかった（中吉・前掲（注5）795頁）。

当該成果物については特許権はその目的を達したものとして消尽し，もはや特許権者は，当該特許製品を使用し，譲渡し又は貸し渡す行為等に対し，特許権に基づく権利行使をすることができないというべきである。」と判示した。次に，同判決は，方法の使用については，特許権者が発明の実施行為としての譲渡を行い，その目的物である製品が市場において流通するということが観念できないため，物の発明に係る特許権の消尽についての議論がそのまま当てはまるものではないとしつつ，②「物を生産する方法の発明に係る方法により生産される物が，物の発明の対象ともされている場合であって，物を生産する方法の発明が物の発明と別個の技術的思想を含むものではないとき，すなわち，実質的な技術内容は同じであって，特許請求の範囲及び明細書の記載において，同一の発明を，単に物の発明と物を生産する方法の発明として併記したときは，物の発明に係る特許権が消尽するならば，物を生産する方法の発明に係る特許権に基づく権利行使も許されないと解するのが相当である。」とし，さらに，③「特許権者又は特許権者から許諾を受けた実施権者が，特許発明に係る方法の使用にのみ用いる物（特許法101条3号〔現行法の4号〕）又はその方法の使用に用いる物（我が国の国内において広く一般に流通しているものを除く。）であってその発明による課題の解決に不可欠なもの（同条4号〔同5号〕）を譲渡した場合において，譲受人ないし転得者がその物を用いて当該方法の発明に係る方法の使用をする行為，及び，その物を用いて特許発明に係る方法により生産した物を使用，譲渡等する行為については，特許権者は，特許権に基づく差止請求権等を行使することは許されないと解するのが相当である。」と判示した。

(3) 検　討

上記①の判示は，通説と同様に，物を生産する方法の発明の成果物の使用，譲渡等については，物の発明に係る特許権の消尽と同列に論じることを示すものであり，異論はないものと思われる。〔インクカートリッジ事件〕大合議判決も，物を生産する方法の発明の成果物の使用，譲渡等については，物の発明に係る特許権が消尽する実質的な根拠として〔BBS事件〕最高裁判決の挙げる理由が同様に当てはまるとしている。

上記②の判示は，物を生産する方法の発明の成果物が物の発明の対象となっており，両発明の実質的な技術内容が同一であるような場合には，物の発明に係る特許権が消尽すれば，物を生産する方法の使用についても特許権に基づく権利行使が許されないとするものである。したがって，同判決の具体的事案のように，物の発明に係る特許発明の実施品の使用済み品を用いて，物を生産する方法を使用して特許製品を生産するといったような場合には，物の発明に係る特許権が消尽するときには，物を生産する方法の発明に係る特許権に基づく権利行使も許されないこととなる。なお，方法の使用（特許2条3項2号）は，方法の発明一般について規定された実施態様であるが，上記②の判示は，その判示内容に照らし，物を生産する方法の発明に特有のものと解される。

　上記③の判示は，方法の発明に係る特許権においては，4号製品又は5号製品を特許権者等が譲渡した場合には特許権は消尽する旨を述べるものである(注15)。当該事案で問題とされていたのは物を生産する方法の発明であるが，特許法101条4号及び5号は方法の発明一般に関する規定であるため，上記③の判示は，方法の発明一般に当てはまるものであると考えられる。

　同判決は，特許権の消尽を肯定するに当たり，特許権者等が譲渡した4号製品又は5号製品が特許発明に係る方法の使用に必要な唯一の物であることを要求していないが，学説には，特許権者等が譲渡した4号製品又は5号製品が上記唯一の物ではない場合は，当該製品の譲渡段階で必ずしも当該製品を用いた特許方法の使用に対する対価の取得機会が保障されていたとは限らないこと等を理由として，同判決が示した要件に加えて，特許発明に係る方法を使用するためには特許権者等が譲渡した4号製品又は5号製品以外に5

(注15)　同判決は，消尽の成立を認める理由として「①……譲受人は，これらの物，すなわち，専ら特許発明に係る方法により物を生産するために用いられる製造機器，その方法による物の生産に不可欠な原材料等を用いて特許発明に係る方法の使用をすることができることを前提として，特許権者からこれらの物を譲り受けるのであり，転得者も同様であるから，これらの物を用いてその方法の使用をする際に特許権者の許諾を要するということになれば，市場における商品の自由な流通が阻害されることになるし，②特許権者は，これらの物を譲渡する権利を事実上独占しているのであるから（特許法101条参照），将来の譲受人ないし転得者による特許発明に係る方法の使用に対する対価を含めてこれらの物の譲渡価額を決定することが可能であり，特許発明の公開の代償を確保する機会は保障されている」ことを挙げている。

号製品を必要としない場合（他の5号製品を用いることなく特許発明に係る方法の全工程を遂行することができる場合）に限り，消尽を肯定するという見解もある(注16)。

(4) 方法の発明に係る特許権の消尽の要件

〔インクカートリッジ事件〕大合議判決の考え方によれば，方法の発明に係る特許権の消尽が認められる要件は，おおむね次のように整理されることとなろうか。
  (a) 物を生産する方法の発明
    (ア) 実施行為が成果物の譲渡，使用等である場合
  特許権者等が成果物を譲渡したこと
    (イ) 実施行為が方法の使用である場合
  ① 物を生産する方法の発明の成果物が物の発明の対象となっており，両発明の実質的な技術内容が同一であるような場合であって，物の発明に係る特許権が消尽すること
  ② 特許権者等が当該発明に係る4号製品又は5号製品を譲渡したこと
  (b) 単純方法の発明
  特許権者等が当該発明に係る4号製品又は5号製品を譲渡したこと

〔4〕 物の発明に係る特許権の特許権者等が部品を譲渡した場合の特許権の消尽

特許権者等が譲渡した物が特許製品そのものである場合には，上記〔2〕で述べたところに従い消尽の成否が判断されることとなるが，特許権者等が

(注16) 三村量一「特許権の消尽—方法の発明に係る特許権及びシステム発明に係る特許権の消尽の問題を中心に」『現代知的財産法講座2』112頁以下，愛知靖之「特許発明の実施に用いられる物の譲渡と消尽の成否」『飯村退官』612頁以下。もっとも，三村量一「部材等の販売と特許権の消尽」『飯村退官』658頁は，物の発明における2号製品の譲渡に関しては，およそ特許権者等が2号製品を譲渡した場合には特許権は消尽するとし，消尽を肯定するに当たり，特許権者等が譲渡した2号製品（方法の発明においては5号製品）が特許製品の製造又は方法の使用に必要な唯一の物であることを要するとするか否かは，政策的な選択であるとしている。

特許製品そのものではなく、当該特許製品の生産に必要な部品を譲渡した場合に、特許権者等が当該部品を用いて特許製品を生産した譲受人等に対して特許権を行使することができるかという問題がある。

この問題に言及した裁判例としては、知財高判平26・5・16判タ1402号166頁〔アップル・サムスン事件〕大合議判決がある。同判決の事案では、Yの特許権の被疑侵害品であるX製品に実装されている部品（ベースバンドチップ）がYからライセンスを受けたZにより製造販売された物である場合に、X製品の製造販売についてYの特許権は消尽するかという点が争われた。

このような場合においても、物を生産する方法の発明の特許権者等が4号製品又は5号製品を譲渡した場合の特許権の消尽に関する〔インクカートリッジ事件〕大合議判決の考え方が当てはまるとするならば、第三者が生産等をする場合には特許法101条1号又は2号に該当することとなる物（以下、各号に該当する物をそれぞれ「1号製品」又は「2号製品」という。）を特許権者等が譲渡した場合には、譲受人がこれらの物を用いて当該発明に係る物の生産等をする行為については、特許権は消尽するものと考えられるが[注17]、〔アップル・サムスン事件〕大合議判決は、〔インクカートリッジ事件〕大合議判決とは異なる考え方を採用した。

すなわち、同判決は、結論に影響しない傍論としてではあるが[注18]、〔BBS事件〕最高裁判決及び〔インクカートリッジ事件〕最高裁判決を参照し、特許権者又は専用実施権者が我が国において1号製品を譲渡した場合には、当該1号製品そのものの使用、譲渡等については特許権は消尽する旨を説示した上で、「その後、第三者が当該1号製品を用いて特許製品を生産した場

(注17) 飯村敏明「完成品に係る特許の保有者が部品を譲渡した場合における特許権の行使の可否について」『中山古稀』343頁は、〔インクカートリッジ事件〕大合議判決が示した消尽を認める理由（前掲（注15））は物の発明についても等しく当てはまると考えられるため、同判決の趣旨は、物の発明につき、専用品（1号製品）又は中用品（2号製品）の譲渡がされた場合にも及ぶものと理解することができるとしている。
(注18) 同判決は、X製品はYの特許権の技術的範囲に属する、YのZに対するライセンス契約は既に終了しており、仮に終了していないと仮定した場合でも本件部品は当該ライセンス契約の対象となるものではないから、特許権の消尽というXの主張は前提を欠くとしつつ、「念のため」として、YとZの間のライセンス契約が存続しており、かつ、本件部品が当該ライセンス契約の対象となると仮定した上で、特許権者又は専用実施権者が特許製品の一部を構成する部品を譲渡した場合に、当該部品を用いて生産された特許製品につき特許権が消尽するかという点についての検討を加えたものである。

合においては，特許発明の技術的範囲に属しない物を用いて新たに特許発明の技術的範囲に属する物が作出されていることから，当該生産行為や，特許製品の使用，譲渡等の行為について，特許権の行使が制限されるものではないとするのが相当である」とし，「なお，このような場合であっても，特許権者において，当該1号製品を用いて特許製品の生産が行われることを黙示的に承諾していると認められる場合には，特許権の効力は，当該1号製品を用いた特許製品の生産や，生産された特許製品の使用，譲渡等には及ばないとするのが相当である。」と判示した[注19]。

上記判示によれば，特許権者等が1号製品を譲渡したというのみでは同製品を用いて行う特許製品の生産や使用，譲渡等について特許権の行使は制限されず，これらの行為に対する特許権の行使の可否は，特許権者が当該1号製品を用いた特許製品の生産を黙示的に承諾しているか否かにより判断されることになる。

〔インクカートリッジ事件〕大合議判決と〔アップル・サムスン事件〕大合議判決の関係については議論があるところである[注20]。〔アップル・サムスン事件〕大合議判決が特許権者による黙示の許諾を否定して完成品特許に

[注19] 同判決の事案では，ZとYの間のライセンス契約が通常実施権設定契約であったため，同判決は，当該判示に続けて，1号製品を譲渡した者が特許権者からその許諾を受けた通常実施権者（1号製品のみの譲渡を許諾された者を含む。）である場合についても検討を加え，特許権者等が1号製品を譲渡した場合と同様に解される旨を判示した。なお，特許権の行使が制限される場合である「黙示の承諾」については，黙示に承諾をしたと認められるか否かの判断は特許権者について検討されるべきものではあるとしつつ，「1号製品を譲渡した通常実施権者が，特許権者から，その後の第三者による1号製品を用いた特許製品の生産を承諾する権限まで付与されていたような場合には，黙示に承諾をしたと認められるか否かの判断は，別途，通常実施権者についても検討することが必要となる。」としている。

[注20] 三村・前掲（注16）『飯村退官』652頁は，〔インクカートリッジ事件〕大合議判決と〔アップル・サムスン事件〕大合議判決の関係につき，矛盾した大合議判決が併存している状況にあるとしつつ，〔アップル・サムスン事件〕大合議判決における特許権の消尽に関する判示部分が全くの傍論であることを考慮すれば，高裁判決としては〔インクカートリッジ事件〕大合議判決のみが存在すると理解することも可能であるとする。他方，飯村・前掲（注17）348頁は，〔インクカートリッジ事件〕大合議判決の論理は，1号製品又は2号製品の譲渡による完成品特許の消尽に当てはめるならば消尽アプローチに近い立場と評価されるとし，〔インクカートリッジ事件〕最高裁判決が特許製品の再利用行為と特許権の行使の可否につき生産アプローチに近い立場をとっていることに照らせば，〔インクカートリッジ事件〕最高裁判決は，特許権者等が4号製品又は5号製品に係る物を譲渡した場面についての〔インクカートリッジ事件〕大合議判決の考え方を実質的に否定しているとしている。

ついての特許権行使が認められる旨を判示したことや，黙示の許諾は契約当事者以外の第三者には及ばないと考えられること等に照らせば，いずれの見解を採用するかにより具体的事案における結論に差異が生じる可能性がある[注21]。

〔5〕 国際消尽

上記〔2〕ないし〔4〕は，いわゆる国内消尽に関する問題であるが，我が国における特許権の特許権者等が国外において特許製品を譲渡した後，当該譲渡に係る特許製品が国内に輸入された等の場合に，特許権者等は当該特許製品の輸入や輸入された特許製品の使用等に対して特許権を行使することができるかという問題がある（この問題は，並行輸入品についての特許権侵害の成否の問題として論じられることもある。）。

(1) 〔BBS事件〕最高裁判決

〔BBS事件〕最高裁判決は，我が国の特許権者が国外において特許製品を譲渡した場合には，特許権者が特許製品を譲渡した国で必ずしも我が国の特許権に対応する特許権（対応特許権）を有しているとは限らないこと等に照らせば，特許権者が直ちに二重の利得を得たとはいえないため，直ちに国内消尽と同列に論じることはできないとし，「特許権者は，譲受人に対しては，当該製品について販売先ないし使用地域から我が国を除外する旨を譲受人との間で合意した場合を除き，譲受人から特許製品を譲り受けた第三者及びその後の転得者に対しては，譲受人との間で右の旨を合意した上特許製品にこれを明確に表示した場合を除いて，当該製品について我が国において特許権

(注21)〔インクカートリッジ事件〕大合議判決は，特許権者等が4号製品又は5号製品を譲渡した場合には，「特許権者は特許発明の実施品を譲渡するものではなく，また，特許権者の意思のいかんにかかわらず特許権に基づく権利行使をすることは許されないというべきであるが，このような場合を含めて，特許権の『消尽』といい，あるいは『黙示の許諾』というかどうかは，単に表現の問題にすぎない。」としているが，特許権者の意思のいかんにかかわらず特許権の行使が許されないのであれば，特許権者等が1号製品を譲渡したものの，特許製品の生産は許諾していないという理由で特許権の行使が許される場合があるのかという疑問もある。

を行使することは許されない」と判示した。したがって、国外で譲渡した特許製品の国内における実施行為については、当該製品の販売先又は使用地域から我が国を除く旨の合意（転得者との関係では、さらにその旨の表示）がある場合に限り、特許権を行使することができる。

同判決については、国外で特許製品が譲渡された場合の特許権の行使の可否につき、国内消尽とは異なる論理を採用しているため、特許権の国際消尽を否定したとする見方もあるが(注22)、特許権者自らが特許製品を適法に譲渡した場合に権利行使ができなくなることを「消尽」というとすると、同判決は、国際消尽を肯定したものということができる(注23)。

(2) 〔インクカートリッジ事件〕最高裁判決

〔BBS事件〕最高裁判決は、特許権者等が国外で譲渡した特許製品そのものを国内で使用する行為等について特許権の行使が許されるかという点が問題となった事案であったが、〔インクカートリッジ事件〕最高裁判決では、我が国の特許権者又はこれと同視し得る者(注24)（以下、両者を併せて「我が国の特許権者等」という。）が国外において譲渡した特許製品につき加工や部材の交換がされた場合に、我が国において特許権の行使が許されるかという点が問題となった。同判決は、この点に関し、上記〔BBS事件〕最高裁判決により特許権の行使が制限される対象となるのは、飽くまで我が国の特許権者等が国外において譲渡した特許製品そのものに限られるとし、「我が国の特許権者等が国外において譲渡した特許製品につき加工や部材の交換がされ、それにより当該特許製品と同一性を欠く特許製品が新たに製造されたものと認められるときは、特許権者は、その特許製品について、我が国において特許権を行使することが許される」と判示した。そして、特許製品の新たな製造に当たるかどうかは、特許権者等が我が国において譲渡した特許製品につき加工や部材の交換がされた場合と同一の基準（前記〔2〕(2)(b)(イ)）に従って判断するのが相当であるとしている。

(注22) 中山信弘『特許法〔第3版〕』423頁。
(注23) 中吉・前掲（注5）794頁。
(注24) 「特許権者と同視し得る者」とは、特許権者の子会社又は関連会社等をいうものである
（〔BBS事件〕最高裁判決参照）。

(3) 検　　討

　〔インクカートリッジ事件〕最高裁判決によれば，特許権者等が国外で譲渡した特許製品に加工等が行われた場合には，当該特許製品と加工等が行われた後の製品との同一性の有無を検討することとなり，当該特許製品と同一性を欠く特許製品が新たに製造されたといえる場合には特許権の行使が許されることとなる（同判決の具体的事案ではこのような判断がされている。）。他方，当該特許製品と同一性を欠く特許製品が新たに製造されたといえない場合には，加工等が行われた後の製品は「特許製品そのもの」であることとなるため，当該特許製品につき国内において特許権を行使するには，〔ＢＢＳ事件〕最高裁判決の示した要件（特許権者等と譲受人との間の当該特許製品の販売先又は使用地域から我が国を除く旨の合意の有無，転得者との関係ではさらにその旨の表示）を満たす必要があることとなろう。

〔6〕 む す び

　特許権の消尽が問題となる事案では，判例の示した枠組みに基づき，当該事案の具体的事情をどのように評価するかという点が重要になると思われる。また，上記のとおり，いまだ最高裁の判断が示されていない論点も残されているため，今後の更なる議論の発展が期待されるところである。

12　特許権侵害による損害

天野　研司

特許権侵害による損害賠償の算定において，特許法102条1項から3項までは，どのように解釈されるか。複数の権利者・義務者の場合についても言及されたい。

〔1〕　はじめに

　特許権を侵害された特許権者又は専用実施権者（以下「権利者」ということがある。）は，特許権侵害の不法行為を原因として，侵害行為を行った者（以下「侵害者」ということがある。）に対し，自己が受けた損害につき損害賠償金の支払を求めることができる（民709条）。

　この場合に請求し得る損害としては，積極的財産損害（調査費用，代理人等費用の出費等），消極的財産損害（売上げの減少，値下げ，実施権者からの約定実施料収入の減少，侵害者から得べかりし実施料等による逸失利益），無形損害（信用毀損等）などがあるとされるが[注1]，特許法102条は，このうち消極的財産損害（逸失利益）についての損害賠償額の算定方式を定めた規定とされる[注2]。

　特許法102条各項をめぐっては，その適用要件（適用主体，適用場面）のほか，各項により算定された数額からの損害額の減額の可否や考慮要素，各条項の重畳適用の可否，主体複数や権利複数の場合の取扱い等，実に様々な論点があり，多数の裁判例が積み重ねられ，また多岐にわたる学説が展開されている[注3]。本項目では，そのうち実務上特に重要となる論点について，裁判例に現れた解釈を中心に整理を試みる。

(注1)　『新注解特許法中〔第2版〕』1783頁〔飯田圭〕。
(注2)　『工業所有権法逐条解説〔第20版〕』324頁，特許庁編『平10改正解説』15頁。
(注3)　特許法102条各号に関する論点を網羅し，多数の裁判例及び学説を整理したものとして『新注解特許法中〔第2版〕』1755頁以下〔飯田圭〕がある。

〔2〕 特許法102条1項

(1) 立法趣旨[注4]

　特許法102条1項（以下，単に「1項」ということがある。）は，平成10年法律第51号による特許法の一部改正（以下「平成10年改正」という。）により追加された規定である。同改正前の状況としては，民法709条を根拠として逸失利益を請求する場合において，侵害行為と権利者の販売数量の減少との間に相当強い関連性が推認できる場合に限って請求が認められるなど，オール・オア・ナッシング的認定になっている，特許法102条1項（現行の特許法102条2項）では，侵害者が得た利益の額がないか小さい場合には，権利者の逸失利益に見合った十分な賠償がされないこととなる，などと整理されていた。

　一般に逸失利益の賠償は，市場において生じる損害であるため，侵害者の営業努力や代替品の存在等様々な要因が存在する。改正後の1項は，逸失利益の賠償を求める場合において，上記のような様々な要因が存在するために，必ずしも侵害行為と権利者の販売数量の減少との間に相当強い関連性が推認できず，侵害品の譲渡数量全てを権利者が販売し得ない場合であっても，事情を考慮した妥当な逸失利益の算定を可能とする損害額の算定ルールを新たに設けたものと説明されている。

(2) 法文の構造と主張立証責任

　1項の法文によれば，「特許権者又は専用実施権者が故意又は過失により自己の特許権又は専用実施権を侵害した者に対しその侵害により自己が受けた損害の賠償を請求する場合」において，①（侵害者が）「その侵害の行為を組成した物を譲渡したときは，その譲渡した物の数量」に，②（権利者が）「その侵害の行為がなければ販売することができた物の単位数量当たりの利益の額」を乗じて得た額を，③（権利者の）「実施の能力を応じた額を超えな

（注4）　特許庁編『平10改正解説』10頁以下。

い限度において」損害の額とすることができる。ただし，④「譲渡数量の全部又は一部に相当する数量を特許権者又は専用実施権者が販売することができないとする事情があるときは，当該事情に応じた額を控除する」とされる。

そして，上記①，②及び③については権利者側が，上記④については侵害者側が立証責任を負うものと解されている(注5)。

(3) 請求主体

1項の適用を主張して損害賠償請求ができる者は，法文上は「特許権者又は専用実施権者」とされているが，独占的通常実施権者が損害賠償を請求する場合であっても1項を類推適用することができるとする裁判例が多くみられる(注6)。他方，専用実施権を設定した特許権者は，特許に係る発明の実施権原を失うのであるから，1項の適用は否定されるべきこととなろう。

特許権が共有に係る場合は，特許権者は，自己の共有持分を侵害されたことを原因とする損害賠償請求ができるにとどまると解されるが，他の特許権者から専用実施権又は独占的通常実施権の設定を受けている場合には，1項の適用又は類推適用により，当該実施権の侵害を原因とする損害賠償請求ができることとなろう。また，共有者が共同で損害賠償請求をした場合に，損害額をそれぞれどのように算定すべきかが問題となるが，1項の場合には，侵害者の譲渡数量を，各権利者の製品の譲渡数量割合で案分し，これに各権利者の単位数量当たりの利益の額を乗じる方法によることが考えられるが，当事者の主張立証状況に応じ，共有持分割合で案分することも考えられよう(注7)。

(4) 侵害行為

法文上は，侵害者が「その侵害の行為を組成した物」を「譲渡」したとき

(注5) 髙部眞規子『実務詳説特許関係訴訟〔第3版〕』255頁。
(注6) 知財高判平26・3・26判タ1423号201頁〔オーブン式発酵処理装置事件控訴審〕，東京地判平29・7・27（平成27年(ワ)第22491号）裁判所HP〔マキサカルシトール損害賠償事件〕等。
(注7) 森義之「損害3（複数の侵害者・複数の権利者）」飯村敏明＝設樂隆一編『LP知財訴訟』248頁。

とされるが，この「譲渡」は，立法技術の問題もあって，損害賠償請求がされ得る実施行為のうち代表的なものを規定したと説明されている(注8)。譲渡以外の実施行為につき1項の適用を認めた裁判例もみられ(注9)，実質的にみて権利者に逸失利益を生じさせるような実施行為であれば適用が肯定され得る(注10)。

侵害者が複数である場合のうち，いわゆる川上・川下の関係にある侵害者の両方に損害賠償請求をする場合に，両被告の損害賠償債務は，いわゆる不真正連帯債務の関係にあるものと解される(注11)。

(5) 「その侵害の行為がなければ販売することができた物の単位数量当たりの利益の額」

「侵害行為がなければ販売することができた物」とは，侵害品と市場において競合関係に立つ特許権者等の製品であれば足りるとする裁判例が多くみられ，必ずしも当該特許権の実施品であることを要しないと解される傾向にある(注12)。

「単位数量当たりの利益の額」とは，裁判例においては，権利者の製品の限界利益ないし貢献利益とされることが多く，その実質は，権利者の製品の売上高から，変動費のほか当該製品を販売するのに直接要したと認められる固定費（直接固定費）を控除しているものが多い(注13)。

製品の一部のみが特許権侵害を構成する部分であるという事情が存する場合に，その事情を「単位数量当たりの利益の額」を認定するに際して，製品

(注8) 特許庁編『平10改正解説』18頁。
(注9) 知財高判平27・11・19判タ1425号179頁〔オフセット輪転機版胴事件〕。
(注10) 髙部眞規子『実務詳説特許関係訴訟〔第3版〕』254頁。
(注11) 森・前掲（注7）243頁，前掲（注6）東京地判平29・7・27〔マキサカルシトール損害賠償事件〕等。これは，1項により損害が算定される場合には，権利者の製品の単位数量当たりの利益の額（権利者が1回の譲渡により得られる利益）に，侵害品の譲渡数量をそれぞれ乗ずるところ，侵害品が転々流通する場合にはその都度譲渡が生じるから，乗じた額を単純に足し合わせると，権利者が二重三重の利益を得ることとなるからである。
(注12) 髙部眞規子『実務詳説特許関係訴訟〔第3版〕』255頁，知財高判平24・1・24（平成22年(ネ)第10032号，同第10041号）裁判所HP〔ソリッドゴルフボール事件〕等。
(注13) 「限界利益」や「貢献利益」は，管理会計上の概念であり，会計学上も定義が一定しない相対的な概念である。実際にどのような経費を変動費なり直接固定費として控除すべきと考えるかは困難な問題である。

全体の利益の額のうち，当該部分に相当する部分の額を算出することにより考慮すべきとの見解があり(注14)，これに沿った裁判例がある(注15)。他方，上記のような事情は，市場における他の要因とともに，「販売することができないとする事情」により考慮すべきとの見解もあり(注16)，これに沿った裁判例もある(注17)。

(6)　「実施の能力に応じた額を超えない限度において」

実施の能力については，侵害行為の期間に現実に存在していることを要せず，侵害行為期間又はこれに近接する時期において，侵害行為がなければ生じたであろう製品の追加需要に対応して，製品を供給し得る潜在的能力が認められれば足りるとする裁判例がみられる(注18)。「供給し得る」とは，製造から販売までを指すものと解され，委託製造業者等による製造能力や販売委託業者等による販売能力をも考慮に入れることが許されよう。

(7)　「販売することができないとする事情」

1項の立法担当者は，逸失利益が市場において生じる損害であって，侵害者の営業努力や代替品の存在など，事情によっては侵害者が譲渡した侵害品の数量全てを権利者が販売することができたとはいえない場合があり得るとして，これらの事情に相当する額を控除することを認め，妥当な逸失利益の賠償を可能とする損害額の算定ルールを定めるものとしている(注19)。近時の裁判例において，「販売することができないとする事情」とは，侵害行為と特許権者等の製品の販売減少との相当因果関係を阻害する事情を対象とし，例えば，市場における競合品の存在，侵害者の営業努力（ブランド力，宣伝広告），侵害品の性能（機能，デザイン等特許発明以外の特徴），市場の非同一性（価

(注14)　髙部眞規子『実務詳説特許関係訴訟〔第3版〕』256頁。
(注15)　東京地判平20・6・26（平成19年(ワ)第21425号）裁判所HP〔風船用クリップ止め装置事件〕。
(注16)　田村善之『損害賠償〔新版〕』313頁。
(注17)　知財高判平18・9・25（平成17年(ネ)第10047号）裁判所HP〔マッサージ機事件〕。
(注18)　前掲（注9）知財高判平27・11・19〔オフセット輪転機版胴事件〕等。
(注19)　特許庁編『平10改正解説』16頁以下。

格，販売形態）などの事情がこれに該当するなどと説明されている(注20)(注21)。

(8) 減額又は控除された場合における 3 項の適用の可否

1項による損害の算定に際し，権利者に「実施の能力」がない又は限定されるとして，また，権利者に「販売することができないとする事情」があるとして，損害額が減額又は控除された部分につき，現実に侵害者による侵害品の譲渡の事実があることに着目して，なお特許法102条3項（以下，単に「3項」ということがある。）を適用して実施料相当額の損害を認め得るかが問題となる。

この点について，近時の裁判例においては，1項により算定された損害額は，権利者に生じた逸失利益の全てを評価し尽くしたものであって，これと並行して，3項により請求し得る損害を観念する余地がないなどとして，3項の適用を否定するものがみられる(注22)。

〔3〕 特許法102条 2 項

(1) 法的性質(注23)

特許法102条 2 項（以下，単に「2項」ということがある。）は，昭和34年の立法により新設された規定である。立法当時の議論として，侵害者が受けた「利益の返還」を請求することができる旨の規定を置くことも検討されたが，民法の一般原則から著しく逸脱することになるとの理由により，かかる規定は設けられなかった。2項は，民法709条を根拠規定とする損害賠償請求にお

(注20) 知財高判平28・6・1判タ1433号142頁〔破袋機事件〕等。
(注21) 近時の裁判例において考慮された事情を検討し，またいわゆる「寄与率」による損害額の減額について1項ただし書又は2項の推定覆滅事由に還元できる可能性を指摘した天野研司「特許法102条1項ただし書の事情および同条2項の推定覆滅事由」L&T 75号23頁参照。いわゆる「寄与率」については様々な見解があるが，多数の裁判例を整理した吉田和彦「寄与率について考える」『飯村退官』735頁を，実務上の参考となるものとして紹介しておきたい。
(注22) 知財高判平23・12・22判タ1399号181頁〔飛灰中の重金属の固定化方法及び重金属固定化処理剤事件〕，前掲（注12）知財高判平24・1・24〔ソリッドゴルフボール事件〕等。
(注23) 『工業所有権法逐条解説〔第20版〕』325頁。

いて，権利者が自己の受けた損害の額を立証することが困難であることに鑑み，侵害者が受けた利益の額を権利者の損害額と推定する，いわゆる事実上の推定規定とされ，推定される損害の性質としては，特許権者の売上げ減少等による逸失利益と解される。

(2) 請求主体

2項の適用を求めることができる者は，法文上は「特許権者又は専用実施権者」と規定されるのみであるが，特許発明を実施している必要があるかについて議論があるところ，知財高裁大合議判決[注24]において，「同項を適用するための要件を，殊更厳格なものとする合理的な理由はない」として，「侵害者による特許権侵害行為がなかったならば利益が得られたであろうという事情が存在する場合」には，2項の適用が認められるとの判断が示された。大合議判決の事例は，特許権者が国内の販売店を介して特許発明を実施していたとみることもできる事案であり，2項の適用に特許発明の実施が必要であるかを直接判断したとまでは評価し難いところがあるが，その後の裁判例では，2項の適用の要件として，権利者が特許発明を実施していることを要するものではない旨明言するものも現れている[注25]。なお，権利者が特許発明を実施していないという事情は，いわゆる推定覆滅事由として考慮されることとなり，非実施の事実をもって，侵害品が販売されなかったとしてもその需要が権利者の製品には向かわなかったとの評価が相応にされることとなれば，その実は3項の適用を求めるのと変わらないものともなり得る[注26]。

(注24) 知財高判平25・2・1判タ1388号77頁〔ごみ貯蔵機器事件〕。
(注25) 知財高判平27・4・28（平成25年(ネ)第10097号）裁判所HP〔蓋体及びこの蓋体を備える容器事件〕，知財高判平28・10・19（平成28年(ネ)第10047号）裁判所HP〔電気コネクタ組立体事件〕等。ただし，これらの事案は，いずれも権利者が競合品を販売していたとの事実関係が認められるものであり，そのような競合品の販売すら行っていない不実施主体についてまで2項の適用を肯定する趣旨とまでは解されない。髙部眞規子『実務詳説特許関係訴訟〔第3版〕』264頁も参照。
(注26) 訴訟手続上の問題であるが，権利者があくまで2項の適用を主張する場合に，2項の適用要件を殊更厳格にして2項の適用を否定し，3項の主張もないために民法709条による通常の損害の立証によるべきとなれば，侵害の事実が認められるにもかかわらず請求が棄却される可能性が高くなる。そのような処理とするより，2項の適用は認めた上で，種々の事情を一部推定の覆滅事由として考慮する方が適切な処理が期待できるであろう。

1項と同様に,独占的通常実施権者が損害賠償を請求する場合であっても2項を類推適用することができるとする裁判例が多くみられる(注27)。他方,専用実施権を設定した特許権者については,2項の適用は否定されることとなろう。

また,特許権が共有に係る場合は,1項と同様に,特許権者は,自己の共有持分を侵害されたことを原因とする損害賠償請求ができるにとどまり,別途,他の特許権者から専用実施権又は独占的通常実施権の設定を受けている場合には,当該実施権の侵害を原因とする請求をすることができる。共有者が共同で損害賠償請求をした場合に,損害額をそれぞれどのように算定すべきかについては,2項の場合には,侵害者の利益を,各権利者の製品の利益額で案分することが考えられるが,当事者の主張立証状況に応じ,共有持分割合で案分することも考えられる(注28)。

(3) 侵害者が複数の場合

いわゆる川上・川下の関係にある侵害者の両方に損害賠償請求をする場合に,これらの侵害者による各行為が共同不法行為の関係にあるかが問題となることがある。

共同不法行為の成否が問題となるのは,2項の適用を主張して損害賠償請求がされる場合に限定されるものではないが,前記のとおり,1項の適用が主張される事案において侵害者が複数である場合(川上・川下の関係にある場合)には,侵害者の行為が共同不法行為を構成しない場合であっても不真正連帯債務の関係になると解されるから,共同不法行為が成立するかを議論する実益が必ずしも大きくはないといえる。

これに対し,2項の適用が主張される場合には,共同不法行為が成立するときは各侵害者の利益の額の合計額につき連帯債務の関係に立つが,共同不法行為が成立しないときは各侵害者の利益の額を個別に請求し得るに過ぎなくなると解されるため(注29),履行確保の観点からも共同不法行為の成否が重

(注27) 平成25年大合議判決後の事例として,前掲(注6)知財高判平26・3・26〔オーブン式発酵処理装置事件控訴審〕がある。ただし,1項の類推適用による損害額が2項の類推適用による損害額を上回るとした事例である。
(注28) 森・前掲(注7)248頁。

要な問題となることもある。

一般論として，共謀関係があるなど主観的関連共同性がある場合のほか，客観的な関連共同性がある場合にも，共同不法行為が成立するものとされるが，どのような場合をもって客観的な関連共同性があると評価するかは，民法の解釈との整合性にも配慮しながら，個別の事案に応じて判断するほかない(注30)。

近時の裁判例として，製造業者が小売業者に製品を販売し，これを小売業者が消費者に販売するという取引形態を取っていることを認識し容認しているとしても，これだけでは共同不法行為責任を認めるに足りるだけの十分な関連共同性があるとはいえないとの一般論を展開した上で，製造業者が，侵害品の全品を確実に小売業者に買い取ってもらえるとの信頼の下に侵害品を製造し，小売業者も，侵害品を独占的に買い取ることで商品供給を確実にするという関係にあったとして，共同不法行為性を肯定した事例がある(注31)。

(4) 推定の覆滅

前記のとおり，2項は，侵害者が受けた利益の額を権利者の損害額と推定する，いわゆる事実上の推定規定であるから，推定を受けた侵害者側において，推定事実の不存在を立証することにより，推定を覆滅させることができる。

そして，平成10年改正に際し，1項の立法趣旨として説明された，逸失利益の損害は市場において生じる損害であり，種々の事情に左右されるため一般に立証が困難であること，これらの種々の事情に応じて妥当な逸失利益の算定を可能とすべきことは，侵害者の利益を出発点とする逸失利益の算定の場合においても妥当すると解されること，2項による推定の対象は損害額という量的なものであり，その推定が量的に一部覆滅されるとすることも理論

(注29) 共同不法行為の効果をめぐる近時の学説では，関連共同性の強弱に応じて，寄与度による減責を認める見解も有力であるが，判例理論上は，共同不法行為が成立する場合には損害の全額について連帯責任を負うものとされている（最判平13・3・13民集55巻2号328頁等）。
(注30) 森・前掲（注7）244頁。
(注31) 知財高判平26・12・17（平成25年(ネ)第10025号）裁判所HP〔金属製棚及び金属製ワゴン事件〕。

上許容されると考えられることなどからして，推定の一部を覆滅させることも許容されるべきであって(注32)，このような一部覆滅を認める取扱いは，実務上定着したと評価できよう(注33)。

推定の一部又は全部を覆滅させるために考慮できる事情としては，基本的に1項ただし書と同種の事情を考慮できると思われる。近時の裁判例では，侵害行為によって生じた特許権者等の損害を適正に回復するとの観点から，侵害品全体に対する特許発明の実施部分の価値の割合のほか，市場における代替品の存在，侵害者の営業努力，広告，独自の販売形態，ブランド等といった営業的要因や，侵害品の性能，デザイン，需要者の購買に結び付く当該特許発明以外の特徴等といった侵害品自体が有する特徴などを総合的に考慮して判断すべきなどと説明されている(注34)。

〔4〕 特許法102条3項

(1) 法的性質(注35)

3項は，特許権又は専用実施権の侵害があった際には，権利者は，当該特許発明の実施料相当額については最小限度の損害額として受け得ることを保障した規定と理解されている。特許法102条4項本文に規定されているように，権利者は，3項により計算される額を超える損害額を立証してこれを請求することが可能である。

平成10年改正前は，法文上，「特許発明の実施に対し通常受けるべき金銭

(注32) 髙松宏之「損害(2)－特許法102条2項・3項」『新裁判実務大系4』318頁。
(注33) 前掲（注24）知財高判平25・2・1〔ごみ貯蔵機器事件〕は，結論として推定の一部覆滅を認めていないが，「特許権者と侵害者の業務態様等に相違が存在するなどの諸事情は，推定された損害額を覆滅する事情として考慮されるとするのが相当である。」として，推定の一部覆滅を許容する旨が示唆されているといえ，その後も，知財高裁を含む多数の判決において推定の一部覆滅が認められている。
(注34) 前掲（注31）知財高判平26・12・17〔金属製棚及び金属製ワゴン事件〕。なお，「侵害品全体に対する特許発明の実施部分の価値の割合」という表現は，いわゆる「寄与率」に通じる表現であるが，同判決は，これを推定覆滅事由と区別して説示を加えた上で，最終的には「推定覆滅事由等」としてまとめて2割の減額を行っている。推定覆滅事由について，天野・前掲（注21），吉田・前掲（注21）も参照されたい。
(注35) 特許庁編『平10改正解説』20頁以下，『工業所有権法逐条解説〔第20版〕』325頁以下。

の額に相当する額の金銭」と規定されていたところ，侵害を発見されなければ実施料すら支払う必要がなく，仮に発見されても支払うべき実施料が誠実にライセンスを受けた者と同じでは，他人の権利を尊重するインセンティブが働かず，侵害を助長しかねないとの批判があり，実施料相当額の認定において，訴訟当事者間の個別具体的な事情を考慮した妥当な実施料相当額が認定できるようにとの考慮から，平成10年改正により「通常」との文言が削除されたものである。

(2) 実施料相当額の考慮要素

以上のとおり，実施料相当額を算定するに際しては，必ずしも通常のライセンス契約において支払われる実施料を基準とするのではなく，権利者と侵害者との間の個別具体的な事情をも勘案すべきものであるが，全くの基準なしにこれを判断することにも困難が伴う。

裁判実務上，実施料相当額の算定は，侵害品の売上高に相当実施料率を乗じて相当実施料率を乗じる方法が多く採用されており，実施料率を算定する際の考慮要素としては，実施料率の業界相場，当該特許発明の内容や他の構成による代替可能性，侵害品中の特許発明の実施態様や侵害品の販売態様，特許発明の実施品や侵害品が属する市場の状況，権利者と侵害者の従前の交渉経緯などが挙げられている[注36]。

(3) 請求権者

専用実施権を設定した特許権者は，侵害者との間でライセンス契約を締結して実施料を得られる可能性はないから，3項により実施料相当額を損害と推定する基礎を欠くが，侵害行為がなければ専用実施権者から実施料を得られたであろうとの事情がある場合には，民法709条を根拠として損害賠償請求ができるとする裁判例がある[注37]。

(注36) 髙嶋卓「損害3　特許法102条3項に基づく請求について」『知的財産法の理論と実務2』290頁以下参照。また，裁判例として知財高判平27・11・12判タ1424号136頁〔生海苔の共回り防止装置事件〕等参照。

(注37) 東京地判平25・9・25判タ1418号336頁〔フラットワーク物品を供給するための装置事件第1審〕，知財高判平26・12・4判時2276号90頁〔控訴審〕。

特許権が共有に係る場合で，いずれの権利者も特許発明を実施していない場合には，双方が3項による請求ができるが，持分割合を考慮した実施料相当額が認定されるべきことになろう。これに対し，特許発明を実施している共有権者が1項又は2項に基づく請求をして，実施していない共有権者が3項に基づく請求をした場合の処理については，1項の算定の基礎とする権利者の製品の単位数量当たりの利益の額の算定に際して，実施料相当額を控除することが考えられ，2項により算定する場合には，侵害者の利益の額から実施料相当額を控除した上で最終的な損害を認定することが考えられる。

〔5〕 結びに代えて──損害論の審理について

本項目に与えられた目的は，特許法102条1項ないし3項の解釈上の問題点を整理することにあるが，特許権侵害による損害額の認定は，当事者の主張立証状況にも大きく影響されるところがあるので，この場を利用して，特許権侵害訴訟における損害額の審理に際しての実務上の留意点等について説明する。

(1) 「特許権侵害訴訟の審理モデル（損害論）」

特許権侵害訴訟の審理に際し，東京地裁及び大阪地裁の各知的財産権部においては，侵害論（構成要件充足性及び無効理由の審理）と損害論とを峻別する二段階審理が行われてきたこと[注38]，このうち侵害論については，東京地裁知財4か部が平成24年1月に「特許権侵害訴訟の審理モデル（侵害論）」[注39]を，大阪地裁知財部が平成25年3月に「特許・実用新案権侵害事件の審理モデル」[注40]をそれぞれ作成・公開して，実際の審理もおおむねこれらの審理モデルに従って進められてきたことは周知のとおりである。

(注38) 髙部眞規子『実務詳説特許関係訴訟〔第3版〕』13頁。
(注39) 裁判所ウェブサイト（http://www.courts.go.jp/tokyo/vcms_lf/tizai-singairon1.pdf）のほか，山門優「東京地裁における特許権侵害訴訟の審理要領（侵害論）について」判タ1384号5頁参照。
(注40) 裁判所ウェブサイト（http://www.courts.go.jp/osaka/vcms_lf/sinrimoderu2013331.pdf）参照。

そして，東京地裁知財4か部は，平成29年6月，「特許権侵害訴訟の審理モデル（損害論）」（以下「審理モデル（損害論）」という。）を作成し，公開した(注41)。審理モデル（損害論）は，比較的計画的な審理が実現してきた侵害論の審理に比して，損害論の審理に長期間を要する事件も散見されたことなどを背景に，損害論をより効率的に審理するために想定される手続のモデルを示すことを目的とするものである。

(2) 売上高，利益額等の任意開示

　審理モデル（損害論）によれば，裁判所は，いわゆる侵害の心証開示があった期日を終えてから3回の弁論準備手続を経て，損害論の審理を完結させることを想定している。
　これを実現するためには，原告（特許権者側）が，特許法102条各項のうちどの条項を用いるか，同条項を用いた場合の損害額が幾らとなるのかを主張していることを前提として，被告（被疑侵害者側）が，積極否認（民訴規79条3項参照）として，被告が把握している数額等（特許102条1項の場合は被疑侵害品の譲渡数量，同条2項の場合は被疑侵害品の売上高及び控除すべき経費の額，同条3項の場合は被疑侵害品の譲渡数量又は売上高）を，可能な限り具体的に開示することが肝要である。
　従来も，訴訟代理人及び当事者の理解と協力により，例えば経理担当役員等が会計システム等を適切に使用した旨の陳述書等とともに，一覧表形式により被疑侵害品の販売実績等が任意に開示され，そのうち特定の取引について，両当事者が期日外で証憑類を確認するなどの方法により，損害額の認定の前提となる数額等の共通認識を早期に形成することができた事案も見受けられたところである。審理モデル（損害論）では，このような被疑侵害者による任意開示と，期日外での証憑類の確認を理想的な実務慣行として想定するものである。審理の充実，迅速化のため，訴訟関係者の一層の理解を求めるものである。

　（注41）　裁判所ウェブサイト（http://www.courts.go.jp/tokyo/vcms_lf/tizai-songairon1.pdf）参照。

(3) 書類提出命令

 上記のとおり、被告（被疑侵害者側）において、被告が把握している数額等が適時、適切に開示されることが望ましいが、種々の事情により任意の開示が円滑に進まない場合も当然に想定される。そのような兆候が見られるときには、裁判所は、損害の計算をするために必要な書類提出命令（特許105条1項）の発令を検討する。提出すべき書類の範囲は別途問題となるが、特許権侵害が肯定されている以上、書類提出命令の必要性が否定される可能性は低いであろう。個別の事案についての言及は避けるが、近年では書類不提出の効果としていわゆる真実擬制（民訴224条1項・3項）がされた事例も散見される。裁判所は、できる限り当事者による任意の開示が実現するよう調整を図るものの、これによりかえって審理の長期化を招来しないよう、審理モデル（損害論）では、裁判所が書類提出命令発令の要否を早期に見極めることも想定している。

(4) 計算鑑定

 控除すべき経費の被疑侵害品への配賦等を要するなど損害額の算定に会計に関する高度の知見を要する場合などには、裁判所は損害計算のための鑑定、いわゆる計算鑑定を命じる場合がある（特許105条の2）。計算鑑定制度は、特に特許権侵害訴訟における損害論の審理の隘路を克服するツールとして、利用実績が積み重ねられ、運用の改善が試みられているところである[注42]。審理モデル（損害論）においても、損害額の認定に際して採用し得る有力な選択肢として想定しているところである。

(注42) 大鷹一郎「特許権侵害訴訟の審理における計算鑑定の最近の実情」L&T67号18頁には、計算鑑定の実際の進行のほか、判決に至った事例において計算鑑定の結果がどのように判決に用いられているかが詳細に紹介されている。同論考の掲載後も、東京地裁知財部では、計算鑑定が相応に利用されている。前掲（注6）東京地判平29・7・27〔マキサカシトール損害賠償事件〕は、被告製品の販売数量について計算鑑定が実施された事案に係るものであり、被告らが任意に開示した販売数量に関する主張を裏付けるために計算鑑定が実施されている。東京地判平26・4・30（平成24年(ワ)第964号）裁判所HP〔遠山の金さん事件〕は、著作権及び商標権に関する事案ではあるが、被告商品の売上高及び控除すべき経費について計算鑑定が実施されている。なお、和解により終局した事案も相応にみられる。

13 延長登録をめぐる諸問題

嶋 末 和 秀

特許権の延長登録の要件について説明せよ。また，存続期間が延長された特許権の効力はどのように解釈されるべきか。

〔1〕 はじめに

(1) 制度趣旨

　特許権の存続期間の延長登録制度は，昭和62年法律第27号（以下「昭和62年改正法」という。）による特許法の改正によって導入されたものである[注1]。
　延長登録の目的は，特許法67条2項（平成28年改正により4項）の「その特許発明の実施について安全性の確保等を目的とする法律の規定による許可その

(注1) 特許法は，平成28年法律第108号（平成29年法律第45号，平成29年法律第60号，平成30年法律第33号及び平成30年法律第70号により更に改正されている。以下，上記改正後の平成28年法律第108号を「平成28年改正法」といい，同改正法による特許法の改正を「平成28年改正」ということがある。）により改正されている。平成28年改正については，環太平洋パートナーシップ協定（以下「TPP協定」という。）が日本国について効力を生ずる日から施行するとされており（平成28年改正法附則第1条本文。なお，TPP協定は参加11か国の過半数が国内手続を完了した時点で発効するとされている。），本項目の執筆時点で未施行である。平成28年改正により，特許法67条2項及び3項が新設され（従前の2項は，4項に繰り下げられるとともに，存続期間が上記新設された規定により延長されたときは，その延長の期間を加えた存続期間についての延長である旨が規定された。），特許権の設定の登録が特許出願の日から起算して5年を経過した日又は出願審査の請求があった日から起算して3年を経過した日のいずれか遅い日以後にされた場合，存続期間を延長することができることとされた（以下，この新たな制度を「不合理な遅延についての特許期間の調整制度」という。なお，経過措置として，平成28年改正法の施行の日又は環太平洋パートナーシップに関する包括的及び先進的な協定が署名された日，から2年を経過した日のいずれか遅い日以前にした特許出願に係る特許権の存続期間の延長については，なお従前の例によるとされている〔同改正法附則第2条〕。）。本項目では，専ら，従前の特許法67条2項（平成28年改正により4項）に基づく特許権の存続期間の延長登録制度について論じることとし，不合理な遅延についての特許期間の調整制度については，後掲（注30）において簡単に言及するにとどめる。

他の処分であって当該処分の目的，手続等からみて当該処分を的確に行うには相当の期間を要するものとして政令で定めるもの」（以下「政令処分」という。）を受けることが必要であったために特許発明の実施をすることができなかった期間を回復することにある(注2)と解されており，一般論としては，おそらく異論のないところであろうと思われる。

　すなわち，特許法は，同法67条1項において，特許権の存続期間を特許出願の日から20年と定めるが，同時に，同条2項において，その特許発明の実施について政令処分を受けることが必要であるために，その特許発明の実施をすることができない期間があったときは，5年を限度として，その存続期間の延長をすることができると定めている。「その特許発明の実施」について，政令処分を受けることが必要な場合には，特許権者は，たとえ，特許権を有していても，特許発明を実施することができず，実質的に特許期間が侵食される結果を招く。このような結果は，特許権者に対して，研究開発に要した費用を回収することができなくなる等の不利益をもたらし，また，開発者，研究者に対しても，研究開発のためのインセンティブを失わせることから，そのような不都合を解消させ，研究開発のためのインセンティブを高める目的で，特許発明を実施することができなかった期間について，5年を限度として，特許権の存続期間を延長することができるようにしたものであるといえる。もっとも，このような期間においても，特許権者が「業として特許発明の実施をする権利」を専有していることに変わりはなく，特許権者の許諾を受けずに特許発明を実施する第三者の行為について，当該第三者に対して，差止めや損害賠償を請求することが妨げられるものではない（なお，特許発明の実施に政令処分を受けることが必要とされない態様がある場合には，そのような態様に関する限り，特許権者が当該特許発明を実施することも妨げられない。）。したがって，特許権の延長登録制度は，特許権者の被る不利益の内容として，特許権の全ての効力のうち，政令処分を受けることが必要な態様において特許発明を実施することができなかったという点に着目したものであるといえる。

　なお，この制度が導入制定された当初（昭和62年改正法が施行された昭和63年

（注2）　最判平27・11・17民集69巻7号1912頁〔ベバシズマブ事件上告審〕。

1月1日当時)は，特許発明の実施をすることができなかった期間が2年を超えることを延長登録の要件としていたが，その後，平成11年法律第41号による特許法の改正により，同要件が廃止された。

政令処分としては，現在，特許法施行令(注3)2条において，医薬品，医療機器等の品質，有効性及び安全性の確保等に関する法律（平成25年法律第84号による改正前の題名は，薬事法。以下，引用箇所を除き，同改正の前後を通じて「医薬品医療機器等法」という。）による医薬品類の承認・認証や農薬取締法による農薬の登録が定められているところであるが，特許法67条2項における政令処分は，これらに限定されるものではない（政令処分が追加指定されることがあり得る。）。それゆえ，延長登録の要件や存続期間が延長された特許権の効力に関する特許法の規定は，具体的な政令処分に即した形ではなく，一般的な規定ぶりとなっている。

(2) 問題の所在

延長登録の要件や存続期間が延長された特許権の効力に関する特許法の規定は，上述したとおり，特許法施行令2条の定める政令処分に即した形ではなく，一般的な規定ぶりとなっており，近年になって，特許庁の解釈・運用がこれと整合しているとはいえない旨の批判がされるようになり，解釈論上，深刻な争いが生じた。

特許庁は，従前，政令処分が医薬品の承認である場合には，特許法68条の2にいう「物」は「有効成分」を，「用途」は「効能・効果」を意味すると解釈した上，これと整合させるため，「有効成分」と「効能・効果」が同一である政令処分が複数あるときは，最初の政令処分のみに基づいて特許権の存続期間の延長登録が可能であるとしていた。すなわち，延長登録出願の理由とされる政令処分（以下「出願理由処分」という。）に先行して別の政令処分（以下「先行処分」という。）が存在する場合において，出願理由処分の対象となった医薬品の「有効成分」及び「効能・効果」が先行処分の対象となった

(注3) 特許法施行令は，平成29年政令第5号により改正されているが，同改正は環太平洋パートナーシップ協定の締結に伴う関係法律の整備に関する法律（平成28年法律第108号）の施行の日から施行するとされており，本項目の執筆時点で未施行である。平成28年改正に伴う特許法の条文の繰り下がりに対応するものであり，内容的な変更はない。

医薬品の「有効成分」及び「効能・効果」が同じである限り，先行処分によって出願理由処分の対象となった医薬品の製造販売が解禁される関係にないとき（これには，先行処分の対象となった医薬品が延長登録出願に係る特許発明の技術的範囲に属しないときが含まれる。）であっても，延長登録出願を拒絶していた。このような特許庁の従前の解釈・運用は，（存続期間が延長された特許権の効力については，政令処分の対象となった医薬品についての特許発明の実施に限られず，当該医薬品と「有効成分」及び「効能・効果」が同じ医薬品についての特許発明の実施にまで拡大することを前提とした上で）存続期間の延長登録が認められる場合を抑制しようとする政策的判断に基づくものと考えられるが，延長登録の要件に関する特許法の規定（具体的には，延長登録出願の拒絶理由を定める特許法67条の3〔平成28年改正により67条の7〕第1項1号の規定）とは，整合しているとはいえないように思われる。

　このため，少なからざる延長登録出願人が特許庁の従前の解釈・運用を争って出訴したが，平成19年以前の下級審は，特許庁の従前の解釈・運用を正当なものとして是認しており[注4]，その当時，この点について説示した最高裁判所の判決は見当たらず，上告又は上告受理申立てがされても，棄却又は不受理となっていたようである[注5]。そして，このような特許庁の従前の解釈・運用は，昭和62年改正法施行前後に立案担当者によって書かれた文献・資料等[注6]に沿うものではあったし，ドラッグ・デリバリー・システムなど医薬品の製剤に関する技術（有効成分以外の技術）を保護する必要がある

（注4）　東京高判平10・3・5判時1650号137頁〔フマル酸ケトチフェン事件〕，東京高判平12・2・10判時1719号133頁〔塩酸オンダンセトロン事件〕，知財高判平17・5・30判時1919号137頁〔ラミブジン及びジドブジン事件〕，知財高判平17・10・11（平成17年（行ケ）第10345号）裁判所ＨＰ〔水溶性ポリペプタイドのマイクロカプセル化事件〕，知財高判平17・11・16判タ1208号292頁〔眼灌流・洗浄液バッグ包装体事件〕，知財高判平19・1・18（平成17年（行ケ）第10724号）裁判所ＨＰ〔ピリジン誘導体潰瘍治療剤事件〕，知財高判平19・3・27（平成17年（行ケ）第10587号）裁判所ＨＰ〔ランソプラゾール事件〕，知財高判平19・7・19判時1980号133頁〔長期徐放型マイクロカプセル事件〕，知財高判平19・9・27（平成19年（行ケ）第10016号）裁判所ＨＰ〔ベクロメタゾンエアロゾル事件〕など。

（注5）　「特許権の存続期間の延長登録出願の理由となった薬事法14条1項による製造販売の承認に先行して当該承認の対象となった医薬品と有効成分並びに効能及び効果を同じくする医薬品について同項による製造販売の承認がされていることを延長登録出願の拒絶の理由とすることが許されない場合」山田真紀・最判解民平成23年度(上)446頁。

（注6）　新原浩朗編著『改正特許法解説』（有斐閣，1987）79頁〔新原浩朗〕など。

との認識が広く共有されるようになってきた近年はともかく、少なくとも、制度導入当初から特許庁の解釈・運用に批判的な見解が有力に主張されていたなどといった事情は存在しなかったようである。

　しかし、存続期間が延長された特許権の効力に関する特許法68条の2についての特許庁の従前の解釈の是非をひとまず措くとしても、出願理由処分の対象となった医薬品の「有効成分」及び「効能・効果」と先行処分の対象となった医薬品の「有効成分」及び「効能・効果」とが同じである限り、先行処分の対象となった医薬品が延長登録出願に係る特許権のいずれの請求項の特許発明の技術的範囲にも属しないとき（したがって、先行処分によっては、延長登録出願に係る特許発明の実施が全く解禁されていないとき）であっても、延長登録出願を拒絶するという特許庁の従前の解釈・運用は、延長登録出願の拒絶理由を定める特許法67条の3第1項1号の規定からは、およそ導き出すことができないように思われる。先行処分の対象となった医薬品が延長登録出願に係る特許権のいずれの請求項に係る特許発明の技術的範囲にも属しない以上、延長登録出願に係る特許権のうち出願理由処分の対象となった医薬品がその実施に当たる特許発明はもとより、当該特許権のいずれの請求項に係る特許発明も実施することができたとはいえないからである[注7]。

　また、内閣が法案を国会に提出する際に説明資料として国会に提出した書類にも、工業所有権審議会や国会の議事録にも、「物」とは「有効成分」を指すと解釈すべき旨の記載は一切見られず、「物」、「用途」という各用語について何らの議論もされないまま審議が行われた（なお、内閣法制局の法案審査では、「複数回延長」に関しては検討がされた形跡がある〔ただし、法案には反映されていない。〕ものの、「物」及び「用途」の意義に関しては、何ら検討された形跡がない。）ことからすれば、特許法68条の2にいう「物」が有効成分であり、「用途」が効能・効果であることを前提に立法がされたという事実を認めることは困難であると思われるし、立案担当者の説明するところは、薬事法の本質は、ある物質を医薬品として（特定の効能・効果用に）製造販売することを規制することにあるというものであって、条文上の根拠を示すことなく、単に「薬

―――――――――――――――――――――――――――――――――――
　（注7）　最判平23・4・28民集65巻3号1654頁〔パシーフカプセル事件上告審〕。

事法の本質」や「規制のポイント」との用語を使って結論を導いているに過ぎないこと，農薬の場合には，「物」を「有効成分」，「用途」を「効能・効果」と解するのではなく，「物」は「物」，「用途」は「用途」と解するのが，特許庁の立場であったこととも整合しないものであったことからすれば，存続期間が延長された特許権の効力に関する特許法68条の2についての特許庁の従前の解釈も，医薬品医療機器等法の承認・認証や農薬取締法の登録に限定せず，「安全性の確保等を目的とする法律の規定による許可その他の処分」一般を対象としている特許法の条文解釈としては合理的な説明が困難であり，是認することができないものであったと考える[注8]。

結局，特許法67条の3第1項1号に係る延長登録の要件については，2度にわたる最高裁判所の判決[注9]によって，実務上，おおむね決着し，特許庁の解釈・運用は，最高裁判所の判決に従う形で，軌道修正された[注10]ので，後記〔2〕では，これを前提として検討する。

また，特許法68条の2が規定している存続期間が延長された特許権の効力についても解釈論上の争いが生じており，延長登録の要件に関する知的財産高等裁判所の判決[注11]が傍論として言及していたところであるが，現時点では，存続期間が延長された特許権の効力について判断した侵害訴訟の第1審判決[注12]の結論を維持した知的財産高等裁判所のいわゆる大合議（5人の裁判

(注8) 知財高判平21・5・29民集65巻3号1685頁〔パシーフカプセル事件第1審〕。なお，同判決は，筆者が主任裁判官として関与したものである。

(注9) 前掲（注2）最判平27・11・17〔ベバシズマブ事件上告審〕，前掲（注7）最判平23・4・28〔パシーフカプセル事件上告審〕。

(注10) 平成27年9月改定の特許実用新案審査基準（第IX部）は，前掲（注2）最判平27・11・17〔ベバシズマブ事件上告審〕を踏まえたものである。

(注11) 知財高判平26・5・30判タ1407号179頁・民集69巻7号1952頁〔ベバシズマブ事件第1審〕，前掲（注8）知財高判平21・5・29〔パシーフカプセル事件第1審〕。

(注12) 東京地判平28・3・30判時2317号121頁〔オキサリプラチン事件第1審〕。同判決は，筆者が裁判長として関与したものであるが，政令処分の対象となった「当該用途に使用される物」（「オキサリプラチン」と「注射用水」のみを含み，それ以外の成分を含まないとされる製剤〔ただし，保存中にオキサリプラチンが自然分解し，シュウ酸を含有するに至ることがある。〕）と，被告各製品（「オキサリプラチン」と「水」又は「注射用水」のほか，オキサリプラチンの自然分解を抑制する安定剤として，オキサリプラチンと等量の「濃グリセリン」を含有する。）とは，「成分」において異なる，後者が前者の均等物ないし実質同一物に該当するとはいえないとして，存続期間が延長された原告の特許権の効力は，被告各製品の生産等には及ばないと判断した。同判決では，「濃グリセリン」を含有する被告各製品が，本件発明（請求項1記載の発明）の「オキサリプラチヌムの水溶液からなり」との構成要件を充足するか否かなども争点として挙げられているが，この点について

官で構成される合議体）による判決^(注13)の説示するところ^(注14)が，実務の指針となるところであるから，後記〔3〕では，これを前提として検討する。

〔2〕 特許権の延長登録の要件

(1) 延長登録出願

は判断を示していない。ちなみに，同判決の直前にされた知財高判平28・3・9（平成27年（行ケ）第10105号）裁判所HP〔オキサリプラティヌムの医薬的に安定な製剤事件〕では，無効主張（明確性要件違反，サポート要件違反）を排斥する理由として，記載要件についての判断に際し「出願経過，審判における対応や外国語出願における原文を参酌することは相当でない」とした上，明細書の記載につき，「『オキサリプラティヌムの水溶液』に他の成分を含んではならないことを示す記載はなく，他の構成要素を含有することが排除されているとまではいえない」，「『酸性またはアルカリ性薬剤，緩衝剤もしくはその他の添加剤』が，課題解決のために常に除外すべき成分であることが示されているとはいえない」，「本件発明の製剤が他の成分を含んではならない旨が明らかに示されているとはいえず，本件発明の課題解決手段が，これらの添加剤を含まないことによって初めて達成でき，含んだ場合には達成できないことを示しているとは認められない」などと，また，明細書に基づく判断として，「本件発明における課題及び課題解決手段が，上記添加物を含む場合に解決できず，これらを含まないことが発明の技術的意義であると認めることはできない」などと説示されている。

(注13) 知財高判平29・1・20（平成28年(ネ)第10046号）裁判所HP〔オキサリプラチン事件控訴審〕。知財高裁のウェブサイトによれば，同判決に対し上告及び上告受理申立てがされたが，最高裁は，平成30年5月8日，上告棄却・不受理とする決定をしたとのことである。

(注14) 前掲（注13）知財高判平29・1・20〔オキサリプラチン事件控訴審〕は，「『オキサリプラティヌムの水溶液からなり』との構成要件……は，オキサリプラティヌムと水のみからなる水溶液であるのか，オキサリプラティヌムと水からなる水溶液であれば足り，他の添加剤等の成分が含まれる場合も包含されるのかについて，特許請求の範囲の記載自体からは，いずれの解釈も可能である」とした上，「……明細書の……記載や……出願経過を総合的にみれば，本件発明の課題は，公知の有効成分である『オキサリプラティヌム』について，承認された基準に従って許容可能な期間医薬的に安定であり，凍結乾燥物から得られたものと同等の化学的純度及び治療活性を示す，そのまま使用できるオキサリプラティヌム注射液を得ることであり，その解決手段として，オキサリプラティヌムを1～5 mg／mlの範囲の濃度で4.5～6の範囲のpH・水に溶解したことを示すものであるが，更に加えて，『該水溶液が，酸性またはアルカリ性薬剤，緩衝剤もしくはその他の添加剤を含まない』こともとも同等の解決手段として示したものである」として，「特許請求の範囲の記載の『オキサリプラティヌムの水溶液からなり』……との文言は，本件発明がオキサリプラティヌムと水のみからなる水溶液であって，他の添加剤等の成分を含まないことを意味するものと解さざるを得ない」と説示し，1審被告各製品が特許発明の構成要件を充足しない旨の判断をしているから，存続期間が延長された特許権の効力に関する説示は，結論を導くために必要な判断ということにはならず，厳密には，傍論であることになろう（篠原勝美「知財高裁大合議判決覚書—オキサリプラチン事件をめぐって—」知管67巻9号1323頁，同「続・知財高裁大合議判決覚書—オキサリプラチン事件をめぐって—」知管68巻3号318頁）。

特許権の存続期間の延長登録を受けるには，特許庁長官に対し，所定事項を記載した願書と延長の理由を記載した資料を提出して，延長登録の出願をし，審査を受けることが必要である（特許67条の2〔平成28年改正により67条の5〕第1項・2項）。

出願をすることができるのは，特許権者である（特許67条の3〔平成28年改正により67条の7〕第1項4号）。特許権が共有に係るときは，各共有者は，延長登録の出願を他の共有者と共同して行う必要がある（特許67条の2第4項〔平成28年改正により67条の5第4項により準用される67の2第2項〕）。

願書には，①出願人の氏名又は名称及び住所又は居所，②特許番号，③延長を求める期間（5年以下の期間に限る。），④政令処分の内容，⑤政令処分を受けた日を記載しなければならない（特許67条の2第1項各号，特許法施行規則[注15]38条の15）。

延長の理由を記載した資料とは，①その延長登録の出願に係る特許発明の実施に政令処分を受けることが必要であったことを証明するため必要な資料，②政令処分を受けることが必要であったためにその延長登録の出願に係る特許発明の実施をすることができなかった期間を示す資料，③政令処分を受けた者がその延長登録の出願に係る特許権についての専用実施権者若しくは通常実施権者又は当該特許権者であることを証明するため必要な資料である（特許67条の2第2項，特許法施行規則38条の16）。

延長の理由となる政令処分は，特許権者又はその特許権についての専用実施権若しくは通常実施権を有する者が受けていなければならない（特許67条の3第1項2号）[注16]。

延長登録の出願は，政令処分を受けた日[注17]から3月以内にしなければな

(注15) 特許法施行規則は，平成29年経済産業省令第3号（平成30年経済産業省令第47号により更に改正）により改正されているが，同改正は環太平洋パートナーシップ協定の締結に伴う関係法律の整備に関する法律（平成28年法律第108号）の施行の日から施行するとされており，本項目の執筆時点で未施行である。平成28年改正により不合理な遅延についての特許期間の調整制度が導入されることに伴い，新たな規定が設けられている。

(注16) この点につき，前掲特許実用新案審査基準（第IX部3.1.2）は，「処分を共同で受けた複数の者のうち一部の者のみが特許権についての専用実施権又は通常実施権を有している場合であっても，特許権者又はその特許権についての専用実施権若しくは通常実施権者が処分を受けていることに変わりはないわけであるから，特許法67条の3第1項2号に該当することにはならない。」としている。

らないが，出願人の責めに帰することができない理由により当該期間内にその出願をすることができないときは，その理由がなくなった日から14日（在外者にあっては，2月）を経過する日までの期間（当該期間が9月を超えるときは，9月）内にしなければならない（特許67条の2第3項本文，特許法施行令3条）。

延長登録の出願は，特許権の存続期間の満了後はすることができない（特許67条の2第3項ただし書）。

なお，特許権の存続期間の満了前6月の前日までに政令処分を受けることができないと見込まれるときは，特許庁長官に対し，その日までに所定事項（①出願をしようとする者の氏名又は名称及び住所又は居所，②特許番号，③政令処分〔特許67条の2の2〔平成28年改正により67条の6〕第1項各号〕）を記載した書面を提出しておかなければ，延長登録の出願をすることができない（特許67条の2の2第1項本文・2項）。ただし，同書面を提出しようとする者の責めに帰することができない理由により同日までのその書面を提出することができないときは，その理由がなくなった日から14日（在外者にあっては，1月）以内で特許権の存続期間の満了前6月の前日の後2月以内にその書面を提出することができる（特許67条の2の2第4項）。

(2) 延長登録出願の拒絶理由

(a) 総　　論

特許権の存続期間の延長登録出願が次の拒絶理由のいずれかに該当するときは，同出願は拒絶されることとなり，これらの拒絶理由を発見できないときは，延長登録をすべき旨の査定又は審決がされた後，その登録がされることになる（特許67条の3第1項～3項）。

① その特許発明の実施に政令処分を受けることが必要であったとは認められないとき（特許67条の3第1項1号）

（注17） 最判平11・10・22民集53巻7号1270頁〔ノバルティス・アーゲー事件上告審〕によれば，政令処分を受けた日とは，政令処分が申請者に到達することにより処分の効力が発生した日であると解される。なお，前掲特許実用新案審査基準（第IX部3．1．(1)）は，「承認又は登録が申請者に到達した日，すなわち申請者がこれを了知し又は了知し得べき状態におかれた日である」。これは，「必ずしも『承認書』又は『登録票』の到達した日を意味するものではなく，『承認書』又は『登録票』の到達前に，承認又は登録について知った場合は，現実に知った日となる。」としている。

② その特許権者又はその特許権についての専用実施権若しくは通常実施権を有する者が政令処分を受けていないとき（2号）
③ その延長を求める期間がその特許発明の実施をすることができなかった期間を超えているとき（3号）
④ その出願をした者が当該特許権者でないとき（4号）
⑤ その特許権が共有に係る場合であって，各共有者が他の共有者と共同で出願していないとき（5号）

　これらの拒絶理由のうち，上記②，④及び⑤については，前記(1)において既に言及したところであるから，以下では，上記①及び③について検討する。

(b) その特許発明の実施に政令処分を受けることが必要であったとは認められないとき

　(ｱ) 特許法67条の3第1項1号は，延長登録出願について，特許発明の実施に政令処分を受けることが必要であったとは認められないことがその拒絶の査定をすべき要件であることを規定しているところ，これには次の(ｲ)及び(ｳ)の類型が該当するものと解される。

　(ｲ) 特許法67条の3第1項1号に該当する類型の一つは，出願理由処分の対象となった医薬品類の製造販売の行為又は農薬の製造・輸入の行為が，延長登録出願に係る特許発明の実施行為に該当しない場合である。

　特許発明における発明特定事項と医薬品類の承認書又は農薬の登録票等に記載された事項とを対比した結果，出願理由処分の対象となった医薬品類又は農薬が，いずれの請求項に係る発明についてもその発明特定事項の全てを備えているとはいえない場合は，審査官は，拒絶理由を通知するものとされている[注18]。

　(ｳ) 特許法67条の3第1項1号に該当するもう一つの類型は，出願理由処分に先行して，同一の特許発明につき先行処分がされている場合において，先行処分と出願理由処分とを比較した結果，先行処分の対象となった医薬品類の製造販売又は農薬の製造・輸入が，出願理由処分の対象となった医薬品類の製造販売又は農薬の製造・輸入をも包含すると認められるときであ

[注18] 前掲特許実用新案審査基準（第Ⅸ部 3．1．1(1)(i)）。

る(注19)。ここで，先行処分と出願理由処分とを比較するという在り方は，延長登録の制度趣旨（特許権者が政令処分を受けることが必要な態様において特許発明を実施することができなかったという点に着目したものであること）からみて自然であるし，同号の規定ぶりとも整合するところである。

　この包含関係の有無は，先行処分の対象となった医薬品類の製造販売又は農薬の製造・輸入と，出願理由処分の対象となった医薬品類の製造販売又は農薬の製造・輸入が，いずれも延長登録出願に係る特許発明の実施行為に該当する場合について，延長登録出願に係る特許発明の種類や対象に照らして，医薬品類又は農薬としての実質的同一性に直接関わることとなる審査事項について，先行処分と出願理由処分を比較して判断することになる(注20)。ここでは，単に審査事項の全てを形式的に比較するのではなく，特許発明の種類や対象を念頭に置いた実質的な判断が必要となる。医薬品の成分を対象とする物の発明の場合，医薬品としての実質的同一性に直接関わることとなる両処分の審査事項は，医薬品の成分，分量，用法，用量，効能及び効果であり(注21)，他の審査事項を含まない。「名称」は医薬品としての実質的同一性に直接関わらないことが明らかであるし，「副作用その他の品質」や「有効性及び安全性に関する事項」は，医薬品としての実質的同一性が認められる場合には，同様なものとなると考えられるからである。

　なお，先行処分を受けた者が延長登録出願に係る特許権の特許権者，専用実施権者及び通常実施権者のいずれにも当たらない場合は，これらの者が特許発明を実施するためには出願理由処分を受けることが必要であったといえ

(注19)　前掲（注2）最判平27・11・17〔ベバシズマブ事件上告審〕，前掲特許実用新案審査基準（第IX部3．1．1(1)(ii)）。
(注20)　前掲特許実用新案審査基準（第IX部3．1．1(1)(ii)）。
(注21)　前掲（注2）最判平27・11・17〔ベバシズマブ事件上告審〕。なお，医薬品の成分を対象とする製法の発明であれば，「医薬品の実質的同一性に直接関わることとなる事項」に医薬品の製法も該当することになるため，先行処分と出願理由処分につき，両処分の「製造方法」という審査事項について比較することができると解される（田中孝一「1　医薬品の製造販売につき，特許権の存続期間の延長登録出願の理由となった承認に先行する承認が存在することにより，上記出願の理由となった承認を受けることが必要であったとは認められないとされる場合」「2　医薬品の製造販売につき，特許権の存続期間の延長登録出願の理由となった承認に先行する承認がされている場合において，先行する承認に係る製造販売が，上記出願の理由となった承認に係る製造販売を包含するとは認められないとされた事例」曹時68巻12号187頁）。

るし，実質的に考えても，このような場合は，先行処分を理由として延長登録出願をすることができないのであるから，特許法67条の3第1項1号に該当するということはできないものと思われる[注22]。

(c) その延長を求める期間がその特許発明の実施をすることができなかった期間を超えているとき

「その特許発明の実施をすることができなかった期間」とは，政令処分を受けるのに必要な試験を開始した日又は特許権の設定登録の日のうちのいずれか遅い方の日から，当該政令処分が申請者に到達することにより処分の効力が発生した日の前日までの期間を意味する[注23]。

〔3〕 存続期間が延長された特許権の効力[注24]

(1) 特許法68条の2の解釈

特許法68条の2は，「特許権の存続期間が延長された場合（第67条の2第5項〔平成28年改正により第67条の7第4項において準用する第67条の2第5項本文〕の規定により延長されたものとみなされた場合を含む。）の当該特許権の効力は，その延長登録の理由となった第67条第2項〔平成28年改正により「第4項」〕の政令で定める処分の対象となった物（その処分においてその物の使用される特定の用途が定められている場合にあっては，当該用途に使用されるその物）についての当該特許発明の実施以外の行為には，及ばない。」と規定する。

その趣旨は，特許権の存続期間の延長登録の制度が，政令処分を受けることが必要であったために特許発明の実施をすることができなかった期間を回復することにあることに鑑みると，存続期間が延長された場合の当該特許権の効力についても，その特許発明の全範囲に及ぶのではなく，政令処分の対

(注22) 前掲（注8）知財高判平21・5・29〔パシーフカプセル事件第1審〕。
(注23) 前掲（注17）最判平11・10・22〔ノバルティス・アーゲー事件上告審〕。なお，処分の効力が発生した日については，（注17）を参照。
(注24) 以下は，前掲（注13）知財高判平29・1・20〔オキサリプラチン事件控訴審〕の説示するところを基本とした上で，若干の私見を加えたものである。

象となった物（その処分においてその物の使用される特定の用途が定められている場合にあっては，当該用途に使用されるその物）（以下「政令処分対象物」ということがある。）についての特許発明の実施（当該特許発明が「物」の発明である場合には，政令処分対象物の生産，使用，譲渡等〔譲渡及び貸渡し〕，輸出若しくは輸入又は譲渡等の申出〔以下，これらをまとめて「生産等」という。〕）以外には及ばないことを定めているものと解すべきである。

　もっとも，政令処分を受けることが必要であったために特許発明の実施をすることができなかった期間を回復するという延長登録の制度趣旨や衡平の理念に照らせば，対象製品に政令処分対象物と異なる部分が存在する場合であっても，当該部分が僅かな差異又は全体的にみて形式的な差異に過ぎないときは，対象製品は，政令処分対象物と実質同一なものに含まれ，存続期間が延長された特許権の効力の及ぶ範囲に属するものと解される。

　したがって，存続期間が延長された場合の特許権の効力は，特許発明の実施行為のうち，政令処分対象物及びこれと実質同一なものについての実施行為（当該特許発明が「物」の発明である場合には，政令処分対象物及びこれと実質同一なものの生産等）に及び，その余の実施行為には及ばないということになる。

　なお，政令処分対象物は，特許発明の一態様であるから，対象製品がこれと実質同一なものか否かを判断するに際し，特許発明と均等であるか否かを判断する際の5つの要件を適用ないし類推適用することは，不相当である[注25]。ただし，一般的な禁反言（エストッペル）の考え方に基づけば，延長登録出願の手続において，延長登録された特許権の効力範囲から意識的に除外されたものに当たるなどの特段の事情がある場合には，特許法68条の2の実質同一が認められることはないと解される。

(2) 医薬品の場合についての考え方

(a) 政令処分対象物を特定する要素

[注25] 均等論の5要件の適用ないし類推適用を否定する学説として，井関涼子「アバスチン（ベバシズマブ）事件」ジュリ1475号66頁などがあり，肯定する学説として，田中孝一「最高裁重要判例解説〔アバスチン事件最判〕」L＆T171号78頁などがある。また，政令処分対象物の実質的同一物に該当するか否かの判断につき，均等論の5要件と同様の基準によったものとして，東京地判平28・12・2（平成27年(ワ)第12415号）裁判所ＨＰ〔オキサリプラチン事件〕がある。

実務的には，政令処分が医薬品医療機器等法所定の医薬品に係る承認に係るものである場合が問題になることが多いと考えられるところ，同承認は，特許法68条の2括弧書の「その処分においてその物の使用される特定の用途が定められている場合」に当たる。

　そして，医薬品の成分を対象とする物の特許発明について，医薬品としての実質的同一性に直接関わる審査事項は，医薬品の「成分，分量，用法，用量，効能及び効果」であり，このうち「成分，分量」は「物」を特定する要素，「用法，用量，効能及び効果」は「用途」を特定する要素となる（「成分」は，薬効を発揮する成分（有効成分）に限定されるものではないから，ここでいう「成分」も有効成分に限られない。）。

　したがって，政令処分対象物が医薬品の場合，これを特定する要素は，政令処分で定められた「成分，分量，用法，用量，効能及び効果」であることになる。

　(b)　実質同一の範囲

　前記のとおり，存続期間が延長された特許権の効力は，政令処分で定められた「成分，分量，用法，用量，効能及び効果」によって特定された医薬品の生産等のみならず，これと医薬品として実質同一なものの生産等にも及ぶというべきところ，上記構成中に対象製品と異なる部分が存する場合であっても，当該部分が僅かな差異又は全体的にみて形式的な差異に過ぎないときは，対象製品は，医薬品として政令処分対象物と実質同一なものに含まれる。

　そして，医薬品の成分を対象とする物の特許発明において，政令処分で定められた「成分」に関する差異，「分量」の数量的差異又は「用法，用量」の数量的差異のいずれか一つないし複数があり，他の差異が存在しない場合に限定してみれば，僅かな差異又は全体的にみて形式的な差異かどうかは，特許発明の内容（当該特許発明が，医薬品の有効成分のみを特徴とする発明であるのか，医薬品の有効成分の存在を前提として，その安定性ないし剤型等に関する発明であるのか，あるいは，その技術的特徴及び作用効果はどのような内容であるのかなどを含む。）に基づき，その内容との関連で，政令処分において定められた「成分，分量，用法，用量，効能及び効果」によって特定された「物」と対象製品との技術的特徴及び作用効果の同一性を比較検討して，当業者の技術常識を踏まえて

判断されることになる。

　上記の限定した場合において，対象製品が政令処分で定められた「成分，分量，用法，用量，効能及び効果」によって特定された「物」と医薬品として実質同一なものに含まれる類型は，次のとおりである。

　類型①：医薬品の有効成分のみを特徴とする特許発明に関する延長登録された特許発明において，有効成分ではない「成分」に関して，対象製品が，政令処分申請時[注26]における周知・慣用技術に基づき，一部において異なる成分を付加，転換等しているような場合

　類型②：公知の有効成分に係る医薬品の安定性ないし剤型等に関する特許発明において，対象製品が政令処分申請時における周知・慣用技術に基づき，一部において異なる成分を付加，転換等しているような場合で，特許発明の内容に照らして，両者の間で，その技術的特徴及び作用効果の同一性があると認められるとき

　類型③：政令処分で特定された「分量」ないし「用法，用量」に関し，数量的に意味のない程度の差異しかない場合

　類型④：政令処分で特定された「分量」は異なるけれども，「用法，用量」も併せてみれば，同一であると認められる場合

　なお，実質同一に分類される医薬品は，上記類型①ないし④のみに限定されるものではないと解されるが，僅かな差異又は全体的にみて形式的な差異に過ぎないとして，実質同一といえるか否かは，具体的な事案に即して判断されることになるものと思われ，予測可能性を高めるには，事例の集積が必要と思われる[注27]。

　（注26）　前掲（注13）知財高判平29・1・20〔オキサリプラチン事件控訴審〕が判断基準時とした「政令処分申請時」につき，先発医薬品の政令処分申請時と理解する学説（黒田薫「知財高裁平成29年1月20日判決平成28年㈵第10046号特許権侵害差止等請求控訴事件（知財高裁特別部）〜存続期間が延長された特許権に基づく製剤の製造販売等の差止請求について，一審被告製品は『政令で定める処分の対象となった物』と実質同一なものとはいえず，また，本件発明の技術的範囲にも属しないとして，一審原告の請求を棄却した原判決を相当とした事例〜」AIPPI62巻8号727頁）もあるが，後発医薬品の政令処分申請時を指すものと解される（L&T76号95頁）。

　（注27）　前掲（注13）知財高判平29・1・20〔オキサリプラチン事件控訴審〕の説示を念頭に置きつつ，仮想事例について検討した論考として，桝田祥子「知財高裁平成29年1月20日大合議判決（オキサリプラチナム事件）延長された特許権の効力（特許法68条の2）に関する「医薬品としての実質同一」の検討」AIPPI62巻8号745頁がある。

[4] おわりに

特許権の存続期間の延長登録制度については，既にみてきたとおり，制度の導入から長い年月が経過した後，最高裁判所の判決に基づいて特許庁の解釈・運用が大きな軌道修正を余儀なくされるという事態に陥った。その原因の一つは，昭和62年改正法の成立過程にあるように思われる。すなわち，昭和62年改正法のうち特許権の存続期間の延長登録制度に係る部分については，工業所有権審議会法制部会の審議が1か月，特許庁・通産省による法案作成作業が約2か月，国会審議が実質1週間という，極めて短期間の準備及び審議を経たに過ぎないところ，法案の起草段階では，内閣法制局の担当官から，処分が2度以上あり延長を2度以上申請する必要があるときはどうするかという疑問が示され，特許権の存続期間の延長登録の出願の拒絶理由として，「その特許権の存続期間が既に延長されたものであるとき。」という規定を挿入することが提案されたという経緯もあるが，結局，特許法には上記のような規定が設けられなかった[注28]。特許庁の従前の解釈・運用は，（存続期間が延長された特許権の効力については，政令処分の対象となった医薬品についての特許発明の実施に限られず，当該医薬品と「有効成分」及び「効能・効果」が同じ医薬品についての特許発明の実施にまで拡大することを前提とした上で）存続期間の延長登録が認められる場合を抑制しようとする政策的判断に基づくものと考えられることは，既に触れたところであるが，そのような政策的判断に沿った形で法案の起草がされていれば，実務の混乱は生じなかったかもしれない。

延長登録制度については，最近，様々な議論が提起されているところである[注29]。そのような議論の中には，立法論として，傾聴に値すると感じられ

(注28) 前掲（注8）知財高判平21・5・29〔パシーフカプセル事件第1審〕。
(注29) 存続期間が延長された特許権の効力が及ぶ範囲に関し，政令処分対象物と市場を同じくする範囲とする学説（田村善之「判例研究　特許権の存続期間延長登録制度の要件と延長後の特許権の保護範囲について―アバスチン事件最高裁判決・エルプラット事件知財高裁大合議判決の意義とその射程―」知財政策学49巻389頁など），技術的範囲（均等論を含む）と後発医薬品に該当する範囲で画するという立場が一考に値するとする学説（愛知靖之「先行する製造販売承認と特許権の存続期間延長登録の要件―アバスチン事件―」（最三判平27・11・17）」判時2333号170頁），後発医薬品である以上，特許法68条の2の制限規

13　延長登録をめぐる諸問題　　　　　　　　　　　　　　　　　　313

るものがある。政策上の必要がある場合には，制度の在り方について，十分な準備・検討や国会での審議・説明を尽くした後，解釈上の疑義が残らない形で法改正がされることを切に望むところである[注30]。

定の適用は問題とすべきでないとする学説（大野聖二「後発医薬品と延長登録後の特許権の効力の及ぶ範囲―米国判例法を参考として―」『渋谷追悼』223頁）などがある。
(注30)　前掲（注1）のとおり，平成28年改正により，不合理な遅延についての特許期間の調整制度が導入されることになった。この制度は，特許権の設定の登録が特許出願の日から起算して5年を経過した日又は出願審査の請求があった日から起算して3年を経過した日のいずれか遅い日（以下「基準日」という。）以後にされた場合，存続期間を延長することができることとするものである（同改正後の特許法67条2項）。この制度は，審査の不合理な遅延により特許権の効力の発生（すなわち，排他的独占権を得る）までに不当に長い期間を要した場合について，特許権の存続期間を延長することにより特許権者を救済しようというものであって，特許発明の実施について政令処分を受けることが必要であったために特許発明の実施をすることができなかった期間を回復させることを目的とする同改正後の特許法67条4項の規定による特許権の存続期間の延長登録制度とは，異質のものである（それゆえ，同項は，この2つの延長登録が併存することを明文で定めているのである。）。不合理な遅延についての特許期間の調整制度は，ＴＰＰ協定18.46条において，「1　各締約国は，不合理又は不必要な遅延を回避することを目的として，効率的かつ適時に特許出願を処理するため最善の努力を払う。」「2　締約国は，特許出願人の特許出願の審査を迅速に行うことを当該特許出願人が要請するための手続を定めることができる。」「3　締約国は，自国における特許の付与において不合理な遅延がある場合には，当該遅延について補償するために特許期間を調整するための手段を定め，及び特許権者の要請があるときは当該遅延について補償するために特許期間を調整する。」「4　この条の規定の適用上，不合理な遅延には，少なくとも，締約国の領域において出願した日から5年又は出願の審査の請求が行われた後3年のうちいずれか遅い方の時を経過した特許の付与の遅延を含む。締約国は，そのような遅延の決定において，特許を与える当局による特許出願の処理又は審査の間に生じたものではない期間，特許を与える当局が直接に責めに帰せられない期間及び特許出願人の責めに帰せられる期間を除外することができる。」とされたことに基づき，国内法の整備として導入されたものである。延長可能期間は，基準日から特許権の設定の登録の日までの期間に相当する期間から，同改正後の特許法67条3項各号に掲げる期間を合算した期間（これらの期間のうち重複する期間がある場合には，当該重複する期間を合算した期間を除いた期間）に相当する期間を控除した期間を超えない範囲内の期間である。不合理な遅延についての特許期間の調整制度は，特許権の存続期間が原則として出願から20年で満了するため，権利化までに時間がかかった場合にはその分の権利期間が短くなることになることから，不合理な遅延がある場合には当該遅延について補償するために特許期間を調整（延長）するというものであるが，上記のとおり，特許を与える当局による特許出願の処理又は審査の間に生じたものではない期間，特許を与える当局が直接に責めに帰せられない期間，特許出願人の責めに帰せられる期間について，遅延の決定において控除することができるとされていることを踏まえ，同改正後の特許法67条3項各号は，かかる控除をすることができる期間を具体的に規定したものである。同項は，拒絶査定不服審判，審決取消訴訟，行政不服審査の期間等は，「特許を与える当局による特許出願の処理又は審査の間に生じたものではない期間」には含まれず，また，天災等による手続の中止期間，出願人の破産等による手続の中断期間，補正命令に応答するまでの期間，出願人の申出により手続・審査を保留した期間等は，「特許を与える当局が直接に責めに帰せられない期間」ないし「特許出願人の責めに帰せられる期間」に含まれるとの解釈に立っているものと解される。不合理な遅延についての特許期間の調整制度による存続期間の延長登録を受けるためには，同改正後の特許法67条の2の規定に基づいて出願をするこ

とが必要であり，審査官は，同改正後の特許法67条の3第1項，2項の規定に従い，延長登録出願を拒絶し又は延長登録をすべき旨の査定をすべきものとされている。

14 実用新案権に係る侵害訴訟の特色

髙松 宏之

> 特許権侵害訴訟と異なる点を中心に，実用新案権侵害訴訟について説明せよ。

〔1〕 はじめに

　実用新案制度は，「自然法則を利用した技術的思想の創作」たる「考案」を保護するものであり，特許制度と同様に技術思想を保護の対象としている（新案2条1項）。そして，以前は，特許制度と同じく，特許庁による実体要件の審査を経て権利化がされていたことから，実用新案権侵害訴訟が特許権侵害訴訟と異なる点はあまりなかった。しかし，実用新案制度は，ライフサイクルの短い技術の早期権利保護を図る観点から，平成5年改正により実体要件の審査を行わない無審査登録制度に変更され，それに伴い，特許法にはない制度が導入された。そのため，実用新案権侵害訴訟に固有の問題が生じることとなった。

　以下では，平成5年改正後の実用新案制度の下で，実用新案権侵害訴訟について生じる固有の問題のうち，主要なものについて説明する。

〔2〕 製造方法の記載があるクレームの解釈

　実用新案登録を受けている考案を「登録実用新案」という（新案2条2項）が，登録実用新案の技術的範囲は，願書に添付した実用新案登録請求の範囲の記載に基づいて定めなければならない（実用新案法26条による特許法70条の準用）。この点は特許発明と同様であるから，クレーム解釈については，基本的に特許発明と同様のことが妥当する。

しかし，実用新案法では，平成5年改正前から，登録を受けることができる考案が「物品の形状，構造又は組合せに係るもの」に限られる点で，特許法と異なっている（新案3条1項柱書）。このため，特許発明と異なり，方法の考案は保護の対象とされない。しかし，実際には実用新案登録請求の範囲に製造方法が記載されることもあることから，その場合の登録実用新案ないし考案の技術的範囲の解釈について従来から問題とされていた(注1)。

この点について，最判昭56・6・30民集35巻4号848頁〔長押事件〕は，「実用新案法における考案は，物品の形状，構造又は組合せにかかる考案をいうのであって……，製造方法は考案の構成たりえないものであるから，考案の技術的範囲は物品の形状等において判定すべきものであり，被上告人の長押が本件考案の技術的範囲に属するか否かの判断にあたって製造方法の相違を考慮の中に入れることは許されないものというべきである。」とした。しかし，この判決については，技術的範囲の解釈に当たり，実用新案登録請求の範囲から方法の記載を一切除外して解釈すべきものとする趣旨か否かについて，理解が一致していなかった。

ところで，この問題は，特許発明におけるプロダクト・バイ・プロセスクレームの解釈の問題と同様の側面がある。そして，最判平27・6・5民集69巻4号700頁〔プラバスタチンナトリウム事件〕は，「物の発明についての特許に係る特許請求の範囲にその物の製造方法が記載されている場合であっても，その特許発明の技術的範囲は，当該製造方法により製造された物と構造，特性等が同一である物として確定されるものと解するのが相当である。」と判示している。この考え方は，物品の形状等を対象とする考案の場合にも妥当すると考えられるから，実用新案登録請求の範囲に製造方法の記載があっても，当該製造方法により製造された物と物品の形状等において同一である物であれば，登録実用新案の技術的範囲に含まれると解するべきであると思われる(注2)。

(注1) 詳細は宍戸充「実用新案登録請求の範囲に方法の記載を含む場合の技術的範囲の認定」『裁判実務大系27』484頁以下を参照。

(注2) なお，この点について清永利亮・最判解民昭和56年度413頁も，「方法，順序に関する記載は，物品の形状，構造等の特定，説明としての意味を有するものと解すべき場合が多いように思われる。」とする。

〔3〕 訂正の対抗主張の可否

　特許権の場合と同様に，実用新案登録が実用新案登録無効審判により無効にされるべきものと認められるときは，実用新案権者は，相手方に対しその権利を行使することができない（実用新案法30条による特許法104条の3の準用）。そして，この無効主張を否定し，又は覆す対抗主張として，訂正の再抗弁が認められている(注3)。

　しかし，実用新案制度においては，訂正（新案14条の2）は審判によることなく，訂正書を提出することによってされ（同条9項），訂正の実体要件（同条2項〜4項）の審査はされず，その欠缺は実用新案登録無効審判における無効事由とされるにとどまる（新案37条1項7号）。そのため，訂正は早期に確定することとなり，侵害訴訟との関係では，請求原因自体の変更をもたらすのが通常であると考えられる。

　また，実用新案登録請求の範囲の減縮を目的とする等の訂正については，無審査登録制度の下で出願当初から出願人が適正な権利範囲の設定に努めるようにするために，訂正の回数及び時期が厳格に制限されている（新案14条の2第1項）。そのため，訂正の主張ができる事態は，特許権の場合ほど多くはないと考えられる

〔4〕 権利行使のための要件の加重

(1) 実用新案技術評価書の提示

(a) 趣　旨

　実用新案権者は，その登録実用新案に係る実用新案技術評価書（以下「技術評価書」という。）を提示して警告をした後でなければ，自己の実用新案権の侵害者等に対し，その権利を行使することができない（新案29条の2）。

　（注3）　最判平20・4・24民集62巻5号1262頁〔ナイフの加工装置事件〕。

技術評価書とは，登録実用新案について，特許庁審査官が，文献等公知（新案3条1項3号），公知文献から見た進歩性（同条2項），拡大先願（新案3条の2）及び先願（新案7条）の要件について，それらの先行技術文献から見た有効性に関する評価を記載した書面である（新案12条）。この制度が導入された趣旨は，無審査登録制度の下では，登録された権利が実体要件を満たしているか否かは原則として当事者間の判断に委ねられることとなるが，権利の有効性をめぐる判断には，技術性，専門性が要求され，当事者間での判断が困難な場合も想定されるため，権利の有効性に関する客観的な判断材料を提示することが望ましいと考えられたことによる[注4]。

　そして，この技術評価書を提示して警告をした後でなければ侵害者等に対する権利行使ができないこととされたのは，実用新案について無審査登録制度を導入したことにより無効理由の存する権利が登録されている危険が高まったことから，瑕疵ある権利の濫用的行使を防止するとともに，そのような権利の行使を受けた相手方に不測の不利益を与えることを回避する趣旨である[注5]。

(b)　法的性質

　技術評価書は，何人も請求できる（新案12条1項）。また，その内容いかんにかかわらず，実用新案登録の有効・無効を確定するものではなく，否定的な評価であっても権利行使自体が制限されるものでもないから，行政処分には当たらないと解されている[注6]。そのため，技術評価書の記載内容について不服申立ての制度は設けられていないが，実用新案権者は再度の技術評価書の作成を請求することはできる。

(c)　不提示の場合の処理

　侵害訴訟との関係では，技術評価書の提示は提訴要件ではないが，弁論終結までに提示がされなければ請求は認容されない[注7]。この場合の処理としては，技術評価書の提示を訴訟要件と解して訴えが却下されるとするのが多数説である[注8]。実務的には，技術評価書の提示の有無は，実体審理のため

[注4]　『工業所有権法逐条解説〔第20版〕』906頁。
[注5]　『工業所有権法逐条解説〔第20版〕』938頁。
[注6]　東京高判平12・5・17（平成12年（行コ）第22号）裁判所HP〔照明装置付歯鏡事件〕。
[注7]　『工業所有権法逐条解説〔第20版〕』938頁。

の前提問題として，その要件の具備が認められなければ，それ以上の審理に進まずに訴えを却下する扱いになると思われる。

(2) 侵害者の過失の立証

(a) 過失の推定規定の不存在

実用新案権侵害に基づく損害賠償請求権は，不法行為に基づくものであるから，侵害者の故意又は過失が要件となるが，現行の実用新案法には，特許法103条のような侵害者の過失の推定規定が置かれていない。

特許法103条（及びそれを準用していた平成5年改正前の実用新案法30条）が侵害者の過失を推定するのは，実体審査を経て権利が有効である蓋然性が高い特許発明のみが特許掲載公報によって公示されていることや，侵害行為の主体となるのは事業者のみであることから，当業者であれば特許掲載公報を調査すべき注意義務があることを前提としたものである(注9)。他方，出願公開の場合の補償金請求（特許65条）において，出願に係る発明を実施する者の過失の推定規定が置かれていないのは，出願公開は，実体審査を経ていない特許出願について行われるものであり，しかも特許掲載公報に比べて発行される量も多いので，これを全て読むことを第三者に義務付けるのは適当でないからである(注10)。これらの趣旨を踏まえ，無審査登録制度を導入した現行の実用新案制度においては，登録された考案全てについて当業者に有効性まで含めて自ら調査すべき義務を負わせるのは妥当でないことから，特許法103条を準用しないこととされた(注11)。

したがって，実用新案権者は，侵害者に対して不法行為に基づく損害賠償請求をするには，その過失を立証する必要がある（なお，不当利得返還請求の場合は過失は要件とされない。）。

(b) 主張立証すべき過失の内容

（注8）　安田有三「実用新案技術評価書の侵害訴訟等における機能」『裁判実務大系27』499頁，渋谷達紀『講義Ⅰ〔第2版〕』397頁，田村善之『知的財産法〔第5版〕』356頁。
（注9）　『工業所有権法逐条解説〔第20版〕』942頁・329頁。権利が有効である蓋然性が高いことが過失推定の前提となっていると指摘するのは，富岡英次「実用新案権侵害についての過失の認定」『裁判実務大系27』522頁，蘆立順美『特許判例百選〈第4版〉』167頁。
（注10）　『工業所有権法逐条解説〔第20版〕』240頁。
（注11）　『工業所有権法逐条解説〔第20版〕』942頁。

(ア) 侵害行為において侵害行為をした者が負う注意義務

特許権侵害の場合，侵害行為をした者の過失は，抽象的には自己の行為が権利侵害を構成することを予見すべき注意義務の違反である（予見義務が肯定される場合には当然に結果回避義務も肯定される。）が，より具体的な注意義務としては，侵害の成立要件（請求原因）との関係で，①権利の存在と内容を調査確認すべき注意義務，②自己の製造販売等する物や使用する方法が特許発明の技術的範囲に属することを調査確認すべき注意義務が挙げられるのが通常である(注12)。しかし，予見義務としての調査確認義務の対象は，抗弁事由を含めた侵害成立要件全般を対象として考えられるから，このほかにも，無効の抗弁との関係では，③権利に無効理由がないことを調査確認すべき注意義務が考えられ，④実施許諾等の抗弁やその解除等の再抗弁の関係では，それらの抗弁事由がないこと及び再抗弁事由があることを調査確認すべき注意義務も考えられる。そして，特許権侵害の場合には，これらの注意義務全てについて違反が推定されることになるから，侵害者側が過失を免れるためには，これらの点のいずれかについて権利侵害を構成しないと信じたことに相当な理由があることを主張立証する責任を負う(注13)。

しかし，実用新案権侵害の場合には，過失の推定がされないことから，権利者がこれらの注意義務の違反について主張立証すべき内容を別途検討する必要がある。

(イ) 権利の存在と内容を調査確認すべき注意義務について

前記(a)のとおり，無審査登録制度を採る実用新案権においては，侵害者側に権利の存在と内容の一般的調査確認義務を認めないのが法の趣旨である。したがって，権利者側は，侵害者側に権利の存在と内容の調査確認義務を負わせるだけの具体的事情を主張立証する必要がある。

この場合，権利者が侵害者側に対して権利の存在と内容を記載した書面を提示した場合には，それ以後，侵害者側はそれらについて故意になる。このことは，侵害者側がそれらを知っている場合も同様である。

(注12) 『注解特許法上〔第3版〕』1132頁〔青柳昤子〕。
(注13) もっとも，①のうちの公報未発行の場合と④の場合以外で推定覆滅が成功することはまずないと思われる。

問題は，侵害者側に実用新案権の存在と内容を知るための手掛かりが与えられていたにすぎない場合に，それらを調査確認する注意義務が生じるかである。この点については，無審査登録制度を採る実用新案権について過失を推定しない法の趣旨からすると，侵害者側に単なる手掛かりが与えられていただけでは足りず，侵害者側が極めて容易に権利の存在と内容を知ることができるといった特段の事情が必要となると解するべきである。この観点からすると，警告書に出願番号や登録番号が記載されていれば，特定の公報のみを調査するだけでその内容を極めて容易に知ることができるから，調査確認義務の発生を認めてよいが，権利者の実施品に「PAT. PEND」(注14)とか「実用新案登録製品」(注15)と刻まれていたに過ぎない場合には，手掛かりとして不十分である。前者の事案については，以前に侵害者側が権利者の国内販売代理店の立場にあったことや，インターネット上での公報検索は出願人名等のキーワードや考案に関係する部品等からでも可能であることから，侵害者側は当該実用新案権の存在を認識し得る立場にあったとして調査確認義務を肯定する見解もある(注16)が，相手方において権利者が何らかの出願をしていることを知っているだけでは，調査確認義務を負わせるのに十分ではないと考える。

　(ウ)　自己の製造販売等する物が登録実用新案の技術的範囲に属することを調査確認すべき注意義務について

　この注意義務は，自己の製造販売等する物が登録実用新案の技術的範囲に属するか否かの法的評価を調査確認すべき注意義務であるが，一般に，人は，その行為について予見されるべき結果が違法かどうかにつき，通常人の注意をもって調査ないし予見すべき義務を負うと解され，法的評価を誤った場合でも過失が認められる(注17)。このことは，無審査登録制度を採る実用新案権でも，特許権と同様に妥当するから，侵害行為が行われた以上，侵害者側において自己の法的評価が正しいと信じるにつき相当な理由があったことを主

(注14)　大阪地判平18・4・27判タ1232号309頁〔二輪車の取り外し可能ハンドル事件〕。
(注15)　大阪地判平19・11・19（平成18年(ワ)第6356号ほか）裁判所HP〔爪切り事件〕。
(注16)　今西頼太「実用新案権侵害につき技術評価書警告前には過失が存在しないとされた事例」知管57巻12号1949頁。
(注17)　幾代通〔徳本伸一補訂〕『不法行為法』（有斐閣，1993）39頁。

張立証しない限り，この点での過失は肯定されると解される（ただし，客観的な侵害性が肯定されながら，法的評価の誤りに相当な理由があったとして過失が否定されることはまず考え難い。）。

　クレームの訂正がされた場合，特許権の場合は，訂正はクレームの範囲の減縮等を目的とする場合で，当初の明細書に記載した事項の範囲内においてのみ許されるに過ぎず，実質上クレームの範囲を拡張し又は変更するものであってはならない（特許126条・134条の2）から，訂正後も対象製品等が特許発明の技術的範囲に属する以上，侵害者側はそのことを予見すべきであり，侵害者側の過失の推定は覆滅されない[注18]。この理は，実用新案権における訂正でも同様である（新案14条の2第2項～4項）から，対象製品が技術的範囲に属することの過失に関する限り，同様に解される。

　　(エ)　権利に無効理由がないことを調査確認すべき注意義務について
　　(i)　権利の有効性を調査確認するには，公知技術の調査を正しく尽くした上で，進歩性等の判断を正しく行うことが必要となる。特許権の場合，このような調査確認は特許庁の実体審査によって既に行われており，その上で特許査定がされている以上，侵害者側は当然に権利に無効理由がないことを予見すべき義務を負い，かつ，その違反が推定される，では，無審査登録主義を採る実用新案権についてはどのように考えるべきか。

　この点について，前掲（注14）大阪地判平18・4・27，前掲（注15）大阪地判平19・11・19〔爪切り事件〕は，権利行使に当たり技術評価書の事前提示を義務付ける趣旨からすると，相手方が実用新案権の存在を知っている場合でも，技術評価書を提示しない警告がされただけでは，相手方が技術評価書を知っている等の特段の事情がない限り，相手方に過失があるとはいえないとして，過失が認められるためには，原則として技術評価書の提示又は認識が必要であるとの見解を示した。これと同様の趣旨は，平成5年改正法の国会審議において政府委員が答弁をしていたところでもあり[注19]，これを支持する見解もある[注20]。

（注18）　知財高判平22・7・20（平成19年(ネ)第10032号）裁判所HP〔冷凍システム並びに凝縮用熱交換装置事件〕。

（注19）　第126回国会衆議院商工委員会会議録8号（平成5年4月6日）・ニュース平成5年7月30日号。

他方,実用新案権においても,実体要件についてはそれを否定する側が立証責任を負うことに変わりはないから過失についても同様に考えるべきであり,権利の有効・無効の調査確認も弁理士等に依頼すれば困難ではないとして,権利に無効理由がないことの有効性に関する過失について事実上の推定が働くと解する見解もある[注21]。

この点については,無審査登録主義を採る実用新案権については権利の有効・無効について適切な調査確認をすべき負担を事業者に一般的に負わせるのは合理性を欠くとして,過失の推定規定を置かない法の趣旨からすると,実用新案権において権利に無効理由がないことの予見義務が認められるためには,特許庁の実体審査を経たのと同等の調査確認結果を侵害者側が認識していることが必要であると解される。そして,実用新案権についてその役割を果たす制度として導入されたのが技術評価書であるから,侵害者側に権利に無効理由がないことに関する過失を認めるためには,原則として技術評価書の評価結果(詳細な内容までは不要と思われる[注22]。)を認識していることが必要と解するべきである[注23]。

(ii) 上記のように解する場合,技術評価書が権利の有効性について肯定的評価の内容であれば,特許権と同様,その提示又は認識以後の侵害者側の過失が事実上推定されるといってよい[注24]。この場合,侵害者側が別の公知文献等により権利が無効であると信じていたとしても,それによる無効の抗弁が認められない場合は,法的評価の誤りがあったのであるから,過失が否定されることはまず考え難いであろう。

他方,技術評価書の内容が権利の有効性について否定的評価であった場合には,前記のように特許庁の実体審査を経たのと同等の調査確認結果を認識していることを過失の基礎として捉える見地からすると,この場合の侵害者

(注20) 光石俊郎「実用新案権侵害訴訟の特徴」大渕哲也ほか『特許訴訟上』523頁,城山康文「実用新案権訴訟」『知財訴訟実務大系2』146頁。
(注21) 富岡・前掲(注9)525〜530頁。今西・前掲(注16)1956頁も,実用新案権の存在を認識したらならば権利の有効性について調査義務があるとする。
(注22) 城山・前掲(注20)147頁は,侵害者も参加した取引関係者の会合において技術評価書の内容に言及された場合でもよいとする。
(注23) 光石・前掲(注20)523頁,城山・前掲(注20)146頁。
(注24) 前掲(注15)大阪地判平19・11・19〔爪切り事件〕。

側の過失は原則として否定すべきである(注25)。もっとも，この立場を貫くときには，技術評価書の評価の誤りを是正する制度がないことからすると，権利者は，侵害訴訟を提起して勝訴するまで侵害者側を過失に陥らせる手段がないことになり，余りに不合理である。そこで，権利者が技術評価書の否定的評価を覆すに足りる信頼性のある別の資料を提示する場合には，例外的ではあるが，過失を認める余地もあると解される（ただしその場合も実用新案法29条の2により技術評価書の提示は必要である。）。

技術評価書が否定的評価である場合は，通常は，訂正をした上で，新たに肯定的評価の技術評価書を得る道を選ぶことになろう。そのようにして訂正により考案の内容が変更された場合には，訂正後の考案に係る技術評価書を提示して警告をした後でなければ，訂正後の権利の有効性に関する客観的情報を相手方に提示したことにはならないから，訂正後の実用新案権を行使することはできない(注26)。したがって，先に述べたところからすると，否定的評価の技術評価書を提示した後も，訂正後の肯定的評価の技術評価書を提示するまでは，権利の有効性に関する相手方の過失は原則として認められないと解される(注27)。

　(オ)　その他の抗弁事由の不存在及び再抗弁事由の存在を調査確認すべき注意義務について

特許権の場合，これらについても過失の推定が及ぶが，これらの点は過失が推定される実質的根拠の範囲外のものであるから，推定の覆滅は，他の場合ほどには厳格でなく認められるべきである(注28)。

実用新案権の場合は，これらの点の過失についても権利者側が立証責任を負うが，抗弁事由（実施許諾等）の存在が認められず又は再抗弁事由（実施許諾契約の解除等）の存在が認められる場合には，過失が事実上推定されると解

(注25)　安田・前掲（注8）501頁，光石・前掲（注20）524頁。なお富岡・前掲（注9）530頁は反対の趣旨と思われる。
(注26)　『工業所有権法逐条解説〔第20版〕』919頁。
(注27)　これに対し，特許権侵害の場合は，訂正によって初めて権利の有効性を維持できた場合にも，過失の推定は覆滅されない（前掲（注18）知財高判平22・7・20〔冷凍システム並びに縮用熱交換装置事件〕）。
(注28)　例えば，実施許諾契約が権利者でない者の許諾によるために無効である場合には，許諾者が権利者であると信じたことに相当の理由がある場合は過失の推定が覆滅されるが，その場合の相当な理由の有無は，表見代理における善意無過失の場合と同様に考えるべきである。

するべきである。

〔5〕 実用新案登録が無効となった場合等の権利者の責任

(1) 趣　旨

　実用新案権者が侵害者等に対しその権利を行使し，又はその警告をした場合において，実用新案登録を無効にすべき旨の審決が確定したときは，その者は，相当の注意をもってその権利を行使し，又はその警告をしたときを除き，その権利の行使又はその警告により相手方に与えた損害を賠償する責めに任ずるとされている（新案29条の3第1項）。

　特許権の場合は，特許庁の実体審査を経て権利が有効である蓋然性が高いことから，裁判上又は裁判外の権利行使をした後に権利が無効となった場合でも，特許権者が，事実的，法律的根拠を欠くことを知りながら，又は，通常の特許権者であれば容易にそのことを知り得たのにあえて権利行使をしたなど，その行為の態様が社会通念に照らして著しく相当性を欠く場合でなければ，正当な権利行使として不法行為を構成することはないと解される[注29]。

　これに対し，無審査登録制度を採る実用新案権の場合は，権利者は権利行使に当たってより高度な注意義務を負う反面，瑕疵ある権利の行使を受けた相手方の保護を図る必要があることから，実用新案法は，行使した権利が無効であった場合には，その権利行使が違法であることを明確にするとともに，立証責任の転換を図り，権利者が相当の注意をもって権利を行使したことを立証しない限り，損害賠償責任を負うこととしたものである[注30]。

　この趣旨からすると，上記規定は，権利行使を受けた第三者の保護強化のために不法行為の特則を定めたものと解されるから，これによる責任が認められない場合に一般の不法行為の成立を排除するものではなく[注31]，また，

　（注29）　侵害者の取引先に対する権利侵害告知の事例ではあるが東京高判平14・8・29判時1807号128頁〔金属粉末事件〕参照。また，知的財産権の行使の事案ではないが，最判平21・9・4民集63巻7号1445頁参照。
　（注30）　『工業所有権法逐条解説〔第20版〕』939頁・941頁。
　（注31）　東京地判平11・12・24訟月47巻6号1514頁〔照明装置付歯鏡事件〕，その控訴審である

権利行使に伴う他の責任(注32)とも並存するものであると解される。

(2) 責任が生じる場合（新案29条の3第1項本文）

　この責任は，「侵害者等に対し」権利行使等をした場合に生じるとされている。この責任は権利行使を受けた相手方を保護する趣旨であるから，瑕疵ある権利の行使を受けた侵害者等が本条により損害賠償を求める場合には，自己に対する権利行使による損害の賠償を請求し得るにとどまり，自己の取引先に対する権利行使による損害の賠償を請求することはできない(注33)。

　この責任は，侵害者等に対して「権利を行使し，又はその警告をした場合」に生じる。権利侵害を告知する広告をした場合は，これに当たらない(注34)。

　この責任が生じる場合は，法文上は「無効にすべき旨の審決……が確定したとき」とされているが，その趣旨からすると，侵害訴訟において，無効の抗弁（実用新案法30条が準用する特許法104条の3）によって権利者の請求を棄却する判決が確定した場合にも類推適用されるべきである。

　他方，権利行使を認容する判決，仮差押え又は仮処分が確定した後に実用新案を無効とする審決が確定した場合には，相手方は，当該審決の確定を主張して，実用新案権者等に対して損害賠償請求をすることができない（実用新案法30条による特許法104条の4の準用）から，法文にかかわらず，その場合にはこの責任は生じないと解される。

　対象製品が権利範囲に属しなかった場合については，この責任の対象とされていない。この点の危険は，実体要件の審査を経ないで登録されることと関係がないから，一般の不法行為の特則を設ける必要性も根拠もないという趣旨であると考えられる。

　　　　前掲（注6）東京高判平12・5・17。
（注32）　仮執行宣言付き判決に基づく仮執行後に本案判決が変更された場合に関する民事訴訟法260条2項の損害賠償責任（無過失責任と解されている。），仮差押え及び仮処分が後に取り消された場合の損害賠償責任（最判昭43・12・24民集22巻13号3428頁により過失が推定される。）がある。
（注33）　大阪地判平12・10・31（平成10年(ワ)第5090号）裁判所HP，控訴審である大阪高判平13・9・6（平成12年(ネ)第4023号等）裁判所HPも同旨。
（注34）　前掲（注33）大阪地判平12・10・31（控訴審である前掲（注33）大阪高判平13・9・6も同旨）。

(3) 免責事由（新案29条の3第1項ただし書）

(a) 肯定的評価の技術評価書に基づいて権利行使をした場合

この場合，権利者はこの責任を負わない。技術評価書を権利の有効性を判断するための有力な手段と位置付ける法の趣旨から，その記載に対する信頼を保護する趣旨であると解される。そのため，権利者が技術評価書とは別に無効理由を認識している場合には，技術評価書に「基づく」権利行使とはいえないから免責されない[注35]。

技術評価書には，特許庁審査官が技術評価書を作成するに当たり先行技術調査を行った文献の範囲が記載されるが，後に調査の範囲外の文献を理由に無効とされた場合や，技術評価の対象事項外の公然実施等を理由に無効とされた場合の権利者の責任については，権利者は当然には免責されず，それらの無効理由について権利者が相当の注意を尽くしたか否かを具体的に判断する必要があるとする見解[注36]と，その場合も権利者は免責されるとする見解[注37]がある。

この点については，そもそも法が技術評価書の評価対象となる無効理由を限定したのは，従前の実用新案権における審査官の審査範囲を考慮して，権利の有効性を判断するための合理的な範囲を定めたものと解されること[注38]，技術評価書に対する権利者の信頼は，特許庁審査官による調査範囲の適正の点も含めて保護すべきと解されること，法文上も特段の限定がないことから，上記のような場合も，権利者はここでの責任を免れると解することに賛成したい。その場合でも，権利者において技術評価書外の無効理由の存在を認識し又は容易に認識し得た場合には，特許権の場合と同様，別途一般不法行為の成立が排除されるわけではない。

(b) その他相当の注意をもって権利行使をした場合

技術的評価書が否定的評価の場合は，一般的には相当の注意を払ったとは

(注35) 『工業所有権法逐条解説〔第20版〕』940頁。
(注36) 『工業所有権法逐条解説〔第20版〕』940頁。
(注37) 小池豊「権利行使後に権利が無効になった場合の権利者の責任」『裁判実務大系27』541頁，光石・前掲（注20）526頁。
(注38) 小池・前掲（注37）540頁。

認められないが，事情によっては権利者において相当な注意を払ったと認められる余地もある。

　この点について，前掲（注33）大阪地判平12・10・31（控訴審である前掲（注33）大阪高判平13・9・6も同旨）は，実用新案権について，2回の技術評価書において合計3つの公知文献を根拠に進歩性について否定的評価とされながら，同評価は妥当性を欠くとする弁理士の意見書に基づいて相手方に対して技術評価書を提示して警告した上で差止仮処分を申し立て，侵害訴訟を提起したところ，仮処分においては暫定的に相手方がその製品の販売等を中止するとの和解が成立したが，相手方が公知文献を追加して請求した無効審判において，審判では無効理由なしとの審決がされたものの，審決取消訴訟においては進歩性を欠くとして審決が取り消され，その後の審判で無効審決がされてそれが確定したという事案において，審決取消訴訟の判決で無効の根拠とされた文献は技術評価書における引用文献と同一ではないから，同引用文献だけでは進歩性の欠如と判断できなかったともいい得ること，特許庁の審判では無効とされなかったことから本件考案の進歩性の判断が極めて微妙であることがうかがわれることから，権利者は相当の注意を払ったと判断している。

　なお，技術評価書を提示しないで権利行使等を行った場合には，実用新案法29条の2に反する違法な権利行使であるから，技術評価書の内容いかんにかかわらず，相当の注意を払ったとは認められない[注39]。

(4) 賠償すべき損害

　法文上は，「その権利の行使又はその警告により相手方に与えた損害」を賠償するとされており，権利行使等により相手方が強制的に又は任意に対象製品の製造販売を中止した場合の逸失利益や弁護士費用が典型的に想定されていると考えられる。もっとも，その場合の逸失利益の額については，実用

（注39）　光石・前掲（注20）526頁。大阪地判平27・3・26判時2271号113頁〔安定高座椅子事件〕は，実用新案権者が否定的評価の技術評価書を得ていながら，これを提示することなく相手方及びその取引先に警告等を行った結果，取引先の約半数において対象製品の取扱いを中止したという事案について，故意の不正競争行為であるとして，信用毀損による無形損害として80万円の損害賠償を認めた。

新案法29条のような特別規定がないから，一般原則による立証が必要である。

逸失利益の賠償については，相手方の任意の選択によって中止した場合にもその全部に相当因果関係を認めることや，相手方が反論材料を持っていながらその意思で中止した場合に警告との相当因果関係を認めることに疑問を呈する見解もある[注40]。しかし，相手方が対象製品の製造販売を中止した動機が他の点にあるのであればともかく，主たる動機が権利者による権利行使への対応にあると認められる場合に，そのような対応をとったことを自己責任として相当因果関係を否定することは，第三者の保護のために特別の規定を置いた法の趣旨を没却することになりかねない。また，相手方が反論材料を持っていながら行使しなかったとしても，一応有効に存在する権利を尊重して，正式に無効審決が確定するまで対象製品の製造販売を中止する対応をすることは誠実な対応であり，それを自ら損害を拡大させた場合についての過失相殺と同様に捉えることは，肯定的評価の技術評価書も示さず，その他の必要な注意を尽くしたわけでもない権利者との関係では，相当ではないと考える。

(5) 訂正により対象製品が権利の範囲外になった場合

権利行使時には対象製品が権利範囲内にあったが，その後の訂正により権利範囲外となった場合には，無効審決が確定した場合と同様に権利者は責任を負うとされている（新案29条の3第2項）。

訂正の必要がある場合には，通常，技術評価書の内容は否定的評価であるはずである。したがって，この場合の免責事由としては，技術評価書の記載が否定的評価であるにもかかわらず，権利がそのままで有効であると考えたことに相当の注意を払ったと認められる（しかし，結果的には訂正をすることになった）という例外的場合に限られると思われる。これ以外の場合としては，訂正をすれば有効であると考え，そう考えることに相当の注意を払ったという場合も考えられるが，訂正の必要を認識しながら，訂正をしないまま権利行使をしたこと自体において，相当の注意を払ったとは認められないと思わ

(注40) 松本直樹「実用新案権者等の責任」牧野利秋編『実務解説特許・意匠・商標』370頁。

れる。

(6) 第三者に対する告知の場合

　前記(2)のとおり，「侵害者等」は，自己の取引先に対して権利行使をされたことにより受けた損害を実用新案法29条の3により請求することはできず，その場合は不正競争防止法2条1項15号（平成30年法律第33号による改正により21号）の営業誹謗行為の問題となる。

　この場合の過失の立証責任は，損害賠償を請求する相手方側にある（不正競争4条）。しかし，取引先に侵害品である旨を告知する場合にも，当該製品の製造販売者に損害が生じるのが通常であることからすると，権利者は，侵害者等に対して権利行使等をする場合と同様の高度の注意義務を負うというべきであるから，実用新案法29条の3の趣旨を踏まえて，権利者の過失を事実上推定すべきである[注41]。

　（注41）　前掲（注33）大阪地判平12・10・31は，実用新案法29条の3ただし書の相当の注意による権利行使が認められる場合に，同様に取引先に対する告知にも過失が認められないとしている（控訴審である前掲（注33）大阪高判平13・9・6も同旨）。

15 職務発明訴訟

廣瀬　孝

> 職務発明の利益に係る訴訟において留意すべき事項は何か。特許法35条4項所定の「相当の利益」は，どのように算定されるべきか。

〔1〕 職務発明の利益に係る訴訟

　職務発明とは，従業者，法人の役員，国家公務員又は地方公務員（以下「従業者等」という。）のした発明のうち，性質上，その使用者，法人，国又は地方公共団体（以下「使用者等」という。）の業務範囲に属し，かつ，その発明をするに至った行為がその使用者等における従業者等の現在又は過去の職務に属するものをいう（特許35条1項参照）(注1)。

　この職務発明について，特許法は，①使用者等が従業員等の職務発明に関する特許権について通常実施権を有する（特許35条1項），②職務発明については，契約，就業規則等において，あらかじめ使用者等に特許を受ける権利を取得させたり，使用者等に特許権を承継させたりすることを定めることができる（同条2項・3項），③上記②の場合において，従業者等は，相当の金銭その他の経済上の利益（以下「相当の利益」という。）を受ける権利を有する（同条4項），④契約，勤務規則等において相当の利益について定める場合には，これが不合理であると認められる場合を除き，これをもって相当の利益とする（同条5項），⑤上記④について考慮すべき状況等に関する事項につき，経済産業大臣が指針（ガイドライン）を策定・公表する（同条6項），⑥上記④において不合理であると認められる場合には，相当の利益の内容は，その発明により使用者等が受けるべき利益の額，その発明に関連して使用者等が行

（注1）　後記〔2〕のとおり，特許法35条の条文は近年2度にわたって改正されているが，本項目では，断りのない限り，現行の特許法35条の条文を引用する。

う負担，貢献等を考慮して定める（同条7項）ものとしている。これらは，職務発明につき，特許を受ける権利及び特許権の帰属及びその利用に関して使用者等と従業者等のそれぞれの利益を保護するとともに，両者間の利害を調整することを図った規定であると解される[注2]。

本項目では，この職務発明の利益に係る訴訟につき，その留意点について説明するとともに，「相当の利益」の算定について検討を加える。

〔2〕 法改正の経緯

特許法（昭和34年法律第121号）35条の規定は，近年，平成16年（平成16年法律第79号による改正）及び平成27年（平成27年法律第55号による改正）の2度にわたって改正されている。

もっとも，改正の際の経過規定等により，現在でもなお平成16年改正前の特許法（昭和34年制定当時のもの。以下「昭和34年法」という。）35条の規定や平成27年改正前の特許法（平成16年改正によるもの。以下「平成16年法」という。）35条の規定が適用される場面も少なくない。

そこで，以下，昭和34年法，平成16年法及び現行の特許法（以下「平成27年法」ということがある。）の各35条の規定について説明する。

(1) 昭和34年法

昭和34年法は，大正10年に制定された旧特許法（大正10年法律第96号）を全面改正したものである。

後記(2)のとおり，現在においても，平成17年3月31日までに行った特許を受ける権利若しくは特許権の承継又は専用実施権の設定に係る対価請求権については昭和34年法の35条の規定が適用される（平成16年法律第79号附則2条1項）。

昭和34年法における35条の条文は，以下のとおりである。

（注2） 最判平15・4・22民集57巻4号477頁〔オリンパス事件〕参照。

○特許法（昭和34年法）
（職務発明）
第35条　使用者，法人，国又は地方公共団体（以下「使用者等」という。）は，従業者，法人の役員，国家公務員又は地方公務員（以下「従業者等」という。）がその性質上当該使用者等の業務範囲に属し，かつ，その発明をするに至った行為がその使用者等における従業者等の現在又は過去の職務に属する発明（以下「職務発明」という。）について特許を受けたとき，又は職務発明について特許を受ける権利を承継した者がその発明について特許を受けたときは，その特許権について通常実施権を有する。
2　従業者等がした発明については，その発明が職務発明である場合を除き，あらかじめ使用者等に特許を受ける権利若しくは特許権を承継させ又は使用者等のため専用実施権を設定することを定めた契約，勤務規則その他の定の条項は，無効とする。
3　従業者等は，契約，勤務規則その他の定により，職務発明について使用者等に特許を受ける権利若しくは特許権を承継させ，又は使用者等のため専用実施権を設定したときは，相当の対価の支払を受ける権利を有する。
4　前項の対価の額は，その発明により使用者等が受けるべき利益の額及びその発明がされるについて使用者等が貢献した程度を考慮して定めなければならない。

(2) 平成16年法

　平成16年法は，使用者等と従業者等との協議等の手続が履行された結果として対価額が定められた場合は，これが不合理であるときを除き，その額をもって相当な対価額とするものである。
　平成16年法における35条の条文は，以下のとおりである（昭和34年法からの改正部分には下線を付した。）。

○特許法（平成16年法）
（職務発明）
第35条　使用者，法人，国又は地方公共団体（以下「使用者等」という。）は，従業者，法人の役員，国家公務員又は地方公務員（以下「従業者等」とい

う。）がその性質上当該使用者等の業務範囲に属し，かつ，その発明をするに至った行為がその使用者等における従業者等の現在又は過去の職務に属する発明（以下「職務発明」という。）について特許を受けたとき，又は職務発明について特許を受ける権利を承継した者がその発明について特許を受けたときは，その特許権について通常実施権を有する。

2　従業者等がした発明については，その発明が職務発明である場合を除き，あらかじめ使用者等に特許を受ける権利若しくは特許権を承継させ又は使用者等のため専用実施権を設定することを定めた契約，勤務規則その他の定めの条項は，無効とする。

3　従業者等は，契約，勤務規則その他の定めにより，職務発明について使用者等に特許を受ける権利若しくは特許権を承継させ，又は使用者等のため専用実施権を設定したときは，相当の対価の支払を受ける権利を有する。

4　契約，勤務規則その他の定めにおいて前項の対価について定める場合には，対価を決定するための基準の策定に際して使用者等と従業者等との間で行われる協議の状況，策定された当該基準の開示の状況，対価の額の算定について行われる従業者等からの意見の聴取の状況等を考慮して，その定めたところにより対価を支払うことが不合理と認められるものであってはならない。

5　前項の対価についての定めがない場合又はその定めたところにより対価を支払うことが同項の規定により不合理と認められる場合には，第3項の対価の額は，その発明により使用者等が受けるべき利益の額，その発明に関連して使用者等が行う負担，貢献及び従業者等の処遇その他の事情を考慮して定めなければならない。

　この平成16年法に係る改正法（特許審査の迅速化等のための特許法等の一部を改正する法律〔平成16年法律第79号〕）は平成17年4月1日から施行されているが，これには経過措置が設けられており，同年3月31日以前にされた特許を受ける権利若しくは特許権の承継又は専用実施権の設定に係る対価請求権については，なお昭和34年法が適用される。

　上記施行に係る経過措置等の条文は，以下のとおりである。

○特許審査の迅速化等のための特許法等の一部を改正する法律（平成16年法律第79号）
　附　則

(施行期日)
第1条　この法律は，平成17年4月1日から施行する。ただし，次の各号に掲げる規定は，当該各号に定める日から施行する。
一～三　(略)
(特許法の改正に伴う経過措置)
第2条　第1条の規定による改正後の特許法第35条第4項及び第5項の規定は，この法律の施行後にした特許を受ける権利若しくは特許権の承継又は専用実施権の設定に係る対価について適用し，この法律の施行前にした特許を受ける権利若しくは特許権の承継又は専用実施権の設定に係る対価については，なお従前の例による。
2　(略)

(3)　平成27年法

　平成27年法は，①勤務規則等であらかじめ使用者等に特許を受ける権利を取得させることを定めたときは，特許を受ける権利は，発生した時から当該使用者等に原始的に帰属するものとし(特許35条3項)，②平成16年法では特許を受ける権利等の「相当の対価」を支払うものとしていたところ，これを「相当の利益」とし(同条4項)，⑤「相当の利益」について考慮すべき状況等に関する事項につき，経済産業大臣が指針(ガイドライン)を策定・公表するものとした(同条6項)ものである。
　平成27年法における35条の条文は，以下のとおりである(平成16年法からの改正部分には下線を付した。)。

○特許法(平成27年法)
　(職務発明)
第35条　使用者，法人，国又は地方公共団体(以下「使用者等」という。)は，従業者，法人の役員，国家公務員又は地方公務員(以下「従業者等」という。)がその性質上当該使用者等の業務範囲に属し，かつ，その発明をするに至った行為がその使用者等における従業者等の現在又は過去の職務に属する発明(以下「職務発明」という。)について特許を受けたとき，又は職務発明について特許を受ける権利を承継した者がその発明について特許を受けたときは，その特許権について通常実施権を有する。

2 従業者等がした発明については，その発明が職務発明である場合を除き，あらかじめ，使用者等に特許を受ける権利を取得させ，使用者等に特許権を承継させ，又は使用者等のため仮専用実施権若しくは専用実施権を設定することを定めた契約，勤務規則その他の定めの条項は，無効とする。

3 従業者等がした職務発明については，契約，勤務規則その他の定めにおいてあらかじめ使用者等に特許を受ける権利を取得させることを定めたときは，その特許を受ける権利は，その発生した時から当該使用者等に帰属する。

4 従業者等は，契約，勤務規則その他の定めにより職務発明について使用者等に特許を受ける権利を取得させ，使用者等に特許権を承継させ，若しくは使用者等のため専用実施権を設定したとき，又は契約，勤務規則その他の定めにより職務発明について使用者等のため仮専用実施権を設定した場合において，第34条の2第2項の規定により専用実施権が設定されたものとみなされたときは，相当の金銭その他の経済上の利益（次項及び第7項において「相当の利益」という。）を受ける権利を有する。

5 契約，勤務規則その他の定めにおいて相当の利益について定める場合には，相当の利益の内容を決定するための基準の策定に際して使用者等と従業者等との間で行われる協議の状況，策定された当該基準の開示の状況，相当の利益の内容の決定について行われる従業者等からの意見の聴取の状況等を考慮して，その定めたところにより相当の利益を与えることが不合理であると認められるものであってはならない。

6 経済産業大臣は，発明を奨励するため，産業構造審議会の意見を聴いて，前項の規定により考慮すべき状況等に関する事項について指針を定め，これを公表するものとする。

7 相当の利益についての定めがない場合又はその定めたところにより相当の利益を与えることが第5項の規定により不合理であると認められる場合には，第4項の規定により受けるべき相当の利益の内容は，その発明により使用者等が受けるべき利益の額，その発明に関連して使用者等が行う負担，貢献及び従業者等の処遇その他の事情を考慮して定めなければならない。

　この平成27年法に係る改正法（特許法等の一部を改正する法律〔平成27年法律第55号〕）は平成28年4月1日から施行されているが，平成16年法の場合とは異なり，特段の経過措置の規定は設けられていない。もっとも，①使用者等に特許を受ける権利の原始取得を認めた特許法（平成27年法）35条3項は施行日（平成28年4月1日）以後に発生した職務発明について適用され，施行日前に

発生した特許を受ける権利は従前の例による，②「相当の利益」に係る同条4項，5項及び7項は，特許を受ける権利の取得等が施行日以後にされた場合に適用され，施行日前日までにされた場合にはなお平成16年法（平成17年3月31日までにされた場合には昭和34年法）が適用されるものと解されている(注3)。

〔3〕 訴訟において留意すべき事項

(1) 発明者の認定

職務発明の利益に係る訴訟において，その利益の請求をする者は，自らが発明をしたこと，すなわち当該発明の「発明者」であることを主張立証しなければならない。

(a) 「発明者」の意義

特許法上，「発明」とは「自然法則を利用した技術的思想の創作のうち高度のもの」をいい（特許2条1項），産業上利用することができる発明をした者は，その発明について特許を受けることができるとされている（特許29条1項柱書）。

また，発明は，その技術内容が，当該の技術分野における通常の知識を有する者が反復実施して目的とする技術効果を挙げることができる程度にまで具体的・客観的なものとして構成されたときに，完成したと解すべきであるとされている(注4)。

以上を踏まえ，知財高判平20・5・29判タ1317号235頁〔ガラス多孔体及びその製造方法事件〕は，「発明者」とは「自然法則を利用した高度な技術的思想の創作に関与した者，すなわち，当該技術的思想を当業者が実施できる程度にまで具体的・客観的なものとして構成する創作活動に関与した者を指す」と判示し，当該発明について，例えば，管理者として，部下の研究者に対して一般的管理をした者や，一般的な助言・指導を与えた者や，補助者

(注3) 特許庁編『平27改正解説』20頁。したがって，平成27年法の適用される事件が訴訟として顕在化するのはかなり先のことになるものと思われる。

(注4) 最判昭52・10・13民集31巻6号805頁〔薬物製品事件〕参照。

として，研究者の指示に従い，単にデータをとりまとめた者又は実験を行った者や，発明者に資金を提供したり，設備利用の便宜を与えることにより，発明の完成を援助した者又は委託した者等は，発明者には当たらないとしている。

(b) 訴訟における留意点

(ア) 訴訟における発明者性の認定は，実験ノート，業務日誌，研究報告書，議事録，発明説明書などのように，当該発明に至る過程で作成された各種の記録によって行われることになる。

発明者として認定されるのに要する関与の程度については，当該発明が属する技術分野に応じて異なる。例えば，機械や電気の技術分野では着想のみで発明者と認定するに足りる場合もあり得るのに対し，化学のように，着想を具体化した結果を事前に予測することが容易でなく，実験を繰り返して初めて作用効果を確認することができる技術分野では，着想しただけの者を発明者として認定することは困難であろう(注5)。

(イ) 日本企業においては，特許出願の際，真の発明者のみならず，その上司や所属するグループの構成員，関係者等を共同発明者として発明者欄に記載する例もあるとされている(注6)。そうすると，特許出願の際の願書に発明者として氏名が記載されていたとしても，その者が真に発明者と認められない限り，その者に相当の利益請求権を認めることはできないことになる(注7)。

なお，裁判例の中には，願書に発明者として記載された者が使用者等に対して対価請求をした事案において，傍論として「職務発明対価請求訴訟において一審被告が上記両名が発明者でないと主張することは，国家機関である特許庁に対し特許法36条1項2号に基づき記載した内容と異なることを公然

(注5) 東京地判平14・8・27判タ1117号280頁及びその控訴審の東京高判平15・8・26（平成14年(ネ)第5077号）裁判所HP〔細粒核並びにその製造方法事件〕，東京地判平17・9・13判タ1214号283頁及びその控訴審の知財高判平18・3・29（平成17年(ネ)第10117号）裁判所HP〔分割錠剤事件〕等参照。
(注6) 中山信弘『特許法〔第3版〕』44頁，前掲（注5）東京地判平17・9・13〔分割錠剤事件〕。
(注7) 東京地判平13・12・26（平成12年(ワ)第17124号）裁判所HP及びその控訴審の東京高判平15・6・26（平成14年(ネ)第730号）裁判所HP〔水素化触媒事件〕，前掲（注5）東京地判平17・9・13及びその控訴審の前掲（注5）知財高判平18・3・29〔分割錠剤事件〕等参照。

と主張することになり，特段の事情がある場合を除き，信義に反して許されない（禁反言）」と判示したものがある[注8]。

(2) 特許を受ける権利の原始取得，特許権の承継等

(a) 契約，勤務規則等の定め

特許法35条2項は，「従業者等がした発明については，その発明が職務発明である場合を除き，あらかじめ，使用者等に特許を受ける権利を取得させ，使用者等に特許権を承継させ，又は使用者等のため仮専用実施権若しくは専用実施権を設定することを定めた契約，勤務規則その他の定めの条項は，無効とする。」と定める。

同項の反対解釈として，使用者等は，職務発明については，あらかじめ契約，勤務規則等で定めることによって，特許を受ける権利を原始取得したり，特許権の承継を受けたりすることができる[注9]。

(b) 黙示の合意

特許法35条2項にいう契約，勤務規則等の定めについては，明示的なもののみならず，黙示的なものも含まれると解される。

この点，東京高判平6・7・20知財集26巻2号717頁〔信号復調装置事件〕は，「従業者等の明示の意思が表示されている場合あるいは黙示の意思を推認できる明白な事情が認定できる場合は別として，そうでない場合に，特許を受ける権利又は特許権を会社に帰属させる結果を招来させることが従業者等の合理的意思に合致すると軽々に推認することはできない」として，黙示の合意の成立に慎重な姿勢を示している。

これに対し，東京地（中間）判平14・9・19判タ1109号94頁〔青色発光ダイオード事件判決〕は，「特許権等を使用者に帰属させる契約は，明示の契約あるいは使用者に譲渡する旨の黙示の合意が明白な場合に限られるべき」との原告の主張を排斥して，「職務発明の権利承継等に関して明示の契約，勤務規則等が存在しない場合であっても，一定の期間継続して，職務発明に

(注8) 知財高判平19・3・29判タ1241号219頁〔燃料噴射弁事件〕。
(注9) 昭和34年法当時の解釈として，前掲（注2）最判平15・4・22〔オリンパス事件〕参照。

ついて，特許を受ける権利が使用者等に帰属するものとして，使用者等を出願人として特許出願をする取扱いが繰り返され，従業者等においても，異を唱えることなくこのような取扱いを前提とした行動をしているような場合には　同条にいう『契約』に該当するものとして，従業者等との間での黙示の合意の成立を認め得るものと解される。」と判示している。

(3) 無効の主張の可否

　従業者等から職務発明の利益の請求を受けた使用者等において，当該発明に係る特許権に無効事由があることを主張して，その請求を免れることは許されるか。

　この点につき，知財高判平21・6・25判時2084号50頁〔ブラザー工業・簡易レタリングテープ作成機事件〕は，「職務発明報酬請求訴訟において上記特許権につき無効事由があると主張することは，譲渡契約時に予定されていなかった事情に基づき譲渡契約の効力を過去に遡って斟酌しようとする点で背理であり，譲渡人たる従業者が特許無効事由があることを知りながら譲渡した等の特段の事情がない限り，許されないと解される」と判示している。

　もっとも，同判決は，「他方，上記職務発明報酬債権は『相当額』の支払を内容とするものであって，相当額の算定に際しては，上記特許を受ける権利ないしその発展的権利としての特許権により譲受人たる一審被告が現実に取得した利益を斟酌してなされるものであるから，相当額算定の一事情として特許権の無効事由を考慮することは許される」とも判示しており，相当額算定の事情として考慮すること自体は否定していない。

　現に，同判決以後の裁判例においても，実際に特許権の無効事由を相当額算定の一事情として考慮したものが相次いでいる[注10]。

(注10)　知財高判平21・11・26判タ1334号165頁〔オーダーメイド用計測サンプル事件〕，東京地判平27・2・26（平成23年(ワ)第14368号）裁判所HP〔ピストンリング事件〕，東京地判平28・3・29（平成27年(ワ)第13006号）裁判所HP〔会計管理方法事件〕，東京地判平28・4・28（平成24年(ワ)第21035号）裁判所HP〔光走査装置事件〕及びその控訴審の知財高判平29・2・20（平成28年(ネ)第10085号）裁判所HP，東京地判平29・10・27（平成25年(ワ)第30271号）裁判所HP〔リチウムイオン二次電池事件〕。

(4) 消滅時効

職務発明の利益に係る訴訟においては、使用者等の側から消滅時効（民166条以下(注11)）が主張される場合が少なくないところ、この点については、消滅時効の起算点、時効期間、時効中断事由等をめぐり、様々な問題がある。

(a) 消滅時効の起算点

(ア) 原　則

民法166条1項は「消滅時効は、権利を行使することができる時から進行する」と規定している。

したがって、職務発明の利益の請求権は、従業者等が使用者等に特許を受ける権利を原始取得させたり、特許権を承継させたりしたときに一定の額として発生し、そのときから対価請求権を行使することができるから、原則としてその時点が消滅時効の起算点となる(注12)。

(イ) 勤務規則等に支払時期の定めがある場合

消滅時効の起算点の原則は上記(ア)のとおりであるが、実際には、多くの企業において、勤務規則等（職務発明規程）により利益の支払時期が定められている。そして、その支払時期については、権利承継時等に一括して支払うの

(注11) 債権の消滅時効については、これまで、①起算点は「権利を行使することができる時」（客観的起算点。民166条1項）とされ、②時効期間は、一般債権が「10年」（民167条1項）、商行為によって生じた債権が「5年」（商事消滅時効。商522条）とされ、③支払の請求や債務の承認により時効が「中断」（民147条）するものとされていた。これに対し、平成29年のいわゆる債権法改正（平成29年法律第44号及び同第45号による改正。以下「民法（債権関係）改正」といい、同改正による改正後の民法を「改正民法」という。）により、①起算点として「権利を行使することができることを知った時」（主観的起算点。改正民166条1項1号）が追加され、②時効期間は、原則として、客観的起算点から「10年」（改正民166条1項2号）、主観的起算点から「5年」（同項1号）とされた上、商事消滅時効が廃止され、③時効の中断は「完成猶予」と「更新」に再構成された（改正民147条以下）。もっとも、施行日前に債権が生じた場合におけるその債権の消滅時効の期間については、なお従前の例によるものとされ（平成29年法律第44号の附則10条4項）、また、施行日前に時効の中断の事由が生じた場合におけるその事由の効力についても、なお従前の例によるものとされている（同条2項）。本項目では、以下、特に断りのない限り、上記改正前の民法の規定に則して説明する。

(注12) 大阪地判平5・3・4知財集26巻2号405頁及びその控訴審の大阪高判平6・5・27知財集26巻2号356頁〔ゴーセン・中空糸巻き付ガット事件〕、東京地判平16・2・24判タ1147号111頁〔味の素・アスパルテーム事件〕、東京地判平25・10・30（平成23年(ワ)第21757号）裁判所HP〔HGSTジャパンハードディスク事件〕。いずれも勤務規則等に支払時期の定めがない事例。

ではなく，出願補償，登録補償，実績補償（使用者等の実施・実績により明らかになった権利の価値に基づいて補償するもの）等に分けて，現実に受けた利益を基準として算定する方式が採用されているとされる[注13]。

　勤務規則等に支払期間の定めがある場合につき，前掲（注2）最判平15・4・22〔オリンパス事件〕は，当該定めによる支払時期が到来するまでの間は，相当の対価の支払を受ける権利の行使につき法律上の障害があるものとして，その支払を求めることができないことから，「その支払時期が相当の対価の支払を受ける権利の消滅時効の起算点となる」と判示している。

　(ウ)　勤務規則等が制定・改定された場合

　特許を受ける権利の原始取得や特許権の承継がされた後に勤務規則等が制定ないし改定され，新たな勤務規則等によれば支払時期が異なるに至った場合，この新たな勤務規則等が遡及的に適用されることになるのか，問題となる。

　東京地判平19・1・17（平成18年(ワ)第18196号）裁判所HP〔三共有機合成・塩素含有樹脂の安定化法事件〕は，①新たな業務発明規程には，その施行前に承継された発明の取扱いを明示的に定めた規定はないこと，②同規程の制定過程で，使用者（被告）が同規程を遡及適用する意思を有していたことをうかがわせる事実はなく，かえって，同規程の施行日以後に出願した発明から対象とする方向で検討していたこと，③同規程を遡及適用すれば，使用者に非常に重い経済的・事務的な負担を生じるおそれがあることなどから，同規程は施行前の発明に遡及適用されない旨判断している。

　また，東京地判平19・4・18（平成17年(ワ)第11007号）裁判所HP〔ブラザー工業・簡易レタリングテープ作製機事件〕は，新たな発明報奨規程は相当対価の額を合理的理由なく一方的に制限するものであり，無効といわざるを得ないとの理由で，同規程の遡及適用を否定している。

　この点に関しては，①一般論としては，経過規定がない場合には，発明や承継の時期に関係なく，新たな勤務規則等はその施行以降の法律関係に適用されることになるが，勤務規則等を附合契約（労働契約の内容）とみれば，問

（注13）　中山信弘『特許法〔第3版〕』80頁。

題は形式的な経過規定の有無ではなく，勤務規則の解釈（契約解釈）によって決まることになるとの見解[注14]，②消滅時効の起算点の解釈を不安定にしないためにも，明文の定めがない限り，新たな勤務規則等は遡及的に適用されないと解すべきとの見解[注15]などがある。

(エ) 訴訟における留意点

職務発明の利益を請求する場合における消滅時効の起算点の判断枠組みは，基本的には以上のとおりであるが，実際の訴訟においては，「会社が発明を実施し，その効果が顕著であるとき」に利益を支払うなどといった実績補償方式を採用している場合などのように，勤務規則等の定めに照らしても，消滅時効の起算点が必ずしも明らかではないことが少なくない。そのような場合には，勤務規則等の具体的な文言等に照らし，事案の解決の妥当性も考慮しながら判断していくことになろう[注16]。

(b) 時効期間

職務発明の利益を請求する場合における消滅時効の時効期間については，学説上は，一般債権の消滅時効期間の「10年」（民167条1項[注17]）とする説と，商事消滅時効期間の「5年」（商522条本文[注18]）とする説とがある。

この点について明示的に判断した最高裁判所の判例は存在しないものの，下級審裁判例では，民法167条1項の定める一般債権の消滅時効期間の「10年」を適用するものが多い[注19][注20]。

(c) 時効中断事由と時効援用権の喪失

(ア) 支払の請求（民147条1号〔改正民147条1項1号〕）や債務の承認（同条3号

(注14) 山田知司「職務発明対価金請求訴訟」知的財産裁判実務研究会編『知的財産訴訟の実務〔改訂版〕』（法曹会，2014）119頁。
(注15) 東海林保「対価請求権の消滅時効」髙部眞規子編『特許訴訟の実務〔第2版〕』546頁。
(注16) 職務発明の利益の請求に係る消滅時効の起算点につき，裁判例を整理したものとして，東海林・前掲（注15）541頁以下。
(注17) 前記（注11）のとおり，改正民法では，原則として客観的起算点から「10年」（改正民166条1項2号），主観的起算点から「5年」（同項1号）とされている。
(注18) 前記（注11）のとおり，民法（債権改正）改正に際し，商事消滅時効は廃止された。
(注19) 使用者等が「5年」の商事消滅時効期間を主張したのに対し，明示的にこれを排斥した裁判例として，前掲知財高判平21・6・25〔ブラザー工業・簡易レタリングテープ作成機事件〕等がある。
(注20) 公刊物に掲載された裁判例の中に，「5年」の商事消滅時効を適用したものはないとされている。東海林・前掲（注15）546頁。

〔改正民152条1項〕）がされた場合，消滅時効は中断する(注21)。

　また，消滅時効完成後であっても，債務者が債権者に対して当該債務の承認をした場合には，時効完成の事実を知らなかったときでも，その後その時効の援用をすることはできない(注22)。

　(ｲ)　職務発明の利益の請求権の消滅時効完成後，使用者等が補償金その他の金銭の支払をした場合，時効援用権を喪失するのか，問題となる。

　この点，東京地判平14・11・29判タ1111号96頁〔日立製作所・光ディスク事件〕（後掲の最判平18・10・17の第1審）は，消滅時効完成後に勤務規則等に基づいて実績補償金を支払ったことにより時効援用権を喪失したものと判断している。また，前掲（注12）東京地判平16・2・24〔味の素・アスパルテーム事件〕も，消滅時効完成後に勤務規則等に基づいて特許報奨金を支払ったことが，債務の承認に当たるとして，時効援用権の喪失を認めている。

　他方，使用者等による金銭の支払があったとしても，職務発明としての性質を有さないなどとして，債務の承認には当たらないと判断した裁判例もある(注23)。

(5)　外国特許の取扱い

　従業者等がした職務発明について，それが日本国内において出願されたのであれば，当然ながら日本の特許法35条が適用され，従業者等はその相当の利益を請求することができる。一方，日本国内のみならず，外国においても特許出願された場合，従業員等はこれに対応した相当の利益を日本の特許法に基づいて請求することができるか，問題となり得る。

　この問題については，従前は下級審裁判例や学説が分かれていたが，最高裁は，最判平18・10・17民集60巻8号2853頁〔日立製作所・光ディスク事件〕において次のとおり判示し，①外国の特許を受ける権利の譲渡の対価に

(注21)　前記（注11）のとおり，改正民法では，時効の中断は「完成猶予」と「更新」に再構成されている。
(注22)　時効援用権の喪失。最大判昭41・4・20民集20巻4号702頁。
(注23)　大阪地判平17・4・28判時1919号151頁〔住友化学・変性重合体製造法事件〕，東京地判平26・4・18（平成23年(ワ)第23424号）裁判所ＨＰ〔デコス・建物の断熱・防音工法事件〕，前掲（注10）東京地判平27・2・26〔ピストンリング事件〕。

関する問題の準拠法は，第1次的には当事者の意思に従って定められる，②（日本法が準拠法となる場合）当該外国の特許を受ける権利の譲渡に伴う対価請求については，特許法35条3項以下の規定が類推適用されるものとした。

「外国の特許を受ける権利の譲渡に伴って譲渡人が譲受人に対しその対価を請求できるかどうか，その対価の額はいくらであるかなどの特許を受ける権利の譲渡の対価に関する問題は，譲渡の当事者がどのような債権債務を有するのかという問題にほかならず，譲渡当事者間における譲渡の原因関係である契約その他の債権的法律行為の効力の問題であると解されるから，その準拠法は，法例[注24]7条1項[注25]の規定により，第1次的には当事者の意思に従って定められると解するのが相当である。

本件において，上告人と被上告人との間には，本件譲渡契約の成立及び効力につきその準拠法を我が国の法律とする旨の黙示の合意が存在するというのであるから，被上告人が上告人に対して外国の特許を受ける権利を含めてその譲渡の対価を請求できるかどうかなど，本件譲渡契約に基づく特許を受ける権利の譲渡の対価に関する問題については，我が国の法律が準拠法となるというべきである。」

「従業者等が特許法[注26]35条1項所定の職務発明に係る外国の特許を受ける権利を使用者等に譲渡した場合において，当該外国の特許を受ける権利の譲渡に伴う対価請求については，同条3項及び4項の規定が類推適用されると解するのが相当である。」

(6) 秘密保護手続

(a) 営業秘密の存在

前記(1)(b)(ア)のとおり，訴訟における発明者性の認定は，実験ノート，業務日誌，研究報告書，議事録，発明説明書などのように，当該発明に至る過程で作成された各種の記録によって行われることになるところ，これらの中には使用者等において蓄積された技術やノウハウに関する内容が含まれている

(注24) 明治31年法律第10号。その後，法の適用に関する通則法（平成18年法律第78号）により全部改正された。
(注25) 法の適用に関する通則法7条に対応。
(注26) 昭和34年法（平成16年改正前の特許法）をいう（以下同じ。）。

ことも少なくなく，営業秘密として保護される必要が出てくる場合がある。

また，後記のとおり，独占の利益の認定は，ライセンス契約書，実施料率を記載した書面，交渉経過を記載した書面等の各種書面によって行われることになるところ，これらの各書面のうちライセンス契約書には一般的に秘密保持条項が設けられていることが多く，他の書面においても交渉相手との関係で営業秘密として保護されるべき情報が記載されていることが少なくない。

したがって，職務発明の利益に係る訴訟においては，これらの各営業秘密について留意することが必要となる。

(b) 職務発明の利益に係る訴訟における秘密保護手続

職務発明の利益に係る訴訟においては，基本的には訴訟記録の閲覧等制限（民訴92条）により営業秘密の保護を図ることになる。

この点，特許権又は専用実施権の侵害に係る訴訟においては秘密保持命令の制度が設けられているが（特許105条の4〜105条の6），職務発明の利益に係る訴訟には設けられていない。そのため，職務発明の利益に係る訴訟においては，必要に応じ，当事者双方と裁判所との協議により秘密保持契約を締結する方法が考えられよう。なお，訴訟指揮に基づいて秘密保持等を命ずる方法も考えられるが，その強制力をどのように担保するのかなど，課題も多いとされている[注27]。

また，特許権又は専用実施権の侵害に係る訴訟においては，当事者尋問等の公開停止の制度が設けられているが（特許105条の7），これも，職務発明の利益に係る訴訟には設けられていない[注28]。

[4] 「相当の利益」の算定

(1) 相当の「利益」

(a) 平成27年法

[注27] 荒井章光「職務発明をめぐる訴訟―総論」髙部眞規子編『特許訴訟の実務〔第2版〕』464頁。

[注28] そのため，職務発明の利益に訴訟における裁判の公開停止は，憲法82条2項及び裁判所法70条の要件を満たさない限り，認められないということになる。

前記〔2〕(3)のとおり，平成16年法では使用者等が特許を受ける権利等の「相当の対価」を支払うものとされていたところ，平成27年法においては，「相当の利益」（相当の金銭その他の経済上の利益）に改められた（特許35条4項）。これは，企業戦略に応じて柔軟なインセンティブ施策を講じることを可能とするとともに，発明者の利益を守るために設けられたものである[注29]。

金銭以外の「相当の利益」の具体例として，特許法35条6項に基づく指針（ガイドライン）である「特許法第35条第6項に基づく発明を奨励するための相当の金銭その他の経済上の利益について定める場合に考慮すべき使用者等と従業者等との間で行われる協議の状況等に関する指針」（平成28年経済産業省告示第131号）は，使用者等負担による留学の機会の付与，ストックオプションの付与，金銭的処遇の向上を伴う昇進又は昇格，通常の日数を超える有給休暇の付与，専用実施権の設定，通常実施権の許諾等を挙げている。

(b) 金銭以外の利益に係る訴訟上の請求の可否

「相当の利益」として金銭以外の利益が定められている場合，従業者等は使用者等に対して訴訟上どのような請求をすることができるか。

まず，訴訟において，金銭以外の利益の付与そのものの「履行」を求めることが考えられる。この点については，実体法上，金銭以外の利益の付与の内容が，債権の確定可能性の認められる程度に具体的であれば，訴訟上も請求が可能であると解される[注30]。

また，金銭以外の利益の付与の「不履行」を理由に，債務不履行に基づき，損害賠償を求めることも考えられる。この場合，従業者等が使用者等に請求することができるのは，債務不履行よって生じた損害額ということになる[注31]。もっとも，その額の算定においては様々な考え方があり得るところであり，今後の研究及び裁判例の集積を待つ必要があろう[注32][注33]。

(注29) 特許庁編『平27改正解説』16頁。
(注30) 深津拓寛ほか『実務解説職務発明』（商事法務，2016）135頁。
(注31) 深津ほか・前掲（注30）136頁。
(注32) 東海林・前掲（注15）533頁。
(注33) いずれにせよ，金銭以外の利益に係る請求が訴訟として顕在化するのは，かなり先のことになるものと思われるところである（前掲（注3）参照）。そのため，本項目では，以下，昭和34年法及び平成16年法の「相当の対価」が請求されている場合や，平成27年法の「相当の利益」のうち金銭の支払が請求されている場合を念頭に，検討を加えることにする。

(2) 勤務規則等

(a) 昭和34年法

使用者等が職務発明の「相当の利益」の額について勤務規則等（職務発明規程）にその基準を定めている場合，裁判所はそれに拘束されるのか。

この点については，平成16年法に係る改正により条文上の手当てがされたものの（平成16年法の35条4項・5項），前記〔2〕(2)のとおり，現時点でもなお同改正前（昭和34年法）の条文が適用される場合があるため，問題となり得る。

この問題につき，最高裁は，前掲（注2）最判平15・4・22〔オリンパス事件〕において，次のとおり判示している。

「勤務規則等により職務発明について特許を受ける権利等を使用者等に承継させた従業者等は，当該勤務規則等に，使用者等が従業者等に対して支払うべき対価に関する条項がある場合においても，これによる対価の額が同条(注34)4項の規定に従って定められる対価の額に満たないときは，同条3項の規定に基づき，その不足する額に相当する対価の支払を求めることができると解するのが相当である。」

(b) 平成16年法

平成16年法により，使用者等と従業者等との協議等の手続が履行された結果として対価額が定められた場合は，これが不合理であるときを除き，その額をもって相当な対価額とするものとされた。

この相当な対価額の定めが不合理であることの主張立証責任は，従業者側が負担するものと解される(注35)。なお，「不合理であること」は規範的評価を含むため，従業者等が「不合理であること」との評価を根拠づける事実を主張立証し，使用者等がその評価の障害となる事実を主張立証することになろう(注36)。

(注34) 昭和34年法（平成16年改正前の特許法）の規定をいう（以下同じ。）。
(注35) 髙林龍『標準特許法〔第5版〕』86頁。
(注36) 特許庁編『平16改正解説』164頁。

(3) 「使用者等が受けるべき利益」

相当の利益の額の算定に当たっては，その発明により「使用者等が受けるべき利益」(特許35条7項) の額が考慮される。この「受けるべき利益」とは，特許を受ける権利の承継等の時点での利益であって，特許権によって後に「受けた利益」ではない。もっとも，職務発明の利益に係る訴訟は，既に特許査定がされ，実施やライセンス収入があった後に提起されることが通常であるから，実務では，口頭弁論終結時までに実際に受けた利益(注37)を認定し，それを基に「受けるべき利益」が判断されることになる(注38)。

(4) 「使用者等が受けるべき利益の額」の算定

(a) 独占の利益

特許法35条7項にいう「使用者等が受けるべき利益の額」とは，使用者等は特許を受ける権利の承継等がなくても当然に当該発明について法定通常実施権を有すること (同条1項) からすれば，対象発明を実施することによって得られた利益の全てを指すのではなく，単なる通常実施権を超えたものの承継により得た法的独占権に由来する法的実施の利益 (以下「独占の利益」という。) を指すものということができる(注39)。

なお，この点に関し，いわゆる「ノウハウ」についても独占の利益を観念できるかが問題とされるが，知財高判平27・7・30 (平成26年(ネ)第10126号) 裁判所HP〔野村證券・電子注文の遅延時間を縮小する方法事件〕は，一般論として，「独占的利益は，法律上のものに限らず，事実上のものも含まれるから，発明が特許権として成立しておらず，営業秘密又はノウハウとして保持されている場合であっても，生じ得る。」と判示している(注40)。

(注37) なお，将来分の利益についての考慮の可否等については，後記(9)参照。
(注38) 山田・前掲 (注14) 98頁。
(注39) 吉田和彦「特許を受ける権利の承継と相当の対価の算定について」『知的財産法の理論と実務1』353頁，東海林・前掲 (注15)。なお，平成27年法において使用者等が原始的に特許を受ける権利を取得した場合には，法定通常実施権は生じないと解されているが，その場合であっても本文記載の考え方が妥当するとされている。深津ほか・前掲 (注30) 37頁。
(注40) ただし，結論としては，当該事案においては独占の利益は生じていない旨判断している。

(b) 独占の利益を考慮すべき類型

独占の利益を考慮すべき類型として，①特許権者が当該特許発明を自らは実施せず，他社に対して実施を許諾している場合（他社実施），②特許権者が当該特許発明を自ら独占的に実施している場合（自社実施），③特許権者が当該特許発明を自ら実施するとともに，他社に対しても実施を許諾している場合（併用実施）が考えられる。

この点については，東京地判平18・6・8判タ1271号183頁〔三菱電機・フラッシュメモリ事件〕は，次のように判示している。

「ここでいう独占の利益とは，①特許権者が自らは実施せず，当該特許発明の実施を他社に許諾し，これにより実施料収入を得ている場合における当該実施料収入がこれに該当し……，また，②特許権者が他社に実施許諾をせずに，当該特許発明を独占的に実施している場合における，他社に当該特許発明の実施を禁止したことに基づいて使用者があげた利益，すなわち，他社に対する禁止権の効果として，他社に実施許諾していた場合に予想される売上高と比較して，これを上回る売上高（以下，売上げの差額を「超過売上げ」という。）を得たことに基づく利益（以下「超過利益」という。）が，これに該当するものであることは明らかである。

もっとも，特許権者が，当該特許発明を実施しつつ，他社に実施許諾もしている場合については，当該特許発明の実施について，実施許諾を得ていない他社に対する特許権による禁止権を行使したことによる超過売上げが生じているとみるべきかどうかについては，事案により異なるものということができる。」

(c) 他社実施

他社実施の場合において締結されているライセンス契約には，①単独ライセンス契約，②包括ライセンス契約（多数の特許が一括してライセンスされているもの），③クロスライセンス契約（相互に許諾を実施許諾し合うもの），④包括クロスライセンス契約（多数の特許が一括してクロスライセンスされているもの）がある[注41]。

(注41) 東海林・前掲（注15）508～512頁。

このうち①の単独ライセンス契約においては，ライセンス料収入がそのまま独占の利益となるものと解されている。ただし，グループ企業内の関連会社に対して低額の実施料でライセンスをする場合もあり，この場合には留意が必要であろう(注42)。

②の包括ライセンス契約においては，ライセンス料収入における対象特許の寄与度を算定する必要がある。この場合，ライセンス交渉において主要な貢献のあった特許や現に相手方が実施した特許については寄与率が高くなるであろうし，これらに当たらなければ寄与度が低くなるであろう。さらに，各特許の侵害回避可能性（代替手段の有無・作用効果の大小），有効性（特許無効の可能性），実施規模（関係製品のうち実施されている割合）も考慮に入れるべきとの指摘もある(注43)。

③のクロスライセンス契約においては，実施許諾料の支払を実質的に相殺して無償としている場合（無償クロスライセンス契約）と，一方の特許の価値が他方の特許の価値を上回るものとしてその差額分の支払をする場合（有償クロスライセンス契約）とがあり，それぞれの事案に応じて独占の利益を個別に判断していくことになろう。

④の包括クロスライセンス契約は，上記②と③の契約が合体された契約形態であるが，これも，その形態は様々であり，やはり事案に応じて個別に判断していくほかないであろう。

(d) 自社実施

自社実施における独占の利益については，①他社に実施を許諾した場合に得られる実施料額とする考え方と，②他社の実施を禁止し，もって市場において有利な立場を得たことによる利益とする考え方とがある。

これらの考え方について，上記①は主に競合他社製品が市場に存在しないか，存在はするもののライセンスしている場合に用いられる考え方であり，

(注42) 知財高判平20・5・14判タ1278号277頁〔三菱化学工業・アルガトロバン事件〕は，「一つの企業グループにおける親子ないし兄弟会社間における利益配分の過程を通じて，間接的に一審被告に還元されることも予定されているものと解することができ」るとして，「本件実施許諾契約に基づく実施料のみを基礎として本件発明の相当対価額を算定することは相当でない。」と判断している。
(注43) 山田・前掲（注14）99頁。

上記②は主に競合他社製品が市場に存在し，かつライセンスもされていない場合に，競合他社製品に採用されている代替技術との比較において用いられるとの指摘もある[注44]。

　上記①を採用した裁判例として東京地判昭58・12・23無体集15巻3号844頁〔日本金属加工・連続クラッド装置事件〕等があり，上記②を採用した裁判例として前掲東京地判平18・6・8〔三菱電機・フラッシュメモリ事件〕等がある。

　(e)　併用実施

　併用実施における独占の利益の判断方法については，前掲東京地判平18・6・8〔三菱電機・フラッシュメモリ事件〕が前記(b)のとおり判示した上，次のような判断要素を挙げている。

　「すなわち，①特許権者が当該特許について有償実施許諾を求める者にはすべて合理的な実施料率でこれを許諾する方針（開放的ライセンスポリシー）を採用しているか，あるいは，特定の企業にのみ実施許諾をする方針（限定的ライセンスポリシー）を採用しているか，②当該特許の実施許諾を得ていない競業会社が一定割合で存在する場合でも，当該競業会社が当該特許に代替する技術を使用して同種の製品を製造販売しているか，代替技術と当該特許発明との間に作用効果等の面で技術的に顕著な差異がないか，また，③包括ライセンス契約あるいは包括クロスライセンス契約等を締結している相手方が当該特許発明を実施しているか，あるいはこれを実施せず代替技術を実施しているか，さらに，④特許権者自身が当該特許発明を実施しているのみならず，同時に又は別な時期に，他の代替技術も実施しているか等の事情を総合的に考慮して，特許権者が当該特許権の禁止権による超過売上げを得ているかどうかを判断すべきである。」

　そして，同判決以後の裁判例においても，これらの考慮要素の有無を具体的な事案に当てはめて，独占の利益を判断するものが相次いでいる[注45]。

―――――――――――――――――――――――――――――――――――

（注44）　牧山皓一「職務発明における相当な対価」パテ64巻1号82頁。
（注45）　東京地判平19・1・30判タ1256号211頁及びその控訴審の知財高判平21・2・26判タ1315号198頁〔キヤノン・ゴースト像を除去する走査光学系事件〕，前掲東京地判平19・4・18（平成17年(ワ)第11007号）裁判所HP及びその控訴審の前掲知財高判平21・6・25〔ブラザー工業・簡易レタリングテープ作成機事件〕，東京地判平20・9・29判タ1293号

(f) 寄 与 度

　使用者等の製品に対象特許発明を含む複数の特許が使用されている場合，どのように独占の利益を算出するのか，問題となり得る。

　この点につき，前掲知財高判平21・6・25〔ブラザー工業・簡易レタリングテープ作成機事件〕は，①被告製品の売上げにおいて，被告製品を構成する全ての発明による超過売上高を算出し，②被告製品を構成する全ての発明をライセンスに供した場合の仮想実施料率を出し，③その上で，これらの発明全体で把握された独占の利益における対象特許発明の寄与度を認定し，これを乗ずることで，対象特許発明の独占の利益を算定している。

(g) 将来の売上げ

　口頭弁論終結時よりも後に発生する，将来の売上げから見込まれる利益についても，独占の利益として考慮することができるか，問題となる。

　この点については，大阪地判平17・9・26判タ1205号232頁〔三省製薬・育毛剤事件〕，大阪地判平18・2・21（平成16年(ワ)第13073号）裁判所HP及びその控訴審の知財高判平19・1・25（平成18年(ネ)第10025号）裁判所HP〔積水化学工業・湿式分級装置及び湿式分級方法事件〕，東京地判平18・9・1判タ1234号182頁〔JSR・保護膜形成用材料事件〕等のように，将来の売上げを基礎にした独占の利益も考慮する裁判例が多い。

　もっとも，将来の売上げをどのように算定するのかはなお問題となるところであり，裁判例の中には，「競争力を持った競合品が出現し，これによって従来製品の販売量が低下する可能性の方が，期間が長くなるにしたがって増加するものということができるし，販売元の事情や，有力な競合品が出現することにより，従来製品の販売を取り止めることすらあり得る」などと判示して，将来の売上げを控えめに計算した例[注46]もある。

　なお，将来の売上分に対応する対価請求は「将来の給付の訴えにおける請求権としての適格を有するものとすることはできない」として，当該部分を却下した裁判例もある[注47]。

　　　235頁及びその控訴審の知財高判平22・8・19判タ1396号241頁〔ソニー・半導体レーザ装置事件〕。
(注46)　前掲大阪地判平17・9・26〔三省製薬・育毛剤事件〕。
(注47)　前掲東京地判平19・4・18〔ブラザー工業・簡易レタリングテープ作成機事件〕。

(h) 「実施」の範囲―均等, 間接侵害

　自社実施又は併用実施の場合, 独占の利益が認められるためには使用者等において対象特許発明を「実施」していることが前提となる。
　この点については, 「実施」しているか否かは, 使用者等によって製造販売される製品が対象特許発明の技術的範囲に属するか否かによって決まるとする見解がある[注48]。実際の訴訟においても, 被告の製品が対象特許発明の技術的範囲に属するかどうかが争点になることが多い。
　これに対し, 問題なのは使用者等が技術的範囲内で対象特許発明を実施したかではなく, 他社が実施できなかったことで使用者がどれだけ有利になったかであるから, 使用者等が技術的範囲内で実施していないからといって, 直ちに独占の利益がないということにはならないとの見解もある[注49]。
　なお, 裁判例の中には, 文言解釈からすれば技術的範囲に属するとはいえない被告製品について, 均等との表現は使用せず, 「実質的に充足する」との表現により, 被告による「実施」を認めたものもある[注50]。

(5) 使用者の貢献度等

　(a)　従業者等が受けるべき相当の利益の内容は, 上記(4)の「使用者等が受けるべき利益の額」のほか, 「その発明に関連して使用者等が行う負担, 貢献及び従業者等の処遇その他の事情」(特許35条7項)を考慮して定めることになる。
　(b)　この使用者の貢献度を検討する際の考慮要素として, 使用者の製品開発のリスクを考慮すべきか, 問題となり得る。
　この点につき, 〔日亜化学・青色発光ダイオード事件〕における知財高裁の平成17年1月11日付け和解勧告書[注51]は, 「職務発明の特許を受ける権利の譲渡の相当の対価は, 従業者等の発明へのインセンティブとなるのに十分なものであるべきであると同時に, 企業等が厳しい経済情勢及び国際的な競争の中で, これに打ち勝ち, 発展していくことを可能とするものであるべき

(注48)　山田・前掲(注14)107頁。
(注49)　吉田広志「職務発明関連訴訟における新たな動向」知財政策学27号59頁。
(注50)　前掲(注45)知財高判平22・8・19〔ソニー・半導体レーザ装置事件〕。
(注51)　判タ1167号98頁。

であり，さまざまなリスクを負担する企業の共同事業者が好況時に受ける利益の額とは自ずから性質の異なるものと考えるのが相当である。」と説示して[注52]，使用者の製品開発のリスクを考慮に入れる旨示唆した。

(c)　なお，職務発明の利益に係る訴訟においては，対象特許発明が原告たる従業員等の単独発明である場合もないわけではないが，むしろ，他に共同発明者がいるのが一般的である。このような場合には，共同発明者間における原告の発明者としての貢献度を算定する必要がある。

(注52)　その後の前掲東京地判平18・6・8〔三菱電機・フラッシュメモリ事件〕等でもほぼ同旨の説示がされている。

第3章

意匠関係

16 意匠の登録要件

片 瀬 　 亮

　意匠の登録要件は何か。意匠の新規性，創作非容易性について説明せよ。また，意匠の不登録事由には，どのようなものがあるか。

〔1〕 意匠の登録要件

(1) はじめに

　意匠権は，設定の登録により発生する（登録主義，意匠20条）。そして，意匠登録の査定は，審査官が意匠登録出願について拒絶の理由を発見しないときになされる（審査主義，意匠18条）。このように，我が国の意匠法は，意匠権の発生について，登録主義，審査主義を採用している。
　そして，意匠法3条・3条の2は，意匠登録の要件を規定し，同法17条は，審査官は，これらの規定に適合しない意匠に係る意匠登録出願について拒絶の査定をしなければならないとする。また，同条は，審査官が拒絶の査定をすべき事由を列挙している。
　意匠法3条・3条の2が規定する意匠登録の要件は，①意匠であること，②工業上利用することができること，③新規性を有すること，④創作容易性を欠くものではないこと，⑤先願意匠の一部と同一又は類似の後願意匠ではないことである。
　本節では，まず，意匠登録の要件①，②及び⑤について説明し，③意匠の新規性，④意匠の創作非容易性については，節を改めて説明する。

(2) 意匠であること

　「意匠」とは，物品（物品の部分を含む。）の形状，模様若しくは色彩又はこ

れらの結合（以下，単に「形態」ということがある。）であって，視覚を通じて美感を起こさせるものをいい，画像デザイン^(注1)もその対象となり得る（意匠2条1項・2項）。意匠は，物品と一体をなすものであるから，物品自体の形状，模様若しくは色彩又はこれらの結合として認められる必要があるが，何らかの美感を起こすものであれば足りる。

意匠登録を受けようとする意匠は，その意匠の属する分野における通常の知識を有する者が，願書の記載及び添付図面の記載全体によって，認識することができる必要がある（意匠6条3項参照）。文字が模様に変化して言語の伝達手段としての文字本来の機能を失っているとはいえない場合には，当該文字部分は「模様」として認められないとされる^(注2)。

また，平成10年法律第51号により，部分意匠制度が導入されたことから（意匠2条1項括弧書），物品の部分についても，意匠権が発生し得る。物品の部分について意匠登録を受けようとする場合には，意匠に係る物品のうち，「意匠登録を受けようとする部分」を実線と破線等で特定しなければならない（意匠法施行規則様式第6備考11参照）。およそ部品が意匠法上の一物品といい得るためには，互換性を有すること，通常の状態で独立して取引の対象となることが必要であるとされるが^(注3)，部分意匠制度の導入により，物品全体の形態の中で一定の範囲を占める部分であれば，意匠権が成立し得ることになった。

(3) 工業上利用することができること

「工業上利用することができる」意匠のみが，意匠登録を受けることができる（意匠3条1項柱書）。意匠登録を受けられる意匠は，工業的技術を利用して同一物を反復して多量に生産し得るものでなければならないが，その可能性を有していれば足りるとされる^(注4)。

(注1) 知財高判平29・5・30（平成28年（行ケ）第10239号）裁判所ＨＰ〔映像装置付き自動車事件〕は，意匠法2条2項の「物品の操作……の用に供される画像」について，立法経緯を踏まえ，特段の事情がない限り，物品の操作に使用される図形等が選択又は指定可能に表示されるものをいうとする。知財高判平26・9・11判時2250号71頁〔携帯情報端末事件〕同旨。
(注2) 東京高判昭55・3・25無体集12巻1号108頁〔包装用容器事件〕。
(注3) 東京高判昭53・7・26無体集10巻2号369頁〔レコードプレーヤ事件〕。

16 意匠の登録要件

(4) 先願意匠の一部と同一又は類似の後願意匠ではないこと

　後願の意匠が先願の意匠の一部と同一又は類似であるときは，意匠登録を受けることができない（意匠3条の2）。特許法における拡大先願（特許法29条の2）と同じ趣旨の規定である。意匠法3条の2の規定は，原則として，先願の出願日後から，先願に係る意匠公報の発行日までに出願された後願に適用される。先願の意匠公報の発行日後に後願がされた場合には，意匠法3条1項2号・3号の規定が適用される。

〔2〕 意匠の新規性

(1) はじめに

　意匠法3条1項1号・2号の意匠（以下「公知意匠」という。）に該当する意匠又は公知意匠に類似する意匠（同項3号）は，新規性を欠くものとして，意匠登録を受けることができない。意匠は，視覚を通じて感得されるものであって，公然実施されていれば全て公知になると考えられるから，特許法29条1項2号のような公然実施に関する規定はない。一方，公知意匠に「類似する」意匠も，新規性を欠くものとされる。

　公知意匠に該当する意匠について意匠登録出願がされることはまれであり，実務上，意匠登録出願に係る意匠が公知意匠に類似するか否か，すなわち意匠の類否が争われることが多い。意匠の類否は，意匠登録の要件のほか，意匠権の効力（意匠23条）などでも問題になる重要な概念であり，その判断基準及び判断手法に関する詳細な説明は，次項に譲り，本項目では，その概要について説明する。

(2) 公知意匠に該当する意匠

　意匠登録出願に係る意匠が，公知意匠である場合は，意匠登録を受けるこ

（注4）『意匠審査基準』19頁。

とができない(意匠3条1項1号・2号)。

意匠法3条1項1号について,「公然知られた」とは,不特定人又は多数の者が知り得る状態になったことでは足りず,現実に知られている状態に至ったことを要する(注5)。

意匠法3条1項2号について(注6),「頒布」とは,刊行物が不特定の者が見得るような状態に置かれることをいい,刊行物に「記載された」とは,新規性判断,創作非容易性判断の際に,意匠登録出願に係る意匠と対比可能な程度に十分表されていれば足りるとされる。また,「公衆に利用可能」とは,社会一般の不特定の者が見得るような状態に置かれていることをいい,例えば,ホームページへのアクセスにパスワードが設定されていても,不特定の者がアクセス可能であれば,これを満たすとされている。

(3) 公知意匠に類似する意匠

意匠登録出願に係る意匠が,公知意匠に類似する場合は,意匠登録を受けることができない(意匠3条1項3号)。

意匠法3条1項3号は,公知意匠に類似する意匠の意匠登録を否定するところ,その趣旨をめぐっては様々な学説があり,意匠の類否の判断基準及び判断手法も一致をみない。もっとも,最判昭49・3・19民集28巻2号308頁〔可撓伸縮ホース事件〕は,意匠法3条1項3号は,一般需要者の立場からみた美感の類否を問題とする旨判示した。また,設定登録された意匠に関するものではあるが,平成18年法律第55号により追加された意匠法24条2項は,登録意匠とそれ以外の意匠が類似であるか否かの判断は,需要者の視覚を通じて起こさせる美感に基づいて行うものとすると規定している。最近の裁判例においては,意匠の類否について,需要者に生じさせる美感の共通性の観点から判断するものが多い。

(注5) 知財高判平26・3・27(平成25年(行ケ)第10315号)裁判所HP〔シール事件〕,知財高判平30・5・30(平成30年(行ケ)第10009号)裁判所HP〔中空鋼管材におけるボルト被套具事件〕。

(注6) 『意匠審査基準』21~28頁。

(4) 最判昭49・3・19民集28巻2号308頁〔可撓伸縮ホース事件〕(注7)

(a) 事実関係

Yは，意匠に係る物品を「可撓伸縮ホース」とする登録意匠（本件意匠。正面図は■図1のとおり。）の意匠権者である。

Xは，本件意匠について意匠登録無効審判を請求したが，特許庁は不成立審決をした。審決の理由は，①本件意匠は，ビニールホースに関する意匠（引用意匠。展開図は■図2のとおり。）に類似するとはいえない，②本件意匠は，螺旋状に隆起筋条の現われた可撓伸縮ホース（引用ホース）及び引用意匠に基づいて容易に推考できない，などというものである。

原審(注8)は，①本件意匠は引用意匠及び引用ホースに類似するとはいえない，②同一分野の物品の関係において意匠が創作性を有するかどうかを判断するには，専ら意匠法3条1項によるべく，同条2項を適用する余地はない，などとして，原告の請求を棄却した。

■図1　本件意匠の正面図　　■図2　引用意匠の展開図

 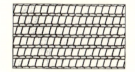

(b) 争　点

意匠法3条2項は，同一又は類似の物品の意匠についても適用があるか。

(c) 裁判所の判断

(ｱ)　本件意匠が引用意匠に類似するものではないとした原審の認定判断は相当として是認できる。

(ｲ)　意匠法3条1項3号は，「意匠権の効力が，登録意匠に類似する意

(注7)　本事件当時の意匠法には，創作容易性判断の基準となる形態は国内周知のものに限定され（意匠3条2項），外国公知の意匠に基づいて容易に創作をすることができた意匠は無効であることを前提とする規定があったほか（意匠49条3号），現行法24条2項の規定はなかったことに留意が必要である。

(注8)　東京高判昭45・1・29無体集2巻1号16頁〔可撓伸縮ホース事件〕。

匠すなわち登録意匠にかかる物品と同一又は類似の物品につき一般需要者に対して登録意匠と類似の美感を生ぜしめる意匠にも，及ぶものとされている（法23条）ところから，右のような物品の意匠について一般需要者の立場からみた美感の類否を問題とするのに対し，3条2項は，物品の同一又は類似という制限をはずし，社会的に広く知られたモチーフを基準として，当業者の立場からみた意匠の着想の新しさないし独創性を問題とするものであって，両者は考え方の基礎を異にする規定であると解される」。

したがって，「同一又は類似の物品の意匠については同条2項を適用する余地がないとした原審の判断には，同条の解釈を誤った違法がある」。

しかし，本件意匠は，引用意匠及び引用ホースとは全く異なった意匠的効果を有するというのであるから，本件意匠は，その着想の点においても，独創性が認められないものではなく，当業者が容易に創作することができた意匠であるということはできない。

(d) 検　　討

本事件は，意匠登録出願された意匠が登録要件を備えるか否かについて，当該意匠と同一分野の物品の意匠との関係において判断する際，意匠法3条1項のみが適用されるのか，1項とともに2項も適用されるのかが争われたものである。

原審は，意匠法3条は，意匠登録出願に係る意匠に創作性があることを要求する規定であるとした上で，同一分野の物品の意匠との関係では1項が，それ以外の意匠及び形態との関係では2項が適用されるとした。これに対し，最高裁は，同一分野の物品の意匠との関係においても，2項が適用されるとしたものである。そして，その理由として，最高裁は，①2項は物品の異同類否を問題としていない点を挙げるとともに，②1項3号は，一般需要者の立場からみた意匠相互間の美感の類否を問題とするのに対し，2項は，当業者の立場からみた抽象的なモチーフを基礎とした着想の新しさ又は独創性を問題としており，両者は考え方の基礎を異にする規定である点を挙げている。

〔3〕　意匠の創作非容易性

16 意匠の登録要件

(1) はじめに

　意匠登録出願に係る意匠について，公然知られた形状，模様若しくは色彩又はこれらの結合に基づいて，当業者が，容易に創作をすることができたときは，意匠登録を受けることができない。

　意匠の創作非容易性は，物品との関係を離れた，形状，模様若しくは色彩又はこれらの結合という抽象的モチーフを判断の基礎とし，当業者の立場から判断される。意匠の新規性が，物品と一体をなす意匠を判断の基礎とし，一般需要者の立場から判断されるのとは異なる。

　「当業者」とは，その意匠に係る物品を製造したり販売したりする業界において，当該意匠登録出願の時に，その業界の意匠に関して，通常の知識を有する者をいうものとされる[注9]。

(2) 判断手法

　意匠の創作容易性は，意匠登録出願に係る意匠（本願意匠）と公知の形態（抽象的モチーフ）を認定し，当業者が，公知の形態に基づいて容易に本願意匠の創作をすることができたか否か判断することになる。発明の進歩性判断のように，差異点の創作容易性を判断するという手法を用いない裁判例も多いが，これは，意匠は，各構成要素の有機的な結合として構成されることが多く，本願意匠の創作容易性を差異点に対する評価のみをもって判断できない場合もあるからであろう[注10]。

　本願意匠が創作容易なものと判断される例としては，次を挙げることができる[注11]。

[注9] 満田重昭＝松尾和子編『注解意匠法』（青林書院，2010）161～162頁〔森本敬司〕は，その意匠の属する分野の創作者の平均的能力を基準とするのが妥当であるとし，技術者や何らの専門知識を有しない者が創作をする実態にあるような分野については，その者の平均的知識水準をもって判断するべきであろうとする。『意匠審査基準』37頁。

[注10] 知財高判平25・11・14（平成25年（行ケ）第10160号）裁判所ＨＰ〔包装容器事件〕は，「創作非容易性の判断においては，出願意匠の全体構成によって生じる美感について，公知意匠の内容，出願意匠と公知意匠の属する分野の関連性等を総合考慮して判断すべきである。したがって，同項の判断に当たっては，必ずしも出願意匠と公知意匠との一致点及び相違点を詳細に認定する必要はない。」とする。

[注11] 満田＝松尾編・前掲（注9）166頁〔森本敬司〕，『意匠審査基準』39～53頁，吉田親司『意匠の理論』（経済産業調査会，2017）102～114頁。

(a) 共通する分野の形態に基づく場合

　本願意匠に係る物品と公知の形態に係る物品の属する分野が共通する場合に，ありふれた手法によって，①公知の形態の一部の構成要素を他の公知の形態の構成要素に置換し，②複数の公知の形態の構成要素を単に寄せ集め，③公知の形態の配置を変更し，④公知の形態の構成比率や連続する構成要素の単位の数を変更することによって，本願意匠を創作することは，容易であると判断されやすい。このような本願意匠は，そもそも，公知意匠と需要者に生じさせる美感が共通し，新規性を欠くと判断される場合も多いと思われる。

　創作容易とした裁判例として，知財高判平28・11・22（平成28年（行ケ）第10138号）裁判所ＨＰ〔ブラインド用スラット事件〕，知財高判平28・11・7（平成28年（行ケ）第10054号）裁判所ＨＰ〔手摺事件〕，前掲（注1）知財高判平26・9・11〔携帯情報端末事件〕，知財高判平23・12・15判タ1383号344頁〔印刷用はくり紙事件〕を，創作非容易とした裁判例として，知財高判平22・7・20（平成19年(ネ)第10032号）裁判所ＨＰ〔取鍋事件〕，知財高判平19・12・26（平成19年（行ケ）第10209号ほか）裁判所ＨＰ〔包装用容器事件〕を挙げることができる。

(b) 相違する分野の形態に基づく場合

　本願意匠に係る物品と公知の形態に係る物品の属する分野が相違する場合であっても，ありふれた手法によって，公知の形態をほとんどそのまま物品に表すことによって，本願意匠を創作することは，容易であると判断されやすい。実際の自動車の形状を模してミニカーの形状を考案する場合が典型であり，抽象的なモチーフを基礎として，当業者の立場からみた意匠の着想の新しさないし独創性を問題とする意匠法3条2項の趣旨を端的に示す類型である。

　創作容易とした裁判例として，知財高判平30・3・12（平成29年（行ケ）第10188号）裁判所ＨＰ〔アクセサリーケース型カメラ事件〕，前掲（注5）知財高判平26・3・27〔シール事件〕を，創作非容易とした裁判例として，知財高判平20・8・28判タ1294号172頁〔研磨パッド事件〕，東京高判昭63・7・26無体集20巻2号333頁〔チョコレート事件〕を挙げることができる。

16 意匠の登録要件

(3) 知財高判平20・8・28判タ1294号172頁〔研磨パッド事件〕

(a) 事実関係

Xは，意匠に係る物品を「研磨パッド」として，意匠登録出願をした。本願意匠は，略四角形状の研磨部の集合体であり，研磨部の拡大図は，次のとおりである。

Xは，拒絶査定を受け，これに対する不服審判請求をしたが，本願意匠は，周知の波線模様の一種である「三角波状ジグザグ線模様」を基礎として，当業者が容易に創作をすることができたものである，として不成立審決を受けた。

(b) 争　　点

本願意匠は，当業者が，容易に創作をすることができたか。

(c) 裁判所の判断

「従前存在した意匠の中で，本願意匠の各研磨面の形状と共通するところが最も多いと考えられるのは，乙7の舗装ブロックであるが，」「本願意匠は研磨パッドの意匠であり，舗装ブロックと研磨パッドでは，その大きさ，用途が異なるほか，その製造，販売に従事する者も異なるから」，「本願意匠の研磨パッドに係る当業者の間で前記舗装ブロックの形態が広く知られていたとは認められない。

そして，従前存在した意匠の状況，同様の意匠が存在する分野と本願意匠の属する分野との関係などをも参酌し，本願意匠について，溝の構成，配列，態様，各研磨面の形状など個別の構成要素及びそれらの結合としての意匠全体の呈する美感を考慮すると，本願意匠には，意匠登録を認めるに足りる程度の創作性を肯定することができる。

なお，造形学的観点から分析した場合に，乙10，乙11〔筆者注：装飾に関する事典等〕に示された模様が，本願意匠を作出する契機となり得るものであり，本願意匠はそれらの模様の延長上にあると評価する余地があり得るとしても，乙10，11に実際に示された模様は，本願意匠と相違し，また，本願意匠とは美感を異にするものであるから，これらの模様の存在を考慮しても，

当業者がこれらの模様に基づいて本願意匠を容易に創作できたとは認められない。」

(d) 検　　討

本判決は、意匠に係る物品を「研磨パッド」とするジグザグ模様の本願意匠について、被告が主張した多数の公知の形態（研磨パッドの意匠、日本の伝統柄文様、タイヤのトレッドパターン、回転砥石、舗装ブロック、図鑑や事典などの図録）に基づいても、容易に創作をすることができたものではないとしたものである。物品の属する分野の共通性、形態の相違を個別に検討して創作非容易性を検討したものであり、その判断手法は参考になる。

〔4〕　意匠の不登録事由

(1)　はじめに

意匠法17条は、意匠登録の要件（意匠3条・3条の2）に適合する意匠の登録出願であっても、審査官が拒絶の査定をしなければならない事由を規定する[注12]。本節では、意匠登録出願に係る意匠に着目した不登録事由と、意匠登録出願の主体に着目した不登録事由とに分けて、説明する[注13]。

(2)　意匠登録出願に係る意匠に着目した不登録事由

意匠登録出願に係る意匠が、意匠法5条（意匠登録を受けることができない意匠）、8条（組物の意匠）、9条1項・2項（先願）、10条1項ないし3項（関連意匠）の各規定により意匠登録をすることができないものであるとき、条約の規定により意匠登録をすることができないものであるとき、意匠登録出願が意匠法7条（一意匠一出願）に規定する要件を満たしていないときは、その意匠登録出願は拒絶される。

意匠法5条2号は、他人の業務に係る物品と混同を生ずるおそれがある意

(注12)　なお、意匠登録の審査段階において不登録事由とされていても、意匠登録後の無効審判段階においては無効理由とされないものもある。
(注13)　意匠法5条（意匠登録を受けることができない意匠）の各事由をもって、意匠の不登録事由と整理されることもある。

匠について，意匠登録を受けることができないとする。意匠は物品と一体をなすものであるから，取引社会において商品の出所識別機能を果たす場合があり得るからである(注14)。

　意匠法5条3号は，物品の機能を確保するために不可欠な形状のみからなる意匠について，意匠登録を受けることができないとする。平成10年意匠法改正において部分意匠制度が導入されたことを契機に追加されたものであり，機能的形状にすぎない意匠の登録を防ぐものである。

　意匠法7条は，一つの出願手続において，一物品(注15)について一つの形態を表して出願させることにより，審査対象の明確化を図るために定められたものである。同条は，意匠登録出願が「物品ごとに」かつ「形態ごとに」行われるべきことを規定したものであり，一物品といえるか，及び，単一の一形態といえるかは，社会通念に照らして判断されるべきものである(注16)。

　なお，意匠法6条は，意匠登録出願の際に提出すべき書類及びその書類に記載すべき事項について規定するものの，同条違反自体は不登録事由ではない。

(3) 意匠登録出願の主体に着目した不登録事由

　意匠登録出願に係る意匠が，意匠法15条1項において準用する特許法38条(共同出願)，意匠法68条3項において準用する特許法25条(外国人の権利の享有)の各規定により意匠登録をすることができないものであるとき，その意匠登録出願人が意匠の創作をした者でない場合において，その意匠について意匠登録を受ける権利を承継していないときは，その意匠登録出願は拒絶される。

　意匠登録を受ける権利を有する創作者とは，意匠の創作に実質的に関与し

(注14)　意匠法3条1項と5条2号の関係について，意匠の類否に関する法の趣旨を創作性のある意匠の保護と捉えれば，両者は性質を異にする規定であるということになり，物品の取引の保護と捉えれば，両者は重畳的に適用される規定であるということになろう（満田＝松尾編・前掲（注9）191頁〔森本敬司〕）。
(注15)　経済産業省令で定める物品の区分は，2400余りに及び，65の物品群に大別されているが，これに該当しない物品についても意匠登録出願をすることは可能である（意匠法施行規則7条別表第一備考二，様式2備考39参照）。
(注16)　知財高判平28・9・21判時2341号127頁〔容器付冷菓事件〕。

た者,具体的には,形態の創造,作出の過程にその意思を直接的に反映し,実質上その形態の形成に参画した者をいい,主体的意思を欠く補助者や,単に課題を指示ないし示唆したにとどまる命令者は含まれないとされる[注17]。

なお,意匠登録が,共同出願の規定に違反してされたとき又は冒認出願に対してされたときは,当該意匠登録に係る意匠について意匠登録を受ける権利を有する者は,当該意匠権の移転を請求することができる(意匠26条の2)。

共有に係る意匠権について意匠権者に対し意匠登録無効審判を請求するときは,共有者全員を被請求人として請求しなければならず(意匠法52条の準用する特許法132条2項),その請求不成立審決に対する取消訴訟も,同様に共有者全員を被告としなければならない。また,意匠登録出願により生じた権利が共有に係るときの査定系の訴えは,固有必要的共同訴訟であり,共有者の一人は,単独で不成立審決の取消訴訟を提起することはできない。一方,共有に係る意匠権について無効審決がされたときの当事者系の訴えにおいては,共有者の一人は,単独で無効審決の取消訴訟を提起することができると考えられる[注18]。

(注17) 大阪高判平6・5・27知財集26巻2号447頁〔クランプ事件〕。
(注18) 最判平14・2・22民集56巻2号348頁〔ETNIES事件〕参照。

17 意匠の類否

片瀬　亮

> 意匠の登録要件及び意匠権侵害の成否で問題となる意匠の類否について，その判断基準及び判断手法について説明せよ。

〔1〕 意匠の類否

(1) 意匠の登録要件で問題となる意匠の類否

　意匠登録出願に係る意匠が，意匠法3条1項1号又は2号の意匠（以下「公知意匠」という。）である場合に加え，公知意匠に類似する意匠である場合には，意匠登録を受けることができない（意匠3条1項3号）。
　意匠の登録要件で問題となる意匠の類否は，拒絶査定不服審判や意匠登録無効審判の審決取消訴訟のほか，意匠権侵害訴訟において意匠登録無効の抗弁が主張された場合（意匠法41条で準用する特許法104条の3第1項）などの局面で，意匠登録出願に係る意匠や登録意匠が先行する公知意匠に類似するか否かとして争われる。

(2) 意匠権侵害の成否で問題となる意匠の類否

　意匠権者は，業として登録意匠及びこれに類似する意匠の実施をする権利を専有し，意匠権の効力は，登録意匠だけではなく，登録意匠に類似する意匠にも及ぶ（意匠23条）。そして，意匠権者は，自己の意匠権を侵害する者に対し，その侵害の停止を請求することなどができる（意匠37条）。
　意匠権侵害の成否で問題となる意匠の類否は，意匠権侵害訴訟などの局面で，相手方意匠が登録意匠に類似するか否かとして争われる。

(3) 沿　　革

　意匠の登録要件における類似の規定は，明治25年の意匠条例施行細則の全面改正時に定められたものである。一方，意匠権の効力における類似の規定は，明治42年意匠法により，禁止権の及ぶ範囲として定められ，昭和34年意匠法により，専有権の及ぶ範囲として定められたものである。もっとも，意匠の類否に関するこれらの規定の変遷の趣旨を的確に理解することは，我が国の意匠制度の沿革や意匠法の目的とも関連しており，困難な課題であるとされる[注1]。

(4) 特許法，商標法との比較

　公知意匠に類似する意匠は，意匠登録を受けることができない（意匠3条1項3号）。これを，特許要件の新規性に関する規定と比較すると，出願された発明が公知発明等である場合（ただし，技術的思想としての同一性が認められる場合を含む。），当該発明は，社会に貢献することがなく，発明へのインセンティブを与える意味がないから，特許を受けることができない（特許29条1項）。また，商標登録要件における類似商標に関する規定と比較すると，他人の周知商標や登録商標に類似する商標は，出所の混同を生ずるおそれがあることから，商標登録を受けることができない場合もある（商標4条1項10号・11号等）。

　また，意匠権の効力は，登録意匠に類似する意匠にも及ぶ（意匠23条）。これに対し，特許権の効力は，特許発明の技術的範囲（均等なものを含む。）に及ぶ（特許68条）。また，商標権者は，指定商品等について登録商標の使用をする権利を専有するにとどまるが（商標25条），登録商標に類似する商標の使用の停止などを求めることができる場合もある（商標36条・37条1号等）。

　このように，意匠法の規定ぶりは，同様に知的財産を保護する特許法，商

（注1）　例えば，競業秩序維持法的性格の強い概念であったものが，次第に創作権法的性格の強い概念へ変質してきたものと考えるのが妥当とする見解がある（満田重昭＝松尾和子編『注解意匠法』（青林書院，2010）155頁〔森本敬司〕）。また，著作権法の保護とは一線を画し，産業立法として明確に位置付けられるに至ったとする見解もある（加藤恒久『部分意匠論』（尚学社，2002）73～84頁）。

標法の規定ぶりとは異なるものである(注2)。

(5) 意匠の類似の意義，判断基準及び判断手法

意匠の類似の意義については，創作説，混同説，需要説など多数の見解があり，一致を見ず，それを反映して，意匠の類否の判断基準及び判断手法も様々に唱えられている。本項目では，裁判例で主に採られる判断基準，判断手法を中心に，意匠の類否の判断基準及び判断手法を説明する。

〔2〕 意匠の類否の判断基準

(1) 学説の状況

公知意匠に類似する意匠に，意匠登録を与えず，また，意匠権の効力を，登録意匠に類似する意匠にも及ぶものとした意匠法の趣旨については，多数の見解があり，それを反映して判断基準も様々に唱えられている。各説は，創作説，需要説，混同説などと整理されるが，その位置付けも論者によって様々であることに注意が必要である。なお，次のとおり，意匠の類否に関する法の趣旨を捉え，判断基準を説明することが可能である。

(a) 創作説

意匠の類否に関する法の趣旨を，創作性のある意匠を保護するという観点から捉える説である(注3)。同説の帰結として，意匠の類否は，当業者を基礎として，意匠の創作性の異同により，判断されるとするものが多いが，これに限定されるものでもないと考える。

(注2) 意匠法と特許法の規定ぶりの相違は，無体物である知的財産を，意匠法は物品の形態である意匠と具体的に捉え，特許法は技術的思想である発明と抽象的に捉えていることに起因しているとも考えられる。意匠法は，特許法とは異なりクレーム制度が採用されておらず，意匠登録出願時に添付された図面等（意匠6条）から，保護されるべき権利範囲を決する必要がある。

(注3) 例えば，「他人の登録意匠や公知意匠に類似する意匠の出願を拒絶して前者らの意匠を保護するのは，その意匠が発揮している美的特徴と同一の特徴を発揮する意匠は，先行する意匠の創作体の範囲に潜在的に存するものだからである。そして，先行する意匠の創作体の範囲にあるような意匠は，意匠法で保護する価値も必要もないのである。」（牛木理一『意匠〔4訂版〕』123〜124頁）とされる。

(b) 混同説

　意匠の類否に関する法の趣旨を，意匠に係る物品の取引を保護するという観点から捉える説である(注4)。同説によれば，意匠の類否は，需要者を基礎として，物品の混同を生じるおそれの有無により，判断されることになろう。

(c) 需要説

　意匠の類否に関する法の趣旨を，需要を喚起する意匠を保護するという観点から捉える説である(注5)。同説によれば，意匠の類否は，需要者を基礎として，意匠から生じる審美的価値の異同により，判断されることになろう。

(2) 最高裁判決

　最判昭49・3・19民集28巻2号308頁〔可撓伸縮ホース事件〕は，意匠法3条2項は，同一又は類似の物品の意匠についても適用があると判断するものである。同判決は，その理由として，意匠法3条1項3号は「一般需要者の立場からみた美感の類否を問題とする」とし，2項は「当業者の立場からみた意匠の着想の新しさないし独創性を問題とする」ものであって，「考え方の基礎を異にする規定である」から，同一又は類似の物品の意匠であっても意匠法3条1項3号に加え，同条2項の適用対象になるという結論を導いている。

　もっとも，意匠法3条1項3号と2項との「考え方の基礎」が，どのように相違するかについては，判決文上，必ずしも明らかではない。意匠法3条1項3号は，2項とは異なり意匠の創作性を保護するものではないと解する

(注4) 例えば，「意匠が登録され意匠権としての保護を受けるには，物品……であることを必要とし，また，工業上利用できる意匠……であることを必要とするということは，意匠制度が自由競争を原理とする経済社会において転々流通する物品の存在を前提とし……その物品に施された意匠の独占的利用に法的保護を与えるものにほかならない。」「取引者，需要者が両意匠を混同するほどよく似ていると認識したとき両意匠は美感において類似するというべきである。」(竹田稔『侵害要論〔第6版〕』573〜574頁)とされる。高田忠『意匠』(有斐閣，1969) 2〜3頁・149頁，東京高判平7・4・13判時1536号103頁〔衣装ケース事件〕。

(注5) 例えば，「意匠の保護のゆえんは，……意匠の市場において発揮する需要増大機能に基づく市場価値ないし経済的価値……に基づくものであると考えられる。」「意匠の類否判断の主体は，少なくとも需要者又は取引者であり，創作者ではありえず，また類似とは，購買心への感覚的刺激を共通にする場合又は，需要増大価値を等しくする場合と解すべきである。」(加藤恒久『意匠法要説』(ぎょうせい，1981) 36頁・129頁)とされる。田村善之『知的財産法〔第5版〕』360〜361頁。

ことも，同号は，2項と同様に意匠の創作性を保護するものではあるが，異なる観点から要件を定立したものと解することも可能である[注6]。

後者の見解を前提とすれば，上記判決は，意匠の類否について，当業者を基礎として意匠の創作性の異同を判断することは否定するものの，意匠の類否に関する法の趣旨を，創作性のある意匠を保護するという観点から捉えるものということができる。

(3) 意匠法24条2項

意匠法24条2項は，登録意匠とそれ以外の意匠が類似であるか否かの判断は，需要者の視覚を通じて起こさせる美感に基づいて行うものとする旨規定する。

意匠法24条2項は，意匠の類否判断を明確にするため，意匠の類似について，最高裁判例，裁判例等において説示されている需要者からみた意匠の美感の類否であることを明確にすることが適切であると考えられることから，平成18年法律第55号により追加されたものである[注7]。

(4) 判断基準

意匠の登録要件で問題となる意匠の類否に関する前掲最判昭49・3・19〔可撓伸縮ホース事件〕，及び，意匠権侵害の成否で問題となる意匠の類否に関する平成18年意匠法改正により追加された意匠法24条2項の規定によれば，意匠の類否は，需要者に生じさせる美感の共通性により判断すべきということができる。近時の下級審裁判例の多くも，需要者に生じさせる美感の共通性を判断基準として，意匠の類否を判断している。

(注6) 佐藤繁・最判解民昭和49年度325頁は，意匠法3条1項3号は，従来未知のものとして評価される意匠であるか否かという観点から創作性の要件を具体化したものであり，2項は，創作過程において独創力を用いたとみられる意匠であるか否かという観点から創作性の要件を具体化したものである旨説明する。

(注7) 産業構造審議会知的財産政策部会意匠制度小委員会報告書『意匠制度の在り方について』(案)』(2005) 22～25頁。

〔3〕 意匠の類否の判断手法

(1) はじめに

意匠の類否は，需要者に生じさせる美感の共通性を基準として判断されるところ，両意匠の美感が共通するか否かを判断する手法は，様々に考えられるところである。

本節では，実務上よく採られる意匠の類否の判断手法(注8)，すなわち，①意匠に係る物品が同一又は類似することを前提として，②比較の対象となる両意匠の形状，模様若しくは色彩又はこれらの結合（以下，単に「形態」ということがある。）を把握し，共通点及び差異点を認定した上で，③意匠登録出願に係る意匠又は登録意匠において需要者の注意を特に惹く部分を認定し，④同部分を中心として両意匠の共通点と差異点とを分析・評価し，両意匠が全体として需要者に生じさせる美感を共通にするか否かによって類否を判断するという判断手法について，順次検討する。

(2) 物品の類否

意匠の類否は，両意匠が需要者に生じさせる美感の共通性により判断すべきものであるところ，意匠は，物品の形状，模様若しくは色彩又はこれらの結合であるから，物品の類否は，当然に意匠が需要者に生じさせる美感に影響を与えるものである。意匠に係る物品が類似しなければ，両意匠が需要者

(注8) 近時の裁判例として，審決取消訴訟につき，知財高判平29・1・11（平成28年（行ケ）第10153号）裁判所HP〔バケツ事件〕，知財高判平28・11・30判時2337号79頁〔吸入器事件〕，知財高判平26・3・27（平成25年（行ケ）第10287号）裁判所HP〔携帯電話機事件〕，意匠権侵害訴訟につき，知財高判平28・7・13判時2325号94頁〔道路橋道路幅員拡張用張出し材事件〕。

また，意匠の類否の判断手法を説明するものとして，設樂隆一「意匠の類否」清永利亮＝本間崇編『実務相談工業所有権四法』（商事法務研究会，1994）360～369頁のほか，近時の文献として，吉田親司『意匠の理論』（経済産業調査会，2017）117～118頁・138～139頁，末吉亙『新版意匠法〔第3版〕』（中央経済社，2017）69～75頁，山田真紀「意匠権侵害訴訟」実務研究会編『知的財産訴訟の実務〔改訂版〕』136～138頁，水谷直樹「類似範囲等」『知財訴訟実務大系2』159～164頁，竹田稔『侵害要論〔第6版〕』579～592頁，渋谷達紀『講義Ⅱ〔第2版〕』609～617頁。

に生じさせる美感に相違が生じることは多いといえようが，結局は程度問題であり，全体観察において考慮される要素の一つということができる(注9)。意匠法23条2項も，意匠に係る物品の類似を，意匠の類似の要件としていない。

このように，意匠に係る物品の類否が，全体観察において考慮される一要素であるとしても，美感に影響を与える重要な一要素といえるから，物品のいかなる点に着目して，その類否を検討すべきか，その判断手法が問題になる。意匠に係る物品が当該意匠の美感に与える影響は，当該意匠が需要者にどのように美感を生じさせているかによって左右されるから，意匠ごとに判断せざるを得ないものと考えられるが，その際，従前の裁判例が行ってきたように物品の用途（使用目的，使用状態等）及び機能に着目することは有益であろう。経済産業省令で定める物品の区分は，意匠権の権利内容の明確化を図るという観点から定められたものであり，この相違をもって直ちに物品の類否を結論づけることはできないというべきであるが，参考になる。

(3) 形態の認定

意匠の類否を判断するに当たっては，まず，両意匠の形態，すなわち両意匠の形状，模様若しくは色彩又はこれらの結合がどのようなものであるかを認定する必要がある。

そして，意匠の類否は，両意匠が需要者に生じさせる美感の共通性を基準に判断されるから，意匠の形態の認定は，需要者が，意匠に係る物品を観察する際に通常用いる方法に沿って行うことになる。

したがって，肉眼による視覚観察が基本となるが，意匠に係る物品の材質・大きさ，意匠に係る物品の機能とそれに基づく形状・模様・色彩の変化，透明か否かを含む色彩など意匠登録出願の願書に記載された各内容を踏まえて意匠の形態を認定する必要があろう（意匠6条3項〜7項）。例えば，東京高

（注9）　清永利亮「意匠の類否」『裁判実務大系9』406頁は，「物品の類否は，意匠の類否を判断する場合の一要素……として理解しておけば足りるのではなかろうか。」とする。一方，物品の類否を意匠の類否の前提要件とする考え方もある（渋谷達紀『講義II〔第2版〕』604〜609頁）。知財高判平17・10・31（平成17年(ネ)第10079号）裁判所HP〔カラビナ事件〕は，混同説を前提に，物品の類否から結論を導いたものである。

判平7・9・26知財集27巻3号682頁〔タイムカード事件〕は，本願意匠の形態を，折りたたんで使用するものであるとして，形状が変化するものとして捉えている。また，知財高判平18・3・31判時1929号84頁〔コネクター接続端子事件〕は，意匠に係る部品の取引に当たり，物品の形状等を拡大して観察しているということはできないから，その形状は，肉眼によって認識することができると認められない限り，意匠法により保護される意匠には当たらないとする。さらに，知財高判平29・1・24（平成28年（行ケ）第10167号）裁判所HP〔箸の持ち方矯正具事件〕は，願書に記載された意匠に係る部品の説明を踏まえ，引用意匠のリング状部の形態を2本一対の箸のそれぞれに設けられたものとして認定する。

　もっとも，願書に添付した図面に記載された事項等及びここから認識できる事項以外の事項を考慮して意匠を認定することはできないことに注意が必要である(注10)。

　なお，意匠の形態を認定する際，意匠に係る物品全体の形態（基本的構成態様。意匠をおおづかみに捉えた際の骨格的形態）と各部の形態（具体的構成態様）とに分けて認定することは，両意匠の分析評価，全体観察を行うに当たり便宜な視座を提供するものとなる(注11)。

　(4)　要部の認定

　(a)　要部概念

　意匠の類否は，両意匠が需要者に生じさせる美感の共通性を基準に判断される。そして，意匠が需要者に生じさせる美感は，意匠の様々な要素（形状，模様，色彩）が結合された視覚情報に基づくものである。したがって，意匠の類否は，意匠の様々な要素が結合された視覚情報の異同に基づき判断されるところ，その際，全ての視覚情報を比較することは困難であり（当該意匠に，形状，模様，色彩が，それぞれ1個しかないと評価できたとしても，その組合せ数は

(注10)　知財高判平22・7・7判タ1352号229頁〔呼吸マスク事件〕。
(注11)　杉浦正樹「意匠権侵害訴訟における意匠権の効力の及ぶ範囲について」『知的財産法の理論と実務4』403〜404頁は，基本的構成態様・具体的構成態様の認定は，その後の要部認定及び対比判断というプロセスの前提的な作業として行われるものであるところ，効率的な思考という観点から，有意義なものであると指摘する。

7個になる。），特徴的な美感を生じさせる視覚情報を抽出して比較せざるを得ない。そこで，当該意匠において，特徴的な美感を生じさせる視覚情報（形状，模様，色彩及びこれらの結合）を，意匠の要部として認定する作業が必要になる(注12)。

そして，意匠が当該意匠の美感に与える影響は，当該意匠が需要者にどのように美感を生じさせているかによって左右される。したがって，意匠の要部を認定する際，すなわち意匠から需要者に特徴的な美感を生じさせる視覚情報を抽出する際には，当該意匠が需要者にどのように美感を生じさせているかについて検討することが必要になる(注13)。

(b) 考慮要素

(ア) 意匠全体に占める割合

当該形状，模様，色彩及びこれらの結合が，意匠全体に対して物理的に大きな割合を占める場合には，その視覚情報は，当該意匠において特徴的な美感を生じさせることが多いといえる。

(イ) 需要者の関心

需要者が当該意匠を観察する場合において，意匠に係る物品の性質，目的，用途，技術的機能，使用態様等に基づいて関心を持つ形状，模様，色彩及びこれらの結合からなる視覚情報は，当該意匠において特徴的な美感を生じさせることが多いといえる。一方，当該形状，模様，色彩及びこれらの結合が，意匠に係る物品の機能を実現するためだけのものであったり，意匠に係る物品に通常用いられる材質にもともと備わったものであったりする場合，その

(注12) 「意匠の要部」という概念自体あいまいなものとされる（佐藤恵太「意匠権侵害訴訟における意匠の類否判断」『裁判実務大系27』548頁，山田知司「意匠の類否」『新裁判実務大系4』376頁）。すなわち，要部を，意匠ごとに存在する形態として捉えるのではなく，意匠について新規なものとすべき形態として捉えることもある（内藤義三「公知意匠と，意匠の類否判断の基準」三枝英二先生・小谷悦司先生還暦記念『判例意匠法』（発明協会，1999）682〜683頁）。意匠登録出願に係る意匠又は登録意匠が有する，引用意匠又は相手方意匠との差異点が，美感に特に影響を与えているかという観点から，意匠の類否を判断する手法を採った場合には，後者の意味で要部という用語が使われやすいと思われる。この判断手法を採用した場合には，当該差異点が，他の形状，模様，色彩と結合することにより，特徴的な美感を生じさせ得ることには注意が必要である。吉田・前掲（注8）234頁は，意匠権侵害訴訟と意匠の審査，審判における「意匠の要部」の捉え方の相違を指摘する。

(注13) 加藤・前掲（注5）149〜153頁は，創作説，混同説，需要説の各説を前提とした要部認定の考慮要素を比較するものである。

視覚情報が，当該意匠において特徴的な美感を生じさせることはまれであろう。

　(ウ)　周知意匠の参酌

　当該形状，模様，色彩及びこれらの結合が，ごく普通にみられるありふれた形態であった場合には，その視覚情報は，需要者がしばしば目にするところであるから，当該意匠において特徴的な美感を生じさせることは少ないといえる。ありふれた形態であるか否かは，先行する公知意匠の数やその周知性などによって判断されよう(注14)。

　(エ)　公知意匠の参酌

　当該形状，模様，色彩及びこれらの結合が，先行する公知意匠にない形態であった場合には，その視覚情報は，需要者にとって新規なものであって，当該意匠において特徴的な美感を生じさせるものと評価されることが多いであろう(注15)。

　これに対し，当該形状，模様，色彩及びこれらの結合が，先行する公知意匠に存する形態であるとして，その形態を要部ではないと認定すべきであるか否かは問題となる。

　まず，意匠の登録要件の成否を判断する局面においては，意匠登録出願に係る意匠又は登録意匠と，それに最も類似する先行の公知意匠の類否を判断することになる。その際，前者の意匠の要部を，更に別の公知意匠を参酌して，当該公知意匠に存在しない形態をもって認定することは，2個の公知意匠を組み合わせた意匠との類否を検討するのと同じ結果になりかねないから，避けるべきであろう。

　一方，意匠権侵害の成否を判断する局面においては，登録意匠と相手方意匠の類否を判断することになる。その際，登録意匠の要部は，先行する公知意匠を参酌し，当該公知意匠に存在しない形態をもって認定すべきであると

(注14)　もっとも，同様の形態を有する公知意匠が複数存したとしても，そのことをもって直ちに当該形態がありふれたものとして，意匠の要部を構成しないと認定できるものでもない（前掲（注8）知財高判平29・1・11〔バケツ事件〕）。

(注15)　もっとも，先行する公知意匠にない形態をもって直ちに意匠の要部と認定されるとは限らない（知財高判平24・7・18（平成28年（行ケ）第10042号）裁判所HP〔自動二輪車用タイヤ事件〕）。

する見解がある[注16]。登録意匠が有効である以上，それは先行する公知意匠とは類似しないはずであり，登録意匠の有効性を前提とする侵害訴訟においては，登録意匠の類似範囲の中に当該公知意匠が入らないように類似の範囲を認定すべきである，というのがその理由である。しかし，平成16年法律第120号により，特許権者等の権利行使の制限に関する規定（特許104条の3）が新設され，これが意匠法にも準用されること（意匠41条）から，公知意匠に類似し，意匠登録が無効にされるべき場合，意匠権者は，その意匠権を行使することができなくなった。したがって，先行する公知意匠を参酌し，当該公知意匠に存在しない形態をもって登録意匠の要部を認定する必要は，乏しくなったと思われる[注17]。

(c) 東京高判平10・6・18知財集30巻2号342頁〔自走式クレーン事件〕

(ア) 事実関係

Xは，意匠に係る物品を「自走式クレーン」とする登録意匠（本件意匠。斜視図は■図1のとおり。）の意匠権者である。Yは，自走式クレーンの製造・販売等をしている（Y製品の一部の斜視図は■図2のとおり）。そこで，Xは，Y製品の意匠は本件意匠に類似するとして，意匠権侵害等を理由に，Y製品の製造・販売の差止め及び廃棄，損害賠償を求め，原審[注18]は，これを認めた。

(注16) 設樂・前掲（注8）365～366頁のほか，平成16年意匠法改正後の論考として，山田・前掲（注8）135～136頁，水谷・前掲（注8）163～164頁，杉浦正樹「意匠権侵害訴訟の審理の特徴・留意点について」『知的財産法の理論と実務4』417～418頁。
(注17) 知財高判平22・7・20（平成19年(ネ)第10032号）裁判所HP〔取鍋事件〕は，「意匠の新規性（意匠法3条1項）及び創作非容易性（同条2項）という創作性の登録要件を充足して登録された意匠の範囲については，その意匠の美感をもたらす意匠的形態の創作の実質的価値に相応するものとして考えなければならず，公知意匠を参酌して，登録意匠が備える創作性の幅を検討する必要があるため，公知意匠を参酌することの必要性は，意匠法41条によって特許法104条の3が準用されるようになった後においても，完全に失われてはいないというべきである。もっとも，意匠とは，様々な要素の組合せ全体から構成される全体としての視覚情報が最終的には意味を有するものであり，……要部認定に際して，周知又は公知の意匠を参酌するものの，周知又は公知の意匠が包含されることをもって，直ちにその部分が，要部から排除されるべきものとまではいえない」とする。意匠が備える創作性の幅を検討する際，公知意匠を参酌することは必要であるが，少なくとも，意匠の要部を認定する際，すなわち当該意匠において特徴的な美感を生じさせる視覚情報を抽出する際に，公知意匠を参酌して，要部を限定的に認定する必要があるとは言い難いと思われる。
(注18) 東京地判平9・1・24知財集29巻1号1頁〔自走式クレーン事件〕。

■図1　本件意匠の斜視図

斜視図

■図2　Y製品の斜視図

斜視図

(イ)　主たる争点

　Y製品の意匠は，本件意匠に類似するか。

(ウ)　裁判所の判断

　(i)　「意匠の類否を判断するに当たっては，意匠を全体として観察することを要するが，この場合，意匠に係る物品の性質，用途，使用態様，さらに公知意匠にはない新規な創作部分の存否等を参酌して，取引者・需要者の最も注意を惹きやすい部分を意匠の要部として把握し，登録意匠と相手方意匠が，意匠の要部において構成態様を共通にしているか否かを観察することが必要である。」

　(ii)　「本件意匠の登録出願前において，……20トン以上の中・大型ラフテレーンクレーンについては，……タイプのものが一般的であったことが認められ，この事実と，……自走式クレーンの公知意匠に照らすと，本件意匠のように，収縮状態のブームの基端部が……の位置（下部走行体の中央寄りの位置）で……上端部に枢着され，ブームが左下がり（前下がり）の状態で……横切り，その先端部が……若干突出して下部走行体に近接した位置で終わるように配設した構成は，公知意匠には見られない新規なものと認められること」「自走式クレーンの用途及び使用態様からして，本件意匠の基本的構成を形成する，キャビン，機器収納ボックス，ブームの各概要的な構成態様や，下部走行体と，キャビン，機器収納ボックス，ブーム相互の配設関係等が，取引者・需要者にとって，購入選択等する場合の重要な要素と考えられることからすると，本件意匠の要部は次の構成に存するものと認めるのが

相当である。1……キャビン，機器収納ボックス及びブームの構成態様及び配設関係　2……ブームの基端部が...枢着され……ブームの先端部が……近接した位置で終わる構成態様並びに……下部走行体及びキャビンとの配設関係」

(ⅲ)　Y製品の意匠は本件意匠の要部（上記1及び2）を具備するものであって，両意匠を全体的に観察した場合，看者に共通の美感を与えるものであるから，Y製品の意匠は本件意匠に類似するものと認められる。両意匠の間には相違点があるが，いずれも本件意匠の要部に関しない部分についてのもの，あるいは細部についてのものであって，相違点によって，前記共通の美感を凌駕し，別異の美感をもたらすものとは認められない。

(エ)　検　　討

本判決は，要部を認定するための判断要素として，具体的に「意匠に係る物品の性質，用途，使用態様」を挙げ，また「公知意匠にはない新規な創作部分の存否等を参酌」する旨説示したものであり，要部認定基準を明確に示したものとして，リーディングケースになったとされる[注19]。また，上記判決は，公知意匠にはみられない新規なものである点，意匠に係る物品の用途及び使用態様から重要な要素と考えられる点から，意匠の要部を導き出しており，具体的な要部認定の一例としても参考になるものである。

(5)　需　要　者

意匠の類否は，需要者に生じさせる美感の共通性を基準として判断されるところ，その際，どのような需要者を想定するかは重要である。

意匠の登録要件の成否で問題となる意匠の類否の判断主体について，前掲最判昭49・3・19〔可撓伸縮ホース事件〕は「一般需要者」と判示し，意匠権侵害の成否で問題となる意匠の類否の判断主体について，意匠法24条は「需要者」と規定するのみである。意匠法3条1項3号が，従来未知のものとして評価される意匠であるか否かという観点から創作性の要件を具体化し

(注19)　平嶋竜太『商標・意匠・不正競争判例百選』105頁。なお，本判決は，公知意匠の参酌に言及するものであるが，本件意匠の一部の形態が，先行する公知意匠に存する形態であるとして，その形態を要部ではないと認定するものではない。

たものであるとすれば,「需要者」とは,先行意匠にもある程度の予備知識のある取引者を含めた需要者であって,当該意匠を実施する場面を前提に想定することになろう[注20]。

(6) 要部を中心とした分析評価と全体観察

(a) 意匠の類否は,両意匠の形態の共通点及び差異点を,意匠登録出願に係る意匠又は登録意匠の要部を中心として分析・評価し[注21],全体として需要者に生じさせる美感を共通にするか否かによって判断する。

一般的には,共通点が要部である場合には両意匠は類似する,共通点が要部でない場合には両意匠は類似しない,差異点が要部である場合には両意匠は類似しない,差異点が要部でない場合には両意匠は類似すると判断される傾向になると思われる。しかし,特定の形状,模様,色彩又はこれらの結合が差異点であると認定されたとしても,その差異の程度は様々である。また,特定の形状,模様,色彩又はこれらの結合が意匠の要部であると認定されたとしても,当該要部が美感に与える影響の程度も様々である[注22]。

したがって,意匠の類否を判断するに当たっては,両意匠の共通点及び差異点を個別に評価するだけではなく,両意匠の共通点及び差異点を総合的に検討し,全体として需要者に生じさせる美感を共通にするか否かを判断しなければならない。

(注20) 清永・前掲(注9)408〜409頁,佐藤・前掲(注12)553〜555頁,牧野利秋「意匠法の諸問題」ジュリ1326号92頁,竹田稔『侵害要論〔第6版〕』581〜583頁。意匠を実施する場面が複数考えられる場合,どのような需要者を想定するかは問題であるが,一の需要者に特定する必要はないと考える。知財高判平24・11・26判タ1408号172頁〔人工歯事件〕は,「人工歯の需要者はまずは歯科技工士であり,歯科技工士に発注する歯科医も間接的な需要者である。」とする。
(注21) 意匠登録出願に係る意匠又は登録意匠の要部と,引用意匠又は相手方意匠の要部をそれぞれ対比観察することも考えられる(知財高判平23・11・30(平成23年(行ケ)第10159号)裁判所HP〔コンタクトレンズ事件〕)。
(注22) 前掲(注8)知財高判平26・3・27〔携帯電話機事件〕は,意匠の要部を,スマートフォンの全体形状及び正面視の形状であるとした上で,両意匠は当該要部に関し共通点もあるが,要部に関する差異点に係る形態から,本願意匠は,全体として丸みを帯びた柔らかな印象を与え,引用意匠は,全体としてよりシャープかつフラットな印象を与えるとして,両意匠を非類似としたものである。

(b) 前掲（注8）知財高判平28・11・30〔吸入器事件〕

(ア) 事実関係

Xは，意匠に係る物品を「吸入器」として，意匠登録出願をした。本願意匠の斜視図は，■図3のとおりである。

Xは，拒絶査定を受け，これに対する不服審判請求をしたが，本願意匠は，薬剤吸入器に関する公知意匠（引用意匠。側面図は■図4のとおり。）に類似する意匠である，として不成立審決を受けた。

■図3　本願意匠の斜視図　　■図4　引用意匠の側面図

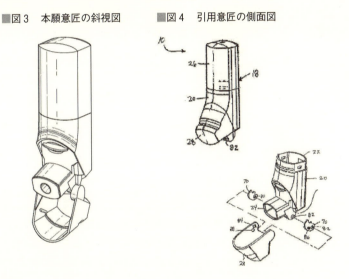

(イ) 争　　点

本願意匠は，引用意匠に類似するか。

(ウ) 裁判所の判断

（i）意匠に係る物品の需要者は，「薬剤を吸引する必要のある患者及び医療関係者」である。需要者である患者及び医療関係者は，使用態様，機能，性質等の観点から，吸入器を観察，選択するところ，「持ちやすさや使いやすさという観点からは，吸入器全体の基本的構成態様が需要者の注意を惹く部分であるとともに，薬剤の吸引という吸入器の機能の観点からは，患者が薬剤を吸引するマウスピース部の端部の形態が最も強く需要者の注意を惹く部分であるということができる。」

(ii) 意匠に係る物品の基本的な構成は，必然的に限定され，本体部とマウスピースカバー部の接続形態も一態様にとどまり，基本的構成態様はありふれたものとして存在する。

一方，本願意匠のマウスピース部の端部の「円形孔は，本体部に貯蔵された薬剤を患者に噴出させる速度，方向等に影響を与えるのであるから，この点は，特に機能を重視する医療関係者に対し，強い印象を与えるものということができ，患者についても同様である。」

(iii) 「本願意匠と引用意匠は，基本的構成態様において共通するものの，その態様は，ありふれたものであり，需要者の注意を強く惹くものとはいえない。」「これに対し，マウスピース部の端部の形態の相違は，需要者である患者及び医療関係者らの注意を強く惹き，視覚を通じて起こさせる美感に大きな影響を与えるものである。」よって，本願意匠は，引用意匠に類似するということはできない。

(エ) 検　討

本判決は，意匠に係る物品である吸入器の需要者として，具体的に患者及び医療関係者を想定し，吸入器の使用態様，機能，性質等に基づいて患者及び医療関係者が関心を持つ形態を要部として捉え，さらに，周知の形態や具体的な機能にも着目して当該要部が美感に与える影響について検討し，本願意匠は引用意匠に類似しないとの結論を導いたものである。本判決は，意匠の類否に関する判断手法を示す典型例の一つである。

(7) 部分意匠

部分意匠の類否についても，需要者に生じさせる美感の共通性を判断基準として，上記の判断手法を用いて判断されることになる。

部分意匠の類否を判断するに当たっては，意匠登録出願の願書に添付された画像図において実線で描かれた部分以外の破線で描かれた部分の影響を考慮するか否かについて，これを考慮すべきとする積極説（要部説）と，考慮すべきではないとする消極説（独立説）がある[注23]。

（注23）　加藤・前掲（注 1 ）227～228頁，山田・前掲（注12）380～384頁，竹田稔『侵害要論〔第 6 版〕』563～565頁，岩坪哲「部分意匠（効力範囲・損害賠償）」『知財訴訟実務大系

この問題は，部分意匠において，出願人が意匠登録を受けようとし，現に受けた意匠が何かという事実認定，具体的には，当該部分意匠の形状，模様若しくは色彩又はこれらの結合がどのようなものであるかという認定に関わるものと考えられる。出願人が，意匠に係る物品について，実線で特定された部分の形態のみで意匠登録を受けようとしている又は意匠登録を受けたのであれば，結果として，破線で特定された部分の形態の影響は，（実線で特定された部分の用途及び機能を認定するほかには）考慮されないことになり，出願人が，意匠に係る物品について，実線で特定された部分の形態に加え，破線で特定された部分の形態の一部との結合関係（その多くは，形状に関するものであって，実線部分の位置や大きさであろう。）も踏まえて意匠登録を受けようとしている又は意匠登録を受けたのであれば，結果として，その限度において破線で特定された部分の形態の影響が考慮されることになる[注24]。そして，部分意匠においても，意匠登録を受けようとする部分ないし受けた部分の形態は，願書に添付した図面に記載された事項等及びここから認識できる事項から認定されるべきものである。

2』171～174頁。
(注24) 知財高判平19・1・31（平成18年（行ケ）第10317号）裁判所HP〔プーリーⅠ事件〕は，概要，①破線で示された部分の形態は，部分意匠の認定において，意匠を構成するものとして直接問題とされるものではないとしつつ，②意匠登録を受けようとする部分の機能及び用途を確定するに当たっては，破線によって具体的に示された形態を参酌して定めるほかはないとし，また，③部分意匠の性質上，破線によって具体的に示される形態は，意匠登録を受けようとする部分を表すため，当該物品におけるありふれた形態を示す以上の意味がない場合もあれば，当該物品における特定の形態を示して，その特定の形態の下における意匠について，意匠登録を受けようとしている場合もあり，部分意匠において，意匠登録を受けようとする部分の位置，大きさ，範囲については，願書及びその添付図面等の記載並びに意匠登録を受けようとする部分の性質等を総合的に考慮して決すべきである，とする。『意匠審査基準』93～94頁。知財高判平25・6・27（平成24年（行ケ）第10449号）裁判所HP〔遊技機用表示灯事件〕，知財高判平28・1・27（平成27年(ネ)第10077号）裁判所HP〔包装用箱事件〕は，いずれも結論として破線部分を参酌できる旨述べる。

18 意匠権の効力とその制限

柴田 義明

> 意匠権は、どのような範囲においてどのような効力を有するか。その効力はどのような場合に制限されるか。

〔1〕 意匠権の効力

　意匠権者は、業として登録意匠及びこれに類似する意匠の実施（意匠2条3項）をする権利を専有する（意匠23条）。したがって、意匠権者は、登録意匠及びこれに類似する意匠の実施権を有する。また、他人が登録意匠及びこれに類似する意匠を実施する行為は意匠権の侵害行為となり、意匠権者は、侵害行為の停止又は予防を請求することができ（意匠37条1項）、意匠権侵害行為に対する禁止権を有する。すなわち、意匠権には、積極的効力（実施権）と消極的効力（禁止権）があり、登録意匠と同一の意匠だけでなく、登録意匠に類似する意匠に対して上記の両効力が及ぶ。

　また、業として、登録意匠又はこれに類似する意匠に係る物品の製造にのみ用いる物の生産、譲渡等をする行為、登録意匠又はこれに類似する意匠に係る物品を業としての譲渡、貸渡し又は輸出のために所持する行為は、いずれも意匠権又は専用実施権を侵害するものとみなされ（意匠38条1号・2号）、意匠権者はこれらの行為の禁止を求めることができる。同条の行為は、講学上、間接侵害と呼ばれる。

　なお、専用実施権が設定されている場合、意匠権者は、設定行為で定められた範囲内において意匠の実施権を有しないが（意匠27条2項・23条ただし書。この場合には専用実施権者が実施権を専有する。）、禁止権は有する(注1)。

　（注1）　特許権について専用実施権者の差止請求権を肯定した最判平17・6・17民集59巻5号1074頁〔生体高分子・リガンド分子の安定複合構造の探索方法事件〕参照。また、専用実

〔2〕 登録意匠の範囲

　前記〔1〕のとおり，意匠権においては「登録意匠及びこれに類似する意匠」が問題となる。

　このうち，登録意匠の範囲については，「登録意匠の範囲は，願書の記載及び願書に添付した図面に記載され又は願書に添附した写真，ひな形若しくは見本により現わされた意匠に基いて定めなければならない。」（意匠24条）と定められている。

　願書には，意匠に係る物品が記載され，意匠を記載した図面が添付される（意匠6条1項）。願書には，必要に応じて意匠に係る物品の説明，意匠の説明が記載される(注2)。図面に代えて写真，ひな形又は見本を提出することができる場合もある（同条2項。以下，図面とこれら図面に代わる写真等を併せて「図面等」という。）。

　これら願書の記載及び図面等により登録意匠の範囲が定まる。現行法下では，物品の形状，模様，色彩，これらの結合（意匠2条1項。以下「形状等」ということがある。）は主に図面等で示されることとなり，形状等を文言によって示す制度を採っていない。意匠の同一，類似の判断をする場合には，通常，願書の記載及び図面等に基づいて，形状等を文言によって表す。また，被疑侵害品の形状等も文言によって表して，登録意匠の形状等との一致点，差異点を確定することとなる。

　意匠登録出願人等は，願書を提出するときその他の一定の場合に意匠の特徴を記載した特徴記載書を提出することができる（意匠法施行規則6条1項）。特徴記載書の記載は上記の願書における記載とは異なるものであり，登録意匠の範囲を定める場合，特徴記載書の記載を考慮してはならない（同条3項）。もっとも，意匠権侵害訴訟の場面において，出願人の意見書などの出願手続

　　　　施権が設定された場合でも意匠権者の損害賠償請求も肯定され得るが，損害の内容は専用
　　　　実施権が設定されていることを考慮して検討される必要がある。
　（注2）　意匠法施行規則2条，様式第2。なお，意匠法24条にいう願書の記載には，意匠登録出
　　　　願人や創作者の氏名，住所等（意匠6条1項1号・2号・同条2項）を含まない。同規則
　　　　9条の2。

中の主張等が，後記の要部の認定についての資料になるとする見解があり(注3)，裁判例として，長靴の意匠の意匠権者が，意匠登録出願の出願経過における拒絶理由通知に対する意見書の中で当該意匠が長靴の胴部の段数の相違により公知意匠と類似しないと主張していたにもかかわらず，侵害訴訟の中で，段数の相違が美感に影響を及ぼさないと主張することは，禁反言の法理ないし信義則に反し許されないとした大阪地判平21・11・5（平成21年(ワ)第2726号）裁判所ＨＰ〔長靴事件第1審〕がある(注4)。

〔3〕 意匠の類似の範囲

(1) 意匠権の効力の及ぶ範囲

登録意匠の範囲は上記〔2〕のとおりに定められるが，意匠権の効力は登録意匠と類似する意匠に及ぶから，意匠権の効力が及ぶ範囲は，当該登録意匠についてどのような意匠が類似するといえるかによって定まる。この意味で，意匠の類否判断の問題は，意匠権の効力の問題を含む。意匠の類否判断については，詳しくは本書項目〔**17**〕で取り上げられるが，その類否判断は上記のとおり意匠権の効力の問題を含むものであり，その内容が後記〔5〕(5)の権利行使制限の抗弁とも関係し得ることなどから，特に公知意匠との関係を中心として本項目でも触れることとする。

(2) 物　　品

意匠法における意匠は，「物品」の形状等である。意匠法における意匠は物品を離れては存在せず，意匠と物品は結びついているとして，登録意匠の物品と同一又は類似といえない物品についての意匠に対しては，登録意匠と

(注3) 三山峻司「侵害訴訟における意匠権の権利範囲の解釈と立証活動」『牛木古稀』297頁。侵害訴訟の場面において意匠権者が特徴記載書の記載と異なる主張をすることについて，いわゆる包袋禁反言の法理が機能する余地があるとするものとして杉浦正樹「意匠権侵害訴訟における意匠権の効力の及ぶ範囲について」『知的財産法の理論と実務4』399頁。

(注4) 控訴審である大阪高判平22・5・14（平成21年(ネ)第3051号）裁判所ＨＰ〔長靴事件〕も同旨を述べた。

類似しないなどとして意匠権の効力は及ばないと解されている^(注5)。意匠に係る物品は，願書に記載されている。

願書における意匠に係る物品欄の記載を扱った裁判例として，知財高判平17・10・31（平成17年(ネ)第10079号）裁判所ＨＰ〔カラビナ事件〕がある。この裁判例は，物品に関する願書の記載は，願書の「意匠に係る物品」欄によって確定されるのが原則であり，「意匠に係る物品の説明」の記載によって物品の区分が左右されるものではないとした。

(3) 意匠の類似についての各説

意匠の類否判断に関する説について，以下のように整理されることが多い。

(a) 創作説

「物品の形状や模様などの外観について，同一の美的特徴を発揮していると見られる意匠を同一の創作体の範囲に属する意匠というとき，それを意匠法では『類似する意匠』といっている。」^(注6)として，両意匠が同一の創作体であるかを意匠の類似の基準とする説である。意匠の要部とは，物品のかたちが発揮している美的特徴のことであるとし，判断の主体は当業者（取引者，創作者）であるとする。

(b) 混同説

「取引者，需要者が両意匠を混同するほどよく似ていると認識したとき両意匠は美感において類似するというべきである」^(注7)として，取引者，需要者の混同を基準に意匠の類似を判断する説である^(注8)。判断の主体は需要者，取引者であり，看者の注意をひく部分を意匠の要部とする。

(c) 修正混同説

混同説に立ちつつ，「公知意匠と比べたうえで新規な部分でかつ取引者又は需要者の注意を強くひく部分を意匠の要部として認定すべきである」^(注9)

(注5) 意匠に係る物品の同一，類似は，意匠の類否の判断の一要素として理解しておけばよいとの指摘もある（清永利亮「意匠の類似」『裁判実務大系9』406頁）。
(注6) 牛木理一『意匠〔4訂版〕』123頁。
(注7) 竹田稔『侵害要論〔第6版〕』574頁。
(注8) 竹田稔『侵害要論〔第6版〕』574頁，高田忠『意匠』（有斐閣，1969）149頁等。
(注9) 設樂隆一「意匠権侵害訴訟について」知管37巻11号1367頁。

であるとして、要部の認定において公知意匠を参酌することを述べる立場があり(注10)、この立場が修正混同説と呼ばれることも多い。この立場は、公知意匠を参酌する理由として、登録意匠はそもそも公知意匠に類似しないとして登録された意匠であることを挙げる。参酌した結果の要部の認定の例として、一見見る人の注意をひく部分が当該意匠の構成ＡＢＣの部分であると見えるような場合でも、公知意匠として構成ＡＢＣの意匠が存在している場合には、例えば、構成ＡＢＣ以外の構成ＤＥも要部となることを挙げ(注11)、また、「例えば登録意匠の要部となる構成ＡＢＣについて、構成Ａが第一構成意匠、構成Ｂが第二構成意匠、構成Ｃが第三公知意匠にそれぞれ現れている」場合や「構成Ａのみが公知である場合」であっても、公知意匠の組合せにより新規な意匠となることもあり得るから、「構成ＡＢＣを登録意匠の要部として認定することは差し支えない。」とする(注12)。

(4) 平成18年法改正

平成18年法改正により、「登録意匠とそれ以外の意匠が類似であるか否かの判断は、需要者の視覚を通じて起こさせる美感に基づいて行うものとする。」(意匠24条2項)との規定が設けられ、ここでいう需要者とは取引者、需要者を意味し(注13)、類否判断の主体は取引者、需要者であることが明示された。この規定の趣旨は、「意匠の類否判断について明確化するために、意匠の類似について、最高裁判例等において説示されている取引者、需要者からみた意匠の美感の類否であることを規定する。」(注14)と説明されている。最高裁判決は、類否判断の主体を一般需要者としていた(注15)。

(注10)　設樂・前掲（注9）1367頁、山田知司「意匠の類否」『新裁判実務大系4』373頁、小谷悦治「登録意匠の要部認定と類否判断について」『牛木古稀』225頁等。
(注11)　設樂・前掲（注9）1375頁。公知意匠が存在する場合、この例のように、公知意匠の参酌の結果、登録意匠の類似の範囲が狭くなる（要部が構成ＡＢＣＤＥとされる結果、意匠が類似するというためには、被疑侵害品の意匠が構成ＡＢＣと類似するのでは足りず、構成ＡＢＣＤＥと類似する必要がある。)。
(注12)　設樂・前掲（注9）1374頁。
(注13)　特許庁編『平18改正解説』23頁。
(注14)　特許庁編『平18改正解説』22頁。
(注15)　最判昭49・3・19民集28巻2号308頁〔可撓伸縮ホース事件〕、最判昭50・2・28裁判集民114号287頁〔帽子事件〕。

(5) 裁 判 例

　平成18年法改正後の最近の裁判例の多くは，意匠を全体的に観察し，基本的構成態様及び具体的構成態様を認定するとともに，「取引者，需要者の最も注意をひきやすい部分」を意匠の「要部」として把握して，登録意匠と対象意匠が，意匠の要部において構成態様を共通にしているかを重視した上，登録意匠と対象の意匠の美感が異なるか同じであるかを判断している。

　そして，上記裁判例の多くが，意匠の要部をどのように把握するかの要素として，意匠に係る物品の性質，用途及び使用態様を考慮するほか，公知意匠にはない新規な創作部分の存否が参酌されるとしている(注16)(注17)。

　公知意匠の参酌の可否について，前掲（注16）知財高判平22・7・20〔取鍋事件〕は，「意匠の新規性（意匠法3条1項）及び創作非容易性（同条2項）という創作性の登録要件を充足して登録された意匠の範囲については，その意匠の美感をもたらす意匠的形態の創作の実質的価値に相応するものとして考えなければならず，公知意匠を参酌して，登録意匠が備える創作性の幅を検討する必要がある」として，公知意匠を参酌することの必要性は意匠法41条によって特許法104条の3が準用されるようになった後も完全には失われていないとした(注18)。

　具体的な公知意匠の参酌の方法についてみると，例えば，前掲大阪地判平21・11・5〔長靴事件第1審〕において，原告が，登録意匠と被告意匠は，長靴の筒部に段差を複数設けるという態様において共通し，段数に相違があるが，このことは美感に影響を与えないと主張したのに対し，大阪地裁は，筒部の絞りを設けること自体は公知意匠にもみられ必ずしも需要者の注意を

(注16)　大阪高判平18・8・30判時1965頁147頁〔手さげかご事件〕，前掲大阪地判平21・11・5〔長靴事件第1審〕，知財高判平22・7・20（平成19年(ネ)第10032号）裁判所HP〔取鍋事件〕，知財高判平23・3・28（平成22年(ネ)第10014号）裁判所HP〔マンホール用蓋受枠事件〕，大阪地判平27・12・22（平成26年(ワ)第11576号）裁判所HP〔カラーコンタクト事件〕，知財高判平28・7・13判時2325号94頁〔道路橋道路幅員拡張用張出し材事件〕等。
(注17)　既に，東京高判平10・6・18知財集30巻2号342頁〔自走式クレーン事件〕は「意匠に係る物品の性質，用途，使用態様，さらに公知意匠にはない新規な創作部分の存否等を参酌して，取引者・需要者の最も注意を惹きやすい部分を意匠の要部として把握」としていた。
(注18)　前掲（注16）知財高判平23・3・28〔マンホール用蓋受枠事件〕も同旨。

ひくとはいえないが，公知意匠の筒部の絞りの数は２つないし３つであるのに対し登録意匠の絞りの数は５つで，多数の絞りが設けられることで独特の美感がもたらされるなどとして，要部として絞りの数が５つであるとの構成態様が含まれることを認定した。また，大阪地判平22・1・21（平成20年(ワ)第14302号ほか）裁判所ＨＰ〔マンホール用蓋受枠事件第１審〕において，傾斜面，傾斜面下端から形成されたアール面，アール面に続く垂直面で内周面を形成している受枠（本件登録意匠Ｃ）について，原告が，２段の傾斜面で蓋を保持する態様が従来品にない独自の美感を有し需要者の注意を惹き付ける部分であると主張したのに対し，大阪地裁は，傾斜面下端から形成されたアール面，アール面に続く垂直面で内周面を形成していることは公知であったが，必ずしもありふれた形態とはいえず，需要者が注視する部分であるとし，かつ，本件登録意匠が，同日に出願された別件の登録意匠とアール面の形状で異なっていることから，傾斜面とアール面の位置関係や大きさの比率，２つの面の境界の形状が需要者の注意をひき，要部となるとした。前掲（注16）大阪地判平27・12・22〔カラーコンタクトレンズ事件〕では，基本的構成態様を備えたカラーコンタクトレンズのうち，一定の模様等が公知であったことを認定した上で，需要者の注意をひきやすい要部は，虹彩部に対応するデザインのうち，模様の色彩，形状，配置等の細かな具体的構成態様そのものであるとされた。

　また，前掲（注16）知財高判平22・7・20〔取鍋事件〕は，「意匠とは，様々な要素の組合せ全体から構成される全体としての視覚情報が最終的には意味を有するものであり，一部に公知意匠が含まれていても，他の要素と併存することで異なる意匠を構成することも想定されるため，要部認定に際して，周知又は公知の意匠を参酌するものの，周知又は公知の意匠が包含されることをもって，直ちにその部分が，要部から排除されるべきものとまではいえない。」とした。そして，取鍋の意匠について，取引者，需要者は，創作的部分だけでなく，取鍋本体，大蓋，小蓋，突き出し部及び配管の各構成から成る全体的な形状にも注目するのであり，取鍋本体，大蓋，小蓋と類似の形状が公知意匠に見られるとしても，このことのみから当該形状が要部になり得ないとする主張は採用できず，取鍋を形成する基本的構成の形状とそ

の全体としてのまとまりが意匠の要部とした東京地判平19・3・23判タ1294号183頁〔取鍋事件第1審〕の説示を引用した。

(6) 意匠の類否と公知意匠

意匠の類否の判断主体は，取引者，需要者であり，美感は，全体の形状のほか，その注意をひく部分から主に生ずることから，意匠の類否判断の方法として，全体的観察をするほか，「取引者，需要者の最も注意をひきやすい部分」を意匠の要部として，要部の構成態様の共通性を重視するとの方法が考えられる。

このような方法においては，要部の認定によって類否判断の結論が左右され得るのであり，要部の認定は意匠権の効力が及ぶ範囲を実質的に決定する面もある。登録意匠の範囲は願書の記載及び図面等により定まるが，図面等において形状等は基本的には言語化されていない。要部を言語によって認定すること[注19]を通じ，当該意匠権の効力の範囲の解釈，確定がされているといえる面がある[注20]。

ここで登録意匠は，公知意匠との関係の新規性，創作非容易性等の登録要件を満たした創作の実質的価値を有するとされることによって保護されるものである[注21]。意匠権の効力の範囲においてもこのことが考慮されるべきといえるところ，願書の記載及び図面等によっては登録意匠のどの構成をもって新規性，創作非容易性を有するかは必ずしも明らかではない。要部の認定に際して公知意匠を参酌し，公知意匠に見られない新規な構成が注意をひくことから当該構成を要部として認定することは，公知意匠との関係での登録意匠における保護に値する構成を明らかにした上で意匠権の効力の範囲を確定している面があるといえる[注22]。例えば，物品のうちに需要者の注意をひ

(注19) 要部の認定においては，要部とされる位置・範囲をどのように認定するかのほか，要部とされた部分において，どの程度具体化した形状等を認定するかが問題となり得る。
(注20) もちろん全体的な構成態様等も重要であり，要部のみによって意匠権の効力の範囲が確定するものではない。
(注21) 登録意匠の保護範囲は，その意匠の美感をもたらす意匠的形態の創作の実質的価値に相応するものとして考えなければならないことを述べるものとして，牧野利秋「意匠法の諸問題」ジュリ1326号92頁。
(注22) このように作業により，意匠請求の範囲の記載がない意匠権において適切な効力範囲が確定されてきたともいえる。もっとも，意匠公報には関係する公知意匠の記載がないた

く部分となり得る部分が複数ある場合，登録意匠において，公知意匠には見られない新規な形状等がある部分について新規な形状等により注意をひきやすい要部とされることにより，その形状等の保護が適切に図られる[注23]。また，上記のようにして注意をひきやすい部分とされたり，もともと一般的に注意をひきやすい部分において，登録意匠の形状等と類似の公知の形状等がある場合に，図面等で示された登録意匠の形状等のうち，公知の形状等とは異なる，より具体化された形状等について新規な部分であり注意をひくとして具体化された形状等が要部とされたりすること（前掲（注16）知財高判平23・3・28〔マンホール用蓋受枠事件〕等）によって，結果的に創作として保護される範囲に応じて意匠権の効力が定まることとなる。また，物品のうちに需要者の注意をひく部分となり得る部分が複数ある場合に，公知意匠，特に周知意匠と同じ形状等の部分について注意をひかず要部とされないこともあるが，物品中に公知意匠と同じ形状等がみられた場合でも，各構成態様が有機的に結合した意匠が独自の美感を起こさせ，取引者，需要者の注意をひく場合等もあり，物品の性質や意匠の結合の状況等に照らして，公知意匠と同じ形状等がみられる部分を要部から除くことが適当であるとはいえない場合もあると思われる（前掲（注16）知財高判平27・7・20〔取鍋事件〕等）。

　取引者，需要者の最も注意をひきやすい部分という要部の定義に反しない範囲において，上記のように公知意匠を参酌して要部を認定することは，意匠権の性質から行われてしかるべきものといえ，特許法104条の3を準用する意匠法41条が設けられた現在においても，このことは変わらないといえる[注24]。上記(5)の裁判例もこの趣旨を述べていると考えられる。

　もっとも，上記は登録意匠が公知意匠との関係で新規性，創作非容易性等の登録要件を満たしていて創作の実質的価値があるという前提で公知意匠を

め，侵害訴訟についてみると，訴訟ごとに当事者が裁判所に証拠として提出された公知意匠に基づいて上記作業がされている。予測可能性の面からみると，意匠を利用しようとする者その他の関係者は少なくとも自ら把握している公知意匠との関係で登録意匠の効力の範囲を知り得るといえようか。
(注23)　例えば，他の部分がありふれた形状で注意を惹かず要部とならないとされれば，公知意匠にない新規な形状等がある部分が類似していれば，他の部分に差異があっても，意匠権の効力が及びやすくなる。
(注24)　茶園成樹『意匠法』（有斐閣，2012）113頁，山田真紀「意匠権侵害訴訟」実務研究会編『知的財産訴訟の実務〔改訂版〕』136頁。

参酌するとするものであるところ，審査段階で考慮されなかったであろう公知意匠が明らかになった場合など，そもそも登録意匠が上記登録要件を満たしていないことがあり得る。その場合，創作の実質的価値という上記の前提に問題が生ずる。意匠登録の要件自体が問題となるような公知意匠があり，その参酌をすると「取引者，需要者の最も注意をひきやすい部分」であるべき要部の認定が不自然となる場合には[注25]，意匠法41条において特許法104条の3が準用される現行法下では，意匠法41条の適用場面において公知意匠に関する判断をすることが適当な場合が多いと考えられる。

〔4〕 部分意匠の効力

(1) 部分意匠

　意匠法において，意匠とは物品の形状，模様若しくは色彩又はこれらの結合であるが，この物品には「物品の部分」も含まれ（意匠2条1項），独立して取引される物品でない，物品の部分について部分意匠が成立する。
　部分意匠では，願書に，「部分意匠」と表示し，意匠に係る物品として物品全体の名称を記載し，意匠の説明欄において図面のどの部分について登録を受けたいかを記載する。図面においては，意匠登録を受けたい部分を実線で表記し，その他の部分を破線で表記したりするなどの方法で，意匠登録を受けたい部分とその他の部分を区別する（以下，これらの部分を「実線部分」，「破線部分」ということがある。）。

(2) 部分意匠の効力

(注25)　審査段階で考慮されていなかったであろう公知意匠が明らかになるなどして，登録意匠のうちの公知意匠に見られない構成との差異が，例えば，物品の性質，用途等から注目しない部分にしかなく，取引者，需要者が，登録意匠にしか見られない新規な形状等に注意をひかれるとはいえないような場合には，要部の定義からもその構成を要部とするのは不自然といえる（なお，前掲（注16）知財高判平23・3・28〔マンホール用蓋受枠事件〕では比較的特定された部分の態様が要部とされたが，同物品の取引者，需要者は一般消費者とは異なる。）。なお，意匠全体が公知の意匠といえる場合を除き，公知意匠の参酌が意義を有するとするものとして山田・前掲（注24）136頁。

部分意匠の効力も，基本的に，これまで述べたところが当てはまる。したがって，その範囲は，願書の記載及び願書添付の図面等に基づき定められ，登録意匠と同一及び類似する意匠に積極的効力，消極的効力が及ぶ。また，類否の判断も後記(3)の問題を除いて，基本的に前記〔3〕で述べたところと同様に判断される（前掲（注16）知財高判平23・3・28〔マンホール用蓋受枠事件〕も部分意匠の事件である。）。

部分意匠において，意匠に係る物品全体が同一，類似の範囲に，意匠権が及ぶと解されている(注26)。

(3) 部分意匠の位置等

部分意匠については，類否判断ひいては意匠権の効力の問題として，破線部分との関係における実線部分の位置，大きさ，範囲等（以下「位置等」という。）が考慮されるか，考慮されるとしてどのように考慮されるかが議論されている。

権利主張されている実線部分が使用されていれば，それがどのような部位に用いられていても権利範囲に入るとするのが自然であるとの説（独立説と呼ばれることもある。）もあるが(注27)，部分意匠の範囲を定めるに当たって破線部分が無関係ではないとする立場(注28)が多く，その上で，破線部分がどのような場合に考慮されるかについて種々の検討がされている。図面に示されている破線部分について，実線で示されている部分意匠の形態に対し違和感を与えることなく表示している範囲で揺れ動くとする説（揺動説）(注29)，部分意匠を部分自体に創作的寄与度が認められる部分意匠と配設関係に創作的寄与度が認められる部分意匠とに分類し，前者の部分意匠では部分意匠の配設関

(注26) また，部分意匠として登録を受けようとする部分の物品における用途及び機能が部分意匠を認定，評価するための要素になり，カメラボディに備えられた押しボタンであっても，シャッターボタンとレンズカバーの開閉ボタンとでは部分意匠としての評価が異なると述べるものとして峯唯夫『ゼミナール意匠法〔第2版〕』（法学書院，2009）111頁がある。この問題は，後記で述べる部分意匠において想定される位置等の問題ともいえる。

(注27) 佐藤恵太「部分意匠の権利範囲に関する覚書」『牧野退官』689頁。

(注28) 吉原省三「部分意匠の問題点」『牧野退官』109頁等。要部説といわれることもある。

(注29) 田中大「部分意匠の本質(1)〜(3)」パテ53巻6号10頁，54巻5号63頁，54巻11号43頁，寒河江孝允ほか編著『意匠法コンメンタール〔第2版〕』（レクシスネクシス・ジャパン，2012）150頁以下〔田中大〕。部分意匠を全体型，部分完結型，部分未完結型（特徴型），部分未完結型（非特徴型），模様型，織物地型に分類する。

係が相手方意匠と異なっても類似関係が成立し，後者の部分意匠では部分意匠の配設関係が要部となり，実線部分が全体に占める位置が被疑侵害品の意匠の部分と異なる場合には類似関係が否定されるとする説(注30)，部分意匠が物品のどの部位にどのような範囲を占めるかは当該部分の形状の美的価値を左右する範囲で考慮され，当該物品において常識的な（誰でも容易に想到する範囲）部位，大きさへの変更は共通する美感を生起させ，従来なかった部位に配置される場合や大きさ（全体に占める範囲）が著しく異なる場合には異なる美感を生起させ，また，部分の形状が全体の形状に依拠し制約されて成り立っている場合には破線部の形状も問題とせざるを得ないとする説(注31)等が説かれている。これら各説とも，位置等が異なることにより異なる美感を生じさせる場合があることを前提としている。意匠登録の場面についてであるが，位置等の差異により美感上，看者に与える印象が異なることがあることから位置等を検討する必要性があることを述べた上で，部分意匠における破線部の形状等はありふれた形状等を示す以上の意味がない場合もあれば，特定の破線部の形状等の下での意匠を問題としている場合があり，出願意匠において位置等としてどのようなものを予定しているかを検討する必要があることを述べ，出願意匠の位置等は願書及び図面等の記載並びに意匠登録を受けようとする部分の性質等を総合的に考慮して決すべきであるとして具体的な検討を行い，その上で，破線部の形状等や部分意匠の内容等に照らし，通常考え得る範囲での位置等の変更など予定されていると解釈し得る位置等の差異は類否判断に影響を及ぼさないなど述べて類否判断を行った裁判例がある(注32)。

部分意匠は，物品の一部に成立するものであるところ，一つの物品が全く異なる機能等を有する複数の部分からなることも多く，物品中の特定の部分の意匠ではありふれていても，他の部分の意匠としては斬新であるなど，当

(注30) 青木博通『知的財産権としてのブランドとデザイン』（有斐閣，2007）287頁以下。
(注31) 斎藤瞭二「部分意匠二三の問題」『秋吉喜寿』606頁。
(注32) 知財高判平19・1・31（平成18年（行ケ）第10317号）裁判所HP〔プーリーI事件〕，知財高判平19・1・31（平成18年（行ケ）第10318号）裁判所HP〔プーリーII事件〕。その形状等は満田重昭＝松尾和子編『注解意匠法』（青林書院，2010）231〜232頁〔梅澤修〕等参照。

該部分意匠が存在する位置等も踏まえれば創作性が認められ，位置等の違いによって看者に全く異なる美感を与える場合もあり得る。また，物品としては同じ物品であっても，特定の形状の製品についてだけ考えられる部分意匠もあり得る。部分意匠は創作を保護するものであるところ，位置等を重視しないほど創作の保護が厚くなるという関係にあるとは限らない。当該部分意匠をその位置等として，独自の美観をもたらしたことについての創作の保護は，位置等を考慮して当該意匠が公知意匠とは類似しない意匠とされて部分意匠として登録されることによって達成されることとなる（そのような場合，部分意匠の効力が及ぶ範囲は，位置等の差異の有無が考慮されることによって制限されるものの，位置等を考慮しないとすると，位置等に創作性が認められて異なる美観を生じさせたにもかかわらず，同じ物品において，〔位置等を異にするにもかかわらず〕類似の公知意匠があるとして，部分意匠の登録が認められなくなる。）。

類否判断においてどの程度位置等が考慮されるかは，結局，部分意匠の意匠権の効力がどこまで及ぶかという意匠権の効力範囲の問題ともいえる。この観点に基づき登録意匠の側から考えた場合，部分意匠の類否判断において，抽象的には，当該部分意匠においてどのような位置等を想定していたかを問題として，その想定と被疑侵害品の意匠の位置等との関係を考慮し，それに基づいて美観の相違を検討するという，当該部分意匠において想定されている位置等に基づく考慮をして判断をすることが相当であるように思われる。もっとも，その基準等については，事例の集積，議論の深化が望まれる[注33]。

〔5〕 意匠権の効力の制限

(1) 権利制限規定

意匠法36条により特許法69条が準用されている。これにより，試験又は研

(注33) 部分意匠の趣旨からも，破線部分を実線部分のように扱うことは許されない。当該位置等が存在する部分の性質（用途・機能も含み得る。）や公知意匠も参酌するなどして，想定されている位置等を考えることになろうか。また，類否判断において，基本的構成態様として部分意匠全体の構成態様を述べるに当たり，当該意匠が想定されている位置等にあることを示すことが考えられようか。

究のためにする登録意匠又はこれに類似する意匠の実施（特許69条1項），単に日本国内を通過するに過ぎない船舶若しくは航空機又はこれらに使用する機械，器具，装置その他の物（同条2項1号），意匠登録出願の時から日本国内にある物（同項2号）には意匠権の効力は及ばない。

(2) 利用関係，抵触関係にある意匠

登録意匠が他人の登録意匠，特許発明等を利用する場合（意匠26条1項），登録意匠に類似する意匠が他人の登録意匠，特許発明等と抵触する場合（同条2項），意匠法26条の規律に従い，意匠権の効力が制限される。

登録意匠と別の登録意匠が同一であることや類似することは本来ないといえるが（意匠3条1項），登録意匠に類似する意匠の範囲と，別の登録意匠に類似する意匠の範囲が重なりあう場合が生ずることは，制度上想定されることといえる。この重なり合う範囲においては，登録意匠に類似する意匠に意匠権の効力が及ぶ制度下では，各意匠の意匠権者が同じ意匠についていずれも実施権，禁止権を有することになりかねない。その調整が意匠法26条2項に定められており，そのような意匠の実施については先に出願した意匠権者が優先することとなり，後願の意匠権の効力は制限され，後願の意匠権者は，当該意匠を先願の意匠権者の許諾を受けないと実施することはできないし[注34]，先願の意匠権者の実施行為を禁止することはできない。

(3) 専用実施権，通常実施権

登録意匠又はこれと類似する意匠を実施している者が当該登録意匠について専用実施権の設定を受けている場合や通常実施権を有する場合，意匠権者は，その専用実施権，通常実施権の範囲内の行為に対しては，登録意匠又はこれと類似する意匠を実施している者の行為を禁止することはできない（これに対し，範囲外の行為に対しては禁止権を及ぼすことができる。）。

専用実施権は設定行為により発生する（意匠27条）。通常実施権は，許諾に

(注34) 後願の意匠権者は，先願の意匠権者に対して通常実施権の許諾に対する協議を求めることができ（意匠33条1項），協議が成立しない場合には，裁定通常実施権を求めて特許庁長官の裁定を請求することができる（同条3項）。

より発生するほか（意匠28条），法律の定めに基づく法定通常実施権が認められる場合として，職務意匠（意匠法15条3項において準用する特許法35条），先使用（意匠29条），先出願（意匠29条の2），意匠権の移転登録前の実施（意匠29条の3），無効審判の請求登録前の実施（意匠30条），意匠権等の存続期間満了後（意匠31条・32条），再審により回復する前の実施等（意匠55条1項・56条）がある。また，意匠法26条に規定する場合の特許庁長官の裁定に基づく裁定通常実施権（意匠33条）が認められる場合がある。

(4) 意匠権の消尽

意匠権者は，意匠の「実施」（意匠2条3項。製造のほか，使用，譲渡等がある。）に対する禁止権を有し，例えば意匠に係る製品の使用や譲渡について，製造者による使用や製造者からの譲渡に限らず，譲渡を受けた者による使用や再譲渡も禁止することができる。しかし，権利者の意思に沿って意匠に係る製品がいったん流通に置かれた場合，意匠権者がその後の製品の使用，譲渡等を禁止することができるとは解されない。意匠法に明文の規定はないが，意匠権者や意匠権者から許諾を受けた者が意匠に係る製品を譲渡した場合，意匠権はその目的を達したものとして消尽し，意匠権の効力は，同製品の使用，譲渡等には及ばない[注35]。

もっとも，上記譲渡がされたとしても，その製品について加工等がされて新たな製品の製造がされたといえる場合には，当該製造のほか，その後の同製品の使用，譲渡等に対し意匠権の効力が及ぶ。新たな製造に当たるか否かは，物品の性質，意匠の内容，加工等の態様，取引の実情等を総合考慮して判断されることになると考えられる[注36]。

(5) 権利行使制限の抗弁（意匠41条），権利濫用の抗弁，出願前公知意匠の抗弁

[注35] 半導体集積回路の回路配置に関する法律12条3項，特許権についての最判平19・11・8民集61巻8号2989頁〔インクカートリッジ事件〕参照。なお，意匠権の消尽を扱った裁判例として東京地決平12・6・6判タ1034号235頁〔フィルム一体型カメラ事件〕があり，同決定では実用新案権の消尽と意匠権の消尽を同じ基準により判断した。

[注36] 前掲（注35）最判平19・11・8〔インクカートリッジ事件〕参照。

意匠法41条は特許法104条の3第1項を準用しており，意匠登録が無効審判により無効とされるべきものと認められるときは，意匠権に基づく権利行使は許されない。無効審判において無効にされる事由は意匠法48条に定められている。

　上記無効事由には，登録意匠が登録意匠の出願時の公知意匠と同一又は類似すること（意匠3条1項）も含まれており，そのような登録意匠に基づく権利行使は，意匠法41条に基づき許されない。従前，意匠権が登録されている以上，登録意匠の有効性を前提とする侵害訴訟では登録意匠の類似範囲に公知の意匠が入らないように類似の範囲を認定すべきであると説かれたり，登録意匠が全部公知の場合に要部をどのように認定すべきであるかが議論されたりすることもあった。意匠の要部の認定において公知意匠が参酌されるとしても，現行法下では「取引者・需要者の最も注意をひきやすい部分」を要部とするとの前提を逸脱するような参酌をしなければならない必要性はなく，登録要件に影響を与えるような公知意匠については，この権利行使制限の抗弁において判断されることが適当である場合が多いと考えられる。

　なお，登録意匠の出願前に登録意匠と同一又は類似する意匠が知られていた事例において，他の事情と併せてその登録意匠に基づく権利行使が権利の濫用として許されないとした裁判例があった(注37)。権利濫用の法理自体は，一般法理として具体的事情によっては現在も適用の余地はあるが，現行法下では，公知意匠との関係で登録意匠が無効とされるべきであるとの判断を含む場合には，通常は，明文の規定である意匠法41条を適用して判断することが相当といえる。

　また，従前，公知意匠と被疑侵害品の意匠が同一の場合，その意匠を実施することは許されるはずであるという観点からの抗弁（出願前公知意匠の抗弁，自由意匠の抗弁などといわれる。）が説かれることもあり，上記の観点から意匠

　（注37）　大阪地判平7・10・31知財集27巻4号736頁〔金属板事件〕。この事案では，意匠登録出願をした原告自身が出願前からその意匠の実施品を製造販売し，登録意匠が本来意匠登録を受けられないものであることを知っていたことなどの事情も権利濫用の理由とされた。なお，特許に無効事由が存在することが明らかであるときは，特段の事情がない限り，当該特許権に基づく請求は権利の濫用に当たり許されないとした最判平12・4・11民集54巻4号1368頁〔キルビー特許事件〕参照。

権者の権利行使を制限した裁判例もあった(注38)。理論的にこの観点からの権利行使の制限の余地があるとしても，また，この観点により判断することが簡易な場合があり得るところではあるが(注39)，現行法下では，意匠権者の権利行使を正当化できないような公知意匠が存在することに対して意匠法41条により適切な結論を導くことができるのであり，被疑侵害品との類否判断を行うか同条の適用をすることが妥当であると考えられる(注40)。

(注38) 東京地判平9・4・25知財集29巻2号435頁〔ゴム紐意匠事件1審〕（控訴審である東京高判平10・3・25知財集30巻1号102頁も引用）。
(注39) 登録意匠(A)と被疑侵害品の意匠(B)が同一でないが，被疑侵害品の意匠(B)が公知意匠と同一である場合（例えば，被疑侵害者自身が，被疑侵害品の意匠をAの意匠登録出願前に文献で公知にした場合などに考えられる。），出願前公知意匠の抗弁であれば，被疑侵害品の意匠と公知意匠の同一性のみを認定すれば足りる。この抗弁を用いなければ，AとBの類否の判断（被疑侵害品の意匠が登録意匠と類似するかの判断，又は，登録意匠が公知意匠と類似して無効とされるべきであるかの判断）をする必要がある。
(注40) 特許法の分野において，出願前公知意匠の抗弁と同様の根拠に基づく公知技術の抗弁に触れつつ，特許法104条の3が設けられて公知技術の抗弁の役割はほぼ終えたとするものとして中山信弘『特許法〔第3版〕』444頁。

第4章

商標関係

19 商標の登録要件

髙部　眞規子

　商標の登録要件は何か。商標法3条，4条1項各号のうち，実務上特に問題となる，主要なものについて説明せよ。

〔1〕 商標登録要件の概要

　商標法は，3条において，商標の本質的機能である自他商品識別力の具備を登録要件としている。このような一般的登録要件を具備する商標であっても，商標法が，商標を保護することにより，商標の使用をする者の業務上の信用の維持を図り，もって産業の発達に寄与し，あわせて需要者の利益を保護することを目的とするものであるところから（商標1条），独占権を認めるのが妥当ではない商標がある。そこで，商標法4条においては，商標登録についての具体的な適格性を登録要件とし，4条1項各号に定められた要件に該当することによって，商標登録を受けられないという仕組みになっている。

　商標法3条で商標としての一般的適格性を有するものとされた商標について，具体的に公序良俗の見地及び他人の業務に係る商品と混同を生ずるかどうか，商品の品質の誤認を生ずるかどうか等の見地から検討を加えようとするのが同法4条であり，同条には，個々の不登録事由が列挙されている。

　商標法3条，同法4条1項各号に該当することは，商標登録出願の拒絶理由であり，登録異議申立てによる取消理由及び商標登録の無効理由となる（商標15条1項・43条の2第1号・46条1項1号）。そこで，これらの事由の有無は，拒絶査定不服審判請求及びその審決取消訴訟，商標登録異議申立て及びその取消決定取消訴訟，商標登録無効審判請求及びその審決取消訴訟のほか，侵害訴訟における商標登録無効の抗弁において問題となる。

　本項目では，まず，商標法3条1項各号のうち特に訴訟で問題となること

が多い3号と3条2項について説明し，次に同法4条1項各号のうち特に訴訟で問題になることが多い7号，8号，10号，11号，15号及び19号について説明する。

〔2〕 商標法3条

(1) 商標法3条の登録要件

(a) 商標法3条

商標法3条1項は，商標の一般的登録要件を定めたものである。

同項は，自己の業務に係る商品又は役務について使用をする商標であること（商標3条1項柱書）を要件とし，1項各号に規定された自他商品識別力（又は自他役務識別力。以下同じ。）のない商標には，登録要件がないとする規定である。同項1号ないし5号は，識別力のない具体例を例示列挙したものであり，6号は，「その他需要者が何人かの業務に係る商品又は役務であることを認識することができない商標」とする，その総括的規定である。6号は，商標の識別力について，需要者がその商品又は役務が特定の者の業務に係るものであることを認識することができるものである必要はなく，自他商品又は自他役務を区別し，それが一定の出所から流出したものであることを一般的に認識させるものであれば足りることも明らかにしている。

商標法3条1項3号ないし5号に該当する自他商品識別力を有しない商標であったとしても，商品等の出所を表示し，自他商品を識別する標識として用いられ，又は使用をされた結果，その形状が自他商品識別力を獲得した場合には，商標登録を受けることができる（商標3条2項）。

(b) 判断の基準時

商標法3条1項は，商標の登録に関する積極的な要件ないしは商標の一般的登録要件に関する規定である。換言すれば，登録を出願している商標がそれ自体取引上自他商品識別機能を有すべきことを登録の要件とする趣旨の規定であって，同項各号にかかる識別機能を有しないものを列挙し，このようなものについては登録を拒絶すべきことを法定したものである。したがって，

このような要件の存否の判断は，商標登録の許否という行政処分の本来的性格に鑑み，一般の行政処分の場合におけると同じく，特別の規定の存しない限り，行政処分時，すなわち査定時又は審決時を基準としてすべきものである(注1)。同条2項の判断の基準時も，同様に，査定時又は審決時である。

(c) 主張立証責任

商標法は，同法3条1項各号に該当する商標を除き，商標登録を受けることができる旨規定しているから（商標3条1項柱書)，各号に該当する事実は，査定系の審決取消訴訟においては特許庁長官，当事者系の審決取消訴訟においては無効審判請求人に，主張立証責任があるものと解される(注2)。

商標法3条1項3号ないし5号に該当する商標であっても，使用の結果需要者が何人かの業務に係る商品又は役務であることを認識することができるものに当たるときは，商標登録を受けることができる（商標3条2項）との規定ぶりから，同条2項の適用を受けるには，査定系の審決取消訴訟においては出願人，当事者系の審決取消訴訟においては商標権者において，使用の実績に基づく自他商品識別の事実を主張立証しなければならない。

(2) 商標法3条1項3号

商品の産地，販売地，品質等の表示など商標法3条1項3号に該当する商標は，特定人によるその独占使用を認めるのを公益上適当としないものであるとともに，一般的に使用される標章であって自他商品識別力を欠き，商標としての機能を果たし得ないものとして，商標登録の要件を欠く(注3)。

なお，商標法3条1項3号にいう「商品の産地又は販売地……を普通に用いられる方法で表示する標章のみからなる商標」に該当するというためには，必ずしも当該指定商品が当該商標の表示する土地において現実に生産され又は販売されていることを要しない(注4)。そして，同号の意義を，その商品の産地，販売地として広く知られたものを普通に用いられる方法で表示する標

(注1) 東京高判昭46・9・9無体集3巻2号306頁〔PHOTO−DIRECT事件〕。
(注2) 田中孝一「商標関係審決取消訴訟総論」髙部眞規子編『著作権・商標・不競法関係訴訟の実務〔第2版〕』324頁。
(注3) 最判昭54・4・10裁判集民126号507頁〔ワイキキ事件〕。
(注4) 最判昭61・1・23裁判集民147号7頁〔GEORGIA事件〕。

章のみからなるものであって，これを商品に使用した場合その産地，販売地につき誤認を生じさせるおそれのある商標に限るものと解すべき理由はない(注5)。

　同号に当たるか否かは，当該商標の指定商品又は指定役務との関係において判断される。立体商標や新しい商標についても問題になることが多いが，その点は，本書項目〔25〕を参照されたい。

　　(3)　使用による識別力の取得（商標3条2項）

　(a)　立法趣旨

　商標法3条2項は，特定人が当該商標をその業務に係る商品の自他識別標識として他人に使用されることなく永年独占排他的に継続使用した実績を有する場合には，当該商標は例外的に自他商品識別力を獲得したものということができる上に，当該商品の取引界において当該特定人の独占使用が事実上容認されている以上，他の事業者に対してその使用の機会を開放しておかなければならない公益上の要請は薄いから，当該商標の登録を認めようというものである(注6)。

　(b)　使用による自他商品識別力

　使用により自他商品識別力を獲得したかどうかは，当該商標が使用された期間及び地域，商品の販売数量及び営業規模，広告宣伝がされた期間及び規模等の使用の事情を総合して判断すべきである(注7)。

　商標法3条2項による識別力を取得するために必要な期間は，必ずしも長期間である必要はなく，使用の態様によっては，短期間でも，識別力が取得されることもあり得る。また，同条1項3号ないし5号所定の商標は，もともと識別力に乏しいもので，登録が許される結果，全国的に使用を独占することができるようになることに鑑みると，使用による識別力の取得を認めるためには，一地域において識別力があるだけでは足りず，その商品又は役務の需要者の間で全国的に識別力を取得している必要がある(注8)。

　　（注5）　前掲（注3）最判昭54・4・10〔ワイキキ事件〕。
　　（注6）　知財高判平18・6・12判時1941号127頁〔三浦葉山牛事件〕。
　　（注7）　知財高判平23・4・21判タ1349号187頁〔JEAN PAUL GAULTIER "CLASSIQUE" 事件〕。

なお，識別力獲得を立証する証拠として，需要者の商標の認識度を調査したアンケートが提出されることがあるが，アンケートは，実施者，実施方法，対象者，回答の選択肢等その客観性について十分に配慮したものでなければならない(注9)。また，近時，インターネット上の情報によって立証をしようとする場合もあるが，その正確性及び信用性には十分な注意を要する。

(c) 商標及び指定商品等の同一性

(ア) 使用に係る商標と同一であり，かつ，指定商品・役務と同一の商品・役務についてのみ，商標法3条2項が適用できるとする見解もある(注10)。そして，使用による識別力は，指定商品又は指定役務全部について取得していなければならず，その一部について使用による識別力の取得が認められなければ，出願の分割や手続補正により登録を受けることのできない指定商品ないし指定役務が削除されない限り，その出願は，全体として登録を受けることができないとする裁判例もある(注11)。

(イ) しかし，まず，商標の同一性については，取引者・需要者等に不測の不利益を及ぼすおそれがないものと社会通念上認められるのであれば，同一性の要件を満たすとされており(注12)，実質的に同一であれば足り，完全に同一であるというまでの必要性はない。

また，商品の同一性についても，使用している商品と全く同一のものでなくても，取引者・需要者の重複する関連する指定商品についても認められている(注13)。

(注8) 東京高判昭59・2・28判時1121号111頁〔アマンド事件〕。
(注9) 知財高判平30・1・15（平成29年（行ケ）第10155号）裁判所HP〔立体商標くい丸事件〕は，選択肢が3個と極めて少なく，固有名詞が1個しか提示されていないアンケート調査につき，調査方法として適正といえるか疑問であるとしている。
(注10) 平成27年改訂前の商標審査基準。牧野利秋編『実務解説特許・意匠・商標』572頁〔工藤莞司＝水谷綾乃〕。
(注11) 東京高判昭45・5・14無体集2巻1号315頁〔GOLF事件〕，東京高判昭59・9・26無体集16巻3号660頁〔GEORGIA事件〕，東京高判平3・1・29判時1379号130頁〔ダイジェスティブ事件〕。
(注12) 東京高判平14・1・30判タ1089号272頁〔角瓶事件〕，知財高判平19・6・27判タ1252号132頁〔ミニマグライト事件〕。
(注13) 前掲（注7）知財高判平23・4・21〔JEAN PAUL GAULTIER "CLASSIQUE"事件〕は，香水に使用した場合に，「美容製品，せっけん，香料類及び香水類，化粧品」の指定商品について，知財高判平25・1・24判タ1408号263頁〔あずきバー事件〕は，あずきを加味してなる棒状の氷菓子に使用した場合に，「あずきを加味してなる菓子」の指定商品について，それぞれ商標登録を認めた。

(ｳ)　これらの判断を受けて，商標審査基準も，厳密には一致しない場合であっても，同一性が損なわれないと認められるときを含むように改訂された。

　これを一般化すると，特定の商品ａに商標Ｔが長期間使用され，爆発的に販売された場合に，商品ａの分野で商標Ｔといえば，Ｘの出所を表示しているというケースにおいて，商品Ａが商品ａを含む商品である場合に，商品Ａに商標Ｔを使用した場合も，共通の需要者・取引者からみてそれがＸの出所を表示していることが認識できるのであれば，指定商品を商品Ａとして登録することができると解される[注14]。

　(d)　商標法3条2項の判断

　以上のとおり，ある標章が商標法3条2項所定の「使用をされた結果需要者が何人かの業務に係る商品又は役務であることを認識することができるもの」に該当するか否かは，出願に係る商標と実質的に同一とみられる標章が指定商品とされる商品に使用されたことを前提として，その使用開始時期，使用期間，使用地域，使用態様，当該商品の販売数量又は売上高等，当該商品又はこれに類似した商品に関する当該標章に類似した他の標章の存否などの事情を総合考慮して判断されるべきである。

　そこでの判断手法は，不正競争防止法2条1項1号の周知表示の認定手法と共通性がある。

[3]　商標法4条

(1)　商標法4条1項各号

　(a)　不登録事由の種類

　商標法4条1項所定の不登録事由については，公益的な見地から，すなわち既存の法律状態を覆してまで無効にすべきものとされる不登録事由（1号～7号，9号，16号，18号）と，一定の期間無効審判請求がなく平穏に経過した

(注14)　安原正義「商標法3条2項により登録を受けた商標権に関する一考察」知管63巻5号675頁，髙部眞規子「使用による識別力を獲得した商標」『土肥古稀』3頁。

ときには既存の法律状態を尊重するような不登録事由（8号，10号〜15号，17号，19号）とに大別される。

　(b)　判断の基準時

　商標法4条1項各号所定の商標登録を受けることができない商標に当たるかどうかを判断する基準時は，原則として商標登録査定又は拒絶査定の時（拒絶査定に対する審判が請求された場合には，これに対する審決の時）である[注15]。なお，同項8号，10号，15号，17号，19号に該当する商標であっても，商標登録出願の時に当該各号に該当しないものについては，これらの規定は適用されない（商標4条3項）。

　(c)　主張立証責任

　商標法4条1項各号に該当する商標は，商標登録を受けることができないから，各号に該当する事実は，前記〔2〕(1)(c)の同法3条1項の場合と同様，査定系の審決取消訴訟においては特許庁長官，当事者系の審決取消訴訟においては無効審判請求人に，主張立証責任があるものと解される。

　(2)　商標法4条1項7号

　(a)　立法趣旨

　商標法4条1項7号は，商標登録出願に係る商標の不登録事由の一つとして，「公の秩序又は善良の風俗を害するおそれがある商標」は登録できない旨を定める。「公の秩序」とは，国家あるいは社会における秩序をいい，「善良の風俗」とは，社会における一般的な道徳観念をいう。これは，社会の秩序・道徳的秩序の維持を害するような商標について，登録商標による権利を付与しないことを目的として設けられた規定である。7号については，無効審判請求に期間制限がない上（商標47条1項），商標登録後に7号に該当するようになった場合にも，無効審判請求をすることができる（商標46条1項6号）。

　従前は，公序良俗に関する規定は，一般条項であるから，伝家の宝刀のような存在として，むやみに解釈の幅を広げるべきではなく，1号から6号ま

（注15）　最判平16・6・8裁判集民214号373頁〔LEONARD KAMHOUT事件〕。

でを考慮して行うべきであるなどとされてきた(注16)。いかなる商標が公序良俗を害するかは社会通念によって判断すべきであるから、時代又は社会情勢の推移によって、その判断は異なってくるし、その内容も変遷することになる。

(b) 7号の典型例

商標審査基準によれば、商標法4条1項7号に規定する「公の秩序又は善良の風俗を害するおそれがある商標」には、①出願商標の構成自体が非道徳的、卑わい、差別的、きょう激若しくは他人に不快な印象を与えるような文字、図形、記号、立体的形状若しくはこれらの結合、音である場合だけでなく、②指定商品又は指定役務について使用することが社会公共の利益に反し、社会の一般的道徳観念に反するような場合や、③他の法律によって、当該商標の使用等が禁止されている場合が含まれる。

国家資格等と誤信されるような、「特許管理士」(注17)、「管理食養士」(注18)、「特許建築学博士」及び「特許理工学博士」(注19)、「建設大臣」(注20)、「出版大学」(注21)等は、社会公共の利益に反し、7号に該当する。

皇室に関連する商標も、指定商品について使用することが社会公共の利益に反し、社会の一般的道徳観念に反するものである(注22)。

以上のような類型は、出願人の主観的な要素を検討するまでもなく、商標自体が公序良俗に反するものと認められており、これらの類型は、公序良俗違反の典型といってよい。

(c) 国際信義に反する商標出願

商標審査基準では、前記(b)①ないし③のほか、特定の国若しくはその国民を侮辱し、又は一般に国際信義に反する場合も、7号に該当するとされている。

(ア) 「シャンパン」は、フランス及びフランス国民の文化的所産という

(注16) 『工業所有権法逐条解説〔第20版〕』1410頁。
(注17) 東京高判平11・11・30判時1713号108頁〔特許管理士事件〕。
(注18) 東京高判平15・10・29判時1845号127頁〔管理食養士事件〕。
(注19) 東京高判昭56・8・31無体集13巻2号608頁〔特許建築学博士事件〕。
(注20) 東京高判平16・11・25(平成16年(行ケ)第196号)裁判所HP〔建設大臣事件〕。
(注21) 知財高判平23・5・17(平成23年(行ケ)第10003号)裁判所HP〔出版大学事件〕。
(注22) 知財高判平25・5・30判時2195号125頁〔御用邸事件〕。

べきものになっており,「シャンパンタワー」なる商標を, 飲食物に関連する指定役務に使用することは, フランス国民の国民感情を害し, 我が国とフランスの友好関係にも影響を及ぼしかねないものであり, 国際信義に反するから, 7号に該当する(注23)。

他方, 登録出願の際に我が国において著名ではなく, 不正な意図を伴うものではなかった場合は, その後それが著名になったとしても, 出願経緯等に社会通念に照らして著しく社会的相当性を欠くものがあったと認められない以上, 国際信義に反することを理由に公序良俗に反するということはできない(注24)。

(イ) 外国周知商標の日本での冒認出願は, その登録を未然に防止するため, 従前, 国際信義に反するとして7号に該当するとされてきたこともある。しかし, 平成8年改正により, 商標法4条1項19号が新設され, ①日本国内又は外国で広く認識されている商標であること, ②同一又は類似する商標であること, ③不正の目的をもって使用をするものであることの要件が満たされれば, 同号に該当することになり, 一定の解決をみた。よって, 単に外国で注目されるようになった程度で我が国の周知性が認められない状況において7号に該当するとするのは(注25), 19号との関係でも, 問題があるように思われる。

(ウ) 世界的に著名で, 大きな経済的価値を有し, 著作物としての評価や名声を維持することが国際信義上特に要請される場合において, 当該著作物と何ら関係のない者が当該著作物の題号からなる商標の登録出願を行ったケースで, これが国際信義に反し, 7号に該当するとした裁判例もある(注26)。しかし, 著作物の題号について, 著作物と無関係な者の出願であることを理由に7号を適用する趣旨であれば, 著作物と関係を有する者については登録を許すことになり, 転々譲渡が可能な商標権について著作権と無関係の者が譲り受けた場合に, 説明に窮することになりはしないだろうか。また, その

(注23) 知財高判平24・12・19判タ1395号274頁〔シャンパンタワー事件〕。
(注24) 東京高判平11・3・24判時1683号138頁〔JUVENTUS事件〕, 知財高判平24・11・21(平成24年(行ケ)第10258号)裁判所HP〔モンテローザ事件〕。
(注25) 東京高判平15・7・16判時1836号112頁〔ADAMS事件〕。
(注26) 知財高判平18・9・20(平成17年(行ケ)第10349号)裁判所HP〔赤毛のアン事件〕。

結果，半永久的に更新することが可能な商標権を用いて著作権の保護期間を延長することになるが，重要な文化遺産について，著作権関係者に著作権の消滅後も，強い商標コントロール権を与えることについては，批判もある(注27)。なお，我が国の著名な著作物の題号は，多数登録されているようであり，前掲（注26）知財高判平18・9・20〔赤毛のアン事件〕は，あいまいな「国際信義」を持ち出して7号を適用したものとも評価される。

　また，日本では広く知られていないものの，具体的な人物像を持つ架空の人物の名称として，小説ないし映画，ドラマで世界的に一貫して描写されていて一定の価値を有する標章について，これを生み出した原作小説の著作権が存続し，かつその文化的・経済的価値の維持・管理に努力を払ってきた団体が存在する状況の中で，著作権管理団体等と関わりのない第三者が最先の商標出願を行った結果，特定の指定商品又は指定役務との関係で当該商標を独占的に利用できるようになることは，公正な取引秩序を乱し，公序良俗を害するとした裁判例もある(注28)。しかし，これも，先願主義との関係をどう説明するか，原著作物が存続するとしても，登場人物の名称が著作権自体の保護を受けるかは問題であり，ここでの「公正な取引秩序」が何か問われるべきであろう。

　(d)　剽窃的な出願
　　(ア)　7号適用の広がり
　近時，7号は，社会の一般的道徳観念に反するか否かというフィルターを通して適用される範囲が拡大する傾向にあり，7号が問題となる裁判例は，増加している。商標法は，先願主義を採用しているが（商標4条1項11号），特許法と異なり，冒認出願を拒絶理由や無効理由にはしていない。冒認のうち，他人の周知商標を不正目的で先回り的に出願した場合は，国際調和や不正目的に基づく商標出願を排除する目的で設けられた商標法4条1項19号該当性が問題となるはずである。

　そうすると，例えば他人の商標の周知性を問わずに出願経緯の不法性のみをもって7号を適用するには，著しい社会的不当性が必要であろう(注29)。19

（注27）　小泉直樹『商標・意匠・不正競争判例百選』18頁。
（注28）　知財高判平24・6・27判タ1390号332頁〔Tarzan事件〕。

号の「不正の目的」は，商標を高額で買い取らせる目的，外国の権利者の国内参入阻止又は代理店契約の強制目的，著名商標の希釈化・名声毀損目的等が挙げられているが，7号にはそれより強い悪性が必要であるとの見解もある(注30)。周知性が認められない状況で7号を適用するのは，19号との関係でも問題があるように思われる。

　町の経済の振興を図るという公益的な施策に便乗して公共的利益を損なう結果になることを知りながら，利益の独占を図る意図で出願した事案について，公正な競業秩序を害するものであり，公序良俗に反するとされた裁判例(注31)を皮切りに，出願についての主観的意図によっては7号に該当するとされる例が増えてきた。その後，「DUCERAM／ドゥーセラム」は，DUCERAM社と取引の交渉を行っていながら，何ら告げることなく出願したことが，国際商道徳に反し公正な取引秩序を乱すおそれがあり，国際信義に反するとされ(注32)，「Asrock」は，ASRock社が使用していることを知りながら先回りして不正な目的を持って剽窃的に出願したもので，公正な商標秩序を乱すものとされ(注33)，「日本漢字能力検定」は，自らの保身を図るため商標を利用しているに過ぎず，被告による日本漢字能力検定の実施及びその受検者に対し，混乱を生じさせるもので，社会公共の利益を害するものとされるなど(注34)，社会公共の利益との関係というより，当該商標を従来使用してきた特定の私人との関係で，先に出願した者の主観的悪性が問題とされる事案がみられるようになった。さらには，分裂状態にある複数の団体の周知表示を，団体の一つの代表者が団体内部の手続を経ず個人名義で出願したことについて，7号に該当するとされた例もあり(注35)，7号の適用範囲が広がってきている。

　特許庁の商標審査基準でも，7号に該当する商標として，さらに，当該商

(注29)　東京高判平13・5・30判タ1106号210頁④事件〔キューピー著作権事件〕，東京高判平15・5・8（平成14年（行ケ）第616号）裁判所HP〔ハイパーホテル事件〕，知財高判平17・6・30（平成17年（行ケ）第10336号）裁判所HP〔Ana Aslan事件〕。
(注30)　山田威一郎「商標法における公序良俗概念の拡大」知管51巻12号1863頁。
(注31)　東京高判平11・11・29判時1710号141頁〔母衣旗事件〕。
(注32)　東京高判平11・12・22判時1710号147頁〔ドゥーセラム事件〕。
(注33)　知財高判平22・8・19（平成21年（行ケ）第10297号）裁判所HP〔Asrock事件〕。
(注34)　知財高判平24・11・15判タ1398号286頁〔漢字能力検定事件〕。
(注35)　知財高判平18・12・26（平成17年（行ケ）第10032号）裁判所HP〔極真事件〕。

標の出願の経緯に社会的相当性を欠くものがある等，登録を認めることが商標法の予定する秩序に反するものとして到底容認し得ない場合を挙げるに至った。

このように，7号は，商標を構成する標章それ自体が公序良俗に反するような場合を超えて，特定の人との関係で商標登録を受けるべきでない登録出願についてまで適用されるなど，拡大傾向にある。かつて考えられていた以上に広い範囲で，「公序良俗」という概念が用いられている。

　(イ)　7号の守備範囲

しかしながら，商標法は，特許法と異なり，冒認出願を拒絶理由や無効理由にはしていないし，先願主義を採用しているから，「公正な商標秩序」とは先願主義によるのが原則である。不正目的に基づく商標出願を排除する目的で商標法4条1項19号が要件を明示して新設されたものであることに照らしても，商標登録出願人が本来商標登録を受けるべき者であるか否かという問題を設定して7号該当性を判断するのは，公序良俗を私的領域にまで拡大解釈するものであり，商標登録の適格性に関する予測可能性及び法的安定性を著しく損なうことになりかねない。

したがって，本来商標登録を受けるべき者であると主張する者が，自ら速やかに出願することが可能であったにもかかわらず，出願を怠っていたような場合や，契約等によって他者からの登録出願について適切な措置を採ることができたにもかかわらず，適切な措置を怠っていたような場合に，7号に該当するとするのは，本来の在り方ではない。このような出願人と本来商標登録を受けるべきと主張する者との間の商標権の帰属等をめぐる問題は，あくまでも，当事者同士の私的な問題として解決すべきである[注36]。

仮に，このような出願人が商標を取得して商標権者となって，本来商標登録を受けるべきであった者を被告として，侵害訴訟を提起した場合には，権利行使そのものを濫用と判断すれば足りるように思われる。また，前掲（注35）知的高判平18・12・26〔極真事件〕のように，単なる手続の不履行をもって公序良俗違反とするまでの必要性があるのかは疑問であり，このよう

　(注36)　知財高判平20・6・26判タ1297号269頁〔CONMAR事件〕。

なケースでは，商標権者が他方の団体に対し権利行使をした段階で，権利行使そのものを濫用とすれば足りるように思われる[注37]。

よって，限定列挙されている商標登録の拒絶理由や無効理由について，他の条項の適用との関係でこれを潜脱するような解釈は，7号の肥大化をもたらし，予測可能性や法的安定性を害するものと考えられる。仮に，類型的に登録すべきでないものがあるのであれば，審査基準や審査便覧の改訂という方法ではなく，立法により解決すべきであったと思われる[注38]。

(3) 商標法4条1項8号

(a) 立法趣旨

他人の氏名，名称，著名な雅号・芸名・筆名・著名な略称は，その他人の承諾を得ている場合を除き，商標登録を受けることができない（商標4条1項8号）。

需要者の間に広く認識されている商標との関係で商品又は役務の出所の混同の防止を図ろうとする商標法4条1項10号，15号等の規定とは別に，8号の規定が定められていることからすると，8号の趣旨は，人の肖像，氏名，名称等に対する人格的利益を保護することにある。よって，人は，自らの承諾なしにその氏名，名称等を商標に使われることがない利益を保護されており，略称についても，一般に氏名，名称と同様に本人を指し示すものとして受け入れられている場合には，本人の氏名，名称と同様に保護に値すると考えられる[注39]。

なお，この規定は，生存中の人物に関するもので，故人には適用されないと解されている[注40]。

(b) 他人の名称と著名な略称

(ア) 他人の名称

前記の立法趣旨に照らせば，ある氏名を有する他人にとって，その氏名を同人の承諾なく商標登録されることは，同人の人格的利益を害されることに

(注37) 小泉直樹『商標・意匠・不正競争判例百選』18頁。
(注38) 髙部眞規子「商標登録と公序良俗」『飯村退官』951頁。
(注39) 最判平17・7・22裁判集民217号595頁〔国際自由学園事件〕。
(注40) 前掲（注29）知財高判平17・6・30〔Ana Aslan事件〕。

なる(注41)。

　(イ)　著名な略称

　株式会社の商号から株式会社なる文字を除いた部分は，商標法4条1項8号にいう「他人の名称の略称」に該当する(注42)。

　人の名称等の略称が8号にいう「著名な略称」に該当するか否かを判断するについても，常に，問題とされた商標の指定商品又は指定役務の需要者のみを基準とすることは相当でなく，その略称が本人を指し示すものとして一般に受け入れられているか否かを基準として判断されるべきである。したがって「技芸・スポーツ又は知識の教授」等を指定役務とする登録商標「国際自由学園」は，学校法人の名称である「学校法人自由学園」の略称「自由学園」が，教育及びこれに関連する役務に長期間にわたり使用され続け，書籍，新聞等でたびたび取り上げられており，教育関係者をはじめとする知識人の間でよく知られているという事実関係の下においては，商標法4条1項8号所定の他人の名称の著名な略称を含む商標に当たる(注43)。

　著名性の地理的範囲についても，「著名」性は一地方で認められれば足りるか，それとも全国的に著名であることを要するかという点が議論されている。人格権の保護という商標法4条1項8号の立法趣旨に照らせば，著名でなくとも氏名・名称の略称を商標に使用することは許されないとの考え方も成り立つから，法が著名性を要求しているのは，著名である場合に限りその人格権を保護しようとすることにある。そして，一地方においてのみ著名であるとすれば，当該商標が使用された場合，それ以外の地域の人はそれが別の略称であると認識する場合もあろうし，事案によっては，一地方でのみ著名であっても保護されるべき場合があり得るかもしれない。「著名」性は，一地方か，全国的かという観点のみからではなく，そのほかの事情も含めて判断されるべきものであり，そう解することが，人格権保護という同号の立法趣旨にも沿うと解される(注44)。

　(注41)　知財高判平28・8・10（平成28年（行ケ）第10065号）裁判所HP〔山岸一雄大勝軒事件〕。
　(注42)　最判昭57・11・12民集36巻11号2233頁〔月の友の会事件〕。
　(注43)　前掲（注39）最判平17・7・22〔国際自由学園事件〕。
　(注44)　清永利亮・最判解民昭和57年度（〔47〕事件）838頁以下。

(c) 他人の承諾

　商標法4条1項8号の趣旨は，商標に自己の肖像や氏名等を用いられた者の人格的利益を保護することにあるから，出願人が他人から承諾を得ている場合には登録を受けることが可能である（商標4条1項8号括弧書）。

　商標の不登録事由を定めた商標法4条1項各号該当性を判断する基準時は，原則として商標登録査定又は拒絶査定の時（拒絶査定に対する審判が請求された場合には，これに対する審決の時）であるから，出願時に不登録事由があっても，査定時前にそれが解消された場合には，商標登録が受けられる。その例外として，同条3項によれば，出願時に同条1項8号に該当しなかった商標は，査定時に8号に該当する場合でも商標登録を受けることができる。

　同条3項は，出願時には，他人の肖像又は他人の氏名，名称，その著名な略称等を含む商標に当たらず，8号本文に該当しなかった商標につき，その後，査定時までの間に，出願された商標と同一名称の他人が現れたり，他人の氏名の略称が著名となったりするなどの出願人の関与し得ない客観的事情の変化が生じたため，その商標が8号本文に該当することとなった場合に，当該出願人が商標登録を受けられないとするのは相当ではないことから，このような場合には商標登録を認めるものとする趣旨の規定である[注45]。

　商標法4条3項にいう「出願時に8号に該当しない商標」には，出願時に8号本文に該当しない商標のほか，出願時において当該他人の承諾を得ているために8号に該当しない商標も含むか否かが問題となった。前掲（注15）最判平16・6・8〔LEONARD KAMHOUT事件〕は，商標法4条3項にいう出願時に8号に該当しない商標とは，出願時に8号本文に該当しない商標をいうと解すべきものであって，出願時において8号本文に該当するが8号括弧書の承諾があることにより8号に該当しないとされる商標については，3項の規定の適用はないと判示した。したがって，出願時に8号本文に該当する商標について商標登録を受けるためには，査定時において8号括弧書の承諾があることを要するのであり，出願時に上記承諾があったとしても，査定時にこれを欠くときは，商標登録を受けることができない。

(注45) 前掲（注15）最判平16・6・8〔LEONARD KAMHOUT事件〕。

(4) 商標法4条1項10号

(a) 立法趣旨

商標法4条1項10号は，未登録の周知商標と抵触する商標は登録することができない旨を定めたものである。同項10号は，いわゆる周知商標に関するものであり，立法趣旨は商品又は役務の出所の混同防止とともに，一定の信用を蓄積した未登録の有名商標の既得の利益を保護するところにもある。

(b) 周知商標

(ア) 周知商標の地理的範囲については，全国的に認識されている場合はもとより，一地方における周知でも足りるとされている。また，商標の周知性は，需要者又は取引者の認識の程度に関わっているから，それぞれの商品の取引実態に応じて認定されるべきである。なお，引用商標の周知性は，同号が適用されるべき商標の出願時に具備されている必要がある（商標4条3項）。

最判平29・2・28民集71巻2号221頁〔エマックス事件〕は，使用商標を使用して販売している商品について，商品の内容や取引の実情等に照らして，その販売地域が日本国内の広範囲にわたるものである場合に，新聞広告の掲載，支出した広告宣伝費及び展示会費の額が多いとはいえず，具体的な販売台数などの販売状況の総体も明らかでないとして，使用商標が直ちに日本国内の広範囲にわたって取引者等の間に知られるようになったということはできないとしている。もっとも，商品の販売地域が一定の地域に限定される場合や，伝統工芸品等の場合には，必ずしも販売額のみを中心とした審理をすることにはならないと考えられ，商品の性質に応じた審理判断が求められる。

(イ) 周知性の判断手法

事案によっても，立証方法は異なるが，周知性の判断は，①当該商品等の種類・市場の広狭等により異なる相対的な経済的事実評価，②商標の識別力の強さ，特別顕著性，特異性の有無とその程度，③商品の性質，取引の種類（取引者・需要者），④商標の使用期間・使用方法，⑤シェア・売上高，⑥宣伝広告の方法・費用，雑誌・マスメディアへの取り上げられ方・回数等を総合的に考慮して判断される。

立証上の留意点としては，例えば，上記⑤の売上高（数量・金額）は，年度ごとに表を作成し，特に，需要者との関係で特殊な商品は，需要者が全国にどの程度いるのかを明らかにした上で，販売のシェアを明確化することが有用である。また，上記⑥については，どのような状況で宣伝・販売されているか，代表的な具体例を挙げるとか，雑誌への掲載については，一覧表を作成し，いつ出版の，どの雑誌に掲載されたかを明示した上（これを代表者の陳述書に入れることも考えられる。），当該雑誌の掲載箇所にマーカー等をつける（カラーコピーが必要な場合もある。）などの工夫が望まれる。

なお，近時，アンケートが証拠として提出されることもある。アンケートの取り方は，質問の方法・回答の選択肢・対象者等に留意が必要である[注46]。

(c) 類否判断

類否判断については，後記(5)の商標法4号1項11号の場合と同様である。

(d) 除斥期間との関係

(ｱ) 商標法4条1項10号に違反して商標登録がされたとき（不正競争の目的で商標登録を受けた場合を除く。）は，商標権の設定登録の日から5年を経過した後は，無効審判を請求することができない（商標47条1項）。商標登録の無効審判を除斥期間経過により請求することができない場合に，商標権侵害訴訟において，商標登録無効の抗弁が主張できるか否かが問題となる。

(ｲ) 前掲〔エマックス事件〕最高裁は，「商標法4条1項10号を理由とする無効審判請求がないまま設定登録日から5年を経過した後，商標権侵害訴訟の相手方は，同号該当をもって同法39条，特許法104条の3第1項に係る抗弁を主張することは，原則として許されない」旨判示した。

同判決は，理由として，①商標法47条1項の趣旨は，同法4条1項10号の規定に違反する商標登録は無効とされるべきものであるが，商標登録の無効審判が請求されることなく除斥期間が経過したときは，商標登録がされたことにより生じた既存の継続的な状態を保護するために，商標登録の有効性を争い得ないものとしたことにあり，商標権の設定登録の日から5年を経過した後は商標法47条1項の規定により同法4条1項10号該当を理由とする商標

(注46) 前掲（注9）知財高判平30・1・15〔立体高標くい丸事件〕の指摘は，商標法4条1項10号の周知性の判断にも当てはまる。

登録の無効審判を請求することができないのであるから、この無効審判が請求されないまま上記の期間を経過した後に商標権侵害訴訟の相手方が商標登録の無効理由の存在を主張しても、同訴訟において商標登録が無効審判により無効にされるべきものと認める余地はないこと、②上記の期間経過後であっても商標権侵害訴訟において商標法4条1項10号該当を理由として同法39条において準用される特許法104条の3第1項の規定に係る抗弁を主張し得ることとすると、商標権者は、商標権侵害訴訟を提起しても、相手方からそのような抗弁を主張されることによって自らの権利を行使することができなくなり、商標登録がされたことによる既存の継続的な状態を保護するものとした商標法47条1項の上記趣旨が没却されることとなること、以上の2点を挙げている。

　もっとも、上記①の理由については、特許法104条の3が、公平の理念を掲げた最判平12・4・11民集54巻4号1368頁〔キルビー特許事件〕の法理を明文化したものであり、立法技術上の理由から「特許無効審判により」という文言が入ったことに照らし、手続上無効審判を請求することができることは無効の抗弁を主張するための必須の要件とはいえないこととの関連が問題になる。特許法104条の3第3項の規定が新設され、同法123条2項により特許無効審判を請求することができない冒認及び共同出願違反の場合の真の権利者以外の被告が、侵害訴訟においては冒認又は共同出願違反の無効理由を主張できることが法律により明文化されたこととも、整合しないものである。また、上記理由②については、この考え方によれば、商標権侵害訴訟が設定登録の日から5年経過した後に提起された場合は、不正競争の目的で商標登録を受けたときを除き、商標登録無効の抗弁が許されず、その結果実際には他人の周知未登録商標に類似して本来は商標登録を受けることができなかった商標権の行使が許されることになる。しかし、使用主義を採用していない我が国では、設定登録の日から5年経過しても、上記理由②にいう、当該登録商標に保護すべき「既存の継続的な状態」が生じていない場合もある。

　㈦　他方、前掲〔エマックス事件〕最高裁判決は、「商標法4条1項10号を理由とする無効審判請求がないまま設定登録日から5年を経過した後でも、商標権侵害訴訟の相手方は、自己の商品等表示として周知である商標と

の関係での同号該当を理由として権利濫用の抗弁を主張することが許される」旨を判示した。

　同判決は，その理由として，①商標法4条1項10号の趣旨は，需要者の間に広く認識されている商標との関係で商品等の出所の混同の防止を図るとともに，当該商標につき自己の業務に係る商品等を表示するものとして認識されている者の利益と商標登録出願人の利益との調整を図るものであるところ，登録商標が同号に該当するものであるにもかかわらず同号の規定に違反して商標登録がされた場合に，当該登録商標と同一又は類似の商標につき自己の業務に係る商品等を表示するものとして当該商標登録の出願時において需要者の間に広く認識されている者に対してまでも，商標権者が当該登録商標に係る商標権の侵害を主張して商標の使用の差止め等を求めることは，特段の事情がない限り，商標法の法目的の一つである客観的に公正な競争秩序の維持を害するものとして，権利の濫用に当たり許されないものというべきであること，②商標権侵害訴訟の相手方は，自己の業務に係る商品等を表示するものとして認識されている商標との関係で登録商標が商標法4条1項10号に該当することを理由として，商標権の設定登録の日から5年を経過したために上記規定に係る抗弁を主張し得なくなった後においても，自己に対する商標権の行使が権利の濫用に当たることを抗弁として主張することができるものとしても，同法47条1項の上記の趣旨を没却するものとはいえないことを挙げている。

　(エ)　前掲〔エマックス事件〕最高裁判決が，上記(ウ)のとおり判示したことも合わせ考えると，同判決の前記(イ)の判旨は，設定登録日から5年を経過した後の商標法4条1項10号該当の主張について，不正競争の目的で商標登録を受けたことが認められない場合には，無効の抗弁（商標法39条において準用される特許法104条の3第1項の規定に係る抗弁）という法律構成を採用するのではなく，「権利濫用の抗弁」という法律構成を採用すべきであるという趣旨であって，裁判所の主張整理の仕方あるいは法の適用を問題にしたものと解するのが相当である。

　(5)　商標法4条1項11号

(a) 立法趣旨

　商標法4条1項11号は，指定商品及び商標が類似する場合に商標登録を認めない規定である。同項11号の立法趣旨は，商品又は役務の出所の混同防止であり，既に商標権が設定されている場合に，これと抵触する商標について登録をしないのは当然である。

　したがって，商標が同一又は類似で，商品・役務が同一又は類似である場合には，引用商標が未登録で周知性があるときは同項10号が適用され，引用商標が登録商標のときは同項11号が適用される。

(b) 商標の類否

　(ｱ)　商標の類否は，商標関係訴訟の様々な場面で問題になる。その詳細は，本書項目〔**20**〕を参照されたい。

　商標法4条1項11号に係る商標の類否は，対比される両商標が同一又は類似の商品に使用された場合に，商品の出所につき誤認混同を生ずるおそれがあるか否かによって決すべきであるが，それには，そのような商品に使用された商標がその外観，観念，称呼等によって取引者に与える印象，記憶，連想等を総合して全体的に考察すべく，しかも，その商品の取引の実情を明らかにし得る限り，その具体的な取引状況に基づいて判断すべきである[注47]。商標の外観，観念又は称呼の類似は，その商標を使用した商品につき出所の誤認混同を生ずるおそれを推測させる一応の基準に過ぎず，したがって，上記3点のうちその1点において類似するものでも，他の2点において著しく相違することその他取引の実情等によって，何ら商品の出所に誤認混同を来たすおそれの認め難いものについては，これを類似の商標と解すべきではない。そして，対比される両商標が同一又は類似の商品に使用されたときに，商品の出所につき誤認混同を生ずるおそれがある場合には，類似の商標に当たる。

　(ｲ)　結合商標の類否

　複数の構成部分を組み合わせた結合商標の類否が問題になる事案は少なくない。特に，分離観察できるか否かの点で判断が分かれ，審決の判断と判決

(注47)　最判昭43・2・27民集22巻2号399頁〔氷山事件〕。

とが異なる事案もしばしば見られる。

　最高裁判例によれば，結合商標と解されるものについて，構成部分を分離して観察することが取引上不自然であると思われるほど不可分的に結合しているものと認められる場合には，商標の構成部分の一部を抽出し，この部分だけを他人の商標と比較して商標そのものの類否を判断することは，(a)その部分が取引者，需要者に対し商品又は役務の出所識別標識として強く支配的な印象を与えるものと認められる場合や，(b)それ以外の部分から出所識別標識としての称呼，観念が生じないと認められる場合などを除き，許されない(注48)。

　これを整理すると，①構成部分が不可分の場合は，原則として，全体観察をすべきである，②結合商標の一部が取引者，需要者に対し商品又は役務の出所識別標識として強く支配的な印象を与えるものと認められる場合（上記(a)。例えば，「A+B」という結合商標のうちの「A」の部分が著名な場合や特に目立つような態様の場合等）は，商標の構成部分の一部（「A」の部分）を抽出し，この部分だけを他人の商標と比較して商標そのものの類否を判断することも許される，③それ以外の部分から出所識別標識としての称呼，観念が生じないと認められる場合（上記(b)。例えば，「A+B」という結合商標のうちの「A」以外の部分である「B」の部分が，当該商品で慣用される名称である場合等，出所識別機能が乏しい場合）には，商標の構成部分の一部（「A」の部分）を抽出し，この部分だけを他人の商標と比較して商標そのものの類否を判断することも許される，以上のことを意味するものである。

　そして，結合商標において，商標の各構成部分がそれを分離して観察することが取引上不自然であると思われるほど不可分的に結合していなければ，1個の商標から2つ以上の称呼，観念が生ずることが少なくない（上記例でいえば，「A」という称呼・観念及び「A+B」という称呼・観念が生じ得る。）。1個の商標から2つ以上の称呼，観念が生じる場合，1つの称呼，観念が他人の商標の称呼，観念と同一又は類似であるとはいえないとしても，他の称呼，観

　（注48）　最判昭38・12・5民集17巻12号1621頁〔リラ宝塚事件〕，最判平5・9・10民集47巻7号5009頁〔SEIKO EYE事件〕，最判平20・9・8裁判集民228号561頁〔つつみのおひなっこや事件〕。

念が他人の商標のそれと類似するときは，両商標はなお類似するというべきである。

(c) 商品・役務の類否

(ア) 商品・役務の意義

商標法施行規則別表において定められた商品又は役務の意義は，商標法施行令別表の区分に付された名称，商標法施行規則別表において当該区分に属するものとされた商品又は役務の内容や性質，国際分類を構成する類別表注釈において示された商品又は役務についての説明，類似商品・役務審査基準における類似群の同一性などを参酌して解釈すべきである[注49]。

(イ) 商品・役務の類否判断

商品・役務の類否の詳細は，本書項目〔21〕を参照されたいが，商品又は役務の類似とは，同一又は類似の商標を使用した場合に，出所の混同のおそれがある商品又は役務をいう。

すなわち，指定商品が類似のものであるかどうかは，商品自体が取引上誤認混同のおそれがあるかどうかにより判定すべきものではなく，それらの商品が通常同一営業主により製造又は販売されている等の事情により，それらの商品に同一又は類似の商標を使用するときは同一営業主の製造又は販売に係る商品と誤認されるおそれがあると認められる関係にある場合には，たとえ，商品自体が互いに誤認混同を生ずるおそれがないものであっても，それらの商標は類似の商品に当たる[注50]。また，出願商標の指定商品が，商標法施行規則所定の類別のうち，引用商標の指定商品を特に除外したものであって，また，引用商標の指定商品とは品質・形状・用途等を異にする商品を含むものであるとしても，これら両者の指定商品が，必ずしも常にその製造・発売元を異にするものとはいえない場合は，それに同一又は類似の商標を使用すれば同一営業主の製造又は販売に係る商品と誤認混同されるおそれがあり，類似の商品に該当する。

また，比較する商品について，それらの取引の実情，すなわち，①生産部

(注49) 最判平23・12・20民集65巻9号3568頁〔ARIKA事件〕。
(注50) 最判昭36・6・27民集15巻6号1730頁〔橘正宗事件〕。同判決は，「清酒」と「焼酎」が指定商品として類似の商品であるとした。

門の一致，②販売部門の一致，③原材料及び品質の一致，④用途の一致，⑤需要者の範囲の一致，⑥完成品と部品との関係の有無等に関して総合的に考慮した上で，個別具体的に判断されている(注51)。

(6) 商標法4条1項15号

(a) 立法趣旨

　商標法4条1項15号の規定する「混同を生ずるおそれがある商標」は，需要者を惑わすのみならず，商標の本質的な機能である自他識別機能を減殺して，商標使用者の売上減少や取引秩序を乱すものであり，商標に表われる業務上の信用を毀損し，需要者の利益を害するものとして，商標登録制度において排除しなければならない基本的な事項に属するものである。

　このように，同法4条1項15号の規定は，周知表示又は著名表示へのただ乗り（フリーライド）及び当該表示の希釈化（ダイリューション）を防止し，商標の自他識別機能を保護することによって，商標を使用する者の業務上の信用の維持を図り，需要者の利益を保護することを目的とするものといえよう。フリーライド（free ride）とは，自ら資財を投ずることなく，労働することもなく，他人が営々と築き上げてきた企業上の名声信用にただ乗りして，これを利用し，自己に顧客を誘引する行為をいう。また，ダイリューション（dilution）とは，他人が，著名な商標をその商品と同一又は類似でもなく，誤認混同を生ずるおそれもない多種多様な商品に使用することにより，著名商標に蓄積された顧客吸引力や出所表示力が希薄化ないし弱体化し，又は良好なイメージを毀損するに至ることをいう。フリーライドやダイリューションは，いずれも，著名表示の保護の見地から，冒用行為の持つ不正な面に着目し，不正競争行為として禁止されるべき行為と評価することができる。不正競争防止法2条1項1号においても，周知な商品等表示との混同惹起行為を不正競争行為と位置付け，また，同項2号においても，著名な商品等表示を保護している。

(b) 混同を生ずるおそれがある商標

　(注51)　知財高判平29・11・14（平成29年（行ケ）第10132号）裁判所HP〔UNIFY事件〕。

(ア) 混同を生ずるおそれの意義

　商標法4条1項15号所定の「混同を生ずるおそれ」があるというには，出願商標をその指定商品等に使用したときに，他人の商標に係る商品等と混同する蓋然性（抽象的なおそれ）があれば足り，現実の混同や混同の危険性は必要ではない。

　この「混同を生ずるおそれ」には，「狭義の混同を生ずるおそれ」のほか，「広義の混同を生ずるおそれ」がある。

　いわゆる「狭義の混同を生ずるおそれ」とは，当該商標をその指定商品等に使用したときに，当該商品等が他人の商品等に係るものであると誤信されるおそれをいう。すなわち，他人の商標の関係で，出願商標をその指定商品等について使用するとき，当該他人とは無関係であるにもかかわらず，商標の類似その他の連想作用等により，他人に係る商品等を同一営業主体の製造販売に係る商品等のごとく，需要者に誤認混同を生じさせるおそれをいう。商品に同一又は類似の商標を使用するとき同一営業主の製造販売に係る商品と誤認混同されるおそれがある場合が挙げられる。例えば，実際にはAが製造販売する商品をBの製造販売する商品であると誤認される場合が狭義の混同を生ずる場合である。

　いわゆる「広義の混同を生ずるおそれ」とは，当該商標をその指定商品等に使用したときに，当該商品等が他人との間にいわゆる親子会社や系列会社等の緊密な営業上の関係又は同一の表示による商品化事業を営むグループに属する関係にある営業主の業務に係る商品等であると誤信されるおそれをいう。すなわち，それを使用している企業間に業務上，経済上，組織上，親子会社の関係や系列関係などの緊密な営業上の関係又は同一の表示の商品化事業を営むグループに属する関係等の連携関係が存すると誤認される場合をいう。例えば，CとDが無関係であるのに，Dの製造販売する商品ないしそれに付された商標が著名である場合や，Dの経営が多角化している場合等に，Cが製造販売する商品をDの関連会社が製造販売する商品であるとか，Dとグループ企業の関係にある会社が製造販売する商品であるなどと誤認される場合が広義の混同を生ずる場合である。

　混同の概念は，企業経営の多角化，同一の表示による商品化事業を通して

結束する企業グループの形成，有名ブランドの成立等，企業や市場の変化に応じて，狭義の混同から広義の混同へと拡大されていった。

　(イ)　商標法4条1項15号と広義の混同

　商標法4条1項15号にいう「他人の業務に係る商品又は役務と混同を生ずるおそれがある商標」は，当該商標をその指定商品等に使用したときに，当該商品等が他人との間にいわゆる親子会社や系列会社等の緊密な営業上の関係又は同一の表示による商品化事業を営むグループに属する関係にある営業主の業務に係る商品等であると誤信されるおそれ，すなわち，いわゆる広義の混同を生ずるおそれがある商標をも包含する[注52]。

　なお，不正競争防止法2条1項1号にいう「混同」についても，広義の混同を含むとすることが，既に判例上確立している[注53]。

　(ウ)　判断要素

　商標法4条1項15号の「混同を生ずるおそれ」の有無は，①当該商標と他人の表示との類似性の程度，②他人の表示の周知著名性及び独創性の程度や，③当該商標の指定商品等と他人の業務に係る商品等との間の関連性の程度，取引者及び需要者の共通性その他取引の実情などに照らし，当該指定商品等の取引者及び需要者において普通に払われる注意力を基準として，総合的に判断すべきである[注54][注55]。

　前記①について，混同を生ずるおそれを肯定するのに，商標の類似や商品の類似が必要なわけではない。商標が類似し商品も類似する場合は，前記のとおり，商標法4条1項10号又は11号に該当するからである。商品・役務が近似していることや，商標が相紛らわしいことは，混同を生ずるおそれを肯定する資料となり，商品が乖離していることはこれを否定する資料となる。商標法4条1項11号の意味で商標が非類似であったとしても，引用商標が著名である等のため広義の混同を生ずるおそれがある場合に同項15号に該当す

(注52)　最判平12・7・11民集54巻6号1848頁〔レールデュタン事件〕。
(注53)　最判昭58・10・7民集37巻8号1082頁〔ウーマンパワー事件〕，最判昭59・5・29民集38巻7号920頁〔フットボール事件〕，最判平10・9・10裁判集民事189号857頁〔スナックシャネル事件〕。
(注54)　髙部眞規子・最判解民平成12年度（〔25〕事件）650頁以下。
(注55)　前掲（注52）最判平12・7・11〔レールデュタン事件〕。

ることがある。

　また，前記②の周知著名性についても，必ずしも世界的な周知著名性が要求されるわけではなく，伝統工芸品などにおいては，単に販売数量にとどまらないこともある(注56)。同様に，独創性の程度についても，造語であるなど独創的な商標の場合は，混同を生ずるおそれが認められやすいが，普通名称等商標の独創性が低い場合であっても，ほかの要素を総合して，15号に該当する場合はあり得る(注57)。

　さらに，前記③について，混同を生ずるおそれは，商標それ自体についてのみならず，それ以外の取引社会の事情を参酌して判断すべきものとされている。具体的には，当該商標の指定商品等と他人の商品との間の性質，用途又は目的における関連性や，取引者ないし需要者の共通性等の要素が挙げられ，そのような場合には，非類似の商品であっても出所の混同が生ずる例が多い。

　引用商標の主体又はその属する業界に経営多角化をし，又は出願商標の指定商品の分野に進出しているという事情がある場合は，混同を生ずるおそれを肯定する方向に斟酌される(注58)。

(c) 判断の基準

　(ア) 判断の対象者

　混同を生ずるおそれは，当該商標の指定商品等の取引者及び需要者において普通に払われる注意力を基準として，総合的に判断されるべきである(注59)。「取引者」「需要者」を判断の対象とすべきであるところ，取引者・需要者は，商品や役務の性格等により異なる。商品の性質上，取引者・需要者が一定分野の関係者に限定されている場合には，そのような取引者・需要者の間に広く認識されていれば足り，消費者一般に周知著名であることを要しない。

　「取引者」「需要者」については，出願商標に係る指定商品の取引者・需要

(注56)　知財高判平29・10・24判タ1448号114頁〔豊岡柳事件〕は，販売数量は多くないものの，伝統的工芸品の指定を受け，地域団体商標として登録された原告の業務に係る「豊岡杞柳細工」の表示との関係で，混同を生じるおそれを肯定した。
(注57)　最判平13・7・6裁判集民202号599頁〔PALM SPRINGS POLO CLUB事件〕，知財高判平29・11・14（平成29年（行ケ）第10109号）裁判所HP〔MEN'S CLUB事件〕。
(注58)　東京高判平8・12・12判時1596号102頁〔TANINO CRISIC事件〕。
(注59)　前掲（注52）最判平12・7・11〔レールデュタン事件〕。

者を判断の対象とすべきである。もっとも，引用商標に係る商品の取引者・需要者にとって引用商標が周知著名であれば，商品相互の関連性や取引者・需要者の共通性とも相まって，出願商標に係る指定商品に出願商標を付せば，混同を生ずるおそれを引き起こすものと評価することができよう。

(イ) 判断の基準となる注意力

指定商品等の取引者及び需要者において「普通に払われる注意力」を基準として判断されるべきである(注60)。商標の類否の判断についても，その商標の指定商品の購買者により，その商品が購入される場合において普通に払われる注意力を基準として決められるべきであるとされており，混同を生ずるおそれの有無の判断の対象者についても，同様であろう。

対象となる商品の性質によっても異なる。例えば，被服のような日常的に消費される性質の商品については，その需要者が特別な専門的知識経験を有しない一般大衆であり，これを購入するに際して払われる注意力はさほど高いものでない(注61)。他方，例えば，人に投与される薬剤には高い注意力が求められる(注62)。

(ウ) 判断の基準時

商標法4条1項15号に該当する商標であっても，商標登録出願の時に同号に該当しないものについては，同号を適用しないとされている（商標4条3項）。それは，商標登録出願の時は同号に該当しないものとして出願したものに，その後査定時に同号の規定に該当するようになったとして不登録にするのは，酷であるとしたものである。

また，商標法4条1項15号は，不正の目的で登録を受けた場合を除き，審判請求の除斥期間の規定が適用される（商標47条）。審判請求がされることなく除斥期間が経過したときは，商標登録されたことにより生じた既存の継続的な状態を保護するために商標登録の有効性を争い得ないとしたものである(注63)。

(注60) 前掲（注52）最判平12・7・11〔レールデュタン事件〕。
(注61) 前掲（注57）最判平13・7・6〔PALM SPRINGS POLO CLUB事件〕。
(注62) 東京高判平17・2・24（平成16年（行ケ）第341号）裁判所HP〔メバチロン事件〕。
(注63) 最判平17・7・11裁判集民217号317頁〔RUDOLPH VALENTINO事件〕。

(7) 商標法4条1項19号

(a) 立法趣旨

　従前，外国の周知商標については，我が国において商標登録がされていないのを奇貨として，後に高額で買い取らせたり，外国の権利者の国内参入を阻止したり，国内代理店契約を強制したりするなどの目的で，その商標と同一又は類似の商標について先に商標登録出願をして商標登録を得るという例が見られた。また，我が国の周知商標についても，当該商標の出所表示機能を希釈化したり，当該商標に付着した一定のイメージを汚す目的で，当該商標に係る商品・役務ではないものにつき当該商標と同一又は類似の商標を使用するという例が見られた。このような商標登録を認めることは，我が国における商品や役務の出所の混同が生ずるおそれがないとしても，取引上の信義則に反する。

　そこで，このような外国あるいは我が国の周知商標と同一又は類似の商標につき，取引上の信義則に反するような不正な目的をもった商標登録出願について，商標登録を受けることができないものであることを明確化するため，商標法4条1項19号が新設された[注64]。

(b) 周知商標との同一・類似性

　「需要者の間に広く認識されている商標」かどうかは，商品又は役務の取引の実情に応じて個別事案ごとに商標法4条1項19号の趣旨に照らして決定されることになる。国内における周知性については，その地域的範囲や認識の程度がどのようなものか，同項10号の「需要者の間に広く認識されている」との関係で議論されている。19号については，①出所の混同が要件とされていないことから，10号のそれと同等かそれ以上のもの（全国的に著名若しくは特定の地域において極めて周知）であることを要するとする見解[注65]と，②「不正の目的」が要件とされた以上，登録を認めた場合にその表示の主体が被ることになる不利益と登録を認めなかった場合に出願人が被ることになる不利益とを比較衡量して決定するものであるとする見解[注66]がある。全国的

　（注64）『工業所有権法逐条解説〔第20版〕』1416頁。
　（注65）『新注解商標法上』543頁〔竹内耕三〕。

に著名な商標であれば,「不正の目的」も認められやすく,実際に19号の適用が肯定されるのは,そのような著名商標に関するものが多い。

(c) 不正の目的

「不正の利益を得る目的,他人に損害を加える目的その他の不正の目的」とは,前記のような取引上の信義則に反するような目的を意味する。

不正の目的の内容としては,出所表示機能を希釈化させたり名声を毀損させるなどの目的で出願した場合や,我が国で登録されていない外国の著名商標を,高額で買い取らせるため先取り的に出願した場合が挙げられる。具体的には,引用商標がいまだ商標登録されていないことを奇貨として,それに化体された業務上の信用と顧客吸引力にただ乗りし,相手方に売上減少等の損害を加える目的を有していた場合に,不正の利益を得る目的が肯定されている[注67]。商標の出願当時,米国内において引用商標が広く知られていることを知りながら,いまだ引用商標が我が国において商標登録されていないことを奇貨として,被告の国内参入を阻止ないし困難にし,あるいは被告の日本進出に際し原告との国内代理店契約の締結を強制することも,「不正の目的」に当たる[注68]。

(注66) 田村善之『商標法概説〔第2版〕』75頁。
(注67) 知財高判平28・8・10（平成28年（行ケ）第10052号）裁判所HP〔UMB事件〕。
(注68) 知財高判平17・6・20（平成17年（行ケ）第10213号）裁判所HP〔Mane 'n Tail事件〕。

20 商標の類否

矢口　俊哉

　商標の登録要件及び商標権侵害の成否において問題となる商標の類否について，その判断基準及び判断手法について説明せよ。

〔1〕 はじめに

　商標の類否は，商標法における基本的な概念であるところ，これが問題となる典型的な場面としては，商標の登録出願の際に商標法4条1項等の該当性を判断する場面と，商標権侵害訴訟において侵害の有無を判断する場面とが挙げられる。

　すなわち，商標の登録出願の際には，先願の登録商標に類似する商標を，その指定商品・役務に類似する商品・役務に使用するものとして，商標権者以外の者が出願しても，その登録は許されず（商標4条1項11号），このような商標が登録された場合には無効審判を請求することができる（商標46条1項1号）。また，商標権者以外の者が，登録商標に類似する商標を指定商品・役務に類似する商品・役務について使用等した場合には商標権侵害とみなされる（商標37条）から，商標権侵害訴訟においては，原告の登録商標と被告の標章の類否が大きな争点となる。

　このように，商標の類否は，商標に関する紛争の様々な場面で問題となるため，裁判例が集積しており，多くの論稿も存在する。

　なお，専門行政庁である特許庁は，判断の統一性を確保するため，商標の類否に関する審査基準[注1]を作成し，公表している。同審査基準は裁判規範ではないが，侵害訴訟や審決取消訴訟の審理においても一定程度参考にされているものといえる。

（注1）『商標審査基準〔改訂第13版〕』。

本項目においては，まず，一般的な商標の類否の判断基準及び判断手法について論じた上で，商標の登録要件及び商標権侵害の成否の各場面で，上記判断基準等に違いがあるかについて検討し，その後，特殊な商標の類否の判断基準及び判断手法について論じることとする。

〔2〕 一般的な商標の類否についての判断基準及び判断手法

商標の類否の判断基準及び判断手法について，商標法には，登録商標に類似し色彩のみが異なる商標についての特則（商標70条参照）を除き，特段の定めはなく，解釈に委ねられているものの，後記のとおり，両商標について外観，称呼，観念を対比しつつ，取引の実情をも考慮して，総合的に判断する方法が一般的である。

なお，「外観の類似」とは，視覚を通して文字，図形，記号，色彩等外観に現れた形象を観察した場合，両商標が相紛らわしいことをいい，「称呼の類似」とは，文字，図形，記号，色彩等の標章の構成からその標章を読み，かつ呼ぶ場合，その読み方・呼び方において両標章が相紛らわしいことをいい，「観念の類似」とは，文字，図形，記号，色彩等の標章の構成から一定の意味を把握する場合，その意味において両標章が相紛らわしいことをいう。

また，商標の類否に関しては，第1に，商標自体の類似性を問題とするのか，それとも商標が使用された商品・役務の出所についての混同のおそれを問題とするのか，第2に，第1において後者の見解に立つ場合，類否判断の資料として具体的な取引事情をどの程度勘案するのかという問題もある。この点に関して学説は分かれているが，おおむね，学説の多くは，商標権の効力につき，時間的経過や当事者の異同によって変動することの少ない，客観的に確定できる範囲に定めようとの問題意識から，商標の類否の判断基準を考察しており[注2]，商標の類否について形式的に判断しようとする傾向がある。これに対し，判例の立場は，以下に紹介するとおりであって，取引の実情を積極的に考慮し，実質的な判断をしようとしている。

（注2）『新注解商標法下』1105頁以下〔鈴木將文〕。

(1) 判断基準

商標の類否に関しては，商標の登録要件及び商標権侵害の成否の各場面において，以下のとおり重要な最高裁判例が存在する。

(a) 商標の登録要件において問題となる「商標の類否」に関する最高裁判決

(ア) 最判昭43・2・27民集22巻2号399頁〔氷山事件〕（旧商標法下の抗告審判〔現行法における審決〕の取消訴訟におけるもの）

同判決は，糸一般を指定商品とし「しょうざん」との称呼をもつ引用商標と，硝子繊維糸を指定商品とし「ひょうざん」との称呼をもつ本願商標との類否について，「商標の類否は，対比される両商標が同一または類似の商品に使用された場合に，商品の出所につき誤認混同を生ずるおそれがあるか否かによって決すべきである。それには，そのような商品に使用された商標がその外観，観念，称呼等によって取引者に与える印象，記憶，連想等を総合して全体的に考察すべく，しかもその商品の取引の実情を明らかにし得る限り，その具体的な取引状況に基づいて判断するのを相当とする。」「商標の外観，観念または称呼の類似は，その商標を使用した商品につき出所の誤認混同のおそれを推測させる一応の基準にすぎず，従って，上記3点のうちその1において類似するものでも，他の2点において著しく相違することその他取引の実情等によって，何ら商品の出所に誤認混同をきたすおそれの認めがたいものについては，これを類似商標と解すべきではない。」旨判示した（非類似）。

(b) 商標権侵害の成否において問題となる「商標の類否」に関する最高裁判決

(ア) 最判平4・9・22裁判集民165号407頁〔大森林事件〕

同判決は，被告の標章「木林森」と登録商標「大森林」との類否に関し，「商標の類否は，同一又は類似の商品に使用された商標がその外観，観念，称呼等によって取引者に与える印象，記憶，連想等を総合して全体的に考察すべきであり，しかもその商品の取引の実情を明らかにし得る限り，その具体的な取引状況に基づいて判断すべきものであって……，綿密に観察する限

りでは外観, 観念, 称呼において個別的には類似しない商標であっても, 具体的な取引状況いかんによっては類似する場合があり, したがって, 外観, 観念, 称呼についての総合的な類似性の有無も, 具体的な取引状況によって異なってくる場合もあることに思いを致すべきである」旨判示した（類似の余地あり。）。

　(イ)　最判平 9・3・11 民集 51 巻 3 号 1055 頁〔小僧寿し事件〕

　同判決は,「小僧」との文字を縦書きにした登録商標と「小僧寿し」等の文字等を含む被告商標との類否に関し,「商標の類否は, 同一又は類似の商品に使用された商標が外観, 観念, 称呼等によって取引者, 需要者に与える印象, 記憶, 連想等を総合して全体的に考察すべきであり, かつ, その商品の取引の実情を明らかにし得る限り, その具体的な取引状況に基づいて判断すべきものである。右のとおり, 商標の外観, 観念又は称呼の類似は, その商標を使用した商品につき出所を誤認混同するおそれを推測させる一応の基準にすぎず, したがって, 右 3 点のうち類似する点があるとしても, 他の点において著しく相違するか, 又は取引の実情等によって, 何ら商品の出所を誤認混同するおそれが認められないものについては, これを類似商標と解することはできない」と判示した（非類似）。

　(c)　商標の類否の判断基準

　以上のとおり, 最高裁判決は, 商標の類否については, 商標の登録要件及び商標権侵害の成否のいずれの場面においても, 対比される両商標が同一又は類似の商品（役務）に使用された場合に, 商品（役務）の出所について誤認混同を生じるおそれがあるか否かによって判断し, その際に, 両商標が外観, 観念, 称呼等によって取引者・需要者に与える印象, 記憶, 連想等を総合して全体的に考察し, また, その商品（役務）に係る取引の実情を明らかにし得る限り, その具体的な取引状況に基づいて判断するとしている。下級審裁判例においても, 上記判断基準に沿って, 具体的な取引の実情を幅広く考慮しつつ商標の類否が判断されており, 外観, 称呼, 観念のうち類似する点が 1 つないし 2 つあっても, 類似しない点もある場合に, 取引の実情をも考慮した上で, 全体として類似しないと判断される場合もある。

　なお, 特許庁においては, 商標の類否の判断においては, 取引の実情も考

慮するとされているものの，登録商標と外観，称呼又は観念のいずれか一以上において相紛らわしい出願商標は，原則的に類似の商標とされており[注3]，裁判所での判断に比べると形式的な判断がされてきたといえる。これは，特許庁での審査は，職権審査に基づく法的安定性を重視する行政処分であり，裁判所での判断は，当事者主義に基づく具体的妥当性を重視する司法審査であることの違いにあるといえよう。

もっとも，最近では，特許庁においても，取引の実情を重視する傾向が強まってきたとの指摘もある[注4]。

(d) 判断の基準時

商標権侵害の場面における商標の類否の判断の基準時は，損害賠償請求と差止請求とで異なり，前者では侵害行為時が基準となり，後者では事実審の口頭弁論終結時が基準となる。

他方で，商標の登録要件において問題となる商標の類否（商標4条1項11号等）の基準時は，査定又は審決の時点となる。

(e) 判断の基準とすべき者

商標の類否は，現実の取引の場面において発生する問題であるから，その商標の指定商品・役務の主な需要者の通常有する注意力を基準として判断すべきである。

例えば，高価な物品の取引の方が安価な物品の取引に比べて需要者の注意力が高くなるものと解されるし，需要者が子供であれば，文字の違い等よりもキャラクターの違い等を見分ける能力が高いことも想定される。

(2) 判断手法

(a) 観察方法

観察方法としては，離隔的観察と対比的観察，全体的観察と要部観察とがあるとされる。

離隔的観察とは，時と場所とを違えて両商標に接する者が誤認混同を生じ

[注3] 『新注解商標法上』359頁〔工藤莞司＝樋口豊治〕。
[注4] 松田治躬「氷山の一角『氷山事件』は怒っている―三点観察（外観・称呼・観念の類似）と取引の実情」パテ58巻9号52頁以下。

るか否かという観点から類否を判断する方法であり，対比的観察とは，両商標を並べて対比することによりその類否を判断する方法である。

　需要者・取引者が商品を購入し，又は役務の提供を受けるときは，標章が実際に付された商品等を見比べて判断するよりも，記憶に基づいて判断することが多いであろうから，商標の類否判断における商標の観察方法は，時と場所を違えて商標同士を観察する離隔的観察が原則とされる。

　また，商標は，基本的には全体として把握すべきであるから，類否判断においても，需要者・取引者が商標を全体としていかに認識するかを基準とすべきであり，全体的観察が原則となる。

　ただし，商標の構成中に，需要者の注意を特に惹く部分がある場合には，当該部分，すなわち，独立して自他商品の識別機能を果たす部分を「要部」と認定した上で，その要部の有する外観，称呼又は観念に基づいて類否判断がされることもある。この点については，特に後記〔4〕(1)の結合商標の類否を検討する際に問題となる。

　(b)　「取引の実情」について

　商標の類否判断をするに当たり，取引の実情をどの程度考慮すべきかについては様々な見解があるが，判例は，前記(1)のとおり，「商品の取引の実情を明らかにし得る限り，その具体的な取引状況に基づいて判断すべき」としており，取引の実情をかなり重視する傾向にある。

　なお，その際に考慮される取引の実情については，「その指定商品全般についての一般的，恒常的なそれを指すものであって，単に該商標が現在使用されている商品についてのみの特殊的，限定的なそれを指すものでないことは明らか」(注5)とされているが，侵害訴訟の場面では，当該商標が現在使用されている状況をも考慮することは許容されるものと解する。

　もっとも，取引の実情を考慮する判断手法を採用した場合には，「外観」「称呼」「観念」について定型的に判断する手法を採用した場合と対比すると，予見可能性が低くなるという懸念もあり得る。このような懸念を払拭するためにも，外観，称呼，観念の3要素について個別に検討する手法は，商標の

　（注5）　最判昭49・4・25取消集昭和49年443頁〔保土谷化学工業事件〕参照。

類否の判断枠組みの客観性を確保する上で有用であるといえる。

しかし，そもそも上記の懸念に対しては，各当事者がより入念な調査をし，その調査結果を提供することによって予見可能性を確保すべきであり，それによってより質の高い判断を実現するという制度運営の方が，形式的な判断を続けていく制度運営より，結局は予見可能性も高まるといえるとも指摘されている[注6]。

また，今後，更に新たな類型の商標が設けられた際には，視覚や聴覚のみに基づいて類否を判断することでは不十分になることが想定され，この意味でも，取引の実情を積極的に考慮する判断手法は優れているといえよう。

〔3〕 商標の登録要件及び商標権侵害の成否の各場面における「商標の類否」の判断基準等の違いについて

前記〔2〕(1)のとおり，最高裁判決は，商標の出願登録及び商標権侵害の各場面で，商標の類否の判断基準を特に区別してはおらず，実際に，裁判例においても，登録要件（商標4条1項10号等）における類否判断と，商標権侵害の認定における類否判断とにおいて，基本的には同様の判断基準が採用されているといわれている[注7]。

他方で，「商標の類否」につき，商標登録出願の場面では，登録出願された商標が指定商品・役務について用いられた場合に商品・役務の出所混同が生じるかという一般的・抽象的な事実が問題となるのに対し，商標権侵害訴訟の場面では，ある商標の使用行為が商標権を侵害しているかという個別具体的な事実が問題となるものであり，両者における判断基準は必ずしも一致しなくてよいとの見解もある[注8]。

実際，商標法は先願主義を採用しており（商標8条1項），登録に際して商標の使用を要件としていないから，商標登録出願の際には出願された商標について考慮すべき使用実績がない場合も想定される一方で，商標権侵害の場

（注6） 飯村敏明「商標の類否に関する判例と拘束力―最三小昭和43年2月27日判決を中心にして―」L＆T52号58頁以下。
（注7） 『新注解商標法下』1106頁〔鈴木將文〕。
（注8） 元木伸「商標，商品の類否」『裁判実務大系9』417頁。

面では，登録商標が既に商品等に付され，使用されていることが通常であろうから，より具体的な取引の実情が考慮される場合が多いものと解される。しかし，これは，当該事案において明らかにし得る「具体的な取引状況」が異なることによる結果にすぎず，裁判例においては，常に「商品（役務）の取引の実情を明らかにし得る限り，その具体的な取引状況に基づいて判断」されているものといえる。このように，商標の出願登録及び商標権侵害の各場面で，商標の類否の判断基準自体は異ならないものと解される。

〔4〕 特殊な商標の類否についての判断基準及び判断手法

(1) 結合商標

(a) 結合商標とは，文字，図形，記号等が2個以上結合して構成される商標をいう（本項目では，結合商標について特殊な商標の一つとして扱うこととしたが，実務上は，結合商標の類否は頻繁に目にする問題である。）。結合商標の類否の判断に当たっても，前記〔2〕(2)(a)同様，全体的観察が基本になるが，商標の構成中に需要者の注意を特に惹き付ける部分がある場合には，そのような需要者の注意を特に惹き付ける部分のみが，中心的な識別力を有する「要部」として抽出される場合がある。なお，一つの結合商標において「要部」が1つとは限らず，2つ以上の要部があることもあり得る。

(b) 結合商標の類否判断について，最判昭38・12・5民集17巻12号1621頁〔リラ宝塚事件〕は，「簡易，迅速をたっとぶ取引の実際においては，各構成部分がそれを分離して観察することが取引上不自然であると思われるほど不可分的に結合しているものと認められない商標は，常に必ずしもその構成部分全体の名称によって称呼，観念されず，しばしばその一部だけによって簡略に称呼，観念され，1個の商標から2個以上の称呼，観念の生ずることがあるのは経験則の教えるところである」旨判示し，本願商標（「リラ」の図形と「宝塚」等とが結合したもの）中の「宝塚」部分のみも要部たり得るとした。

また，最判平5・9・10民集47巻7号5009頁〔SEIKO EYE事件〕は，「S

EIKO」と「EYE」との文字を結合してなる商標に関して, 「『SEIKO』の部分が取引者, 需要者に対して商品の出所の識別標識として強く支配的な印象を与えるから, それとの対比において, 眼鏡と密接に関連しかつ一般的, 普遍的な文字である『EYE』の部分のみからは, 具体的取引の実情においてこれが出所の識別標識として使用されている等の特段の事情が認められない限り, 出所の識別標識としての称呼, 観念は生じず, 『SEIKO EYE』全体として若しくは『SEIKO』の部分としてのみ称呼, 観念が生じるというべきである。」旨判示した。

他方で, 最判平20・9・8裁判集民228号561頁〔つつみのおひなっこや事件〕は, 「つつみのおひなっこや」の文字からなる登録商標と, 「つゝみ」又は「堤」の文字からなる引用商標について, 「複数の構成部分を組み合わせた結合商標と解されるものについて, 商標の構成部分の一部を抽出し, この部分だけを他人の商標と比較して商標そのものの類否を判断することは, その部分が取引者, 需要者に対し商品又は役務の出所識別標識として強く支配的な印象を与えるものと認められる場合や, それ以外の部分から出所識別標識としての称呼, 観念が生じないと認められる場合などを除き, 許されない」旨判示した。

(c) 以上のように, 〔リラ宝塚事件〕最高裁判決では, 各構成部分がそれを分離して観察することが取引上不自然であると思われるほど不可分的に結合しているものと認められない限りは, 分離観察が許されるものとされた。

他方で, 〔つつみのおひなっこや事件〕最高裁判決では, 「その部分〔引用者注:商標の構成部分の一部〕が取引者, 需要者に対し商品又は役務の出所識別標識として強く支配的な印象を与えるものと認められる場合」や「それ以外の部分から出所識別標識としての称呼, 観念が生じないと認められる場合」を除き, 分離観察は許されないとされており, 上記両判決の判断内容をどのように整合させるかという問題がある。すなわち, 両判決の内容を自然に読むと, 〔つつみのおひなっこや事件〕最高裁判決では, あくまで全体的観察が原則であって, 分離観察が許されるのはごく例外的な場合に限られるのに対し, 〔リラ宝塚事件〕最高裁判決では, 比較的緩やかに分離観察が認められているように読めるからである。

もっとも，〔つつみのおひなっこや事件〕最高裁判決は，特殊な事情の下で，「つつみ」部分のみを対比すべきではないとして，両商標を非類似であるとしたものであって，事例的な色彩が強い判決であるとの見解もある[注9]。
　いずれにしても，〔つつみのおひなっこや事件〕最高裁判決以降も，下級審裁判例において分離観察を行って結合商標の類否を判断する事例は少なくなく[注10]，今後の裁判例の集積を見守りたい。

(2) 立体商標

　立体商標（商標2条1項参照）についても，前記〔2〕(1)のとおり，外観・称呼・観念の3点を前提とし，取引の実情をも考慮しつつ，その類否が検討されるのが原則であるものの，立体商標は立体的形状を持つことから，観る方向によって視覚に映る姿が異なるなどの特殊性があり，その特殊性に応じた取扱いが必要になることも事実である。
　この問題については事例も少なく，裁判例における判断も固まっていない部分が多いので，以下，『商標審査基準〔改訂第13版〕』第3の十の5を引用する（後記(3)ないし(5)も同様である。）。
　「5．立体商標について
　立体商標の類否は，観る方向によって視覚に映る姿が異なるという立体商標の特殊性を考慮し，次のように判断するものとする。ただし，特定の方向から観た場合に視覚に映る姿が立体商標の特徴を表しているとは認められないときはこの限りではない。
　(1)　立体商標は，原則として，それを特定の方向から観た場合に視覚に映る姿を表示する平面商標（近似する場合を含む。）と外観において類似する。
　(2)　特定の方向から観た場合に視覚に映る姿を共通にする立体商標（近似する場合を含む。）は，原則として，外観において類似する。」
　「4(1)(エ)　立体商標について
　①　立体商標は，その全体ばかりでなく，原則として，特定の方向から観た場合に視覚に映る姿に相応した称呼又は観念も生じ得る。

（注9）　飯村・前掲（注6）53頁。
（注10）　知財高判平25・7・18（平成25年（行ケ）第10029号ほか）裁判所HP〔SAMURAI JAPAN事件〕等。

② 立体商標が立体的形状と文字の結合から成る場合には，原則として，当該文字部分のみに相応した称呼又は観念も生じ得る。」

(3) 地域団体商標

地域団体商標は，地域の名称と商品・役務の普通名称等から構成される（商標7条の2第1項）もので，その類否については，基本的に全体として判断されるべきものである。

以下，『商標審査基準〔改訂第13版〕』第3の十の4を引用する。

「4(1)(オ) 地域団体商標について

地域団体商標として登録された商標については，使用をされた結果商標全体の構成が不可分一体のものとして需要者の間に広く認識されている事情を考慮し，商標の類否判断においても，商標全体の構成を不可分一体のものとして判断する。

4(2)(イ) 地域団体商標について

地域団体商標として登録された商標と同一又は類似の文字部分を含むの商標は，原則として，地域団体商標として登録された商標と類似するものとする。」

(4) 色彩の商標

平成26年法改正において，色彩のみを標章として扱うことが可能とされ，色彩のみからなる商標が認められるようになった。

色彩商標の類否判断に関しては，『商標審査基準〔改訂第13版〕』第3の十の8を参照されたいが，同基準においては，色彩のみからなる商標の類否の判断は，当該色彩が有する色相（色合い），彩度（色の鮮やかさ），明度（色の明るさ）を総合して，商標全体として考察しなければならないこと，色彩を組み合わせてなる商標は，上記に加え，色彩の組合せにより構成される全体の外観を総合して，商標全体として考察しなければならないこと等が記載されている。

(5) 音の商標

20　商標の類否

　平成26年法改正において，音を標章として扱うことが可能とされ，音の商標が認められるようになった。

　音の商標の類否判断に関しては，『商標審査基準〔改訂第13版〕』第3の十の9を参照されたいが，同基準においては，音商標の類否の判断は，音商標を構成する音の要素（音楽的要素（メロディー，ハーモニー，リズム又はテンポ，音色等）及び自然音等）及び言語的要素（歌詞等）を総合して商標全体として考察しなければならないこと，音商標に含まれる音の要素と言語的要素が，分離観察が取引上不自然なほどに，不可分に結合していないときは，それぞれの要素を要部として抽出するものとすること，分離観察し要部として抽出するか否かの判断に当たっては，音の要素及び言語的要素並びにこれらの一部分の自他商品・役務の識別機能の強弱等を考慮するものとすること等が記載されている[注11]。

（注11）　参考文献として，①髙部眞規子『実務詳説商標関係訴訟』「Ⅲ　商標権侵害の成否」，②小田真治「商標権侵害の成否」髙部眞規子編『著作権・商標・不競法関係訴訟の実務〔第2版〕』，③荒井章光「商標権侵害訴訟における原告商標と被告標章との類否について」『知的財産法の理論と実務3』，④金井重彦ほか編著『商標法コンメンタール』（レクシスネクシス・ジャパン，2015）がある。

21 商品・役務の類否

笹 本 哲 朗

商標の登録要件及び商標権侵害の成否において問題となる商品・役務の類否の判断基準及び判断手法について説明せよ。

〔1〕 問題の所在

　商標登録を受けることができない商標について規定する商標法4条1項は，11号で「当該商標登録出願の日前の商標登録出願に係る他人の登録商標又はこれに類似する商標であって，その商標登録に係る指定商品若しくは指定役務……又はこれらに類似する商品若しくは役務について使用をするもの」を掲げ，10号で「他人の業務に係る商品若しくは役務を表示するものとして需要者の間に広く認識されている商標又はこれに類似する商標であって，その商品若しくは役務又はこれらに類似する商品若しくは役務について使用をするもの」を掲げている。そこで，商標登録を受けられるか又は既にされた商標登録が無効（商標46条1項1号）であるかが問われる審査・審判・訴訟において，出願の際に指定（商標6条1項）された商品・役務が，先願に係る他人の既登録商標の指定商品・指定役務や他人の周知商標の商品・役務と同一又は類似であるかが問題となることがある。

　また，商標権の侵害とみなす行為について規定する商標法37条は，1号で「指定商品若しくは指定役務についての登録商標に類似する商標の使用又は指定商品若しくは指定役務に類似する商品若しくは役務についての登録商標若しくはこれに類似する商標の使用」を掲げるなどしている。そこで，商標権侵害訴訟において，被告商標が使用されている商品・役務（被告商品・被告役務）が，原告が商標権を有する登録商標の指定商品・指定役務と同一又は類似であるかが問題となることがある[注1]。

本項目では，上記のような場面において，商品・役務が類似するか否か(注2)を判断する際の基準及び手法について説明する。

〔2〕 商品・役務の類否の判断基準及び判断手法

(1) 商品・役務の類否の判断基準

(a) 判断基準――出所の誤認混同のおそれ

商品の類否の判断基準を示した判例としては，旧商標法2条1項9号(注3)に関するものであるが最判昭36・6・27民集15巻6号1730頁〔橘正宗事件〕がある。

(ア) 最判昭36・6・27民集15巻6号1730頁〔橘正宗事件〕

(i) 事実関係

Xは，特許庁に対し，「酒類及びその模造品，但し焼酎を除く」を指定商品として「橘正宗」という商標の登録を出願したが，既に「焼酎」を指定商品とする「橘焼酎」という商標が登録されていたことから，拒絶査定を受けた。Xは，これに対し抗告審判請求をしたが，請求不成立審決を受けたため，同審決の取消訴訟を提起した。

(ii) 主たる争点

指定商品としての清酒と焼酎の類否。

(iii) 裁判所の判断

「指定商品が類似のものであるかどうかは，……商品自体が取引上誤認混同の虞があるかどうかにより判定すべきものではなく，それらの商品が通常

(注1) なお，商標権侵害訴訟の訴状で，被告商品・被告役務を特定するに当たり，原告の登録商標の指定商品・指定役務を漫然と引き写している例をまま見掛けるが，被告が現に指定商品・指定役務と同一の役務について被告商標を使用しているのでなければ，被告商品・被告役務については，事実に即して的確な表現で特定し，その上で原告の登録商標との類似性を主張するというステップを踏むべきである。

(注2) 商品と商品が類似する場合，役務と役務が類似する場合のほか，商品と役務が類似する場合もある（商標2条6項。裁判例として，商品「洋菓子」と役務「洋菓子の小売」が類似するとした大阪地判平23・6・30判タ1355号184頁〔モンシュシュ事件〕。)。

(注3) 旧商標法（大正10年法律第99号）2条1項は，登録できない商標として，9号で「他人の登録商標と同一又は類似にして同一又は類似の商品に使用するもの」を掲げていた。

同一営業主により製造又は販売されている等の事情により，それらの商品に同一又は類似の商標を使用するときは同一営業主の製造又は販売にかかる商品と誤認される虞があると認められる関係にある場合には，たとえ，商品自体が互に誤認混同を生ずる虞がないものであっても，それらの商標は……類似の商品にあたると解するのが相当である。」

「原審の確定する事実によれば，同一メーカーで清酒と焼酎との製造免許を受けているものが多いというのであるから，いま『橘焼酎』なる商標を使用して焼酎を製造する営業主がある場合に，他方で『橘正宗』なる商標を使用して清酒を製造する営業主があるときは，これらの商品は，いずれも，『橘』じるしの商標を使用して酒類を製造する同一営業主から出たものと一般世人に誤認させる虞があることは明らか」である。「それ故，『橘焼酎』と『橘正宗』とは類似の商標と認むべきであるのみならず，右両商標の指定商品もまた類似の商品と認むべきである。」

　(イ)　上記最判では，商品の類否の判断について，商品自体が誤認混同されるおそれではなく，出所の誤認混同のおそれ（「同一営業主の製造又は販売にかかる商品」と誤認混同されるおそれ）(注4)の有無が判断基準とされている。

　上記最判は審決取消訴訟の判例であるが，その後，最判昭38・10・4民集17巻9号1155頁〔サンヨウタイヤー事件〕は，侵害訴訟においても，「商品の出所について誤認混同を生ずる虞の有無」が商品の類否の判断基準となることを明らかにしている。

　(b)　商品・役務の区分との関係

　商標法6条2項は，商品・役務の指定は政令で定める商品及び役務の「区分」に従ってしなければならない旨規定しているところ，商標法施行令2条，

(注4)　この「混同」のおそれは，いわゆる狭義の混同に相当する。商標法4条1項15号にいう「混同を生ずるおそれ」及び不正競争防止法2条1項1号にいう「混同を生じさせる行為」については，いわゆる広義の混同（営業主間に親子会社や系列会社等の緊密な営業上の関係があると誤信されること等）を含むとされているが（最判平12・7・11民集54巻6号1848頁〔レールデュタン事件〕，最判昭58・10・7民集37巻8号1082頁〔ウーマンパワー事件〕等），商品・役務の類否の判断基準たる誤認混同のおそれに広義の混同のおそれが含まれるかについて判示した最高裁判例はない。商品・役務の類否については，広義の混同のおそれがあるだけで類似性を肯定するとなると，類似の範囲が広くなりすぎ，商標法が商品・役務の類似性を要件として規定した意味が失われることになりかねないと思われる（渋谷達紀『講義Ⅲ〔第2版〕』452～453頁等参照）。

別表（以下「政令別表」という。）が，ニース協定[注5] 1条の国際分類に従って，上記「区分」として「類」を定めている[注6]。そして，商標法施行規則6条，別表（以下「省令別表」という。）は，上記各区分に属する商品・役務を，国際分類に即して例示している[注7]。

しかし，商標法6条3項は，上記「区分」は商品又は役務の類似の範囲を定めるものではないと規定しており，同一区分に属する商品・役務が類似でない可能性や，異なる区分に属する商品・役務が類似である可能性が否定できない。したがって，上記「区分」は，商品・役務の類否の判断基準にはならないが，判断をする上で適宜参酌することはできよう。

(c) 特許庁の審査基準との関係

(ア) 商標審査基準について

特許庁は，商標登録出願の審査の際の基準として「商標審査基準」を定めている。『商標審査基準〔改訂第13版〕』の商標法4条1項11号の審査基準[注8]においては，(1)商品どうしの類否を判断する際は，①生産部門が一致するか，②販売部門が一致するか，③原材料及び品質が一致するか，④用途が一致するか，⑤需要者の範囲が一致するか，⑥完成品と部品との関係にあるかを総合的に考慮する，(2)役務どうしの類否を判断する際は，①提供の手段，目的又は場所が一致するか，②提供に関連する物品が一致するか，③需要者の範囲が一致するか，④業種が同じか，⑤当該役務に関する業務や事業者を規制する法律が同じか，⑥同一の事業者が提供するものであるかを総合的に考慮する，(3)商品と役務の類否を判断する際は，①商品の製造・販売と役務の提供が同一事業者によって行われているのが一般的であるか，②商品と役務の用途が一致するか，③商品の販売場所と役務の提供場所が一致する

(注5) 正式名称は「1967年7月14日にストックホルムで及び1977年5月13日にジュネーヴで改正され並びに1979年10月2日に修正された標章の登録のための商品及びサービスの国際分類に関する1957年6月15日のニース協定」。
(注6) 各区分（「類」）には，例えば「第3類 洗浄剤及び化粧品」，「第5類 薬剤」などと，当該区分に属する商品・役務の内容を理解するための目安となる名称が付されている。
(注7) 例えば，第3類に属する商品・役務として，「一 せっけん類」，「二 香料」といった包括見出しが記載された上で，「一 せっけん類」の中には，「愛玩動物用シャンプー 洗い粉 ガラス用洗浄剤 クレンザー」等々が列記されている。
(注8) なお，商標法4条1項10号の審査基準においては，同号における商品・役務の類否判断について11号の審査基準を準用するとされている。

か，④需要者の範囲が一致するかを総合的に考慮するものとされ，いずれの場合にも，原則として「類似商品・役務審査基準」（下記(イ)参照）によるものとされている。もとより特許庁の審査基準は裁判実務の判断基準を規定するものではないが，上記(1)ないし(3)で列挙された考慮要素は，侵害訴訟を含む裁判実務においても，審理・判断をする上で参考になる。

　(イ)　類似商品・役務審査基準について

　特許庁は，商標法4条1項11号の商品・役務の類否を審査する際の具体的な基準として「類似商品・役務審査基準」を定め，互いに類似すると推定される商品・役務を同一の「類似群」に属するものとして整理している(注9)。これは，審査官の主観を排して商品・役務の類否の判定を統一し，出願人の便宜を図るため，特許庁によって設けられた基準であり(注10)，もとより裁判所の判断を拘束するものではないが，省令別表掲載の商品・役務に基づいて構成され，関係団体等の意見を踏まえて特許庁商標審査部内において検討・決定されたものであるから，裁判実務において判断をする上で参考になる。

(2)　商品・役務の類否の判断手法

(a)　判断枠組み

　以上述べたところに照らすと，商品・役務の類否を判断するに当たっては，出所の誤認混同のおそれという観点から，政令別表及び省令別表並びに類似商品・役務審査基準の記載内容を適宜参照しつつ，商標審査基準の列挙する考慮要素を含む取引の実情に係る諸事情を総合的に考慮して判断する手法が考えられる。

　なお，省令別表に定められた商品・役務の意義については，最判平23・12・20民集65巻9号3568頁〔ARIKA事件〕が，①政令別表の区分に付された名称，②省令別表において当該区分に属するものとされた商品・役務の

(注9)　具体的には，①同一の「短冊」と呼ばれる枠囲いに含まれる商品・役務どうしは原則として互いに類似するものと推定され，②異なる短冊であっても，短冊の右端に付された「類似群コード」が同一の商品・役務どうしは原則として互いに類似するものと推定されるとしている。さらに，③異なる短冊に属するものであっても，個別の商品・役務について類似すると推定されるものについては，「備考」としてその旨記載している。

(注10)　最判昭42・5・2民集21巻4号834頁〔玉乃光事件〕参照。

内容や性質，③国際分類を構成する類別表注釈において示された商品・役務についての説明，④類似商品・役務審査基準における類似群の同一性などを参酌して解釈するのが相当であると判示している。この判示内容は，商品・役務の類否の判断手法を考えるに当たっても参考になると考えられるが，少なくとも，類否の対象となる指定商品・指定役務が省令別表に定められた商品・役務と同一である場合(注11)には，原則として，上記判示に従って当該指定商品・指定役務の意義を確定した上で，類否判断をすることとなろう。

(b) 取引の実情の考慮

商品・役務の類否を判断するに当たり，前掲最判昭36・6・27〔橘正宗事件〕では，両商品が「通常同一営業主により製造又は販売されている」かどうかが考慮事情として例示されており，最判昭39・6・16民集18巻5号774頁〔Peacock事件〕では，両商品が「その用途において密接な関連を有するかどうかとか，同一の店舗で販売されるのが通常であるかどうかというような取引の実情」を考慮すべきことは当然であるとされている。ただし，前掲最判昭38・10・4〔サンヨウタイヤー事件〕では，「2つの商品が用途において密接な関係があり，同一店舗において同一需要者に販売されるということ・だ・け・で，両者を類似商品と」することはできない（圏点は引用者による。）とされており，個別のケースにおいてそれのみで類否判断を導けるかについては慎重に検討した方がよいと思われる。飽くまでも当該事案において関連性のある取引の実情に係る諸事情を（軽重を付けつつも，広く）総合的に考慮することに留意すべきであろう。

(c) 裁 判 例

下級裁の裁判例も，商品・役務の類否の判断については，最高裁判例の前記判断基準を前提として「出所の誤認混同のおそれ」という観点から，取引の実情に係る諸事情を総合的に考慮して判断しているものが多い。

例えば，大阪地判平16・4・20（平成14年(ワ)第13569号ほか）裁判所ＨＰ

(注11) 山田真紀・最判解民平成23年度(下)806頁は，商標登録出願において出願人が付す役務の具体的な名称は，必ずしも，省令別表に定められた役務の名称と同一になるものではないが，別表に定められた役務の名称と同一である場合も多くみられ，その場合には，特段の事情がなければ，同指定役務は，同別表に定められた役務を意味するものとして出願されているとみることができる旨解説している。

〔Career-Japan事件〕は，原告商標（「Career-Japan」）の指定役務「電子計算機通信ネットワークによる広告の代理，広告文の作成」と被告商標（「CAREER JAPAN」等）の被告役務「被告運営のウェブサイト上で行われている求人情報提供業務」との類否が問題となった侵害訴訟において，「役務が類似するか否かは，両者の役務に同一又は類似の商標を使用したときに，当該役務の取引者ないし需要者に同一の営業主の提供に係る役務と誤認されるおそれがあるか否かによって決すべきであると解するのが相当である。そして，この類否の判断に当たっては，取引の実情を考慮すべきであり，具体的には，役務の提供の手段，目的又は場所が一致するかどうか，提供に関連する物品が一致するかどうか，需要者の範囲が一致するかどうか，業種が同じかどうかなどを総合的に判断すべきである。」と説示した。そして，被告の行っている求人情報提供業務を具体的に認定し，「求人情報の提供，広告，広告代理といった業種を同一企業が営んでいる例があり，被告自身も広告代理をその業務の1つとしている」という具体的な取引の実情を踏まえた上で，両役務は，「役務の提供の手段，目的又は場所の点においても，提供に関連する物品（本件の場合は情報）においても，需要者の範囲においても，業種の同一性においても」同一又は類似するとした。

また，知財高判平19・9・26（平成19年（行ケ）第10042号）裁判所ＨＰ〔腸能力事件〕は，本件商標（「腸能力」）の指定商品「豆乳を主原料とするカプセル状の加工食品」と引用商標（「腸脳力」）の指定商品「共棲培養した乳酸菌生成役務を加味してなる豆乳，その他の豆乳」との類否が問題となった無効不成立審決の取消訴訟において，商標法4条1項11号の「指定商品が相互に類似するか否かを判断するに当たっては，それぞれの商品の性質，用途，形状，原材料，生産過程，販売過程及び需要者の範囲など取引の実情，さらに，仮に，同号にいう『類似する商標』が，両商品に使用されたと想定した場合，これに接する取引者，需要者が，商品の出所について誤認混同を来すおそれがないか否かの観点を含めた一切の事情を総合考慮した結果を基準とすべきである。」と説示した。そして，両商品は「いずれも，豆乳を主原料とし，健康に効果があるとして，又は効果が期待されるものとして製造販売される，いわゆる健康食品の範疇に属する商品を含む点において共通するこ

とに照らすと，両者は，商品の性質，用途，原材料，生産過程，販売過程及び需要者の範囲などの取引の実情において共通する商品であり，さらに，仮に商標法4条1項11号にいう『類似する商標』が使用されることを想定した場合，これに接する取引者，需要者は，商品の出所につき誤認混同を生ずるおそれがないとはいえない程度に共通の特徴を有する商品である」として，商品の類似性を肯定した。

さらに，知財高判平28・2・17（平成27年（行ケ）第10134号）裁判所HP〔Dual Scan事件〕は，本件商標（「デュアルスキャン」と「Dual Scan」の2段表記）の指定商品「脂肪計付き体重計，体組成計付き体重計，体重計」（9類）と引用商標（「Dual Scan」）の指定商品「体脂肪測定器，体組成計」（10類）との類否が問題となった無効不成立審決の取消訴訟において，前者は家庭用の商品，後者は医療用の商品であるとしつつも，体脂肪計，体組成計，体重計等の取引の状況を，生産部門，販売部門，価格及び性能，需要者に関する事情等にわたって詳細に認定した上で，「家庭用の体重計の需要者である一般消費者は，医療用の体組成計，体重計も入手可能な状況となっていたといえる上に，医療用の体組成計，体重計は，医療現場での利用に限定されず，学校やフィットネスクラブ，企業等でも利用されるから，その需要者は，医療関係者に限定され」ないことなどを指摘して，査定時において両商品は誤認混同のおそれがある類似した商品に属すると判断した。なお，類似商品・役務審査基準で両商品が非類似と推定されることについては，飽くまで推定にすぎないから，覆滅されることがある旨を指摘した。

(d) 商標の類否の判断との関係

ところで，商標の類否の判断[注12]と商品・役務の類否の判断は，いずれも出所の混同が生じるか否かというターゲットに関して総合的に行われるべき判断の一部であり，互いに密接に関連する相関的な判断である旨の指摘がされている[注13]。

(注12) 最判昭43・2・27民集22巻2号399頁〔氷山事件〕は，「商標の類否は，対比される両商標が同一または類似の商品に使用された場合に，商品の出所につき誤認混同を生ずるおそれがあるか否かによって決すべきである」と判示している。

(注13) 元木伸「商標，商品の類否」『裁判実務大系9』421頁，村越啓悦「商標，商品の類否」『新裁判実務大系4』387頁等。

もっとも，前掲知財高判平28・2・17〔Dual Scan事件〕は，「誤認混同のおそれの判断は，商標の類似性と商品の類似性の両方が要素となり，これらの要素を総合的に考慮して行うこと」としつつも，他方で，「商品の類似性は，商標の類似性とは独立した要素であり，登録に係る商標や引用商標の具体的な構成を離れて，判断すべきである。」としている。

　この点は，例えば商品Aと商品Bの類否について判断するに当たり，問題となっている具体的な商標（例えば商標Aと商標B）をイメージして，「商品Aについて商標Aを使用する場合の出所と商品Bについて商標Bを使用する場合の出所を誤認混同するおそれがあるか否か」を判断するという手法をとるのか，それとも，具体的な商標（商標A及び商標B）を離れて，「商品Aと商品Bに『同一又は類似の商標』が使用された場合に出所の誤認混同のおそれがあるか否か」を判断するという手法をとるのか，に関わる。そして，この判断手法の違いは，商品・役務の類否の結論が商標の類似性の程度によって左右されることがあるかという点で，結論の違いをももたらし得る[注14]。

　前掲最判昭36・6・27〔橘正宗事件〕は，「焼酎」について「橘焼酎」という商標を使用する場合と「清酒」について「橘正宗」という商標を使用する場合とで出所の誤認混同のおそれがあるか否かを総合的に判断する手法をとっているようにみえるが，具体的な商標が「橘焼酎」と「橘正宗」であることを捨象して，「焼酎」と「清酒」に「同一又は類似の商標」が使用された場合に出所の誤認混同のおそれがあるか否かを判断しても，同一の結論を導くことが可能な事案であったように思われる。そして，実務上，商標の類否と商品・役務の類否は，別個に争点（項目）立てをして判断されることが多いところ，商品・役務の類否を判断する際には，必ずしも商標の具体的内容をイメージせずに出所の誤認混同のおそれの有無を判断しているものが少なくない[注15]。商標法4条1項11号や37条が，商標の類似性と商品・役務の

（注14）　元木・前掲（注13）427頁は，侵害訴訟において，原告商品と被告商品との類似性が小さい場合には，たとえ原告商標と被告商標に類似性がある程度認められる場合であっても，商標権侵害の成立は否定されるのに対し，両商品が二義を許さないほど同一又は類似の場合には，商標の類否の判断においては，類似とされる可能性が大きくなるとする。
（注15）　なお，商標の類否を判断する際には，取引の実情を考慮するために，いずれにせよ商品・役務の具体的な内容・分野をイメージして判断することにはなる。

類似性を別個の要件として規定していること，商品・役務の類似の範囲が商標の類似度や登録商標の認知度によって広狭を変えるのは第三者のサーチの負担の増大等の問題があることに照らすと，商品・役務の類否については，商標の類否とは別個独立に，具体的な商標を離れて判断する手法をとることでよいのではないかと考える[注16]。

(3) 商標の登録要件に係る類否判断と商標権侵害に係る類否判断

商標の登録要件の判断において商品・役務の類否を判断する場合も，商標権侵害の成否の判断において商品・役務の類否を判断する場合も，以上に述べた判断基準や判断手法は基本的に共通する。

もっとも，前者の場合には，登録出願された商標が指定商品・指定役務について用いられた場合に商品・役務の出所混同が起こるかという一般的・抽象的事実を対象とするのに対し，後者の場合には，ある商標の使用行為が商標権を侵害しているかという個別的・具体的事実を対象としており，両者の類否の判断が当然に一致するものではなく，類否を判断する基準時も異なる（登録出願の審査においては，商標法4条1項11号該当性の判断基準時は拒絶又は登録査定時，同項10号該当性の判断基準時は出願時及び拒絶又は登録査定時と解されるのに対し，侵害訴訟においては，差止請求の判断基準時は事実審口頭弁論終結時，損害賠償請求の判断基準時は侵害行為時と解される。)[注17]。

(注16) 田村善之『商標法概説〔第2版〕』139頁，渋谷達紀『商標法の理論』(東京大学出版会，1973) 328頁，網野誠『商標〔第6版〕』602～603頁等参照。
(注17) 元木・前掲 (注13) 417頁・428頁，嶋末和秀「商標登録要件・無効理由(2)」髙部眞規子編『著作権・商標・不競法関係訴訟の実務〔第2版〕』375頁・377頁，村越・前掲 (注13) 390頁。

22 商標権の効力とその制限

杉浦　正樹

> どのような行為が商標権の侵害となるか。商標権の効力とその制限について述べよ。

〔1〕　はじめに—商標権の発生と消滅

　商標登録を受けようとする者は，商標登録を受けようとする商標及び指定商品又は指定役務（以下，特に断らない限り合わせて「指定商品等」という。）その他所定の事項を記載した願書を特許庁長官に提出し（商標5条），審査官による審査（商標14条），登録査定（商標16条），登録料の納付（商標40条1項）を経て，商標権の設定登録がされる（商標18条2項）。商標権は，この設定登録により発生する（同条1項）。

　商標権の存続期間は設定登録の日から10年であるが（商標19条1項），商標権者の更新登録の申請により更新することができる（同条2項）。したがって，商標権者は，更新登録を繰り返すことにより半永久的に商標権を保持し得る。逆に，商標権者が存続期間の満了までに（商標20条2項），又はその期間経過後でも所定の期間内に（商標20条3項・21条，商標法施行規則10条2項・3項）更新登録の申請をしなかったときは，商標権は消滅する。このほか，商標権の消滅事由としては，権利の放棄（商標35条，特許98条1項1号），相続人の不存在（商標35条，特許76条），商標登録無効審判（商標46条）における無効審決の確定（商標46条の2），商標登録取消審判（商標50条・51条・52条の2・53条・53条の2）における取消決定の確定（商標54条），登録異議申立て（商標43条の2）についての取消決定の確定（商標43条の3第3項）がある。

　商標権は，このようにして発生し消滅するまでの間，効力を有する。そして，登録商標の範囲は願書に記載した商標に基づいて定めなければならず

(商標27条1項)，指定商品等の範囲は願書の記載に基づいて定めなければならない（同条2項）ことから，商標権の効力の及ぶ範囲は，願書記載の商標（登録商標）及び指定商品等により画される。商標権を侵害する行為とは，このような商標権の効力に抵触する行為である。以上を前提として，商標権の効力及びその制限について，より具体的に説明する。

〔2〕 商標権の効力

(1) 専用権と禁止権

(a) 専用権

商標権者は，指定商品等について登録商標の使用をする権利を専有する（商標25条1項本文）。「専用権」といわれ，商標権の本質的な効力である。

より具体的には，まず，商標権者は，この専用権に基づいて指定商品等につき登録商標を独占的排他的に自ら使用（商標2条3項・4項）することができる。その使用は，他人の商標権の禁止権が及ぶ範囲であっても妨げられない。それとともに，商標権者は，第三者が登録商標を指定商品等につき無断で使用することを禁止し，排除することができる。

ただし，商標権者による登録商標の使用の場合に専用権が及ぶ範囲は，あくまで当該登録商標及びこれに係る指定商品等と同一（完全に同一である必要はなく，取引社会通念上同一と見られる範囲内であればよい[注1]。）の範囲内に限られる。

(b) 禁止権

商標権者は，上記のとおり，専用権の効力として第三者が指定商品等につき登録商標を使用することを禁止し排除し得るが，この禁止の範囲は，指定

(注1) 「一般に，商標権者が登録商標を使用する場合には，必ずしも，登録商標と全く同じ商標を用いるとは限らず，商品の種類・性質に応じて，また消費者の趣向や流行等に合わせて，創意工夫して使用することが行われていること等の諸事情を総合的に考慮するならば，被告……が使用する標章が，被告登録商標と全く同一でなくとも，取引の実情に鑑みて社会通念上同一と認識されるものであれば，原告の本件商標権に基づく差止請求は許されない」，すなわち登録商標の使用と認められる（東京地判平10・10・30判タ989号248頁〔ELLE Marine事件〕）。

商品等に類似する商品及び役務並びに登録商標に類似する商標の範囲にまで拡張されている。すなわち，指定商品等についての登録商標に類似する商標の使用又は指定商品等に類似する商品若しくは役務（以下，特に断らない限り合わせて「商品等」という。）についての登録商標若しくはこれに類似する商標の使用は，商標権を侵害するものとみなされる（商標37条1号）。

加えて，商標権の効力を十全ならしめるために，これらの商標権侵害行為の予備的行為も商標権を侵害するものとみなすこととされて（間接侵害。商標37条2号〜8号），禁止権の及ぶ範囲が更に拡張されている。

(c) 専用権と禁止権の関係

このように，商標権においては，登録商標の類似の範囲には専用権は及ばず，禁止権のみが認められる[注2]。この点は，意匠権者が「業として登録意匠及びこれに類似する意匠の実施をする権利を専有する。」（意匠23条本文）とされていることと対照的である。このように取扱いを異にする理由については，「商標法を意匠法と同様にすると，商品又は役務の出所の混同を生ずる場合が多く，権利相互間の調整規定が複雑になるので異なった構成をとったのである。」[注3]と説明されている。すなわち，商標の類似の範囲は商標の知名度その他取引の実情によって変動し得る不確定なものであるため，その範囲にまで一律に排他的な使用権を商標権者に認めると，かえって第三者の商標権との関係で商品等の出所の混同を生じさせかねず，それに備えて権利相互間の調整規定を設けようにも，複雑なものとならざるを得ないことによる[注4]。

商品等の同一・類似，商標の同一・類似と商標権者の有する権利との関係を整理すると，■表　商品等・商標・権利のパターン一覧のとおりとなる。

(注2) 「商標権は，指定商品について当該登録商標を独占的に使用することができることをその内容とするものであり，指定商品について当該登録商標に類似する標章を排他的に使用する権能までを含むものではなく，ただ，商標権者には右のような類似する標章を使用する者に対し商標権を侵害するものとしてその使用の禁止を求めること等が認められるにすぎない」最判昭56・10・13民集35巻7号1129頁〔マクドナルド事件〕。最判平9・3・11民集51巻3号1055頁〔小僧寿し事件〕も同旨。
(注3) 『工業所有権法逐条解説〔第20版〕』1502頁。
(注4) 『新注解商標法上』815頁〔田倉整＝高田修治〕。

■表　商品等・商標・権利のパターン一覧

指定商品等との同一／類似	登録商標との同一／類似	使用	禁止
商品等同一	商標同一	○	○
商品等同一	商標類似	×	○
商品等類似	商標同一	×	○
商品等類似	商標類似	×	○
商品等同一／類似	商標非類似	×	×
商品等非類似	商標同一／類似	×	×
商品等非類似	商標等非類似	×	×

　上記のうち，商標権者が禁止権を有するにとどまるパターンにおいて，商標権者Aが登録商標又はこれに類似する商標を使用した場合，それが他の商標権者Bの禁止権の及ぶ範囲内であれば，Bの有する禁止権によりAによる登録商標等の使用が排除されることはあり得る。したがって，A，B両者の商標権の禁止権の範囲が競合し，その競合する範囲内でA，Bがそれぞれ商標を使用していれば，両者がいずれも相手方の商標権侵害に問われることもあり得る(注5)。

(2)　防護標章

　商標権者がその登録商標と同一の標章についての防護標章登録を受けた（商標64条）場合，指定商品等についての登録防護標章の使用等は，当該商標権の侵害とみなされる（商標67条）。

(注5)　「登録商標の使用権を全うさせるための防御的機能である禁止権は登録商標の類似範囲に及ぶが，禁止権の効力は他人の使用を禁止し排除するだけであるから，商標権者としては積極的に類似範囲の部分を使用する法律上の保護を与えられるわけではなく，他人の権利によって制限されない限り事実上使用することができるだけである。したがって，二つの登録商標の類似の範囲が相互に重なり合う場合には，それぞれ相手方に対して類似範囲の使用の差止めを求めることができる，講学上のいわゆる『蹴り合い』の状態となる。このような点に照らせば，商標権者の使用権の及ぶ範囲については，常に登録商標と厳密に同一のものに限られ，微小な変更であっても全く許されないとまではいえないとしても，類似の登録意匠との間での紛争を前提として判断する場合には，登録意匠に極めて一致する範囲に限定して解すべきものである。」東京地判平13・2・27（平成9年(ワ)第3190号ほか）裁判所HP〔BOSS CLUB事件〕。

(3) 商標権侵害行為

以上を整理すると，商標権侵害となるのは，以下の行為が第三者により権原なく行われた場合ということになる。

① 指定商品等に登録商標を使用する行為（専用権の侵害）
② 商標法37条1号所定の行為（禁止権の侵害）
③ 商標法37条2号ないし8号所定の行為（間接侵害）
④ 商標法67条所定の行為（登録防護標章に係る行為）

そして，商標権者は，自己の商標権を侵害する者又はそのおそれがある者に対し，その侵害の停止又は予防を請求することができる（商標36条1項）とともに，その請求に際し，侵害行為の組成物の廃棄，侵害行為に供した設備の除却その他侵害の予防に必要な行為を請求することができる（同条2項）。また，商標権侵害行為によって損害を受けた場合は，その侵害者に対し損害賠償を請求することができ（民709条），その際，損害額の推定を受けることができる（商標38条）。さらに，商標権侵害行為により業務上の信用が害された場合には，商標権者は，損害賠償に代え，又はこれとともに，信用回復措置を請求することもできる（商標39条，特許106条）[注6]。

[3] 商標権の効力の制限

(1) 商標権の効力が及ばない範囲（商標26条）

(a) 立法趣旨

商標権の効力は，商標法26条1項各号所定の商標（他の商標の一部となっているものを含む。）には及ばない（商標26条1項柱書）。

その立法趣旨は，業務を行う者がその商品等について上記商標を普通に用いられる方法で使用をする場合にまで商標権の効力を及ぼすのは妥当でないと考えられるからであるとされている。より具体的には，第1に，誤って商

（注6） なお，商標権の効力については，特許庁に対する判定請求（商標28条1項），裁判所から特許庁長官に対する鑑定嘱託（商標28条の2）の制度がある。

標登録があった場合でも，商標登録の無効審判手続によるまでもなく，他人に商標権の効力を及ぼすべきではないとの考えによる。第2に，当該商標の商標登録に問題はなく，したがって，その類似の範囲で禁止権の効力が及ぶものの，その範囲に含まれる商標に商標権の効力を及ぼすのが妥当でないと考えられるときに，その禁止的効力を制限するためである。第3に，後発的に商標法26条1項各号所定のものとなった場合に商標権の効力を制限し，一般人がそのものを使用することを保障するためである(注7)。

(b) 自己の肖像，氏名等（1号。以下商標法26条1項各号については号数のみで表示する。）

自己の①肖像，②氏名・名称，③著名な雅号・芸名・筆名，④これらの著名な略称を，普通に用いられる方法で表示する商標である。

「自己の氏名」とはフルネームを意味し，「自己の名称」とは，例えば会社の場合，商業登記簿に登記された正式名称であって，「株式会社」を外したものは，著名な略称と認められる場合にのみ保護される(注8)(注9)。

ただし，1号は，商標権の設定登録があった後，不正競争の目的で，自己の氏名等を用いた場合には適用されない（商標26条2項）。「不正競争の目的」とは，単に他人の名称を知っていたというだけでは足りず，他人の信用を利用して不当な利益を得る目的をいう(注10)。

(注7) 『工業所有権法逐条解説〔第20版〕』1504頁以下。ただし，商標法26条の立法趣旨については異論もある。蘆立順美「商標権の効力の制限」『現代知的財産法講座1』375頁，『新注解商標法上』850頁〔田倉＝高田〕等参照。
(注8) 商標法4条1項8号につき，「株式会社の商号は……『他人の名称』に該当し，株式会社の商号から株式会社なる文字を除いた部分は同号にいう『他人の名称の略称』に該当するものと解すべきであって，登録を受けようとする商標が他人たる株式会社の商号から株式会社なる文字を除いた略称を含むものである場合には，その商標は，右略称が他人たる株式会社を表示するものとして『著名』であるときに限り登録を受けることができないものと解するのが相当である。」最判昭57・11・12民集36巻11号2233頁〔月の友の会事件〕。大阪地判平9・12・9知財集29巻4号1224頁〔古潭事件〕は，商標法26条1項1号該当性を論じるに当たり，同最判を引用している。
(注9) 「フランチャイズ契約により結合した企業グループは共通の目的の下に一体として経済活動を行うものであるから，右のような企業グループに属することの表示は，主体の同一性を認識させる機能を有するものというべきである。したがって，右企業グループの名称もまた，……自己の名称に該当するものと解するのが相当である。」『小僧寿し』は，フランチャイズ契約により結合した企業グループの名称である小僧寿しチェーンの著名な略称である」る（前掲（注2）最判平9・3・11〔小僧寿し事件〕）。
(注10) 東京高判平13・4・26（平成12年（行ケ）第345号）裁判所HP〔日本美容医学研究会事件〕。ただし，当該判示部分は，商標法4条1項8号の適用に関して判断する部分である。

(c) 商品（2号）・役務（3号）の普通名称等
① 当該指定商品・これに類似する商品の
　(i) 普通名称,
　(ii) 産地, 販売地, 品質, 原材料, 効能, 用途, 形状, 生産・使用の方法・時期その他の特徴・数量・価格（以下, 一括して「産地等」という。),
② 当該指定商品に類似する役務の
　(i) 普通名称,
　(ii) 提供の場所, 質, 提供の用に供する物, 効能, 用途, 態様, 提供の方法・時期その他の特徴・数量・価格（以下, 一括して「提供の場所等」という。),
③ 当該指定役務・これに類似する役務の
　(i) 普通名称,
　(ii) 提供の場所等,
④ 当該指定役務に類似する商品の
　(i) 普通名称,
　(ii) 産地等

を, 普通に用いられる方法で表示する商標である。

　普通名称は, 日本全国において通用する必要はなく, 特定の地域で普通名称となっているものでもよい[注11]。

　産地等の表示であっても, 使用により識別性を備えたものは商標登録を受けることができる（商標3条1項3号・2項)。したがって, このような登録商標と同一ないし類似の商標の使用については, 商標権者の識別力との相関関係で「普通に用いられる方法」か否かを判断し, 出所を誤認させようとするような使用態様は「普通に用いられる方法」に当たらないと考えるのが適当である[注12]。

（注11）「『しろくま』というのは, 鹿児島県を中心にした九州地方において, かき氷に練乳をかけ, フルーツをのせたものを意味する普通名称であると認めるのが相当である。そして, 商標法26条1項2号でいう『普通名称』というのは, 日本全国において通用することは必要でなく, 一地方において普通名称となっていれば足りるというべきである。」大阪地判平11・3・25（平成8年(ワ)第12855号)〔しろくま事件〕。なお, 同判決の判示部分の引用は『新注解商標法上』859頁・865頁〔田倉＝高田〕に基づく。

（注12）田村善之『商標法概説〔第2版〕』203頁, 網野誠『商標〔第6版〕』190頁, 西村康夫

(d) 指定商品等についての慣用商標（4号）

当該指定商品・指定役務又はこれらに類似する商品・役務について慣用されている商標である[注13]。

(e) 商品等が当然に備える特徴のみからなる商標（5号）

商品等が当然に備える特徴のうち政令（商標法施行令1条）で定めるもののみからなる商標である。商標法施行令1条は、「立体的形状、色彩又は音（役務にあっては、役務の提供の用に供する物の立体的形状、色彩又は音）とする。」と定めている。

(f) 商標的態様により使用されていない商標（6号）

本項1号ないし5号に掲げるもののほか、需要者が何人かの業務に係る商品又は役務であることを認識することができる態様により使用されていない商標である。

自他商品等の識別機能を発揮する形での商標の使用（いわゆる「商標的使用」）ではない商標の使用については、形式的には「使用」（商標2条3項）に該当する場合であっても、商標権侵害を構成しないものとする裁判例が積み重ねられてきた。これは、商標法による商標の保護は、商標が自他商品の識別標識としての機能を果たすのを妨げる行為を排除し、その本来の機能の発揮を確保せんとするものであるとの考えに基づくものといってよい。

そこで、平成26年法律第84号による一部改正において、こうした裁判例の積み重ねにより形成された法理を明文化したものが6号である[注14]。

商標的使用と認められないケースとしては、標章が専らその装飾的効果ないし意匠的効果を目的として使用され、自他商品識別機能を果たしていない場合[注15]や、標章が単に商品の内容を説明するための表示として需要者に理

「商標の使用(1)」『知財訴訟実務大系2』279頁）。
(注13) 「慣用商標であるというためには、当該商標を付した商品が、不特定多数の業者によって、相当の期間、相当の数量、反復継続して販売されてきたことを要する。」前掲（注11）大阪地判平11・3・25〔しろくま事件〕。
(注14) 『工業所有権法逐条解説〔第20版〕』1507頁。
(注15) 「被告商品に付された十二支に属する動物の絵である被告標章は、……被告商品の正月用の祝い箸という用途に対応して付された箸袋の習俗的装飾であり、専らその装飾的効果ないし意匠的効果を目的として用いられているものであって、被告商品を購入する者が、箸袋の表面に付された十二支の動物の絵柄を見ることによって商品の出所を想起することはないものと認められるから、被告標章は自他商品識別機能を果たす態様で使用されてい

解され，自他商品識別機能を果たしていない場合(注16)，専ら商品の宣伝のためのキャッチフレーズとして受け取られ，自他商品識別機能を果たしていない場合(注17)などがある(注18)。

　その主張立証責任については，平成26年改正前においては，侵害を主張する商標権者の側に商標的使用であることの主張立証責任があるとの見解もあったが(注19)，現行法においては，その文言から，抗弁として被疑侵害者が非商標的使用であることの主張立証責任を負うものと解される。

　(2) 他人の特許権等との関係(商標29条・33条の2・33条の3)

　商標権者は，指定商品等についての登録商標の使用が，その使用の態様により，その商標登録出願の日前に出願された他人の特許権，実用新案権又は意匠権やその商標登録出願の日前に生じた他人の著作権又は著作隣接権と抵触するときは，その抵触する部分について，その態様により登録商標の使用

　　　るものではないというべきである。」東京地判平10・7・16判タ983号264頁〔十二支箸事件〕。
(注16)　「被控訴人各商品の錠剤に付された『ピタバ』の表示(被控訴人各標章)は，有効成分である『ピタバスタチンカルシウム』について，……『略称』であることが認められる。」，「医師，薬剤師等の医療従事者の間においては，……被控訴人各商品の錠剤に付された『ピタバ』の表示(被控訴人各標章)は，有効成分である『ピタバスタチンカルシウム』の略称であることを認識するものと認められる。」，「患者においては，……被控訴人各商品の錠剤に付された『ピタバ』の表示(被控訴人各標章)は，被控訴人各商品の含有成分を略記したものであることを理解するものと認められる。」，「被控訴人各商品の需要者である医師，薬剤師等の医療従事者及び患者のいずれにおいても，被控訴人各商品に付された『ピタバ』の表示(被控訴人各標章)から商品の出所を識別したり，想起することはないものと認められるから，被控訴人各商品における被控訴人各標章の使用は，商標的使用に当たらないというべきである。」(知財高判平27・10・21(平成27年(ネ)第10074号)裁判所HP〔PITAVA事件〕)。
(注17)　「ALWAYS」・「always」なる欧文字(本件欧文字表記)，「オールウェイズ」なるカタカナ文字(本件カタカナ表記)につき「コカ・コーラの缶上に記載された本件欧文字表記及び本件カタカナ表記を見た一般顧客は，専ら，ザ・コカ・コーラ・カンパニーがグループとして実施している，販売促進のためのキャンペーンの一環であるキャッチフレーズの一部であると認識するものと解される。したがって，本件欧文字表記及び本件カタカナ表記は，いずれも商品を特定する機能ないし出所を表示する機能を果たす態様で用いられているものとはいえないから，商標として使用されているものとはいえない」(東京地判平10・7・22知財集30巻3号456頁〔オールウェイ事件〕)。
(注18)　榎戸道也「商標としての使用」『新裁判実務大系4』397頁)，西村・前掲(注12)290頁。商標の使用に関する裁判例については，これらの文献のほか，『新注解商標法上』867頁〔田倉＝高田〕を参照。
(注19)　榎戸・前掲(注18) 400頁。西村・前掲(注12) 290頁も同旨だが，平成26年改正後は，非商標的使用は抗弁として被告が主張立証責任を負担することになるとする(同295頁)。

をすることができない（商標29条）。また，当該特許権者等がその権利の範囲内で指定商品等につき登録商標と同一又は類似の標章を使用しても，その行為は商標権侵害とされない[注20]。

また，商標登録出願の日前又はこれと同日に出願された特許権，実用新案権又は意匠権がその商標登録出願に係る商標権と抵触する場合で，その特許権等の存続期間が満了したときは，その原特許権者等は，原特許権等の範囲内において，その商標登録出願に係る指定商品等又はこれらに類似する商品等について，その登録商標又はこれに類似する商標の使用をする権利を有する（商標33条の2第1項本文・3項）。ただし，その使用が不正競争の目的でされない場合に限る（同条1項ただし書）。その特許権等の専用実施権者及び通常実施権者についても同様である（商標33条の3）。著作権については明文規定がないが，商標法33条の2を類推適用するのが相当である[注21]。

(3) **専用使用権**（商標25条ただし書・30条），**通常使用権**（商標31条）

商標権者は，その商標権について専用使用権を設定することができる（商標30条1項本文）。専用使用権者は，設定行為で定めた範囲内において，指定商品等について登録商標の使用をする権利を専有し（同条2項），その範囲内では商標権者といえども登録商標を使用し得ない（商標25条ただし書）。専用使用権が物権的効力を有する権利であることに基づく。

なお，商標権者は，その商標権について他人に通常使用権を許諾することができ（商標31条1項本文），通常使用権者は，設定行為で定めた範囲内で，指定商品等について登録商標の使用をする権利を有する（同条2項）。もっとも，この場合，商標権者は，登録商標を使用することは法律上制限されず，契約（通常使用権設定契約等）により制限され得るにとどまる。

(注20) 商標法29条は，「商標権がその商標登録出願日前に成立した著作権と抵触する場合，商標権者はその限りで商標としての使用ができないのみならず，当該著作物の複製物を商標に使用する行為が自己の商標権と抵触してもその差止等を求めることができない旨を規定していると解すべきである。」最判平2・7・20民集44巻5号876頁〔ポパイ・マフラー事件〕。

(注21) 茶園成樹「著作権と商標権の関係」コピ604号18頁，西村・前掲（注12）280頁，『新注解商標法上』1029頁〔小池豊＝町田健一〕。

(4) 先使用権（商標32条）

　他人の商標登録出願前から不正競争の目的でなくその出願に係る指定商品等又はこれらに類似する商品等についてその商標又はこれに類似する商標を使用していた結果，その商標登録出願の際現にその商標が自己の業務に係る商品等を表示するものとして需要者間に広く認識されているときは，その者は，継続してその商品等につきその商標の使用をする場合は，その商品等についてその商標を使用する権利を有する（商標32条1項前段）。これを先使用権という。

　他方，当該商標の商標権者は，先使用権者に対し，その者の業務に係る商品等と自己の業務に係る商品等との混同を防ぐのに適当な表示を付すべきことを請求し得る（同条2項）。

　「需要者の間に広く認識されている」すなわち周知性の程度について，商標法4条1項10号と同義に解すべきかについては争いがあり，この点は周知性の認められるべき地理的範囲，需要者層の理解にも関連する[注22]。

(5) 中用権（商標33条）

　商標登録が無効とされた原商標権者等所定の事由（商標33条1項各号）に該当する者が，商標登録無効審判請求（商標46条1項）の登録前に，無効事由に該当することを知らないで指定商品等又はこれらに類似する商品等について当該登録商標又はこれに類似する商標の使用をし，その商標が自己の業務に

[注22]　裁判例としては，「商標法32条1項は，先使用が認められた者に『その商品又は役務についてその商標を使用する権利』を認めるにすぎず，無限定にその商標を使用することができるわけではないこと，同条2項の規定により，商標権者は，誤認混同防止措置を付すことを請求することができること，同条1項の周知性が同法4条1項10号における周知性と同じ意味であれば，当該商標権は無効とされるべきものとなり，そもそも商標権者は商標権を行使することができず（同法39条，特許法104条の3），先使用権を認める必要はないことからすれば，商標法32条1項にいう『需要者の間に広く認識されている』範囲は，同法4条1項10号より狭いものであってもよいと解すべきである。」「本件においては，……機関誌……等においては，被告各施設が所在する地域である兵庫県西播磨圏域に所在する老人保健施設等がまとめて紹介されていることからすれば，被告各施設の需要者は，主として当該圏域に居住する者と認められるから，当該圏域の需要者の間に広く認識されていれば足りるとするのが相当である。」（東京地判平22・7・16判タ1344号204頁〔シルバーヴィラ事件〕）とするものなどがある。

係る商品等を表示するものとして需要者の間に広く認識されていたときは，その者は，継続してその商品等についてその商標の使用をする場合は，その商品等についてその商標の使用をする権利を有する（商標33条1項前段）。これを中用権という。

他方，当該登録商標の商標権者は，中用権者に対し，相当の対価の請求権（同条2項）及び混同防止表示付加請求権（同条3項）を有する。

(6) **質権者との特約がある場合**（商標34条）

商標権等を目的として質権を設定した場合，質権者は，原則として当該指定商品等について当該登録商標を使用することができない。質権設定者である商標権者はなお登録商標の使用権を有するといってよいが（物上代位を認める同条3項参照），契約で別段の定めをした場合は，商標権者といえども登録商標を使用し得ない。

(7) **共有**（商標35条，特許73条）

商標権が共有に係るときでも，各共有者は，契約で別段の定めをした場合を除き，他の共有者の同意を得ないで登録商標を使用し得る（商標35条，特許73条2項）。

なお，商標権侵害と必ずしも直接かかわるものではないが，その持分の譲渡，質権設定（商標35条，特許73条1項），専用実施権の設定，通常使用権の許諾（商標35条，特許73条3項）については，他の共有者の同意を要する。

(8) **権利行使の制限**（商標39条，特許104条の3第1項）

商標権侵害訴訟において，当該商標が商標登録無効審判により無効とされるべきものと認められるときは，商標権者は，相手方に対してその権利を行使し得ない。無効の抗弁といわれる。これは，特許権侵害訴訟において無効原因が認められる特許権を行使することは権利濫用に当たり許されないとした最判平12・4・11民集54巻4号1368頁〔キルビー特許事件〕の法理を，平成16年法律第120号による明文化の際に，特許権のみならず商標権にも及ぼしたものである[注23]。

(9) 回復した商標権の効力の制限（商標22条・59条・60条）

　商標権は，商標権者が更新登録をすることのできる期間内（商標20条3項）にその申請をしなければ，存続期間の満了の時にさかのぼって消滅したものとみなされる（同条4項）。しかし，その場合でも，原商標権者は，当該期間内にその申請ができなかったことについて正当な理由があるときは，所定の期間内に限り，なおその申請をすることができる（商標21条1項）。この場合，当該商標権の存続期間は，その満了の時にさかのぼって更新されたものとみなされる（同条2項）。

　ただし，これにより回復した商標権の効力は，商標法20条3項により更新登録申請をし得る期間の経過後同法21条1項所定の申請により商標権の存続期間の更新登録がされる前までの間の当該指定商品等についての当該登録商標の使用等には及ばない（商標22条）。

　また，取り消し・無効にした商標登録に係る商標権が再審により回復したときは，商標権の効力は，当該取消決定・審決の確定後再審請求の登録前における当該指定商品等についての当該登録商標の善意の使用等には及ばない（商標59条）。

　さらに，取り消し・無効にした商標登録に係る商標権が再審により回復した場合，又は拒絶審決があった商標登録出願について再審により商標権の設定登録があった場合，当該取消決定・審決の確定後再審請求の登録前に，善意に当該指定商品等又はこれに類似する商品等について当該登録商標又はこれに類似する商標の使用をした結果，再審請求の登録の際現にその商標が自己の業務に係る商品等を表示するものとして需要者の間に広く認識されているときは，その者は，継続してその商品等についてその商標の使用をする場合は，その商品等についてその商標の使用をする権利を有する（商標60条）。

　これらの制度は，回復された商標の商標権者の側から見れば，その商標権

（注23）　商標権侵害訴訟の無効の抗弁に関しては，除斥期間経過により商標登録無効審判を請求し得なくなった場合（商標47条）になおこれを主張し得るか，という問題がある。最高裁はこれを認めず，ただそのような商標権の行使が権利濫用に当たることをもって抗弁とし得ることを認めた（最判平29・2・28民集71巻2号221頁〔エマックス事件〕）。この点に関する詳細は本書項目〔**24**〕を参照されたい。

の効力を制限するものということができる。

(10) 真正商品の流通

　商標権者によって商標を付して販売等され，流通に置かれた商品（真正商品）が転々譲渡される行為については，商標権の効力は及ばず，商標権侵害を構成しない。これらの行為は，実質的に見て商標の機能である出所表示機能・品質保証機能を害さないものといってよいが，このような取扱いの根拠を端的にその点に求めるか，特許権の消尽(注24)と同様に考えるかについては争いがある。

　もっとも，上記はあくまで商標権者が譲渡した商品をそのまま流通させる場合に妥当するものであり，当該商品に何らかの改変を施し，これに商標を付して譲渡したような場合は，商標権侵害となる(注25)。

(11) そ の 他

　以上のほかに，商標の効力の制限に関しては，権利濫用（民1条3項），真正商品の並行輸入といった問題もあるが，これらについては別項（前者につき本書項目〔24〕，後者につき項目〔23〕）を参照されたい。

(注24)　最判平9・7・1民集51巻6号2299頁〔BBS事件〕。
(注25)　「正当な権限がないのに指定商品の包装に登録商標を付したものを販売する目的で所持する場合，その中身が商標権者自身の製品でしかも新品であることは商標法37条2号，78条の罪の成立になんら影響を及ぼさない」最決昭46・7・20刑集25巻5号739頁〔ハイ・ミー事件〕。また，被告が使用済みの原告製品の芯管（原告の付した登録商標が付されたままのもの）に分包紙を巻き直すことによって製品化し，販売した事案において「分包紙及びその加工の主体が異なる場合には，品質において同一性のある商品であるとはいいがたいから，このような原告製品との同一性を欠く被告製品について本件各登録商標を付して販売する被告の行為は，原告の本件各商標権（専用使用権）を侵害するものというべきである。実質的にみても，購入者の認識にかかわらず，被告製品の出所が原告ではない以上，これに本件各登録商標を付したまま販売する行為は，その出所表示機能を害するものである。また，被告製品については原告が責任を負うことができないにもかかわらず，これに本件登録商標が付されていると，その品質表示機能をも害することになる」大阪地判平26・1・16判時2235号93頁〔薬剤分包用ロールペーパー事件〕。

23 並行輸入

永田 早苗

> 真正商品の並行輸入であるとして，商標権侵害の実質的違法性を欠くとされる要件をどのように考えるべきか。

〔1〕 問題の所在

(1) はじめに

　外国で製造された商品を輸入するに際し，我が国における総代理店等によって国内に輸入するという流通経路を通らずに，外国で販売された商品を現地で購入した上，総代理店以外の者が別ルートで輸入することを，「並行輸入」という[注1]。
　我が国で商標登録された標章を付した商品を輸入する行為は，商標の使用に当たる（商標2条3項2号）から，国内商標権者等の許諾なく上記商品を輸入することは，商標権を侵害し，又は侵害するものとみなされる（商標25条・37条1号）。しかし，我が国では，判例上，一定の場合には，並行輸入は商標権侵害の実質的違法性を欠くとされている。

(2) 問題の設定

　本項目では，以下の設問を通じて，並行輸入が商標権侵害の実質的違法性を欠くとされる要件のうち，最判平15・2・27民集57巻2号125頁〔フレッドペリー事件〕の第1要件と第3要件の解釈及び適用について検討する。
〔問題1〕　C_1は，F_1国におけるM_1商標の商標権者H_1が，F_1国におい

　（注1）　髙部眞規子・最判解民平成15年度85頁。

23 並行輸入

てM₁商標を付した商品G₁を輸入した。日本における，M₁商標の商標権者は，H₁である。C₁の輸入行為は，H₁の商標権侵害の実質的違法性を欠くといえるか。

〔問題2〕　C₂は，F₂国におけるM₂－1商標の商標権者H₂が，F₂国において，M₂－1商標とは異なるが，それと類似するM₂－2商標を付した商品G₂を輸入した。日本における，M₂－2商標の商標権者は，H₂である。C₂の輸入行為は，H₂の商標権侵害の実質的違法性を欠くといえるか。

〔問題3〕　C₃は，F₃国におけるブランドM₃を保持しているがM₃商標につき商標登録を有しないH₃が，F₃国においてM₃商標を付した商品G₃を輸入した。日本における，M₃商標の商標権者は，H₃である。C₃の輸入行為は，H₃の商標権侵害の実質的違法性を欠くといえるか。

〔問題4〕　C₄は，F₄国におけるM₄商標の商標権者であるH₄から，M₄ブランドの商品であるがM₄商標が付されていない商品G₄を輸入した。C₄は，日本において，商品G₄の広告にM₄商標を掲載して頒布した。日本における，M₄商標の商標権者は，H₄である。C₄の日本における広告頒布行為は，H₄の商標権侵害の実質的違法性を欠くといえるか。

〔問題5〕　C₅は，F₅国におけるM₅商標の商標権者であるH₅のライセンシーL₅が，M₅商標を付した商品G₅を輸入した。商品G₅は，H₅とL₅との間のライセンス契約に違反して製造販売されたものである。日本における，M₅商標の商標権者は，H₅である。C₅の輸入行為は，H₅の商標権侵害の実質的違法性を欠くといえるか。

〔問題6〕　C₆は，F₆国におけるM₆商標の商標権者H₆がM₆商標を付した商品G₆－1を輸入した。日本における，M₆商標の商標権者は，H₆の商品の販売代理店であるL₆であり，G₆－1の品質とL₆がH₆から輸入し日本で販売する商品G₆－2の品質とは，全く同一ではない。C₆の輸入行為は，H₆の商標権侵害の実質的違法性を欠くといえるか。

〔2〕〔フレッドペリー事件〕最高裁判決まで

(1) 大阪地判昭45・2・27無体集2巻1号71頁〔パーカー事件〕まで

真正商品の並行輸入を検討するに当たって、最も基本的な事案は、〔問題1〕のようなものである。

前掲〔パーカー事件〕判決以前は、〔問題1〕の事案において、G1の輸入は専用使用権に基づく差止めの対象となると判断される(注2)など、日本における商標権侵害になると考えられてきた(注3)。

(2) 〔パーカー事件〕判決

前掲〔パーカー事件〕判決は、以下のとおり、真正商品の並行輸入は商標権侵害に該当しないとの判断を示した。

米国会社であるパーカー社は、日本において、指定商品に万年筆を含む登録商標「PARKER」(注4)の商標権者であり、被告は、その専用使用権者である。原告は、パーカー社が製造し「PARKER」の商標を付した万年筆を香港から輸入しようとしたが、被告が税関当局に対して「PARKER」の登録商標を付した万年筆等の第三者による輸入は被告の専用使用権の侵害であるとして輸入差止申立てをしており、原告は、大阪税関より輸入不許可処分を受けた。そこで、原告は被告に対し、被告は、原告のなす上記万年筆輸入等につき、専用使用権に基づく差止請求権を有しないことの確認を求めた。

裁判所は、商標権の属地主義の妥当する範囲は、商標の出所識別及び品質保証機能に対する侵害の有無を重視して合理的に決定しなければならないとした。そして、本件においては、同一商標につき同一人が内国及び外国において商標権を有し、その商標が世界的に著名な商標であり、商標権者が内国商標権につき専用使用権を設定したのは専用使用権者に対し外国において製

(注2) 東京地決昭39・6・1（昭和39年㋵第2339号）判例集未登載（『商標・商号・不正競争判例百選』130頁所収）。
(注3) より詳しくは、小野昌延＝三山峻司『新商標法概説〔第2版〕』324頁。
(注4) 本項目においては、商標の態様は問題とならないため、正確さを欠くものの、簡略に表記する。また、指定商品及び役務の同一性の有無や類否も問題とならないため、記載しない場合がある。以下同じ。

造した商品の内国における一手販売権を与えるためのみの目的で行われているから，著名商標によって識別される商品の出所は，特別の事情のない限り商品の生産源であって，内国の販売源ではなく，Xの輸入販売しようとするパーカー社の製品とYの輸入販売するパーカー社の製品とは全く同一であってその間に品質上いささかの差異もない以上，需要者に商品の出所品質について誤認混同を生じさせる危険はない，などとして，Xのパーカー製品輸入販売行為は，実質的に違法性を欠き，権利侵害を構成しないとした。

(3) 〔パーカー事件〕判決以降

上記〔パーカー事件〕判決をリーディングケースとして，以降，真正商品の並行輸入に関し，多くの下級審判決が出された。そのうち，並行輸入行為等が実質的に違法性を欠き，商標権侵害に当たらないとしたものに，東京地判昭59・12・7無体集16巻3号760頁〔ラコステ事件〕，名古屋地判昭63・3・25判タ678号183頁〔BBS商標事件〕，東京地判平2・12・26無体集22巻3号873頁〔GUESS事件〕，並行輸入行為等が実質的に違法性を欠くとはいえず，商標権侵害に当たるとしたものに，東京地判昭48・8・31無体集5巻2号261頁〔マーキュリー事件〕，東京高判昭56・12・22無体集13巻2号969頁〔テクノス事件控訴審〕，大阪地判平2・10・9無体集22巻3号651頁〔ロビンソン事件〕，大阪地判平8・5・30判時1591号99頁〔クロコダイル事件〕，東京地八王子支判平9・2・5判タ968号242頁〔ジョルジオ・アルマーニ事件〕，東京地判平11・1・18判タ997号262頁〔エレッセ事件〕がある。

(4) 〔フレッドペリー事件〕最高裁判決

(a) 事 案

A社は，従前，フレッドペリー商標の商標権者であった。その後，商標権譲渡により，原告は，平成8年に日本におけるフレッドペリー商標の商標権者となり，原告の100％子会社であるB社は，平成7年に日本以外の国におけるフレッドペリー商標の商標権者となった。

被告は，C社からフレッドペリー商標を付した中国製ポロシャツ（本件製

品）を日本へ輸入し販売した。C社は，A社から，平成6年4月1日から3年間，フレッドペリー商標の使用につき，許諾を受けており，A社の許諾者の地位は，商標権の承継に伴い，B社に移転した。本件契約には，C社が使用許諾を受けた地域は，シンガポール，マレーシア，ブルネイ及びインドネシアであり，製造等の下請けには，A社の事前の書面同意が必要である旨の取決めがあった。本件製品は，A社の同意なく，C社が中国にある工場に下請製造させたものである。

　主要な争点は，被告の本件商品の輸入販売行為がフレッドペリー商標権を侵害するか否かである。

　(b)　判　　旨

　裁判所は，「商標権者以外の者が，我が国における商標権の指定商品と同一の商品につき，その登録商標と同一の商標を付したものを輸入する行為は，許諾を受けない限り，商標権を侵害する（商標法2条3項，25条）。しかし，そのような商品の輸入であっても，①当該商標が外国における商標権者又は当該商標権者から使用許諾を受けた者により適法に付されたものであり，②当該外国における商標権者と我が国の商標権者とが同一人であるか又は法律的若しくは経済的に同一人と同視し得るような関係があることにより，当該商標が我が国の登録商標と同一の出所を表示するものであって，③我が国の商標権者が直接的に又は間接的に当該商品の品質管理を行い得る立場にあることから，当該商品と我が国の商標権者が登録商標を付した商品とが当該登録商標の保証する品質において実質的に差異がないと評価される場合には，いわゆる真正商品の並行輸入として，商標権侵害としての実質的違法性を欠くものと解するのが相当である。けだし，商標法は，『商標を保護することにより，商標の使用をする者の業務上の信用の維持を図り，もって産業の発達に寄与し，あわせて需要者の利益を保護することを目的とする』ものであるところ（同法1条），上記各要件を満たすいわゆる真正商品の並行輸入は，商標の機能である出所表示機能及び品質保証機能を害することがなく，商標の使用をする者の業務上の信用及び需要者の利益を損なわず，実質的に違法性がないということができるからである。」という一般論を述べた上，本件においては，本件商品は，C社が商標権者の同意なく，契約地域外である中

国にある工場に下請製造させたものであり，本件契約の許諾の範囲を逸脱して製造されフレッドペリー商標が付されたものであって，商標の出所表示機能を害するものであり，本件契約中の製造国の制限及び下請の制限は，商標権者が商品に対する品質を管理して品質保証機能を十全ならしめる上で極めて重要であり，これらの制限に違反して製造され本件標章が付された本件商品は，商標権者による品質管理が及ばず，本件商品と原告が本件登録商標を付して流通に置いた商品とが，本件登録商標が保証する品質において実質的に差異を生ずる可能性があり，商標の品質保証機能が害されるおそれがある，として，本件商品の輸入はいわゆる真正商品の並行輸入と認められないから，実質的違法性を欠くということはできない，と判断した。

(5) 検 討

〔問題１〕においては，〔フレッドペリー事件〕最高裁判決で示された上記３要件（以下，①の要件を「第１要件」，②の要件を「第２要件」，③の要件を「第３要件」という。）を満たせば，C_1の商品G_1輸入行為は商標権侵害の実質的違法性を欠くといえる。商標M_1はF_1国の商標権者であるH_1によって商品G_1に付されているから，第１要件を満たす。F_1国の商標権者と我が国の商標権者は，いずれもH_1であるから，第２要件を満たす。したがって，第３要件を満たせば，商品G_1の輸入行為は，商標権侵害の実質的違法性を欠くものである。

〔3〕 第１要件における付された商標と登録商標との異同

(1) 問題の所在

〔問題２〕は，第１要件に関する問題である。第１要件は，商品に対して商標が外国における商標権者等から適法に付されたことを要求しているが，付された商標は登録された商標と同一であることを要すると解するのが素直である。しかし，実際には，付された商標が登録商標と同一ではない場合もあろう。そうすると，第１要件を欠くから，商標権侵害の実質的違法性を欠

くとはいえない，とすべきなのであろうか。

(2) 第1要件の位置付け

〔フレッドペリー事件〕最高裁判決においては，第1要件ないし第3要件を満たせば商標権侵害の実質的違法性を欠くと判示したが，これらの要件を満たさないものは商標権侵害の実質的違法性を欠くものではないと判示したわけではない。

〔フレッドペリー事件〕最高裁判決は，本件商品が商標権者の同意なく，契約地域外である中国に下請製造させたという本件契約の許諾の範囲を逸脱して製造され，フレッドペリー商標が付されたものであって，商標の出所表示機能を害すると判示しているから，第1要件は，商標の出所表示機能に係る要件であり，商標を付する行為が外国の商標権者の権限に基づくものといえるかを検討しているものと考えられる[注5]。

(3) 付した標章と登録商標との異同

〔問題2〕において，商品G_2に付された商標は，M_{2-2}であって，F_2国で登録された商標M_{2-1}とは異なっている。そうすると，H_2がF_2国において商品G_2に商標M_{2-1}を付す行為は，H_2のF_2国における商標権に基づくものとはいえない。

しかし，世界的に展開しているブランドについて，各国で登録されている商標がある程度異なることはあり得ると考えられ，このような場合に我が国における商標と商品に付された商標がわずかに異なっていることを理由に，並行輸入行為が商標権侵害の実質的違法性を欠くとはいえない，と結論付けることは，バランスを失する。上記のとおり，第1要件は，商標を付する行為が外国の商標権者の権限に基づくものといえるかを検討しているから，商標を付する行為がF_2国におけるH_2の商標に関する権利又は利益に基づいている場合には，第1要件にいう「適法に」付されたといえる，としてよいであろう。

(注5) 宮脇正晴「商標機能論の具体的内容についての一考察」立命館法学290号9頁は，第1要件は，外国商標の付された輸入品の現実の出所について判断するものである，とする。

M₂－1商標とM₂－2商標との間の何らかの関連性などを要件とすべきかについては、〔問題3〕で併せて検討する。

なお、「適法に」付したか否かを判断する準拠法については、いわゆる真正商品の並行輸入として実質的違法性を欠くか、という我が国の商標法上の違法性の問題であるから、我が国の商標法が適用されるが、その前提として、当該外国の商標法を適用して、適法に付されたか否かが判断される[注6]。

〔4〕 第1要件における外国商標登録の有無

(1) 問題の所在

〔問題3〕も第1要件に関するものである。第1要件は、商品に商標を付した者が外国の「商標権者」等であることを要求している。そうすると、商品に商標を付した者が当該外国において商標権を有していない場合は、第1要件を欠くとして、商標権侵害の実質的違法性を欠くとはいえなくなるのであろうか。

(2) 裁判例

〔問題3〕のような事案において、真正商品の並行輸入であるから商標権侵害の実質的違法性を欠くと判断した、以下の裁判例がある。

(a) 東京高判平15・3・19（平成13年(ネ)第5605号ほか）裁判所HP〔迷奇事件〕

Aは、「迷奇」等の商標（「迷奇商標」）の日本における商標権者である。被控訴人は、Aから迷奇商標権について、地域を日本全国とする専用使用権の設定を受けた。控訴人は、迷奇商標と同一ないし類似の標章を付した美容クリーム（控訴人製品）を日本へ輸入し、販売した。裁判所は、控訴人製品のうち、Aが中国国内で拡布した商品については、真正商品の並行輸入として実質的な違法性を欠くと判断した。Aが中国における商標権者であることは認

(注6) 同旨、森川さつき「商標商品の並行輸入」『知財訴訟実務大系2』317頁。

定されていない。

(b) 東京地判平28・11・24（平成27年(ワ)第29586号）裁判所HP〔TWG事件〕
　原告は，TWG商標の日本における商標権者である。被告は，TWG商標と同一の標章を付した被告商品を日本へ輸入した。裁判所は，①被告商品は，原告から第三者に対し，当該第三者からアーバン社に，アーバン社から被告に対し順次販売されたものであり，②被告商品は，密封された包装袋の中に紅茶の茶葉が入った綿製のティーバッグが納められたものであって，輸入時には200個ずつダンボール箱に詰められており，これを20個ずつ透明のビニール袋に詰めた状態で販売され，③原告が日本で販売する商品は，透明のビニール袋で包装された化粧箱の中に被告商品の包装袋と同一の外観を有する密封された包装袋の中に紅茶の茶葉が入った綿製のティーバッグが納められていることを認定した上で，①被告商品は，原告からアーバン社等を経て被告が輸入し，外観及び内容が変えられることなく販売されたものであり，原告が我が国で販売する商品と包装袋の外観及びその内容物が紅茶のティーバッグである点で同一であることが明らかであり，②原告商標と被告商品に付された標章は同一であり，③原告商標の商標権者が原告であることを併せ考えれば，被告商品の包装袋に記載された被告標章は原告が付したものであって原告商標と同一の出所を表示するものと認められ，被告商品は原告において製造されたままの状態で流通されたものであるから，被告商品の品質管理を原告が直接的に行い得ると認められる，として，被告商品と原告が販売する商品とが原告商標の保証する品質において差異がないということができ，被告商品の輸入及び販売は，いわゆる真正商品の並行輸入として，商標権侵害としての実質的違法性を欠く，と判断した。
　原告が外国における商標権者であることは，認定されていない。

(c) 大阪高判平29・9・21（平成29年(ネ)第245号）裁判所HP〔ZOLLANVARI事件〕
　控訴人は，ZOLLANVARI社（以下「ゾ社」という。）と日本におけるじゅうたんの総代理店契約を締結した。ゾ社のZOLLANVARI商標は，日本国内において取引者間，需要者間で広く認識されている。控訴人は，ゾ社の同意を得て，ZOLLANVARI商標の日本における商標権者となった。被控訴人は，

ZOLLANVARI商標に類似した標章（被控訴人標章）を付した被控訴人商品を，日本で販売し，販売のために被控訴人ウェブサイトに掲載し，被控訴人商品の広告に被控訴人標章を付して被控訴人ウェブサイトに掲載した。裁判所は，ゾ社はイランにおいてZOLLANVARI商標の商標権を取得していないが，「ゾ社は世界各地に直営店を設けている中で，日本においては，控訴人が，ゾ社の総代理店として，直営店と同じ扱いと待遇を受けていると認められる。それに加えて，控訴人は，……ゾ社から権限を授与されて初めてZOLLANVARI商標(注7)の登録を受けることができたのであるから，ゾ社がイランにおいて商標権を有している場合と実質的には変わるところがないといえる。そうすると，被控訴人が，被控訴人標章が付された被控訴人商品を輸入した上，これを販売し，販売のために被控訴人ウェブサイトに掲載した行為は，ZOLLANVARI商標の出所表示機能を害することがないといえる。」とした。控訴人は，ZOLLANVARI商標につき登録出願したところ，特許庁の審査官が，ZOLLANVARI商標はゾ社が商品「敷物」に使用し，ZOLLANVARI商標の登録出願前から取引者，需要者に広く認識されている商標と同一又は類似であり，かつ同一又は類似の商品に使用するものであり，商標法4条1項10号に該当することを理由に拒絶通知をした。その後，控訴人は，控訴人が日本国におけるゾ社の総代理店であること，及び控訴人がZOLLANVARI商標を日本国において使用し，かつ，当該商標を日本国において登録出願する権限を有することについてのゾ社代表者作成の証明書を添付した手続補正書を特許庁に提出したところ，ZOLLANVARI商標の登録査定がなされたものである。

(3) 検　　討

〔問題3〕のような事案においても，第1要件において商標を付したのが外国の「商標権者」等であることを要求すべきと考えるのであれば，前掲大阪高判平29・9・21〔ZOLLANVARI事件〕のように，H3がF3国において商標権を有している場合と実質的に変わるところはないことを要件とすべ

(注7)　判決文中では，「控訴人商標」と表現されている。以下同じ。

きといえる。そして，同事件においては，①控訴人はゾ社の総代理店であったこと，②ゾ社から権限を授与されてはじめてZOLLANVARI商標の登録を受けることができたことを根拠に，上記要件を満たすとした。上記①は，第2要件と同じである。そうすると，第1要件の判断において独自に検討すべきであるのは，上記②であることになる。同事件において，控訴人が控訴人商標の登録ができたのは，ZOLLANVARI商標が商標法4条1項10号に該当するものの，ゾ社の同意があったからであり，つまり，ゾ社の商標がゾ社の商品を表示するものとして我が国の需要者の間に広く認識されていたことを第1要件の内実として考慮したといえる。

　それでは，外国において商標を付した者が，日本における登録商標と同一の商標につき，当該外国で商標権を有している，又はそれと同視することができるような利益を有していることを要件とすべきであろうか。これを要件とすべきとすると，以下のような事態が生じる。

　〔問題3〕で，H_3のブランドM_3が，我が国の需要者の間に広く認識されているといえる場合には，G_3にM_3商標を付する行為は，第1要件を充足する。M_3商標を付した者と，我が国の商標権者とは同一であるから，第2要件も充足する。そうすると，第3要件を充足すれば，G_3を輸入する行為は，H_3の我が国におけるM_3商標に係る商標権侵害の実質的違法性を欠く。反対に，H_3のブランドM_3が，我が国の需要者の間で無名である場合，G_3にM_3商標を付する行為は，第1要件を充足しない。そうすると，第2要件，第3要件を充足していても，G_3を輸入する行為は，H_3の我が国におけるM_3商標に係る商標権侵害の実質的違法性を欠くとはいえない。つまり，H_3は，M_3商標が我が国で有名であれば，並行輸入品を阻止することができず，M_3商標が我が国で無名であれば，並行輸入品を阻止することができる。

　〔問題2〕において，第1要件を判断する際に，M_{2-1}商標とM_{2-2}商標との間の何らかの関連性などの要件を課す場合にも，同じような問題が生じる[注8]。

（注8）　もっとも，M_{2-1}商標がM_{2-2}商標と類似していない場合，G_2商品の輸入行為は，我が国におけるM_{2-2}商標についての商標権侵害に該当しないこととなる。

M₃商標の我が国における周知性の有無や，M₂−1商標とM₂−2商標との関連性の有無等によって，並行輸入行為が商標権侵害の実質的違法性を欠くか否かの結論を異にしなければならない理由はない。第1要件は，商標を付する行為が，外国のある者（並行輸入行為であるから実質的違法性を欠くと主張する者が，商標を付した者であると主張する者）の商標に関する権限に基づくものであることを要件としたものであると解すれば足りる。

〔5〕 広告に商標を使用する行為

(1) 問題の所在

第1要件は，商品に商標を「付した」行為についてのものである。そうすると，問題となる商標が外国において商品に付されたのではなく，商品を宣伝するために我が国において広告に記載されて頒布された〔問題4〕のような場合，第1要件をそのまま適用することはできない。この場合に，どのような要件を課すべきであろうか。

(2) 判決例

前掲大阪高判平29・9・21〔ZOLLANVARI事件〕においては，以下のような判断を示した。
「まず，被控訴人各標章が付された広告において宣伝された被控訴人商品は，被控訴人が，控訴人商標の外国における商標権者と同視できるゾ社から，日本国内で販売することを前提として，購入して輸入したものである。そして，控訴人は，ゾ社の日本における総代理店であって，ゾ社の直営店と同じ扱いと待遇を受けており，控訴人商標の出所表示機能を検討する際には，控訴人とゾ社は同視することができる。そうであれば，被控訴人商品の広告に，ZOLLANVARI商標と類似する被控訴人各標章を付して被控訴人ウェブサイトに掲載しても，ZOLLANVARI商標の出所表示機能を害することがないといえる。
また，被控訴人商品と控訴人商品とは，ZOLLANVARI商標の保証する品

質において実質的に差異がないといえるから，被控訴人商品の広告に，ZOLLANVARI商標と類似する被控訴人各標章を付して被控訴人ウェブサイトに掲載しても，ZOLLANVARI商標の品質保証機能を害することがないといえる。」

「そうすると，被控訴人商品の広告に被控訴人各標章を付して被控訴人ウェブサイトに掲載する行為は，ZOLLANVARI商標の出所表示機能及び品質保証機能を害することがなく，また，以上に述べたところによれば，商標の使用をする者の業務上の信用及び需要者の利益を損なうこともないから，商標権侵害行為としての実質的違法性を欠くというべきである。」

(3) 検　討

前掲大阪高判平29・9・21〔ZOLLANVARI事件〕は，第1要件に代わるものとして，宣伝対象となる商品が，外国商標権者（と同視できる者）から日本国内で販売することを前提として購入されたものであることを要件とした上で，第1要件ないし第3要件を判断したものである。広告に商標を使用する行為が，「商標の使用をする者の業務上の信用及び需要者の利益を損なうことがない」ことを，さらに要求したものと解すべきではないであろう。なぜなら，商標の出所表示機能及び品質保証機能が害されない場合に，さらに「商標を使用する者の業務上の信用」や「需要者の利益保護」を要件とすることは，商標の機能として宣伝広告機能を重視しているようにも考えられ，並行輸入の場合のみならず，日本国内だけで流通する商品について，末端の小売業者が広告に商標を記載する行為についても，同様の要件を課すべきということになりかねないからである。

理論上は，①商品G_4に商標M_4が付されていると仮定して商品G_4の輸入行為が商標権侵害の実質的違法性を欠くか否かを検討した上で，商品G_4の輸入行為が商標権侵害の実質的違法性を欠く場合には，その商品G_4の宣伝広告に商標M_4を使用する行為も商標権侵害の実質的違法性を欠く，というアプローチと，②広告に商標M_4を使用する行為について，商標権侵害の実質的違法性を欠くか否かを検討するというアプローチがあり得る。上記②のアプローチをとる場合には，第1要件を，「F_4国で商品G_4の広告に商標

M₄を使用することが，H₄との関係で適法といえること」とした上で，第1要件ないし第3要件を検討すればよいであろう(注9)(注10)。

〔6〕 ライセンス契約違反の場合

(1) 問題の所在

〔問題5〕は，〔フレッドペリー事件〕最高裁判決と同様の事案である。〔フレッドペリー事件〕最高裁判決においては，ライセンス契約違反の問題を，第1要件と第3要件で検討した。製造等を許諾する国を制限し商標権者の同意のない下請製造を制限する旨の条項に違反したことを，第1要件においては，「本件商品は，シンガポール共和国外3か国において本件登録商標と同一の商標の使用許諾を受けたオシア社が，商標権者の同意なく，契約地域外である中華人民共和国にある工場に下請製造させたものであり，本件契約の本件許諾条項に定められた許諾の範囲を逸脱して製造され本件標章が付されたものであって，商標の出所表示機能を害するものである。」，第3要件においては，「本件許諾条項中の製造国の制限及び下請の制限は，商標権者が商品に対する品質を管理して品質保証機能を十全ならしめる上で極めて重要である。これらの制限に違反して製造され本件標章が付された本件商品は，商標権者による品質管理が及ばず，本件商品と被上告人ヒットユニオンが本件登録商標を付して流通に置いた商品とが，本件登録商標が保証する品質において実質的に差異を生ずる可能性があり，商標の品質保証機能が害されるおそれがある。」と当てはめ，これらの要件を欠くから本件商品の輸入は，実質的違法性を欠くとはいえないとした。

ライセンス契約には，製造地の制限や下請けの制限以外にも様々な条項が置かれるところ，どのような条項違反が，第1要件又は第3要件との関係で

(注9) 知財高判平30・2・7（平成28年(ネ)第10104号）裁判所HP〔NEONERO事件控訴審〕は，この立場をとる。
(注10) 田村善之『商標法概説〔第2版〕』162頁は，真正商品の広告を認めなければ真正商品の並行輸入を許容しても画餅に帰すること，真正商品について新たに商標を使用して広告しても，真正商品に関する出所識別機能を害するものではないことを根拠とする。

問題とされるべきであろうか。

(2) 裁判例

東京地判平15・6・30判タ1146号260頁〔ボディグローブ事件〕は，〔フレッドペリー事件〕最高裁判決の3要件を判断したものではないが，ライセンス契約に違反して「USA APPROVED」の表示を付すこと（このような付加的な表示を禁止する旨の合意があったとしても，そのような合意は，商品に対する品質を管理するために何らかの意味のある合意と解することはできない。），及び，販売地域制限条項（仮に，ライセンス契約において，BGMの商品の販売地域がマレーシアに制限される旨の合意があったとしてみても，ライセンス契約における販売地域の制限に係る取決めは，通常，商標権者の販売政策上の理由でされたにすぎず，商品に対する品質を管理して品質を保持する目的と何らかの関係があるとは解されない。上記取決めに違反して商品が販売されたとしても，市場に拡布された商品の品質に何らかの差異が生じることはないから，本件商品の輸入によって，BGIの出所に係る商品の品質ないし信用の維持を害する結果が生じたということはできない。）は，商標権侵害の実質的違法性があることを根拠付けるライセンス契約違反となるとはいえない，とした。

(3) 検　討

(a) 第1要件との関係

第1要件は，商標を「付す」行為に着目するものであるから，製品に商標を付す段階（典型的には製造段階）におけるライセンス契約違反が問題となる。〔フレッドペリー事件〕最高裁判決で判断された，製造地条項違反や下請制限条項違反のほか，ライセンス対象以外の商品を製造した場合[注11]，最高数量制限条項違反[注12]は，第1要件との関係で検討されるべきといえる。

(注11) ライセンス対象外の製品を製造した場合に，並行輸入を規制すべきとするものに髙部・前掲（注1）113頁，中村勝彦「フレッドペリー商標権侵害差止等請求事件」AIPPI48巻12号938頁，立花市子「FRED PERRY最高裁判決にみる商標機能論」知財政策学9号88頁。
(注12) 最高製造数量制限違反が商標権侵害に該当するという見解を示したものに，小野昌延・判評489号〔判時1685号〕51頁がある。堀江亜以子「商標権の並行輸入と真正性の要件」知管54巻4号647頁は，製造及び販売の許諾を受けた業者が数量制限を超えて製造した商品を横流しした場合には，商標権侵害につき違法性を欠くものと判断される可能性が高い，とする。宮脇・前掲（注5）14頁は，最高数量制限違反は第1要件を満たさないとす

(b) 第3要件との関係

第3要件は，品質管理可能性をいうものであるから，製品の品質管理に関連する条項違反が問題となる。〔フレッドペリー事件〕最高裁判決で判断された，品質管理のために製造地条項や下請制限条項が置かれた場合(注13)のほか，品質基準を定めた条項などは，第3要件との関係で検討されるべきといえる。

(c) 販売地域制限条項について

商品に適法に付された商標が表象する出所は，商標権者であるから，このような商品を商標権者の許諾範囲外の地域に販売しても，商標の出所表示機能を害することはない。そうすると，販売地域制限条項が，品質管理可能性との関係で何らかの意味を持つ場合（例えば，輸送時間が長いと商品の品質が劣化するために販売地域制限を設けているなど）でなければ，販売地域制限条項違反は，商標権侵害の実質的違法性があることを根拠付けるライセンス契約違反となるとはいえないであろう(注14)。

なお，販売地域制限条項の商品に対して一律に商標権侵害を問い得るとすると，同一ブランド内で国際的な市場分割ができることから，競争法との関係で問題となり得ることに留意すべきである(注15)。

(d) その他の条項

ライセンス料不払いは，出所識別機能及び品質保証機能に影響しないので，

る。ただし最高数量制限が品質管理上の理由によるものの場合は，並行輸入を規制する根拠となり得るとするものに，立花・前掲（注11）91頁，森川・前掲（注6）323頁，髙部・前掲（注1）114頁，小野・上掲判評489号51頁。
(注13) 製造地条項と下請制限条項は，第1要件と第3要件においてともに考慮される場合がある。
(注14) 中村・前掲（注11）938頁，宮脇・前掲（注5）14頁は，販売地域制限条項違反を真正商品性に影響を与えないとする。反対，髙部・前掲（注1）113〜114頁。玉井克哉「商標権の品質保証機能と並行輸入―アメリカ商標法を素材とする比較法的考察」パテ58巻11号37頁は，海外生産者に対し販売地域から日本を除外する旨の条項について，日本国内で流通する商品と実質的差異を設ける趣旨で設けられた場合には，特段の事情がない限り，その違反は商標権侵害となると解すべき，とする。蘆立順美「商標権の保護範囲と商標の機能」学会年報32号36頁は，内外商品の品質に差異があり，販売地域制限条項が課されている場合，その条項が，単に価格差別の維持を主な目的としている場合には考慮の対象とすべきではないが，現実に品質の維持，及びそれに基づくより高い信用の創出に資するものである場合には，品質管理性の問題として考慮すべき，とする。
(注15) 蘆立・前掲（注14）36頁は，品質の管理を市場ごとに認めることにより，市場の分割や価格差別の維持などの反競争的な効果が生じる可能性を指摘する。

商標権侵害の実質的違法性があることを根拠付ける契約違反とはいえない(注16)。

〔7〕 第3要件の管理されるべき「品質」とは何か

(1) 問題の所在

〔問題6〕は，第3要件に関するものである。第3要件は，我が国の商標権者の品質管理可能性をいうが，管理すべき「品質」とは，何をいうのであろうか(注17)。〔フレッドペリー事件〕最高裁判決においては，外国の商標権者と我が国の商標権者が同一であったので，管理すべき品質は，これら商標権者の品質であるといえば足りた(注18)。しかし，外国の商標権者と我が国商標権者が異なり，かつ，外国商標権者の商品と我が国商標権者の商品との間に多少なりとも差異がある場合，管理すべき品質をどのように定めるべきであろうか。

(2) 第3要件の位置付け

第3要件は，商標権の品質保証機能に関するものである。第3要件の意味するところを，①品質管理が行われていても品質に実質的な差異がある場合には品質保証機能を害するという解釈と，②品質管理が及んでいるか否かのみを問題とし，品質の同一性は考慮しない(注19)という解釈があり得る(注20)。

(3) 判決例(注21)

(注16) 同旨，中村・前掲（注11）938頁。
(注17) 立花・前掲（注11）92頁は，〔問題6〕のような場合に，品質管理主体は我が国の商標権者である必要はなく，当該商標が表示する出所であれば足りる，とする。
(注18) 泉克幸「真正商品の並行輸入と商標権侵害—コンバース事件」L＆T47号54頁は，商標権者は需要者の好み等を理由として国や地域ごとに品質に差異を設けることがあり得るが，内外商品の差異を厳格に解すると，商標権者が各国で商品に差異を設けることで並行輸入の阻止が可能となり，市場分割や国際カルテルが達成されてしまうことを指摘する。
(注19) 茶園成樹「並行輸入」『国際私法判例百選〈新法対応補正版〉〔別冊ジュリ185号〕』101頁は，②の見解をとる。
(注20) 同旨，立花・前掲（注11）88〜89頁。

(a) 前掲東京地判昭59・12・7〔ラコステ事件〕

原告らは，LACOSTE商標の日本における商標権者及び専用使用権者である。被告らは，原告ラコステ社の関連会社であるラコステ・アリゲーター社とのライセンス契約に基づいてアイゾット社が製造し，LACOSTE商標と類似した標章を付した製品（ライセンス契約上の販売地域は米国及びカリブ海諸国に限定されている。）を日本へ輸入し，販売した。裁判所は，LACOSTE商標が原告三共生興の販売する原告商品を示す表示として広く認識されているのは，原告三共生興が世界的に著名な原告ラコステと提携しそのライセンシーとしての立場にあることに由来するものというべきであり，原告商品と被告商品との間に品質，形態の差異があるとしても，被服の品質，形態等は，流行，時代等につれて当然に変化するものであることのほか，原告ラコステが，原告三共生興と，アイゾッド社に，ラコステ標章として同一視できる商標の下で，品質，形態等の異なる商品を製造することを許容しているのであるから，原告商品と被告商品との品質，形態の差異は，原告ラコステを出所源として表示する商品として，その許容された範囲内での差異というべきものであり，このことによって商標の品質保証機能が損なわれることはないというべきであるとして，被告商品の輸入販売行為は商標権侵害の実質的違法性を欠くと判断した。

(b) 前掲東京地判平15・6・30〔ボディグローブ事件〕

原告は，原告標章の付された商品を日本へ輸入した。BGIはマレーシア商標の商標権者である。米国会社であるBGIは，原告標章と同一又は類似したボディグローブ商標の日本における商標権者であり，原告は同商標権の専用使用権者である。原告商品は，BGIから原告標章をティーシャツ等に付してこれをマレーシア国内で製造販売することの許諾を得たBGMがマレーシアにおいて製造，販売したものである。

裁判所は，以下のように判示した。

（注21）ほかに，内外権利者の同一性を欠く場合に，品質の同一性ないし品質管理可能性の要件も欠くとしたものに，前掲大阪地判平8・5・30〔クロコダイル事件〕，大阪地判平16・11・30判時1902号140頁〔Dunlop事件〕，知財高判平22・4・27（平成21年㈱第10058号ほか）裁判所HP〔コンバース事件〕（原審・東京地判平21・7・23（平成18年㈹第26725号ほか）裁判所HP）がある。

「商標権者以外の第三者が，我が国における商標権に係る商品と同一の商品について，その登録商標と同一又は類似の商標を付したものを輸入する行為は，形式的には，商標権を侵害することになる。しかし，そのような商品の輸入行為であっても，当該商標が外国における商標権者又は当該商標権者から使用許諾を受けた者によって付されたものであり，当該外国における商標権者と我が国の商標権者とが同一人であるか又は同一人と同視し得るような関係がある場合には，そもそも当該商標は我が国の登録商標と同一の出所を表示するものと評価されるのであるから，およそ出所の誤認混同を避ける必要性がないという意味で，商標権侵害としての実質的違法性を欠くといえる。なぜなら，当該外国における商標権者と我が国の商標権者とが同一視できる場合であると解される以上，当該商品の出所が，そのいずれであるかは，商標法の趣旨に照らして，特段の事情のない限り，保護に値する利益とはいえないからである。ただし，上記のような場合であっても，我が国の商標権者が，前記の商標権の独占権能を活用して，自己の出所に係る商品独自の品質ないし信用の維持を図ってきたという実績があるにもかかわらず，外国における商標権者の出所に係る商品が輸入されることによって，そのような品質ないし信用を害する結果が現に生じたといえる特段の事情があるときには，例外的に，当該商品が外国の商標権者を出所とするものであるか，我が国の商標権者を出所とするものであるかを識別すべき利益が生じ，この利益は保護に値するといって差し支えない。以上総合すると，登録商標と同一又は類似の商標を付した商品を輸入する行為は，当該商標が外国における商標権者又は当該商標権者から使用許諾を受けた者によって付されたものであり，当該外国における商標権者と我が国の商標権者とが同一視できるような関係があれば，原則として，商標権侵害としての実質的な違法性を欠くといえるが，上記のような場合であったとしても，我が国の商標権者が，自己の出所に係る商品の品質ないし信用の維持を図ってきたという実績があり，外国における商標権者の出所に係る商品が輸入されることによって，そのような品質ないし信用の維持を害する結果が現に生じたといえる特段の事情があるときは，商標権侵害を構成するというべきである。」「本件商品はBGMによりマレーシアにおいて製造されたものである。……本件商品を製造したBGMは，本

件商標の商標権者であるBGIとの間でライセンス契約を締結し，同契約によりティーシャツ及びポロシャツにマレーシア商標を使用することの許諾を得たこと，マレーシア商標は本件商標と同一ないし類似していることから，マレーシア商標の商標権者と本件商標の商標権者とは同一人であるか，実質的に同一人と同視できるものと推測される。したがって，マレーシア商標が付された本件商品を輸入する原告の行為は，いわゆる真正商品の並行輸入として実質的な違法性を欠く。また，本件全証拠によるも，……マレーシア商標が付された本件商品が輸入されることによって，BGIの出所に係る商品の品質ないし信用の維持を害する結果が現に生じたと認めることはできない。」

(c) 東京地判平28・10・20（平成28年(ワ)第10643号）裁判所HP〔NEONERO事件第1審〕

原告は，NEONERO商標の商標権者であり，本件商標を付した原告商品を販売している。被告は，原告によるNEONERO商標の登録後，被告商品をイタリアのPVZ社から輸入し，販売している。

裁判所は，①NEONERO商標の商標権者である原告の販売する商品の多くは原告の定めた仕様によっている上，PVZ社製以外の部品を組み合わせた商品もあるから，原告商品のほとんどはPVZ社が「NEONERO」ブランド名で原告以外に販売する商品とは異なること，②被告が販売する商品には被告独自の仕様が含まれており，その仕様は，原告の仕様とは異なるもので，かつ，原告を通さずに被告からPVZ社に伝えられることが明らかである上，身飾品という商品の性質上，部品の組合せ方，用いられる金具等が異なるときは品質が同一であるとはいえないと解される，として，被告商品の品質管理に原告が直接的又は間接的に関与する余地はなく，被告商品と原告商品の品質に差異がないということはできない，として，被告による販売行為がいわゆる真正商品の並行輸入として商標権侵害の実質的な違法性を欠くとは認められない，と判断した。

(d) 前掲（注9）知財高判平30・2・7〔NEONERO事件控訴審〕

原告（被控訴人）は，NEONERO商標の商標権者であり，NEONERO商標を付した原告商品を販売している。被告（控訴人）は，原告によるNEONERO商標の登録後，被告商品をイタリアのPVZ社から輸入し，販売

しており，被告商品を販売するためのチラシにNEONERO商標と同一又は類似の商標を掲載して頒布した（「本件被疑侵害行為」）。

裁判所は，第3要件について，「第3要件は，我が国の商標権者の品質管理可能性についていうものであるところ，外国の商標権者と我が国の商標権者とが法律的又は経済的に同一視できる場合には，原則として，外国の商標権者の品質管理可能性と我が国の商標権者の品質管理可能性は同一に帰すべきものであるといえる。ただし，外国の商標権者と我が国の商標権者とが法律的又は経済的に同一視できる場合であっても，我が国の商標権の独占権能を活用して，自己の出所に係る商品独自の品質又は信用の維持を図ってきたという実績があるにもかかわらず，外国における商標権者の出所に係る商品が輸入されることによって，そのような品質又は信用を害する結果が生じたといえるような場合には，この利益は保護に値するということができる。」との一般論を述べた上で，①原告がNEONERO商標権を登録したのは，PVZ社の商品を独占的に輸入販売するためであり，その登録は，PVZ社の許諾を得て行ったものであり，登録された商標はPVZ社のブランド名そのものであるものとPVZ社がそのブランドのために使用していた標章を用いたものであること，②原告商品は身飾品であって，原告がPVZ社のパーツの組合せや鎖の長さなどを指定し，引き輪やイヤリングのパーツを取り付けたことは，商品の美しさで使用者を飾るという機能からみて付随的な部分にすぎないこと，③原告が取り付けたパーツが使用しやすいなどといった事項が需要者に認識されていたとは認められないこと，といった事情を総合して，原告が，PVZ社とは独自に，原告商品の品質又は信用の維持を図ってきたという実績があるとまで認めることはできず，被告商品の輸入や本件被疑侵害行為によって，原告商品の品質又は信用を害する結果が生じたということはできないから，原告に保護に値する利益があるということはできず，本件被疑侵害行為は，第3要件を充足する，とした。

(4) 検　討

商標法で保護されるべき商標の機能は，第一次的に出所表示機能であるが，商標の付された商品等が，商標の表示する出所に由来することによって，そ

の商標が，商品等の出所の管理する品質を備えていることも保証するという意味の品質保証機能である，と考えると，第3要件は，上記(2)②の意味に解すべきことになる。そして，第一次的に出所表示機能を考えるのであるから，出所表示機能に関する第1要件及び第2要件を満たす場合には，商標の示す出所は一つということになり，その出所の管理する品質にも違いはないはずである。

前掲東京地判平15・6・30〔ボディーグローブ事件〕が説くように，〔問題6〕において，商標権の出所表示機能を害さない場合，つまり，第1要件と第2要件を満たす場合には，その商品の出所が外国商標権者H6ではなく，内国商標権者L6であることは，保護に値する利益とはいえない。すなわち，H6の商品とL6の商品の品質の差異を問題にすることはできない。しかし，L6が，M6の内国商標権の独占権能を活用して，L6の商品独自の品質ないし信用の維持を図ってきたという実績があるにもかかわらず，H6の商品G6－1が輸入されることによって，そのような品質ないし信用を害する結果が現に生じたといえる特段の事情があるときは，G6－1の輸入は第3要件を欠くとして，商標権侵害の実質的違法性を欠くとはいえない，と評価すべきである[注22]。

前掲東京地判昭59・12・7〔ラコステ事件〕も同様の考え方に基づくものと解することができる[注23]。

(注22) 茶園・前掲（注19）101頁，立花・前掲（注11）89頁は，第2要件が現実の品質差を問題としていないことなどから，品質管理主体の同一性さえ認められれば，現実の品質差の有無にかかわらず第3要件は充足されるとする。反対に，宮脇正晴「並行輸入」『商標・意匠・不正競争判例百選』〔別冊ジュリ188号〕73頁は，品質保証機能を出所表示機能とは別個独立の保護法的と考えるのであれば，品質管理主体の同一性が認められる場合は，現実に実質的な品質差があるのかについて検討すべきとする。

(注23) 宮脇・前掲（注5）29頁は，第3要件の解釈論として，我が国の商標権者が実際に品質管理を行っておらず，その商標の付された商品が専ら他社（外国会社）の品質管理に服するものであるような場合は，品質管理主体である当該他社を我が国の商標権者と同視するべきである，とする。

24 商標権の濫用

清水　知恵子

商標権の行使が濫用とされるのはどのような場合か。不正競争防止法に基づく請求に対して，商標権行使の抗弁は有効か。

〔1〕 商標権の濫用が比較的認められやすいこととその理由

　民法1条3項に定める権利の濫用は，典型的には，大判昭10・10・5民集14巻1965頁〔宇奈月温泉事件〕のように，①被侵害者の利益を保護する必要性の程度，②侵害者・被侵害者それぞれの悪性の有無・程度，③侵害の排除を認めた場合に侵害者が受ける不利益及び被侵害者が受ける利益の程度を総合的に勘案した結果，侵害の排除を認めないとすれば法的正義に反するといえるような場合に認められるものである。しばしば「伝家の宝刀」に例えられ，訴訟当事者が権利濫用の主張をしても，その主張が採用されることは容易ではない。

　しかし，商標権に基づく差止請求権等の権利行使に関しては，従来から，権利濫用に当たるとされた裁判例が多数存在する。

　商標権の濫用が通常の権利濫用に比べて認められやすい傾向にある理由としては，①商標権は，発明や著作などの創作行為がなくても，標章を選択して出願するだけで取得することのできる権利であり，また，商標権の成立について登録主義を採用する現行の商標法の下では，商標を使用しなくても権利を取得することができるため，特に，商標権者が登録商標を使用していない場合には，当該商標に商標権者の信用が化体されておらず，内容空疎な権利であるといえること，②そもそも商標法において商標の保護が定められているのは公正な競争秩序の維持という同法の究極的な目的のためであると解

されるところ，実際の商標権の行使には，その行使自体が公正な競争秩序の維持を害すると評価されるものが少なくないことが挙げられる[注1][注2]。すなわち，商標法は，登録商標につき商標権者に排他的な使用権を与えることにより，不正競争の典型例である混同惹起行為を定型化し，不正競争からの簡易な救済手段を提供しようとするものであって，そのような意味において，(不正競争防止法が直接的に不正競争を防止することを目的としているのに対し) 間接的に不正競争を防止することを目的としているものと解される。それ故，商標保護の目的は，究極的には公正な競争秩序の維持にあるということができ，商標法1条が同法の目的につき「商標を保護することにより，商標の使用をする者の業務上の信用の維持を図り，もって産業の発達に寄与し，あわせて需要者の利益を保護すること」と定めているのも，この趣旨によるものと解される。商標権の行使により公正な競争秩序が乱されるとなれば，本来公正な競争秩序の維持のために保護されるべき商標権の行使によりかえってその目的に反する結果を招来するものであって，背理であるといわざるを得ないから，このような商標権の行使は権利濫用に当たると認められやすいものといえる。

〔2〕 商標権の濫用が認められる具体的な場合

次に問題となるのは，具体的にどのような事情があれば商標権の行使が権利濫用に当たると認められるのかである。もとより，権利濫用の有無の判断は，当該事案に表れた諸般の事情を総合的に考慮してされるべきものであって，このことは，商標権の行使について権利濫用の有無が争われる場合であっても異なるものではないと解される。もっとも，これまでに商標権の濫用を認めた裁判例をみると，その各事案において商標権の行使が権利濫用に

(注1) 渋谷達紀『講義Ⅲ〔第2版〕』478頁，畑郁夫「権利濫用法理の新しい適用場面—知的財産権侵害訴訟の場合を中心に」河合伸一判事退官古稀記念『会社法・金融取引法の理論と実務』(商事法務, 2002) 268頁。

(注2) 豊崎光衛「商号と商標の保護の交錯」学習院大学法学部研究年報1号82頁，小島庸和「商標と競争—商標権の再構成の試み」特許法における民事訴訟と行政訴訟〔学会年報9号〕40頁。

当たることを基礎付けるものとされている事情は，他の事案においても共通する一定程度抽象化された考慮要素として，類型的に捉えることが可能である(注3)。そこで，以下においては，①商標権を保護する必要性の程度，②権利行使の態様における悪性等の有無・程度，③権利行使が認められた場合の効果（権利行使の相手方が受ける不利益の内容・程度，公正な競争秩序への影響の有無・程度）という3つの視点から，従来の裁判例における考慮事情を分析した結果を通じて，他の事案にも共通するものとして抽出される考慮要素を提示するとともに，商標権の濫用が認められやすい場合の類型化を試みることとしたい。

(1) 商標権を保護する必要性の程度という視点から

以下に述べるとおり，権利に瑕疵がある場合や，商標に商標権者の信用が化体されているといえない場合には，その商標権は商標法上の保護を受けるべき実質を備えていないことになり，権利濫用が認められやすいものといえる。

(a) 権利そのものに瑕疵がある場合

最判平12・4・11民集54巻4号1368頁〔キルビー特許事件〕は，無効理由が存在することが明らかな特許権に基づく差止め等の請求は権利濫用に当たり許されないとしている。これは，瑕疵のある権利の行使は許されないという考え方に基づき，特許権侵害訴訟に関して判示されたものであるが，この判決の後，商標権侵害訴訟においてもこれと同様の判断をする裁判例が相次ぎ，同判決の法理を明文化した際に，商標法においても特許法に定める無効の抗弁の規定を準用する規定が設けられた（商標39条，特許104条の3第1項）。

(b) 商標権者が登録商標を使用していない場合

商標登録は商標の使用を要件としていないため，登録商標を現に使用していないというだけで直ちに商標権の行使が権利濫用に当たるとすることはで

(注3) 畑・前掲（注1）271頁。なお，最判平29・2・28民集71巻2号221頁〔エマックス事件〕における山﨑敏充裁判官の補足意見でも，「商標権は，発明や著作などの創作行為がなくても取得できる権利であることなどから，その行使が権利の濫用に当たるとされた事例はこれまでに少なからずみられるところであり，こうした事例の中から，権利の濫用と判断される場合をある程度類型化して捉えることは可能であろう。」とされている。

きない。しかし，単に形式的に商標登録を受けただけの者（現に使用していないばかりでなく，使用する意思すら有していない者）は，真に商標法の保護を受けるべき権利者であるとはいい難いから，商標権者が登録商標を使用していないことをもって，権利濫用を基礎付ける有力な事情の一つとして考慮することは許されるものと考えられる。

(2) 権利行使の態様における悪性等の有無・程度という視点から

以下に述べるとおり，商標権者による権利行使の態様に悪性が認められる場合や，商標権の行使が本来行使の対象とされるべきでない者を相手方としてされたものである場合には，権利濫用が認められやすいといえる。

(a) 不正の目的をもって権利を行使する場合〔不正目的型〕

「不正の目的」とは，不正の利益を得る目的，他人に損害を加える目的その他取引上の信義則に反するような目的のことをいい（商標4条1項19号参照），取引上の競争関係を有していなくてもよいため，「不正競争の目的」よりも広い概念である[注4]。例えば，周知・著名商標に化体した信用や名声にただ乗り（フリーライド）する目的，あるいは，周知・著名商標の信用や名声を希釈化（ダイリューション）させるなどして商標使用者に損害を与える目的などがこれに当たる。

不正の目的をもってされる商標権の行使は，権利行使の態様に悪性が認められる場合の典型例であり，取引上の信義則に反し，原則として権利濫用に当たるものと解される[注5]。

(b) 商標が正当に帰属すべき者（又はその者から許諾を受けた者）に対して権利を行使する場合〔正当帰属型〕

例えば，外国で周知・著名なブランドでありながら日本ではいまだ商標登録がされておらず，ブランドとは無関係な者が先に日本における商標登録出

(注4) 『新注解商標法上』545頁〔竹内耕三〕。
(注5) 不正の目的をもって商標権を行使したことを考慮事情に挙げて権利濫用を認めた裁判例として，東京高判昭30・6・28高民8巻5号371頁〔天の川事件〕，東京高判平15・11・27（平成15年(ネ)第4087号）裁判所HP〔KELME事件〕，東京高判平16・12・21（平成16年(ネ)第768号）裁判所HP〔インディアンモーターサイクル事件〕，東京地判平24・1・26（平成22年(ワ)第32483号）裁判所HP〔カムイ事件〕などがある。

願をして商標権を取得する場合がある。このような場合に，ブランドの属する外国法人との間で代理店契約を締結しこれに基づき当該商標を付した商品を日本国内で販売している者に対して商標権を行使することは，実質的（経済的）には他人のものである商標につき，形式的（法的）に自己に商標権が帰属していることを利用して，商標が正当に帰属すべき者（又はその者から許諾を受けた者）を排除するものであり，いわば「形式を利用して実質を排除する行為」にほかならないから，公正な競争秩序の維持を害するものとして，原則として権利濫用に当たるものと解される[注6]。また，外国法人との代理店契約の締結に当たり日本における商標権を取得した者が，代理店契約の終了後，新たに当該外国法人と代理店契約を締結して日本国内における販売を行う者に対し商標権を行使する場合も，上記と同様に，原則として権利濫用に当たるものと解される。

　この正当帰属型に当たる事案について判断した最高裁判例として，最判平2・7・20民集44巻5号876頁〔ポパイ・マフラー事件〕がある。この事案は，「ポパイ」及び「POPEYE」の文字とポパイの漫画との結合から成る商標につき商標登録を受けたXが，漫画ポパイの著作権者から許諾を得て「POPEYE」の文字を含む標章をマフラーに付して販売したYに対し，商標権侵害に基づく損害賠償等を求めたというものである。同判決は，「本件商標は右人物像〔筆者注：漫画ポパイの主人公のこと〕の著名性を無償で利用しているものに外ならないというべきであり，客観的に公正な競業秩序を維持することが商標法の法目的の一つとなっていることに照らすと，被上告人〔X〕が，『ポパイ』の漫画の著作権者の許諾を得て乙標章〔筆者注：Yが使用する標章のこと〕を付した商品を販売している者に対して本件商標権の侵害を主張するのは，客観的に公正な競業秩序を乱すものとして，正に権利の濫用というほかない。」として，控訴審判決を破棄しXの請求を棄却した。この

　（注6）　商標が正当に帰属すべき者（又はその者から許諾を受けた者）に対する商標権の行使につき権利濫用を認めた裁判例として，神戸地判昭57・12・21無体集14巻3号813頁〔ドロテビス事件〕，東京地判昭59・5・30判タ536号398頁〔トロイ・ブロス事件〕，東京地判平11・5・31判タ1006号244頁〔KING COBLA事件〕，東京地判平12・3・23判タ1035号234頁〔Juventus事件〕，東京地判平14・5・31判タ1109号235頁〔ぼくは航空管制官事件〕，東京地判平14・10・15判タ1124号262頁〔バドワイザー事件〕などがある。

ように，〔ポパイ・マフラー事件〕判決は，ポパイ漫画の著作権者の許諾を得て商品を販売している者に対し商標権を行使したことにつき権利濫用に当たるとしたものであり，正当帰属型に属するものと考えられる。

(c) 商標法4条1項10号の周知性を取得した周知商標使用者に対して権利を行使する場合〔10号周知型〕

前掲（注3）最判平29・2・28〔エマックス事件〕は，「登録商標が商標法4条1項10号に該当するものであるにもかかわらず同号の規定に違反して商標登録がされた場合に，当該登録商標と同一又は類似の商標につき自己の業務に係る商品等を表示するものとして当該商標登録の出願時において需要者の間に広く認識されている者に対してまでも，商標権者が当該登録商標に係る商標権の侵害を主張して商標の使用の差止め等を求めることは，特段の事情がない限り，商標法の法目的の一つである客観的に公正な競争秩序の維持を害するものとして，権利の濫用に当たり許されないものというべきである」と判示し，商標法4条1項10号の周知性を商標登録出願時までに取得した周知商標使用者に対する商標権の行使は原則として権利濫用に当たるものとした。

商標法4条1項10号は，商標登録を受けることができない商標として，「他人の業務に係る商品若しくは役務を表示するものとして需要者の間に広く認識されている商標又はこれに類似する商標」を定めており，その趣旨は，需要者の間に広く認識されている商標（周知商標）との関係で商品等の出所の混同の防止を図るとともに，周知商標使用者と商標登録出願人との利益の調整を図るものであると解される。すなわち，同号は，商標登録出願に係る商標が他人の業務に係る商品等表示として商標登録出願時（同条3項参照）までに周知となっていた場合に，その他人（周知商標使用者）を出願人よりも優位とし，当該商標について商標登録出願を拒絶すべきことを定めているものであり，商標法における競争法の理念の表れであるといえる[注7]。そこで，登録商標が同号に該当するにもかかわらず商標権者が周知商標使用者に対して商標権を行使することは，同号に該当する場合に周知商標使用者を出願人

(注7) 小野昌延＝松村信夫『新不競法概説〔第2版〕』49頁，小野昌延「不正競争防止法と商標法」『原退官下』963頁。

よりも優位とするという上記の規律に反し，本来競争に負けているはずの者が勝っているはずの者を排除することにほかならないから，公正な競争秩序の維持を害するものとして，原則として権利濫用に当たるものと解される。

　このような10号周知型は，商標権の行使の相手方が誰であるかに着目して，商標権の行使が本来行使の対象とされるべきでない者を相手方としてされたことが公正な競争秩序の維持を害することを根拠としている点で，上記(b)の正当帰属型とその基本的視点を共通にするものといえ，いわば，正当帰属型の派生類型として位置付けることができよう。

(3) 権利行使が認められた場合の効果という視点から

　商標権に基づく差止請求が認められた場合には，その請求の相手方である商標使用者は当該商標を使用することができなくなる。特に，商標使用者が営業及び広告宣伝の努力によって当該商標を自らの商品等表示として周知のものとした場合には，その営業等の努力が無駄になってしまい，当該商標を使用できなくなることによる不利益もそれだけ大きくなるものといえる（これは，周知性の取得が商標登録出願前である場合はもちろん，出願後である場合にもいえることである。）。これを商標権者の利益との相関関係においてみると，前記(1)(b)のように商標権者が当該商標を使用しておらず，当該商標を他人に使用されることにより実質的な不利益を被らない場合には，商標権の行使を認めない場合に商標権者が被る不利益に対して，商標権の行使を認めた場合に周知商標使用者が被る不利益の方が著しく大きいこととなり，このことは権利濫用を基礎付ける有力な事情となるものと解される。

　また，商標権の行使により当該商標が現実の取引において果たしている商品の出所識別機能が害されるという場合にも，公正な競争秩序への影響が生じているということができ，このことも権利濫用を基礎付ける事情となるものと解される。

(4) 小　　括

　以上のとおり，①商標権を保護する必要性の程度，②権利行使の態様における悪性等の有無・程度，③権利行使が認められた場合の効果という視点か

ら，商標権の濫用と認められやすい場合について検討すると，権利濫用を基礎付ける事情となる各考慮要素（商標権者による登録商標の使用の有無・程度，商標権の行使が認められた場合に商標使用者が被る不利益の内容・程度等）を挙げることができるほか，原則として商標権の濫用が認められる場合の類型化として，(a)不正の目的をもって権利を行使する場合（不正目的型），(b)商標が正当に帰属すべき者（又はその者から許諾を受けた者）に対して権利を行使する場合（正当帰属型），(c)商標法4条1項10号の周知性を取得した周知商標使用者に対して権利を行使する場合（10号周知型）を挙げることができる（なお，権利そのものに瑕疵がある場合も〔キルビー特許事件〕判決の法理により原則として権利濫用に当たるが，無効の抗弁を定める商標法39条，特許法104条の3第1項により，商標登録に無効理由がある場合には無効の抗弁が用いられるのが通常である。）。

上記(a)ないし(c)の類型のうち，不正目的型については，商標権者側の悪性に着目したものであるのに対し，正当帰属型及び10号周知型は，権利行使が本来行使の対象とされるべきでない者を相手方としてされたものである点に着目したものであり，したがって，後二者については，これらの類型に当たることを理由に権利濫用の抗弁を主張し得るのは，商標が正当に帰属すべき者（又はその者から許諾を受けた者）及び商標法4条1項10号の周知性を取得した周知商標使用者に限られることとなる。

なお，上記の類型化は，商標権の行使について権利濫用を認めた裁判例において現れた各事情を分析した結果に基づくものであり，実際の事案においては，上記の類型の一つに該当するにとどまらず，複数の類型に当てはまる場合もあり得るし，また，商標権者の利益と商標使用者の利益との比較衡量などの考慮事情からみても権利濫用が認められる場合もあり得る。このような場合には，商標権の濫用に関する審理判断の合理化を図る観点から，全ての事情を網羅的に審理判断するのではなく，上記(a)ないし(c)のとおり原則として商標権の濫用が認められる場合として類型化された事情（複数の類型に当てはまる場合には，それらのうち最も主張立証が容易であるもの）について優先的に審理判断することが考えられよう。

〔3〕 10号周知型の権利濫用の抗弁と無効の抗弁との関係

商標法4条1項10号該当性は商標登録の無効理由ともなるため、10号周知型に当たる権利濫用の抗弁と同号該当を無効理由とする無効の抗弁との関係について検討しておきたい。

(1) 両抗弁の相違点

前記〔2〕(1)(a)のとおり、〔キルビー特許事件〕判決の法理を明文化したものである商標法39条、特許法104条の3第1項に定める無効の抗弁は、瑕疵のある権利の行使は許されないという考え方に基づくものであって、商標権の行使を受ける相手方であれば何人でも主張し得る抗弁である。これに対し、10号周知型の権利濫用の抗弁は、前記〔2〕(2)(c)のとおり、本来商標権者との関係で優位な地位にあるべき商標法4条1項10号の周知性を取得した周知商標使用者に対して商標権を行使することが商標法の法目的である公正な競争秩序の維持を害することから権利濫用に当たるとするものであって、このような権利濫用の内容上、この抗弁を主張することができるのは、当該商標について商標登録出願時までに同号の周知性を取得した周知商標使用者に限られ、そのほかの者はこれを主張することができないものと解される。このように、10号周知型の権利濫用の抗弁と、商標法4条1項10号該当を無効理由とする無効の抗弁とは、同号該当性をその主張内容に含む点では共通するものの、商標権の行使を不当とする根拠が異なるため、抗弁を主張し得る者の範囲も異なるものである。

(2) 5年の期間制限の有無

商標権設定登録日から5年を経過して抗弁を主張する場合に、商標法47条1項と同様の期間制限を受けるかという問題がある。前掲（注3）最判平29・2・28〔エマックス事件〕は、何人であっても主張することができる無効の抗弁については、商標法39条、特許法104条の3第1項の規定の文言（商標登録が無効審判により無効にされるべきものと認められるときは、商標権者は相手

方に対しその権利を行使することができない。）や，無効審判請求につき5年の除斥期間を定めた商標法47条の趣旨（商標登録がされたことによる既存の継続的な状態を保護する）に照らし，5年の期間経過後の抗弁主張は許されないとする一方で，周知商標使用者のみが主張し得る10号周知型の権利濫用の抗弁は，同条の趣旨を没却するおそれがないため，5年の期間経過後の抗弁主張も許されるとしている。もっとも，同判決は，「当該商標登録が不正競争の目的で受けたものである場合を除き」無効の抗弁につき5年を経過して主張することができないとしており（商標法47条は不正競争の目的で商標登録を受けた場合には期間制限を受けないものとしていることから，無効の抗弁の主張についても同様としたものと解される。），期間制限の点に係る両抗弁の実質的な相違は，10号周知型の権利濫用の抗弁であれば当該商標登録に係る不正競争目的の有無にかかわらず5年の期間制限を受けないという点にあるものと解される。

〔4〕 商標権行使の抗弁について

　以上は，商標権者が商標使用者に対し商標権に基づき差止めや損害賠償を求める場面について検討したものであるが，場面を変えて，不正競争防止法に基づく差止等請求の相手方となった商標権者が商標権行使の抗弁（登録商標使用の抗弁）を主張する場面についても，若干の検討をしたい。

　平成5年法律第47号による全文改正前の旧不正競争防止法6条は，商標権の行使につき不正競争防止法の適用を排除する旨を定めていたところ，上記改正により同条の規定は削除された。しかし，上記改正後においても，権利の行使はそれが濫用にわたるものでない限り正当とされるという一般原則に従い，不正競争防止法に基づく請求に対し商標権行使の抗弁を主張することができると解されている(注8)。ところが，このような抗弁権の行使も，商標登録に無効理由が存する場合には瑕疵のある権利の行使となるため，〔キルビー特許事件〕判決の法理により権利濫用とされ得るものと解される。前記〔2〕(1)(a)のとおり，同判決の法理の明文化として，商標法上の無効の抗弁

(注8)　田村善之『不競法概説〔第2版〕』229頁，渋谷達紀『不正競争防止法』（発明協会，2014）111頁，松村信夫『新・不正競業訴訟の法理と実務』（民事法研究会，2014）309頁。

を定める商標法39条，特許法104条の3第1項の規定が設けられたのであるが，この規定は「侵害に係る訴訟において……その権利を行使することができない」と定めていることから，上記の規定が適用されるのは商標権侵害訴訟における場合のみであり，不正競争防止法に基づく訴訟において，商標権行使の抗弁に対する再抗弁の主張として上記の規定に基づく無効の再抗弁を主張することはできないものと解される(注9)。そこで，このような場面においては，〔キルビー特許事件〕判決の法理による権利濫用の再抗弁を主張することになる。

なお，不正競争防止法2条1項1号も，商標法4条1項10号と同様に他人の商品等表示として需要者の間に広く認識されていること（周知性）を要件として定めているが，不正競争防止法2条1項1号の要件を満たすからといって，必ず商標法4条1項10号にも該当するというものではない。具体的にどの程度需要者に認識されていれば「広く認識されている」といえるのかについて，商標法4条1項10号の周知性の方が不正競争防止法2条1項1号の周知性よりも厳格に判断すべきものとされている(注10)上，周知性の有無の判断基準時も異なっているためである（商標法4条1項10号の周知性は商標登録出願時，不正競争防止法2条1項1号の周知性は事実審の口頭弁論終結時〔差止請求の場合〕又は商標使用の行為時〔損害賠償請求の場合〕を判断基準時とするものとされている。）。このように，事案によっては，不正競争防止法2条1項1号の周知性は認められても商標法4条1項10号の周知性は認められないこともあり得るため，請求原因事実を充足すると同時に再抗弁事実も充足するという関係にはなく，商標権行使の抗弁も有効であると考えられる。

(注9) 小池豊「権利行使の抗弁―侵害被疑物件・方法に特許が付与された場合の処理に関する試論」日本弁理士会中央知的財産研究所編『クレーム解釈をめぐる諸問題』（商事法務，2010）123頁。
(注10) 小野昌延＝松村信夫『新不競法概説〔第2版〕』54頁，『新注解不競法上〔第3版〕』270頁〔芹田幸子＝三山峻司〕，佐藤治隆「周知性」『裁判実務大系9』470頁。

25 特殊な商標

森 岡 礼 子

立体商標・地域団体商標・小売等役務商標・新しいタイプの商標について，登録要件とその判断手法について説明せよ。

〔1〕 問題の所在

日本の最初の商標法である商標条例が，専売特許条例（明治18年7月1日施行）に先立ち，明治17年10月1日に施行(注1)されて以来，商標法は，平面商標に限り，登録を認めていたが，平成8年改正（平成8年法律第68号商標法等の一部を改正する法律）により，立体商標制度が導入された(注2)。また，平成26年改正（平成26年法律第36号特許法等の一部を改正する法律）により，色彩のみや音といった新しいタイプの商標が商標法の保護対象とされるに至っている(注3)。

地域ブランドについて多く用いられる地域の名称と商品（役務）の名称を組み合わせた文字商標については，平成17年改正（平成17年法律第56号商標法の一部を改正する法律）により，地域団体商標として保護が図られるようになった(注4)。

また，平成18年改正（平成18年法律第55号意匠法等の一部を改正する法律）により，小売及び卸売の業務において行われる顧客に対する便益の提供について使用される商標の保護が図られるようになった(注5)。

(注1) 特許庁編『工業所有権制度百年史上』（社団法人発明協会，1984）64頁以下・87頁以下。
(注2) 特許庁編『平6／8／10改正解説』「第1部　商標法等の一部を改正する法律（平成8年法律第68号）」1頁以下・159頁以下。
(注3) 特許庁編『平26改正解説』1頁以下・161頁以下。
(注4) 特許庁編『平17改正解説』1頁以下・5頁以下。
(注5) 特許庁編『平18改正解説』1頁以下・75頁以下。

本項目では，前記の各商標の登録要件とその判断手法につき，検討する。

〔2〕 立体商標

(1) 意　義

立体商標とは，立体的形状又は立体的形状と平面標章（文字，図形若しくは記号若しくはこれらの結合又はこれらと色彩との結合からなる平面標章により構成されるもの）との結合により構成されるものをいう（商標2条1項）[注6]。「立体的形状」とは，三次元の物の形状を意味する[注7]。

立体商標においては，標章の「使用」には，商品若しくは商品の包装（容器を含む。），役務の提供の用に供する物（役務の提供に当たりその提供を受ける者の利用に供する物を含む。）又は商品若しくは役務に関する広告（広告塔，店頭人形等を含む。）の形状自体を標章の形状とすることも含まれる（商標2条3項・4項1号）[注8]。

(2) 登録要件

立体商標制度の導入に際し，その登録要件について，平面商標と別途に条文が設けられることはなかったが，商標法3条1項3号の「形状」の後に「（包装の形状を含む。）」を加え，同法4条18号として「商品又は商品の包装の形状であって，その商品又は商品の包装の機能を確保するために不可欠な立体的形状のみからなる商標」を加える法改正が行われた[注9]。

（注6）　『工業所有権法逐条解説〔第20版〕』1383頁。
（注7）　特許庁編『平6／8／10改正解説』「第1部　商標法等の一部を改正する法律（平成8年法律第68号）」162頁，『工業所有権法逐条解説〔第20版〕』1390頁。なお，平面商標を実際に商品に表示するときには多少の凹凸ができることもあるが，社会通念上許容することができる範囲のものについては平面商標として取り扱うのが妥当であるとされている（例えば，石けんに刻印をもって商標を付するとき等。『工業所有権法逐条解説〔第20版〕』1384頁参照）。
（注8）　特許庁編『平6／8／10改正解説』「第1部　商標法等の一部を改正する法律（平成8年法律第68号）」161頁，『工業所有権法逐条解説〔第20版〕』1388頁・1390頁。
（注9）　商標法4条18号は，平成26年改正の際，「商品等（商品若しくは商品の包装又は役務をいう。（……））が当然に備える特徴のうち政令で定めるもののみからなる商標」と改正された。

需要者が、商品若しくはその包装又は役務の提供の用に供する物の形状そのものの範囲を出ないと認識する形状のみからなる立体商標は、登録要件を欠く（商標3条1項3号）[注10]。

形状が「極めて簡単で、かつ、ありふれた標章のみからなる商標」である場合、商標登録を受けることができないこと（商標3条1項5号）、使用により識別力を有するに至った場合は、商標登録を受けることができること（同条2項）は、平面商標の場合と同様である。

「商品の形状」や「商品の包装の形状」自体は、通常の場合、自他商品識別力を有しないものであり、商標登録を受けることができない（商標3条1項3号）。商標法3条2項により、商標登録を受けることができるに至った場合であっても、商品又は商品の包装の機能を確保するために不可欠な立体的形状のみからなる商標については、商標登録を受けることができない（商標4条18号）。商標権は、存続期間の更新を繰り返すことにより、半永久的に保有することができる権利であるため、商品又は商品の包装の機能を確保するために不可欠な立体的形状のみからなる商標について商標登録を認めるとなると、その商品自体又は商品の包装自体についての生産・販売の独占を事実上半永久的に許し、自由競争を不当に阻害するおそれがあることから、商標法4条18号が、政策的見地から新設されたものである[注11]。

なお、識別力を有しない立体的形状と識別力を有する文字・図形等との結合からなる商標は、商標全体として識別力を有する以上、立体商標としての登録が可能である。その場合における立体的形状部分の識別力の問題は、登録後において、商標権の効力の及ばない範囲に該当するかどうか（商標法26

（注10） 立体商標である「普通に用いられる方法で表示する商標」（商標3条1項3号）については、厳格な運用を行うことが工業所有権審議会の答申でも求められており、例えば、指定商品が自動車である場合に、出願されている立体的形状について需要者が自動車であるとの認識を出ないような場合は、登録を認めない運用が予定されていた。また、指定商品の包装の形状（例えば、指定商品が洋酒である場合の瓶の形状）も、指定商品の形状の場合と同様に扱うこととされていた。（特許庁編『平6／8／10改正解説』「第1部　商標法等の一部を改正する法律（平成8年法律第68号）」163頁、『工業所有権法逐条解説〔第20版〕』1400頁以下参照）。

（注11） 特許庁編『平6／8／10改正解説』「第1部　商標法等の一部を改正する法律（平成8年法律第68号）」165頁、『工業所有権法逐条解説〔第20版〕』1414頁以下。このような立体的形状の例としては、丸くせざるを得ない自動車のタイヤ、球の形状にせざるを得ない野球用のボール等が挙げられている。

条該当性)という形で問題になる[注12]。

(3) 判断手法

(a) 審査基準等
(ア) 立体商標と平面商標との区別

三次元の物の外観としての形状が平面に図形として記載されている場合,それが立体商標を平面に表したものであるのか,立体的形状を平面に表した図形からなる平面商標を表したものであるのか,図だけでは区別できない。商標登録出願書類においては,立体商標の出願の場合は,立体商標である旨を記載することになる。

ただし,願書に立体商標である旨の記載があっても,願書中の商標登録を受けようとする商標を記載する欄へ記載した商標が立体商標を構成するものと認められない場合は,商標法3条1項柱書により商標登録を受けることができる商標に該当しないと判断される[注13]。

(イ) 特徴等の表示(商標3条1項3号)

商標が指定商品の形状(指定商品の包装の形状を含む。)又は指定役務の提供の用に供する物の形状そのものの範囲を出ないと認識されるにすぎない場合や,商標が指定商品(指定商品の包装を含む。)又は指定役務の提供の用に供する物そのものの形状の一部と認識される場合は,その商品の「形状」又はそ

(注12) 特許庁編『平6/8/10改正解説』「第1部 商標法等の一部を改正する法律(平成8年法律第68号)」164頁。
(注13) 『商標審査基準〔改訂第13版〕』(平成29年4月1日適用)は,立体商標を構成するものと認められない例として,①立体的形状を表したものと認められない場合(立体的形状としての厚み等の三次元の物の外観としての形状が表示されておらず,文字,図形,記号と認識される。),②立体的形状と文字,図形,記号が分離して記載されたものと認められる場合(文字,図形,記号が立体的形状に係る物の表面に貼り付けられたような構成及び態様でなく,分離した構成及び態様であるため,全体としては,三次元の物の外観としての形状が表示されているとはいえず,立体商標として認識することができない。),③複数の図が記載されているが,各図の示す標章が合致しない場合(各図が表す立体的形状,色彩が合致しておらず,一つの立体商標として特定されていない。),④商標が,指定商品中の一部の商品等の形状からなるが,その他の指定商品等においては商品等の形状として想定し得ず,かつ,商品等の広告としての使用も当然に想定し得ない場合(指定商品を「薬剤,衛生マスク」とする立体商標として,衛生マスクの立体的形状が記載されているところ,「薬剤」については,当該立体的形状を採ることは想定し得ず,かつ,広告として使用されることも当然に想定し得ない。)を挙げている。『商標審査便覧』にも,詳細な定めがある(41.100.02「立体商標の第3条第1項柱書に関する審査の運用について」)。

の役務の「提供の用に供する物」を表示するものと判断される(注14)。

　(ウ)　極めて簡単で，かつ，ありふれた商標（商標3条1項5号）

立体商標においては，「球，立方体，直方体，円柱，三角柱等の立体的形状」がこれに該当するとされている(注15)。

　(エ)　使用による識別性（商標3条2項）

出願商標と使用商標とが外観において異なる場合は，出願商標を使用しているとは認められないが，出願商標が立体商標であるのに対し，使用商標が平面商標である場合や，出願商標が平面商標であるのに対し，使用商標が立体商標である場合は，商標としての同一性が認められ，出願商標を使用しているものと認められる(注16)。

　(オ)　商品等が当然に備える特徴（商標4条1項18号）

①出願商標が，商品等の性質から通常備える立体的形状のみからなるものであるか，②出願商標が，商品等の機能を確保するために不可欠な立体的形状のみからなるものであるかという見地から審査される。②については，その機能を確保できる代替的な形状がほかに存在するか否か，商品又は商品の包装の形状を当該代替的な立体的形状とした場合でも，同程度（若しくはそれ以下）の費用で生産できるものであるか否かが，特に考慮される(注17)。

　(b)　裁　判　例

立体商標については，平成8年改正法施行以来，相当数の裁判例の蓄積があり，商標法3条1項3号該当性及び同条2項該当性の両方が争われた事例が多い。

(注14)　『商標審査基準〔改訂第13版〕』には，建築物の形状の立体商標以外の立体商標についての定めは，特に見当たらないが，『商標審査便覧』には，立体商標の識別力につき，詳細な定めがある（41.103.04「立体商標の識別力に関する審査の具体的な取扱いについて」）。「商品等の立体的形状に係る商標」については，識別力に関する非常に厳しい審査がなされているとの指摘がある（足立泉「立体商標の現状と課題」『紋谷古稀』530頁以下）。
(注15)　『商標審査基準〔改訂第13版〕』，『商標審査便覧』参照。
(注16)　『商標審査基準〔改訂第13版〕』，『商標審査便覧』（41.103.04「立体商標の識別力に関する審査の具体的な取扱いについて」）。
(注17)　『商標審査便覧』（42.118.01「商品又は商品の包装の機能を確保するために不可欠な立体的形状（商標法第4条第1項第18号）に関する取扱い」）。なお，商標法4条1項18号でいう「商品又は商品の包装の機能を確保するために不可欠な立体的形状」からなる商標は，通常は，商標法3条1項3号に該当するから，商標法4条1項18号の適用が問題となるのは，商標法3条2項の適用が認められる商標がほとんどであろうと考えられる旨が指摘されている。

平成 8 年改正法施行後，商標法 3 条 1 項 3 号該当性を肯定した上，商標法 3 条 2 項該当性を否定した裁判例が相当数続いていた[注18]ところ，商標法 3 条 2 項該当性を初めて肯定したのが，知財高判平19・6・27判タ1252号132頁〔ミニマグライト事件〕である。

この裁判例は，商標法 3 条 1 項 3 号該当性について，①商品の形状は，多くの場合に，商品等の機能又は美観に資することを目的として採用されるものであり，そのような目的のために採用されると認められる形状は，特段の事情のない限り，商標法 3 条 1 項 3 号に該当する，②商品等の具体的形状は，当該商品の用途，性質等に基づく制約の下で，通常は，ある程度の選択の幅があるといえるが，同種の商品等について，機能又は美観上の理由における形状の選択と予測し得る範囲のものであれば，当該形状が特徴を有していたとしても，同号に該当する，③需要者において予測し得ないような斬新な形状の商品等であったとしても，当該形状が専ら商品等の機能向上の観点から選択されたものであるときには，同号に該当するという旨の一般的な判断基準を示した。

また，商標法 3 条 2 項該当性について，「商品等の立体形状よりなる商標が使用により自他識別力を獲得したかどうかは，当該商標ないし商品の形状，使用開始時期及び使用期間，使用地域，商品の販売数量，広告宣伝のされた期間・地域及び規模，当該形状に類似した他の商品の存否などの事情を総合考慮して判断すべきである。そして，使用に係る商標ないし商品の形状は，原則として，出願に係る商品と実質的に同一であり，指定商品に属する商品であることを要する。もっとも，商品等は，その販売等に当たって，その出所たる企業等の名称や記号・文字等からなる標章などが付されるのが通常であることに照らせば，使用に係る立体形状に，これらが付されていたという事情のみによって，直ちに使用による識別力の獲得を否定することは適切で

（注18）　東京高判平12・12・21判時1746号129頁〔鉛筆事件〕，東京高判平13・7・17判タ1077号270頁〔ヤクルト第 1 次事件〕，東京高判平14・7・18（平成13年（行ケ）第418号）裁判所ＨＰ〔インゴッドチョコレート事件〕，東京高判平14・7・18（平成13年（行ケ）第446号，同第447号）裁判所ＨＰ〔フェラガモガンチーニ事件〕，東京高判平15・8・29（平成14年（行ケ）第581号）裁判所ＨＰ〔角瓶事件〕，東京高判平15・10・15（平成15年（行ケ）第102号）裁判所ＨＰ〔ニチバン粘着テープ事件〕，知財高判平18・11・29判タ1226号50頁〔ひよ子事件〕等。

はなく，使用に係る商品ないし商品等の形状に付されていた名称・標章について，その外観，大きさ，付されていた位置，周知・著名性の程度等の点を考慮し，当該名称・標章が付されていたとしてもなお，立体形状が需要者の目につき易く，強い印象を与えるものであったか等を勘案した上で，立体形状が独立して自他商品識別機能を獲得するに至っているか否かを判断すべきである。」という一般的な判断基準を示した。

それ以前の裁判例は，使用に係る商品に付された文字商標ないし平面標章の識別力の強さを強調し，立体的形状のみでは識別力を欠くと判断したり，使用商標としての同一性を有しないと判断することにより，商標法3条2項該当性を否定していたが，この裁判例は，使用に係る商品ないし商品等の立体的形状に文字等の標章が付されていることのみをもって，立体的形状の識別力を否定すべきではないことを判示し，以後，この考え方を踏襲し，商標法3条2項該当性を肯定する裁判例[注19]が見られるようになった。

その後の裁判例の中で，前記判断基準の当てはめを検討する上で，着目されるのが，①知財高判平23・4・21判タ1349号187頁〔JEAN PAUL GAULTIER "CLASSIQUE" 事件〕と②知財高判平23・4・21判タ1349号203頁〔L'EAU D'ISSEY事件〕である。

これらは，いずれも香水瓶の形状に係る立体商標につき，同じ裁判体により同じ日に言い渡されたものである[注20]。

上記裁判例①及び②は，商標法3条1項3号該当性について，いずれも，香水の容器の形状として，需要者において，機能又は美感に資することを目的とする形状と予測し得る範囲のものであるとして，肯定した。また，商標法3条2項該当性について，いずれも，「使用に係る商標ないし商品の形状は，原則として，出願に係る商標と実質的に同一であり，指定商品に属する

（注19） 知財高判平20・5・29判タ1270号29頁〔コカコーラボトル事件〕，知財高判平22・11・16判タ1349号212頁〔ヤクルト第2次事件〕，知財高判平23・6・29判タ1355号106頁〔Yチェア事件〕。

（注20） 上記裁判例①及び②と同じ日に，同じ裁判体により言い渡された裁判例として，知財高判平23・4・21判タ1349号197頁〔JEAN PAUL GAULTIER "Le Male" 事件〕も存在する。この判決は，香水類等を指定商品とする，男性の胴体部分をモチーフにデザイン化した形状の立体商標につき，上記裁判例①及び②と同様の理由により，商標法3条1項3号該当性を肯定し，同条2項該当性を否定した審決につき原告が何らの主張もしないこと等を指摘し，同項該当性を否定している。

商品であることを要するが，機能を維持するため又は新商品の販売のため，商品等の形状を変更することもあり得ることに照らすと，使用に係る商品等の立体的形状が，出願に係る商標の形状と僅かな相違が存在しても，なお，立体的形状が需要者の目につきやすく，強い印象を与えるものであったか等を総合勘案した上で，立体的形状が独立して自他商品識別力を獲得するに至っているか否かを判断すべきである。」と判示した。

その上で，当てはめにおいては，結論を異にした。

①は，香水類等を指定商品とする，女性の胴体部分をモチーフにデザイン化した形状の立体商標につき，需要者の目につきやすく，強い印象を与えるものであって，本願商標の立体的形状とほぼ同一の立体的形状の容器に入れた香水である原告商品は，15年以上にわたって販売，広告され，本願商標の立体的形状が独立して自他商品識別力を獲得するに至っているとして，商標法3条2項該当性を肯定した。

②は，香水類等を指定商品とする，縦に細長く，容器の部分はやや丸みを帯びた円錐形で，その上部にある金属製のふたの頂上にはボール状のつまみがある形状の立体商標につき，シンプルで特異性が見いだせず，類似の形状の香水も複数存在することに照らすと，本願商標の立体的形状が，独立して自他商品識別力を獲得するに至っているとまではいえないとして，商標法3条2項該当性を否定した。

これらの裁判例は，立体商標の立体的形状の特徴そのものが，識別力についての判断における基本的な判断要素であることを示したものであると考えられる[注21]。

〔3〕 地域団体商標

(1) 意　義

(注21)　立体商標に係る特許庁の取扱いや裁判例等については，知野明「商標登録要件・無効理由(1)」髙部眞規子編『著作権・商標・不競法関係訴訟の実務〔第2版〕』353頁以下，川瀬幹夫「立体商標に係る現代的課題」『村林傘寿』398頁以下，小野昌延＝竹内耕三編『商標制度の新しい潮流』(青林書院, 2011) 179頁以下参照。

地域団体商標制度とは，①地域の名称及び商品又は役務の普通名称を普通に用いられる方法で表示する文字のみからなる商標（商標7条の2第1項1号），②地域の名称及び商品又は役務を表示するものとして慣用されている名称を普通に用いられる方法で表示する文字のみからなる商標（同項2号），③地域の名称及び商品若しくは役務の普通名称又はこれらを表示するものとして慣用されている名称を普通に用いられる方法で表示する文字並びに商品の産地又は役務の提供の場所を表示する際に付される文字として慣用されている文字であって，普通に用いられる方法で表示するもののみからなる商標（同項3号）につき，事業協同組合等の特定の主体に限り，商標登録を認める制度である。

平成17年改正前の商標法においては，このような商標は，出所を識別できない，事業者が広く使用を欲する商標であり一事業者による独占になじまないといった理由から，商標法3条1項3号等に該当するとして，原則的に登録を受けることができず，実務上，出願人の商標として全国的な知名度を獲得し，商標法3条2条に該当すると認められた場合にのみ登録が可能とされていた。

しかし，①全国的な知名度を獲得するまでの間，他人の便乗使用を排除できず，他人の使用によって，出願人の商標としての知名度の獲得がますます困難となる，②地域の名称や商品又は役務の名称を含む商標であっても，特徴のある図形を付加された商標は，商標全体として識別力を有するものとして，商標登録を受けることができるが，他人が図形部分が異なる商標を使用した場合には，原則として，これらの商標が類似とは認められないことから，他人の便乗使用を有効に排除できないという問題が指摘されていた。

そこで，全国的な需要者との関係では十分に出所識別機能を有しているとまではいえない段階にあっても，前記の商標につき，商標登録を受けることができるようにするため，地域団体商標制度が導入されたものである[注22]。

(2) 登録要件

（注22） 小野＝竹内編・前掲（注21）137頁以下，青木博通『新しい商標と商標権侵害』（青林書院，2015）277頁以下参照。

(a) 主　　体

地域団体商標の商標登録を受けることができることができる者は，①法人格を有する事業協同組合その他の特別の法律により設立された組合であり，当該特別の法律において，正当な理由がないのに，構成員たる資格を有する者の加入を拒み，若しくはその加入につき現在の構成員が加入の際に付されたよりも困難な条件を付してはならない旨の定めがあるもの，②商工会，商工会議所，特定非営利活動法人(注23)，③これらに相当する外国の法人である。

地域団体商標は，一事業者による独占に適さないものであり，可能な限り，当該商標の使用を欲する事業者が当該商標を使用することができるようにすべきであるから，当該事業者が出願人たる団体の構成員となって当該商標を使用する途が妨げられないようにしたものである。

(b) 構成員に使用をさせる商標であること

構成員に加えて団体自身が使用をする商標であってもよい。

(c) 対　　象

地域団体商標として登録を受けることができる商標は，前記(1)①ないし③のとおりである。図形等と組み合わされた商標や特殊な文字により表示された商標のような識別力を有する商標は，平成17年改正前から登録を受けることが可能であったから，対象とされていない(注24)。

地域団体商標として登録される商標中の商品又は役務の名称は，指定商品又は役務と一致していることが必要である(注25)。

商標法7条の2第1項1号の「普通名称」とは，取引界においてその名称が特定の業務を営むものから流出した商品又は特定の業務を営むものから提供された役務を指称するのではなく，その商品又は役務の一般的な名称であ

(注23)　②については，地域団体商標制度導入時は定めがなかったが，保護のニーズが高まっているとして，平成26年法律第36号特許法等の一部を改正する法律により，追加された（特許庁編『平17改正解説』9頁以下，特許庁編『平26改正解説』191頁以下）。
(注24)　地域の名称のみの商標は，①一般に，地域ブランドについては，地域の名称のみの商標が用いられることはまれであること，②これを認めると類似商品・役務に地域の名称のみの商標を使用したときには権利侵害となり，同一又は同名の地域において他の商品・役務を生産・販売，提供等する者による地域の名称の正当な使用を過度に制約し，その事業活動を萎縮させるおそれがあることから，地域団体商標制度の対象とされなかった（特許庁編『平17改正解説』11頁以下）。
(注25)　例えば，「○○りんご」との商標について，「りんごジュース」や「りんごケーキ」を指定商品とすることはできないと解されている（特許庁編『平17改正解説』12頁）。

ると意識されるに至っているものをいう。

同項2号の「商品又は役務を表示するものとして慣用されている名称」(慣用名称)とは,商品又は役務の普通名称とはいえないが,商品又は役務を表す名称として需要者,取引者の間で慣用されている名称をいう。普通名称の略称が慣用されている場合も含まれる[注26]。

同項3号の「商品の産地又は役務の提供の場所を表示する際に付される文字として慣用されている文字」としては,例えば,「本場」,「特産」,「名産」等が含まれ,「本家」,「元祖」,「特選」等は含まれないと解されている[注27]。

(d) 地域の名称と商品又は役務の密接関連性

「地域の名称」(商標7条の2第1項)とは,「自己若しくはその構成員が商標登録出願前から当該出願に係る商標の使用をしている商品の産地若しくは役務の提供の場所その他これらに準ずる程度に当該商品若しくは当該役務と密接な関連性を有すると認められる地域の名称又はその略称」(同条の2第2項)である。

出願された商標が,当該地域と関連しない商品又は役務について使用されるような場合は,制度導入の趣旨からして,商標登録を認める必要性はなく,安易に商標登録を認めることは不適切であることから,要件とされたものであり,商品又は役務の種類,取引者・需要者層,取引の実情等に応じて,商標中にその地域の名称を用いることが社会通念上妥当なものと認められるか否かという観点から判断される。

「地域」には,商品の主要な原材料の産地や商品の製法が由来する地なども含まれ得るし,「名称」は,都道府県名,市町村名等に限られず,旧地名,旧国名,河川・山岳・湖沼等の名称,海域その他の地理的名称を広く含むと解されている[注28]。

(e) 周知性

その商標が使用された結果,出願人である団体又はその構成員の業務に係る商品又は役務を表示するものとして需要者の間に広く認識されていること

(注26) 例えば,陶磁器における「焼」,織物における「織」等が慣用名称に該当すると解されている(特許庁編『平17改正解説』12頁以下)。
(注27) 特許庁編『平17改正解説』12頁以下。
(注28) 特許庁編『平17改正解説』14頁以下。

が要件とされている（商標7条の2第1項柱書）。

制度導入の趣旨からして，実務上，全国的な範囲の需要者に高い浸透度をもって認識されていることが必要であると解されている商標法3条2項の要件を緩和することが必要であるが，保護の対象を，第三者による商標に化体した信用への便乗のおそれが生じ得る程度に信用の蓄積がされているものに限定すべきであることから，要件とされたものである。

周知性の程度は，需要者の広がり及びその認知度において，商標法3条2項よりも，狭く，低いもので足りる。需要者の広がりについては，商品・役務の種類，取引者・需要者層，取引の実情等の個別事情によるが，隣接都道府県に及ぶ程度の需要者に認識されていることは必要であると解されている[注29]。

(3) 判断手法

(a) 審査基準

『商標審査基準〔改訂第13版〕』は，周知性の審査につき，商品の販売地域に着目し，特定の地域で販売される商品については，当該地域が属する一都道府県における多数の需要者の間に広く認識されていれば足りる旨等を，詳細に定めている。

(b) 裁判例

周知性の有無が争われた例として，知財高判平22・11・15判タ1389号309頁〔喜多方ラーメン事件〕がある。

この裁判例は，地域団体商標における要件緩和は，識別力の程度（需要者の広がりないし範囲と，質的なものすなわち認知度）についてのものであり，需要者（及び取引者）からの当該商標と特定の団体又はその構成員の業務に係る商品ないし役務との結び付きの認識の要件まで緩和したものではないとして，「福島県喜多方市におけるラーメンの提供」を指定役務とする，「喜多方ラーメン」（標準文字）の地域団体商標としての登録につき，周知性を否定したものであり，周知性の要件の内容を明確にしたものといえる[注30]。

(注29) 特許庁編『平17改正解説』15頁以下。

[4] 小売等役務商標

(1) 意　義

　小売等役務商標制度とは，小売及び卸売の業務において行われる顧客に対する便益の提供について使用される商標の商標登録を認める制度である（商標2条2項）。

　平成18年法律第55号意匠法等の一部を改正する法律による改正前の商標法においては，小売業者及び卸売業者が行うサービス活動は，商品を販売するための付随的な役務であり，当該サービスに対して直接的な対価の支払が行われないため，商標法上の「役務」には該当しないと解されていた。

　しかし，流通産業の発展に伴い，付加価値の高いサービスを提供する小売業態が発展し，小売業者等の使用する商標は，小売業者等によるサービス活動の出所を表示し，そのブランド価値を蓄積するものとなり，また，諸外国では，小売業者等の使用する商標をサービスマークとして商標法の保護対象としていること等から，前記改正により，小売等役務商標制度が導入されたものである[注31]。

(2) 登録要件

　「小売及び卸売の業務において行われる顧客に対する便益の提供」（商標2条2項）を指定役務とする必要がある。これは，「顧客が来店して立ち去るまでの間に小売又は卸売に伴って提供される総合的なサービス活動であり，最終的に商品の販売により利益をあげるもの」であると解されている[注32]。

　（注30）　地域団体商標に係る特許庁の取扱いや裁判例等については，青木・前掲（注22）277頁以下参照。
　（注31）　特許庁編『平18改正解説』75頁以下，小野＝竹内編・前掲（注21）3頁以下，青木・前掲（注22）258頁以下参照。
　（注32）　小売だけではなく，卸売の業務も保護の対象とされたのは，両者の差異は，顧客が流通業者等の事業者であるか，一般の消費者であるかという相違にすぎないからであると説明されている（特許庁編『平18改正解説』80頁以下）。

(3) 判断手法

(a) 審査基準

　『商標審査基準〔改訂第13版〕』は、出願に係る小売等役務商標につき、出願人が指定した役務を行っているとは認められない場合は、原則として、商標の使用及び使用の意思があるかについて合理的な疑義があるものとして、商標法3条1項柱書により登録を受けることができる商標に該当しないと判断する旨等、商標法3条1項柱書の要件の審査につき、詳細に定めている。

(b) 裁判例

　小売等役務商標により付与される権利の範囲について判断した裁判例として、知財高判平23・9・14判タ1363号182頁〔Blue Note事件〕がある。

　この裁判例は、小売等役務商標につき、「小売の業務過程で行われる」という経時的な限定等は存在するものの、提供する便益の内容、行為態様、目的等からの明確な限定はされておらず、「便益の提供」とは「役務」とおおむね同義であるので、仮に何らの合理的解釈をしない場合には、「便益の提供」で示される「役務」の内容、行為態様等は、際限なく拡大して理解、認識される余地があり、そのため、商標登録によって付与された独占権の範囲が、際限なく拡大した範囲に及ぶものと解される疑念が生じ、商標権者と第三者との衡平を図り、円滑な取引を促進する観点からも、望ましくない事態を生じかねないとして、商標権者が小売等役務について有する専有権の範囲を、小売等の業務において行われる全ての役務のうち、合理的な取引通念に照らし、小売等の業務との間で、目的と手段等の関係にあることが認められる役務態様に限定されると解するのが相当である（侵害行為については類似の役務態様を含む。）と判示したものである。

　小売等役務商標については、前記『審査基準』のとおり、審査段階で商標法3条1項柱書の要件を厳密に吟味することにより、不相当な登録を排除することとされているものの、役務の具体的内容の明確な限定が難しい。この裁判例の判示する一般論により専有権の範囲を限定するとしても、その当てはめは事案ごとにならざるを得ない面があると考えられる[注33]。

〔5〕 新しいタイプの商標

(1) 意　義

　近年のデジタル技術の進歩や商品・役務の販売戦略の多様化に伴い，企業は，色彩のみや音についても商標として用いるようになったところ，諸外国では，これらの「新しい商標」を商標法の保護対象としており，日本におけるニーズも高まったこと等から，平成26年法律第36号特許法等の一部を改正する法律により，いわゆる「新しい商標」が商標法の保護対象とされるに至った。

　具体的には，動き商標，ホログラム商標，色彩のみからなる商標，位置商標，音商標が，商標法の保護対象とされた。動き商標，ホログラム商標，位置商標は，従来の商標の定義に読み込めると解されたため，改正法の定義規定（商標2条1項。「人の知覚によって認識できるもののうち，文字，図形，記号，立体的形状若しくは色彩又はこれらの結合，音その他政令で定めるもの」と改正された。）では追加されていない（「その他政令で定めるもの」に含まれない。）。ただし，その出願手続規定は，改正前の商標法において整備されていなかったため，商標法5条の改正により整備された[注34]。

　なお，平成26年改正の際，香りの商標，触覚の商標，味の商標，トレードドレス（店舗の外観又は内装等をいうとされるが，国際的にその定義が確立していないのが実態であると評価されている[注35]。）についても議論されたが，商標法による保護の対象とはされなかった[注36]。

(a) 動き商標

（注33）　小売等役務商標に係る特許庁の取扱いや裁判例等については，青木・前掲（注22）258頁以下参照。
（注34）　特許庁編『平26改正解説』161頁以下，青木・前掲（注22）322～323頁
（注35）　青木・前掲（注22）324頁。
（注36）　トレードドレスについては，色彩のみからなる商標，位置商標，立体商標により，ある程度保護することができると解されている（青木・前掲（注22）324頁）。なお，店舗外観が不正競争防止法2条1項1号，2号の「商品等表示」に当たり得ると判断した裁判例として，東京地決平28・12・19（平成27年(ヨ)第22042号）裁判所HP〔コメダ珈琲事件〕がある。

動き商標とは，商標に係る文字，図形，記号，立体的形状又は色彩が変化するものであって，その変化の前後にわたるその文字，図形，記号，立体的形状若しくは色彩又はこれらの結合からなる商標（変化商標）のうち，時間の経過に伴って変化するものをいう（商標5条2項1号，商標法施行規則4条）。

ワコールや東宝のロゴ等が動き商標として登録されている[注37]。

(b) ホログラム商標

ホログラム商標とは，変化商標のうち，ホログラフィーその他の方法により変化するもの（動き商標を除いたもの）をいう（商標5条2項1号，商標法施行規則4条の2）[注38]。

三井住友カードのギフトカードのマークがホログラム商標として登録されている[注39]。

(c) 色彩のみからなる商標

色彩のみからなる商標とは，図形等と色彩が結合したものではなく，色彩のみからなる商標である。単色の商標と複数の色彩の組合せからなる商標があり，さらに，それが付される位置を特定するものと，しないものがある（商標2条1項・5条2項3号）[注40]。

トンボ鉛筆の消しゴムの色彩の組合せ（青，白，黒）とセブン・イレブン・ジャパンの看板等の色彩の組合せ（白，オレンジ，緑，赤）が色彩のみからなる商標として登録されている[注41]。

(d) 位置商標

位置商標とは，商標に係る標章（文字，図形，記号若しくは立体的形状若しくは

(注37) 佐藤俊司「新しいタイプの商標の出願・審査状況について」ジュリ1488号29頁以下，特許庁「新しいタイプの商標について初めての審査結果を公表します」（平成27年10月27日）経済産業省HP参照。

(注38) ホログラフィーは，光に含まれている情報を，写真フィルムなど感光性の媒体に，干渉現象を使って完全に近いかたちで記録する技術であり，ホログラムは，ホログラフィーで光の情報を記録した感光媒体を指す。物体にレーザー光などを当て，そこから得られる光と，もとの光との干渉パターンを感光材料に記録し，これに別の光を当てて物体の像を再現する方法及びこれを利用した光学技術を利用して図形等が写しだされる商標である（青木・前掲（注22）323頁・411頁）。

(注39) 佐藤・前掲（注37）29頁以下，特許庁・前掲（注37）経済産業省HP参照。

(注40) 青木・前掲（注22）323頁・338頁。

(注41) 特許庁「色彩のみからなる商標について初の登録を行います」（平成29年3月1日）経済産業省HP参照。

これらの結合又はこれらと色彩との結合に限る。）を付する位置が特定される商標をいう（商標5条2項5号，商標法施行規則4条の6）[注42]。

ドクターシーラボの容器の側面に付されたリボン状の図形，富士通のノートブック型コンピュータのふたの縁に付された線状の図形等が位置商標として登録されている[注43]。

(e) 音 商 標

音商標とは，音楽，音声，自然音等からなる，聴覚で認識される商標である（商標2条1項・5条2項4号，商標法施行規則4条の5）。音楽的な音と非音楽的な音の商標に分けられる[注44]。

久光製薬の「HI・SA・MI・TSU」，味の素の「あ・じ・の・も・と」，大正製薬の「ファイトー，イッパーツ」等が音商標として登録されている[注45][注46]。

(2) 登録要件

識別性（商標3条1項3号・6号・2項），先に出願された他人の登録商標との類似性（商標4条1項11号），公序良俗違反（同条1項7号）につき，従来の商標と異なる規定はないが，当てはめにおいては，個々の「新しい商標」の特性を考慮する必要があり，例えば，色彩の商標においては外観重視，音の商標においては称呼重視で類否判断がされることになると指摘されている[注47][注48]。

また，色彩又は音のみからなる技術機能的な商標は，商標登録を受けるこ

(注42) 青木・前掲（注22）323～324頁・378頁。位置商標については，付す標章自体に識別力があれば，それは図形商標又は立体商標と位置商標との結合商標であり，真正な位置商標とは，付すものそれ自体だけでは識別性が認められないが，位置によって識別性が認められる商標であるとの指摘がある（土肥一史「位置商標の識別性と類似性」『竹田傘寿』354頁）。
(注43) 佐藤・前掲（注37）29頁以下，特許庁・前掲（注37）経済産業省HP参照。
(注44) 青木・前掲（注22）324頁・420頁。
(注45) 佐藤・前掲（注37）29頁以下，特許庁・前掲（注37）経済産業省HP参照。
(注46) なお，動きと音の結合出願は認められないとされている（青木・前掲（注22）324頁）。
(注47) 青木・前掲（注22）326～327頁。
(注48) なお，例えば，緊急用のサイレン音や国歌を想起させる音の商標は，商標法4条1項7号により，商標登録を受けることができないと指摘されている（青木・前掲（注22）327頁）。

とができない（商標4条1項18号，商標法施行令1条）。

　例えば，商品「自動車のタイヤ」の黒の色彩，役務「焼肉の提供」における肉の焼ける音のみからなる商標など，その商標登録を認めた場合に，商品若しくは商品の包装又は役務の提供の独占につながるおそれがあるものも想定されることから，その商標登録を排除できるようにしたものであると説明されている[注49]。

(3) 判断手法

(a) 審査基準

　立体商標の場合と同様に，動き商標，ホログラム商標，色彩のみからなる商標，音商標，位置商標の商標登録を受けようとするときは，その旨を願書に記載しなければならない（商標5条2項）が，願書に当該商標である旨の記載があっても，願書に記載された商標及び商標の詳細な説明から，願書に記載された商標が当該商標を構成するものと認められない場合は，商標法3条1項柱書により，商標登録を受けることができる商標に該当しないと判断される。『商標審査基準〔改訂第13版〕』は，どのように記載すれば，当該商標と認められるかについて，詳細な具体例を挙げている。

　色彩のみからなる商標や音商標は，書面である願書の記載による商標の特定に難しい面がある。前記『商標審査基準』は，色を三原色（RGB）の組合せにより特定する記載例を挙げている。また，音の特定については，商標を特許庁長官が定める方式に従って記録した光ディスクを添付する必要があり（商標5条4項，商標法施行規則4条の8），願書に商標の詳細な説明の記載をしなければならないのは，商標を特定するために必要がある場合に限られる。願書の記載は，文字若しくは五線譜又はこれらの組合せを用いることとされている（音高のない打楽器のみを使用している場合は，一線譜を用いることもできる。商標法施行規則4条の5）。

　位置商標は，標章を実線で描き，その他の部分を破線で描くことにより，標章及びそれを付する商品中の位置が特定できるように表示する必要がある。

　（注49）　特許庁編『平26改正解説』167～167頁。

(b) 裁 判 例

動きや色彩について，不正競争防止法の「不正競争」に該当するかどうかが争われた事例はあるが，商標法の定める登録要件については，まだ裁判例の集積が見られないようである。

〔6〕 おわりに

新しいタイプの商標の導入は，企業から，ブランドの認知度向上にとって有益であると受け止められているようであるが，侵害時における権利行使の実効性については，不透明であり，今後の検討課題であるとの指摘がある(注50)。多様な新しいタイプの商標が導入されたことにより，その識別性や類似性等についても，多くの論点が存在する(注51)ところ，法改正後の裁判例の集積が見られないことから，予見可能性があるとはいえない状態にある。

今後の実例の集積と議論の発展が注目される。

(注50) 日本商標協会「日本商標協会レター」331号13頁以下。
(注51) 土肥一史「新商標の識別性と類似性」『中山古稀』779頁以下，土肥・前掲（注42）349頁以下，外川英明「わが国商標制度における位置商標の役割」『土肥古稀』123頁以下，山田威一郎「新しいタイプの商標の保護と商標法の解釈への影響」『村林傘寿』417頁以下，青木・前掲（注22）338頁以下。

26 商標権侵害による損害

大 寄 麻 代

商標権侵害による損害賠償請求の審理と損害の算定について説明せよ。特許権侵害による損害と対比しつつ，説明されたい。

〔1〕 はじめに

(1) 総 論

商標権侵害によって損害を被った者は，民法709条（不法行為）を根拠規定として，損害賠償を請求することができる。

一般的に，民法709条に基づく損害賠償を請求する者は，①他人の権利又は法律上保護される利益の侵害（違法性），②侵害者の故意・過失，③損害の発生，④侵害と損害との因果関係，⑤損害の額を主張立証する責任を負う。損害の内容としては，積極的損害（既存財産の現実の減少），消極的損害（本来増加するはずの財産が増加しなかった得べかりし利益の喪失），無形的損害（名誉・信用の毀損，精神的損害）がある。

商標権侵害に関しては，消極的損害が問題となることが多いが，その算定をすること（侵害がなかったと仮定した場合に権利者が得ていた利益額を確定した上，侵害がされたために現実に得た利益額との差額を算定すること）は極めて困難であり，他の知的財産権侵害と同様に，消極的損害に関し，上記③ないし⑤の主張立証責任に関する特則が設けられている（商標38条1項〜3項。各項の条文構造の違いは末尾の■表 38条の条文構造参照）。著名な登録商標が模倣品に使用されたような事案においては，信用（ブランド価値）の毀損による無形的損害が問題となることもあるが，これについては民法709条が原則どおり適用される[注1]。

(2) 商標権と特許権の違い

　後記のとおり，商標法38条1項ないし3項の立法経緯及び条文構造は，特許法102条のそれと全く同じである。しかし，①商標権は，商標の出所識別機能を通じて商標権者の業務上の信用を保護するとともに，商品の流通秩序を維持することにより一般需要者の保護を図ることにその本質があり，特許権や実用新案権等のようにそれ自体が財産的価値を有するものではないとの指摘がある(注2)。また，②特許権の場合は，当該特許に係る発明を実施する侵害品の販売等が特許権侵害となるのに対し，商標権の場合は，登録商標と同一でなくとも，指定商品又は役務に登録商標と類似する商標を使用すること，指定商品又は役務に類似する商品又は役務に登録商標又はこれと類似する商標を使用すること等にまで禁止権が及ぶため（商標37条1号），実際の権利者製品との代替可能性が低い侵害品の販売等についても商標権侵害による営業上の損害の発生が問題となり得る。さらに，③特許権侵害の場合は，特許発明を用いた製品は特許権者しか実施できないから，侵害がなかったと仮定した状態では，侵害者は侵害品と同一の技術を用いた商品はそもそも販売できなかったはずであるのに対し，商標権侵害の場合は，侵害者は，侵害標章を付さなくとも，商品の内容や機能等自体は侵害品と同一の商品を販売し得たと考えることができるという違いがある。

　このような商標権と特許権の差異をどの程度のものと考えるかにより，後記のとおり，商標法38条について特許法102条と異なる解釈をするか否かが問題となる。本項目ではこの点を含め，商標権特有の問題を中心に説明する。

　商標法38条は，平成28年法律第108号による改正により，4項が5項に繰り下がり（現4項の文言中，「前項」及び「同項」がそれぞれ「前2項」及び「これらの規定」に修正された。），新4項が規定された。同改正は，「環太平洋パート

(注1) 信用毀損による損害が認容された近時の裁判例として，東京地判平26・5・21（平成25年(ワ)第31446号）裁判所HP〔エルメス立体商標事件〕（登録商標の著名性，模倣品が著しく粗悪であること等を考慮して150万円認容），大阪地判平20・3・11判タ1288号242頁〔DAKS事件〕（登録商標の著名性，正規品として販売したという侵害態様，侵害品の品質，警告後の侵害者の行動等を考慮して200万円認容）。
(注2) 最判平9・3・11民集51巻3号1055頁〔小僧寿し事件〕参照。

ナーシップに関する包括的及び先進的な協定」が日本国について効力を生ずる日から施行することとされており（平成30年法律第70号による改正後の「環太平洋パートナーシップ協定の締結及び環太平洋パートナーシップに関する包括的及び先進的な協定の締結に伴う関係法律の整備に関する法律」附則第1条本文），本項目の執筆時点で未施行である。同項は，商標権侵害による損害賠償を請求する場合において，その侵害が指定商品又は指定役務についての登録商標（これと社会通念上同一と認められる商標を含む。）の使用によるものであるときは，「その商標権の取得及び維持に通常要する費用に相当する額」を権利者が受けた損害の額とすることができる旨の規定であり，改正後は，権利者は，現行商標法38条1項ないし3項の各規定に加え，新4項に規定する額を損害額として選択して請求することが可能となる。「登録商標」の意義は，現行商標法50条1項の登録商標の意義と同じである。「商標権の取得及び維持に通常要する費用に相当する額」（取得維持費用相当額）には，少なくとも商標出願料（3400円＋〔8600円×区分数〕。商標76条2項，特許法等関係手数料令4条2項）及び商標登録料（28200円×区分数。商標40条1項）ないし更新登録料（38800円×区分数。同条2項）相当額が含まれる。それ以外に取得維持費用相当額に当たるものがあるかは，新4項の「通常」という文言に照らして解釈すべきこととなる。

　新4項は，環太平洋パートナーシップ（ＴＰＰ）協定18.74条7項が，商標の不正使用につき法定の損害賠償か追加的損害賠償の少なくともいずれかの一方につき定める制度の採用・維持を各締結国に求めていることを踏まえて，塡補賠償原則を採る我が国の法制度の枠内において，因果関係の立証をせずに，侵害者に対して当該侵害行為の類型に応じた一定の範囲の額（最低限の損害額）の支払を求めることができる法定の損害賠償制度（損害額を擬制する規定）として新設されたものである[注3]。取得維持費用相当額が商標権侵害と相当因果関係を有する損害と解される根拠としては，「本項は，侵害者に直接的に取得維持費用自体を支払わせるものではなく，あくまでも，商標権の取得および維持ならびに侵害行為という一連の事態を経済的に観察した場合には，商標権者には少なくとも取得維持費用相当額の損害が発生してい

　（注3）　松田誠司「ＴＰＰ協定締結に伴う産業財産権法の改正について(下)」ＮＢＬ1096号50～51頁。

るであろうと評価したもの」である旨との説明がされている(注4)。

新4項については、①同項と商標法38条1項ないし3項との併用の可否、②損害不発生の抗弁(注5)の適用の可否、③取得維持費用相当額に当たる範囲、④損害額の具体的な算定方法、⑤実損害額の立証による減額の可否が問題となる(注6)。

〔2〕 商標権侵害による損害賠償請求の審理

商標権侵害訴訟の審理は、実務上、特許権侵害訴訟と同様に、まず侵害論の審理が行われ、その後裁判所が必要と判断した場合に損害論の審理が行われるという2段階審理方式によっている。損害論の審理に入った場合の進行は、以下のとおりである(注7)。

①原告は、必要であれば直ちに訴え提起段階での損害の主張の補充を行うとともに、自己の主張の裏付けとなる文書を提出する（商標法38条1項に基づく損害の主張をする場合には、自己の製品の単位数量当たりの利益額を立証する文書を提出する。）。②被告は、原告の主張に対する具体的な認否及び反論の提出を速やかに行う(注8)。③被告製品の販売数、販売額等について具体的立証が必要となった場合には、まず被告から、原告により損害等の主張がされている期間（年度）の貸借対照表、損益計算書、月別又は取引先別の売上帳、仕入台帳等を提出することが必要とされる。④これらの資料だけでは不十分と裁判所が判断した場合には、さらに個々の取引に関する注文書、納品書、売上伝

(注4) 松田・前掲（注3）53頁。
(注5) 前掲（注2）最判平9・3・11〔小僧寿し事件〕参照。
(注6) ①〜⑤について論じたものとして松田・前掲（注3）53〜55頁、①〜③について論じたものとして金子敏哉「ＴＰＰと著作権法・商標法における『法定損害賠償』」高林龍ほか編「年報知的財産法2016-2017」（日本評論社、2016）39〜40頁参照）。
(注7) 「損害賠償等に関する審理について」（東京地裁知財部）http://www.courts.go.jp/tokyo/saiban/sinri/0807_songaibaishou/index.html、「損害論の審理に関するお願い」（大阪地裁知財部）http://www.courts.go.jp/osaka/vcms_lf/311005.pdf（平成30年7月8日最終確認）。大下良仁「特許権侵害訴訟における損害論の審理の進め方」Ｌ＆Ｔ79号26頁も参照。
(注8) 被告は、認否の際は、積極否認をすることにより、自らの販売数量、売上額、利益率等を明らかにすべきである（髙部眞規子「特許法102条2項の適用をめぐる諸問題」ぷりずむ14巻160号24頁）。ここで争いがなくなれば以後の立証は不要となる。

票等の提出を求められる場合がある。被告が任意に損害立証に必要な文書を提出しない場合には，原告の申立てにより当該文書について裁判所から書類提出命令が発せられることがある（商標39条，特許105条）(注9)。また，損害額の算定のために，計算鑑定の制度が設けられている（商標39条，特許105条の2）(注10)。

〔3〕 商標法38条1項に基づく損害の算定

(1) 規定内容

商標法38条1項は，商標権侵害による損害賠償を請求する場合において，①侵害者が侵害の行為を組成した商品（侵害品）を譲渡したときは，②侵害品の譲渡数量に，③（商標権者等が）「その侵害の行為がなければ販売することができた商品」（権利者製品）の単位数量当たりの利益額を乗じた額を，④商標権者等の「使用の能力に応じた額」を超えない限度において，損害額とすることができる旨を本則とし（本文），⑤当該譲渡数量の全部又は一部に相当する数量を商標権者等が販売することができないとする事情がある場合には，その事情に相当する数量に応じた額を控除する（ただし書）とする規定である。損害賠償を請求する者が上記①ないし④の主張立証責任を負い，侵害者側がただし書の事情の主張立証責任を負う(注11)。

(2) 立法趣旨及び法的性質

商標法38条1項は，平成10年法律第51号による改正（以下「平成10年改正」

(注9) 損害立証の場面では提出を拒む「正当な理由」（特許105条1項）がないとされることが多い（沖中康人「書類提出命令」L&T71号15頁）。書類提出命令に従わなかった場合に，民事訴訟法224条3項により商標法38条2項の侵害者利益を真実擬制した裁判例として，東京地判平14・1・29（平成12年(ワ)第23425号）裁判所HP〔ユナイテッド事件〕。

(注10) 計算鑑定の実情については，大鷹一郎「特許権侵害訴訟の審理における計算鑑定の最近の実情」L&T67号18頁参照。商標法38条2項の損害算定に際して計算鑑定を用い，詳細に内容を検討した裁判例として，東京地判平17・7・5（平成15年(ワ)第10368号）裁判所HP〔アキレス事件〕。

(注11) 特許庁『平10改正解説』18～19頁。ただし，④につき，侵害者側が主張立証責任を負うとする見解もある（飯村敏明「特許権侵害訴訟に係る要件事実―損害額の算定を中心にして」伊藤滋夫編『知的財産法の要件事実』（日本評論社，2016）192頁）。

という。）により，特許法102条1項とともに新設された。その背景としては，特許権侵害による逸失利益の賠償を民法709条に基づいて求める場合，立証を要する5要件のうち，特に，「因果関係」及び「損害額」の立証が困難であるということ，立案担当者による当時の裁判例（特許権侵害に関するもの）の分析によれば，侵害行為と権利者の販売数量減少との間に相当強い関連性が推認できる場合に限って，侵害品の販売数量全てを権利者が販売し得たとして逸失利益が認められているが，そうでない場合には請求が全部棄却されており，逸失利益の認定がオール・オア・ナッシングとなっていたこと，こうした立証の困難性を考慮して設けられた当時の特許法102条1項（現行2項）の推定規定は，侵害者利益が存しない又は小さい場合には権利者の逸失利益に見合った賠償がされることとならないという限界があったことが挙げられている。そこで，こうした問題を解決し，権利者の立証の容易化を図り，侵害品の譲渡数量全てを権利者が販売し得ない場合でもそれらの事情を考慮した妥当な逸失利益の賠償を可能とするため，民法709条に基づく販売数量減少による逸失利益の損害額の算定ルールとして，特許法102条1項を新設することとされた。そして，商標権侵害があった場合にも同様の立証の困難性があるとして，商標法38条1項が新設されたものである[注12]。

商標法38条1項本文は，「損害の額とすることができる」と規定しており，その法的性質については争いがあるが，同条2項と同様に，一部覆滅が可能であることを前提とした推定説が，通説である[注13]。

(3) 侵害の行為がなければ販売することができた商品

(a) 学 説

商標法38条1項本文を適用するための前提[注14]ないし「侵害の行為がなけ

(注12) 特許庁編『平10改正解説』10〜16頁・20頁。
(注13) 特許法102条1項につき，飯村・前掲（注11）190頁，『新注解特許法中〔第2版〕』1814頁〔飯田〕。
(注14) 立案担当者が不法行為の5要件のうち，損害額及び因果関係の立証の困難性を改正の背景として述べているところや，条文の構造が商標法38条2項と同様であることからすれば，同条1項は，同条2項と同様に，損害の発生まで推定するものではないと解される。（同旨，『新注解商標法下』1151頁〔松村信夫〕）。同条1項の適用の前提とは，どの程度の事実関係をもって損害の発生が事実上推認されるべきかの問題と解することもできる。

れば販売することができた商品」の解釈については，上記法的性質についての理解及び商標権の性質に関連して，大きく分けて補完関係説と代替可能性説の対立がある。

　前者は，特許法102条1項（及び商標法38条12頁）は，侵害品と権利者製品が市場において補完関係（ゼロサム関係）に立つという擬制の下に設けられた規定であるとの理解に立つ。そして，特許権の場合には，排他的独占権という特許権の本質的性質から，特許発明の実施品は市場において代替性を欠くものとしてとらえられるべきという考え方に基づき，権利者が特許発明の実施品を販売してさえいれば上記補完関係が認められるから同項が適用されるとする。これに対して商標権の場合には，それ自体は創作的価値を有するものではなく，商品の出所の営業上の信用等と結び付いてはじめて一定の価値を有するものであり，侵害品と権利者製品との間に性能・効用の同一性が存在するとは限らないから，侵害品と権利者製品との間に当然に上記補完関係が存在するということはできないとし，したがって，「具体的事案において，侵害に係る登録商標が営業上の信用を伴うものであり，かつ，商標権者が侵害品と同一商品を販売しているなどの事情」が存在することを前提として，商標法38条1項が適用されるとする(注15)。

　これに対し，多数説（代替可能性説）は，特許法102条1項等につき補完関係を擬制するものとまでは解さず，「侵害の行為がなければ販売することができた商品」とは侵害品と市場で競合する商品（侵害品と商品の種類として代替可能性のある商品）であって，これを権利者が販売していれば商標法38条1項本文を適用できるとし，商品の価格や品質を異にするなど権利者製品による侵害品の全需要（全数量）の代替性を否定する要素は，同項ただし書により侵害者が証明責任を負担すべきとする(注16)。

　なお，上記多数説が，権利者製品における登録商標の使用を必須とするも

　　　(注15)　三村量一「損害(1)―特許法102条1項」『新裁判実務大系4』305頁。同旨，『新注解商標法下』1151頁〔松村〕。
　　　(注16)　髙部眞規子『実務詳説商標関係訴訟』101頁，田村善之『商標法概説（第2版）』338頁，君嶋祐子「損害」『新裁判実務大系4』413頁，前田陽一「商標・意匠・不正競争判例百選」75頁，島田康男「商標権侵害に基づく損害賠償請求について」『知的財産法の理論と実務3』190頁，谷有恒「商標権侵害による損害賠償」髙部眞規子編『著作権・商標・不競法関係訴訟の実務〔第2版〕』299頁，茶園成樹編『商標法』239頁。

のかは必ずしも明らかではないが^(注17)，特許法102条1項の適用に関しては，①実施品であることが文言上の要件となっていないこと及び②権利者が改良特許は実施しているが侵害者が侵害した特許は実施していないという場合に同項の適用を認めないのは立法趣旨に反することから，権利者製品が特許の実施品であることは不要とする説（競合品十分説）が多数である^(注18)。

(b) 裁判例

東京地判平13・10・31判タ1079号248頁〔メープルシロップ事件I第1審〕は，補完関係説と軌を一にし，商標法38条1項所定の「商標権者がその侵害行為がなければ販売することができた」か否かについては，権利者製品と侵害品との同一性，その販売態様，当該商標と商品の出所たる企業の営業上の信用等との結び付きの程度等を総合的に勘案して判断すべきである旨の判断基準を示した上で，具体的事案において，同項の適用を否定した^(注19)。

一方，その後の裁判例の中には，上記と同様の判断基準を判示したものもあるが，事案の当てはめにおいては，商標の顧客吸引力の程度や厳密な意味での商品の同一性を問うことなく，権利者製品と侵害品の代替可能性があれば商標法38条1項の適用が肯定されている^(注20)。

また，知財高判平26・7・14（平成25年(ネ)第10114号ほか）裁判所HP〔鳶事件控訴審〕は，商標法38条1項本文は「侵害商標を付した商品と商標権者の商

(注17) 茶園成樹編『商標法』238頁は，権利者製品に登録商標が付されていることを前提とする。その他，商標法38条1項の適用は，権利者製品に登録商標を使用していることが前提となる旨述べるものとして，齋藤巖「損害賠償」『知財訴訟実務大系2』328頁，小野昌延＝三山峻司『新商標法概説〔第2版〕』347頁。

(注18) 市川正巳「損害1（特許法102条1項）」飯村敏明＝設樂隆一編『LP知財訴訟』204頁，『新注解特許法中〔第2版〕』1831頁〔飯田〕参照。

(注19) その控訴審である東京高判平14・9・26（平成13年(ネ)第6316号ほか）裁判所HP〔メープルシロップ事件I控訴審〕も同旨。

(注20) 東京地判平15・5・28判タ1139号262頁〔メープルシロップ事件II〕（販売方法に共通する部分があったこと等を理由に侵害品と権利者製品の相互補完関係がないとはいえないと判断）。東京地判平17・10・11判タ1235号301頁〔GEROVITAL事件〕は，「侵害行為がなければ商標権者が自己の商品を販売することができた」か否かについて，上記〔メープルシロップ事件I〕と同じ判断基準を判示しつつ，侵害品と権利者製品の使用目的，市場及び需要者等から，市場における競合を認定し，価格差，販売ルートの違いによっては市場代替性は否定されないとした。また，権利者製品と侵害品の厳密な同一性を問うことなく，代替可能性を認めた事例として，知財高判平22・4・27（平成21年(ネ)第10058号）裁判所HP〔コンバース事件控訴審〕（シューズの型が違っても商標法38条1項の適用を肯定），東京地判平14・1・30（平成13年(ワ)第4981号）裁判所HP〔エレッセ事件〕（形態が類似しているとして代替可能性を肯定）。

標を付した商品との間に，市場における代替関係を認め得ること」を前提とした規定であると明示し，同項ただし書の「販売することができなかった事情」の判断の中で，市場代替性の程度，使用商標の自他識別力，顧客吸引力の程度を検討しており，上記多数説の見解（ただし，商標の使用を前提とする）に立つものと理解できる。

(c) 検　討

　商標法38条1項が，前記(2)のとおり損害立証の困難性を救済するために設けられた規定であり，その立法趣旨において特許法102条1項と差異はないにもかかわらず，商標権侵害の場合にのみ，登録商標の出所識別機能の程度（企業の営業上の信用との結び付きの程度）や商品の同一性を要求して，「侵害の行為がなければ販売することができた」ことの厳格な立証を権利者側に求めることは，同項の立法趣旨を損なうものと思われる。これらの事情は，文言上，商標法38条1項ただし書の事情として考慮し得るものであるし，特許発明であってもその内容や使用態様等によっては売上げに対する寄与が極めて低い場合も考え得るのであるから，商標権と特許権との性質（権利者製品と侵害品の相互補完の程度）の差異は，当該ただし書の中で，売上げへの貢献の程度の差として考慮すれば足りると思われ，前記(a)の多数説の見解が相当と考える[注21]。

(d) 権利者製品と侵害品の代替可能性

　どのような場合に，権利者製品と侵害品の代替可能性（競合関係）が認められるかは，個別の事実関係によるが，同種の商品であれば足り[注22]，前記(a)の多数説のとおり，販売価格，品質の違いでは否定されない。販売地域の相違，販売態様の相違（需要者の相違）は，代替可能性自体を否定するもので

[注21]　なお，権利者製品に登録商標を付していること自体は，必ずしも，本項適用の前提ではないように思われる。例えば，Aとそのセカンドラインであるbという著名登録商標（ブランド名）を有し，商品分野に応じて使い分けていた商標権者が，ある分野の商品（権利者製品）についてはB商標を付して販売していたところ，侵害者が同種商品にA商標を付して販売したような事案を想定すると（需要者は侵害品にA商標が付されていなければ，同系列のブランドと認識するB商標が付された権利者製品を購入する可能性がある。），代替可能性を肯定する上で必須ではないように思われる。

[注22]　およそ用途が異なる商品であれば，同種とはいえない。商標法38条2項に関する裁判例であるが，権利者製品（顔に使用する化粧水）と侵害品（一部）とは使用部位及び使用方法が異なること等を理由として代替可能性を否定した事例として，大阪地判平19・10・1（平成18年(ワ)第4737号）裁判所HP〔ラブコスメティック事件〕。

はないことが多いと思われるが⁽注23⁾，侵害品が特定の関係にある取引相手にしか販売されていないような場合には代替可能性が否定されている⁽注24⁾。

(4) 侵害者がその侵害の行為を組成した商品（侵害品）を譲渡したとき

商標38条1項は，侵害品が「譲渡」（有償又は無償で物を移転すること）された場合を対象としており，それ以外の侵害行為を条文上対象としていない。もっとも，特許法102条1項については，条文上規定された「譲渡」以外に，「貸渡し」の場合にも類推適用されると解されており⁽注25⁾，商標法38条1項についても具体的事情に応じて類推適用の余地があろう。なお，商品の「輸入」につき，同項の「譲渡」に含まれないとしつつ，同項と同様の計算方法により逸失利益を算定した裁判例⁽注26⁾もある。

また，役務に係る商標権侵害に関しては，原則として商標法38条1項の適用はないが，「役務の提供を受ける者の利用に供する物」，「当該役務の提供に係る物」が譲渡された場合には，同項の準用又は類推適用の余地があるとの指摘がある⁽注27⁾。

(5) 侵害の行為がなければ販売することができた商品の単位数量当たりの利益の額

「侵害の行為がなければ販売することができた商品」（権利者製品）の解釈に

(注23) 登録商標の使用地域と侵害行為地とが相違していた場合に商標法38条1項本文の適用を肯定した事例として，東京地判平29・3・23（平成27年(ワ)第22521号）裁判所HP〔極真事件〕。同旨，君嶋・前掲（注16）414頁，前田・前掲（注16）74頁。国内市場において権利者製品を販売していない場合には，同項の適用は否定される（知財高判平30・3・29（平成29年(ネ)第10082号ほか）裁判所HP〔マイクロソフト事件〕参照）。
(注24) 商標法38条2項に関する裁判例であるが，侵害品のうち事業者が主催する大会における優勝商品等として販売された商品及び侵害者の社内従業員向けに販売された商品について，同項の適用を否定した事例（大阪地判平24・7・12判タ1407号348頁〔SAMURAI JAPAN事件〕），相被告（侵害者）に対してのみ販売していた侵害者について，同項の適用を否定した事例（大阪高判平17・10・27（平成17年(ネ)第675号）裁判所HP〔シロアリ防除材図柄事件〕）。
(注25) 立案担当者は，特許法102条1項は代表的なケースを規定したものであって，「譲渡」以外の場合であっても同項の算定ルールが妥当する場合には，この考え方を参考にした損害賠償額の算定が可能と考えられると説明する（特許庁編『平10改正解説』18頁）。
(注26) 東京地判平12・3・24（平成10年(ワ)第28609号）裁判所HP〔GLORY事件〕。
(注27) 『新注解商標法下』1150頁〔松村〕。

ついては，前記(3)のとおりである。また，「販売することができた商品」であるから，現に販売を開始していなくとも，権利者が販売する予定があったものであれば足りる[注28]。なお，侵害品と競合する権利者製品（例えば歯ブラシ）が，他の権利者の商品（例えば歯磨き粉）と組み合わされた上でセット商品として販売されている場合，このような事情は商標法38条1項ただし書で考慮するとの考え方もあり得るが，当該権利者製品のみを「販売することができた商品」とみて，セット商品の販売利益のうち権利者製品の利益相当額を算定の基礎とすることも文言上許容されると思われる。

「単位数量当たりの利益の額」については，特許法102条1項の議論と異なるところはなく，近時の裁判例は限界利益説，すなわち，侵害行為がなければ権利者において追加的に販売することができたはずの数量の権利者製品の販売額[注29]から，当該数量を販売するために追加的に必要であったはずの費用（変動経費）を控除した額を，当該数量で除して権利者製品の単位当たりの額としたものをもって利益額とする見解に立っている[注30]。変動経費とは，販売数量の増加に伴って増加したはずの経費であるから，追加数量分の製造原価ないし仕入原価のほか，追加数量に対応して増加するのであれば，販売費及び一般管理費が含まれる[注31]一方，権利者製品の開発のためにもともと要した研究費等や売上げの増減と関係なく発生し得る減価償却費等[注32]は控除の対象とならない。

(6) 権利者の使用の能力

侵害品の数量に対応する商品を権利者において供給することができる能力

(注28)　髙部眞規子『実務詳説商標関係訴訟』101頁，田村善之『商標法概説〔第2版〕』338頁，島田・前掲（注16）190頁。

(注29)　侵害行為により権利者製品の販売額の値下げを余儀なくされた場合には，値下げ前の販売額によって利益を算定することができる（小野昌延＝三山峻司『新商標法概説〔第2版〕』346頁）。

(注30)　東京地判平17・10・14判タ1205号228頁〔RENAPUR事件〕，東京地判平22・10・14（平成21年(ワ)第10151号）裁判所HP〔エスカット事件〕等。

(注31)　東京地判平25・11・19（平成23年(ワ)第26745号）裁判所HP〔鳶事件第1審〕，大阪地判平15・4・22（平成14年(ワ)第3309号）裁判所HP〔スーパーベース事件〕。侵害品の販売数等が少なく新たに販売管理費等を要しない場合には，販売管理費等も控除されない（前掲（注20）知財高判平22・4・27〔コンバース事件控訴審〕）。

(注32)　前掲（注20）東京地判平17・10・11〔GEROVITAL事件〕。

（生産能力，販売能力）をいう。当該能力の上限を超えた数量は権利者が販売し得ない以上，その分についての逸失利益は生じていないものと考えられるからである。現に備えていなくとも，下請や委託生産等の態様による潜在的な供給能力があれば足りる[注33]。

(7) 譲渡数量の全部又は一部を権利者が販売することができないとする事情（商標38条1項ただし書）

「侵害者の譲渡数量」＝「権利者の喪失した販売数量」とみることができない事情をいう。商標法38条1項本文の適用を広く認める前記(3)(a)の多数説（代替可能性説）によれば，妥当な損害額の算定のため，同項ただし書の事情は，推定額を減じる方向の事情を広く含むものと解される。具体的には，侵害者の売上げが独自の営業努力に起因すること，権利者製品以外にも競合商品が存在すること，侵害品の品質や価格が権利者製品と異なること，侵害品に類似標章以外の顧客吸引力のある標章等が使用されており，それが商品の市場価値を高めたこと，権利者製品と侵害品の販売地域が異なり，侵害行為地における登録商標の顧客吸引力が低いこと等が含まれる[注34]。

裁判例においても，同様に，商標法38条1項ただし書の事情について，「商品の同一性，両商品の機能，技術的特徴，当該商標の出所識別機能の程度，譲渡態様，販売価格，他の広告宣伝効果等を総合的に考慮して判断すべきもの」と判示されている[注35]。

なお，登録商標の顧客吸引力が低い場合等に，侵害者の譲渡数量に権利者の利益を乗じて得た利益額から減額を行う理由として，商標法38条1項ただし書の適用とは別に，「寄与度」，「寄与率」という用語が用いられることがある。その位置付けないし理論構成については議論があるが[注36]，同条本文

(注33) 髙部眞規子『実務詳説商標関係訴訟』102頁。
(注34) 田村善之『商標法概説〔第2版〕』339頁，君嶋・前掲（注16）414頁。
(注35) 前掲知財高判平26・7・14〔鳶事件控訴審〕。その他，商標法38条1項ただし書を適用した裁判例として，前掲（注20）東京地判平17・10・11〔GEROVITAL事件〕（侵害者の営業努力等を考慮），前掲（注20）東京地判平15・5・28〔メープルシロップ事件Ⅱ〕（標章の使用状況，競合品の存在，標章の顧客吸引力等を考慮）等がある。
(注36) 詳細は，佐野信「商標権侵害訴訟」実務研究会編『知的財産訴訟の実務〔改訂版〕』161頁参照。

の文言及び立法趣旨からすれば，上記減額理由についての主張立証責任は，ただし書により侵害者側が負うべきものと解される[注37]。

〔4〕 商標法38条2項に基づく損害の算定

(1) 規定内容

　商標法38条2項は，商標権侵害による損害賠償を請求する場合において，侵害者が「その侵害の行為により利益を受けている」ときは，その利益の額を権利者が受けた損害の額と「推定」する旨を定めている。したがって，侵害者の受けた利益の額は権利者側が主張立証責任を負い，推定を覆滅する事由は侵害者側が主張立証責任を負う。

(2) 立法趣旨

　商標法38条2項は，旧法（大正10年法）を廃止して現行法（昭和34年法律第127号）を制定する（以下「昭和34年改正」という。）に際し，当時の商標法38条1項（旧1項）として，特許法102条2項（当時の同条1項）と同時に制定された。当該改正に先立つ工業所有権制度改正審議会答申（昭和31年12月21日）では，特許権者等は，その侵害によって侵害者が得た利益の返還を求めることができる旨の規定を設けるよう答申された。しかし，法案作成過程で，利益が損害の額を超える場合にまでその全てを返還せしめるのは侵害者に酷であり，民法の原則から著しく逸脱することになるという理由から採用されず，その代わりに，通常，侵害により自己が受けた損害額の立証に比して相手方の受けた利益の額の立証の方が容易であることから，権利者保護のため，侵害者の利得額を権利者の損害額と推定するとの規定が置かれたものとされている[注38]。その後，平成10年改正によって旧1項が2項に繰り下げられたが，条文内容の変更はない。

　上記改正経緯から，商標法38条2項が，民法709条に基づく不法行為によ

（注37）　同旨，谷・前掲（注16）297頁。
（注38）　『工業所有権法逐条解説〔第20版〕』325〜326頁。

る損害賠償制度における損害に関する法律上の事実推定規定であることは，おおむね争いがない(注39)。

(3) 商標法38条2項の適用の前提

(a) 特許法102条2項の法的性質及び特許発明の実施の要否

　特許法102条2項の法的性質については，損害額のみならず損害の発生をも推定するものであるとの見解と，損害額のみを推定し，損害の発生は権利者が主張立証しなければならないとの見解があるが，後者が通説である(注40)。上記法的性質の解釈等も関係して，従来から，同項適用の前提として特許権者等による特許発明の実施を要するか否かが問題とされてきた。学説は多岐にわたるが，①特許権侵害による損害は「特許権者が特許発明の実施を妨げられることによって被る損害」を意味することを前提に，特許権者等による侵害期間中の特許発明の実施を要するとする見解が多数であった(注41)。一方で，②特許権者が当該特許発明を実施していなくとも，競業者に当該特許発明を実施させずに自ら競合技術を実施して得る利益についても，特許権による法的保護の範囲内にある利益に当たることなどを理由として，競合技術の実施で足りるとの見解も有力であり，裁判例も分かれていた(注42)。

　このような状況下において，知財高判平25・2・1判夕1388号77頁〔ごみ貯蔵機器事件〕は，①特許法102条2項は，損害額の立証の困難性を軽減する趣旨で設けられたものであり，その効果も推定にすぎないことからすれば，同項を適用するための要件を殊更厳格なものとする合理的な理由はないこと，②同項には，特許権者が当該特許発明の実施をしていることを要する旨の文言は存在しないことなども考慮して，特許権者が当該特許発明を実施していることは同項を適用するための要件ではなく，特許権者に，「侵害者による特許権侵害行為がなかったならば利益が得られたであろうという事情」が存在する場合には，同項の適用が認められると解すべきであり，特許権者と侵

(注39) 髙部眞規子『実務詳説商標関係訴訟』103頁等。
(注40) 佐野信「損害2（特許法102条2項・3項）」飯村敏明＝設楽隆一編『LP知財訴訟』217頁等。
(注41) 『新注解特許法中〔第2版〕』1918頁〔飯田〕。
(注42) 『新注解特許法中〔第2版〕』1920頁，1922～1924頁〔飯田〕。

害者の業務態様等に相違が存在するなどの諸事情は，推定された損害額を覆滅する事情として考慮するのが相当であると判示した。そして，外国法人が外国で製造した商品を日本に輸出して，その総代理店を通して販売している事案において，当該外国法人による損害賠償請求につき同項の適用を認めた。

(b) 商標法38条2項の法的性質及び商標使用の要否

商標法38条2項の法的性質についても，上記(a)と同様の議論が当てはまり，同項の適用の前提として，損害の発生の立証を要すると解するのが通説である。そして，従前の裁判例は，そのような理解を前提とした上で，同項が適用されるためには，少なくとも現に権利者製品に登録商標（類似標章）を使用していることが必要であると解するものが多い[注43]。

また，権利者が登録商標を現に使用しているだけではなく，商標権の特性から，商標法38条1項の場合における補完関係説と同様に，権利者製品と侵害品の同一性の有無，販売態様，登録商標と営業上の信用等との結びつき等を考慮して権利者製品と侵害品との間に相互補完関係が認められることを，同項の適用の前提とする裁判例もある[注44]。

一方で，商標法38条1項・2項の場合における代替可能性説と同様に，同条2項の立法趣旨を踏まえて，商標権者の商品と侵害品が市場において競合関係（代替性のある関係）にあることが，同項を適用する前提となるとする裁判例[注45]もある。

(c) 検　討

前掲知財高判平25・2・1〔ごみ貯蔵機器事件〕が判示した①②の趣旨は，商標法38条2項についても同様に当てはまるといえる。権利者側が登録商標を付した商品を販売していることは，条文上要求されておらず，同項適用の

(注43) 　大阪地判昭59・12・20無体集16巻3号832頁〔アイオイ封筒事件〕，大阪高判昭56・2・19無体集13巻1号71頁〔天井材事件控訴審〕。その他，未使用登録商標について商標法38条2項の適用を否定するものとして，名古屋地平13・11・9判タ1101号254頁〔JamJam事件〕，東京地判平13・4・13（平成10年(ワ)第29275号）裁判所HP〔BeaR事件Ⅱ〕。
(注44) 　前掲東京地判平13・10・31〔メープルシロップ事件Ⅰ第1審〕，大阪地判平24・12・13判タ1399号226頁〔ユニキューブ事件〕（事業地域が異なることを理由に相互補完関係を否定）。
(注45) 　前掲（注22）大阪地判平19・10・1〔ラブコスメティック事件〕，前掲（注10）東京地判平17・7・5〔アキレス事件〕（ただし，侵害品が権利者製品と類似標章を付した同一商品の事案）。

必須の要件とはいえない。権利者に広く「侵害者による商標権侵害行為がなかったならば，利益が得られたであろうという事情」が存在するといえる場合には，同項の適用が認められよう。

そして，商標法38条2項が立証の困難性を軽減する趣旨で設けられた規定であることからすれば，侵害行為による営業上の損害の発生について具体的な主張立証を求めることは趣旨に沿わず，同条1項について述べたところと同様に，権利者側から，侵害者と競合する事業等を行っていることが主張立証された場合には，上記利益が得られたであろう事情が存する（損害の発生が事実上推認される）と解するのが相当と考える(注46)。近時の裁判例でも，同条2項の適用について，上記知財高判と同旨の判断基準を用いているものがある(注47)。

(4) 侵害者が侵害行為により受けた「利益」の額

「利益」については，従前は純利益説と粗利益説の対立があったが，近時の裁判例では，侵害者が侵害品の販売等によって得た売上額から，製造仕入原価のほか，同売上げを上げるためにのみ要した変動費（売上高の増加により増加する販売費及び一般管理費等）を控除した額，すなわち限界利益をいうとの解釈が定着している(注48)。なお，商標法38条2項の侵害行為は商品の販売行為に限られないから（指定役務に係る商標権侵害にも適用される。），利益も販売による売上げに限られない。

(5) 侵害者が「侵害行為により受けた」利益の額

(注46) 同旨，谷・前掲（注16）289頁。競合する営利事業自体を行っていない場合には，逸失利益が生じる余地はないから，商標法38条2項の適用は否定される（大阪地判平28・2・8（平成26年(ワ)第6310号）裁判所HP〔でき太事件〕，東京地判平28・1・29（平成26年(ワ)第4627号）裁判所HP〔JAPAN POKER TOUR事件〕）。
(注47) 前掲（注46）東京地判平28・1・29〔JAPAN POKER TOUR事件〕，東京地判平27・1・29判時2249号86頁〔IKEA事件〕，東京地判平26・12・4（平成24年(ワ)第25506号）裁判所HP〔極真事件〕等。
(注48) 前掲（注23）東京地判平29・3・23〔極真事件〕，知財高判平25・3・25判タ1410号137頁〔ナーナニーナ事件〕，大阪地判平21・9・17（平成20年(ワ)第2259号）裁判所HP〔MAGIC BULLET事件〕，東京地判平18・2・21（平成16年(ワ)第11265号）裁判所HP〔TOMY事件〕，東京地判平17・12・20判タ1220号239頁〔アフターダイヤモンド事件〕，大阪地判平17・12・1判時1937号137頁〔GUCCI事件〕等。

「侵害行為により受けた」の意義については，①被告標章の使用行為と相当因果関係がある利益に限り，権利者の受けた損害の額と推定すべきとする限定説(注49)と，②侵害者が侵害行為により得た利益全額と解した上で，相当因果関係を否定する事情は，推定の全部又は一部覆滅によるべきであるとする全額説(注50)がある。相当因果関係の有無の主張立証責任は，限定説による場合には権利者側が，全額説による場合には侵害者側が負うこととなる。

裁判例は，商標法38条1項と同様に，侵害標章の寄与の程度（侵害者利益への他の寄与要因）を考慮して損害額の減額をするものが多いが，その理論構成としては，①限定説に立つことを明示するものがあるほか(注51)，②特に法的根拠を明らかにせずに，侵害標章による「寄与度」を考慮し，寄与度減額として侵害者が侵害行為により得た利益に寄与率を乗じて損害を算定するもの(注52)も多かった。もっとも，③近時は，以下の有力説と同様に，全額説を前提として，侵害者が主張立証責任を負う推定の一部覆滅事由として考慮する旨を明示する裁判例(注53)が増えている。

一般に，法律上の推定においては，前提事実たる甲事実をもって，推定事実たる乙事実を推定する場合に，乙事実は存在しないことが立証されれば，推定が覆滅されると解されており，この考え方によれば，商標法38条2項の推定を覆すためには，侵害者側は「権利者の現実の損害額」そのものを立証し，それが，推定額よりも低額であることを立証する必要があることになり，かつ，その立証がされた場合には同項の推定がされなくなり，権利者側はゼロから損害額の立証が必要となる。このような考え方を前提としつつ，具体的妥当性を図り，相当因果関係のある範囲内での損害額を認めるために，従来，限定説又は「寄与度減額」という手法が採用されてきたものと思われる。

(注49) 一宮和夫「損害」『裁判実務大系9』451頁。
(注50) 君嶋・前掲（注16）416頁。
(注51) 東京地判平14・2・14判タ1126号268頁〔アステカ事件〕（市場が異なることを考慮して相当因果関係のある「利益」を限定）。
(注52) 近時の裁判例として，大阪地判平26・3・27判時2240号135頁〔PRIME SELECT事件〕，前掲（注48）知財高判平25・3・25〔ナーナニーナ事件〕。その他の裁判例については，佐野・前掲（注36）158頁参照。
(注53) 前掲（注23）東京地判平29・3・23〔極真事件〕，東京地判平18・12・22判タ1262号323頁〔ラブベリー事件〕。東京地判平29・9・13（平成26年(ワ)第20955号）裁判所HP〔海宝源事件〕も同旨。

しかし，平成10年改正を契機として，特許法102条2項，商標法38条2項の推定の対象は損害額という量的なものであるから，推定が量的に一部覆滅されるということも理論的に許容され，1項と2項がともに損害額の立証責任の公平な分配を通じて妥当な損害額の算定を目指すものである以上，1項の考え方を2項にも取り入れて，推定の量的一部覆滅をある程度柔軟に認めるべきであるという考え方が有力に主張されるようになっている(注54)。

商標法38条2項の前記立法趣旨からすれば，侵害標章の侵害者利益への寄与の有無及び程度について権利者側に立証責任を負わせることは趣旨を没却しかねないこと，このような事情はむしろ侵害者側が立証し得るものであること，同趣旨の規定である同条1項については，侵害者の売上げに寄与した侵害標章以外の要素に関する事情は侵害者側が主張立証責任を負うものとして，同項ただし書において考慮すべきこととの平仄からすると，同条2項においても，上記事情は，侵害者側が主張立証責任を負う推定覆滅事由として考慮するのが相当と考える(注55)。

(6) 推定覆滅事由

推定覆滅事由に当たる事情は，商標法38条1項と同様であり，裁判例（寄与率等の名目により減額がされた事例を含む。）では，侵害者の宣伝広告量，営業努力，登録商標（侵害標章）の自他識別力・周知性・顧客吸引力，登録商標の侵害行為地における使用実績，権利者と侵害者の販売地域の重複の程度，侵害品・役務の需要者が購入等の際に重視する要素（品質，内容，価格），侵害者の取引先の性質（侵害行為以前から変更がないか，個人的なつながりによるものがあるか），侵害品における他の知的財産権（キャラクター等）の実施の有無及びその顧客吸引力，侵害品における他の標章の使用の有無，使用態様及び当該他の標章の著名性，類似商標を用いた競合他社の存在等の事情が，広く考慮されている(注56)。

(注54) 髙松宏之「損害(2)―特許法102条2項・3項」『新裁判実務大系4』315頁，榎戸道也「判批」『特許判例百選〈第3版〉』144頁，佐野・前掲（注36）160頁。特許法102条2項による損害額の算定については，現在この考え方が多数とされる（『新注解特許法中〔第2版〕』1954頁〔飯田〕）。
(注55) 同旨，谷・前掲（注16）297～298頁。

〔5〕 商標法38条3項に基づく損害の算定

(1) 規定内容

商標法38条3項は，商標権の侵害者に対し，「登録商標の使用に対し受けるべき金銭の額に相当する額の金銭」，すなわち登録商標の使用料相当額を損害額として賠償請求できる旨を規定している。

(2) 立法趣旨

商標法38条3項は，昭和34年改正の際に当時の商標法38条2項（旧2項）として，特許法102条3項（当時の同条2項）と同時に規定された。権利者が被った損害の立証を容易にするために民法709条の特則として設けられた規定であり，最小限度の賠償額を法定したものである（商標38条4項参照）。その損害の性質は，販売利益の喪失ではなく，得べかりし利益としての使用料収入の喪失と一般的に解されている。昭和34年改正時には「登録商標の使用に対し通常受けるべき金銭の額」と規定されていたが，平成10年改正時に，「通常」の文言を削除する改正がされた（併せて，旧2項が3項に繰り下げられた。）。その趣旨は，権利者が既に他社に設定している使用料率を侵害者に対しても用いることは企業の使用料設定の実態と乖離していること，侵害者が支払うべき使用料相当額が誠実にライセンスを受けた者と同じでは，侵害を助長しかねないという批判が生じていたことから，登録商標の価値や，訴訟当事者間において生じている諸般の事情を考慮して使用料相当額の認定をできるようにしたものとされている[注57]。

（注56） これらの事情を考慮して商標法38条2項により推定される損害額を減額した最近の裁判例として，前掲（注53）東京地判平29・9・13〔海宝源事件〕，前掲（注23）東京地判平29・3・23〔極真事件〕，東京地判平27・9・10（平成26年㈦第29617号）裁判所HP〔TKD事件〕，東京地判平26・4・30（平成24年㈦第964号）裁判所HP〔遠山の金さん事件〕，前掲（注52）大阪地判平26・3・27〔PRIME SELECT事件〕等。なお，不正競争防止法5条2項の事案であるが，純正品とリサイクル品の市場占有率等を考慮して推定の一部覆滅を認めた裁判例として，大阪地判平29・1・31判時2351号56頁〔KYOCERA事件〕参照。平成23年以前の裁判例については，木村広行「商標法特有の問題」大阪弁護士会知的財産法研究会編『知的財産権・損害論の理論と実務』〔別冊NBL139号〕207頁参照。

(3) 商標法38条3項の適用の前提

　商標法38条3項は，同条1項及び2項とは規定ぶりが異なり，商標権侵害があるときには使用料相当額を請求できることとしているので，その適用の前提として権利者が損害の発生を主張立証する必要はない。権利者は，登録商標を現に使用している必要もなく，役務に係る商標権侵害にも適用される。

　一方，商標法38条3項に基づく損害賠償請求に対して，損害不発生の抗弁が認められるかについては，従前，肯定説と否定説の対立があった。

　この点，前掲（注2）最判平9・3・11〔小僧寿し事件〕は，商標法38条3項に基づく損害賠償請求に対して，侵害者が損害の発生があり得ないことを抗弁として主張立証して損害賠償の責めを免れることができることを明らかにした。その理由としては，同項は不法行為に基づく損害賠償請求において損害に関する被害者の主張立証責任を軽減する趣旨の規定であって，損害の発生していないことが明らかな場合にまで侵害者に損害賠償義務があるとすることは，不法行為法の基本的枠組みを超えるものというほかないことが挙げられている。そして，前記〔1〕(2)の①で述べた商標権の本質から[注58]，「登録商標に顧客吸引力が全く認められず，登録商標に類似する標章を使用することが第三者の商品の売上げに全く寄与していないことが明らかなときは，得べかりし利益としての実施料相当額の損害も生じていない」と判示して，これを同事案の事実関係に当てはめ，侵害者の商品の売上げがもっぱら侵害者店舗チェーンの著名性，宣伝広告や商品の品質，侵害者自身の標章の顧客吸引力等によってもたらされたものであって，侵害標章の使用はこれに何ら寄与してないとの事実関係の下で，損害不発生の抗弁を認めた。

　もっとも，損害不発生の抗弁については，商標法38条3項が最低限の損害を保障したものとする立場から，同判決の射程は限定的に捉えるべきである

(注57)　特許庁編『平10改正解説』21～23頁参照。
(注58)　三村量一・最判解民平成9年度(上)415頁は，これに対し特許権侵害については，侵害者製品において特許権が利用されていれば，性能，効用の面で何らかの寄与をしているものであって，侵害者製品の売上げの中には特許権の対価に対応する部分があることになるから，特許権を侵害していながら特許権者において何らかの損害の発生もあり得ないという場面を具体的に想定することはなかなか困難であると指摘する。

との指摘もあり(注59)、その後認めた裁判例は少ない。なお、上記最判は、登録商標に顧客吸引力が全く認められず、侵害者の売上げに全く寄与していないことが明らかであることが被告によって立証された場合に損害不発生の抗弁を認めたものであり、登録商標が未使用であっても、直ちに同抗弁が認められるものではない(注60)。

(4) 登録商標の使用に対し受けるべき金銭の額

商標法38条3項の前記立法趣旨に照らし、使用料相当額は、従前のライセンス実績や業界相場があればこれを参照しつつ、当該具体的な事案における当事者間の関係、使用態様等の個別の事情を考慮して定められる。裁判例においては、受けるべき金銭の額の考慮要素として、①登録商標の顧客吸引力（著名性、侵害地域における使用の有無）、②取引の実情（従前の当該商標のライセンス許諾例、業界相場）、③侵害行為の内容（使用態様等）、④権利者の姿勢（使用許諾をしない方針か否か）、⑤侵害者の売上げに起因した他の要因（権利者製品と侵害品の価格の違い、営業地域や業務内容の違い）等が考慮され、事案に応じて1％未満から10％の使用料率が認められている(注61)。

使用料相当額は、侵害者の売上げに一定の使用料率を乗じた額として算定される場合も多いが、使用料の定め方は、単位期間当たりの一定額とすることもあり、被告のホームページにおいて侵害標章が使用された場合など、侵害態様等の事情に応じて、定額によって使用料相当額が算定されることもある(注62)。

(注59) 田村善之『商標法概説〔第2版〕』347〜349頁、茶園成樹編『商標法』243頁。三村・前掲（注58）410頁も、損害不発生の抗弁が認められるのは個別の事業において極めて例外的な特殊事情が存在する場合とする。

(注60) 未使用登録商標につき使用料相当損害を認めた裁判例として、大阪高判平17・7・14（平成17年(ネ)第248号）裁判所HP〔UNO PER UNO事件〕。

(注61) 使用料率が認定された最近の裁判例として、前掲（注56）大阪地判平29・1・31〔KYOCERA事件〕（登録商標の著名性を考慮して、使用料率10％)、東京地判平27・2・27（平成26年(ワ)第7132号）裁判所HP〔Agile事件〕（登録商標が3年間不使用であったこと、侵害標章との類似の程度、当該分野の一般的使用料率等を考慮して、使用料率0.3％)、前掲（注47）東京地判平26・12・4〔極事件〕（侵害標章の顧客吸引力等を考慮して、使用料率2％)。また、不当利得返還請求として使用料率が認定されたものであるが、東京地判平29・11・8（平成27年(ワ)第28491号）裁判所HP〔ART事件〕（使用料率に関する実態調査を基に登録商標の使用実績等を考慮して、使用料率3％)。平成23年以前の裁判例については、木村・前掲（注56）208頁参照。

〔6〕 商標法38条1項ないし3項相互の関係

　実務上，商標法38条1項又は2項による請求を主位的に，3項による請求を予備的に主張することは少なくないが，1項ただし書の事情又は2項の一部推定覆滅事由等が認められた場合に，減額された部分について重ねて3項請求をすることが認められるか否かについては，学説，裁判例ともに分かれている。この論点は，特許権と商標権の性格の差によって左右されるものではなく，特許法102条についての議論が，商標法38条についても同様に妥当するから，詳細は特許に関する論考を参照されたい[注63]。

(注62)　東京地判平30・2・8（平成28年㈦第38082号）裁判所ＨＰ〔アロマグランデ〕（役務についての侵害標章の使用につき月額5万円と認定），大阪高判平28・4・8（平成27年㈹第3285号）裁判所HP〔くるまの110番事件〕（登録商標が被告商圏において顧客吸引力が乏しいこと等を考慮して，被告ホームページにおける使用につき月額5000円と認定），大阪地判平17・12・8判タ1212号275頁〔くるまの110番事件〕（侵害者ウェブサイトのメタタグ等における侵害標章の使用につき月額5000円ないし2万円と認定）。

(注63)　『新注解特許法中〔第2版〕』1879～1888頁・1981～1984頁〔飯田〕，『新注解商標法下』1197～1200頁〔松村〕，大寄麻代「商標法38条1項，2項による損害額の算定における商標の「寄与」の位置づけおよび同各項と同条3項との重畳適用」『知的財産紛争の最前線』〔Ｌ＆Ｔ別冊1号〕96頁参照。

■表　38条の条文構造

商標法38条（消極的損害に関する特則）			主張立証責任	
			原　告	被　告
営業上の損害	1項（販売数量の減少による損害）	適用の前提	侵害品と市場において代替可能性のある権利者製品の販売（多数説）	
		損害額	・「侵害品の売上数量」×「権利者製品の単位数量当たりの利益額（具体的には，限界利益〔多数説〕）」 ・権利者の使用の能力（販売能力，生産能力）が侵害品の売上数量を上回ること（通説）	「譲渡数量の全部又は一部を権利者が販売することができないとする事情」（ただし書）（具体的には，侵害者の営業努力，侵害品の品質や価格が権利者製品と異なること，市場における他の競合商品の存在，登録商標の周知性・顧客吸引力の低さ等）
	2項	適用の前提	「侵害行為がなかったならば権利者が利益が得られたであろうという事情」（知財高判平25・2・1〔ごみ貯蔵機器事件〕参照）（具体的には，競合事業の実施等）	
		損害額	侵害者が侵害行為により受けた利益の額（具体的には，限界利益〔多数説〕）	・一部推定覆滅事由（具体的には，上記1項ただし書の事情と同様の事情〔多数説〕）。 ・推定事実の不存在（具体的には，現実の権利者の損害額が侵害者利益よりも少額であること）
使用料相当額	3項	適用の前提	― （損害の発生の主張立証は不要）	損害の不発生（具体的には，登録商標に顧客吸引力が全くなく，侵害品の売上げに侵害標章の使用は全く寄与していないことが明らかであること（最判平9・3・11〔小僧寿し事件〕）
		損害額	・登録商標の使用に対して受けるべき金銭の額（侵害者の売上げ×使用料率，又は単位期間当たりの定額等。）	

判例索引　　　　　　　　　　　　　　　(1)

判例索引

大　審　院

大判明37・9・15刑録10輯20巻1679頁〔導火線製造器械事件〕………………………… 4, 225
大判大6・4・23民録23輯654頁 ……………………………………………………………… 5
大判昭10・10・5民集14巻1965頁〔宇奈月温泉事件〕………………………………………… 494

最高裁判所

最判昭28・4・30民集7巻4号461頁〔欧文字単一電報隠語作成方法事件〕…………… 151
最判昭30・4・5民集9巻4号439頁 ……………………………………………………… 229
最判昭36・6・27民集15巻6号1730頁〔橘正宗事件〕……………………… 32, 428, 449, 453, 456
最判昭36・8・31民集15巻7号2040頁 ………………………………………………………… 39
最判昭37・12・7民集16巻12号2321頁〔炭トロ事件〕……………………………………… 25
最判昭38・10・4民集17巻9号1155頁〔サンヨウタイヤー事件〕…………………… 450, 453
最判昭38・12・5民集17巻12号1621頁〔リラ宝塚事件〕………………………… 427, 443, 444
最判昭39・6・16民集18巻5号774頁〔Peacock事件〕……………………………………… 453
最判昭39・8・4民集18巻7号1319頁〔回転式重油燃焼装置事件〕………………………… 25
最大判昭41・4・20民集20巻4号702頁 …………………………………………………… 344
最判昭42・5・2民集21巻4号834頁〔玉乃光事件〕……………………………………… 452
最判昭43・2・9民集22巻2号159頁〔青星事件〕………………………………………… 32
最判昭43・2・27民集22巻2号399頁〔氷山事件〕…………………………… 426, 438, 455
最判昭43・12・24民集22巻13号3428頁 …………………………………………………… 326
最判昭44・1・28民集23巻1号54頁〔原子力エネルギー発生装置事件〕………………… 154
最大判昭45・11・11民集24巻12号1854頁 ………………………………………………… 141
最決昭46・7・20刑集25巻5号739頁〔ハイ・ミー事件〕………………………………… 471
最判昭49・3・19民集28巻2号308頁〔可撓伸縮ホース事件〕……… 362, 363, 374, 375, 392
最判昭49・4・25取消集昭和49年443頁〔保土谷化学工業事件〕………………………… 441
最判昭49・6・28裁判集民112号155頁〔一眼レフカメラ事件〕…………………………… 25
最判昭50・2・28裁判集民114号287頁〔帽子事件〕………………………………………… 392
最判昭50・5・27裁判集民115号1頁〔オール事件〕………………………………………… 24
最大判昭51・3・10民集30巻2号79頁〔メリヤス編機事件〕…………………… 36, 228
最判昭52・10・13民集31巻6号805頁〔薬物製品事件〕……………… 154, 246, 255, 337
最判昭53・9・7民集32巻6号1145頁〔ワンレイニーナイト・イントーキョー事件〕……… 47
最判昭54・4・10裁判集民126号507頁〔ワイキキ事件〕…………………………… 409, 410
最判昭55・1・18裁判集民129号43頁 ………………………………………………………… 39
最判昭55・3・28民集34巻3号244頁〔パロディー事件〕………………………………… 48, 49
最判昭56・6・30民集35巻4号848頁〔長押事件〕………………………………………… 316
最判昭56・10・13民集35巻7号1129頁〔マクドナルド事件〕……………………………… 460
最判昭56・10・16民集35巻7号1224頁〔マレーシア航空事件〕…………………………… 104
最判昭57・11・12民集36巻11号2233頁〔月の友の会事件〕………………………… 420, 463
最判昭58・10・7民集37巻8号1082頁〔ウーマンパワー事件〕……………………… 431, 450
最判昭59・5・29民集38巻7号920頁〔フットボール事件〕……………………………… 431

判例索引

最判昭61・1・23裁判集民147号7頁〔GEORGIA事件〕……………………………409
最判昭63・3・15民集42巻3号199頁〔クラブキャッツアイ事件〕………………46
最判平2・7・20民集44巻5号876頁〔ポパイ・マフラー事件〕……… 33, 467, 498, 499
最判平3・3・8民集45巻3号123頁〔リパーゼ事件〕………………………… 161, 180
最判平4・4・28民集46巻4号245頁〔高速旋回式バレル研磨法事件〕………………37
最判平4・7・17裁判集民165号283頁〔ガラス板面取り加工方法事件〕……………37
最判平4・9・22裁判集民165号407頁〔大森林事件〕………………………… 32, 438
最判平5・3・30裁判集民168号599頁〔智恵子抄事件〕………………………………45
最判平5・9・10民集47巻7号5009頁〔SEIKO EYE事件〕……………………… 427, 443
最判平7・3・7民集49巻3号944頁〔磁気治療器事件〕………………………………39
最判平8・6・24民集50巻7号1451頁……………………………………………………104
最判平9・3・11民集51巻3号1055頁〔小僧寿し事件〕……… 32, 34, 439, 460, 463, 525, 527, 543
最判平9・7・1民集51巻6号2299頁〔BBS事件〕……… 123, 268, 269, 273, 275, 278, 280–282, 471
最判平9・11・11民集51巻10号4055頁……………………………………………………104
最判平10・2・24民集52巻1号113頁〔ボールスプライン軸受事件〕……… 26, 187, 188, 192, 193, 194
最判平10・4・28民集52巻3号853頁〔香港訴訟費用負担命令事件〕………………113
最判平10・7・17裁判集民189号267頁〔雑誌諸君事件〕………………………………49
最判平10・9・10裁判集民189号857頁〔スナックシャネル事件〕…………………431
最判平11・7・16民集53巻6号957頁〔生理活性物質測定法事件〕……………………15
最判平11・10・22民集53巻7号1270頁〔ノバルティス・アーゲー事件〕……… 305, 308
最判平12・1・27民集54巻1号1頁………………………………………………………133
最決平12・3・10民集54巻3号1073頁………………………………………………75, 84
最判平12・4・11民集54巻4号1368頁〔キルビー事件〕……… 5, 27, 40, 41, 224, 225, 403, 424, 469, 496, 501, 502, 504
最判平12・7・11民集54巻6号1848頁〔レールデュタン事件〕……… 431–433, 450
最判平13・2・13民集55巻1号87頁〔ときめきメモリアル事件〕……………………47
最判平13・3・2民集55巻2号185頁〔パブハウスG7事件〕…………………………47
最判平13・3・13民集55巻2号328頁……………………………………………………291
最判平13・6・8民集55巻4号727頁〔円谷プロダクション事件〕……… 101, 105, 111
最判平13・6・12民集55巻4号793頁〔生ゴミ処理装置事件〕……… 263, 264, 265
最判平13・6・28民集55巻4号837頁〔江差追分事件〕……… 44, 47, 48
最判平13・7・6裁判集民202号599頁〔PALM SPRINGS POLO CLUB事件〕……… 432, 433
最判平14・2・22裁判集民56巻2号348頁〔ETNIES事件〕……… 39, 370
最判平14・2・28裁判集民205号825頁〔水沢うどん事件〕……………………………39
最判平14・3・25民集56巻3号574頁〔パチンコ装置事件〕……………………………40
最判平14・9・26民集56巻7号1551頁〔FM信号復調装置事件〕……… 108, 123–125, 127, 128, 130, 132, 145
最判平15・2・27民集57巻2号125頁〔フレッドペリー事件〕……… 33, 472, 475, 477, 478, 485–488
最判平15・4・22民集57巻4号477頁〔オリンパス事件〕……… 7, 29, 332, 339, 342, 348
最決平16・4・8民集58巻4号825頁〔ミーリングチャック販売等差止事件〕……… 58, 104
最判平16・6・8裁判集民214号373頁〔LEONARD KAMHOUT事件〕……… 413, 421
最判平17・6・17民集59巻5号1074頁〔生体高分子・リガンド分子の安定複合構造の探索方法事件〕……………………………388
最判平17・7・11裁判集民217号317頁〔RUDOLPH VALENTINO事件〕……………433
最判平17・7・22裁判集民217号595頁〔国際自由学園事件〕……… 419, 420

判例索引 (3)

最判平18・10・17民集60巻8号2853頁〔日立製作所・光ディスク事件〕……………135, 137, 138, 344
最判平19・11・8民集61巻8号2989頁〔インクカートリッジ事件〕………… 268-274, 278, 279, 281,
　　282, 402
最判平19・12・18民集61巻9号3460頁〔シェーン事件〕……………………………………………46
最判平20・4・24民集62巻5号1262頁〔ナイフの加工装置事件〕……………… 224, 225, 234-236,
　　　　　　　　　　　　　　　　　　　　　　　　　　　　　　　　　　　　　　240, 242, 317
最判平20・9・8裁判集民228号561頁〔つつみのおひなっこや事件〕…………… 427, 444, 445
最決平20・11・25民集62巻10号2507頁………………………………………………………………78
最決平21・1・15民集63巻1号46頁……………………………………………………………………94
最決平21・1・27民集63巻1号271頁〔液晶テレビ事件〕…………………………………13, 87
最決平21・9・4民集63巻7号1445頁…………………………………………………………………325
最決平21・10・8裁判集民232号25頁〔チャップリン映画事件〕…………………………………46
最判平23・1・18民集65巻1号121頁〔まねきTV事件〕……………………………………………47
最判平23・1・20民集65巻1号399頁〔ロクラクII事件〕……………………………………………47
最判平23・4・28民集65巻3号1654頁〔パシーフカプセル事件〕……………………29, 301, 302
最決平23・12・19刑集65巻9号1380頁〔Winny事件〕……………………………………………217
最判平23・12・20民集65巻9号3568頁〔ARIKA事件〕……………………………… 32, 428, 452
最判平24・2・2民集66巻2号89頁〔ピンク・レディー事件〕……………………………………54
最判平26・4・24民集68巻4号329頁〔眉トリートメント執行判決請求事件〕……105, 106, 110
最判平27・6・5民集69巻4号700頁〔プラバスタチンナトリウム事件〕……25, 162, 172, 180, 181,
　　　　　　　　　　　　　　　　　　　　　　　　　　　　　　　　　　　　　183, 186, 316
最判平27・11・17民集69巻7号1912頁〔ベバシズマブ事件〕…………………… 29, 298, 302, 307
最判平28・3・10民集70巻3号846頁…………………………………………………………115, 117
最判平29・2・28民集71巻2号221頁〔エマックス事件〕……………33, 422-425, 470, 496, 499, 502
最判平29・3・24民集71巻3号359頁〔マキサカルシトール事件〕………………… 26, 176, 204
最判平29・7・10民集71巻6号861頁〔シートカッター事件〕……………………11, 235, 237, 241

高等裁判所

東京高判昭30・6・28高民8巻5号371頁〔天の川事件〕………………………………………497
東京高判昭31・12・25行集7巻12号3157頁〔電柱広告方法事件〕…………………………151
東京高判昭45・1・29無体集2巻1号16頁〔可撓伸縮ホース事件〕…………………………363
東京高判昭45・5・14無体集2巻1号315頁〔GOLF事件〕………………………………………411
東京高判昭46・9・9無体集3巻2号306頁〔PHOTO－DIRECT事件〕…………………………409
東京高判昭53・7・26無体集10巻2号369頁〔レコードプレーヤ事件〕………………………360
東京高判昭55・3・25無体集12巻1号108頁〔包装用容器事件〕………………………………360
大阪高判昭56・2・19無体集13巻1号71頁〔天井材事件〕………………………………………538
東京高判昭56・8・31無体集13巻2号608頁〔特許建築学博士事件〕…………………………414
東京高判昭56・12・22無体集13巻2号969頁〔テクノス事件〕…………………………………475
東京高判昭59・2・28判時1121号111頁〔アマンド事件〕………………………………………411
東京高判昭59・9・26無体集16巻3号660頁〔GEORGIA事件〕…………………………………411
東京高判昭61・2・12（昭和60年（行ケ）第126号）『判例工業所有権法』2001の15頁〔電子鏡台事
　件〕…………………………………………………………………………………………………151
東京高判昭63・7・26無体集20巻2号333頁〔チョコレート事件〕……………………………366
東京高判平3・1・29判時1379号130頁〔ダイジェスティブ事件〕………………………………411
大阪高判平6・5・27知財集26巻2号356頁〔ゴーセン・中空糸巻き付ガット事件〕……341

大阪高判平 6・5・27知財集26巻 2 号447頁〔クランプ事件〕……………………………370
東京高判平 6・7・20知財集26巻 2 号717頁〔信号復調装置事件〕……………………103, 339
東京高判平 7・4・13判時1536号103頁〔衣装ケース事件〕………………………………370
東京高判平 7・9・26知財集27巻 3 号682頁〔タイムカード事件〕………………………378
東京高判平 8・5・23判時1570号103頁〔位置合せ載置方法事件〕………………………221
東京高判平 8・12・12判時1596号102頁〔TANINO CRISIC事件〕………………………432
東京高決平 9・5・20判時1601号143頁………………………………………………………79
東京高判平10・3・5 判時1650号137頁〔フマル酸ケトチフェン事件〕…………………300
東京高判平10・3・25知財集30巻 1 号102頁〔ゴム紐意匠事件〕…………………………404
東京高判平10・6・18知財集30巻 2 号342頁〔自走式クレーン事件〕……………381, 393
東京高判平11・3・24判時1683号138頁〔JUVENTUS事件〕………………………………415
東京高判平11・11・29判時1710号141頁〔母衣旗事件〕……………………………………417
東京高判平11・11・30判時1713号108頁〔特許管理士事件〕………………………………414
東京高判平11・12・22判時1710号147頁〔ドゥーセラム事件〕……………………………417
東京高判平12・1・27判タ1027号296頁〔ＦＭ信号復調装置事件〕………………………124
東京高判平12・2・10判時1719号133頁〔塩酸オンダンセトロン事件〕…………………300
東京高判平12・5・17（平成12年(行コ)第22号）裁判所ＨＰ〔照明装置付歯鏡事件〕………318, 325
東京高判平12・12・21判時1746号129頁〔鉛筆事件〕………………………………………510
東京高判平12・12・25（平成11年(行ケ)第368号）裁判所ＨＰ〔6本ロールカレンダー事件〕……157
東京高判平13・4・26（平成12年(行ケ)第345号）裁判所ＨＰ〔日本美容医学研究会事件〕………463
東京高判平13・5・30判タ1106号210頁〔キューピー著作権事件〕……………136, 139, 417
東京高判平13・7・17判タ1077号270頁〔ヤクルト第 1 次事件〕…………………………510
大阪高判平13・9・6 （平成12年(ネ)第4023号等）裁判所ＨＰ………………326, 328, 330
東京高判平14・1・30判タ1089号272頁〔角瓶事件〕………………………………………411
東京高判平14・7・18（平成13年(行ケ)第418号）裁判所ＨＰ〔インゴッドチョコレート事件〕…510
東京高判平14・7・18（平成13年(行ケ)第446号ほか）裁判所ＨＰ〔フェラガモガンチーニ事件〕
　……………………………………………………………………………………………………510
東京高判平14・8・29判時1807号128頁〔金属粉末事件〕…………………………………325
東京高判平14・9・26（平成13年(ネ)第6316号ほか）裁判所ＨＰ〔メープルシロップ事件Ⅰ〕……531
東京高判平15・3・19（平成13年(ネ)第5605号ほか）裁判所ＨＰ〔迷奇事件〕…………479
東京高判平15・5・8 （平成14年(行ケ)第616号）裁判所ＨＰ〔ハイパーホテル事件〕…………417
東京高判平15・5・28判時1831号135頁〔ダリ事件〕…………………………………136, 137
東京高判平15・6・26（平成14年(ネ)第730号）裁判所ＨＰ〔水素化触媒事件〕………338
東京高判平15・7・16判時1836号112頁〔ADAMS事件〕…………………………………415
東京高判平15・8・26（平成14年(ネ)第5077号）裁判所ＨＰ〔細粒核並びにその製造方法事件〕…338
東京高判平15・8・29（平成14年(行ケ)第581号）裁判所ＨＰ〔角瓶事件〕……………510
東京高判平15・10・15（平成15年(行ケ)第102号）裁判所ＨＰ〔ニチバン粘着テープ事件〕……510
東京高判平15・10・29判時1845号127頁〔管理食養士事件〕………………………………414
東京高判平15・11・27（平成15年(ネ)第4087号）裁判所ＨＰ〔KELME事件〕…………497
東京高判平16・2・25（平成15年(ネ)第1241号）裁判所ＨＰ〔鉄人28号事件〕…………109
東京高判平16・2・27判時1870号84頁〔リガンド事件〕…………………………………208
東京高判平16・8・9 （平成16年(ネ)第1627号）裁判所ＨＰ〔ヨルダン商標抹消登録事件〕…103
東京高判平16・11・25（平成16年(行ケ)第196号）裁判所ＨＰ〔建設大臣事件〕………414
東京高判平16・12・21（平成16年(ネ)第768号）裁判所ＨＰ〔インディアンモーターサイクル事件〕
　……………………………………………………………………………………………………497

判例索引

知財高（和解）平17・1・11判タ1167号98頁〔日亜化学・青色発光ダイオード事件〕……………354
東京高判平17・2・24（平成16年（行ケ）第341号）裁判所ＨＰ〔メパチロン事件〕……………433
東京高判平17・3・31（平成16年（ネ）第405号）裁判所ＨＰ〔ファイルローグ事件〕……………143
知財高判平17・5・30判時1919号137頁〔ラミブジン及びジドブジン事件〕……………300
知財高判平17・6・20（平成17年（行ケ）第10213号）裁判所ＨＰ〔Mane 'n Tail事件〕……………435
知財高判平17・6・30（平成17年（行ケ）第10336号）裁判所ＨＰ〔Ana Aslan事件〕……………417, 419
大阪高判平17・7・14（平成17年（ネ）第248号）裁判所ＨＰ〔UNO PER UNO事件〕……………544
知財高判平17・9・30判タ1188号191頁〔一太郎事件〕……………214-218, 230
知財高判平17・10・11（平成17年（行ケ）第10345号）裁判所ＨＰ〔水溶性ポリペプタイドのマイクロカプセル化事件〕……………300
知財高判平17・10・19（平成17年（行ケ）第10013号）裁判所ＨＰ〔体重のモジュレーター事件〕……173
大阪高判平17・10・27（平成17年（ネ）第675号）裁判所ＨＰ〔シロアリ防除材図柄事件〕……………533
知財高判平17・10・31（平成17年（ネ）第10079号）裁判所ＨＰ〔カラビナ事件〕……………377, 391
知財高判平17・11・11判タ1192号164頁〔パラメータ特許事件〕……………169
知財高判平17・11・16判タ1208号292頁〔眼灌流・洗浄液バッグ包装体事件〕……………300
知財高判平18・1・19（平成17年（行ケ）第10193号）裁判所ＨＰ〔緑化吹付資材事件〕……………227, 257
知財高判平18・1・31判タ1200号90頁〔インクカートリッジ事件〕……………272, 274, 275, 277-280
知財高判平18・2・16（平成17年（行ケ）第10205号）裁判所ＨＰ〔結晶ラクチュロース三水和物事件〕……………227
知財高判平18・3・29（平成17年（ネ）第10117号）裁判所ＨＰ〔分割錠剤事件〕……………338
知財高判平18・3・31判時1929号84頁〔コネクター接続端子事件〕……………378
知財高判平18・6・12判時1941号127頁〔三浦葉山牛事件〕……………410
知財高判平18・6・29判タ1229号306頁〔紙葉類識別装置の光学検出部事件〕……………164
大阪高判平18・8・30判時1965号147頁〔手さげかご事件〕……………393
知財高判平18・9・20（平成17年（行ケ）第10349号）裁判所ＨＰ〔赤毛のアン事件〕……………415, 416
知財高判平18・9・25（平成17年（ネ）第10047号）裁判所ＨＰ〔マッサージ機事件〕……………198, 286
知財高判平18・11・29判タ1226号50頁〔ひよ子事件〕……………510
知財高判平18・12・26（平成17年（行ケ）第10032号）裁判所ＨＰ〔極真事件〕……………417, 418
知財高判平19・1・18（平成17年（行ケ）第10724号）裁判所ＨＰ〔ピリジン誘導体潰瘍治療剤事件〕……………300
知財高判平19・1・25（平成18年（ネ）第10025号）裁判所ＨＰ〔積水化学工業・湿式分級装置及び湿式分級方法事件〕……………353
知財高判平19・1・31（平成18年（行ケ）第10317号）裁判所ＨＰ〔プーリーⅠ事件〕……………387, 399
知財高判平19・1・31（平成18年（行ケ）第10318号）裁判所ＨＰ〔プーリーⅡ事件〕……………399
知財高判平19・3・27（平成17年（行ケ）第10587号）裁判所ＨＰ〔ランソプラゾール事件〕……………300
知財高判平19・3・29判タ1241号219頁〔燃料噴射弁事件〕……………339
知財高判平19・6・27判タ1252号132頁〔ミニマグライト事件〕……………411, 510
知財高判平19・7・19判時1980号133頁〔長期徐放型マイクロカプセル事件〕……………300
知財高判平19・9・26（平成19年（行ケ）第10042号）裁判所ＨＰ〔腸能力事件〕……………454
知財高判平19・9・27（平成19年（行ケ）第10016号）裁判所ＨＰ〔ベクロメタゾンエアロゾル事件〕……………300
知財高判平19・10・31（平成19年（行ケ）第10056号）裁判所ＨＰ〔切り取り線付き薬袋の使用方法事件〕……………152
知財高判平19・12・26（平成19年（行ケ）第10209号ほか）裁判所ＨＰ〔包装用容器事件〕……………366
知財高判平20・2・7判時2024号115頁〔違反証拠作成システム事件〕……………256

知財高判平20・2・28判時2021号96頁〔チャップリン事件〕………………………………126, 131
知財高判平20・3・27（平成19年㈱第10095号）裁判所ＨＰ〔Von Dutch事件〕…………136, 137
知財高判平20・5・14判タ1278号277頁〔三菱化学工業・アルガトロバン事件〕…………351
知財高判平20・5・29判タ1317号235頁〔ガラス多孔体及びその製造方法事件〕……246, 248, 255, 337
知財高判平20・5・29判タ1270号29頁〔コカコーラボトル事件〕……………………………510
知財高判平20・6・24判時2026号123頁〔双方向歯科治療ネットワーク事件〕……………152
知財高判平20・6・26判タ1297号269頁〔CONMAR事件〕……………………………………418
知財高判平20・7・14判タ1307号295頁〔生海苔の異物分離除去装置事件〕………………41
知財高判平20・7・17（平成19年㈱第10099号）裁判所ＨＰ〔既設コンクリート杭の撤去装置事件〕
　………………………………………………………………………………………………………256
知財高判平20・8・26判タ1296号263頁〔音素索引多要素行列構造の英語と他言語の対訳辞書事件〕
　………………………………………………………………………………………………………152
知財高判平20・8・28判タ1294号172頁〔研磨パッド事件〕……………………………366, 367
知財高決平20・9・29判タ1290号296頁…………………………………………………………65
知財高判平20・12・24（平成20年㈱第10011号）裁判所ＨＰ〔北朝鮮映画テレビ放映事件〕………131
知財高判平21・1・28判タ1299号272頁〔回路用接続部材事件〕……………………………164
知財高判平21・1・28判タ1300号287頁〔廃材用切断装置事件〕………………………………87
知財高判平21・1・29判タ1291号286頁〔冷凍システム事件〕…………………………………59
知財高判平21・2・26判タ1315号198頁〔キヤノン・ゴースト像を除去する走査光学系事件〕……352
知財高判平21・5・29民集65巻3号1685頁〔パシーフカプセル事件〕…………………302, 308, 312
知財高判平21・6・25判時2084号50頁〔ブラザー工業・簡易レタリングテープ作成機事件〕
　………………………………………………………………………………………340, 343, 352, 353
知財高判平21・6・29（平成20年(行ケ)第10428号）裁判所ＨＰ〔基盤処理装置事件〕………227
知財高判平21・6・29判タ1376号205頁〔基盤処理装置事件〕………………………………255
知財高（中間）判平21・6・29判時2077号123頁〔中空ゴルフクラブヘッド事件〕………11, 198
知財高判平21・8・25判タ1319号246頁〔切削方法事件〕……………………………………235
知財高判平21・10・28判タ1318号243頁〔苦菜花事件〕………………………………126, 131, 136
知財高判平21・11・26判タ1334号165頁〔オーダーメイド用計測サンプル事件〕…………340
知財高判平22・1・28判タ1334号152頁〔フリバンセリン事件〕……………………………173
知財高判平22・4・27（平成21年㈱第10058号ほか）裁判所ＨＰ〔コンバース事件〕……489, 531, 534
大阪高判平22・5・14（平成21年㈱第3051号）裁判所ＨＰ〔長靴事件〕……………………390
知財高判平22・7・7判タ1352号229頁〔呼吸マスク事件〕…………………………………378
知財高判平22・7・20（平成19年㈱第10022号）裁判所ＨＰ〔冷凍システム並びに凝縮用熱交換装置事件〕
　…………………………………………………………………………………………………322, 324
知財高判平22・7・20（平成19年㈱第10032号）裁判所ＨＰ〔取鍋事件〕………366, 381, 393, 394, 396
知財高判平22・8・19（平成21年(行ケ)第10297号）裁判所ＨＰ〔Asrock事件〕……………417
知財高判平22・8・19判タ1396号241頁〔ソニー・半導体レーザ装置事件〕………………353, 354
知財高判平22・8・31判タ1341号227頁〔伸縮性トップシートを有する吸収性物品事件〕………174
知財高判平22・9・15判タ1340号265頁〔日本電産事件〕……………………………………109, 120
知財高判平22・11・15判タ1389号309頁〔喜多方ラーメン事件〕……………………………516
知財高判平22・11・16判タ1349号212頁〔ヤクルト第2次事件〕……………………………511
知財高判平22・11・30判時2116号107頁〔貝係止具事件〕…………………………255, 258, 261
知財高判平23・1・31判タ1345号223頁〔換気扇フィルター事件〕…………………………164
知財高判平23・3・28（平成22年㈱第10014号）裁判所ＨＰ〔マンホール用蓋受枠事件〕
　……………………………………………………………………………………………198, 393, 396-398

判例索引

知財高判平23・4・21判タ1349号187頁〔JEAN PAUL GAULTIER "CLASSIQUE"事件〕
　　　　　　　　　　　　　　　　　　　　　　　　　　　　　　　　　410, 411, 511
知財高判平23・4・21（平成22年(行ケ)第10406号）判タ1349号197頁〔JEAN PAUL GAULTIER "Le Male"事件〕　511
知財高判平23・4・21判タ1349号203頁〔L'EAU D'ISSEY事件〕　511
知財高判平23・5・17（平成23年(行ケ)第10003号）裁判所ＨＰ〔出版大学事件〕　414
知財高判平23・6・23判タ1397号245頁〔食品の包み込み成形装置事件〕　198, 208, 211
知財高判平23・6・29判タ1355号106頁〔Yチェア事件〕　511
知財高（中間）判平23・9・7判タ1387号294頁〔切餅事件〕　11
知財高判平23・9・14判タ1363号182頁〔Blue Note事件〕　518
知財高判平23・9・28判タ1400号300頁〔廃棄物袋事件〕　164
知財高判平23・11・28（平成23年(ネ)第10033号）裁判所ＨＰ〔USBフラッシュメモリ事件〕　131
知財高判平23・11・30（平成23年(行ケ)第10159号）裁判所ＨＰ〔コンタクトレンズ事件〕　384
知財高判平23・12・15判タ1383号344頁〔印刷用はくり紙事件〕　366
知財高判平23・12・22判タ1399号181頁〔飛灰中の重金属の固定化方法及び重金属固定化処理剤事件〕　288
知財高判平24・1・24（平成22年(ネ)第10032号ほか）裁判所ＨＰ〔ソリッドゴルフボール事件〕
　　　　　　　　　　　　　　　　　　　　　　　　　　　　　　　　　286, 288
知財高判平24・1・27判タ1397号199頁〔プラバスタチンナトリウム事件〕　162, 182, 183
知財高判平24・2・28（平成23年(ネ)第10047号）裁判所ＨＰ〔中国の世界遺産事件〕
　　　　　　　　　　　　　　　　　　　　　　　　　　　　　　　126, 131, 135, 139
知財高判平24・6・27判タ1390号332頁〔Tarzan事件〕　416
知財高判平24・7・18（平成28年(行ケ)第10042号）裁判所ＨＰ〔自動二輪車用タイヤ事件〕　380
知財高判平24・11・15判タ1398号286頁〔漢字能力検定事件〕　417
知財高判平24・11・21（平成24年(行ケ)第10258号）裁判所ＨＰ〔モンテローザ事件〕　415
知財高判平24・11・26判タ1408号172頁〔人工歯事件〕　384
知財高判平24・12・19判タ1395号274頁〔シャンパンタワー事件〕　415
知財高判平24・12・26判タ1408号235頁〔見えルーペ事件〕　51
知財高判平25・1・24判タ1408号263頁〔あずきバー事件〕　411
知財高判平25・1・31判タ1413号199頁〔塩酸タムスロシン事件〕　138
知財高判平25・2・1判タ1388号77頁〔ごみ貯蔵機器事件〕　19, 289, 292, 537, 538
知財高判平25・3・13判タ1414号244頁〔二重瞼形成用テープ事件〕　259
知財高判平25・3・25判タ1410号137頁〔ナーナニーナ事件〕　539, 540
知財高判平25・3・28判タ1416号116頁〔動態管理システム事件〕　261
知財高判平25・4・11判時2192号105頁〔生海苔の共回り防止装置事件〕　208, 221
名古屋高判平25・5・17（平成24年(ネ)第1289号）裁判所ＨＰ〔韓国判決執行判決事件〕　102
知財高判平25・5・30判時2195号125頁〔御用邸事件〕　414
知財高判平25・6・27（平成24年(行ケ)第10449号）裁判所ＨＰ〔遊技機用表示灯事件〕　387
知財高判平25・7・18（平成25年(行ケ)第10029号ほか）裁判所ＨＰ〔SAMURAI JAPAN事件〕
　　　　　　　　　　　　　　　　　　　　　　　　　　　　　　　　　　　445
知財高判平25・11・14（平成25年(行ケ)第10160号）裁判所ＨＰ〔包装容器事件〕　365
知財高判平26・3・26判タ1423号201頁〔オーブン式発酵処理装置事件〕　285, 290
知財高判平26・3・27（平成25年(行ケ)第10287号）裁判所ＨＰ〔携帯電話機事件〕　376, 384
知財高判平26・3・27（平成25年(行ケ)第10315号）裁判所ＨＰ〔シール事件〕　362, 366
知財高判平26・5・16判タ1402号166頁〔アップル・サムスン事件〕　139, 278, 279

知財高判平26・5・30判タ1407号179頁・民集69巻7号1952頁〔ベバシズマブ事件〕……………302
知財高判平26・7・14（平成25年(ネ)第10114号ほか）裁判所ＨＰ〔鳶事件〕………………531, 535
知財高判平26・9・11判時2250号71頁〔携帯情報端末事件〕………………………………360, 366
知財高判平26・9・17判時2247号103頁〔共焦点分光分析装置事件〕…………………………237
知財高判平26・9・24（平成26年(行ケ)第10014号）裁判所ＨＰ〔知識ベースシステム事件〕……152
知財高判平26・12・4判時2276号90頁〔フラットワーク物品を供給するための装置事件〕………293
知財高判平26・12・17（平成25年(ネ)第10025号）裁判所ＨＰ〔金属製棚及び金属製ワゴン事件〕
　………………………………………………………………………………………………291, 292
知財高判平27・3・25（平成25年(ネ)第10104号）裁判所ＨＰ〔ディアンジェリコ・ギター事件〕
　…………………………………………………………………………………………………112, 145
知財高判平27・4・28（平成25年(ネ)第10097号）裁判所ＨＰ〔蓋体及びこの蓋体を備える容器事件〕
　……………………………………………………………………………………………………289
知財高判平27・6・24判時2274号103頁〔袋入り抗菌剤事件〕………………………250, 256, 261
知財高判平27・7・30（平成26年(ネ)第10126号）裁判所ＨＰ〔野村證券・電子注文の遅延時間を縮
　小する方法事件〕……………………………………………………………………………………349
知財高判平27・10・8（平成27年(ネ)第10097号）裁判所ＨＰ〔洗浄剤事件〕……………………127
知財高判平27・10・21（平成27年(ネ)第10074号）裁判所ＨＰ〔PITAVA事件〕………………466
知財高判平27・11・12判タ1424号136頁〔生海苔の共回り防止装置事件〕…………………20, 293
知財高判平27・11・19判タ1425号179頁〔オフセット輪転機版胴事件〕……………19, 286, 287
知財高判平28・1・27（平成27年(ネ)第10077号）裁判所ＨＰ〔包装用箱事件〕…………………387
知財高判平28・2・17（平成27年(行ケ)第10134号）裁判所ＨＰ〔Dual Scan事件〕………455, 456
知財高判平28・2・24（平成26年(行ケ)第10275号）裁判所ＨＰ〔歯列矯正ブラケット事件〕
　…………………………………………………………………………………………………246, 247
知財高判平28・3・9（平成27年(行ケ)第10105号）裁判所ＨＰ〔オキサリプラティヌムの医薬的
　に安定な製剤事件〕…………………………………………………………………………………303
知財高判平28・3・25判タ1430号152頁〔マキサカルシトール事件〕……………195, 197, 198, 205
知財高判平28・3・28判タ1428号53頁〔NTTドコモ債務不存在確認事件〕………………75, 76, 79, 81
大阪高判平28・4・8（平成27年(ネ)第3285号）裁判所ＨＰ〔くるまの110番事件〕………………545
知財高判平28・6・1判タ1433号142頁〔破袋機事件〕……………………………………………288
知財高判平28・6・22判時2318号81頁〔毎日オークション事件〕…………………131, 136, 140
知財高判平28・7・13判時2325号94頁〔道路橋道路幅員拡張用張出し材事件〕………………376, 393
知財高決平28・8・8（平成28年(ウ)第10038号）裁判所ＨＰ〔チャット・ログ事件〕…………72, 79
知財高決平28・8・10（平成28年(ラ)第10013号）裁判所ＨＰ〔消火器販売事業勧誘事件〕………59, 61
知財高判平28・8・10（平成28年(行ケ)第10052号）裁判所ＨＰ〔UMB事件〕…………………435
知財高判平28・8・10（平成28年(行ケ)第10065号）裁判所ＨＰ〔山岸一雄大勝軒事件〕………420
知財高判平28・9・21判時2341号127頁〔容器付冷菓事件〕………………………………………369
知財高判平28・9・28（平成27年(行ケ)第10259号）裁判所ＨＰ〔ロータリーディスクタンブラー
　錠事件〕………………………………………………………………………………………………228
知財高判平28・10・19（平成28年(ネ)第10047号）裁判所ＨＰ〔電気コネクタ組立体事件〕………289
知財高判平28・11・7（平成28年(行ケ)第10054号）裁判所ＨＰ〔手摺事件〕……………………366
知財高判平28・11・22（平成28年(行ケ)第10138号）裁判所ＨＰ〔ブラインド用スラット事件〕…366
知財高判平28・11・30判時2337号79頁〔吸入器事件〕……………………………………376, 385
知財高判平29・1・11（平成28年(行ケ)第10153号）裁判所ＨＰ〔バケツ事件〕………………376, 380
知財高判平29・1・20（平成28年(ネ)第10046号）裁判所ＨＰ〔オキサリプラチン事件〕…303, 308, 311
知財高判平29・1・24（平成28年(行ケ)第10167号）裁判所ＨＰ〔箸の持ち方矯正具事件〕………378

判例索引 (9)

知財高判平29・1・25（平成27年(行ケ)第10230号）裁判所ＨＰ〔噴出ノズル管の製造方法事件〕……………………………………………………………………253, 258
知財高判平29・2・20（平成28年(ネ)第10085号）裁判所ＨＰ〔光走査装置事件〕……………340
知財高判平29・3・14（平成28年(ネ)第10100号）裁判所ＨＰ〔魚釣用電動リール事件〕…………237
知財高判平29・3・27（平成27年(行ケ)第10252号）裁判所ＨＰ〔浄化槽保護用コンクリート体の構築方法事件〕………………………………………………………………………………254
知財高判平29・5・30（平成28年(行ケ)第10239号）裁判所ＨＰ〔映像装置付き自動車事件〕……360
大阪高判平29・9・21（平成29年(ネ)第245号）裁判所ＨＰ〔ZOLLANVARI事件〕‥480, 481, 483, 484
知財高判平29・10・24判タ1448号114頁〔豊岡柳事件〕……………………………………432
知財高判平29・11・14（平成29年(行ケ)第10109号）裁判所ＨＰ〔MEN'S CLUB事件〕…………432
知財高判平29・11・14（平成29年(行ケ)第10132号）裁判所ＨＰ〔UNIFY事件〕……………429
知財高判平30・1・15（平成29年(行ケ)第10107号）裁判所ＨＰ〔緑健青汁事件〕……………40
知財高判平30・1・15（平成29年(行ケ)第10155号）裁判所ＨＰ〔立体商標くい丸事件〕……411, 423
知財高判平30・2・7（平成28年(ネ)第10104号）裁判所ＨＰ〔NEONERO事件〕……………485, 491
知財高判平30・3・12（平成29年(行ケ)第10188号）裁判所ＨＰ〔アクセサリーケース型カメラ事件〕………………………………………………………………………………………366
知財高判平30・3・29（平成29年(ネ)第10082号ほか）裁判所ＨＰ〔マイクロソフト事件〕…………533
知財高判平30・4・13（平成28年(行ウ)第10182号ほか）裁判所ＨＰ〔ピリミジン誘導体事件〕……………………………………………………………………………………157, 164
知財高判平30・5・30（平成30年(行ケ)第10009号）裁判所ＨＰ〔中空鋼管材におけるボルト被套具事件〕……………………………………………………………………………362
知財高判平30・6・19（平成29年(ネ)第10096号）裁判所ＨＰ〔携帯端末サービスシステム事件〕‥203

地方裁判所

東京地判昭38・6・5下民14巻6号1074頁〔自動連続給粉機事件〕…………………………262
東京地決昭39・6・1（昭和39年(ヨ)第2339事件）『商標・商号・不正競争判例百選』130頁………474
大阪地判昭45・2・27無体集2巻1号71頁〔パーカー事件〕…………………………………474
東京地判昭48・8・31無体集5巻2号261頁〔マーキュリー事件〕……………………………475
東京地判昭50・11・10無体集7巻2号426頁〔オレフィン重合触媒事件〕……………208, 212
大阪地判昭54・2・16無体集11巻1号48頁〔装飾化粧板の壁面接着施工法事件〕……………208
東京地判昭56・2・25無体集13巻1号139頁〔交換レンズ事件〕…………………208, 209, 212
神戸地判昭57・12・21無体集14巻3号813頁〔ドロテビス事件〕……………………………498
東京地判昭58・12・23無体集15巻3号844頁〔日本金属加工・連続クラッド装置事件〕…………352
東京地判昭59・2・15下民35巻1～4号69頁〔パナマ法人損害賠償事件〕……………………106
大阪地判昭59・4・26無体集16巻1号248頁〔合成樹脂射出成型用型事件〕……………………76
東京地判昭59・5・30判タ536号398頁〔トロイ・ブロス事件〕………………………………498
東京地判昭59・12・7無体集16巻3号760頁〔ラコステ事件〕……………………475, 489, 493
大阪地判昭59・12・20無体集16巻3号832頁〔アイオイ封筒事件〕……………………………538
名古屋地判昭63・3・25判タ678号183頁〔ＢＢＳ商標事件〕…………………………………475
大阪地判平元・4・24無体集21巻1号279頁〔製砂機のハンマー事件〕………………………221
大阪地判平2・10・9無体集22巻3号651頁〔ロビンソン事件〕………………………………475
東京地判平2・12・26無体集22巻3号873頁〔GUESS事件〕…………………………………475
大阪地判平5・3・4知財集26巻2号405頁〔ゴーセン・中空糸巻き付ガット事件〕……………341
東京地判平6・7・29知財集27巻2号346頁〔精米方法事件〕…………………………………221
大阪地判平7・10・31知財集27巻4号736頁〔金属板事件〕……………………………………403

大阪地判平 8 ・ 5 ・30判時1591号99頁〔クロコダイル事件〕·················· 475, 489
東京地判平 9 ・ 1 ・24知財集29巻 1 号 1 頁〔自走式クレーン事件〕··················· 381
東京地八王子支判平 9 ・ 2 ・ 5 判タ968号242頁〔ジョルジオ・アルマーニ事件〕······· 475
東京地判平 9 ・ 4 ・25知財集29巻 2 号435頁〔ゴム紐意匠事件〕····················· 404
大阪地判平 9 ・12・ 9 知財集29巻 4 号1224頁〔古潭事件〕························· 463
東京地判平10・ 7 ・16判タ983号264頁〔十二支箸事件〕··························· 466
東京地判平10・ 7 ・22知財集30巻 3 号456頁〔オールウェイ事件〕··················· 466
東京地判平10・10・30判タ989号248頁〔ELLE Marine事件〕························ 459
東京地判平10・11・27判タ1037号235頁 ·· 110
東京地判平10・12・18判タ1000号299頁〔ヒートシール装置事件〕····················· 221
東京地判平11・ 1 ・18判タ997号262頁〔エレッセ事件〕···························· 475
大阪地判平11・ 3 ・25（平成 8 年(ワ)第12855号）〔しろくま事件〕················ 464, 465
東京地判平11・ 5 ・31判タ1006号244頁〔KING COBLA事件〕······················· 498
東京地判平11・12・24訟月47巻 6 号1514頁〔照明装置付歯鏡事件〕··················· 325
東京地判平12・ 3 ・23判タ1035号234頁〔Juventus事件〕··························· 498
東京地判平12・ 3 ・24（平成10年(ワ)第28609号）裁判所ＨＰ〔GLORY事件〕········· 533
東京地決平12・ 6 ・ 6 判タ1034号235頁〔フィルム一体型カメラ事件〕················ 402
大阪地判平12・10・24判タ1081号241頁〔製パン器事件〕···················· 208, 210, 220
大阪地判平12・10・31（平成10年(ワ)第5090号）裁判所ＨＰ ················ 326, 328, 330
大阪地判平12・12・21判タ1104号270頁〔ポリオレフィン透明剤事件〕················ 220
東京地判平13・ 2 ・27（平成 9 年(ワ)第3190号ほか）裁判所ＨＰ〔BOSS CLUB事件〕··· 461
東京地判平13・ 4 ・13（平成10年(ワ)第29275号）裁判所ＨＰ〔BeaR事件Ⅱ〕·········· 538
東京地判平13・ 6 ・13判タ1077号276頁〔絶対音感事件〕··························· 48
東京地判平13・10・31判タ1079号248頁〔メープルシロップ事件Ⅰ〕············· 531, 538
名古屋地判平13・11・ 9 判タ1101号254頁〔JamJam事件〕························· 538
東京地判平13・12・26（平成12年(ワ)第17124号）裁判所ＨＰ〔水素化触媒事件〕······· 338
東京地判平14・ 1 ・29（平成12年(ワ)第23425号）裁判所ＨＰ〔ユナイテッド事件〕····· 528
東京地判平14・ 1 ・30（平成13年(ワ)第4981号）裁判所ＨＰ〔エレッセ事件〕········· 531
東京地判平14・ 2 ・14判タ1126号268頁〔アステカ事件〕·························· 540
東京地判平14・ 5 ・31判タ1109号235頁〔ぼくは航空管制官事件〕··················· 498
東京地判平14・ 7 ・17判タ1107号283頁〔ブラジャー事件〕························ 264
東京地判平14・ 8 ・27判タ1117号280頁〔細粒核並びにその製造方法事件〕··········· 338
東京地（中間）判平14・ 9 ・19判タ1109号94頁〔青色発光ダイオード事件〕········ 11, 339
東京地判平14・10・15判タ1124号262頁〔バドワイザー事件〕······················· 498
東京地判平14・11・18判タ1115号277頁〔鉄人28号事件〕··························· 109
東京地判平14・11・29判タ1111号96頁〔日立製作所・光ディスク事件〕················ 344
大阪地判平15・ 4 ・22（平成14年(ワ)第3309号）裁判所ＨＰ〔スーパーベース事件〕··· 534
東京地判平15・ 5 ・28判タ1139号262頁〔メープルシロップ事件Ⅱ〕············ 531, 535
東京地判平15・ 6 ・30判タ1146号260頁〔ボディグローブ事件〕··········· 486, 489, 493
東京地判平15・10・16判タ1151号109頁〔サンゴ化石粉末事件〕····················· 134
東京地判平16・ 1 ・30判タ1150号130頁〔青色発光ダイオード事件〕·················· 29
東京地判平16・ 2 ・24判タ1147号111頁〔味の素・アスパルテーム事件〕········ 341, 344
大阪地判平16・ 4 ・20（平成14年(ワ)第13569号ほか）裁判所ＨＰ〔Career-Japan事件〕··· 453
東京地判平16・ 4 ・23判タ1196号235頁〔プリント基板用治具用クリップ事件〕······· 213
東京地判平16・ 5 ・31判タ1175号265頁〔XO醤男と杏仁女事件〕················ 48, 126

判例索引

大阪地判平16・11・30判時1902号140頁〔Dunlop事件〕……………………………………489
東京地判平17・2・1判タ1175号120頁〔一太郎事件〕……………………………………216, 222
東京地判平17・2・10判タ1196号209頁〔医薬用顆粒製剤事件〕…………………………157
東京地判平17・2・25判タ1196号193頁〔コンテンツ中継サービス装置事件〕……………25
東京地判平17・3・10判タ1207号228頁〔多機能測量計測システム事件〕…………………221
大阪地判平17・4・28判時1919号151頁〔住友化学・変性重合体製造法事件〕……………344
東京地判平17・7・5（平成15年(ワ)第10368号）裁判所ＨＰ〔アキレス事件〕…………528, 538
東京地判平17・9・13判タ1214号283頁〔分割錠剤事件〕…………………………………246, 338
大阪地判平17・9・26判タ1205号232頁〔三省製薬・育毛剤事件〕……………………………353
東京地判平17・10・11判タ1235号301頁〔GEROVITAL事件〕………………………531, 534, 535
東京地判平17・10・14判タ1205号228頁〔RENAPUR事件〕………………………………534
大阪地判平17・12・1判時1937号137頁〔GUCCI事件〕……………………………………539
大阪地判平17・12・8判タ1212号275頁〔くるまの110番事件〕……………………………545
東京地判平17・12・20判タ1220号239頁〔アフターダイヤモンド事件〕……………………539
東京地判平18・2・21（平成16年(ワ)第11265号）裁判所ＨＰ〔TOMY事件〕……………539
大阪地判平18・2・21（平成16年(ワ)第13073号）裁判所ＨＰ〔積水化学工業・湿式分級装置及び湿
　式分級方法事件〕……………………………………………………………………………353
大阪地判平18・4・27判タ1232号309頁〔二輪車の取り外し可能ハンドル事件〕…………321, 322
東京地判平18・6・8判タ1271号183頁〔三菱電機・フラッシュメモリ事件〕……350, 352, 355
東京地決平18・7・11判タ1212号93頁〔ローマの休日事件〕………………………………126, 131
東京地判平18・9・1判タ1234号182頁〔JSR・保護膜形成用材料事件〕…………………353
東京地判平18・10・31判タ1241号338頁………………………………………………………106
東京地判平18・12・22判タ1262号323頁〔ラブベリー事件〕………………………………540
東京地判平19・1・17（平成18年(ワ)第18196号）裁判所ＨＰ〔三共有機合成・塩素含有樹脂の安定
　化法事件〕……………………………………………………………………………………341
東京地判平19・1・30判タ1256号211頁〔キヤノン・ゴースト像を除去する走査光学系事件〕……352
東京地判平19・2・27判タ1253号241頁〔多関節搬送装置事件〕…………………………220, 235
東京地（中間）判平19・3・20判時1974号156頁……………………………………………110
東京地判平19・3・23判タ1294号183頁〔取鍋事件〕………………………………………395
東京地判平19・4・18（平成17年(ワ)第11007号）裁判所ＨＰ〔ブラザー工業・簡易レタリングテー
　プ作製機事件〕……………………………………………………………………342, 352, 353
東京地判平19・7・26（平成19年(ワ)第1623号）裁判所ＨＰ〔粉体移送装置事件〕………264
東京地判平19・8・29判時2021号108頁〔チャップリン事件〕……………………………126
大阪地判平19・10・1（平成18年(ワ)第4737号）裁判所ＨＰ〔ラブコスメティック事件〕……532, 538
東京地判平19・10・26（平成18年(ワ)第7424号）裁判所ＨＰ〔Von Dutch事件〕…………136
大阪地判平19・11・19（平成18年(ワ)第6536号ほか）裁判所ＨＰ〔爪切り事件〕………321-323
東京地判平19・11・28（平成16年(ワ)第10667号）裁判所ＨＰ〔富士通事件〕……………110
大阪地判平20・3・11判タ1288号242頁〔DAKS事件〕……………………………………525
東京地判平20・6・26（平成19年(ワ)第21425号）裁判所ＨＰ〔風船用クリップ止め装置事件〕……287
東京地判平20・9・29判タ1293号235頁〔ソニー・半導体レーザ装置事件〕………………352
東京地判平20・11・13（平成18年(ワ)第22106号）裁判所ＨＰ〔対物レンズ事件〕………216, 222
東京地判平21・2・27判タ1332号245頁〔筆記具のクリップ取付装置事件〕………………235
東京地判平21・4・30判タ1318号251頁〔苦菜花事件〕……………………………………126
東京地判平21・7・23（平成18年(ワ)第26725号ほか）裁判所ＨＰ〔コンバース事件〕……489
大阪地判平21・9・17（平成20年(ワ)第2259号）裁判所ＨＰ〔MAGIC BULLET事件〕……539

大阪地判平21・11・5（平成21年(ワ)第2726号）裁判所ＨＰ〔長靴事件〕……………390, 393
大阪地判平22・1・21（平成20年(ワ)第14302号ほか）裁判所ＨＰ〔マンホール用蓋受枠事件〕……394
東京地判平22・6・24（平成21年(ワ)第3529号）裁判所ＨＰ〔プリンタ用インクタンク事件〕…213, 222
東京地判平22・7・16判タ1344号204頁〔シルバーヴィラ事件〕……………………………………468
東京地判平22・10・14（平成21年(ワ)第10151号）裁判所ＨＰ〔エスカット事件〕……………534
大阪地判平22・11・18（平成21年(ワ)第297号）裁判所ＨＰ〔コンクリート床版端部下面の補修工法事件〕………………………………………………………………………………………………264
東京地判平23・6・10（平成20年(ワ)第19874号）裁判所ＨＰ〔医療器具事件〕………216, 221
大阪地判平23・6・30判タ1355号184頁〔モンシュシュ事件〕………………………………449
東京地判平23・7・11（平成21年(ワ)第10932号）裁判所ＨＰ〔中国の世界遺産事件〕………126
東京地判平23・7・28判時2175号68頁〔プラバスタチンナトリウム事件〕……………………235
東京地判平24・1・26（平成22年(ワ)第32483号）裁判所ＨＰ〔カムイ事件〕……………………497
東京地判平24・5・31（平成21年(ワ)第28388号）裁判所ＨＰ〔KOMCA事件〕………131, 136, 137
東京地判平24・7・11判タ1388号334頁〔パク・サンウォンの美しいTV顔事件〕………………131
大阪地判平24・7・12判タ1407号348頁〔SAMURAI JAPAN事件〕………………………………533
東京地判平24・11・2判時2185号115頁〔生海苔の共回り防止装置事件〕……………………… 8
名古屋地判豊橋支判平24・11・29（平成23年(ワ)第561号）裁判所ＨＰ〔韓国判決執行判決事件〕…102
大阪地判平24・12・13判タ1399号226頁〔ユニキューブ事件〕………………………………538
東京地判平24・12・21判タ1408号367頁〔夕暮れのナバリ海岸事件〕……………126, 127, 131, 135
大阪地判平25・2・21判タ1401号341頁〔粉粒体混合装置事件〕………………………213, 216, 222
東京地判平25・2・27（平成23年(ワ)第23673号）裁判所ＨＰ……………………………………129
東京地判平25・2・28（平成23年(ワ)第19435号）裁判所ＨＰ〔ピオグリタゾン事件〕…………213
東京地判平25・3・25（平成24年(ワ)第4766号）裁判所ＨＰ〔光の人事件〕…………………131, 139
東京地判平25・5・17判タ1395号319頁〔UFCニコニコ動画事件〕……………………………126, 127
東京地判平25・9・25判タ1418号336頁〔フラットワーク物品を供給するための装置事件〕……293
東京地判平25・10・30（平成23年(ワ)第21757号）裁判所ＨＰ〔HGSTジャパンハードディスク事件〕………………………………………………………………………………………………341
東京地判平25・11・19（平成23年(ワ)第26745号）裁判所ＨＰ〔鳶事件〕……………………534
大阪地判平26・1・16判時2235号93頁〔薬剤分包用ロールペーパー事件〕……………………471
大阪地判平26・3・27判時2240号135頁〔PRIME SELECT事件〕…………………………540, 542
東京地判平26・4・18（平成23年(ワ)第23424号）裁判所ＨＰ〔デコス・建物の断熱・防音工法事件〕………………………………………………………………………………………………344
東京地判平26・4・30（平成24年(ワ)第964号）裁判所ＨＰ〔遠山の金さん事件〕………296, 542
東京地判平26・5・21（平成25年(ワ)第31446号）裁判所ＨＰ〔エルメス立体商標事件〕………525
東京地判平26・7・16（平成25年(ワ)第23363号）裁判所ＨＰ〔韓国ＴＶ事件〕…………………120
横浜地判平26・8・6判時2264号62頁………………………………………………………………110
東京地判平26・12・4（平成24年(ワ)第25506号）裁判所ＨＰ〔極真事件〕……………539, 544
東京地判平26・12・18（平成25年(ワ)第32721号）裁判所ＨＰ〔コンクリート製サイロビンの内壁の検査方法事件〕……………………………………………………………………………251, 260
東京地判平26・12・25（平成25年(ワ)第10151号）裁判所ＨＰ〔カラーアクティブマトリックス型液晶表示装置事件〕………………………………………………………………………251, 260, 261
東京地判平27・1・29判時2249号86頁〔IKEA事件〕……………………………………………539
東京地判平27・2・26（平成23年(ワ)第14368号）裁判所ＨＰ〔ピストンリング事件〕………340, 344
東京地判平27・2・27（平成26年(ワ)第7132号）裁判所ＨＰ〔Agile事件〕……………………544

大阪地判平27・3・26判時2271号113頁〔安定高座椅子事件〕…………………………328
東京地判平27・4・24判時2304号87頁〔横電界方式液晶表示装置事件〕…………248, 260, 261
東京地決平27・7・27判タ1419号367頁〔新日鉄ポスコ事件〕…………………………75, 79
東京地判平27・9・10（平成26年(ワ)第29617号）裁判所ＨＰ〔TKD事件〕……………………542
大阪地判平27・12・22（平成26年(ワ)第11576号）裁判所ＨＰ〔カラーコンタクト事件〕……393, 394
東京地判平28・1・28判時2315号112頁〔メニエール病治療薬事件〕………………………180
東京地判平28・1・29（平成26年(ワ)第4627号）裁判所ＨＰ〔JAPAN POKER TOUR事件〕………539
大阪地判平28・2・8（平成26年(ワ)第6310号）裁判所ＨＰ〔でき太事件〕………………539
東京地判平28・3・29（平成27年(ワ)第13006号）裁判所ＨＰ〔会計管理方法事件〕……………340
東京地判平28・3・30判時2317号121頁〔オキサリプラチン事件〕……………………………302
東京地判平28・4・28（平成24年(ワ)第21035号）裁判所ＨＰ〔光走査装置事件〕………………340
東京地判平28・6・20（平成24年(ワ)第29003号）ＬＥＸ／ＤＢ……………………………118
東京地判平28・8・31（平成25年(ワ)第3167号）裁判所ＨＰ〔印刷物事件〕……………………236
東京地判平28・9・28（平成27年(ワ)第482号）裁判所ＨＰ…………………………………132
東京地判平28・10・20（平成28年(ワ)第10643号）裁判所ＨＰ〔NEONERO事件〕………………491
東京地判平28・11・24（平成27年(ワ)第29586号）裁判所ＨＰ〔TWG事件〕……………………480
東京地判平28・12・2（平成27年(ワ)第12415号）裁判所ＨＰ〔オキサリプラチン事件〕…………309
東京地決平28・12・19（平成27年(ヨ)第22042号）裁判所ＨＰ〔コメダ珈琲事件〕……………519
大阪地判平29・1・31判時2351号56頁〔KYOCERA事件〕…………………………………542, 544
東京地判平29・3・23（平成27年(ワ)第22521号）裁判所ＨＰ〔極真事件〕……………533, 539, 540, 542
東京地判平29・4・21（平成26年(ワ)第34678号）裁判所ＨＰ〔ピストン式圧縮機事件〕………236
東京地判平29・7・27（平成27年(ワ)第22491号）裁判所ＨＰ〔マキサカルシトール損害賠償事件〕
　……………………………………………………………………………………26, 285, 286, 296
東京地判平29・9・13（平成26年(ワ)第20955号）裁判所ＨＰ〔海宝源事件〕………………540, 542
東京地判平29・10・27（平成25年(ワ)第30271号）裁判所ＨＰ〔リチウムイオン二次電池事件〕…340
東京地判平29・11・8（平成27年(ワ)第28419号）裁判所ＨＰ〔ＡＲＴ事件〕……………………544
大阪地判平29・11・9（平成28年(ワ)第8468号）裁判所ＨＰ〔臀部拭き取り装置事件〕…………259
東京地判平30・2・8（平成28年(ワ)第38082号）裁判所ＨＰ〔アロマグランデ〕………………545

事項索引

あ行

- 味の商標　519
- 新しいタイプの商標　505, 519
- アンケート　411, 423
- 育成者権　53
- 意識的除外等の特段の事情　202
- 慰謝料　17
- 意匠
  - ――の要部　379
  - ――の類否　361, 371
  - 抵触関係にある――　401
  - 利用関係にある――　401
- 意匠権の消尽　402
- 一意匠一出願　368
- 一事不再理効　227
- 位置商標　519
- 逸失利益　17, 284, 289, 328, 529
- 移転登録　245, 259, 263
- 医薬品としての実質的同一性　307, 310
- インカメラ　13, 17, 80, 84, 85
- 引用の抗弁　48
- 引用発明　160
- ヴォーンインデックス　80
- 動き商標　519
- 営業誹謗行為　330
- 営業秘密　12, 23, 78, 87, 345
  - ――の保護　68
- 営業秘密侵害行為　52
- 閲覧謄写請求　86
- 閲覧等請求権　95
- 閲覧等制限　12, 72
- 延長登録　29, 297, 298
  - ――の目的　297
  - ――の要件　299, 300, 302, 303
- 延長登録出願　301, 303
  - ――の拒絶理由　301, 305
- 公の秩序　413
- 音の商標　446, 447, 519

か行

- 外　観　437-441, 445
- 解決原理の同一性　196
- 外国周知商標　415
- 外国特許　344
- 香りの商標　519
- 加工や部材の交換等　270
- 過　失　319
  - ――の推定　319
- 貸渡し　533
- 画像デザイン　360
- 課題の発見　256
- 仮差押え　326
- 仮処分　326
- 刊行物記載　155, 157
- 間接管轄　98, 105
- 間接侵害　26, 207
  - ――が成立する場合の救済　220
  - ――の適用範囲　218
- 環太平洋パートナーシップ協定（TPP協定）　297, 526
- 観　念　437-441, 445
- 慣用名称　515
- 記載要件　166
- 希釈化　429
- 技術的範囲　315
- 技術分野　255
- 機能的クレーム　183-186
- 機能的形状　369
- 基本的構成態様（意匠の形態）　378
- 客観的外形の表示説　203
- 教唆・幇助行為　109
- 共同出願違反　244, 258
- 共同発明者　246, 355
- 共同不法行為　290
- 共　有　39, 285, 290, 294, 370
  - ――に係る意匠権　370
  - ――に係る特許権　39, 285, 290, 294
- 寄与度　353, 535, 540
  - ――減額　26, 540
- 寄与率　288
- 禁止権　460

均等侵害･･････････････････････ 26, 187
均等の 5 要件･･････････････････ 192, 195
均等論･･････････････････････････ 187, 191
禁反言の法理･･････････････････････ 202
勤務規則･･････････････････････ 339, 341
具体的構成態様（意匠の形態）･･････ 378
具体的態様の明示･･････････････････ 15, 69
クレーム解釈･････････････････ 24, 176, 177
クロスライセンス契約･･････････････ 350
計画的審理･･････････････････････････ 10
計算鑑定････････････････ 29, 70, 296, 528
形　態･･････････････････････････ 360, 376
　──の認定･･････････････････････ 377
　　共通点･････････････････････････ 376
　　差異点･････････････････････････ 376
結合商標･･････････････････ 441, 443-445
　──の類否･････････････････････ 426
限界利益･････････････････････ 534, 539
検証物提示命令････････････････････ 70
権利行使制限････････････････････････ 4
権利行使制限の抗弁･･････････････ 402
権利者の責任･････････････････････ 325
権利濫用･････････････････････････ 494
　──の抗弁･････････････････ 402, 425
考　案･･････････････････････････････ 315
公開停止･････････････････････････････ 13
公序良俗･････････････････････････ 413
公正な慣行･･･････････････････････ 48
公正な取引秩序･･････････････････ 416
公　知･･････････････････････ 155, 157
公知意匠･････････････････････ 361, 371
　──の参酌･･････････････････ 380, 393
公知技術････････････････････････････ 24
効能・効果･･････････････････ 299, 301, 302
公　用･･････････････････････ 155, 157
小売等役務商標･･････････････････ 505
国際裁判管轄････････ 23, 97, 103, 104, 110
　　客観的併合における──････････ 111
　　債務不存在確認の訴えの──････ 110
　　主観的併合における──････････ 112
　　併合請求における──･･････････ 111
国際消尽･････････････････････････ 280
国際訴訟競合･････････････････････ 113
国際信義･････････････････････････ 414
誤認混同･････････････････････ 438, 439

出所の──･･････････････････ 449, 450, 456
混　同
　──を生ずるおそれ･･････････ 368, 429, 430
　狭義の──････････････････････････ 430
　広義の──･････････････････････ 430, 450
混同惹起行為････････････････････････ 51
混同説（意匠の類否）･･････････････ 374, 391

さ　行

再間接侵害･･･････････････････････ 215
財産所在地等（民訴法3条の3第3号）･･･ 113
再審事由･････････････････････ 234, 241
再審の訴え･･････････････････････ 228
裁判所調査官････････････････････････ 9
債務の承認･･･････････････････････ 343
差止め･････････････････････････････ 221
差止請求･･････････････････････････ 7
　──の準拠法････････････ 127, 128, 131, 141
差止請求権････････････････････････ 4
差止請求権不存在確認訴訟･･････････ 7
サービスマーク･･･････････････････ 517
サポート要件･･･････････････････ 168, 173
作用効果の同一性･････････････････ 198
産業上の利用可能性･･････････････ 154
色彩のみからなる商標（色彩の商標）
　･････････････････････････････ 446, 519
時機に後れた････････････････････ 229, 231
時機に後れた攻撃防御方法････････ 230, 231
識別力･････････････････････････ 507, 510
事業行為地（民訴法3条の3第5号）･･･ 114
時効援用権の喪失････････････････ 343
時効期間･････････････････････････ 343
自社実施（独占の利益の類型）････ 350, 351
事前協議･･････････････････････････ 90
自然法則の利用･･････････････････ 150
自他識別力････････････････････････ 510
　自他役務識別力･････････････････ 408
　自他商品識別機能････････････ 507, 511
　自他商品識別力････････････ 407, 408, 512
実　施･･････････････････････････ 354
実施可能要件･････････････････ 167, 173, 174
実施許諾･････････････････････････ 324
実施能力･････････････････････････ 287
実施料相当額･････････････････ 292, 293
実用新案技術評価書･･････････ 317, 318, 322, 327

実用新案権	315
実用新案登録無効審判	317
指定役務	448, 453
指定商品	448, 453
支分権	47
修正混同説（意匠の類否）	391
従属説（間接侵害）	218
周知意匠の参酌	380
周知商標	422
未登録の──	422
周知商標使用者	499
周知性	422, 499, 515
周知表示	429
主張責任	256
主張立証責任	195, 226, 227, 256
出願時同効材	200, 203, 205
出願時容易想到説	203
出願人名義変更	262
出願前公知意匠の抗弁	402, 403
出所識別	427, 474, 513
出所の誤認混同	449, 450, 456
出所表示機能	476, 492
需要者	362, 375, 384
需要説（意匠の類否）	374
準拠法	23, 122, 124, 345
──の適用	130
契約による実施権の抗弁の──	134
抗弁の──	132
差止請求の──	127, 128, 131, 141
損害賠償請求の──	128, 129, 131, 141
知的財産権の譲渡の──	135
当事者適格の──	140
無効の抗弁の──	133
消極的財産損害	17, 524
証拠調べの必要性	83
称　呼	437-441, 445
称呼類似	41
小冊子	37
使用者等が受けるべき利益	349
使用者の貢献度	354
消　尽	28, 268, 273, 402
意匠権の──	402
国際──	280
特許権の──	28, 268, 273
譲渡証書	262
使用による識別力	410
使用の能力	534
商　標	
──の登録要件	407, 437-439
──の類否	32, 426, 436, 437-443, 455
──の要部	441, 443, 447
商標権行使の抗弁	503
商標権侵害の成否	437-439
商標権の帰属	418
商標的使用	465
商標登録出願の拒絶理由	407
商標登録の無効理由	407
商標登録無効の抗弁	423, 469, 502
商品の産地	409
商品・役務	
──の区分	450
──の出所	439
──の類否	32, 428, 448, 455
商品等表示	52
消滅時効	341
──の起算点	341
将来の売上げ	353
使用料相当額	542, 544
職務著作	139
職務発明	137, 331
──規程	341
──訴訟	7, 29
除斥期間	423
触覚の商標	519
職権調査事項	110, 122
書類提出命令	16, 68, 73, 87, 296, 528
──の手続	80
──の必要性	75
──の要件	74
侵　害	
──の行為に供した設備	14
──の行為を組成した物	14
──の予防に必要な行為	15
侵害論	11
新規性	155, 361
信義誠実の原則	202
審　決	325
審決取消事由	36
審決取消訴訟	35
──の審理範囲	36

査定系の——	36
当事者系の——	36
審決取消判決の拘束力	37
審査基準	436, 445, 446, 451, 508
審査経過禁反言	24
審査主義	359
真実擬制	87
真の発明者	245
進歩性	156, 158
信用毀損	525
推　定	529
——の覆滅	291
——の覆滅事由	536, 541
法律上の——	540
推定規定	529
法律上の事実——	537
図　面	389
正当な範囲内	48
正当な理由	16, 77, 80, 94
積極的財産損害	17
先　願	361
専属管轄	3, 23, 98, 100, 101
専属管轄権	98, 100-102, 133
全体観察（意匠の類否）	384
全体的観察（商標の類否）	440, 441, 443, 444
専門委員	9
専　有	371
専有権	518
専用権	459, 460
専用実施権	285, 290, 293, 388
専用品型間接侵害	207, 208
「のみ」（特許法101条1号・4号）の判断基準	212
「のみ」の立証責任	212
「のみ」要件	208
善良の風俗	413
相違部分の置換容易性	199
相互補完関係	538
創作者	369
創作性	150
創作説（意匠の類否）	373, 391
創作非容易性	365
相当の利益	331
属地主義	108, 122-124, 138
訴訟記録の閲覧等の制限	12
訴訟契約	95
訴訟上の合意	94
ソフトウエア	151
損害額の証明度軽減	71
損害の発生	537
損害賠償	220, 283
損害賠償請求の準拠法	128, 129, 131, 141
損害不発生の抗弁	543
損害立証のための必要性	77
損害論	11, 527
存続期間が延長された特許権の効力	299-302, 308, 312

た　行

対象製品の特定	25
代替可能性	530, 532
対比的観察（商標の類否）	440, 441
ダイリューション	429
多機能製品	209
他社実施（独占の利益の類型）	350
他人の氏名	419
他人の名称	419
ダブルトラック	4, 28
単位数量当たりの利益額	286, 534
探索的な申立て	75
単独ライセンス契約	350
地域団体商標	446, 505
地域の名称	515
置換可能性	198
知的財産権	3
——の譲渡の準拠法	135
知的財産権訴訟	3
——の管轄	57
知的財産高等裁判所	63, 66, 67
知名度	513
注意力	433
中間判決	11
著作権侵害訴訟	43
著作者	45
著作者人格権	49
著作物性	43
著作物の題号	415
著作隣接権	50
著名性の地理的範囲	420
著名な略称	420

事項索引   (19)

著名表示‥‥‥‥‥‥‥‥‥‥‥‥‥‥‥ 429
著名表示冒用行為‥‥‥‥‥‥‥‥‥‥‥ 51
通常実施権‥‥‥‥‥‥‥‥‥‥‥‥‥‥ 331
訂　正‥‥‥‥‥‥‥‥ 236, 317, 322, 324, 329
　──の再抗弁‥‥‥‥ 11, 224, 235, 236, 239, 240
　──の対抗主張‥‥‥‥‥‥‥‥‥‥‥ 28
訂正請求‥‥‥‥‥‥‥‥‥‥‥‥‥ 235-239
適時提出‥‥‥‥‥‥‥‥‥‥‥‥‥‥‥ 228
当業者‥‥‥‥‥‥‥‥‥‥ 156, 161, 167, 365
登録主義‥‥‥‥‥‥‥‥‥‥‥‥‥‥‥ 359
登録商標の使用‥‥‥‥‥‥‥‥‥‥ 530, 538
独占的通常実施権者‥‥‥‥‥‥‥‥ 285, 290
独占の利益‥‥‥‥‥‥‥‥‥‥‥‥‥‥ 349
　自社実施‥‥‥‥‥‥‥‥‥‥‥ 350, 351
　他社実施‥‥‥‥‥‥‥‥‥‥‥‥‥ 350
　併用実施‥‥‥‥‥‥‥‥‥‥‥ 350, 352
特徴記載書‥‥‥‥‥‥‥‥‥‥‥‥‥‥ 389
特別の事情による訴えの却下（民訴法3条の9）‥‥‥‥‥‥‥‥‥‥‥‥‥‥‥‥‥ 114
独立説（間接侵害）‥‥‥‥‥‥‥‥‥‥ 218
特許権
　──の帰属‥‥‥‥‥‥‥‥‥‥‥‥ 245
　──の消尽‥‥‥‥‥‥‥‥‥‥ 28, 268
　──の無効‥‥‥‥‥‥‥‥‥‥‥‥ 340
特許権侵害行為がなかったならば利益が得られたであろうという事情‥‥‥‥‥‥‥‥‥ 289
特許権侵害訴訟‥‥‥‥‥‥‥‥‥‥‥‥ 7
　──の審理モデル（損害論）‥‥‥‥ 294
特許権等に関する訴え‥‥‥‥‥‥‥ 57, 58
特許権の消尽‥‥‥‥‥‥‥‥‥ 28, 268, 273
　方法の発明に係る──‥‥‥‥‥‥‥ 273
　物の発明に係る──‥‥‥‥‥‥‥‥ 268
特許権の存続期間‥‥‥‥‥‥‥‥ 297, 298
　──が延長された特許権の効力
　　‥‥‥‥‥‥‥‥‥‥ 299-302, 308, 312
　──の延長登録制度‥‥‥‥‥‥ 297, 312
特許請求の範囲の解釈‥‥‥‥‥‥‥‥‥ 177
特許発明
　──の技術的範囲‥‥‥‥‥‥‥‥‥ 24
　──の本質的部分‥‥‥‥‥‥‥‥‥ 196
特許法35条6項に基づく指針（ガイドライン）‥‥‥‥‥‥‥‥‥‥‥‥‥‥‥‥‥ 347
特許無効の抗弁‥‥‥‥ 27, 226, 228, 230, 233, 244
ドメイン名‥‥‥‥‥‥‥‥‥‥‥‥‥‥ 52
ドラッグ・デリバリー・システム‥‥‥ 300

取引の実情‥‥‥‥‥‥ 428, 437-443, 445, 453
トレードドレス‥‥‥‥‥‥‥‥‥‥‥‥ 519

な　行

名宛人‥‥‥‥‥‥‥‥‥‥‥‥‥‥‥‥ 89
　当事者本人を──としない場合‥‥‥ 93
ニース協定‥‥‥‥‥‥‥‥‥‥‥‥‥‥ 451
　国際分類‥‥‥‥‥‥‥‥‥‥‥‥‥ 451
　類‥‥‥‥‥‥‥‥‥‥‥‥‥‥‥‥ 451
二段階審理‥‥‥‥‥‥‥‥‥‥ 11, 24, 28, 31
任意開示‥‥‥‥‥‥‥‥‥‥‥‥‥‥‥ 295
ノウハウ‥‥‥‥‥‥‥‥‥‥‥‥‥‥‥ 349

は　行

発　明‥‥‥‥‥‥‥‥‥‥‥‥‥‥ 150, 337
　──の着想‥‥‥‥‥‥‥‥‥‥‥‥ 256
　──の特徴的部分‥‥‥‥‥‥‥‥‥ 260
　──の要旨認定‥‥‥‥‥‥‥‥ 158, 161
発明該当性‥‥‥‥‥‥‥‥‥‥‥‥ 150, 151
発明者‥‥‥‥‥‥‥‥‥‥‥‥‥‥‥‥ 337
　──の認定‥‥‥‥‥‥‥‥‥‥‥‥ 245
発明者主義‥‥‥‥‥‥‥‥‥‥‥‥‥‥ 244
発明者名誉権‥‥‥‥‥‥‥‥‥‥‥‥‥ 248
パブリシティ権‥‥‥‥‥‥‥‥‥‥‥‥ 53
パラメータ発明‥‥‥‥‥‥‥‥‥‥‥‥ 169
販売することができないとする事情‥‥‥ 287
美　感
　──の共通性‥‥‥‥‥‥‥‥‥ 362, 375
　──の類否‥‥‥‥‥‥‥‥‥‥‥‥ 362
　特徴的な──‥‥‥‥‥‥‥‥‥‥‥ 379
非専用品型間接侵害‥‥‥‥‥‥ 207, 212, 222
　不可欠要件（特許法101条2号・5号）‥‥ 212
　主観的要件（特許法101条2号・5号）‥‥ 215
　非汎用品要件（特許法101条2号・5号）
　　‥‥‥‥‥‥‥‥‥‥‥‥‥‥‥‥ 217
秘密保護手続‥‥‥‥‥‥‥‥‥‥‥‥‥ 345
秘密保持契約‥‥‥‥‥‥‥‥‥ 73, 82, 345
秘密保持命令‥‥‥‥‥‥‥ 12, 72, 79, 82, 87
　──の効果‥‥‥‥‥‥‥‥‥‥‥‥ 92
　──の裁判‥‥‥‥‥‥‥‥‥‥‥‥ 91
　──の手続‥‥‥‥‥‥‥‥‥‥‥‥ 89
　──の発令要件‥‥‥‥‥‥‥‥‥‥ 88
表現上の本質的な特徴‥‥‥‥‥‥‥‥‥ 48
表現の選択の幅‥‥‥‥‥‥‥‥‥‥‥‥ 44
剽窃的な出願‥‥‥‥‥‥‥‥‥‥‥‥‥ 416

品質保証機能………………… 474, 476, 493
フェアディーリング…………………… 48
フェアユース…………………………… 48
複　製……………………………… 44, 47
不正競争行為…………………………… 53
不正の目的………………… 417, 433, 497
普通名称……………………………… 514
物　品………………………………… 390
　　──の類否…………………………… 376
不当目的……………………………… 232
不登録事由…………………………… 368
部分意匠………………………… 360, 397
　　──の類否…………………………… 386
不法行為があった地（民訴法3条の3第8号）
　　……………………………… 105-109, 116
不法行為地管轄（民訴法3条の3第8号）
　　……………………………… 104, 108, 116
不法行為に関する訴え（民訴法3条の3第8
　　号）………………………………… 104, 110
フリーライド………………………… 429
プロダクト・バイ・プロセス・クレーム
　　………………………… 162, 172, 181, 186, 316
文献公知………………………… 155, 157
分離観察（商標の類否）……… 444, 445, 447
並行輸入……………………………… 472
　　真正商品の──…………………………… 33
平面商標……………………………… 505
併用実施（独占の利益の類型）……… 350
ベルヌ条約……………… 100, 127, 131, 139
弁論主義……………………………… 256
包括クロスライセンス契約…………… 350
包括ライセンス契約…………………… 350
包袋禁反言の法理………………… 24, 195
法廷地国際私法……………………… 133
法定通常実施権……………………… 265
冒認出願………………………… 244, 415
法律要件分類説…………………… 226, 257
補完関係……………………………… 530
補償金………………………………… 319
ホログラム商標……………………… 519
翻　案……………………………… 44, 47

　　　　　　ま　行

未完成発明…………………………… 154
無効審判請求……………………… 226, 262
無効の抗弁………………… 323, 469, 502
　　──の準拠法………………………… 133
　　特許──…… 27, 224, 225, 226, 228, 230, 233, 244
　　商標登録──…………………… 423, 469
明確性要件………………………… 171, 174
明細書の記載及び図面………… 178-180
文字商標……………………………… 505
モチーフ……………………………… 362
物…………………………………… 299, 302
物同一説……………………………… 162
文言侵害……………………………… 26

　　　　　　や　行

有効成分………………………… 299, 301, 302
輸　入………………………………… 533
ユビキタス侵害………………… 119, 141
容易想到性……………………… 160, 199
　　対象製品等の構成の──…………… 201
用　途…………………………… 299, 302
要　部………………………… 379, 441, 443
　　意匠の──…………………………… 379
　　商標の──……………………… 441, 443, 447
要部観察（商標の類否）……………… 440

　　　　　　ら　行

ライセンス訴訟………………………… 54
ラボノート…………………………… 260
濫用的な申立て………………………… 75
離隔的観察（商標の類否）……… 440, 441
立証責任………………………… 256, 257
立体商標………………………… 445, 505
立体的形状…………………………… 506
類似商品・役務審査基準……………… 452

　　　　　　わ　行

和　解………………………………… 20

　　　　　アルファベット

FRAND宣言………………………… 139

編著者

髙部　眞規子

知財高裁所長

最新裁判実務大系

第10巻　知的財産権訴訟Ⅰ

2018年11月27日　初版第1刷印刷
2018年12月25日　初版第1刷発行

編著者　　髙部　眞規子
発行者　　逸見　慎一
発行所　　株式会社　青林書院
電話（03）3815−5897
振替　00110-9-16920
〒113-0033　東京都文京区本郷6−4−7
印刷／製本・三松堂印刷株式会社

検印廃止　落丁・乱丁本はお取り替えいたします。

© 2018　髙部眞規子　Printed in Japan
ISBN978-4-417-01745-5

〈JCOPY〉〈(社)出版者著作権管理機構　委託出版物〉
本書の無断複写は著作権法上での例外を除き禁じられています。
複写される場合は、そのつど事前に、(社)出版者著作権管理機構
（電話　03-3513-6969、FAX 03-3513-6979、e-mail: info@jcopy.or.jp）の許諾を得てください。